普通高等教育"十一五"国家级规划教材

高等院校本科

市场营销专业

教材新系

中国高等院校市场学研究会组编

5th edition

市场营销学

第五版

何永祺 张传忠 蔡新春 编著

东北财经大学出版社 大连

图书在版编目（CIP）数据

市场营销学 / 何永祺，张传忠，蔡新春编著 .—5 版 .—大连 ：东北财经大学出版社，2016. 1（2017. 9 重印）
（高等院校本科市场营销专业教材新系）
ISBN 978-7-5654-1604-0

Ⅰ. 市… Ⅱ. ①何… ②张… ③蔡… Ⅲ. 市场营销学-高等学校-教材 Ⅳ. F713. 50

中国版本图书馆 CIP 数据核字（2014）第 165142 号

东北财经大学出版社出版
（大连市黑石礁尖山街 217 号 邮政编码 116025）
教学支持：（0411）84710309
营 销 部：（0411）84710711
总 编 室：（0411）84710523
网 址：http：//www. dufep. cn
读者信箱：dufep @ dufe. edu. cn

大连永盛印业有限公司印刷 东北财经大学出版社发行

幅面尺寸：185mm×260mm 字数：634 千字 印张：27 插页：1
2016 年 1 月第 5 版 2017 年 9 月第 19 次印刷

责任编辑：石真珍 责任校对：那 欣 赵 楠
封面设计：冀贵收 版式设计：钟福建

定价：45. 00 元

"高等院校本科市场营销专业教材新系"

编写指导委员会

总　序

东兔西乌，岁月如流。呈现在读者面前的这套“高等院校本科市场营销专业教材新系”，从发轫到今天形成较成熟、完整的新体系，已整整走过了30多个春秋。在这三分之一世纪的岁月中，我国社会经济在改革开放浪潮的席卷下，发生了极其深刻的变化，业已嬗变成社会主义市场经济。与这一进程基本同步的市场营销学及其系列课程的重新引进和建设，也从不完善到逐步完善，取得了有目共睹的骄人成绩。溯源徂流，这些成就的获得，是与我国市场营销学界的勇于探索及创新分不开的。

早在党的十一届三中全会前夕，我国市场营销学界一些原来从事部门经济教学的同道，从当时我国传统计划经济体制的紧箍咒有所松动、改革开放的红日即将喷薄而出等迹象，见微知著，预期商品和市场的培育问题必将成为我国经济工作的主线，有必要改弦更张，重新引进适应我国商品、市场发展要求的市场营销学及其相关课程。1978年秋，南方的个别高校在制订新的教学计划时，遂将市场营销学、消费心理学、广告学首先列入商学专业的教学计划，并于1979年在校内外先后开设这些课程，受到在校学生及业务部门培训人员的广泛欢迎。

改革开放初期，企业开始自主经营、自负盈亏，市场问题日渐凸显，市场营销学已开始派上用场，一推出便受到广大工商企业经营管理人员的欢迎，各地开设市场营销学的院校也越来越多，业务部门开办的市场营销学培训班更如雨后春笋。这种喜人形势的出现，与广大市场营销学者的潜心探索和艰辛努力分不开。此时我们的营销学界从无到有，从不成熟到较成熟，很快编写出一批各有特色、繁简不一的市场营销学及某些相关课程的教材，为市场营销学在我国的启蒙和推广作出了初始的贡献。1984年全国高等财经院校市场学教学研究会（此为中国高等院校市场学研究会的前身）及后来的中国市场学会的成立，更有组织地推动了市场营销学教学、科研工作的迅猛发展。到90年代初，各地编写的市场营销学专著及教材达200余种，此时市场营销学在我国已基本普及。

随着改革开放的进一步深入，其攻坚战的拉开及商品、市场的大发展，如何与此相适应，使市场营销学在普及的基础上进一步提高，是我国广大营销学者面临的新课题。这包括两方面的具体任务：一是要从着重引进国外教材的“拿来”阶段上升到引进与总结相结合的新阶段，着重探讨和创建更贴近我国国情，对我国企业市场营销活动更具直接指导意义的市场营销学体系；二是从市场营销学单科教材或配以少数相关教材为主的“短腿”教材建设，推进到以市场营销学这一主导课程为基础，将各主要市场营销组合因素细化为探讨更深入、内容更专一而又相互紧密联系的系列课程教材建设。经过日益壮大的市场营销学界近10年的共同奋战，这两项任务在20世纪千年纪元结束之际已基本完成，不仅全国出版的市场营销学主教材已累计达300余种，各种新增的分支专业市场营销学教材大量涌现，而且质量和水平都大大提高。

但客观形势总是向前发展的，市场营销学的学科建设也永无止境。在新世纪，市场营销学的学科建设也给自身提出了新的要求和任务。21世纪是高新技术的时代，世界经济将经历空前深刻的变化。为迎接这种新的挑战，重要任务之一是要建设一支能适应新世纪科学技术和社会经济大发展环境的未来型企业家队伍。企业家必须重点掌握的市场营销学，在培养未来型企业家的系统工程中，具有举足轻重、事关大局的地位。因此，如何在原教材建设日锻月炼的基础上，以只争朝夕的精神，尽快编写出一套体系更完整、内容更先进、更适合培养未来型企业家的新教材，便成为我国市场营销学界的当务之急。

无独有偶，我国财经类出版社中最具实力和影响力之一的东北财经大学出版社也匠心独运，主动提出要与中国高等院校市场学研究会（以下简称“研究会”）联合组织编写出版“高等院校本科市场营销专业教材新系”（以下简称“新系”）的设想。这真是一拍即合。在东北财经大学出版社的大力倡导、策划和支持下，研究会从全国各地组织了几十位市场营销学专家到一起，对“新系”的种类构成，教材建设的任务、原则与途径进行了认真、深入和细致的研讨，确定编写 11 门相关课程的教材。

目前业已推出的这批“新系”教材主要特点如下：

1. 首创“换代型”：在内容与形式上都有重大更新，符合全国教育工作会议和教育部关于高等院校教学改革与教材建设的最新精神。其内容更新不仅在于完全摆脱了过去部门经济学的“政策学”窠臼，还在于扬弃了改革开放后第一代市场营销学教材中残留的计划经济旧内容及反映当时市场刚发育、低水平的营销策略思想和技术手段，总结和探讨了在世纪之交的市场经济和全球化大潮席卷下企业应树立的新营销观念和策略思想，以及应掌握的最新营销理论和技术。其形式更新主要围绕贯彻知识、技能与能力三位一体的教育原则，重塑教材的赋型机制。各门课程教材在结构、栏目、体例和写作风格上均有所突破，大量运用图表、案例、专栏等形式，强化了学生的知识教育、技能训练与能力培养。

2. 中西合璧：结合我国市场营销的国情，大力借鉴发达国家最具代表性、最新版教材之所长。过去我国在引进和建设市场营销学系列课程中，曾有过两种做法或主张，即或者原原本本地“拿来”，或者完完全全地“中国化”。这两者都各有其特定的历史背景和局限性。从 20 世纪 70 年代末到 80 年代初，由于我国各级学府久违市场营销学已达 30 年，很多人对市场营销学尤其是现代市场营销学为何物知之甚少，并且我国也鲜有市场营销工作的实践和经验，因此强调先原原本本把外国教材引进来，再逐渐消化、融会贯通，可说顺理成章。不过，这里有个引进版教材不完全适合中国国情的问题。到了 90 年代，市场营销学及其系列课程已在我国普及，广大工商企业已有大量的市场营销实践和不少成功经验，此时有的同道提出教材建设要搞本国化也是水到渠成。然而，这里也同样有个本国化如何与市场营销学的普遍原理相结合的问题。与上述两种做法或主张不同，本“新系”一方面十分重视总结我国丰富的市场营销实践和经验，将其提升到理论高度；另一方面也充分借鉴了发达国家一些最具代表性和普遍适用性的市场营销学新理论、新技术，力求做到既博采中外所长，又独树一帜。

3. 作者阵容强大：众多资深营销学家联袂组成编委会，十余所著名高校管理院系的知名专家、教授领衔编撰。本“新系”整个编撰队伍由来自我国东西南北中各地不同高等学府的数十位知名专家、学者组成，他们中的大多数是我国一级学术社团——中国高等院校市场学研究会的核心会员，此外还包括其他学术社团及国内部分高校的著名跨世纪学科带头人。“新系”中的各门课程教材，除了由不同学校及其不同学术专长的多位学者共同承担编写任务外，其主要体系、内容、结构还经编写指导委员会及全体编写人员集体讨论，互提意见和建议，从而很好地发挥了集思广益、增强互补性的作用，使教材质量更上一层楼。

高尔基说过：科学的大胆的活动是没有止境的，也不应有止境。巴甫洛夫也曾有类似的警世名言：科学需要一个人贡献毕生的精力，科学要求每个人有极紧张的工作状态和伟大的热情。本“新系”的建设应该说也是一种科学的大胆活动，同样不应有止境。我们现在奉献给读者的这套新教材，犹如我国著名作家姚雪垠所指出的那样，其成就只是整个过程里面一个阶段的小结，它既是一次小结，同时也是新的开始。我想我们全体“新系”的作者都会汲取这些至理名言，以极大热情，通过不断修订，使“新系”的更新与国内外市场营销的学科新发展及实践新探索永保同步，为培养新世纪高素质市场营销专业人才而贡献力量！

何永祺

第五版前言

本书是以作为普通高等教育“十一五”国家级规划教材的第四版为基础而修订出版的。

本次修订仍一如既往，为保持教材的相对稳定性，基本沿用前版的架构及体例，内容在基本不变的前提下进行较大的提炼。为了充分反映近年来国内外经济理论及市场营销理论的最新研究成果和市场营销实务上的新发展，我们还对本教材各章架构中的“专论”、“观念应用”和“小资料”等栏目作了较大的更替，务求做到“与时俱进”。

本书由何永祺领衔编著，具体分工如下：何永祺负责第1、2、3、4、5、9、12、15章；张传忠负责第6、7、13、14章；蔡新春负责第8、10、11、16章。全书最后由何永祺总纂定稿。

由于我们的理论、业务水平有限，涉猎的市场营销学典籍及市场营销活动范围有限，错漏不当之处在所难免，希望读者不吝指教。

编著者

2015年11月

目 录

第 1 章

市场营销概述

学习目标

通过学习本章，你应该达到以下目标：

知识目标：弄清市场营销的核心概念及市场营销的范围；了解市场营销观念的产生及发展历程：弄清营销道德的性质和营销活动的社会责任；了解市场营销道德凸显的原因。

技能目标：学会如何从产生市场营销的条件及市场营销的范围等视角出发发现和创造营销机会；正确把握对非道德营销行为进行治理的有效政策和措施。

能力目标：具有科学、辩证地分析、看待和运用各种不同营销观念的能力；具有分辨各种市场营销核心概念之间或其内部的相互关系和异同的能力；具有妥善处理某些营销领域中道德与法律冲突的能力。

引例@

盘点十大市场营销新理念

知识营销

知识营销指的是向大众传播新的科学技术以及它们对人们生活的影响，通过科普宣传，让消费者不仅知其然，而且知其所以然，重新建立新的产品概念，进而使消费者萌发对新产品的需要，达到拓宽市场的目的。随着知识经济时代的到来，知识成为发展经济的资本，知识的积累和创新，成为促进经济增长的主要动力源。因此，作为一个企业，在搞科研开发的同时，就要想到知识的推广，使一项新产品研制成功的市场风险降到最小，而要做到这一点，就必须运作知识营销。比尔·盖茨的“先教电脑，再卖电脑”的做法是典型的知识营销。他斥资2亿元，成立盖茨图书馆基金会，为全球一些低收入的地区图书馆配备最先进的电脑，又捐赠软件让公众接受电脑知识。

网络营销

网络营销就是利用网络进行营销活动。当今世界信息发达，信息网络技术被广泛运用于生产经营的各个领域，尤其是营销环节，形成网络营销。商户在电脑网络上开设自己的主页，在主页上开设“虚拟商店”，陈列其商品。顾客通过网络可以进入到虚拟商店，挑选商品、下订单、支付都可以在网上完成，商户接到订单就送货上门。同样，通过网络顾客可以将自己的意见反馈到生产过程中，这样生产者可以根据消费者的需求和品味进行生产。这一方面提高了生产者和消费者之间的协调与合作水平，另一方面又可以降低企业产品生产的“互动成本”。比如通用汽车公司别克汽车制造厂，让客户自己设计所喜欢的车型，并且可以由客户自己选择车身、车轴、发动机、轮胎、颜色及车内结构。客户通过网络可以看到自己选择的部件组装出来的汽车的样子，并可继续更换部件，直到客户满意为止。这种营销方式在现代市场条件下运用得越来越普遍。

绿色营销

绿色营销是指企业在整个营销过程中充分体现环保意识和社会意识，向消费者提供科学的、无污染的、有利于节约资源使用和符合良好社会道德准则的商品和服务，并采用无污染或少污染的生产和销售方式，引导并满足消费者有利于环境保护及身心健康的需求。其主要目标是通过营销实现生态环境和社会环境的保护及改善，保护和节约自然资源，实行养护式经营，确保消费者使用产品的安全、卫生、方便，以提高人们的生活质量，优化人类的生存空间。

实施绿色营销战略，需要贯彻“5R”管理原则，即研究（research），重视研究企业对环境污染的对策；减少（reduce），减少或消除有害废弃物的排放；循环（recycle），对废旧物进行回收处理和再利用；再开发（rediscover），变普通产品为绿色产品；保护（reserve），积极参与社区的环保活动，树立环保意识。实施绿色营销是国际营销战略的大趋势，我国企业在这方面应该有一个清醒的认识，并积极付诸行动。

个性化营销

个性化营销即企业把对人的关注、人的个性释放及人的个性需求的满足推到空前中心的地位，企业与市场逐步建立一种新型关系，建立消费者个人数据库和信息档案，与消费者建立更为个人化的联系，及时地了解市场动向和顾客需求，向顾客提供一种个人化的销售和服务。顾客根据自己的需求提出商品性能要求，企业尽可能按顾客要求进行生产，迎合消费者个别需求和品味，并应用信息，采用灵活战略适时地加以调整，以生产者与消费者之间的协调合作来提高竞争力，以多品种、中小批量混合生产取代过去的大批量生产。这有利于节省中间环节，降低销售成本。不仅如此，由于社会生产计划性增强，资源配置接近最优，商业出现“零库存”管理，企业的库存成本也节约了。

创新营销

创新是企业成功的关键，企业经营的最佳策略就是抢在别人之前淘汰自己的产品，这种把创新理论运用到市场营销中的新做法，包括营销观念的创新、营销产品的创新、营销组织的创新和营销技术的创新。要做到这一点，市场营销人员就必须随时保持思维模式的弹性，让自己成为“新思维的开创者”。创新的意义就在于先进，不仅在于别人没有，而且一旦发现是一种新技术，就要及时捕捉，以免错过时机。例如，位于美国新泽西洲、制造引爆器的市得利公司，发明了一种在撞击瞬间膨胀的空气袋，可装置在汽车方向盘上，保护汽车驾驶人。当他们向美国通用汽车公司推销这种产品时，却因为不是汽车业的同行而遭拒绝。后来，日本丰田公司买下了它的技术。这种空气袋的制造成本是50美元，而通用、福特、克莱斯勒所采用的空气袋，最低成本却在500到600美元之间。可见，接受一种新产品时也要有新观念。

整合营销

这是以消费者为导向的营销思想在传播领域的具体体现，起步于20世纪90年代，倡导者是美国的舒尔兹教授。这种理论是制造商和经销商营销思想上的整合，两者共同面向市场，协调使用各种不同的传播手段，发挥不同传播工具的优势，联合向消费者开展营销活动，寻找调动消费者购买积极性的因素，达到刺激消费者购买的目的。该理论主张用

4C 取代传统的 4P。

4C 的含义是，customer（顾客的需求和期望），cost（顾客的费用），convenience（顾客购买的方便性），communication（顾客与企业的沟通）。运用整合营销的原则是为了控制消费者的心理转变过程，目标是使消费者对公司产品产生信任的心理而购买公司的产品。这种营销有效地克服了制造商和经销商各行其是、各自为战的弊端。如英特尔公司非常注重其产品的经销商——电脑公司及软硬件商的密切合作，IBM、微软公司都是其合作伙伴。

消费联盟

消费联盟是以消费者加盟和企业结盟为基础，以回报消费者利益为驱动机制的一种新型营销方式。具体做法是某个营销主体以自愿入会的方式吸纳消费者加盟消费，消费者取得该主体及其行销网络的消费资格，营销主体将消费者在其行销网络中的累计消费金额折算成消费积分，然后根据消费者积分的多少，按一定比例给予消费者回报的一种营销方式。

消费联盟的实质是，通过上述这种营销机制组建一种各方面联系密切、利益共享的合作型行销网络，培养固定的消费群体，建立一种稳定的、人性化的产权关系，将传统营销方式中由中间商瓜分的利润通过消费者的重复消费、规模消费而直接回馈给消费者，从而达到提升消费者权益，满足消费者需求的宗旨及精神。这种营销方式的好处在于：协同运作，利益共享，有利于企业间建立一种长期稳定的合作关系；利益回馈，有利于建立一支忠实的消费者群体；资源共享，有利节省营销费用；产销合一，有利提高营销效率。

连锁经营渠道

这是一种纵向发展的垂直营销系统，是由生产者、批发商和零售商组成的统一联合体，它把现代化工业大生产的原理应用于商业经营，实现了大量生产和大量销售相结合，对传统营销渠道是一种挑战。在传统渠道中，各分销商都同时承担买卖两个职能，而在连锁经营中，这两种职能由总部和分店分别承担。总部集中进货不仅可取得价格优势，增加竞争实力，采购者还可以在实践中不断提高选购商品的准确性和科学生，而各分店则既能享受到集中进货带来的低成本优势，还可集中精神从事销售业务，并能利用深入消费腹地的特点与消费者建立密切的情感纽带，及时了解变化趋势，以供总部作为进货依据。

大市场营销

大市场营销是对传统市场营销组合战略的不断发展。该理论由美国营销学家菲利普·科特勒提出。他指出，企业为了进入特定的市场，并在那里从事业务经营，在策略上应协调地运用经济、心理、政治、公共关系等手段，以博得外国或地方各方面的合作与支持，从而达到预期的目的。大市场营销战略在“2P”的基础上加上“2P”，即权力（power）和公共关系（pubilication），从而把营销理论进一步扩展。

综合市场营销沟通

这是一种市场营销沟通计划观念，即在计划中对不同的沟通形式，如一般性广告、直接反应广告、销售促进、公共关系等的战略地位作出估计，并通过对分散的信息加以综合，将以上形式结合起来，从而达到明确的、一致的及最大程度的沟通。这种沟通方式可以带来更多的信息及更好的销售效果，它能提高公司在适当的时间、地点把适当的信息提供给适当的顾客的能力。一项研究表明，在美国大型消费品公司的中上层管理人员及市场营销人员有70%赞赏综合市场营销沟通这一观念，认为它是提高传播效果的一种途径。

资料来源　节选自佚名．盘点十大市场营销新理念［EB/OL］．［2014-03-21］．http：//www.nz86.com/article/183010.

对市场营销的科学含义或市场营销模式的正确认识，是学好市场营销学课程、卓有成效开展市场营销各项活动的前提，如果对市场营销性质存在本体性误读，就会“一事差，万事错”，使企业的整个市场营销进程犹如盲人骑瞎马，陷入歧途或绝境。在本教材的这一开篇章中，我们首先对市场营销的实质及与其相关联的观念和概念作一缜密的探讨和分析，以匡正市场营销研究和活动的方向。

1.1 市场营销与市场营销范围

1.1.1 市场营销的概念

市场营销的定义在国外有许多种，而且早期人们对市场营销这个名词有误解。正如美国一位市场学家史丹顿（W. T. Stanton）所指出的：“一个推销员或销售经理谈到市场营销，他真正讲到的可能是推销活动（selling）；一个广告客户业务员所说的市场营销可能就是广告活动；百货公司部门经理谈到的可能是零售商品计划。他们都谈到了市场营销，但是，都只谈到了整个市场营销活动的一部分。”

不少市场学家曾对“市场营销”一词下过各种不同的定义，并力图使自己的定义能恰如其分地表达出市场营销的实际科学含义。而由于各人的观点和出发点不同，“市场营销”一词出现了各种各样的概述，但可大致把它区分为两大类：古典的（窄派）定义和现代的（宽派）定义。

古典的窄派定义，较具代表性的有如下两则：

（1）市场营销是引导产品及服务由生产者流向消费者或使用者之企业活动（1948年由美国市场学会定义委员会主席拉尔夫·亚历山大提出，1960年该委员会重作正规定义公布）。

（2）市场营销是消费者群体和供应者群体之间进行的交换（1957年由美国人罗伊·奥尔德森提出）。

现代的宽派定义，如下两例较有代表性：

（1）市场营销包括公司创造性地、有效益地使自己适应所处环境的一切活动（雷·科利）。

（2）市场营销是个人和集团通过创造、提供和与他人交换产品、价值满足需要、欲求的社会及管理过程（菲利普·科特勒《市场营销管理》一书所下的定义）。

比较这两类定义，古典的定义存在一些弱点：主要是它们过分看重实体分配和营销渠道的作用，而低估市场营销中的定价、促销和新产品计划的作用。它们还忽视了政府和非营利机构的活动，实际上这些机构也都参与了市场营销活动。另外，这种定义还会引人误解，以为市场营销仅是将企业生产出来的产品送达消费者手中的活动，使它等同于一般商业工作。

现代定义刚好可以克服上述古典定义中的各种弱点。它首先精确地表明市场营销活动的范围并不仅限于从产品制成到送达最后消费者之间的商业经营过程，而是远在准备原材料、制造产品时就已开始。例如研究考虑某种产品是否应该生产，产品如何设计，用什么品牌、商标和包装，如何制定价格等，都应在产品制造前或产品制造过程中预先决定。另外，市场营销的终点也并不限于产品送达消费者或使用者手中，还应了解产品出售后是否能使消费者满意，消费者是否会继续购买和使用，消费者是否会向其亲友推荐，由此增加产品的销路或工厂的信誉，以及向消费者进一步提供产品售后服务等。

当然，一个恰当的市场营销定义要精确地界定其较宽阔的活动范围，不仅不能只局限于商品和服务的营销，而且还应包括机构、人物、地点和观念（点子）等。另外，任何一个市场营销定义还必须把顾客导向置于中心地位，公司只有满足顾客才能达到自己的目标。同时，市场营销不仅仅是关心扩大需求，还要设法使需求与供给相协调。因此，本书将使用一个较宽、较具综合性的市场营销定义，现表述如下：

市场营销是个人和机构通过预测、刺激、提供方便，协调生产与消费以满足顾客和社会公众对产品、服务及其他供应的需求的整体经济活动。

1.1.2　产生市场营销的条件

要产生市场营销，至少需要四个条件：

（1）有未满足需求的双方或多方。假设你现住广州，相当长一段时间以来有一个未满足的需求，希望能买到一种不同于桂林豆腐乳及广式豆腐乳的北京风味豆腐乳。但你不知道广州是否也有这种豆腐乳，而且也不知道农林下路广州王府井百货大楼超级市场的货架上便摆有不少“六必居豆腐乳”正等待人们购买。这就是有未满足需求的双方，买方希望买到“六必居豆腐乳”，而广州王府井百货大楼超级市场的商家则需要有人去买这些“六必居豆腐乳”。

（2）有满足这些需求的愿望和能力。上述情况，你和广州王府井百货大楼超级市场的商家都希望满足这些各自未满足的需求。而且你有钱愿意买这种价格较高的豆腐乳，并有时间去广州王府井百货大楼，该超级市场的商家不仅有销售“六必居豆腐乳”的愿望，而且也有能力这样做，因为这种豆腐乳正陈列在货架上。

（3）各方有沟通的途径。除非你知道有这种商品及其销售的地点，否则购买“六必居豆腐乳”的市场交易就不会发生。同样，该超级市场的业主除非得知这种商品有一个潜在的市场，即该超级市场附近有一定愿意购买“六必居豆腐乳”的消费者，否则他不会批购、储存这种地方风味较浓的产品。当你看到广州王府井百货大楼超级市场的邮递“商品快讯”广告，其中发布有在某一特定时期内购买“六必居豆腐乳”将获买一送一优惠的信息时，这些横亘在你（购买者）和超级市场（销售者）之间的沟通障碍就被克服了。

（4）有某些可供交换的东西。当发生了交易行为和买卖双方互相交换某些有价值的东西时，市场营销才会产生。在上述情况下，你用你的金钱交换超级市场的“六必居豆腐乳”。你们双方都获得了某些东西，同时也放弃了某些东西，但你们双方都得益更多，因为你们双方都互相满足了对方未满足的需求。你有机会享用这种北京风味的调味品，但是你放弃了某些金钱；超级市场放弃了“六必居豆腐乳”，但获得了金钱，使它能够维持营业。这种交换过程也是市场营销的中心环节。

【专论 1-1】

市场及市场必须具备的要素

现代意义的市场，一般有狭义与广义两种解释。狭义的市场是单纯从场所来说的，即指商品集中在一起，便于购买者与出售者进行买卖的场所，如肉菜市场、农贸市场、小商品批发市场等，这也是古典意义的市场。人类经济社会早期所指的市场，就是这种便于买卖的具体场所。广义的市场是指产品的现实和潜在购买者。它不是指某一特定的场所，而是指一定范围的人群，即有能力并愿意购买有关产品的人群。这是具体市场的抽象，是在社会经济发展到一定阶段，市场商品供应的数量、品种、范围日趋增大、复杂，交易手续、沟通工具获得一定发展后，商品交易不一定非局限于在某个地点进行才形成的一种新概念。当然除了上述这种实务性的概念外，经济学家们还给市场下了一个更抽象而本质的经济学定义，即市场是商品交换关系的总和，是不同生产资料所有者之间、同一生产资料所有者之间以及同一生产资料所有者内部相对独立的商品生产者之间经济关系的体现。

从上述广义、狭义两种市场的概念来看，其具体含义虽不相同，但有一共同点，就是必须具有三个要素：①商品；②购买力；③愿意买卖商品的人。只有这种含义的市场，才可以使不同所有者之间的商品交换得以实现。并且，在商品经济存在的条件下，也只有通过市场，商品生产的目的才能得到实现。

为了说明市场的这种性质和作用，假设在某一原始经济中有四个人：一个渔人，一个猎人，一个陶工，一个农民。图 1-1 表明，这些生产者可以通过三种不同的方式来满足他们的需要。第一种情况是自给自足，每个人都可收集自己所需的产品。于是渔人花费较多的时间去打鱼，但也要花一定时间去打猎，去做陶器，去从事农业以获得其他食品。这样，渔人在打鱼方面的效率就不那么高了。第二种情况是分散交换，每个人都把其他三人当做自己产品的潜在“购买者”从而构成一个市场。渔人可以将鱼卖给猎人、陶工及农民，换取他们所生产的商品。第三种情况是集中交换，一个叫“商人”的新人出现了，他居于叫做交易市场的中心地区。

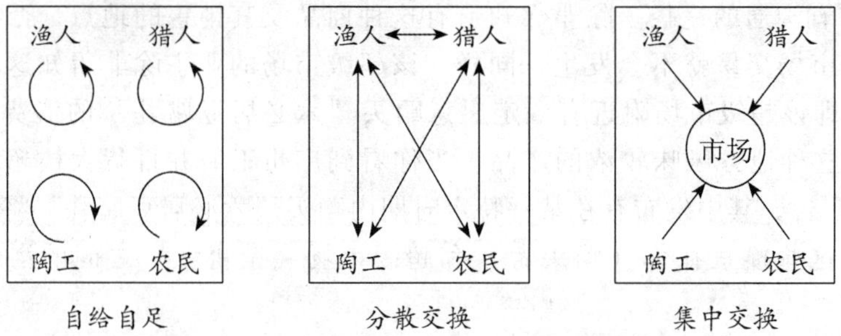

图 1-1 由自给自足向集中交换的演变

上述四个商品生产者把他们各自的商品带给商人，并将其变换为自己所需的东西。于是渔人只与一个“市场”打交道而不是与另外三人打交道就可获得其他商品，商人的出现大大减少了为完成一定交换数额所需的交易次数，即商人和集中的市场提高了经济的交易效率。

资料来源 何永祺，傅汉章．市场学原理［M］．2 版．广州：中山大学出版社，2004：2-3.

1.1.3 市场营销的范围

虽然如前所述，市场营销的定义是多种多样的，但人们通常都把市场营销具体看成是一项创造、推广和运送产品、服务给消费者、企业的艰辛工作。在实际工作中，市场营销人员总要从事以下八项不同的市场营销工作。

（1）商品。一般来说，狭义的商品，即有形商品大都构成多数国家国内生产和市场营销总额的主要部分。例如，我国 2013 年便生产了 60 194 万吨粮食、709 万吨棉花、6 172万吨水产品、78 536 万吨肉类、37 亿吨原煤。在其他发展中国家，商品特别是食品、农产品、矿产品、服装和住房更是这些经济社会的支柱。

（2）服务。随着社会经济的发展，许多国家日益增长的经济活动份额都集中在服务生产上，发达国家或新兴的发展中国家更是如此。今天美国的服务业职位已占其全部职位的 79%，占其国内生产总值的 74%。我国的经济组合，服务与商品之比也达 40%：60%。至于服务的行业，其范围也在不断扩大，除了传统上的服务行业，如航空、旅店、旅游、理发、洗染、美容、维修、餐饮外，还包括公司内或为公司工作的专业人员，如会计师、律师、工程师、医生、电脑软件程序设计员、企业管理顾问等。在不少西方国家，还将政府部门的法院、军队、警察、消防局及许多私人非营利机构，如博物馆、教堂、慈善机构、学院、基金会等都列入服务业的统计范畴。这也是这些国家经济组合中，服务的比重大大高于商品比重的一个原因。

（3）事件。某些事件之所以能用做营销，主要是因为可利用这些事件的影响力或魅力来为机构树立声誉或推介产品。常被用来营销的事件有奥林匹克运动会、大型体育赛事，各种博览会、商展会、欢乐节、专题社会公益活动等。这些事件的主办单位，可就其操办事件的赞助权、参展权、专用产品冠名权、特殊标志使用权等，向社会招标拍卖，而获得相应的收入及财政支持。例如，2008 年北京奥运会的会徽就可成为最有开发价值的资产。因为会徽产生后，将会以纪念品、宣传册等形式，广泛应用到奥运会的筹办过程中。另外，举办奥运会期间，城市的景观、比赛场馆周边的景观布置等，都要大量使用会徽，向世人传达奥林匹克精神。正因为如此，它也可以成为商业促销宣传极有影响力的载体，它一经注册，就是世界著名商标，影响力远远大于任何其他商标。有关人士估算，北京奥运会会徽的商业价值至少有十几亿美元。

（4）人物。这主要是指名人的名气营销。这种营销一个时期以来已变成一种重要行业，现在每个一流的影视明星都有经纪人、个人代理和处理公共关系的经办。明星形象在现代人心里占有非常重要的位置，于是企业开始蓄意地将明星与商品糅在一起，企图借爱屋及乌的常理将世人对明星的崇拜延伸到对于商品的崇拜。当代广告最终创造了一种“形象文化”，于是各个企业不惜重金，精心挑选后隆重推出自己产品或品牌的形象代言人。于是歌星、影星、笑星纷纷在广告中登台亮相，成为当代企业品牌的代言人。此外，当前各种艺术家、音乐家、首席执行官、医生、律师和金融家以及其他专家，都从名人营销者那里获得帮助。现在甚至某些商店也为一些出色的服务人员创立品牌，如打出“购××找××”等一类的品牌形象广告。名人营销除主要包括有酬地为某个企业或产品做形象代言人外，还包括向某些机构或工商企业出让自己的肖像权或冠名权。

【观念应用1-1】

名人广告

名人广告是指利用名人进行商品广告的表现形式。这里名人主要是指：具有很高知名度的演员、歌星、学术权威、官员、知名人士等。名人做广告自古有之，据《战国策·燕二》记载：“人有卖骏马者，比三旦立市，人莫之知。往见伯乐曰：臣有骏马，与卖之，比三旦立于市，人莫之言，愿子还而视之，去而顾之，臣请献一朝之贾。伯乐及还而视之，去而顾之，一旦而马价十倍。”同样一匹马，伯乐来看之前，在市场拴了三天卖不出去，而伯乐看了之后，不仅马卖出去了，而且价格上涨了十倍。看来广告的名人效应早已有之，这大概也是今天众多企业不惜重金聘请名人，实施名人广告战略的原因之一。

名人广告的利弊

名人广告对企业的益处表现为多个方面。第一，能强烈的吸引观众的注意力。广告的基本功能就是传达信息。如果想告诉某人某件事，你必须引起他的兴趣和注意，这是人际交流、大众传播中颠扑不破的一个真理。将观众的注意力从他们正在想的东西上拉过来，广告才可能实现说服他们相信某个观点的功能。因为名人的高关注度，名人广告能轻松地把观众的注意力从杂乱的环境中吸引过来。第二，广告主借名人的魅力去感染观众，把大众对名人的好感移情到产品，使名人的形象价值转移到品牌本身。韩国影星全智贤迅速提升了汇源果汁产品的知名度，世界冠军孔令辉使得原本没什么名气的安踏声名鹊起。第三，有力地促进产品的销售。消费者对于自己喜欢的名人所推荐的产品会更加信任，容易产生档次高、质量好、实力雄厚等好的印象。消费者对名人的信任提高了品牌的偏爱值，能为品牌或产品带来肯定的态度转变，产生积极的情感。观众出于模仿（追随）名人，成为产品的消费者，而不是旁观者。

然而，任何事情都是一分为二的。相对企业而言，明星广告容易产生如下问题：首先，由于名人有较高的夺目率，往往会分散人们对广告商品的注意力，容易喧宾夺主。调查发现，在名人广告中，记住名人形象的占82%，记住产品商标名称的占49%，记错或混淆商品形象的占45%。数据表明消费者更容易记住明星的个人形象。企业花费了巨额资金，结果是为别人做嫁衣裳。其次，如果名人与广告产品无任何内在的或明显的联系，会形成牵强附会、不可信的感觉。再次，名人的不良形象波及企业。明星个人形象参差不齐，一旦其社会名声不好，可能会波及产品。最后，名人广告容易本末倒置，广告质量差强人意，广告内容缺乏新意。明星广告费用巨大，少则几百万元，多则上千万元，甚至几千万元。实际上，大部分资金都用在了明星的出场费上，广告制作费则少得可怜，广告粗制滥造，许多明星广告采用“摆拍”的方式制作，缺乏新、奇、异、特之效果。

资料来源　改编自佚名．名人广告［EB/OL］．［2014-05-22］．http://baike.baidu.com/link?url=YSmroiNFYiTAIg7bNmmZFLfdpfYBbJ_4TFfwXOOFAvZiXBh9Fd8TouW24JcBvhOkmX15XYhpdnh5Pc6g1CX1qK.

问题：对企业而言，是否代言广告的名人名气越大越好？

分析提示：考虑企业的实力与市场范围。

（5）地点。地点用做营销，主要表现在各个城市、省区、地方以及整个国家采取各种宣传促销活动，积极争取、吸引国内外旅游者、工厂、公司总部以及新居民。近年来，国内外许多城市和地区的政府负责官员参与此种促销的风气也愈演愈烈，他们往往利用官方或非官方的访问或接待时机，以及大力的政府行为，极力促销自己的城市和地区。为顺利、有效地执行这种促销活动，各地政府都设有招商局、旅游局、经济贸易局之类的机构，分别负责引进投资、招徕旅游者及出口。具体的地点营销者包括各种经济发展专家、不动产代理商、商业银行、地方工商协会、广告和公共关系公司等。

（6）机构。机构作为营销范围并不是指把机构作为买卖的对象，而是指机构努力为自己在社会公众心目中树立强而有力的形象，积极对自己进行促销。最常见的是通过公司形象识别标志广告来争取更多公众的认同和支持。现在，许多大学、博物馆、艺术表演团体都在积极拟定提高自身形象的计划，争取更成功地获得生源、观众及资助基金。

（7）信息。信息可以像产品一样生产和销售，现在已是人所共知之事。这种信息产品主要是由学院、大学、研究所生产，以一定的价格分销给家长、学生及社会公众。百科全书、非小说类文学作品都在销售信息。各种专业杂志也提供大量相关信息。人们购买 CD 和用电脑上网也是为了获得信息。此外还有大量的市场调查公司、咨询公司、剪报公司也在采集、提供信息。目前信息的生产、包装和分销已成为一种重要的社会行业。

（8）观念。一段时期以来，观念或点子营销已悄然兴起。这不仅是包括一些个人和组织以付费的方式通过传媒或广告促销自己的观念、信仰、见解和主张，更多的还在于通过某种观念的传播而获得社会公众的认同和资金支持，还有不少个人和组织，如咨询顾问公司、市场研究公司直接向社会机构、工商企业甚至政府部门出售各种类型的点子。

1.2 市场营销的核心概念

为了解释前述市场营销的定义，有必要对下列重要名词概念作一简要的阐述和讨论。如图 1-2 所示，这些市场营销的核心概念互相联系，并且每个概念都基于前一概念。

1.2.1 需要、欲求与需求

这一组概念是市场营销定义和市场营销学所要研究的最基础的概念，也是市场营销活动的前提和根据。这三个概念既密切相关又有明显的区别。

（1）需要（needs）。在市场营销的含义中，最基本的概念就是需要。无生命的物体不会有需要，有生命者则不然：植物需要水分和阳光才能生长；动物需要空气、水分及食物来维持生存；高级动物则有感情及生理上的需要。市场学中所讲的需要是指人类的需要。美国市场学权威科特勒认为，人类**需要**是指个人感到没有得到某些满足的状态。

（2）欲求（wants）。**欲求**是指对于上述基本需要的具体满足的企求，是由个人文化背景及生活环境的陶冶所表现出来的人类需要。如为满足“吃”的需要，西方人欲求意大利式烤饼和汉堡包，中国人则欲求馒头、米饭或面条。

（3）需求（demand）。**需求**是指人们有能力并愿意购买某种产品的欲望，相当于我们通常所说的有支付能力的需求，即当一个人有能力且愿意购买他所期望的产品时，欲求就变成了需求。

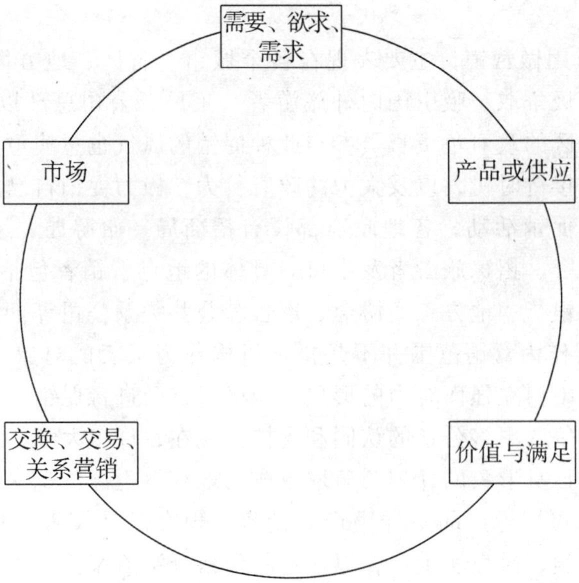

图 1-2 市场营销的核心概念

1.2.2 产品或供应

上节我们在研究市场营销的范围时，曾把机构的供应具体分成八大类。其实市场营销学中所讲的**产品**，一般都是指广义的产品，即所谓的**供应**。它不仅限于实体物品，任何能满足人们欲求和需求的东西都可称为产品，即除了商品和服务外，还包括人物、地方、组织、事件或活动及观念等。例如，人们感到烦闷想要轻松解脱，可以到歌舞厅去观看演员表演节目（人），可以到江山如画的桂林去旅游（地），可以参加消费者假日俱乐部（组织），可以参加支持希望工程的百万行（活动），或者接受一种不同的价值观或审美观（观念）。就消费者的观点而言，这些都可视为能满足某种欲求和需求的替代品。正因为如此，有时“产品”这个词似嫌不当，有些市场学家主张将其改称为“满足欲求的东西”、“有助的事物”、“供应”等。这些名词都表示对人们来说它们是有价值的东西。当然这些超乎常规的叫法不易上口，不便行文，只能用在理论探讨上。

1.2.3 价值与满足

消费者通常都面临一大批能满足某一需要的产品，消费者在这些不同产品之间进行选择时，一般都是以他们对这些产品的直观价值为根据，即根据他们认为哪一个产品提供了最大价值而作出购买决定的。这里所谓的**价值**，就是消费者的付出与所获之间的比率。一般来说，消费者在获得利益的同时也要承担成本。消费者所获的利益包括官能利益和情感利益：消费者承担的成本包括金钱成本、时间成本、精力成本和精神成本。因而，价值可通过下列计算公式得出：

$$价值=\frac{利益}{成本}=\frac{官能利益+情感利益}{金钱成本+时间成本+精力成本+精神成本}$$

营销者可以通过几种途径来提高消费者供应的价值：①增加利益；②降低成本；③增

加利益并降低成本；④增加利益并提高成本，但利益的增加超过成本的增加；⑤降低利益并降低成本，但利益的降低少于成本的降低。

当消费者在 V_1和 V_2这两个价值供应之间进行选择时，他将研究考察 V_1与 V_2之比率。如果其比率大于 1，他将选择 V_1；如果其比率小于 1，他将选择 V_2；如果其比率等于 1，他将持中性态度，任选 V_1或 V_2。

1.2.4　交换、交易与关系营销

（1）交换（exchange）。**交换**是指从他人处取得所需之物，而以某些东西作为回报的行为。这也是市场营销产生的最直接原因。当然人们取得所需之物的方式不只有交换一种，还有自己生产、偷抢、乞讨等方式。这几种方式都没有相互授受的市场，没有市场，也就没有市场营销，而且期望所得之物有很大的不确定性。只有交换才是取得所需产品的最可靠方式，也是作为市场营销基础的规定性概念。但是要发生交换，还必须具备五个条件：第一，至少有交换双方；第二，每一方都有对方所需要的有价值的东西；第三，每一方都有满足与运送的能力；第四，每一方接受或拒绝对方的供给品是自由的；第五，每一方都相信同对方交易是合适的或称心的。由此可见，交换乃是十分复杂的人类活动，它不可能发生于其他的动物世界。蚂蚁及猩猩的社会中，显现了分工的现象，可是却没有正式的交换。

（2）交易（transactions）。交换是市场营销的核心概念，**交易**则是它的量度单位。它是指交换双方之间的价值交换。一项交易要牵涉几个方面：至少要有两件有价值的物品：双方同意的条件、时间和地点；通常还要有法律制度来维护和迫使各交易双方执行承诺。因交易容易误解和预谋不轨而发生冲突，如果没有合同法，人们将会以某种程度的不信守态度来进行交易，从而造成另一方的损失。

交易不同于让与，在让与中，甲把某物给乙而不接受乙任何实体的东西。一般来说，市场营销应限于对交易而不是对让与的研究，但是让与行为也可用交换观念来理解。通常让与者给予礼物都有某种期望，如期望接受者感谢或有良好行为的反应。因此，现在有的营销者已将市场营销观念扩大到让与行为的研究。

（3）关系营销（relationship marketing）。其实前述的交易乃是关系营销这个大概念中的一个组成部分。关系营销的目的在于与本企业的重要伙伴，如顾客、供应商、分销商建立长期相互满足的关系，以赢得或保持他们的长期偏好与业务。营销者一般是通过承诺和以合理的价格提供优质产品和服务而达到这种目的。关系营销在各方之间建立了巩固的经济、技术、社会联系，大大降低交易成本和时间。最成功的情况是：交易每项都由谈判达成而前进到成为一种常规的例行公事。

关系营销的最终成果是创立了营销网这种独特的公司资产。营销网包括公司及利害关系人，如顾客、职员、供应商、分销商、零售商、广告公司、大学科研人员等。公司与他们一道建立起互利的业务关系。现在越来越多的情况表明，竞争已不是公司与公司之间的竞争，而是营销网之间的竞争。其原理很简单：与主要经济支持者建立的有效营销网一展开，利润自然来！

1.2.5　市场和市场营销者

这两个概念显然也是市场营销的最基本的概念。没有市场和市场营销者就不可能发生

市场营销。

(1) 市场(market)。其含义在本章【专论1-1】中已有较详细的阐述。这里要进一步说明的是,市场虽然必须包含愿意买卖商品的人,或从狭义的概念来说,市场是买卖双方进行交易的场所,但如果从市场营销人员的角度来看,则把交易双方中的卖方视为产业部门,而把买方看做**市场**。这种观点实际在广义市场概念的表述中已有体现,如科特勒在其另一名著《市场营销学原理》中给市场所下的定义,即"市场由某种产品现有及潜在的顾客所组成",便清楚表明只把买方看做是市场。

(2) 市场营销者(marketer)。从常规的眼光来看,似乎市场营销者与上述作为买方来看的市场刚好是一个相反的对应词,但在严谨的市场营销学含义中,交换双方中如果一方在寻求交换时比另一方积极,则称前者为**市场营销者**,称后者为潜在顾客。具体来说,所谓营销者就是想从他人那里得到有助的事物,并愿以某种有价值的东西作为交换的人。营销者都在寻求对方的反应,无论是希望对方买东西或卖东西。换言之,营销者可以是一个卖主,也可以是一个买主。如几个人都想购买一幢豪华而有一定纪念意义的旧别墅,每个想成为该别墅主人的人都力图使自己被卖主选中,这些购买者都在进行营销活动。因此,市场营销者不一定都是销售者,有些人把"marketer"译成"销售者"显然是不当的。

1.3 市场营销观念及其发展

市场营销观念属于上层建筑的范畴,是一种意识形态,也就是指以什么样的指导思想、什么样的态度和什么样的思想方法去从事市场营销活动。因此市场营销观念是一种观点、态度和思想方法。而前述的市场营销,则是一种业务活动的过程,它是在一定的市场营销观念支配下进行的。因此,我们在研究各项具体市场营销活动之前,必须对市场营销观念的产生和发展有一定的了解。

市场营销的起源可追溯到人类最早从事的交换过程——以物易物,即以一种有用之物交换另一种有用之物,如以食品交换动物的毛皮。为了配合、顺应这种交换过程,逐渐出现了贸易驿站、行商、百货店、城市和全国性的货币。

19世纪晚期的产业革命,标志着现代意义的市场营销观念的开始。在此之前,由于人们没有多少剩余产品可以贸易,交换是受到很大限制的。产业革命后随着大量生产的开始、运输工具的改善、更为有效的技术的出现,产品可以被大量生产出来,并能以较低的价格出售,人们开始改变自给自足的做法而去购买全部或大部分自己所需之物。随后由于交通运输的改进、城市人口的增多、专业化的出现,更多的人有可能参与交换过程,商业活动从而也变得更频繁而复杂,市场营销观念才逐步形成,并一直在发展。

产业革命后,从西方社会来看,市场营销观念的发展,可以分为以下三个明显的阶段。

1.3.1 以生产为中心的阶段

这一阶段为19世纪末至20世纪初约50年的时间。当时西方各国普遍的情况是,国民收入还很低,生产落后,整个社会的产品并不太丰富,工厂只要通过提高产量,降低生产成本,就可获得巨额利润。

这个以生产为中心的阶段，美国有些市场学教科书又把它区分为先后两种观念，即生产观念（production concept）和产品观念（product concept）。

所谓生产观念，就是认为消费者会喜欢那些随处可以买到、价格低廉的产品。因此企业管理部门必须集中注意力去提高生产和销售效率。这种观念是指导销售者的最古老的经营哲学。

这种生产观念至今在某种情况下仍是有用的：（1）当某种产品的需求超过供给时。此时管理部门应该设法增加生产。（2）当产品的成本过高，需提高生产效率来使其降低时。例如，20 世纪初汽车大王亨利·福特所奉行的便是这种经营哲学。美国的福特在汽车发明后不久，于 1903 年自己创办了福特汽车公司，从 1914 年开始生产 T 型汽车——一种 4 个汽缸、20 马力的低价汽车。这种汽车到 1921 年时，在美国汽车市场上的占有率已上升到 56%。当时福特的经营哲学便是如何使 T 型汽车生产效率趋于完善，从而降低成本，使更多的人买得起汽车。他曾开玩笑地说，福特公司可供应消费者任何颜色的汽车，只是他要的是黑色汽车。这是只求产品价廉而不讲究花色式样的生产观点的典型表现。

但时至今日，一些现代公司也有奉行这种观念的。例如，美国得克萨斯州仪器公司一个时期以来为了扩大市场，就一直尽其全力扩大产量、改进技术，以降低成本，然后利用它的低成本来降低售价，扩大市场规模。

所谓产品观念，就是认为消费者会欢迎质量最优、性能最好和特点最多的产品。因此这些产品导向公司的管理者把精力集中在创造最优良的产品上，并不断精益求精。

这些管理者假设购买者会喜欢特别精巧、结实的产品，欣赏性能最好、功能最多的产品，并愿意为这些额外的品质付更多的钱。因此，他们中的许多人常自我欣赏自己的产品，而没有看到市场对这些产品甚少“动情”。他们往往抱怨，自己的洗衣机、摄录机或高级组合音响本来是质量最好的，但奇怪的是市场为何并不欣赏。例如，前几年在电视广告上，经常有一则推销某牌子洗衣机的广告，该洗衣机的洗衣桶从 4 楼掉到地上仍完好无缺，但是谁又会把它从 4 楼丢下去呢？即使在运输过程中有时发生粗暴搬运，也不至于粗暴到从 4 楼往下扔。为了保证这种过分的产品坚固性，必然会增加产品成本，而消费者很少会为这些额外而无多大意义的品质付更多的钱。

这种产品观念最终导致了一种“营销近视病”，即过分重视产品而不是重视需求。如铁路管理部门以为使用者需要的是火车而不是运输，忽视了飞机、公共汽车、卡车和小汽车日益增长的竞争。电视剧集的编导者以为群众需要的是肥皂剧而不是广泛的娱乐及欣赏，从而忽视了短剧、高雅歌舞剧、古典及革新戏曲、创意和技巧革新的电影等的挑战，这就必然带来某些业务的滑坡或损失。

以上是这一阶段先后出现的两种市场营销观念。这两种观念有一个共同点，即厂商和工程师都认为已尽了最大努力，为消费者提供了“优良”的产品。

但是到了这一阶段的末期，许多工厂开始发掘生产潜力，市场情况开始变化了。有的工厂仍然不断获利，有的已开始亏损。购买者第一次有了广泛挑选产品的机会，对产品变得挑剔起来了。各个公司和企业，为了继续获利，维持下去，开始更多地考虑销售问题了。市场营销观念就进入了第二阶段。

1.3.2 以销售为中心的阶段

这一阶段约为20世纪的30年代和40年代。由于当时已从生产不足开始进入了生产过剩，竞争差不多席卷了所有的工业部门，竞争迫使那些过去实际享有垄断地位的企业，现在必须去推销他们的产品了。一个厂商再不能只单纯生产商品，他同时必须保证这些商品会被人购买。现在市场上的竞争对消费者更为有利了，即商品供应已超过了需求。在这种情况下，厂商们便形成了一种新的观念——推销观念（selling concept）。这种观念认为，除非公司大力开展销售和宣传推广活动，否则消费者将不会购买自己的产品，或是仅购买公司少量的产品。在这种思想指导下，厂商们纷纷在推销上下工夫，以便从大量推销上获利。于是形成了一种所谓"高压式"的硬卖"风气"——就是不问消费者是否真正需要，不择手段地开展各种推销活动，把商品推销给消费者。厂商们收罗了大批所谓推销专家，组成强大的推销队伍，并大做广告宣传，夸大产品的种种性能，使人们到处都看到这种产品的形象，迫使人们不得不购买，因此这一时期的企业管理工作，全为销货工作所淹没和代替，这是第二阶段。

1.3.3 以消费者为中心的阶段

这一阶段是从20世纪50年代开始的，也就是真正的市场营销阶段，或整体市场营销阶段的开始。这时由于前阶段剧烈推销竞争的结果，使企业逐渐意识到，要保证获得高额利润，使企业有良好的声誉，提高商品销量，不能再依靠"硬卖"的办法搞以销售为中心，而必须转到以消费者为中心的轨道上来，即必须把高压式的"硬卖"转变为诱发式的"软卖"，将整个市场营销活动建立在如何满足消费者需要的基础上。这就形成了一种最新的经营哲学——市场营销观念（marketing concept）。这种观念认为，要达到公司的目标，关键在于探明和断定目标市场的需要和欲求，然后调整整体市场营销组合，使公司能比竞争者更有效地满足消费者的需求。

在这种新观念下的市场营销活动，不仅包括了销售，同时包括了市场调查、新产品开发、广告活动以及售后服务等，并且都站在消费者的立场上考虑所有这些活动，以消费者的要求为出发点，围绕着消费者开展一切营销活动。这种以消费者为中心的市场营销，可用图1-3来形象地表示。

在图1-3中，有三种重要关系：

（1）每一因素都有吸引消费者购买的力量；

（2）每一个个别项目都彼此相关，互相制约，不能割裂单独考虑；

（3）市场营销主管人员的工作重点，就在于平衡和协调这些因素，使企业获得最大的销售量及经济效益。

由此可见，市场营销观念显然与推销观念有很大不同。表1-1和图1-4，便是这两种观念的主要差异。

从表1-1和图1-4可看出，市场营销的利益取向不仅是销售，而是多方面的，市场营销的侧重点是消费者的分析和满足，支配公司的资源用于制作消费者所需之产品和服务，并根据消费者的特点和需要不断调整和变更这些产品。在市场营销观念指导下，销售被用来沟通和了解消费者。市场营销注意寻找消费者爱好的不同，并开发相应的供应品来

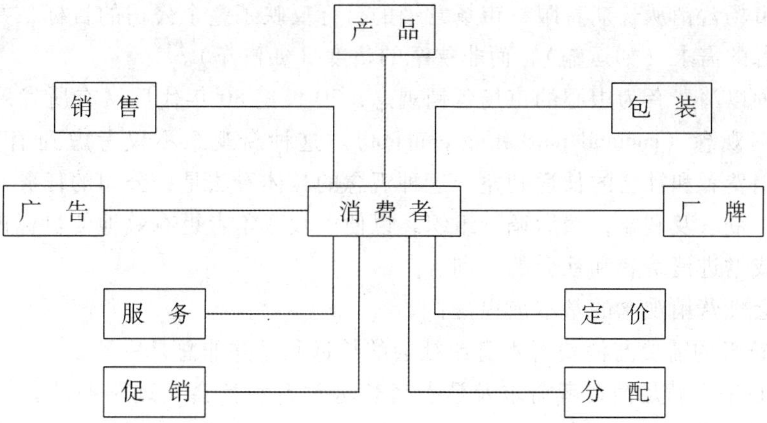

图 1-3　以消费者为中心的市场营销

表 1-1　销售主管与市场营销主管的观点对比

销售主管一般考虑	市场营销主管一般考虑
（1）销量而非利润。他们通常不注意产品、服务或消费者阶层之间的利润差别，除非这些差别反映在补偿金上	（1）利润计划。他们对消费者、产品、服务和市场营销策略进行全面规划，以获得有利可得的销量及在可接受的风险程度内的市场份额
（2）短期市场趋势。他们把注意力集中在现时的顾客、产品、服务及策略上	（2）长期趋势、机会和威胁。他们注意研究如何把这些情况转变成能确保长期增长的新市场、新产品、新服务和新策略
（3）个别顾客而非顾客群。他们对影响具体销售交易的个别原因和因素比较熟知	（3）顾客类型及顾客群之间的差异。他们力图通过超凡的价值和优异的供应品吸引有利可图的顾客群
（4）现场工作而非文书工作。他们喜欢推销工作，而不喜欢制订计划、策略和战略	（4）市场分析、计划、控制和执行的相互配合。他们侧重估计市场营销计划的可能财务收入潜力

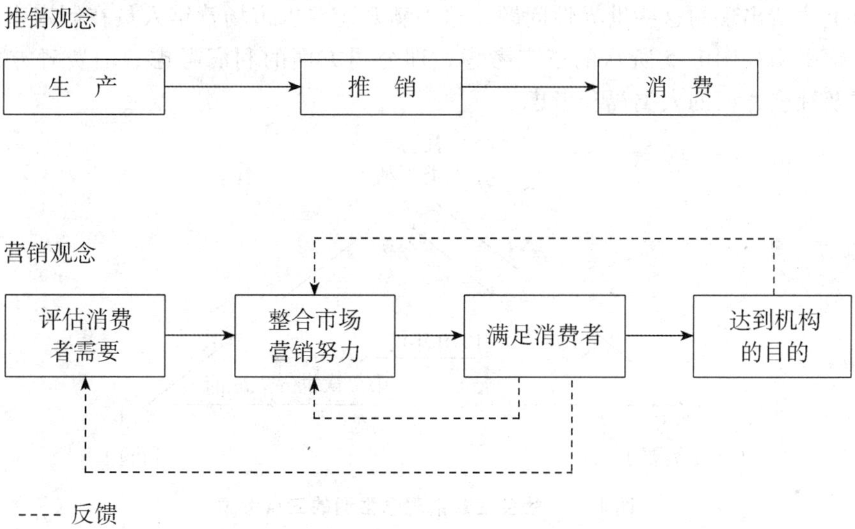

图 1-4　推销观念与市场营销观念的焦点

满足他们，市场营销从长期着眼，市场营销的目标反映了整个公司的目标，并从较广的角度来看消费者的需求（如运输），而非狭窄的角度（如汽车）。

上述这种以消费者为中心的市场营销观念，20 世纪 80 年代后又有所发展，逐渐演变成社会性营销观念（societal marketing concept）。这种新观念不仅考虑到消费者的需要，而且考虑到消费者和社会的长远利益。这种观念的具体看法是：公司的任务在于确定目标市场的需要、欲求及利益，然后调整组织，以便能较竞争者更有效地使目标市场满意，并能同时维护或增进消费者和社会的福利。

这种社会性营销观念的基本前提是：

（1）消费者的需要与消费者本身或社会的长远利益并非总是一致；

（2）关心是否满足消费者需求及消费者长远利益和社会长远利益的公司，将会越来越受消费者的欢迎；

（3）公司能否吸引并保住大量顾客，其关键不仅在于满足消费者的眼前需求，而且还应顾及个人及社会的长远利益。

这种观念的兴起是具有一定社会历史背景的。

近年来，人们逐渐怀疑，在今天这样一个环境不断遭到破坏、资源日趋短缺、人口爆炸性增长、通货膨胀席卷全球、各国普遍忽视社会服务的年代里，单纯的市场营销观念是否还是一种适合的经营思想。换句话说，能觉察个别消费者需求，并能提供产品满足其需求的厂商，是否总能符合消费者及社会的长远利益呢？单纯的市场营销观念回避了消费者需要与消费者长远利益的冲突。

正是由于这种认识，所以近年来社会上要求树立另一种超越营销观念的经营哲学。对这一新的经营思想，人们提出了各种各样的称谓，如有的主张叫“人类观念”（human concept），有的主张叫“理智消费观念”（intelligent consumption concept）、“生态主宰观念”（ecological imperative concept）等。但菲利普·科特勒（Philip Kotler）建议采用“社会性营销观念”（societal marketing concept）。这一叫法现已为大多数人接受。

针对上述所出现的这些世界性问题，这一新观念要求市场营销人员在制定市场营销政策时，必须平衡如图 1-5 所示的三点考虑，即公司方面的利润考虑、消费者方面的满足需求考虑及社会方面的人类福利考虑。

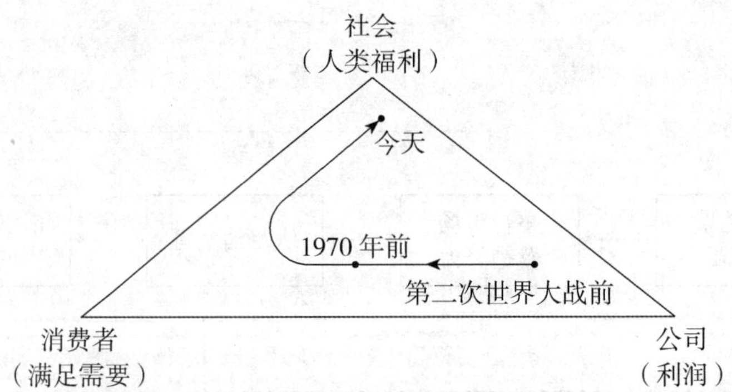

图 1-5　社会性营销观念强调的三点考虑

图 1-5 也显示了这种经营哲学的演变过程：最初，公司的营销决策主要以公司获利多少为根据，后来他们开始认识到满足消费者需求的深远意义，于是导致市场营销观念的

产生；今天他们在作营销决策时，已开始考虑到社会的利益，从而形成了新的社会性市场营销观念。这种观念要求全面平衡这三点考虑，即对公司的利润、消费者的需要和社会的利益加以全面平衡。实践证明，许多公司由于采纳和贯彻了社会性市场营销观念，已获得了大量的销售额和利润。

1.4 市场营销道德与责任

1.4.1 营销道德的性质

道德是支配个人或群体行动和决策的道义和价值观，它是人们面临道德两难境地时如何合理行动的准则。

要了解道德的性质和意义，一个较好的出发点就是要弄清市场营销决策合法性与道德性之间的区别。图 1-6 就是法律与道德之间关系的具体体现。

道德性	不合法	合　法
道　德	道　德 不合法	道　德 合　法
不道德	不道德 不合法	不道德 合　法

合法性

图 1-6　按道德与法律之关系划分的营销决策类型

道德涉及的是人们的道义和价值观，法律则涉及法院可强迫实施的社会价值观和准则。这种区别有时会使一些行为合理不合法，如我国有一个叫“无私有弊”的成语，讲的大致就是这种情况；有时则会合法不合理，例如，《羊城晚报》曾报道过这样一起判例：广东省梅州市梅江区的杨阿婆早年丧夫，含辛茹苦将儿子抚养成人，把所有的房屋、店铺交给儿子经营和使用。谁知岁数日长，儿子却经常对其恶言相向，还欲将其赶出家门。杨阿婆一气之下起诉亲生儿子，要求其搬走，腾退出所住的房屋。法院经审理后查明：杨阿婆要求儿子腾退的房产，原是杨阿婆之父的财产。1985 年开始将原房屋拆除重建，杨阿婆儿子负责打理改建事宜。该房产至今尚未办理房屋所有权证书。据此，法院认为：房屋原是杨阿婆父亲的遗产，但经改建后，已不全是遗产的性质，而是经重建后形成的家庭共有财产。法院认为，杨阿婆要求其子将正在使用的房屋腾退给她，于法无据，不予支持。尽管如此，在大部分情况下，法庭的判决对界定道德和法律的界限仍起着重要作用。

1.4.2 市场营销道德问题凸显的原因

市场营销道德问题或商业道德问题，也可谓古已有之，如今为烈。“古已有之”，仅从我国某些最流行的成语便可见一斑。如出自《晏子春秋》“悬牛首，卖马肉”的“卖狗悬羊”，源自汉朝杨雄《法言》的“衒玉贾石”，源自元代无名氏《普天乐・嘲风情》曲的“指山卖磨”等成语，都说明了当时这些非道德的商业欺诈行为颇为流行。至于国外或国际上的“古已有之”，恩格斯在《政治经济学批判大纲》中便作过下列描述：“私有制产生的最初的结果是商业……商业产生的第一个后果就是互不信任，以及为这种不信任辩护，采取不道德的手段来达到不道德的目的……总而言之，商业是一种合法的欺诈。”①

不过由于过去商品生产、生产技术、商品复杂程度、生产规模、流通范围等的局限，商业道德问题虽已是一个人们关注的问题，但其严重性及波及面较之当今社会还是大为逊色的。

当今社会市场营销道德及企业社会责任问题之所以日益凸显，一言以蔽之，就是变本加厉的各种损害消费者和环境的企业行为与社会、个人健康安全的日趋重视产生碰撞，要求公权力的介入。

这种碰撞引起公权力的介入，主要表现在如下两大方面。

1）消费者主义的纵深发展

消费者主义之发轫，如回溯至其前阶段的消费者运动，可远推至1844年英国罗奇代尔（Rochdale）富兰内尔（Frannel）工厂28名职工所组成的消费者合作联盟。但当时制定的“罗奇代尔原则”，只是着重于使消费者免受中间商的盘剥。后来在20世纪二三十年代演变成攻击性、行动性的运动，亦即演变成“批判商品”或“告发企业”形态的消费者运动，也仅限于指导广大消费者购物及与不法商人坑害消费者行为作斗争的局部促进消费者福利方面。

但真正意义的近代消费者主义却起源于美国，始于1960年范斯·帕卡德（Vance Packard）的《浪费之创造者》（The Waste Makers）这一名著。然而一般说来，给予现代消费者主义之形成与发展以决定性影响的，要算是美国已故总统肯尼迪的“基本的消费者权利”宣言。

肯尼迪总统于1962年3月15日向美国国会发表有名的国情咨文《消费者宣言》（Consumer Message），指出当今供应消费者使用的许多家庭日用品中，隐藏着许多潜在的危险，每年所开发的许许多多产品，如食品添加剂、食品色素、杀虫剂，更给人们带来新的危险。由于高速公路、飞机的普遍使用，并因速度的加快，交通的紊乱，美国人比世界各国的人民对特别安全的基准的要求更加刻不容缓。据此他提出了有名的“消费者的四个基本权利”，即安全权利、通知权利、选择权利及反映意见的权利，成为了以后消费者主义的基本构想根据。不仅美国，而且全世界也都普遍受到这一宣言的影响。

近40年来，由于物价高涨、公害问题的急速蔓延、售后服务与产品日趋复杂化不同步、产品质量因不熟练劳动增多而普遍下降、现实消费品满足不了消费者日益提高的需求等新形势，促使了消费者主义在更大的范围以更大的步伐向前发展。

在消费者主义浪潮的扩大和推动下，各国政府逐步注意到运用法律手段来保护消费者利益。近几十年来，西方各国以及我国的台湾省，都纷纷制定了各种保护消费者的基本法律或法规，它们都以各工商企业为指控目标。这些从不同角度出发的名目繁多的保护消费者权益的法规和条例，使得企业的生产和营销活动动辄得咎，从而必须十分重视且花巨大

---

① 马克思，恩格斯．马克思恩格斯全集［M］．1卷．中共中央编译局，编译．北京：人民出版社，1960：600-601.

成本去协调适应。在今后的时日里，由于高新技术的不断出现，尤其是广泛运用于生产，这样，商品质量、卫生、安全等方面的问题必将与日俱增，而消费者的购买又属非专业购买，尤其是在新型、高科技产品不断涌现的情况下，很难发现或判断其质量优劣或安全可靠程度。经营者很容易利用自己的经济实力损害消费者的利益，如作夸张的广告宣传、诱惑力极大的“让利”销售、哗众取宠的社会公益赞助等。这反过来又促使各国在保护消费者的立法中充分注意到各种容易损害消费者的企业行为，进一步严格地规定生产经营者的商品义务和责任，使保护消费者的立法日趋完备，而且对众多损害消费者利益的事件，逐步实行民事、行政、刑事综合的法律责任制度。现在，西方发达国家在运用民事法律的同时，已开始运用行政法、刑法等公法形式，追究生产经营者违法行为的行政责任和刑事责任。所有这些都使得今天的产品经理必须花更多时间检查产品成分和产品安全特性，注意促销宣传和促销手段的合法性。也就是说，今后生产经营者的行为，在消费者主义浪潮的席卷下，已不能再我行我素，而是要承担更大的社会、法律责任，受到诸多限制。

2）环境运动的波澜日益壮阔

环境运动是关心社会的公民和政府为保护与改善人们的生活环境所进行的有组织的运动。环境运动关注掠夺式的采矿、森林滥伐、工厂烟雾、广告牌和废弃物，以及休闲机会的损失和由于受到脏空气、脏水和化学药品污染的食物对健康引起的越来越严重的问题。本来，作为人类活动引起的公害问题，从 18 世纪欧洲产业革命便开始了。蒸汽机的发明，大大地加强了人类对自然的征服力，但随之而来的工业化的集中高度发展，城市规模的扩大，“三废”污染日益加剧，人类生存环境受到了严重威胁。20 世纪以来，随着工业化的发展，环境污染的问题进一步深化，尤其是震惊世界的著名八大公害事件的发生，使人类认识到在改造自然界的活动中，不能单纯地追求经济发展，必须认真对待环境问题。因为环境受到了污染与破坏后，不仅使社会受到巨大的经济损失，而且环境资源枯竭后，经济的发展也会受到阻滞。因而，如何调节人类自身的经济社会活动使之符合客观规律，更好地保护自己的生存环境和发展条件，就成为当代社会面临的一个重大问题，从而也就形成了由关心社会的公民和政府为保护与改善人们生活环境所开展的有组织的运动。1972 年联合国在斯德哥尔摩召开的第一次人类环境会议及其通过的《人类环境宣言》，标志着人类对环境的认识进入一个新里程，正式掀起了国际环境运动的高潮。20 年后的 1992 年 6 月，联合国又在巴西的里约热内卢举行了一次“联合国环境与发展大会”。183 个国家派代表团出席了会议，102 位国家元首或政府首脑亲自与会并讲话。会议通过了《里约环境与发展宣言》、《21 世纪议程》两个纲领性文件和《关于森林问题的原则声明》，154 个国家分别签署了《气候变化框架公约》和《生物多样性公约》。这次会议是 1972 年联合国人类环境大会之后举行的讨论世界环境与发展问题的筹备时间最长、规模最大、与会级别最高、影响深远的一次盛会，同时也标志着环境运动的进一步深远发展。在这一运动推动下，过去一二十年来，一些工业化国家的环境污染防治确曾取得了重大进展，产业革命以来那种“高生产、高消费、高污染”的传统发展模式受到了普遍的批判。但由于一个时期以来，西方国家普遍接受凯恩斯理论，竞相追逐快速扩大，一些发展中国家的经济，在起步发展的阶段，也普遍出现较猛的势头，使得区域性和全球性环境问题仍日趋严重，大气污染加剧、酸雨范围扩大、淡水资源短缺、水土流失和沙漠化扩展、森林资源锐减、野生动植物物种逐渐减少、臭氧层耗损、危险废物扩散和全球气候变暖等，都在有增无减地给人类生存与发展构成现实的威胁，环境问题仍日益引起各国关注。发达国家以及一些发展中国家内，普遍形成了一股环保舆论的压力，导致全球环境保护进入了一个新的阶段，环保浪潮一浪高过一浪，已经成为全球关注的热点，正如托尔（Tolle）博士所说的那样：冷战已经结束，环境问题一跃成为世界问题的榜首。

如前所述，由于环境问题是现代工业带来的社会问题，虽然随着环境运动的不断推进，很多环境问题有了很大的改善，但今后经济的高速发展，新科技的开发与运用，又将出现许多新的环境问题，或更严重的新危害。如近年科学家和有关政府经过大量的调查，发现现代社会畸形儿之所以不断增多，其主要罪魁祸首之一竟是环境污染。当前，出生缺陷已排名发达国家婴儿死亡原因的第一位，而在我国出生缺陷在全国婴儿死因中的构成比也从2000年的第4位上升至2011年的第2位，达到19.1%。据全国妇幼卫生监测数据显示，2003年我国出生缺陷率为129.8例/万人，2006年是145.5例/万人，2011年则升为153.23例/万人。过去人们对于胎儿致畸的原因，多从遗传科学的角度去探讨，认为遗传的原因是主要的。但是世界各地，尤其是工业发达国家畸形儿的激增，使科学家们提出胎儿致畸的另一重要原因——环境污染。排入环境中的各种污染物质，能通过妊娠中的母体干扰正常胚胎的发育过程，引起胚胎发育异常造成畸形：各种污染物也可以直接在胎儿或幼儿身上积累，从而损害他们的正常发育和健康。现代科学的研究还表明，有些环境污染物质如“二恶英”等本身就具有致畸、致突变性，能作用于生物体的遗传，从而造成远期危害。此外，还有其他种种令人毛骨悚然的新环境污染后果和问题。所有这些，加上1992年环境与发展大会所通过的《21世纪议程》的贯彻执行，都将使得在世纪之交的一二十年内，环境运动会进一步推进，对环境的保护将提出更广泛严密的要求，企业要承担更大的社会环境义务，付出更大的成本与努力。

【小资料1-1】

日本核污染让世界“鸡犬不宁”

东日本大地震原本是限于局部的大灾难，许多国家都是以局外人的身份发扬大爱精神援助日本救灾。可随着日本核危机的持续和污染物的扩散，“局外”变成了“局内”。

各国国民从局外到焦虑与恐慌

随着核危机的蔓延，各国国民都由于本地空气、水源和食品可能遭到放射物污染而产生了焦虑和恐慌的心态。

发现日本灾区已有农产品遭污染后，至少已有25个国家与地区对进口日本农产品和加工食品采取了限制。核危机所产生的核辐射物质不仅出现在了邻国的空气、蔬菜、水中，还跨洋出现在了美国、芬兰等国水中。3月底，美国牛奶被测出放射性物质。虽然美国食品和药物管理局解释说，“极微量”可量化至食品放射性物质含量安全标准的五千分之一，但仍不免引起人们担忧。

自福岛核电站泄漏事故后，韩国有关部门就开始对本土空气的放射性物质进行监控，目前在空气和雨水中都测出微量放射性物质。

虽然据权威分析，这些放射性物质对人体都是无害的，但韩国国内民众对空气、海水以及食品的安全担忧日益加重。韩国政府还计划将监测范围扩大到畜产品，以消除公众的疑虑和不安。

多国抢购抗辐射碘片与茶品

听到受损核电站释放出的放射性物质有可能扩散到美国西海岸的消息后，美国西海岸一时间也掀起了抢购抗辐射碘片的风潮，据说在网上，一盒碘片最多炒到 2 000 美元。尽管美国政府多次表示，日本核危机不会对美国民众健康构成影响，但仍然难以消解人们的担心。

俄远东地区毗邻日本。核危机发生后，当地居民中也出现了恐慌心态。对切尔诺贝利核事故记忆犹新的俄罗斯人唯恐局势失去控制后，福岛核电站将发生核爆炸。

因此在核危机的最初一段时间，人们纷纷抢购碘酒、含碘制剂、海藻类食品、红酒以及放射性测量计。为了稳定民心，俄总理普京 3 月 19 日专程造访俄最东端的萨哈林州首府南萨哈林斯克市。俄媒体评论道，普京此行的一个重要目的就是为了稳定民心，表明远东地区是安全的。

外国政府和媒体对日本从赞美到不信任

有日本媒体 9 日刊文称，东日本大地震发生之初，外国政府和媒体毫不吝啬地对日本灾民的忍耐力和井然有序进行赞美。

但当看到日本政府在应对核电站事故时的拖沓和低效率后，世界的目光开始发生变化，对日本应对的迟缓和信息公开不力表示出不信任和不理解。

资料来源　鹏致. 日本核污染让世界“鸡犬不宁”[N]. 广州日报，2011-04-12（A11）.

1.4.3　市场营销活动的社会责任

现实生活中许多似乎只涉及买方和卖方的道德难题，实际上它们还涉及作为整个社会的其他人。例如，人们到餐厅购买用泡沫塑料保温盒盛装的快餐，食后将泡沫塑料盒扔进餐厅的垃圾筒，这看起来似乎只是食客与餐厅之间的一次交易。但实际上远非如此，因为这些泡沫塑料餐盒倾倒到垃圾填埋场后，几个世纪都不能降解，这样社会就将承担个人快餐购买的成本。这个例子正说明了营销活动的社会责任问题，即任何机构都是整个大社会的一部分，都要为它们的行动对社会负责。为了求生存，一个机构必须平衡其他群体，如其职工、股东、供应商与其顾客之间利益中的道德和社会责任。所有的工商企业都必须在今天来自世界各地竞争者的强大压力下达到这种平衡。因此，正如本章 1.3.3 所述，今天风行的社会性营销观念特别强调不仅要满足消费者需要，还要负为社会提供福利的社会责任。

图 1-7 就是这种社会责任的三个具体概念。

1）利润责任

利润责任令公司必须负责一项简单的任务——为它的业主或股东赚取最大限度的利润。诺贝尔奖获得者米尔顿·弗里德曼（Milton Friedman）就是持这种观点的代表，他发表于 1970 年 11 月《纽约时报》上题为《弗里德曼定律：企业的社会责任就是增加利润》一文中，首先提出这种看法。他说：“企业的一个或唯一的社会责任就是用自身的资源从事旨在增加自身利润的活动，只要这种活动不超出游戏规则所允许的范围，即这些活动只要是在没有瞒骗和欺诈的公开、自由竞争中进行。”显然，这种责任感往往会在社会上引起一些非议，甚或与某些商业道德发生冲突。如 AZT 这种治疗艾滋病有效药物的制造者伯勒斯·韦尔科姆（Burroughs Wellcome）曾运用这种观点来制定价格，结果引来许多批

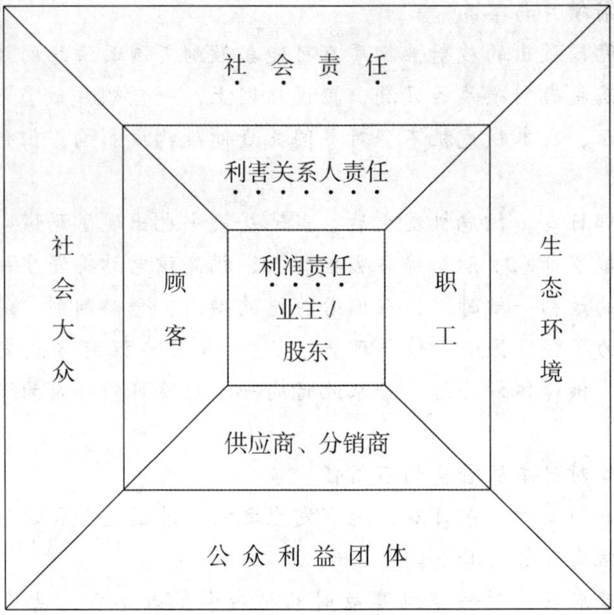

图 1-7 社会责任的三个具体概念

评，认为该公司 AZT 的高价（每个病人每年使用此药的开支为 6 500 美元）就是由于他们依靠拥有此药的专利而企图赚取尽可能多的利润。

2）利害关系人责任

这是由于上述利润责任观点经常遭到批评而导致的一种含义更广的社会责任。这种责任的中心是机构必须对那些能影响其达成目标的各种人物所应负的责任。这些利害关系人包括顾客、职工、供应商和分销商。对利害关系人负责，往往会使企业付出一定代价。但由于这样做，企业也往往因此获得较好的口碑，得到这些利害关系人的更大支持。例如，法国的皮莱尔矿泉水公司，它生产的皮莱尔（Perrier）牌瓶装水来自法国南部的优质矿泉水，畅销欧美市场。1990 年该公司曾通过一项事件，具体履行了这一责任。当时该公司在跟踪其产品质量时，发现有 13 瓶含有有毒化学物质的矿泉水出了厂，于是便从 120 个国家召回了 1.6 亿瓶该牌矿泉水，公司为此付出了 3 500 万美元的召回费用，并遭受了 4 000多万美元的销售损失，甚至虽然这 13 瓶矿泉水所含化学物质的水平还没达到有损人体健康的程度。但该公司的总裁认为，他这样做完全是从公司的消费者、分销商和职工的最大利益出发的，因为这样做可使他们解除最小的、极微的疑虑，从而增强了该公司产品的质量形象和纯净性。

3）社会责任

社会责任是近年来出现的更广阔的概念，就定义而言，目前国际上尚没有统一定义。一般认为企业社会责任就是企业开展市场营销活动在创造利润、对股东利益负责的同时，还要承担对员工、对消费者、对社区和环境的社会责任，也就是还包括了图 1-7 所示的对利害关系人的责任在内的更大的范围。这一更广阔的概念包括遵守商业道德、保障生产安全和职业健康、保护劳动者的合法权益、保护环境、支持慈善事业、捐助社会公益事业、保护弱势群体等，现在西方社会在对企业进行业绩评估时已经把社会责任作为一项重要指标。

总的来说，上述这些社会责任可以区分为基本的社会责任和高层次的社会责任这两个层面。国外对企业社会责任的评价都包括了这两个层面的内容。也就是说，一个积极履行社会责任的企业，不仅要遵守法律，遵守国际劳工标准，保证员工生产安全、职业健康，而且还必须对保护生态环境和社会大众负责。目前人类文明正以前所未有的速度向着更高层次发展，追求无毒、无害、无污染的商品与生存环境，已成为当今时代人民生活与生产、消费的主流趋势。越来越多的企业也正通过名为绿色营销的这种营销努力来回应人们的这种关心，纷纷主动增加对环保所承担的责任并也从种种现实教训中深刻认识到，如果在自己的市场营销活动中忽视环保，则必将危及企业的生存与发展。至于为社会大众的利益而努力，对社会公益事业的支持和捐助，也已成为许多企业塑造“企业公民”形象的“必修课”。

不过一个企业在重视或着力履行这些高层次的社会责任时，绝不能忽视基本的社会责任。如果一个企业为社会公益事业作了大量的贡献，然而它在基本的社会责任方面受到了谴责或投诉，例如使用了童工，提供极不安全健康的工作环境等，也不能说它很好或算是履行了企业的社会责任。

【小资料 1-2】

安利：用责任连接企业与社会

2014 年 3 月 7 日，由中国消费者报社、中国消费网主办的“3 · 15 直销企业履行社会责任与保护消费者权益座谈会”在京召开。安利总裁黄德荫表示，安利用责任连接企业与社会。

当前，在社会经济快速发展的同时，人们也面临着环境、资源、产品安全、权益保障等一系列问题，公众的视线也越来越聚焦于企业如何承担社会责任。在中国，安利一直把“共享美好生活，共创卓越未来”作为长期秉持的责任理念。2013 年 10 月，国家工商行政管理总局颁布了《直销企业履行社会责任指引》，安利以此为契机，对公司的内部工作机制进行了全面检视和梳理。

遵纪守法是企业的第一使命，安利在中国开业 19 年来，严格遵守直销法规、产品质量法、消费者保护法等各项法规，通过设立营业守则、开办培训中心等方式，确保营销队伍的规范发展，同时，主动向主管部门报备经营情况，向社会公众披露相关信息，保证公司的公开和透明。

同时，安利积极创造经济价值。截至 2013 年底，安利（中国）已累计纳税 534 亿元人民币。在创造就业机会方面，安利为不同背景和行业的人们，提供了公平公正、灵活就业的事业机会，目前公司共有活跃营销人员 24 万人，还雇佣了 9 100 多名员工，并通过不断加大投入、提供业务支持，为人才的成长与发展创造空间。

安利还积极参与公益事业来回馈社会。安利（中国）秉承母公司的公益传统，携手广大营销人员和员工一起，在关爱儿童、环境保护、志愿服务等领域持续努力，以关爱贫困儿童为主旨的安利公益基金会已帮扶了超过 100 万名儿童。目前，安利每年在全国各地开展上千项公益活动，90% 以上的项目都有营销人员参与，其累计注册志愿者超过 7 万人。

在保护消费者权益方面，安利从制度上进行了严格的保障和管理，确保产品品质的安全可靠。安利实施“全面质量管理体系”，在研发、生产、质检每一个环节严格把关，通过了GMP审查、ISO9001质量管理体系、HACCP食品安全生产管理体系等多项权威认证，为产品安全构筑了严密的防线，确保消费者放心消费。为确保营销人员规范销售，安利制定了《营业守则》并建立了专职的员工队伍，监督和管理营销人员的行为，对于证据确凿的违规人员，依照规定处理，绝不姑息。同时，安利每年在人员培训上的投入超过1亿元，仅2013年一年就培训240多万人次。在售后服务阶段，安利遵循30天无因退货制度。“安利（中国）客户服务中心”设有处理消费者投诉的PRS系统，通过店铺、客户服务热线等渠道受理顾客投诉，推行投诉顾客满意度回访，及时解决各种投诉和反馈问题。安利各地分公司还积极配合消协、工商、质检等部门，开展一系列普及消费知识、维护消费者权益的活动。

资料来源 许莉珺．安利：用责任连接企业与社会［EB/OL］．［2014-05-07］．http://www.ccn.com.cn/news/yaowen/2014/0307/530527.html.

1.4.4 非道德市场营销行为的现状与整治

虽然如前节所述，由于时代变了，特别是在经济全球化的大背景下，许多企业已意识到企业和社会各个元素之间是一种共生的关系，企业为了保证自身的生存，实现利润最大化，必须承担相应的社会责任及由此产生的成本，做一个有社会责任感的企业，主动承担起对职工、对消费者、对所在社区、对社会的责任，必须以不污染、不歧视、不从事欺骗性的营销行为或方式来保护社会福利。但由于从事市场营销的企业和机构浩如烟海，企业家的认识和德行参差不齐，市场上非道德市场营销的行为或反社会营销的现象和行为仍大量存在，最主要的体现在如下几个方面。

（1）图一己私利超排、偷排或违法排污。近年来，一些企业和机构为追求利润、降低成本、减少支出，不顾环境保护的要求和有关限制、规范排污的规章和法令，不负责地任意排污和非法排污的情况时有所见，重大环境违法案件不断发生，致使许多地区生态破坏严重，生态环境整体功能下降。不达标、超标排污的行为不仅发生在生产企业，而且在一些非生产、非营利机构也大量存在，如《经济日报》曾报道，天津新建成使用的危险物处理中心的医疗垃圾焚烧炉，每天处理能力为30吨左右，但每天只能接到8吨处理物。据调查，该市只有两个医院的废物全部由中心运输车提走，其他医院交给中心的垃圾从数量上看只是象征性的。为了节省运营成本，减小开支，很多医院采取逃避、拒交、少交的办法对付处理中心。有的甚至私自将纱布、一次性针管等器具回收利用或低价卖给私人，从中牟利，又使这些具有生物感染性的器具重新流入市场，给社会带来极大危害。

（2）极力追求降低人工成本，罔顾职工福祉。为了追求利润最大化和增强价格竞争能力，一些企业往往不择手段地大肆降低工人的福利，损害工人的权益和职业健康。最普遍的情况有下列几种。

①克扣和压低工人工资。这在一些外资企业和合资企业中最为常见，它们往往利用经济欠发达地区大量农民工涌入，劳动力供应大大超过需求的情况，尽量压低工人的工资，而且长期固定不变。

②生产条件恶劣，忽视生产安全，职业中毒严重。在一些劳动密集型的合资或私人企业中，这些问题更为突出，即使一些大型企业也不例外。例如，一位研究企业该怎样承担

社会责任的专家就曾指出，他在深圳参观了一家著名出口企业。它的产品占全世界 95% 的市场，但车间里烟雾弥漫，工人戴的不是一般的棉口罩，而是像防毒面罩一样的防护罩。夏天，车间里不能制冷，否则影响焊接质量。不管温度多高，工人都要穿着包得严严实实的工作服。一个班下来，要喝几桶水，这样的工作工人只能干五年，再多就要得肺病。

③超工时、频繁加班问题严重。现在在许多外资企业及私人企业中，每周 5 天 40 小时工作制简直是梦话，在这些企业中，每两周休息一天，每天工作 10 小时已被称为模范企业了。普遍的情况是每天工作 12 小时，加班加点更是家常便饭。更有甚者，一些企业工人加班工资只有 0.5 元/小时，严重违背劳动法。有些企业实行计件制工资，他们采取把计件的单位价格压得很低的做法，使工人不加班就完不成当天的任务。

（3）图财害众，制售有害、有毒、假冒、劣质产品。长期以来，不法厂商的这类伤天害理的非道德行径层出叠见，病死鸡制成德州扒鸡、病死母猪肉制作太仓鲜肉松、“毛发水酱油”这类谋财害命的个案也不少见。至于非法食品添加物滥用更是普遍现象，不法厂商要么把非法添加物当食品添加剂使用，如三聚氰胺、吊白块、苏丹红、瘦肉精等；要么不按规定量长期滥用食品添加剂，如着色剂、防腐剂、牛肉膏等。例如“吊白块”就被一些不法厂家广泛应用于馒头、腐竹、面粉、粉丝、米粉等食品加工中，达到漂白、消色、增强口感、不易腐烂等效果。殊不知“吊白块”这种化学产品就是“甲醛次硫酸氢钠”，主要用于印染工业作还原剂等，人食用含有“吊白块”的食品后，可引起过敏、肠道刺激、食物中毒、肾脏肝脏受损等，严重的可导致癌症和畸形病变，其危害是多么令人触目惊心。

【小资料 1-3】

69 人制售有毒食品获刑　小老板获刑三年罚 40 万

2014 年 3 月 13 日下午，青岛市中级人民法院通报了 2013 年以来全市法院危害食品安全犯罪案件的审理情况。本市两级法院共审结危害食品安全犯罪案件 30 件，对 69 名被告人判处了刑罚，刑期基本在有期徒刑 13 年之间，所涉罪名包括生产销售有毒有害食品罪、生产销售不符合安全标准的食品罪、生产销售伪劣产品罪等。

据介绍，2013 年 1 月至 2014 年 3 月，全市法院共受理危害食品安全犯罪案件 50 起，已审结 30 件，对 69 名被告人判处了刑罚。跟去年“3・15”发布会通报的情况相比，2013 年以来审结的危害食品安全犯罪案件数量有所增加，罪名也相对集中。“在已审结的 30 起案件中，生产、销售有毒、有害食品罪 27 件，而在具体犯罪样态中，以在生产豆芽的过程中加入对人体有毒有害的‘无根豆芽素’居多，共 17 件。”市中院党组成员、审委会专职委员田孝民说。另外还有用瘦肉精喂食生猪，用地沟油炸制点心，用火碱泡制鸡爪、牛肚，用工业卤片制作豆腐，用工业亚硝酸钠生产鸡架等案件。

资料来源　节选自李保光，等．69 人制售有毒食品获刑 小老板获刑三年罚 40 万［N］．半岛都市报，2014-03-14.

（4）不讲诚信，大搞价格欺诈。一个时期以来，在市场上或者说在媒体上，真可说得上是虚假广告到处横行，一些虚假广告已成为“吹牛不打草稿”，公开撒谎脸不红、心不跳的经典。例如某“换肤霜”就曾在广告中大吹，声称“使用1次到8次就可以使皮肤由粗糙、灰暗、苍老变成细腻、光洁、富有弹性和光彩”，“使用两次年轻10岁”、“使用8次彻底换个样”，可许多人使用后，不但没有变得“光彩”和“年轻”，相反面部出现红肿，肤色由白变黑，好好的鼻子成了酒糟鼻子。有些有关产品性能的广告，尤其是医疗方面的广告，所宣传的疗效许多在科学上是根本不可能的，甚至一种叫“高乐美”的保健品竟也宣称只要服用2~3个月便可长高3~15厘米等。有的还居然举出已得到某某科研机构、主管部门或名人的印证。例如有一种声称可安神的牙膏，宣称不仅具有一般牙膏的洁齿、消炎、爽口作用，同时还具有养心安神的功效，对失眠者，刷牙3分钟即可自然入眠，并称该项成果已获国家专利，成为我国牙膏史上第一个专利产品。

另外，目前经营者利用虚假或者使人误解的价格条件，诱骗消费者或其他经营者与其进行交易的行为也较为普遍。如虚拟原价，谎称降价；故意用模糊语言、文字、计量单位等表示价格的模糊示价；以虚假的优惠价、折扣价、处理价、最低价以及其他虚假的价格信息，引诱顾客进行交易等就常常可见。

（5）利用企业的优势地位，制定“霸王条款”，将不平等的格式条款强加给消费者。所谓“霸王条款”，就是指一些经营者单方面制定的逃避法定义务，减免自身责任的不平等格式合同。这些经营者往往利用其优势地位，在制定格式合同时将不平等条款强加给消费者。这些不平等格式条款的“不平等”具体体现在五个方面：经营者减免自己的责任，逃避应尽义务；经营者和消费者的权利义务不对等；任意加重消费者责任，排除、剥夺消费者的权利；违反法律规定，任意扩大经营者权利；利用模糊条款掌控最终解释权。此外还有不少有失公平的行业惯例，也应属于“霸王条款”之列。如有的餐饮企业规定最低消费及对顾客自带酒水要收极高的开瓶费，一些高级酒楼、宾馆要加收服务费等，显然是不合理的，侵犯了消费者的选择权。

（6）宣扬低级、庸俗、消极、颓废的价值观。近年来，一些企业为扩大销售、扩大企业名声、造成轰动效应，大打注意力经济的牌，把肉麻当时髦，不断推出各种不顾社会道德规范的促销怪招和其他不正当的营销策略、方法。例如为推销内衣、洗浴用品，不少城市都在商业街上频繁上演“美女内衣秀”、“美女浴”的准色情闹剧；有的饭店酒楼则竞相以恶俗菜名来吸引顾客，有的菜单上竟赫然写着“男欢女爱”、“出水芙蓉”、“一丝不挂”、“勾勾搭搭”、“风流寡妇”等。其实“男欢女爱”只不过是一雄一雌两只河蟹、“一丝不挂”只是一只烧鸡、“勾勾搭搭”只是黄豆芽炒绿豆芽，“风流寡妇”只是一杯冷饮而已。另外还有“玉女宽衣”、“美人横陈”、“金屋藏娇”、“伟哥可爱”等恶俗菜名。总之，诸如此类的营销手法，利用的是人们的猎奇猎艳心理，宣扬的是颓废、不健康的价值观，鼓吹的是消极、没落的垃圾文化，毒化的是消费者的心灵和社会风气。因此有人称之为“反社会营销”并不为过。

纵观上述非道德营销行为现状，的确不能不令人焦虑担忧，期望它们能得到及时纠正和整治。

那么如何对非道德市场营销行为进行整治呢？由以上有关市场营销道德与责任的概述可看出，非道德市场营销行为实质上是一些企业没能正确对待和履行企业社会责任的问题。因此，整治非道德市场营销行为主要是针对企业社会责任的内涵采取相应的对策。

本节前面曾将企业社会责任区分为基本的社会责任和高层次的社会责任两个层次。实质上前者及后者中的大部分责任都是法律和制度要求的强制性的社会责任，后者中只有那些属于道德和价值观念要求的自发性的社会责任，方堪称真正的高层次的社会责任。而非道德市场营销行为绝大部分都有悖于或背离法律和制度要求的强制性的社会责任。因此对非道德市场营销行为的整治，首先要加强政府对非道德营销行为的行政监督与控制。由于非道德市场营销行为遍及市场营销活动的各个领域，涉及的问题面非常广，因此许多政府部门都对“防非”、“治非”负有责任。其中尤其是加强工商行政管理部门、物价监督管理部门及质量技术监督部门的行政监督控制更为重要，因为绝大多数非道德营销行为都在这些部门的监控领域之内。加强这些部门的职能和监控力度，就可对许多最为普遍的非道德营销行为予以整治或扼制。

其次，用健全的法律法规构筑的监管体系引导企业去落实社会责任，推进企业社会责任法制化。这里所指的健全的法律法规，还可引申到包括各国政府和国际官方机构制定的一系列涉及社会责任的协议，如联合国制定的有关的环境公约和劳动力公约，一些非政府组织和专业机构制定的全球性标准，如国际为维护劳动者利益制定的 SA8000 标准，国际标准化组织为保护环境制定的 ISO14000 标准。1999 年联合国秘书长安南提出了《全球协议》，其内容包括：企业应支持并尊重国际公认的各项人权、承认劳资双方就工资等问题谈判的权力，消除各种形式的强制性劳动，禁止童工，企业应主动增加对环保所承担的责任，鼓励无害环境的技术开发和推广。这些协议所提出的企业社会责任都具有很大的可移植性，也是使企业社会责任管理与国际接轨的捷径。

最后，充分发挥新闻舆论及消费者对企业履行社会责任的监督。新闻舆论监督作为一种社会监督对非道德营销行为的整治作用，虽然不像司法、行政权力监督手段那样具有强制的作用，但有时它却有着比司法、行政监督手段更大的影响力，或者司法、行政监督在新闻舆论的配合下，其对非道德营销行为的抑制和警示作用更能充分发挥。如有的劣迹企业，其在某地的某一严重违法经营行为在该地涉案被查处，但它仍可钻社会上大多数消费者不知情的空子，继续在市场上招摇撞骗。但一旦被传媒披露后，该企业就可能在社会上信誉扫地，失去市场。当然新闻舆论对非道德市场营销行为的监督作用，还往往凸显在一些涉及道德两难的个案上，如本节开头曾述及，人们的许多社会行为按道德与法律的关系划分，是存在不少两难问题的，有不少非道德行为，往往在法律上并没有被规制。何况还有不少非道德市场营销行为，还没有达到违法违规的程度，但却可通过舆论来辨析、评述与监督。

至于消费者是推动企业履行社会责任的有效力量，也越来越被事实所证明，越来越明显。由于消费者是分散的，并对产品性能和质量认知能力的限制，在实际生活中一般是由他们的代理机制或自发性组织代为执行监督职能。例如，一些消费者组织，尤其是全球性的消费者组织，便常常发起活动，抵制不负社会责任的企业的产品。至于消费者为了保护自己的利益不受侵犯而采取自发的措施与行动的消费者运动，在限制非道德市场营销行为方面，其影响和作用则更为深远。实际上，不少国家以及国际上一些保护消费者权益、抑制企业非法市场营销行为的立法或公约、协议，还是在消费者运动的推动下出台的。

以上就是加强企业外部的市场监督，强化企业家商业道德水平的重要方面或手段。但人们的行为或企业的德行，毕竟要受到个人或企业文化、价值观、经营理念、管理思想、管理制度及企业业绩评价标准和体系的影响，因此为有效地整治非道德市场营销行为，除了要加强企业外部的市场监督外，还要加强文化因素对企业家的引导，要从思想上加强他们对文化及其作用的认识，并将其纳入战略管理的框架，让“企业社会责任”成为管理理论的主流观念，并大力进行企业德行的培育，使全体员工对当今企业管理的责任不仅是使利润最大化，而且还要保护和增加社会财富，必须承担社会义务以及对由此产生的成本有明确的认识，从而加强企业的自律，从源头上控制非道德市场营销行为。

【小资料 1-4】

微信集赞能免费旅游　泰安一对情侣吐槽：去了就被坑

不少玩“微信”的朋友，可能都喜欢有空时刷一刷“朋友圈”，看一看亲朋好友发布的照片、分享的公共账号文章等。遇到自己喜欢的，还可以点个“赞”，让朋友知道。不过最近在微信上点“赞”可能不仅是出于个人偏好了，在朋友圈里分享转发并收集到多少个“赞”，就有机会赢取奖品。如果奖品只是个小礼物，您可能不会太在意。如果是免费旅游呢？这个诱惑可不小。

“26 个赞赠送海南五天单人游，56 个赞赠送海南五天双人游，76 个赞赠送海南五天亲子游”……近日，集“赞”送旅游在微信朋友圈广为流传。“38 个赞赠送港澳 4 天双人游，68 个赞赠送深港澳五天双人游”这样的集“赞”送免费旅游的帖子不禁让众多网友难以抗拒，纷纷疯狂转发，在朋友圈中大力求“赞”。

事实上是“购物点游”

究竟这样的“免费旅游”有何猫腻？齐鲁网记者致电发帖方“港澳品质游”，工作人员表示获得旅游卡后，游客吃住行全部免费，香港方面会有旅行社接应。

记者通过网络平台找到一位曾参加过此类“免费旅游”的市民。“商家当然不会做亏本生意，旅行社靠带游客去购物就能赚钱！”刘女士用侄女给她的“旅游卡”参加了港澳三天游，她大呼“被坑”：“导游想方设法压缩游客的游览时间，带游客去购物点，根本不是景点游，而是‘购物点游’！”还有参加了海南游的一对青年情侣吐槽：“听起来是占便宜的事儿，去了之后就附加收费，当地的住宿条件也非常差，而且游客还被几经‘转手’，想要讨说法，当地的地陪‘一问三不知’。”

有业内人士向记者透露，这样的“免费游”大多是一些不正规的旅行社发起的。前些年这种旅行团曾吸引不少游客，但因为强制消费、自费项目泛滥等，许多参团的朋友不仅没能省钱，还带回来一肚子气。随着微信的流行，赠送“旅游卡”的活动再次渗入，通过社交网络死灰复燃。

《中华人民共和国旅游法》已经明确规定不能安排购物行程，旅行社为何还敢如此明目张胆？有导游向记者透露，参加者到了当地之后，导游会要求他们签一份“没有被带入购物点”的协议。此外，有一些则是以“看表演”的名义，带游客看当地特产的“推销展”。反正各种方式层出不穷，游客防不胜防。如果想旅游，还是找正规的旅行社和渠道为好。

资料来源　王莹，刘智．微信集赞能免费旅游 泰安一对情侣吐槽：去了就被坑［EB/OL］．［2014-05-24］．http：//news. iqilu. com/shandong/yuanchuang/2014/0324/1921487. shtml.

本章小结

市场营销是个人和机构通过预测、刺激、提供方便，协调生产与消费以满足顾客和社会公众对产品、服务及其他供应的需求的整体经济活动。市场营销是在一定的市场营销观念指导下进行的。产业革命后，从西方社会来说，市场营销观念的发展，可以分为三个明显的阶段，出现过五种不同的观念。这些观念的产生和发展都有其特定的历史背景和适应性。市场营销道德与责任是现代市场营销管理日益突出的问题，非道德市场营销行为的泛滥对消费者和整个社会都带来不可估量的损失，必须多管齐下予以整治。

主要概念和观念

□ **主要概念**

市场营销　需要　欲求　需求　交换　交易　市场　市场营销者

□ **主要观念**

市场营销观念　消费者主义　环境运动　社会责任

基本训练

□ **知识题**

1.1　阅读理解

1）市场营销的定义是什么？古典的市场营销定义与现代的市场营销定义有何不同？

2）产生市场营销需要哪些条件？

3）市场营销的范围包括哪些事物？

4）市场营销的核心概念有哪些？

5）从西方社会来说市场营销观念的发展经历了哪些阶段？

6）当今市场营销道德问题凸显的原因何在？

1.2　知识应用

1）选择题

（1）产生市场营销需多种条件，其中之一是________。

A. 有未满足需求的双方或多方

B. 有买者和卖者相互直接接触的有形场所

C. 有自己生产产品的双方或多方

D. 各方有运输商品的工具

（2）市场营销学中所讲的需求是指________。

A. 个人感到没有得到某些满足的状态

B. 由个人文化背景及生活环境的陶冶所表现出来的人类需要

C. 人们有能力并愿意购买某种产品的欲望

D. 有支付能力的需求

（3）以生产为中心的阶段为________。

A. 19世纪末至20世纪初的50年左右　　B. 20世纪的30年代和40年代

C. 20世纪50年代至80年代　　D. 20世纪90年代开始至今

（4）社会性营销观念不仅考虑到消费者的需要，而且还考虑到________。

A. 消费者和企业的长远利益　　B. 消费者和社会的长远利益

C. 企业和社会的长远利益　　D. 消费者的长远利益

（5）企业社会责任就是企业开展市场营销活动在创造利润、对股东利益负责的同时，还要承担________。

A. 对员工的社会责任

B. 对员工、对消费者的社会责任

C. 对社区和环境的社会责任

D. 对员工、对消费者、对社区和环境的社会责任

2）判断题

（1）市场营销与市场营销学都是从英文 marketing 一词翻译过来的，因此这两个中文词的含义也是一样的。（　）

（2）“市场营销是消费者群体和供应者群体之间进行的交换”这一表述，属古典的窄派定义。（　）

（3）要产生市场营销，至少需要三个条件：①商品；②购买力；③愿意买卖商品的人。（　）

（4）营销者可以是一个卖主，也可是一个买主，因此把“marketer”译成“销售者”是不当的。（　）

（5）道德涉及的是人们的道义和价值观，法律则涉及法院可强迫实施的社会价值观和准则。（　）

（6）环境运动是关心社会的企业为保护与改善人们的生活环境所进行的有组织的运动。（　）

□ 技能题

1.1　规则复习

1）市场营销观念的科学含义及运用

市场营销有宽、窄两派定义，各有适应性和实用性。在运作上都具同样重要的实际意义。

总的来说，市场营销人员要从事八项不同事物的市场营销工作。这些作为营销对象的事物各有一定的经营特点，营销关注点和方式、方法不完全相同。

产业革命后，从西方社会来说，市场营销观念的发展经历了三个明显的阶段，先后形成了五种不同的观念：以生产为中心阶段的生产观念和产品观念；以销售为中心阶段的推销观念；以消费者为中心阶段的现代市场营销观念和社会性营销观念。这些观念的产生都有其特定的历史背景，即使在当今经济社会中，这些观念仍然各有其指导性意义。

2）市场营销道德与责任的辨析

道德涉及的是人们的道义和价值观，法律则涉及法院可强迫实施的社会价值观和准则。这种区别有时会使一些行为合理不合法或合法不合理，但有大量的情况，法庭的判决

对界定道德和法律的界限仍起着重要作用。

现实生活中许多似乎只涉及买方和卖方的道德难题，实际上它们还涉及整个社会的其他人。任何机构都是整个社会的一部分，都要为它们的行动对社会负责，包括遵守商业道德、保障生产安全和职业健康、保护劳动者的合法权益、保护环境、支持慈善事业、捐助社会公益事业、保护弱势群体等。

非道德市场营销行为绝大部分都有悖于法律和制度要求的强制性的社会责任，因此对非道德市场营销行为的整治：首先，要加强政府对非道德市场营销行为的监督与控制；其次，用健全的法律法规构筑的监管体系引导企业去落实社会责任；再次，充分发挥新闻舆论及消费者对企业履行社会责任的监督；最后，除上述对企业外部的市场监督外，还要加强文化因素对企业家的引导。

1.2　操作练习

1）实务题

用两三个例子分析说明：

（1）我国一些较出色地奉行社会性市场营销观念的企业，它们在行业上有哪些特点？在其他主客观因素方面有何共同点？

（2）当前某些非道德市场营销行为比较突出，其具体原因何在？应采取什么有效措施？

2）综合题

造纸企业的最主要环保问题是什么？如果你是广州某大型造纸企业的主要决策者，将如何按社会性市场营销观念的要求来处理这些问题？

□ 能力题

1.1　案例分析

宝新公司的社会责任感

宁波宝新不锈钢有限公司是由上海宝钢集团公司、浙甬钢铁投资（宁波）有限公司和日本日新制钢株式会社、三井物产株式会社、阪和兴业株式会社合资组建的现代化冷轧不锈钢薄板生产企业。宝新一期、二期、三期总投资达到 36 亿元人民币，其中环保投入 2 亿元，整个厂区绿化覆盖率达到 35%，公司在绿化方面的投入已经超过 2 000 万元。

在宝新之前，国内还没有一家钢铁企业“舍得”花 550 万美元建造一种叫做“废酸回收再生系统”的环保设备。宝新早在二期建设时就引进了这套全世界仅有几套的高昂设备。正在建设的四期工程准备再投入 600 万美元建造这一废酸回收再生系统。“这一系列虽然贵，但是对废酸全酸的回收效率超过 90%，不但可以大大削减中和废水及淤泥的排放，还可因再生酸回用而降低 90% 的硝酸消耗和 70% 的氢氟酸消耗，每年节约 3 780 吨硝酸和 700 吨氢氟酸，价值 851.3 万元，”刘安介绍：“宝新巨大的投入不仅仅减少了污染物的排放，更为关键的是实现了一种‘循环经济’的模式，减少了对资源的过度占用，这是更高层次的环境保护。”

刘安总经理多次强调，宝新不认为一个企业在履行纳税义务以后，就完成了企业对社会的责任。他说：“当今企业的社会责任超越了以往企业只对股东利益负责的范畴，强调对包括股东、员工、消费者、客户、社区、政府等在内的利益相关者的社会责任，特别强调对人的价值的关注。企业社会责任最基本的是企业的法律责任，包括遵守国家的各项法律法规，不违背商业道德。在高层次上是企业对社区、环境保护、对社会公益事业的支持和捐助。”

宝新从创建伊始一直坚持“高起点、高标准、求精品”的原则从国外引进国际一流的、成熟的设备和技术。在引进生产设备的同时，宝新特别强调同步引进与之配套的污染治理技术和设备。不仅如此，公司还千方百计改造这些设备和技术，使得排污指标一降再降：针对不锈钢行业普遍存在的雨排水含油问题，宝新公司与设备供应商日本三菱公司共同对轧机的油雾处理系统进行了改造完善，使轧机的油雾排放浓度从原来的 $44mg/NDm^3$，降到 $3.6mg/NDm^3$，远远优于设备合同中外方规定的 $20mg/NDm^3$ 的考核标准。在四期工程中，宝新又增加500万元人民币的投入，建造了一套雨水隔油处理系统，使雨水全部经隔油处理达标后排放，确保厂外河流不受污染。

在宁波北仑区霞浦镇，有一个由宝新自行投资24.2万元建造的标准的污泥堆场，彻底解决了污泥堆放可能造成的二次污染问题。另外，宝新先后投入30万元及时调用进口元件和进口分析仪，消除了退火酸洗机组的黑烟排放和黄烟排放现象。

目前，宝新公司所有的污染物排放标准全部达到国家标准，其中 SO_2、NO_x、Cr_6^+、总镍、氟化物、粉尘等不锈钢行业的主要污染物排放浓度都远远优于国家标准，仅为国家标准的1/10～1/550。比如，宝新 Cr_6^+ 排放浓度仅为0.004mg/l，比国家标准低100多倍；SO_2 的排放浓度为 $1\sim9mg/NDm^3$，仅为国际的1/550～9/550。污染物的削减量都控制在99%～99.99%，每万元产值耗能仅为0.22吨标煤，为宁波市黑色金属系统平均水平的61%。此外，宝新的污染物内控排放标准普遍优于国家标准。比如矿物油，宝新应执行的排放标准是《污水综合排放标准》中的二级标准，即10mg/l，而宝新的内控排放标准仅为5mg/l。

“宝新在环保上的投入是巨大的，我们以此换来了污染物排放浓度和排放总量的大幅度降低，有效防止了污染事故的发生，给社会带来了巨大的环境效益，”刘安总经理说：“试想一下，如果像宝新这样性质、规模的企业推卸自身对于保护环境的责任，走一般企业走过的‘先污染、后治理’的老路，给社会带来的经济损失和环境灾难绝不是几亿元的投入能够挽回的。”宝新保护环境的强烈的社会责任感也得到了社会的广泛认可：2001年，宝新公司同时通过了ISO 14001环境管理体系认证和OHSMS职业安全健康管理体系认证，企业多次被宁波市评为“花园式单位”、“园林式单位”，2003年，又被宁波市政府评为宁波市首批八家“环保模范工厂”之一。

宝新成立五年来骄人的业绩令中日两国的出资方非常满意：宝新投产当年就开始赚钱，2000年盈利7 000多万元，从2001年就开始向股东分红3 327万元，2002年又分红1亿元，开创了冶金行业投产三年就向股东分红的先河。

为了保障职工的身体健康，宝新每年自费请来宁波市疾病控制中心对公司作业现场的有毒有害气体进行检测，每次都符合健康标准。另外，对在现场作业职工进行定期职业健康检查和常规检查，除为员工办理所有社会保障外，还增加了“意外人身伤害”的商业保险，并通过OSHMS职业安全健康管理体系的有效运行，实现投产以来工亡事故为零和职业病事故为零，有效保护了员工的生命安全，也从另一个角度维护了社会稳定。

据统计，1999—2003年，宝新公司除缴纳税金4.63亿元外，其他用于社会公益的支出约3 200万元。此外，宝新从2000年开始与宁波奉化市斑竹乡结成扶贫对子，实际出资 10 万余元用于改变当地的落后面貌。在投产初期捐赠 20 万元“寒窗基金”的基础上，2003 年，宝新公司一次性捐赠宁波慈善总会 200 万元，用于建立“慈善助学基金”，帮助家庭困难的有志青年完成学业。刘安一直认为，知识改变命运，对贫困人群的教育资助不仅能改变一个人，改变其家庭的生活境遇，从长远来看，将改变整个社会、改变国家的未来。

资料来源　改编自杨洁．宝新：创造与社会共享的价值［N］．经济日期，2004-03-10（8）．

问题：

1）宝新的案例能足以说明环保可以和盈利并行不悖吗？

2）宝新的社会责任感是否全面并具普遍意义？

1.2　网上调研

就当前我国企业（某地区或某行业）奉行社会性市场营销观念的情况（主要指占企业总数百分比的情况）进行网上调研。

第 2 章

市场营销计划与控制

学习目标

通过学习本章，你应该达到以下目标：

知识目标：了解市场营销计划的含义；掌握市场营销计划的一般性内容。

技能目标：掌握市场营销计划的编制程序和具体的年度市场营销计划编制步骤。

能力目标：比较熟练自如地掌握、运用几种主要的评估和控制市场营销业绩的方法。

引例

某杏仁露公司 2014 年度营销计划

以某杏仁露饮料公司 2014 年度营销计划为例，给出年度营销计划书范文。（注：此案例属“虚拟案例”，仅供参考）

1. 计划概要

2014 年，本公司要继续保持销售和利润高速增长，销量目标为 10 万吨，合销售额 10 亿元，利润目标为 1 亿元，分别比去年增长 50%。这一目标实现的途径是，继续扩大在北方根据地市场即家庭消费市场和注重营养保健人群的销量，以及对华东、西南三省市（上海、江苏、四川）新市场的开拓，同时用“热了更好喝”创造一个饮料消费的“冬季市场”（把淡季变成旺季）。因此，本年度的营销费用预算为 1.5 亿元，比去年增长 60%（费用率比去年增长 2%），增长部分主要用于开拓新的地理市场和创造“冬季市场”的广告宣传。

2. 营销状况

①市场需求状况：营养型饮料（包括水果饮料、植物蛋白饮料、茶饮和液态奶）约占整体饮料市场的 20%，即 160 亿元，其中植物蛋白饮料约占整体饮料市场的 5%，即 40 亿元，预计未来几年营养型饮料（及植物蛋白饮料）均将以年 30% 左右的增长率增长。营养型饮料的主要消费者是大中型城市及沿海发达地区中小城镇的老人、少年、儿童、青年女性，因为人们收入的增长，对营养型饮料的消费已由在餐饮娱乐场所消费发展到家庭小宗购买。人们（及家长）希望饮料不仅能解渴、好喝，而且要有营养，有保健功能更好，但保健功能不是消费者购买植物蛋白饮料的主要诱因。对本公司来说，最大的问题是，南方人很难习惯杏仁露的口味，如何让南方人接受这种口味是一项艰苦的任务，而且不确定是否能够并且值得去完成。

②行业及本公司（品类）销售和利润状况：从饮料行业及本公司过去几年的销量、价格、边际利润和净利润表中（表略）可以看出，整体饮料市场以年均 20% 的增长率增

长，营养型饮料市场以年均 30% 的增长率增长，但边际利润和净利润却以 10% 的比率下降，如何控制价格降低、费用成本提高将愈加重要。

③竞争状况：本公司面临的主要竞争对手是碳酸饮料的两大国际品牌 A 公司和 B 公司，水饮料市场的两大国内全国性品牌 C 公司和 D 公司，营养型饮料的一大全国性品牌 E 公司和三大北方区域性品牌 F 公司、G 公司和 H 公司，而后四者既是竞争对手，又是共同开拓营养型饮料市场和打击低价仿冒者的同盟军。以上 7 家主要竞争对手的基本情况和本年度预计计划详见附表（表略）。

④分销状况：本公司的渠道模式一是要继续优化各地区、各渠道一级批发商网络并帮助和督促其提高营销素质；二是要继续加强对 A、B 类零售商的管理即深度分销；三是对部分要求直供的大型连锁超市实施直供试点，但供货价格要比一批高 2%，这两个点留作对直供连锁超市的店头推广、促销费用。另外，要留出 1% 的机动渠道促销资源和 1% 的年底渠道奖励。

⑤客观环境状况：随着人们收入水平的提高，饮料尤其是营养型饮料的家庭消费将越来越多，但随着先进技术和设备的引进，茶饮料和液态奶的市场份额将高速增长。前者将为本公司将带来机会，后者将带来威胁。

资料来源　改编自佚名．年度营销计划书范文［EB/OL］．［2014-06-16］．http：//mkt.icxo.com/htmlnews/2010/11/26/1424886_ 1.htm.

市场营销计划与控制是一项重要的企业总体市场营销活动规划及保证其顺利执行的综合性工作。无论是其中市场营销计划的编制或对市场营销计划的控制，都包括一系列复杂的内容和方法，为使学习者在这些方面获得相应的技术知识和技能，本章将以较大的篇幅对其中的主要部分作出具体的介绍。

2.1 市场营销计划的含义和作用

2.1.1 市场营销计划的含义

所谓计划，就是对行动方案作详细而系统的说明。**市场营销计划**就是根据企业的经营方针及策略，确定一定时间内（通常为一年）的销售目标和与其相关的主要营销活动指标，以及为实现这些目标和指标所要进行的各项营销活动的安排，并对其进行管理、控制或调整的工作。

市场营销计划大致包括六个方面的计划：

（1）企业计划。它是整个企业的总体计划，它涉及的都是带全局性和具有比较深远意义的问题。它的内容大致都是关于整个企业的任务、发展策略、投资决策、短期目标等，并不详列企业各个部门的活动。

（2）局部计划。与企业计划大致相同，它主要阐明一个地区或部门的任务、目标、发展和获利能力等。其内容包括销售、财务、生产、人事等各项政策和目标。

（3）产品品类计划。它主要是描述特定产品品类的目标、策略及政策等。

（4）产品计划。产品计划主要具体描述某一特定产品或产品群的目标、策略及政策。

（5）品牌计划。品牌计划主要具体描述产品群中特定品牌的目标、策略及政策。

(6) 市场计划。它是指开发某一特定市场或为某一特定市场服务的计划。

上述这些计划，一般由各级市场营销部门负责草拟编制，但有时也可由上一级部门综合在一个总体计划中，尤其是产品品类计划、产品计划及品牌计划，往往可以综合在一起，表现在一个品类计划或产品计划中，不一定要单列成数量繁多的个别产品或品牌计划。

【小资料 2-1】

市场计划书基本结构

虽然实际中市场计划书的结构将根据你的具体情况而稍有改动（比如销售的产品和提供的服务不同，以及针对的是企业还是消费者，或者是营利性企业还是非营利机构），但基本架构是有一定标准的。

1.0 执行概要

2.0 情况分析

2.1 市场分析

2.1.1 市场统计

2.1.2 市场需求

2.1.3 市场趋势

2.1.4 市场增长

2.2 SWOT 分析

2.3 竞争分析

2.4 服务

2.5 成功的关键

2.6 重要项目

2.7 渠道

2.8 宏观情况

3.0 市场策略

3.1 任务

3.2 市场目标

3.3 财务目标

3.4 目标市场

3.5 产品及服务定位

3.6 策略结构

3.7 市场计划

3.7.1 服务及服务市场

3.7.2 定价

3.7.3 促销

3.7.4 服务

3.7.5 分销渠道

3.8　市场研究
4.0　财务、预算和预估
4.1　盈亏平衡分析
4.2　销售预估
4.2.1　类别 A 预估
4.2.2　类别 B 预估
4.3　费用预算
4.3.1　类别 A 预算
4.3.2　类别 B 预算
4.4　销售及费用同市场策略的联系
4.5　边际效益
5.0　控制
5.1　执行进度
5.2　市场组织
5.3　计划变动

市场计划书基本报表

市场预估：按类别分析您的市场及未来 5 年市场的增长。

销售预估：预计未来产品及服务的销售。

费用预算：预计在哪些项目上花费多少资金。

进度表：具体项目，执行人，开始及完成时间，以及每个项目上的费用和监督。

市场计划书图表：通过图表可以形象地说明数字以及增长趋势。

资料来源　佚名．市场计划书指南（市场计划书基本结构）［EB/OL］．［2014-06-17］．http：//wenku. baidu. com/view/39aaea3a580216fc700afd29. html.

2.1.2　市场营销计划的作用

市场营销计划即是市场营销活动方案的具体描述，它规定了企业各种经营活动的任务、策略、政策、目标、具体指标和措施。这样就可使企业的市场营销工作按既定计划有条不紊地循序渐进，从而避免营销活动的混乱或盲目性。归纳起来，市场营销计划的作用主要表现在如下几个方面：

（1）市场营销计划详细说明了预期的经济效果，这样，有关机构和企业就可预计到现在规定的计划期末本企业的发展状况，既可减少经营的盲目性，又可使企业有明确的发展目标，以便在整个计划执行期中根据预期的目标，不断调整行动方案，采取相应措施，力争达到预期目标。

（2）市场营销计划确定了实现计划活动所需的资源，因此企业可事先测知这些资源的需要量，并据此判断企业所要承担的成本费用，有利于进一步精打细算，节约费用开支。

（3）市场营销计划描述了将要进行和采取的任务和行动，这样，企业便可明确规定各有关人员的职责，使他们有目标、有步骤地去争取完成或超额完成自己所被委派的任务。

（4）由于市场营销计划有助于监测各种市场营销活动的保证行动和效果，这样就使企业能有效控制本身的各种营销活动，协调各部门各环节的关系，更顺利而卓有成效地去完成企业的各项任务和目标，使企业进一步获得巩固和发展。

总之，市场营销计划对任何生产经营企业来说，都是至关重要和不容忽视的基本计划。只有根据这种详细阐明企业活动方案的计划，企业的生产经营目的才能实现。

2.2 市场营销计划的内容

市场营销计划如前所述，虽然根据计划的部门和范围不同可分为各种不同方面的计划，但作为整体来看，市场营销计划具有大致相同的基本内容。当然在上述六种市场营销计划中，与企业日常营销活动相关最大，占用工作量最多，项目更详尽，更具典型性的，要算产品计划和品牌计划。故下面就以这两种计划为例，说明市场营销计划的一般内容。

具体来说，产品计划或品牌计划应包括：计划概要，市场现状，威胁和机会，目标和论证，市场营销策略，行动方案，预算及控制等内容，如图 2–1 所示。

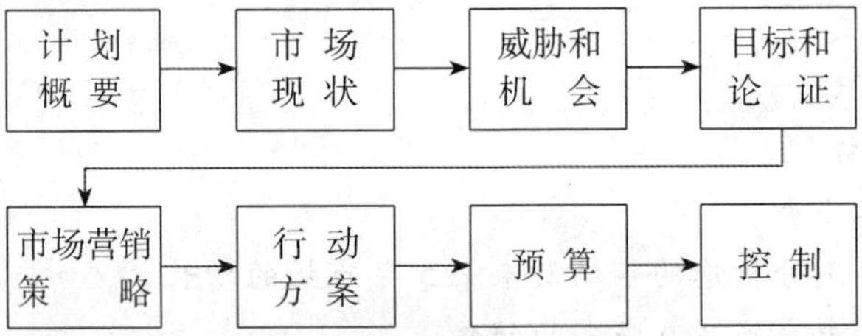

图 2–1 市场营销计划的内容

2.2.1 计划概要

计划书一开始，便应对本计划的主要目标及执行方法和措施作一扼要的阐述。

计划概要部分的主要目的是便于管理机构和高层主管很快掌握计划的核心内容，并据此检查研究和初步评核计划的优劣。下面便是某企业年度市场营销计划概要的部分摘要：“本计划打算在 2014 年使销售额、利润和市场占有率比上一年有较大幅度的增长，计划销售额目标为 11 500 万元，比去年增加 9%，毛利为 2 850 万元，毛利率为 28%；净利润为 600 万元：市场占有率为 6.3%，比去年增加 0.6%。这个增长数经过改进促销和加强关系营销活动而提高本企业及产品的知名度和争取零售商对本企业产品的支持可以达到……”为了便于审核者进一步阅读评核计划所属的资料，通常在计划概要部分之后，紧接着列出计划内容目录。

2.2.2 市场现状

这是正式计划中的第一个主要部分。这个部分的主要内容是对当前市场营销情况的分析，也就是对企业市场处境的分析。在这个部分中，应详细分析和描述目标市场的特点及企业在这一目标市场中所处的地位。为了进行这些分析，首先必须收集和掌握十分详细的信息。这里面包括全行业及企业自身和竞争者产品的总体及各个细分市场的收入、费用和利润的过去、现在及计划期的信息。这是一项不轻的工作，但它却可使市场营销计划程序后续阶段的制定市场营销目标这一主要任务更易科学而准确地完成。另外，这些信息也是在市场营销计划的规划阶段为制订市场营销组合方案及决定时机和预算等所必需的。这些分析除上述有关收入、费用和利润等方面外，还应包括市场容量的大小、主要的细分市场、消费者的需求、特有的环境因素等。而在市场容量大小的分析中，尤应注意对行业市场容量及其增长率这两个因素的分析。这些分析可使企业的产品经理得知整个行业现在的市场容量有多大，以及在一年内将增长到何种程度，从而使得有可能估计现在和将来自己的产品可获得的市场占有率。

2.2.3　威胁和机会

严格来说，威胁和机会也应属于上述市场现状分析的范畴，不过为了更具体、更加大注意力研究和解决这一对企业发展前途至关重要的方面，将其作为独立的一部分列出也有很现实的意义。另外，也有不少国外市场营销学方面的教材，把对威胁和机会的分析与对优势、劣势的分析并列在一起，统称为 SWOT 分析，探讨得更深入细致。本节这里仅提威胁与机会，实际上是把优势、劣势与之融合在一起，以求简洁，避免重复。

所谓威胁，就是不利的市场趋势，或不采取相应有效的市场营销行为就会使产品滞销或被淘汰的特别事件。所谓机会，就是指企业的市场营销机会，亦即对企业的市场营销活动具有吸引力的地方，在这些地方该企业可与其他竞争对手并驾齐驱，或独占鳌头，获得优厚的利益。在营销计划的这个部分中，要求市场营销管理人员对产品的威胁和机会作出预测，并加以具体描述。这样做的目的，是使企业管理人员可预见到那些将影响企业兴衰的重大事态的发展变化，以便采取相应的市场营销手段或策略，趋吉避凶，求得更顺畅的发展。为此，市场营销管理人员应尽可能列出可以想到的市场机会和威胁，以便加以分析检验，并考虑采取哪些具体行动。

【观念应用 2-1】

中国电信的 SWOT 分析

中国电信的优势（strength）和劣势（weakness）分析

自 20 世纪 80 年代中期起，中国电信经历了近 20 年的高速发展，已经形成了规模效益。尽管此间经历了邮电分营、政企分开、移动寻呼剥离、分拆重组等一系列的改革，但在中国的电信业市场上，中国电信仍具有较强的竞争和发展优势，主要表现在客户资源、网络基础设施、人才储备、服务质量等方面。

（1）中国电信市场引入竞争机制后，中国电信与中国移动、中国联通、中国网通等运营商展开激烈竞争。中国电信南北分拆后，在保留原有大部分固定电话网和数据通信业务的同时，继承了绝大部分的客户资源，保持了良好的客户关系，在市场上占领了绝对的优势。1.79 亿的固定电话用户，1 500 多万的数据通信用户，为中国电信发展业务、增加收入奠定了良好的基础。

（2）中国电信基础网络设施比较完善。改革开放 20 多年来，中国电信已建成了覆盖全国，以光缆为主、卫星和微波为辅的高速率、大容量、具有一定规模、技术先进的基础传输网、接入网、交换网、数据通信网和智能网等。同时 DWDM 传输网、宽带接入网相继建设，数据通信网络和智能网不断扩容。中国电信的网络优势已经成为当前企业发展的核心能力，同时具备了向相关专业延伸的基础和实力。

（3）中国电信在发展过程中培养和储备了一大批了解本地市场、熟悉通信设备的电信管理和技术水平较高、结构合理的管理和专业人才。同时，中国电信还积累了大量丰富的运营管理经验，拥有长期积累的网络管理经验、良好的运营技能和较为完善的服务系统。

(4) 中国电信的服务质量日趋完善。中国电信成立了集团客户服务中心，为跨省市的集团客户解决进网需求。中国电信还建立了一点受理、一站购齐的服务体系，最大限度地方便用户。紧接着中国电信推出了首问负责制，解决了企业在向用户提供服务过程中的相互扯皮、相互推诿的问题。另外，中国电信还设立了服务热线（10000）、投诉热线(180) 等，建立了与用户之间的沟通服务，提供互动式服务。

虽然中国电信具有一定的发展优势，但我们应该辩证地看待这些优势。辩证法告诉我们，优势和劣势都是相对的，即在一定的条件下，优势很可能就转变成劣势。中国电信虽然拥有丰富的客户资源、完善的网络设施以及大量的储备人才，但缺乏现代企业发展所必需的战略观念、创新观念、人力资源开发管理、人文环境建设以及与此相适应的市场制度环境。业内人士认为，中国电信拥有资源优势，但却缺乏资源运作优势。一旦不慎，优势很可能就转变成劣势。目前，中国电信的劣势主要表现在以下几方面：

(1) 企业战略管理与发展的矛盾。一方面，企业决策层只重视当前战术和策略，忽视长远战略，湮没在日常经营性事物中，不能统观大局；另一方面，企业缺乏能够应对复杂多变环境的企业运作战略策划人才。这个问题是当前实现企业持续发展、保持长久竞争优势的核心问题。

(2) 企业内部创新与发展的矛盾。面向计划经济的职能化业务流程、管理模式、组织模式已经呈现出与快速发展不相适应的弊端，并逐步成为制约电信企业参与全球化竞争的主要因素。ERP、管理和组织模式的改革创新以及企业特色人文环境的建设是实施企业发展战略应考虑的焦点问题。

(3) 中国电信现有的基础设施不能为用户提供特色服务。中国电信虽然拥有比较完善的网络基础设施，但这大都不是根据市场的实际需要建设的，而是为了满足普遍服务的需要。

(4) 拆分让中国电信由主体电信企业降级到一个区域性的电信企业。新的中国电信的主要阵地将固守在南方市场，而北方市场将由新的中国网通占领。即使受到拆分影响，但中国电信的实力仍然最强，只是苦于没有全国网络，无法开展全国性的业务。

中国电信的机会（opportunity）和威胁（threat）分析

我国国民经济的快速发展以及加入 WTO 后，我国的信息化建设和通信发展获得了前所未有的发展机遇，同时也为中国电信提供了巨大的机会，主要表现为：

(1) 国民经济的持续快速发展，形成了潜力巨大的市场需求，为中国电信提供了更大的发展空间。据有关研究报告测算：到 2005 年，中国 GDP 和社会福利收入将分别提高 1 955 亿元和 1 595 亿元人民币，占当年 GDP 的 1.5% 和 1.2%。发挥本地经济比较优势、重新配置资源所带来的巨大收益将进一步增强当地经济实力。

(2) 电信业法律法规不断健全完善，电信业将进入依法管理的新阶段，为中国电信的发展创造了公平、有序的竞争环境。随着电信业法制建设的不断健全，政府的经济职能将发生根本的转变，政府会把企业的投资决策权和生产经营权交给企业，让企业经受市场经济的考验。这意味着政府将给中国电信进一步松绑，给予应有的自主权，有利于中国电信按市场经济规律运作。

（3）中国政府大力推进国民经济和社会信息化的战略决策，为中国电信的发展创造了历史性的机会。“三大上网工程”（政府上网、企业上网、家庭上网）造就了我国消费能力强劲的信息产业市场，为我国信息产业市场创造良好环境的同时，使我国成为全球最大的信息产业市场之一。

（4）中国加入 WTO 后电信市场逐步对外开放，加快了企业的国际化进程，有利于企业的经营管理、运作机制、人才培养与国际接轨；同时可促进中国电信借鉴国外公司的管理经验，积极地推进思维、技术、体制创新，提高产品档次，降低成本，完善服务质量，改进营销策略，增强核心竞争力。

（5）电信市场潜力巨大。首先，我国经济发展不平衡，地区之间、消费层次之间的差异决定了电信需求的多层次和多样化，而通信技术的飞速发展促进电信企业的网络升级换代和业务推陈出新，在固定电话网与计算机通信的融合点上开发新业务的潜力巨大，激发出新的消费需求。因而，从总体上看，我国电信市场孕育着巨大的需求潜力。其次，从固定电话看，中国电信平均主线普及率只有 13.8%，远低于发达国家平均水平。主线收入、盈利水平和市场规模也与发达国家平均水平相差甚远，发展的空间和潜力巨大。最后，从中国电信的其他业务看，互联网和固网智能网业务的市场规模和盈利能力将随着企业外部环境层次的提高而不断扩大。

（6）移动牌照的发放。目前，移动通信领域是潜力最大也是竞争最激烈的通信领域，将成为各电信企业的必争之地。一旦中国电信拿到了移动牌照，那么移动领域将是中国电信的又一主营业务。

正所谓机会与威胁同在。任何事件的影响都是相对的，中国电信在迎接巨大机会的同时也将面临巨大的威胁，具体表现在以下几个方面：

（1）电信市场竞争格局由局部转向全面、简单转向多元。首先，在竞争趋势方面，国内市场竞争将由价格竞争向核心能力创新竞争过渡。在过渡期间，市场份额的抢夺将成为市场跟随者的发展重点。其次，中国入世后国际资本竞争压力逐步增大。国外电信运营商将通过兼并、联合和收购等方式实现全球服务化速度的不断加快。中国电信市场的 ICP、EMAIL、数据库、传真、视频会议等增值业务首当其冲地受到较大冲击，对电信企业的稳定增长产生影响。

（2）中国电信人才流失较为严重。国内外许多公司采用高薪、高福利等政策吸引中国电信人才，造成中国电信人才严重流失。这一现象至今仍未得到解决。人才的流动是竞争的必然结果，是关系到中国电信生存发展的关键问题。因此，如何体现人才价值、发挥人才潜能，是中国电信必须正视的一个问题。

（3）非对称管制对中国电信的影响。中国电信在经营许可、互联互通、电信资费、电信普遍服务等方面受到相对严格的行业管制。在目前的中国电信市场上，管制的不平等已经制约了中国电信的发展，在日趋激烈的电信市场竞争形势下，必须尽快进行改革。新的中国电信公司不久后也将通过上市进行机制转换，实现与中国联通、中国移动相同的机制平台，从而开展有效的公平竞争。

资料来源　改编自佚名．中国电信的 SWOT 分析案例［EB/OL］．［2014-06-17］．http：//wenku.baidu.com/link？url=jUUhgfDIjW93OUVWkAzqe7DDm125V4CEuS_5KRhXTFIj_SS1fhW81fZ4pdm-YU2iJHc1V-cxmNYSdbjlypOdXg23mXml7HhTww14Bu3KPam.

2.2.4 目标和论证

在分析了产品的凶兆和机会或进行 SWOT 分析之后，接着便应确定企业的目标，并对影响这些目标的某些问题加以考虑和论证。也就是说，经确定的企业目标，还要进一步用具体的指标表现出来。

至于企业要确定的目标，通常应分为总体目标和专门目标这两大类。总体目标旨在给企业及其市场营销计划指明方向，例如提高市场份额、增强对主要客户的独立性、增大销售能力、提高品牌知名度及改善企业形象等。专门目标则旨在令企业的各种主要业绩能够被衡量评估，并且当目标不能实现时可以采取改进的行动，同时还要保证所有市场营销职能或功能的协调配合。到底哪些目标要列为专门目标则要看这一目标中是否含有数字或可能含有具体数字。例如达到 40% 的市场份额，销给前五位客户的数量，不超过总销售量的 40%，获得 98% 超级市场的推销，品牌获得 80% 潜在消费者的认知等。假如该企业产品现在的市场份额只有 28%，或其品牌在潜在消费者中的认知度现在只有 55%，那么便出现一个关键问题，即为何要较大地提高这两个指标的百分率，如何才能提高到这些程度。这样市场营销管理人员便应进一步考虑包括争取提高市场份额及品牌知名度在内的各种重要问题，并在计划中加以论证，提出解决办法和方案。

2.2.5 市场营销策略

所谓市场营销策略，就是企业为达成市场营销目标所灵活运用的逻辑方式或推理方法。市场营销策略包括与目标市场、市场营销因素组合、市场营销费用支出水平有关的各种具体策略。

(1) 目标市场。市场营销策略应详细而清楚地说明企业突出重视的细分市场。这些不同细分市场的消费者爱好、提供的盈利机会、对市场营销工作的反应是互不相同的。因此企业必须敏锐地觉察到这些区别，从竞争的角度出发，将自己的物力和精力集中投入那些最有利的细分市场，即应为每个目标市场制定相应的市场营销策略。

(2) 市场营销因素组合。在计划书中，市场营销管理人员还应概括提出有关市场营销因素组合的各种具体策略，如新产品策略、价格策略、分配路线策略及其他促进销售策略等，并根据前述对产品的凶兆和机会的分析，说明采取上述各种不同策略的原因和理由。

(3) 市场营销费用开支水平。计划书中还必须详细说明为执行各种市场营销策略所必需的市场营销费用预算，而且应以科学的方法来确定恰当的费用水平。因为即使是最佳的市场营销因素组合，企业仍存在费用开支的问题。一般来说，市场营销费用支出越高，销售额也会越高。但不同的产品要达到一定的市场占有率，其费用支出水平却可以是不同的。例如，化妆品的营销预算一般都较高，而农业生产资料的营销预算却可大大缩减。

当然，由于企业要达到的市场营销目标是多方面的，要达到的各种特定市场营销目标所采用的市场营销策略种类和重点也可能不完全相同。例如，为提高产品的市场份额，则可根据该企业及该产品的具体情况，采用表 2-1 所示的具体市场营销策略。

2.2.6 行动方案

各种市场营销策略确定之后，要真正发挥效用，还必须将它们转化为具体的行动方案。这些行动方案大致围绕下列问题的答案来制定：①要完成什么任务？②什么时候完成？③由谁负责执行？④完成这些任务需花多少费用？例如，市场营销管理人员如果想把加强促进销售活动作为提高市场占有率的主要策略，那么就要制订相应的促进销售行动计划，列出许多具体行动方案，包括广告公司的选择，评价广告公司提出的广告方案，决定广告题材，核准广告媒体计划等。提高市场份额的策略见表 2-1。

表 2-1　**提高市场份额的策略**

策略	何时使用	如何在市场上实施	内含成本
1. 价格策略	提高产品线的市场份额：该处有发展空间；推出新产品，最好是在正在上升的市场上推出	A. 制定低于平均水平的价格 B. 对目标客户制定较低的价格，这样可获得大量的销售额，并且在那些竞争者价格竞争实力不强的地方定低价，可以保证足够的业务经营业绩 C. 针对特定竞争者定低价，可令其不能作出有效反击	• 在一定时间内缩小成本与价格之间的差幅将会降低毛利率 • 随着销量的累积和成本经验曲线的下降，成本将降低
2. 新产品策略	当由于成本和性能方面的原因需要更替产品时，可推出成本更低、性能更佳的新产品；通过选择过去没有满足的需求扩大同一类产品的市场	A. 首先是开发和推出新产品 B. 选择那些对本产品需求强烈而竞争又十分不强的消费者和细分市场为目标市场，这样可很快获得较大的市场份额	• 需支出一笔开发新产品的研究开发费用 • 要负担一笔新产品制造厂的资本支出 • 会有一笔开办营业损失 • 要花费一笔推出新产品的促销费用
3. 服务策略	从那些竞争者的服务水平达不到消费者要求的特定产品线中获得市场份额	A. 通过提高特定产品线的服务能力而提供比竞争者更高的服务水平 B. 选择那些通过改善服务可以增加市场份额，并且以对优质服务要求较高的特定客户为目标市场 C. 向一般顾客或专门顾客提供附加的服务，如信息、工程技术指导等 D. 通过增加更多的销售网点来扩大配销系统	• 要负担提高服务能力或增强服务体系的成本 • 要负担扩大的销售系统，包括增加存货的费用
4. 市场营销优势策略	当某细分市场或特定消费者群体的销售人员不足时（每月的销售访问太少）或配置的销售人员素质不高时（人员素质低劣或所做信息调查不够）	A. 增加销售人员或销售代表，以提高在目标地域或目标消费者中的销售访问次数（高于竞争对手的次数） B. 制订销售培训计划来提高原来的销售技术、产品知识和地区及消费者管理能力 C. 制订刺激提高目标市场份额的奖励计划	• 要增加一笔支付给多增销售人员及销售代表的薪酬及企业管理费用 • 要开支一笔培训和再培训费用 • 要增加一笔刺激费用
5. 广告和促销策略	（1）当目标细分市场对本企业的产品或服务的信息知道不多，或本企业产品的价格低于竞争者时 （2）产品所提供的使用价值发生变化或需要沟通时	A. 选择恰当的媒体与目标消费者沟通 B. 增加产品对目标消费者展露度，以提高其对这些产品所提供的利益及比竞争者水平更高的认知程度	• 要支付一笔足以有效开展广告活动的费用 • 要增加一笔生产和媒体费用

整个行动计划还可列表加以说明，表明每一时期应执行和完成的市场营销活动，使整套促销活动落到实处，循序渐进地执行。

2.2.7 预算

前述的市场营销目标、策略及行动方案拟订之后，企业就应制订一个保证该方案实施的预算。这种预算实际上就是一份预计损益表。收入方将列入预计销售产品的数量和平均价格。支出方则列出生产费用、储运费用及其他市场营销费用。收入与支出的顺差便是预期利润。企业的高层主管将负责预算的审查，予以批准和修改。预算一经批准，便成为原料采购、生产安排、人员计划和市场营销业务活动的依据。

这实质上是预计损益表的市场营销预算，其表式中内容相对更复杂重要的是支出方，一般可通过下列表式将其应包括的预算支出项目具体而详细地列出，见表 2-2。

表 2-2 **市场营销预算表**

	元
1. 直接销售成本	
销售薪金	
销售佣金	
差旅费用	
2. 间接销售成本	
培训费用	
营销调研	
销售统计	
捐赠与应变	
3. 广告费用	
4. 促销费用	
5. 公共关系	
6. 运输与交货	
订单填写与包装	
邮资与车费	
7. 信用与投资	
管理费	
坏账处理	
8. 销售管理	
…	

2.2.8 控制

计划书的最后一部分为控制，这是用来监督检查整个计划进度的。为了便于监督检查，一般市场营销的目标和预算草案，都是分月或分季制定的。这样高层主管就可审查每一时期企业各部分的成果，并指出那些没有达成预算目标的部门。这些被点名的部门主管，就要作出解释，并阐明他们将要采取的改进措施，从而使组成市场营销整体计划的各部门工作受到有效的控制，以保证整体计划的有效执行。

为能更有效地监督检查整个计划的执行进度，在市场营销计划的这一最后部分的内容结构上所设栏目或所设项目，应抓住要害，尽量具体化和具有针对性，一般可按表 2-3 这样一种市场营销计划作业表来设置。

表 2-3　**市场营销计划作业表**

一、回答下列问题

1. 评估你的公司是否成功或者某一特定产品是否成功需要哪些信息？
2. 应当由谁接受这些信息并且检查这些信息？
3. 你将采用哪一个时间段分析数据？一周、一个月还是一个季度？
4. 你想采用什么样的资料记录系统，以确保你需要的信息按照问题 3 规定的时间范围记录下来？

二、建立相应的控制程序

1. 指出需要控制的领域：

A. ______________________

B. ______________________

C. ______________________

D. ______________________

2. 说明各个领域内所需资料应采用的格式。(销售额是按月还是按产品类型进行统计？是否需要计算绝对差额和相对差额？)

3. 说明怎样搜集资料，谁来搜集和分析资料以及谁将接受分析结果：

A. 如何搜集资料？

B. 谁负责收集和分析资料？

C. 谁将接受哪一种类型的分析结果？

管理者名单	分析结果类型
1）______________	1）______________
2）______________	2）______________

2.3 编制市场营销计划的程序

2.3.1 市场营销计划的一般编制程序

市场营销计划的一般编制程序，包括大致如图 2-2 所示的 11 个步骤。

1）分析市场营销现状

这是对企业及其市场营销环境的一种整体机构分析。这种分析又包括四个阶段。

（1）对企业实力和弱点的定期综合分析。这种分析主要通过市场营销决算进行。因为在市场营销决算中，对企业的过去成绩和现在实力都有严密的估计和评价。在这种分析中，特别要注意企业产品线、分配路线、销售促进效果及定价的分析，这些情况从不同侧面反映了企业的实力。这样，市场营销决算的结果将直接影响未来市场营销策略的制定。

（2）市场营销环境研究。这种研究要求使用科学正确的调研技术来发现直接影响管理决策的各种重大环境问题，包括对企业的微观环境和宏观环境的调查研究。因为这些因素都将直接影响企业的生产能力和销售状况。

（3）销售额和市场营销费用分析。这可通过不定期的专题调查来进行。最好使这种分析成为企业正式市场信息系统的一个组成部分。因为销售额和市场营销费用的分析资料，是进行销售预测、编制市场营销计划不可或缺的依据。

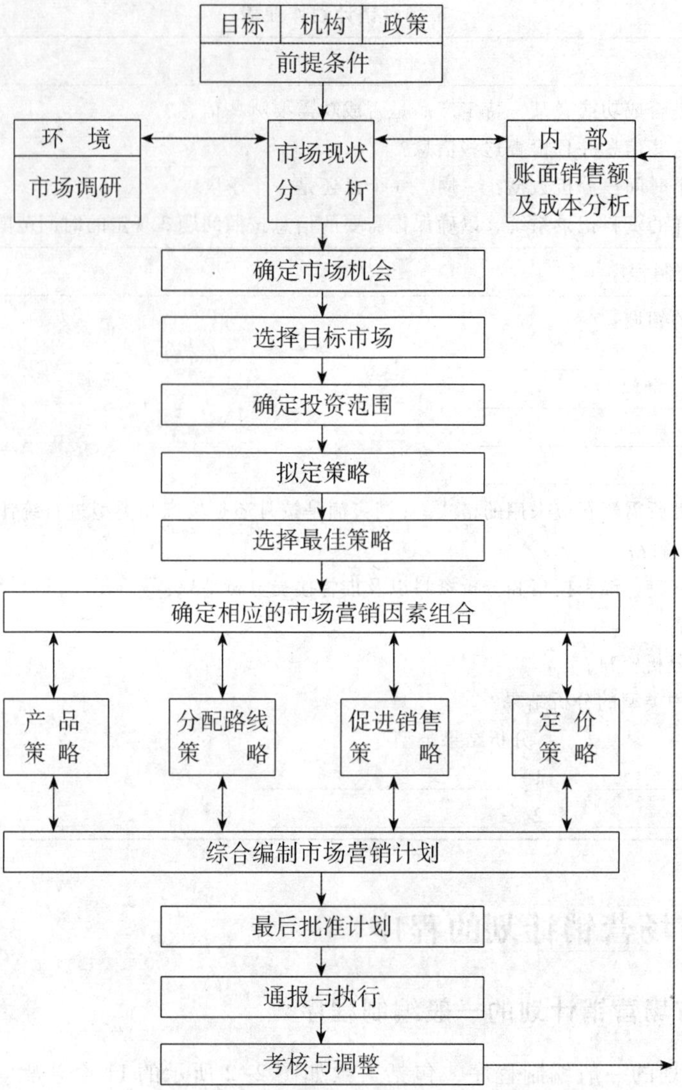

图 2-2 市场营销计划程序的一般模式

（4）销售预测。销售预测是在分析前述几个阶段的基础上作出的，它是计划编制程序中极其重要的一个步骤。通过这种预测，企业可以估计到整个行业的销售额及企业本身的销售额，从而成为企业市场营销计划最直接、具体的依据，也可以说，这种预测值就是企业的计划指标数。

2）确定市场机会

这一步骤包括对市场现状分析中所发现的各种问题作出解释。在企业面临的几种市场机会评价中，对消费者的因素、经济因素和公共环境因素都要仔细考虑，从而分析、估计本企业与竞争者相比，哪些方面处于优势，哪些方面更能满足消费者要求，从而有针对性地制定相应的战略、策略和具体的营销方向。

3）选择目标市场

经过市场现状分析和市场机会估计后，市场营销主管就可以确定几个可以开拓的目标市场。至于选择某一具体目标市场或几个目标市场，则要取决于一系列因素的影响。如应考虑与目标市场相关的企业目标、目标市场的潜在机会、企业开拓此目标市场的能力等这些问题。当然根据这些考虑来选择具体的目标市场并不是一件简单的事情，企业也不应把自己严格限制在只选择一个单一的市场。例如，一个企业也可同时选择两个完全区分的细分市场，并进而制定向这两个细分市场进军的策略。另外，对目标市场的阐述，必须一清二楚，使人容易辨认。如目标市场的地理位置、顾客人数、他们的购买力、他们的需求性质和强度等都应通过市场调研弄清楚。对竞争对手的情况也应有充分估计。此外还应对每个目标市场近期和长期销售潜力作出正确的判断。

在计划程序的这一阶段，对目标市场的最后决定，很有可能不得不暂时推延，待到编制计划的第四阶段结束时才最后解决。因为目标市场的最后决定不仅要根据目标市场的潜力，而且也要根据企业有否开拓此目标市场的能力而定。

4）确定投资的范围

虽然一个企业可以同时拥有几个有利的目标市场，但是每个企业的物力、财力、资源都是有一定限度的。任何的企业管理当局都会十分注意如何将有限的资源使用在最恰当的目标市场上。为此，在计划工作这一阶段，首先要根据前一阶段可能选择的目标市场情况，预计为开拓这些市场需要付出多大的物力、财力，然后与自己的投资能力相比较，看能开拓多少目标市场，或开拓哪一个目标市场才与自己的能力相称。一般来说，尤其应考虑财务上的牵制、生产能力的限制及人力资源的短缺这些限制因素。经过严密及审慎的权衡之后，最后决定应如何把这些资源分配到最有利的目标市场中去。

5）拟定策略

在结合企业的资源能力选定具体的目标市场后，企业计划人员便应接着拟定几个可供选择的市场营销策略，以便从中选出最佳的策略。一般来说，拟定的策略愈多愈好，这样可以增加策略的选择性，可以选择出更符合理想的策略。如前所述，由于企业资源的限制，可供考虑采用的策略方案还是要受到一定局限的。不过即使这样，也仍可在一定限度内拟订出几个完全不同的全盘策略方案。例如，在选定某一具体目标市场后，企业可以通过具体的市场调查和技术调查来开发一种适应这个市场需要的新产品，然后拟定几种可以打入这个市场的策略方案，如建立一套完善的销售网点策略，加强促进销售活动的策略，采用易于吸引消费者购买的定价策略等，以供企业主管部门进一步评价遴选。

6）选择最佳策略

这一阶段的主要任务，就是要从前阶段所提出的几个可供选择的策略中选出最可行的策略。这种选择，最直接的根据就是企业的营销目标。假如企业的主要营销目标是提高自己产品的市场占有率，那么在选择营销策略时，便应着重从那些最有利于提高市场占有率的策略来考虑。至于达到提高本企业产品市场占有率的策略则可能是多种多样的。例如，在计划的前一阶段提出了提高市场占有率的两种策略，一种是采取密集性市场策略，另一种是采取低价格高促销的策略。经过本阶段深入全面的评价，认为低价格高促销策略，在产品的引入期可能非常有助于迅速提高市场占有率，但从长期来看，尤其考虑到本企业的人、财、物等资源都有限，还不如采取密集性市场策略，只选择一个或几个细分的小市场作为目标市场，并在产品设计和其他市场营销活动上集中优势，全力打入这些市场，可能会获得较大的市场占有率。那么在本企业的这种具体情况下，密集性市场策略就是最佳的策略。

7）确定相应的市场营销因素组合

这一阶段的主要任务就是根据前面所选定的最佳市场营销策略，进一步具体制订市场营销方案的细目。因为每个市场营销策略的贯彻，都要通过与之相适应的市场营销因素组合来完成，关于市场营销因素组合的各个策略，即产品策略、分配路线策略、促进销售策略及定价策略，后面有关章节将详细探讨。在编制市场营销计划这一阶段，则应把这些一般性策略具体结合特定企业的特定营销策略来加以考虑，并使其具体化。例如，当企业为提高市场占有率而采用密集性市场策略针对妇女用品市场时，这时整个市场营销因素组合便应根据这一策略的要求加以具体化，如按妇女的特点进行产品设计，制定对妇女有吸引力的价格，通过妇女经常接触的广告媒体大做广告，并将商品分配到妇女用品商店或其他妇女经常购物的地点去销售等。

8）综合编制市场营销计划

经过编制计划的前述步骤后，现在便可将前面几个阶段的情况分析、目标市场选择、策略选择等方案统一协调起来，写成正式的计划。内容大致包括下列几个方面：

（1）计划的特定目标，即宗旨；

（2）特定目标与企业目标之间的关系；

（3）执行该计划所需的费用；

（4）预测企业的市场环境和机会；

（5）提出行动方案；

（6）综合、归纳成完整的计划指标体系。

营销计划编制完成并经草拟部门通过后，便应呈送企业最高当局审查、修订、批准。

9）最后批准计划

企业最高当局接到市场营销部门送来的营销计划后，就应结合其他职能部门的计划进行综合平衡，协调各部门的能力和任务，尽量使计划建立在可行的基础上，并能达到预期的经济效益。如发现各部门计划，或营销计划本身有不协调之处，即应进行修订，直至认为满意之后才正式予以批准。

10）通报与执行

计划批准后，必须马上传达给执行部门的有关人员，具体研究贯彻执行的方案，并付诸实施。这种执行计划的行动方案大致包括如下步骤或内容：

（1）将达成目标的行动计划分为几个步骤；

（2）说明每个步骤之间的关系和顺序；

（3）每个步骤由谁负责；

（4）确定每个步骤所需的资源；

（5）每个步骤需要多少时间；

（6）规定每一部分的完成期限。

另外，还应尽可能提供一些与市场营销计划有关的信息资料，如总市场大概有多大，企业可能的占有率有多大，企业的预期销售量有多少，市场营销总费用约多少，毛利有多少等。

11）考核与调整

计划工作程序的最后一个步骤，就是对见之行动的计划进行监督检查。因为无论在前几个阶段的工作中，有关人员是如何认真调查研究，运用科学方法，力求编出比较理想的计划，但是挂一漏万，个别地方考虑不周也是难免的。加上市场瞬息万变，存在许多客观不可控的因素，因此计划在执行过程中很可能会出现一些障碍和偏差，这就要求在整个计划执行过程中，还必须同时进行必要的考核、监督和检查，通过信息反馈，判断所采取的计划行动是否有效。如发现有不当或与原计划有脱节的地方，便应及时修正计划，或改变行动方案，以适应新的情况。

2.3.2 具体的年度市场营销计划编制步骤

上面所讲的是在一般情况下所编制的市场营销计划应采取的较系统、完整的程序。但由于社会上恒河沙数般的大小厂商向市场提供的商品千差万别，因此它们在编制市场营销计划时，往往还会采取一些独特的更具体的步骤，国外一些大型的小包装消费品公司，如食品、保健品、化妆品公司，它们在制订年度市场营销计划时，大致都采取表2-4所列的具体步骤。

表2-4 **小包装消费品公司制订年度营销计划的步骤**

年度市场营销计划编制之步骤	计划批准前之周数					
	50	40	30	20	10	0
1. 通过对产品使用者的市场调查获得最新的市场营销信息	▲					
2. 借助自己的市场营销调查和外部广告公司的人员，思索出考虑次年计划的备选方案	▲					
3. 与内部媒体专责人员商议制定购买媒体广告的长期指导方针		▲				
4. 在财政年度结束前16周，取得上个财政年度的销售额和利润额			▲			
5. 与市场调研人员、广告公司和其他人员交换意见，指明在次年计划中存在的关键问题（问题和机会）				▲		
6. 考虑对产品包装、规格要作重大改变时，应与市场营销经理、产品线经理委托的特别任务小组成员举行重要问题讨论会讨论决定				▲		
7. 撰写和传阅重要问题备忘录，着手作减少不确定性的必要市场调研				▲		
8. 与主要部门的经理审查市场营销组合各因素及竞争者行为，使市场营销经理对它们了如指掌					▲	
9. 草拟市场营销计划，由市场营销经理审查，必要时进行修改					▲	
10. 向市场营销经理、广告公司、事业部主管、有关直线部门（生产、包装、销售等）的领导散发计划，并进行必要的修改					▲	
11. 在财政年度开始10周前向部门总经理呈交市场营销计划要求批准					▲	

▲=编制计划完成日期

从表2-5可以看出，这一年度计划周期是以对现行产品使用者所进行的详细市场调研为开端，而以部门总经理批准该计划后的第48周，即财政年度开始前10周为终结日期的。在这两个时点之间，还通过发动专家顾问献策献计及与企业内外专业人员开会对重大问题进行讨论来不断激发出新思路而加以修正完善。

【专论2-1】

营销计划有效执行的保障

一、制度保障

1. 基础性管理制度

（1）绩效考核制度：将营销计划要达到的目标与营销人员的绩效考核联系起来，由此来规范营销人员的行为围绕营销目标开展工作，使营销计划落到实处。比如营销计划的目标是开展深度分销，可以制定一个铺货率的考核要求，使营销人员的工作重点放到提高铺货率上来。

（2）部门协作制度：围绕营销计划的重点，解决好各部门之间的协作关系，在部门之间确立合同关系，明确责权利，另外也可以采取项目小组的形式开展工作，提高营销计划的运作效率。比如在营销计划中的新产品开发业务，关系着企业持续竞争力的提升，其参与的部门涉及市场、生产、技术、供应等，要提高新产品开发的速度和效率，一方面要确立市场部在新产品开发过程中的领导关系，另一方面又可以通过责任书的确认，使其他部门都能按照要求完成新产品开发各环节的工作。

2. 职能性管理制度

重点是提高营销计划实施效率的管理制度，如营销推广管理制度、区域管理制度、渠道管理制度、销售业务管理制度等。这些制度一方面为销售人员提供了开展工作的规范，另一方面则为衡量销售人员的工作成效提供了衡量标准。另外，管理制度还影响着销售人员的思想意识和行为模式，其根本点都是围绕着营销计划的有效执行而进行的。

二、流程保障

1. 围绕营销计划的关键业务内容，优化运作流程

营销关键业务流程的优化甚至重组，对营销计划的有效实施有着重要的作用，即使一份营销计划是好的，如果在实际运作过程中，业务流程的运作不合理，也会造成营销计划实施效率低下，直接影响到营销目标的实现。

2. 通过重组业务流程调整部门结构

在一些关键性的业务流程中，如产品研发流程、营销推广流程、营销计划流程、订单处理流程等，其运作效率的高低，反映着整个组织结构和部门职能是否合理，因此要真正做到业务流程重组后企业能够高效运转，就要根据业务流程的要求，从组织和职能上加以保障，确保业务流程能为企业带来根本性的利益。

三、权限保障

1. 权限保障是对各部门业务职能的落实

营销计划的有效执行很大程度上取决于各部门能否充分发挥各自的职能。营销计划在实施时，一定要赋予各职能部门相应的权限，否则将会影响营销计划的执行效率。

2. 总部和分部之间的权限分配

总部对于营销计划应该强化专业方面的权限，而分部对于执行营销计划则应该加强针对性方面的权限，使营销计划在执行过程中可以得到很好的整体配合。

3. 营销计划各项业务活动的权限分配

对营销计划中的业务内容进行合理分配，使各个职能部门都能找到相对应的工作内容，主要是解决业务活动开展过程中的决策权限，比如新产品研发由哪个部门领导和推动，销售计划由哪个部门分析、整合和落实等。

四、资源保障

1. 为达成营销计划的目标所必需配备的各种资源

营销计划的制订是一回事，而在执行中对计划的资源保障又是另一回事。虽然营销计划中包含了费用预算，但往往有些项目所分配到的资源并不能保障计划的实现，而且有的企业在面对销量下滑的状况时，往往坚持不住按计划进行，总是会把费用倾斜到能立即提升销量的项目上，比如渠道返利促销，但这只是一种短期行为，并不会对企业的长期发展带来根本的帮助。

2. 对关键项目的资源保障

比如，有的企业在营销计划中准备开发大型超市和卖场，但是在开发费用上如进场费、条码费、陈列费、堆头费、促销费等却没有相应的分配，只能使终端的开发工作举步维艰。又如，有的企业在营销计划中准备实施深度分销，但在区域市场只派驻了少量的人员（如一省一人或数人），根本无法做到深度分销，只能采用依靠经销商的粗放经营模式。因此在营销计划实施中，一定要通过制度对关键项目进行确定，并与绩效考核结合起来，通过政策来加以保障，使营销目标能够得以顺利实现。

资料来源　佚名．有效执行营销计划［EB/OL］．［2014-03-31］．http：//wenku. baidu. com/link?url=dn9I-1eBtngD_ bsdGydU2bQEdf2dZbOMAPGIHqsfTz7I9kqpo6yJ4QWuppDPpvGaQEuIMj8_ 6LSW68fn71y0wjhd1FU9AAm8GXcjhg8h79O.

2.4 市场营销计划控制

市场营销计划控制是将预期业绩与实际业绩比较，并在必要时采取校正行动的过程。由于在执行计划的过程中，可能会有许多意想不到的事情发生，因此市场营销部门应经常保持对企业营销活动的控制。

评估和控制营销业绩的方法相当繁多，本节主要讨论三种最常用的方法。

2.4.1 销售分析

销售分析是为了评估市场营销策略是否恰当而对销售数据资料所进行的详细研究。

在进行销售分析时，一般都必须选择适当的控制单位。所谓控制单位，就是据以收集资料的销售范畴或商品类别。当然市场营销者也可通过综合好几个销售范畴的办法来扩大控制体系，但宽广的销售范畴或商品类别，不能适应经济工作越做越细，把市场深入细分的要求，所以较窄的销售范畴或商品类别比较宽的更为适宜。另外与别的公司、行业协会及政府的资料保持一致来选择控制单位也是有效而可行的办法。比较稳定的商品范畴分类体系，更是与不同时期的资料进行对比所必需的。

总之，销售分析首先是要对总销售数字加以分类，然后进行分析研究，以断定公司或企业的长处及潜在问题。因为如果只知道上年的销售总额，实际上所知有用的东西不多。总销售额统计数字如经详细的销售分析，就可发现其中隐含着许多有用的信息。

同样，如果市场营销控制人员只提交给市场营销经理几万张销售发票，并认为这就是其了解销售趋势和销售分析所需之资料，也一样等于没有提供多少信息。虽然这些销售发票包含着无数的信息，但如果没有对它们进行适当的分类和归纳以提供有意义的信息，这些发票还是没有多大用处。

如果销售发票设计得当，就可成为一种收集销售资料的极好载体，而这些资料又经过恰当的处理，它们就可将好几个市场营销领域的问题弄明白。一种设计得当的销售发票应该记录下列信息：

（1）消费者信息（姓名、地址、邮政编码、电话号码）；

（2）付款方式（记账还是付现金）；

（3）推销员姓名；

（4）销售方式（邮购、电话销售、人员销售）；

（5）所购产品（型号、规格、订货数量）；

（6）价格或折扣类型；

（7）销售日期。

如果这些信息是按能用计算机来处理的形式记录，那么就可以比较迅速地得出所有类型的有用销售分析报告，例如：

（1）每周、每月、每季的销售报告；

（2）分地区、分产品线的销售报告；

（3）每个推销员的销售报告；

（4）电话、邮购、人员直接销售的销售分析报告；

（5）现金和记账销售的销售报告。

除上述外，还可得出营销经理所需了解的其他报告。其中一种最简单而有价值的报告是异常销售报告，它列举了未达销售目标或现存销售机会等情况。其中滞销商品报告列举了销售额低于预测的那些商品，并提出降价，加强促销和销售奖励等校正行动。而畅销商品报告则列举了那些销售额超过预计的商品，并指出存在的销售机会和那些需要多备存货以防脱销的商品。最后，异常销售报告还有助于公司评估其销售预测的正确性，并对它们作适当的修正。

另外各组织机构还可利用销售分析来判断和监控消费者的购买模式，主要是通过回答下列问题来获得：谁购买？购买什么？如何购买？什么时候购买？购买多少？在什么地方购买？表2-5列举了许多可通过销售分析进行监控的消费者购买模式。

2.4.2 营销成本分析

营销成本分析的任务是对销售收入和产品线、分销方法、人员销售、消费者类型研究和广告等各种营销因素方面所花成本进行评估。当市场营销计划的战术性部分制订出来后，就可利用营销成本分析来分配资源，并在计划完成后评测计划的效果。营销成本分析

表 2-5 **销售分析揭示的消费者购买模式**

问 题	各有关销售分类所得信息
1. 谁买？	机构类型、地理区域、最终使用者、购买经历、顾客规模、顾客性别
2. 买什么？	产品线、价格范畴、品牌、原产地、包装规格、任意购买
3. 如何买？	付款方式、账单期限、送货方式、包装方法
4. 何时买？	季节、星期几、一天内何时
5. 买多少？	销售数量、销售金额、利润额
6. 何处买？	开单地点、购买地点、仓库地点

的程序一般包括三个阶段：

1）按性质分类账户费用分类

营销成本分析的第一步是决定按性质分类账户的费用水平。这种费用是以费用的名称而非花费的目的报告的。按性质分类的费用包括薪金、租金、广告费、耗用品开支、保险、利息等。这些费用属成本范畴，通常记载在分类账科目中。表 2-6 表明按性质分类账户费用的分类。

表 2-6 **按性质分类账户费用分类** 单位：元

净销售额（减除回扣及折扣）	1 000 000	
减：售货成本	450 000	
毛利		550 000
减：销售费用（按性质分类账户费用）		
薪金及附加福利	220 000	
租金	40 000	
广告费	30 000	
耗用品开支	6 100	
保险费	2 500	
利息	1 400	
总销售费用		300 000
税后纯利		250 000

2）按性质分类账户再分类为按职能分类账户

按性质分类账户再分类为按职能分类的账户，它表明所花费用的目的或活动范围。职能费用（业务费用）包括营销管理费用、人员销售费用、广告费、运费、仓储费、市场营销研究费和一般管理费用。表 2-7 就是将按性质分类账户再分类为按职能分类账户的情况。

一旦作出按职能分类账户后，成本分析就很清楚了。例如，如果薪金和附加福利比上年增加 25 000 元，按性质分类账户分析不能将此增加额分摊到职能费用领域。而按职能账户分析则可精确地显示应属需要较高人员费用开支的营销领域。

表 2-7 **将按性质分类账户再分类为按职能分类账户** 单位：元

按性质分类账户	合计	按职能分类账户						
		营销管理费	人员销售费	广告费	运费	仓储费	营销研究费	一般管理费
薪金及附加福利	220 000	30 000	50 000	15 000	10 000	20 000	30 000	65 000
租金	40 000	3 000	7 000	3 000	2 000	10 000	5 000	10 000
广告费	30 000			30 000				
耗用品开支	6 100	500	1 000	500			1 100	3 000
保险费	2 500		1 000			1 200		300
利息	1 400							1 400
总计	300 000	33 500	59 000	48 500	12 000	31 200	36 100	79 700

3）按营销活动分类分摊业务费用

营业费用分析的第三个步骤就是按产品、顾客、销售人员、价格、订单规格、储存地点或销售分类方法等分摊业务费用，表 2-8 表明如何利用表 2-6 和表 2-7 的资料在不同产品中分配业务费用。从表 2-8 可以断定产品 A 销售量和利润总额都最大，但产品 C 按销售额百分比的利润却最大。

在分摊业务费用时，必须记住下列几点：①某些费用的分摊，如营销管理费、各种不同产品、顾客或其他科目费用的分摊往往是带有一定随意性的；②要抵消业绩不佳的科目会使一般管理费、残存产品等间接费用发生转移，从而使总利润减少；③公司必须区分那些可独立计算的费用，即与某一分类科目有直接联系并且如果这一项目不延续下去而可抵消的费用，以及那些由不同项目分摊并且如果某个项目中止而不能抵消的费用。

表 2-8 **按产品分摊的业务费用** 单位：元

	总计		产品 A		产品 B		产品 C	
纯利	1 000 000		500 000		300 000		200 000	
减：售货费用	450 000		250 000		120 000		80 000	
毛利		550 000		250 000		180 000		120 000
减：销售费用								
营销管理费	33 500		16 000		10 000		7 500	
人员销售费	59 000		30 000		17 100		11 900	
广告费	48 500		20 000		18 000		10 500	
运费	12 000		5 000		5 000		2 000	
仓储费	31 200		20 000		7 000		4 200	
营销研究费	36 100		18 000		11 000		7 100	
一般管理费	79 700		40 000		23 000		16 700	
总销售费用		300 000		149 000		91 100		59 900
税后纯利		250 000		101 000		88 900		60 100
利润率(占销售额的%)		25.0		20.2		29.6		30.0

2.4.3　市场营销稽核

市场营销稽核是对公司或机构的市场营销活动所作的综合评估。它包括对市场营销计划、目标、策略、大纲、各种具体活动、组织结构及人员的有系统的评价。目的是发现问题和机会，并提出改进公司或机构市场营销业绩的方案。具体来说，大致包括如下这些细化目标：

（1）评价整体的市场营销运作情况；

（2）重点评价市场营销目标、政策、策略及其制定的根据；

（3）对相关计划项目进行预测并提出改进意见；

（4）寻找市场机会及利用机会的方式，发现弱点并找出消除弱点的方式；

（5）落实市场营销风险预防和恢复措施。

显然，要对市场营销业务活动作出如此全面、周密的研究，首先必须有客观的态度。因此一个优良的市场营销稽核应该具备下列特性：

（1）系统性。它应在一种合理的预先决定的架构中行事，即遵循一种严格有序的分析步骤。

（2）综合性。它应考虑所有可能影响市场营销业绩的因素，而不仅仅是明显的麻烦问题。市场营销者往往会在一些形似有利而不是明显有麻烦的问题上做徒劳无功的傻事。因此一个综合的市场营销稽核应能辨别出真正的问题。

（3）独立性。为保证市场营销稽核的客观性，通常都应聘请企业外部的专家来进行市场营销稽核。虽然一般情况下不一定要使用外部人员，但为能有客观的稽核人员而聘请外部专家是非常必要的。

（4）经常性。许多机构都制订定时的市场营销稽核计划，因为市场营销是在一个动态的市场营销环境中运作的。

从上述分析可见，市场营销稽核可能是漫长而复杂的，必须按照预先的计划和步骤进行。

1）市场营销稽核的步骤

市场营销稽核的程序一般包括六个步骤：

（1）决定由谁来稽核。市场营销稽核可以由公司的专业人员、公司的分部、部门经理，或外部专业人员来执行。

（2）决定在什么时候进行和多长时间进行一次市场营销稽核。市场营销稽核可以在日历年年末、公司报告年度末或实物盘存时进行。市场营销稽核应至少每年进行一次，当然有些公司宁愿更频繁些。这种稽核应在每年的相同时间执行，以便加以比较。在某种情况下，不定期的稽核也很有好处，它可使职工经常保持警觉，并可保证得到自然的回答。

（3）决定稽核的领域。它主要包括横向稽核和纵向稽核两大领域。横向稽核是研究公司的全面营销业绩，包括对市场营销因素组合各变量的稽核，并研究它们之间的相互关系和相对重要性。纵向稽核是公司营销策略某一方面如产品计划等的深入分析。这两种稽核应相互联系起来运用，因为横向稽核往往会揭露某些需要进一步研究的领域。

（4）拟定市场营销稽核的表格。市场营销稽核表格应列出需要考核的领域和评价每一活动领域所需的精确信息。这种表格通常提出相应的问题，并且由稽核人员回答。

（5）进行稽核。这一阶段所要作出的决策包括稽核的期间多长，员工是否应了解这一稽核，当机构开业或歇业时是否要进行稽核，如何得出最后的报告。

（6）向管理当局提出稽核结果。市场营销稽核的最后一个步骤是向管理当局提出结论和建议。总之，只有管理当局对稽核结论和建议作出适当的反应之后市场营销稽核的程序方算完成。在断定这些反应时，应以管理当局的反应，而不是以稽核人员的反应为准。

2）市场营销稽核的内容

市场营销稽核包括的问题大约有六个部分：

（1）市场营销环境稽核

①宏观环境

A. 人口：哪些主要人口发展变化趋势使企业获得发展机会或面临威胁？针对这些机会或威胁，企业采取了什么相应的行动？

B. 经济：在收入、价格、储蓄和信贷等方面，有哪些主要变化会对企业发生冲击？针对这些发展变化，企业采取了什么相应的行动？

C. 自然：企业所需自然资源和能源的成本和来源前景如何？社会公众对企业污染环境和保护环境方面的作为表示了多大关注？企业对此采取了什么措施？

D. 技术：产品技术和工艺技术发生了什么重要变化？企业在这些技术中处于先进还是落后地位？何种主要代用品会代替这种产品？

E. 政治：现在有哪些法律规定可能影响市场营销策略和战略？各级政府机构的哪些行动、措施应该重视？对市场营销策略有影响的污染控制、产品安全、广告及物价控制等方面有什么新规定和新动向？

F. 文化：社会公众对本企业及本企业产品的态度如何？与本企业有关的消费者和工商业用户，他们的生活方式和价值观念有何变化？

②业务环境

A. 市场：市场大小、发展、地理分布及利润变化等情况如何？主要的细分市场如何？

B. 顾客：现有及预期的顾客对本企业和竞争者的评价如何？特别是在声誉、产品质量、售后服务、推销实力及价格方面的评价如何？不同类型的顾客是如何作出购买决定的？

C. 竞争者：主要竞争者是谁？它们的目标和策略、优势和劣势、规模大小和市场占有率如何？影响未来竞争的趋势如何？哪些代替品将取代这种产品？

D. 流通渠道：将本产品送达消费者手中的主要商品流通渠道如何？不同流通渠道的效率和潜力如何？

E. 供应者：生产所需的主要资源供应前景如何？供应者的供应方式将会有什么发展变化？

F. 相关企业：运输部门的成本和提供服务的前景如何？仓储部门的成本和提供服务的前景如何？资金供给部门的利率和提供资金的前景如何？广告代理机构的工作效率如何？

（2）市场营销策略稽核

①市场营销目标

A. 企业的任务是否陈述清楚？

B. 企业的市场营销目标是否以明确的指标加以表示，以便于对市场营销计划和执行情况进行评价？

C. 在企业现有的竞争地位、资源条件及经营机会下，企业制定的目标是否恰当？

②策略

A. 达到目标市场的最关键策略是什么？是否正确可靠？

B. 用以完成企业营销目标的资源预算是否足够或过多？

C. 市场营销资源是否按各种不同的细分市场、地区和产品作了最适当的配置？

D. 市场营销资源是否按各种市场营销因素的需要，如产品质量、售后服务、销售队伍、广告、促进销售和流通渠道等方面的需要作了最适当的分配？

（3）市场营销机构稽核

①领导机构

A. 市场营销高层主管对影响顾客需求能否得到满足的各种企业活动，是否有适当的责任和权力？

B. 市场营销活动是否按不同职能部门、不同生产部门作了最适当的组织安排？

②职能部门

A. 市场营销部门和销售部门之间是否有良好的沟通和合作关系？

B. 产品管理系统是否有效地工作？

C. 市场营销系统中有哪一部分人需要培训、激励、监督或重新考核？

③部门之间

A. 市场营销部门与制造部门之间存在什么问题？

B. 市场营销部门与研究开发部门之间有什么值得注意的问题？

C. 市场营销与财务管理之间存在什么问题？

D. 市场营销与采购之间是否要注意什么问题？

（4）市场营销系统稽核

①市场营销信息系统

A. 市场营销信息系统是否能收集整理出市场发展变化方面正确、足够及适时的信息？

B. 企业决策人员是否适当地运用了市场调研手段？

②市场营销计划系统

A. 市场营销计划系统是否成功而有效地编制了计划？

B. 销售预测与市场潜在购买力的估计是否已充分实现？

C. 销售配额是否建立在坚实的基础上？

③市场营销控制系统

A. 市场营销控制程序是否足以保证年度计划的实现？

B. 管理部门是否对产品、市场、地区和分配路线的经济效益进行定期分析？

C. 是否对市场营销费用进行定期检查？

④新产品开发系统

A. 企业是否为收集、产生、筛选新产品进行了卓有成效的组织工作？

B. 企业在投资新产品生产之前，是否提出了适当的方针并作了商业分析？

C. 企业在新产品正式上市之前是否进行了适当的产品试验和市场试销？

（5）市场营销效率稽核

①利润分析

A. 企业不同产品、市场、地区和分配路线的经济效益如何？

B. 企业是否应该打入某些市场？扩大或收缩某些市场？从某些市场撤出？对短期或长期利润有何影响？

②成本效益分析

A. 是否有哪些市场营销活动似乎要超过预计成本？

B. 可采取哪些降低成本的步骤？

（6）市场营销功能稽核

①产品

A. 产品线目标如何？这些目标是否正确？现有产品线与现在这个目标是否相适应？

B. 有没有哪些产品要逐步淘汰？

C. 有没有哪些新产品要增补进来？

D. 有哪些产品可从改进品质、特点或规格品种上取得更好的经济效益？

②价格

A. 定价目标、政策、策略和程序如何？根据成本、需求和竞争情况，价格水平如何掌握为宜？

B. 顾客是否认为企业产品质价相当？

C. 企业利用价格促销是否有效？

③分配

A. 商品分配的目标和策略如何？

B. 是否有适当的市场范围和服务机构？

C. 企业是否考虑改变对分配商和销售代理商的依赖程度，或是否自己直接销售？

④促进销售

A. 企业的广告目标是什么？是否适当？

B. 在广告上所花的费用是否恰当？广告费用预算如何决定？

C. 广告主题和文稿是否有效？顾客和公众对广告的看法如何？

D. 广告媒体是否经过很好的挑选？

E. 所采用的其他促进销售方法是否有效？

F. 是否拟订了一个很好的宣传推广方案？

⑤销售力

A. 企业组织销售队伍的目标是什么？

B. 销售力是否足够完成企业目标？

C. 销售力是否按照适当的专业化原则（如地区、市场、产品）组织而成？

D. 销售队伍是否显示着高度的士气、能力和奋斗精神？

E. 制定定额和评价工作成绩的程序是否恰当？

F. 与竞争者的销售力相比，企业的销售实力如何？

以上便是市场营销稽核的主要问题范围，紧随这些个别的局部市场营销稽核内容确定之后，还要作出一套工作安排：

首先，制定决定稽核范围的目标。这些目标可用对一些简单问题的回答来反映，看哪些问题是本机构应监控的主要问题。因为虽然作为市场营销稽核的一般内容来说，应大致包括上述六大部分。但并不是在任何情况下所有这些问题，或各个局部市场营销稽核所列的各种问题都同样重要，许多普通产品不一定会受政治环境的影响。一些需求弹性很小的产品，价格促销的作用也不显著。因此，在进行市场营销稽核时，可根据不同情况，从上述内容中有重点、有针对性地选择某些问题加以询问和考察。

其次，收集信息。这一步骤通常都是先从审查二手资料开始，收集其中可用的现成资料：接着可通过访问企业管理部门的人员和销售人员、某些非市场营销部门的人员，甚至是通过主要的客户来收集市场稽核所需要的信息资料。另外，也可通过由包括表 2-9 所列各种项目所构成的调查方案来收集有关资料。

表 2-9　**市场营销稽核所需信息项目样本格式**

环境方面 1. 是用什么方法对环境趋势进行监控的? 2. 什么样的人口趋势和规划预计会影响现行策略和计划策略? 3. 什么样的社会和心理模式（态度、生活方式等）将会影响购买者行为模式? 4. 现行和即将施行的法规是如何影响你的业务经营的? 5. 竞争者（他们的产品、服务、技术）对你的业务经营有什么影响?
目标方面 6. 你部门的市场营销目标是否与整个公司的目标相一致？有哪些一致或不一致的目标？它们是怎样影响、适应不断变化的环境的? 7. 各个目标之间是否协调一致? 8. 怎样把各种目标与市场营销优势和机会联系起来?
策略方面 9. 各个目标和各种策略之间有何关系? 10. 是否有足够的人力、财力、物力来实施这些策略? 11. 你怎样将你的策略与竞争对手的策略相比较?
产品决策方面 12. 在你的策略性事业单位中如何开发新产品? 13. 如何评价现行生产销售的产品? 14. 怎样把一些产品从产品线中逐渐淘汰?
价格决策方面 15. 怎样作价格决策? 16. 价格决策是否反映了竞争者的影响和渠道成员关注的问题?
分销决策方面 17. 如何选择、评估及必要时更换渠道成员? 18. 如何激励渠道成员? 19. 如何作出决策来革新渠道结构?
促销决策方面 20. 怎样作促销组合决策? 21. 如何选择、监控和评估销售人员? 22. 如何根据预估的促销业绩给有关单位和人员发放酬金?
市场信息方面 23. 如何把市场调研信息传送到策略性事业部，并在其中运用? 24. 是否设置市场营销信息系统？是否在使用该系统?

续表

活动及任务方面
25. 各种任务是如何制定、阐明及规划的？各个单位的责任是如何决定的？
26. 现在有什么样的监督范围、汇报联系制度及沟通方式？如何对它们进行评价？
人员方面
27. 有没有现时的准确的岗位说明书？
28. 各个岗位配备了什么样能力水平的人员？是否有在必要时作补充的计划？要补充什么样的人员？
29. 目前企业的士气状况如何？动力是什么？提出这些方面的计划。
30. 阐述职位晋升的途径。是否需要更换关键岗位中被推荐的人员？

事实上，市场营销稽核监控情况所需之资料，大多数都可通过调查表之类的格式来收集，而且一般都要求稽核人员对自己发现的问题每天作出笔录并进行简短的分析。另外，还应定时安排稽核人员与公司领导共同开会，以确保稽核小组成员正确、有效地开展工作。

最后，市场营销稽核人员作出他们的报告。在最终报告草案提出之前，稽核人员一般都要把他们的原始意见先告之公司领导。然后他们便提出自己的初步调查结论，并在有领导参加的会议上作介绍。

以上便是市场营销稽核的主要问题范围及其配套工作安排。至此可得出一个更具体、细化的一般市场营销稽核步骤，如图 2-3 所示。

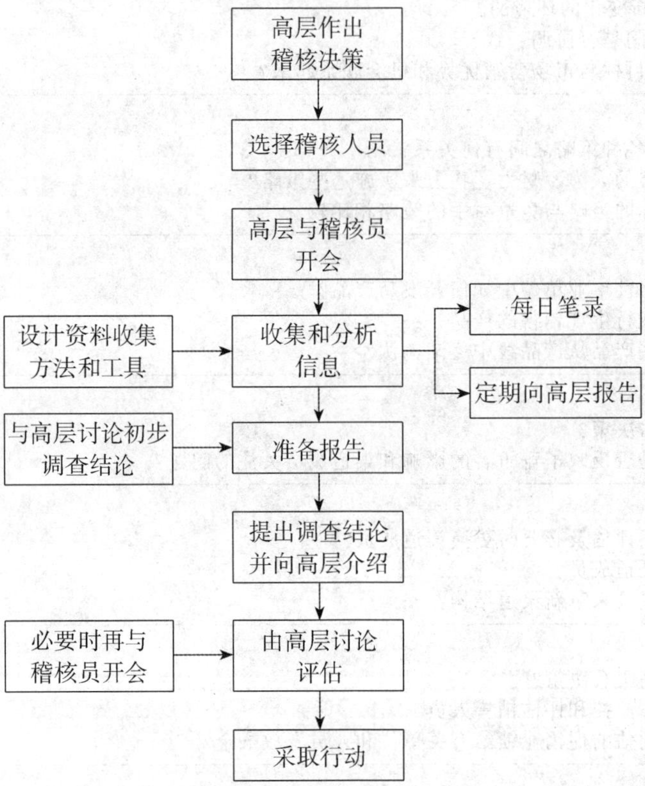

图 2-3　市场稽核的一般步骤

本章小结

市场营销计划就是根据企业的经营方针及策略，确定一定时间内的销售目标和与其相关的主要营销活动指标，以及为实现这些目标和指标所要进行的各项营销活动的安排，并对其进行管理、控制或调整的工作。市场营销计划大致包括六个方面的计划。由于这些计划规定了企业各种经营活动的任务、策略、政策、目标和具体指标及措施，这样就可使企业的市场营销工作按既定计划有条不紊地进行，从而避免营销活动的混乱或盲目性。

市场营销计划的内容有繁有简，其中的产品计划和品牌计划内容较全面、详尽，包括了计划概要、市场现状、威胁和机会、目标和论证、市场营销策略、行动方案、预算、控制等内容。

市场营销计划的一般编制程序大致需要 11 个步骤。而对市场营销计划的控制方法，即评估和控制营销业绩的方法则相当繁多，其中最常用的方法有三个，即销售分析、营销成本分析和市场营销稽核。销售分析，首先是要对总销售数字加以分类，然后进行分析研究，以断定公司或企业的长处及潜在问题。营销成本分析的任务则是对销售收入和产品线、分销方法、人员销售、消费者类型研究和广告等各种营销因素所花成本进行评估。市场营销稽核则是对公司或机构的市场营销活动所作的综合评估。它包括对市场营销环境、市场营销策略、市场营销机构、市场营销系统、市场营销效率、市场营销功能的评价。目的是发现问题和机会，并提出改进公司或机构市场营销业绩的方案。

主要概念和观念

□ 主要概念

市场营销计划　市场营销计划控制　销售分析　市场营销稽核

□ 主要观念

市场营销策略　市场营销稽核的特性

基本训练

□ 知识题

2.1　阅读理解

1）市场营销计划大致包括哪些具体计划？

2）市场营销计划的作用主要表现在什么地方？

3）市场营销计划包括哪些主要内容？

4）市场营销计划的一般编制程序包括哪些步骤？

5）异常销售报告的具体内容及作用是什么？

6）营销成本分析包括哪几个阶段？

2.2　知识应用

1）选择题

（1）产品计划主要是________。

A. 描述某类特定产品的目标、策略及政策等

B. 描述产品群中特定品牌的目标、策略及政策

C. 开发某一特定市场或为某一特定市场服务的计划

D. 具体描述某一特定产品或产品群的目标、策略及政策

(2) 市场现状的主要内容是________。

A. 对当前市场营销情况的分析，即对企业市场处境的分析

B. 对本计划的主要目标、执行方法及措施的扼要阐述

C. 对产品的凶兆和机会的分析

D. 对产品的优势和劣势的分析

(3) 研究市场营销环境，包括________。

A. 直接影响管理决策的各种重大环境问题

B. 对企业实力和弱点的定期综合分析

C. 对目标市场的潜在机会的分析

D. 对开发目标市场的能力分析

(4) 销售分析一般是________。

A. 对上年的总销售数字进行分析研究

B. 为了评估市场营销策略是否恰当而对销售资料所进行的详细研究

C. 选择宽广的销售范畴加以分析研究

D. 选择本企业较易收集的资料范围作为分析对象，不必考虑与别的公司、行业协会及政府资料保持一致

(5) 市场营销稽核的目的在于________。

A. 发现问题和机会，并提出改进公司或机构市场营销业绩的方案

B. 评价市场营销目标、政策、策略及制定的根据

C. 寻找市场机会和利用机会的方式，发现弱点并找出消除弱点的方式

D. 对相关计划项目进行预测并提出改进意见

2）判断题

(1) 市场营销计划即是市场营销活动方案的具体描述。 ( )

(2) 在教材所列的六种市场营销计划中，与企业日常营销活动相关最大、占用工作量最多、项目更详尽、更具典型性的，要算企业和市场计划。 ( )

(3) 不同产品要达到一定的市场占有率，其费用支出水平却可以是不同的。例如，房地产的营销预算一般都较高，而普通农产品的营销预算却可大大缩减。 ( )

(4) 一般来说，由于企业资源的限制，可供采用的策略方案均要受到一定限制，因此策略的拟订不宜从多。 ( )

(5) 为保证市场营销稽核的客观性，一般情况下都应聘请企业外部的专家来进行市场营销稽核。 ( )

(6) 进行市场营销稽核时，一般都应就教材中所提及的市场营销稽核的六大部分内容中所有问题加以询问和考察。 ( )

□ **技能题**

2.1　规则复习

1）市场营销计划的一般编制程序

市场营销计划的编制程序，一般包括 11 个步骤。

（1）分析市场营销状况。这是对企业及其市场营销环境的一种整体机构分析。这种分析又包括四个阶段的分析：①对企业实力和弱点的定期综合分析；②市场营销环境研究；③销售额和市场营销费用分析；④销售预测。

（2）确定市场机会。这一步骤包括对市场现状分析中所发现的各种问题作出解释。在企业面临的几种市场机会评价中，对消费者因素、经济因素和公共环境因素加以仔细考虑，从而分析估计本企业与竞争者相比，哪些方面处于优势，哪些方面更能满足消费者需求，从而有针对性地制定相应的战略、策略和具体的营销方案。

（3）选择目标市场。经过前两个阶段后，市场营销主管就可以确定几个可以开拓的市场。至于选择某一具体目标市场或几个目标市场，则要取决于一系列因素的影响。在计划这一阶段，对目标市场的最后决定，很可能不得不暂时推延，待到编制计划第四个阶段结束时才最后解决。

（4）确定投资的范围。在计划工作的这一阶段，首先要根据前一阶段可能选择的目标市场情况，预计为开拓这些市场需要付出多大的物力、财力，然后与自己的投资能力相比较，看能开拓多少目标市场，或开拓哪一个目标市场才与自己的能力相称。

（5）拟定策略。一般来说，拟定的策略愈多愈好，这样可以增加策略的选择性。但由于企业资源的限制，可供考虑采用的策略方案还是要受到一定限制的。不过即使这样，仍可在一定限度内拟定出几个完全不同的策略方案。

（6）选择最佳策略。就是要从前阶段所提出的几个可供选择的策略中选出最可行的策略。这种选择最直接的根据就是企业的营销目标。假如企业的主要营销目标是提高自己产品的市场占有率，那么选择营销策略时，便应着重从那些最有利于提高市场占有率的策略来考虑。至于达到提高本企业产品市场占有率的策略则可能是多种多样的。

（7）确定相应的市场营销因素组合。这一阶段的主要工作是，把一般性的市场营销因素组合策略具体结合特定企业的特定营销策略加以考虑，并使其具体化。

（8）综合编制市场营销计划。这一阶段的工作是将前面几个阶段的情况分析、日标市场选择、策略选择等方案统一协调起来，写成正式计划。营销计划编制完成并经草拟部门通过后，便应呈送企业最高当局审查、修订、批准。

（9）最后批准计划。企业最高当局接到市场营销部门送来的营销计划后，就应结合其他职能部门的计划进行综合平衡，协调各部门的能力和任务，尽量使计划建立在可行的基础上，并能达到预期的经济效益。如发现各部门计划，或者营销计划本身有不协调之处，便应进行修订，直至认为满意之后才正式予以批准。

（10）通报与执行。计划批准后，必须马上传给执行部门的有关人员，具体研究贯彻执行的方案，并付诸实施。

（11）考核与调整。它就是对付诸行动的计划进行监督检查，通过信息反馈，判断所采取的计划行动是否有效。如发现有不当或与原计划有脱节的地方，便应及时修正计划，或改变行动方案，以适应新的情况。

2）市场营销稽核的步骤

市场营销稽核的程序一般包括6个步骤：

(1) 决定由谁来稽核。可以由公司的专业人员、公司的分部或部门经理，或外部专业人员来执行。

(2) 决定在什么时候进行和多长时间进行一次市场营销稽核。市场营销稽核应至少每年进行一次，可以在日历年年末、公司报告年度末或实物盘存时进行。

(3) 决定稽核的领域。主要包括横向稽核和纵向稽核两大领域。这两种稽核应联系起来运用，因为横向稽核往往会揭露出某些需要进一步研究的领域。

(4) 拟定市场营销稽核的表格。市场营销稽核表格应列出需要考核的领域和评价每一个活动领域所需的精确信息。这种表格通常提出相应的问题，并由稽核人员来回答。

(5) 进行稽核。这一阶段所要作出的决策包括稽核的期间多长，员工是否应了解这一稽核，当机构开业或歇业时是否要进行稽核，如何得出最后的报告。

(6) 向管理当局提出稽核结果，就是向管理当局提出结论和建议。总之，只有管理当局对稽核结论和建议作出适当的反应之后，市场营销稽核的程序方算完成。在断定这些反应时，应以管理当局的反应，而不是稽核人员的反应为准。

2.2 操作练习

1）实务题

用两三个例子分析说明：

(1) 市场营销计划的某些具体作用。

(2) 市场营销计划控制的必要性。

2）综合题

请想办法与一家用电器销售企业联系，与其合作，对该企业某年某类电器（如电视机、空调、电冰箱）的销售情况进行分析，揭示出该类产品消费者的详细购买模式。

□ **能力题**

2.1 案例分析

对日立公司市场营销计划的评价

由于市场成长加速，日立公司在盒式录像机市场上的经营绩效颇为出色。最初，日立公司选择了廉价电视与立体声设备商店作为它的分销渠道，加上低价和促销性折扣等策略，使得它在这类销售网点中捷报频传，大获全胜。不妙的是，喜极忧来。现在盒式录像机市场已趋于成熟，并且各个竞争对手纷纷崛起，正在为争夺市场占有率而进行战斗。日立必须改进形势严峻的市场营销地位，以求能在盒式录像机市场上生存下去。为此，该公司制订了如下营销计划。

一、目标

销售额为22 100万美元，毛利为5 700万美元，毛利率为28%，净利润为600万美元，市场占有率为6.3%。

二、销售历史资料（见表 2-10）

表 2-10　销售资料（%）

	1986	1987	1988	1989	1990
美国无线电公司	12.1	12.1	12.0	12.0	12.1
索尼公司	11.4	11.6	11.7	11.7	11.7
泛美音响公司	10.7	10.8	10.9	10.8	10.8
夏普公司	9.8	9.7	9.8	9.4	9.4
三洋公司	7.0	7.1	6.7	6.6	6.6
弗西尔公司	6.8	6.8	6.4	6.3	6.4
马格拉音响公司	6.8	6.7	6.4	6.3	6.3
日立公司	6.4	6.4	6.0	6.3	6.5
色丽丝公司	6.0	5.8	5.5	5.8	5.8

注：表中所有数据都不是实际数据，但有代表性。

三、综述

盒式录像机市场的成长已经停止，该市场领域内的大多数公司都在为维持盈利而奋斗。像许多其他日本公司一样，因为日元坚挺，日立可以再提价，但竞争激烈的市场和韩国产的低价盒式录像机如三星牌与金星牌的进入却成为日立提价的主要障碍。一旦三星和金星占有明显的市场份额时，它们很可能迅速向市场渗透。此时若日立公司提价岂不是给韩国产品的市场渗透以可乘之机？日立公司过去一直采用低零售价和高零售折扣的策略，经营得十分成功。正因为如此，日立公司在韩国进口产品面前才表现得脆弱。如果日立一旦提价，后果将会如何呢？实际上，当韩国出口产品挤进美国市场时，日立公司的盒式录像机在商店中的售价常常是最低的。

在许多消费者看来，各种牌号的盒式录像机的差异是不明显的。美国无线电公司、泛美音响公司和索尼公司的产品都一样。产品差异性的缺乏迫使那些知名度低的公司如日立公司不得不把市场营销的重点放在零售商店。由于零售商店不愿意经营五到八个以上的牌号，所以那些知名度低的公司更为了争夺零售商店而展开了相互厮杀。

日立的销售情况一直不错，但它的长期获利能力却值得怀疑。由于韩国竞争者的涌入以及零售商按惯例提出的更高的折扣要求，使得日立公司不能提价。日立需要在市场上建立起一个防御性的定位，或者完全停止盒式录像机的产品线。

四、竞争态势

因为盒式录像机产品是无差异的，所以把同质的竞争者们聚集在一起。

索尼和泛美音响公司。这两个公司都建立了超一流的质量形象。它们的产品都在著名商号里销售，溢价，几乎没有折扣。

美国无线电公司和马格拉音响公司。长期以来，这两家公司一直在电子消费品市场中经营。它们以本公司其他的电子产品为杠杆，向大量的零售网点渗透。它们的价格低于索尼和泛美音响公司，并与各销售网点合作进行广告宣传。

弗西尔、夏普和三洋公司。在电子消费品市场上，这些公司是第二流的。它们既没有像索尼和泛美音响公司的产品那样超一流品质的声誉，又没有像美国无线电公司和马格拉音响公司那样的分销渠道。它们产品的定价都低于前两类公司，并且向它们的销售网点割让大量的折扣。

金星和三星公司。这是两家韩国的盒式录像机公司。至今，美国消费者对它们的产品还不熟悉，对它们产品的质量水平了解不多。韩国产品的价格比所有其他公司产品的价格都低，这便是日立面临的真正威胁。

五、价格对比

为了便于比较，不妨以中档盒式录像机的价格进行分析，见表2-11。

表2-11 **中档盒式录像机的价格** 单位：美元

索尼	410.00	泛美音响公司	410.00
美国无线电公司	390.00	马格拉音响公司	380.00
色丽丝公司	370.00	弗西尔公司	360.00
夏普公司	360.00	三洋公司	355.00
日立	335.00	金星	295.00
三星	295.00		

各竞争公司之间的价格关系是难以评价的。各公司的盒式录像机都有类似的功能特征。价格似乎只是公司形象、产品声誉的函数。由于产品是无差异的，消费者可能模糊不清、拿不定主意，导致最终购买的原因可能完全是他们对某一商标名称的偏爱。

六、问题与机会

1. 问题

日立的商标名称的知名度很低。

日立盒式录像机没有任何显著的产品特性，日立也难以开发出不可能被竞争对手迅速模仿的产品特性。

日立拥有的分销商无论是在数量上还是在质量上都次于它的大多数竞争对手。

大约只有3%的分销商认为日立是一个重要的品牌。

2. 机会

在二流消费品制造企业中，没有一家有一个防御性的市场定位。因此，日立可以把三洋、弗西尔、夏普从它们占领的某些销售网点中挤出去，取而代之。

顾客调查表明，大多数消费者都对盒式录像机的“使用说明书”的质量不满意。

由于电子消费品零售商店也面临着可怕的激烈竞争，所以只要是有利于竞争的任何计划，它们都会作出积极的反应。

七、主要行动

日立必须明确两个问题：第一，它必须建立一个既包括顾客又包括零售商在内的防御性市场定位；第二，它必须提高产品价格以恢复原有的利润率水平。

今年日立的市场营销计划将以建立一个更强的防御市场定位为中心，主要通过大大地改善产品说明书来满足顾客的需要，并以开展独一无二的促销活动为重点来满足零售商的需要。明年，日立的市场定位应该有所改观，使之成为提高价格的基础。

日立公司主要的行动策略如下：

①提高知名度，增加消费者对日立产品的支持。这包括引进易于理解的“使用说明

书”，并为合作广告节目提供一些广告素材，其中心内容在于强调日立的说明书是容易理解的。

②争取零售商对日立盒式录像机产品的支持。这包括继续执行对零售商折扣的计划：提供店内陈设以帮助日立产品的销售；制订一份零售商宣传计划，强调日立新说明书的好处。今年，还将组织一次对日立盒式录像机销售额达 5 万美元的零售店的激励活动。

八、辅助行动

日立将修改“使用说明书”的内容，并对其重新印刷，以吸引顾客对新的易于理解的“使用说明书”的注意。

九、市场定位

市场定位表述如下：日立是一家综合性的电子产品生产公司，它将以制造有利可图的竞争产品进入电子产品类市场。

十、具体策略

……

资料来源　金镝，周小红．市场总监操作实务［M］．广州：广东经济出版社，2003：195-201.

问题：

1）这份日立公司的市场营销计划显然与一般市场营销学教材所介绍的常规市场营销计划之内容有较大不同，你觉得日立公司的这份市场营销计划模式有何优点或缺点？

2）这份市场营销计划中对有关问题与机会的分析，是否抓住要害？是否足够？

3）本计划对日立公司的市场定位是否明晰、准确？

4）本计划提出的主要行动及辅助行动是否恰当？

2.2　网上调研

就某行业或某地不同行业的两三个企业的实际市场营销计划程序进行网上调研。

第 3 章

市场营销环境

学习目标

通过学习本章，你应该达到以下目标：

知识目标：了解市场营销环境的概念及最常用的分类；弄清各种可控市场营销环境因素及不可控市场营销环境因素。

技能目标：能针对各种不可控市场营销环境因素，采取科学、恰当的措施。

能力目标：具备能灵活掌握各种可控市场营销环境因素的可控方向及范围，作出相应营销决策的能力。

引例

《爸爸去哪儿》的整合营销策略

《爸爸去哪儿》的日益火爆，不仅使湖南卫视笑得合不拢嘴，其赞助商也获益匪浅，思念食品就是其中之一。《爸爸去哪儿》的成功看似无心插柳之举，却隐藏了诸多的必然成功要素。广告商蜂拥而至，谈及《爸爸去哪儿》的收益，湖南卫视方面给出了一个令人遐想的答案。这档每周五晚非黄金时段播出的户外亲子真人秀节目正在成为荧屏新宠。然而，《爸爸去哪儿》的一夜走红却暴露了中国电视综艺节目何去何从的问题。这样一档热门综艺节目的电视版权依旧是购自海外（韩国），而更多卫视的跟风加入令业内担忧，户外亲子节目会如同歌唱类选秀一样成为下一个充斥荧屏的节目类型。

作为一个整合营销策略，《爸爸去哪儿》走红背后的原因有以下几点：

1. 成熟品类的引进

成熟品类的引进已经不是什么新鲜事，从早期的可口可乐到现在热门的黄色旋风香蕉牛奶，都是将国外成熟期的品类复制到中国市场，激发市场需求，在异地生根发芽。整合营销策略用国外成熟品类冲击市场一方面在消费者心智有一定的感知，降低市场教育成本，另一方面有足够多的市场成功经验可以借鉴，规避掉市场开拓期弯路。

《爸爸去哪儿》亦如此，其节目版权和模式购自韩国 MBC 电视台的《爸爸！我们去哪儿?》，此节目在韩国一经推出，收视便一路飘红，稳坐该时段收视率冠军宝座。从受众人群的角度来看，中韩文化差异相对较小，将韩国观众喜欢的节目复制到中国不会发生水土不服，且明星爸爸与可爱宝宝的组合卖点十足，有足够的受众基础。从节目制作的角度来看，韩国团队制作经验先进，扫除了节目制作的硬件问题。无论从外在需求角度，还是从内在硬件实力来看，湖南卫视都驾驭自如，奠定了《爸爸去哪儿》火爆的基础。

2. 产品差异化

现在的市场属于“乱花迷人眼”的阶段，消费者（观众）不会记得没有特点的产品（节目）。形成自己的特点，满足消费者（观众）差异化需求成为一个品牌（节目）能否留在消费者（观众）心中的关键。在狼烟四起的荧屏，观众们对于千篇一律的选秀类、相亲类节目早已经视觉疲劳，泛滥的煽情手法，更使得消费者产生厌烦情绪，选秀逐渐成为比惨。只有突破传统综艺节目的窠臼，才能抢占收视率。《爸爸去哪儿》将室内综艺升级为野外综艺，将虚假的比惨变成突出节目的记录性而忽略综艺性的真人秀。父子/女搭档真实、温馨的小清新情调，唤起了观众内心最温柔的情感。

3. 本土化包装

正所谓“入乡随俗”，无论是产品还是综艺节目，本土化都是赢得消费者与受众的重要手段。国际连锁快餐巨头肯德基、麦当劳纷纷推出中式米饭套餐，冰淇淋中的贵族哈根达斯也卖起了月饼。整合营销策略本地化实质是通过形式（口感、形态、包装）来获得本地消费者的情感认同。

中国的观众有着自己的特点，在目前的浮躁、快节奏的社会环境下，观众喜欢简单直接的刺激感受，《中国好声音》弱化主持人的作用，直接用内容给观众带来一波又一波的高潮。韩国版《爸爸去哪儿》内容拖沓，显然不适合中国本土观众的观看习惯。湖南卫视将原版拖沓的环节省去，换成了接地气的快节奏剪辑，马上让人耳目一新，迎合了中国观众的口味。

4. 明星产品塑造

市场统计机构CSM46城数据显示，《爸爸去哪儿》第二期收视率从第一期的1.3%飙升至近2.6%，收视份额从首期的5.12%飙升至11.53%。收视率是同一时段观看某档节目观众人数和该地区总人口的比例，收视份额则是观看某档节目观众和所有看电视人口的比例。

明星产品是企业持续发展的动力，是带动企业的引擎。娃哈哈的营养快线、银鹭的花生牛奶就是这类明星产品。明星产品的成功不仅能产生巨大的市场效益及经济效益，通过有效的产品组合还能带动其他产品的发展。银鹭就是将花生牛奶这一单品打造成功后，借由花生牛奶的知名度把核桃牛奶推向市场。可见，明星产品的打造使企业成功一半。

资料来源 改编自佚名.《爸爸去哪儿》的整合营销策略是什么[EB/OL].[2014-06-17].http://www.thldl.org.cn/news/1312/78346.html.

企业是在一定的市场营销环境中运作的，市场营销计划的执行和完成，会受到市场营销环境现状及趋势的很大影响。企业在作市场营销计划或相关市场营销决策时，必须以市场营销环境作为重要的根据，对其作全面、深入的考察和了解，及时采取相应的对策，才能更理想地实现市场营销计划的目标。

3.1 市场营销环境的概念与分类

3.1.1 市场营销环境的概念

环境的最通俗概念就是指周围的情况和条件。将其进行科学抽象，就是泛指影响某一事物生存与发展的力量总和。**市场营销环境**就是指影响企业与其目标市场进行有效交易能力的所有行为者和力量。

查理·达尔文在其1859年出版的震动当时学术界的《物种起源》一书中，提出以自然选择为基础的进化学说，指出事物发展与环境变化的关系是“适者生存，不适者淘汰”。这个论断不仅适用于生物界，也适用于社会的发展。企业的市场营销是在一定的环境之中进行的。在不断变化的环境中，同样要受“适者生存，不适者淘汰”的社会进化规律支配。因为一个企业可看做是一个系统，即由一系列相互作用和相互关联因素组成的统一体，它首先是一个由一批相互作用的、彼此执行不同职能的部门或工作群体组成的系统。最典型的职能部门有财务、会计、研究开发、生产、市场营销、法律等部门。在这些部门中，从市场营销部门的角度看，其他职能部门的活动和行为，也将影响到企业的营销工作，构成企业的微观营销环境。

更重要的还在于企业是一个受到各种外界因素影响的开放系统。以一个民办托儿所为例，它将受到一系列外部因素的影响，包括员工的招聘、培训和登记：社区其他公办托儿所的竞争：社区失业和在职幼儿父母的数量：气候：地区对儿童教养的信念和态度：有关建筑物、安全防范措施、健康和卫生标准等。此外，该托儿所还要受到与之打交道的许多公众的影响。它需要与食物供应商、白布制品供应商、清洗服务商、提供财政资金的职员与股东和业主以及那些对托儿所提出要求并使这一行业可以获利的顾客打交道，即大多数企业都要受到这些外部因素的影响，从而是一个开放系统，如图3-1所示。一个企业如果不重视这些外部影响因素的研究和分析，顺潮流而动，就有可能像自然界的恐龙一样，由于不能适应环境的变化，从而被淘汰。所以企业必须重视对市场营销环境的研究，重视对环境趋势的监视和预测，适时、适度调整自身的市场营销策略和市场营销组合因素，适应环境的变化，使自身获得生存和发展。

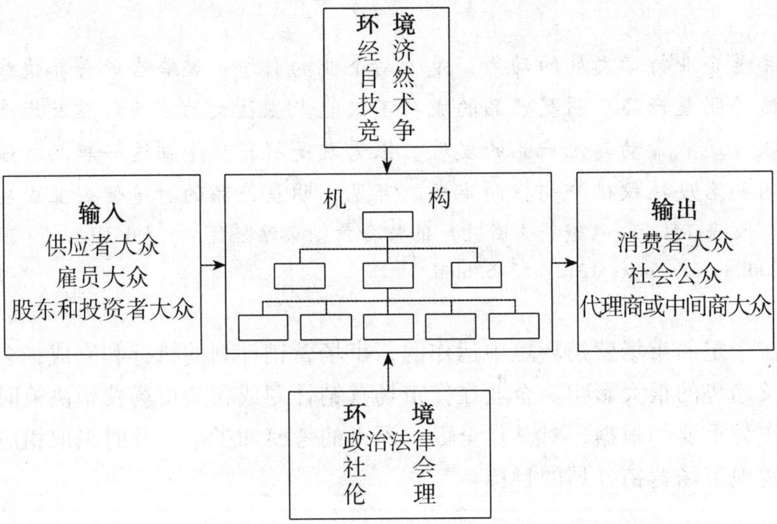

图3-1 作为开放系统的机构

3.1.2 市场营销环境的分类

市场营销环境可以根据不同标志进行多种多样的分类。下面是一些最常用的分类。

1）按影响范围大小，可分为公司微观环境和公司宏观环境

公司微观环境是指由公司本身市场营销活动所引起的与公司市场紧密相关、直接影响其市场营销能力的各种行为者，包括公司供应商、营销中间商、竞争者和公众。图 3-2 内两环所示，就是公司微观环境各种主要行为者的位置及关系，即中间这一环内的四个行为者是公司的核心营销系统；内二环的两个行为者，将对公司成功与否造成影响。

公司宏观环境是指影响公司微观环境的各种因素和力量的总和，包括人口统计环境、经济环境、自然环境、科技环境、政治环境及文化环境，如图 3-2 外一环所示。公司微观环境的各种行为者都在这些宏观环境中运作，并受其影响。

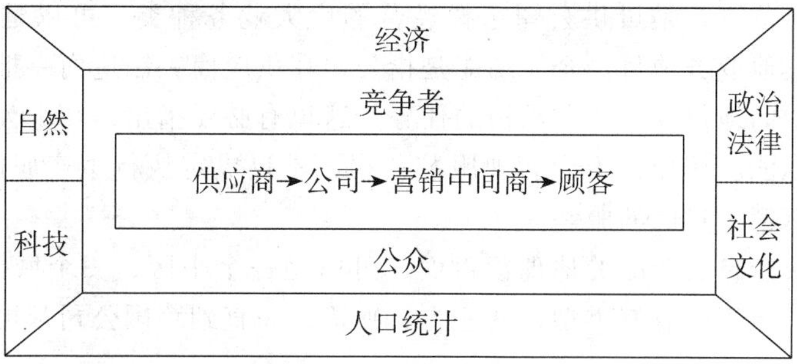

图 3-2　公司市场营销环境的主要行为者及影响力

2）按控制性难易，可分为公司可控制的因素和不可控制的因素

公司可控制的因素是指可由公司及其营销人员支配的因素。这包括最高管理部门可支配的因素，如产业方向、总目标、公司营销部门的作用、其他职能部门的作用；营销部门可控制的因素，如目标市场的选择、市场营销目标、市场营销机构类型、市场营销计划、市场营销控制。

公司不可控制的因素是指影响公司的工作和完成情况而公司及市场营销人员不能控制的因素，包括消费者、竞争、政府、经济、技术和独立媒体。

3）按环境的性质，可分为自然环境和文化环境

自然环境包括矿产、动物种群等自然资源及其他自然界方面的许多因素，如气候、生态系统的变化。

文化环境包括社会价值观和信念、人口统计变量、经济和竞争力量、科学和技术、政治和法律力量。

上述三种市场营销环境的分类，虽然所用标志互不相同，各有特色，从不同侧面对公司、机构的市场营销环境作了系统而具体的分析，但对总体市场营销环境的归结、阐述还是一致的。因此本章仅随机选取了第二种分类法，即按控制性难易来划分市场营销环境的方法，依次对有关因素进行分析研究。

3.2 可控市场营销环境因素

可控因素是由机构及其营销人员支配、掌握的因素。有些可控制因素是由最高管理部门支配掌握的，这些因素不是营销人员所能控制的，他们必须制订符合机构目标的计划，并在管理部门所制定的方针下行事。

3.2.1 最高管理部门可控因素

虽然最高管理部门要负责无数的决策，但有四项基本决策，即企业方向、总目标、营销部门的作用及其他职能部门的作用对市场营销人员极其重要。这些决策对市场营销的方方面面都有影响。

1）企业方向

企业方向包括产品或服务的总范围、功能、服务地域、所有制类型。通过对这些概念的分析，管理部门可以更好地开发和维持它们的业务。

产品或服务总范围，是可供公司选择经营的广大业务种类，可以是能源、家具、住宅、教育或任何其他业务项目。企业功能是指公司在供应商→制造商→批发商→零售商这一市场营销系统中的地位及其所欲承担的任务。这里有必要指出，一个公司可能期望承担一个以上的这些职能。例如，不少名牌服装公司，不仅决定执行生产职能，同时还通过自己的零售专卖店销售自己的服装。

公司还必须决定自己产品的地理覆盖面，可以是一个小区、一个城镇、全县、全市、全国甚至是全球。至于所有制类型，从业主、独资，一直到跨国公司都可加以选择。

2）总目标

总目标是管理部门制定的可衡量的目标。公司的成功或失败都可通过目标与实际执行情况的对比加以判断。通常综合的销售、利润及其他目标由管理部门分别按短期（一年或一年以内）和长期（一年以上）加以陈述。

3）市场营销的作用

管理部门通过说明市场营销的重要性、概述其职能来决定市场营销的作用，并将其综合到公司的总体业务经营操作中去。

当市场营销被授予直线（决策）职权时，市场营销在公司中的重要作用就将显得很突出，这时市场营销主管的职位就与其他领域的主管相等（通常是副总裁），并得到足够的资源提供，但在一些公司中，只给市场营销一个参谋职权（顾问、咨询的职能），市场营销就显得不太重要，只是一种从属的地位。例如，要向生产副总裁报告，这时市场营销等同于销售，在研究、广告和从事其他营销活动方面的资财大大减少。

市场营销功能的范围非常广泛，包括市场调研、新产品计划、存货管理，以及许多其他市场营销任务；也可仅限于销售或广告，而不包括市场调研、计划、定价或信贷。市场营销功能的范围还必须包括执行配销渠道（通过制造商→批发商→零售商→消费者）某些方面的职能。一般说来，市场营销作用越大，公司越有可能实行一体化的组织系统。市场营销作用越小，公司越有可能仅根据孤立的项目计划，在风险重重及各部门各自为政的情况下开展市场营销活动。

4）其他职能部门的作用

为避免职能重叠，互相猜忌和冲突，必须对企业其他职能部门的作用及与市场营销部门的相互关系作出明确的说明，并提出调和方案。

3.2.2 营销部门可控因素

在市场营销人员指导下的主要因素是选择目标市场、市场营销目标、市场营销机构、市场营销计划及对市场营销计划的控制。

1）目标市场的选择

目标市场的选择，也就是确定顾客群，包括两种决策：目标市场大小及特点决策。营销者可选择一个非常大的市场，即大众市场；也可选择市场中的一小片，即细分市场。在后一种情况下，市场营销计划是按某一具体人群的需要而量体裁衣式地制定。至于大众市场营销，则演化成一般性的市场营销计划。

市场营销者还必须确定目标市场组成人员的特点，如男性或女性、已婚或单身、富有阶层或中等阶层等，按这些人的情况来调整市场营销计划。

2）市场营销目标

市场营销部门所制定的市场营销目标，要比前述最高管理当局所制定的目标更具顾客导向性。例如，市场营销人员对公司及具体产品在消费者心目中的形象就十分关心。销售目标反映对品牌忠诚度（重复购买的行为）、通过新产品介绍获得的增长、对未满足细分市场的吸引力等的关心。利润目标则按单位利润或总利润制定。最后，最重要的还在于市场营销人员追求创造差别优势，即公司市场营销计划能导致消费者惠顾本公司而非竞争对手的一整套特色。差别优势可通过独特的形象、新产品或特色、产品质量、可得性、服务、低价和其他特点来达到。

3）市场营销机构

市场营销机构是为支配管理市场营销功能所作的组织安排，机构概述所要执行的权力、责任和任务，通过机构指定各种功能并对它们进行协调。公司的市场营销机构一般有三种形式。

（1）职能机构。根据采购、销售、促销、配销及其他任务，在企业中建立若干职能机构，由这些职能机构代表企业负责人对所属下级单位指挥管理，如图 3-3 所示。

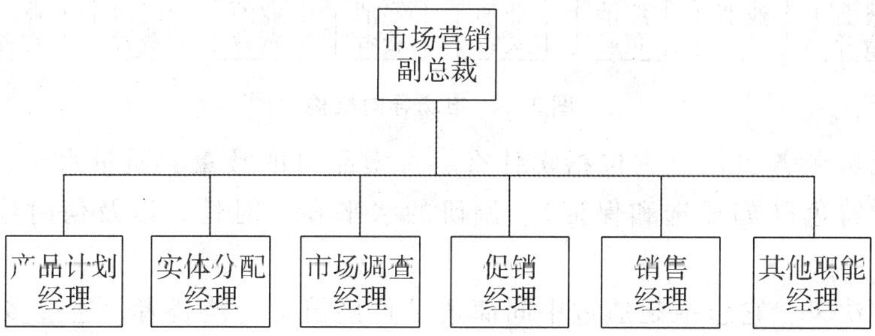

图 3-3 职能机构

（2）产品导向机构。在各职能范畴之外，再给各产品大类设产品经理，给各个品牌设品牌经理，如图 3-4 所示。

（3）市场导向机构。在各职能范畴之外，再根据地理市场和消费者类型设相应的经理，如图 3-5 所示。

4）市场营销计划或组合

市场营销计划或市场营销组合，是描述用以达到营销目标及满足目标市场需求的各种市场营销因素之具体结合。市场营销计划包括四个主要因素：产品或服务、分销、促销、价格。营销者必须选择那些最适合公司的市场营销因素组合。市场营销计划要求作出许多决策。

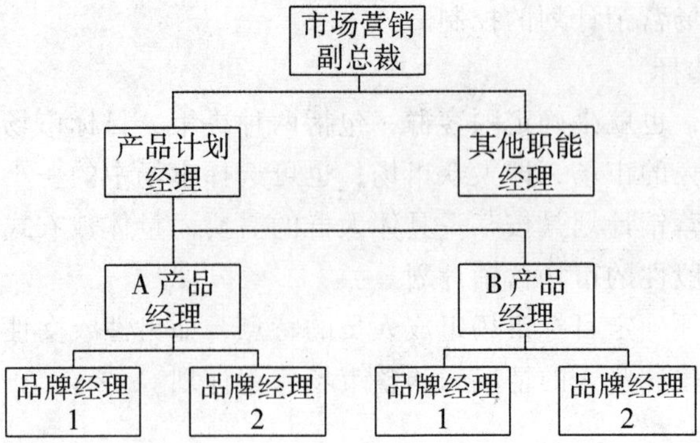

图 3-4　产品导向机构

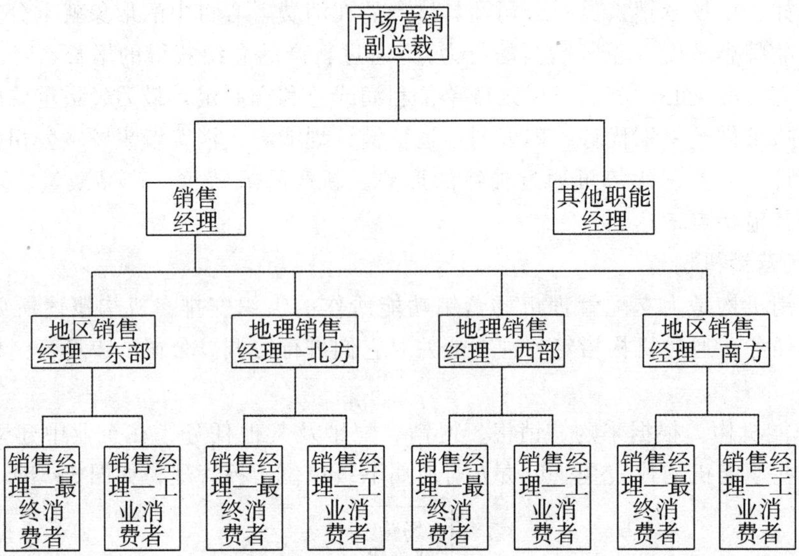

图 3-5　市场导向机构

(1) 产品或服务决策。它包括卖什么、售卖品目的数量、质量水平、公司的技术革新、包装、特色（如任选和保证）、调研的水平和及时性，以及何时停止供应该产品等。

(2) 分销决策。它包括是通过中间商还是直接销售给消费者，通过多少店点销售，是控制还是与其他渠道成员合作，商谈什么购买条款，供应商选择，决定哪些职能分派给其他人，识别竞争者等。

(3) 促销决策。它包括选择促销工具组合（广告、宣传推广、人员销售和销售促进）、分担促销及与其他人的费用、评估促销效果、所追求的形象、顾客服务水平、媒体选择（如报纸、电视、广播、杂志）、信息的形式、全年及高峰期广告的及时性。

(4) 价格决策。它包括价格总水平（高、中、低）、价格幅度（最低至最高）、价格与质量间之关系，如何对竞争者的价格作出反应，何时作价格广告宣传，如何计算价格等。

在制订市场营销计划时，这四个因素必须与选择的目标市场及彼此之间相一致，并很好地加以整合。例如，设计很好、促销很差的产品，或促销很好、定价过高的产品都不会成功。

5）调控

调控是营销者计划工作中极其重要的一个方面，主要是监控和检查总体和具体的业绩。这些评估应该按定期的间隔时间进行，外部环境及内部公司的资料应持续不断观察和审查。业绩的详细研究和分析（营销审计）每年至少应进行一次或两次。当外部环境发生变化或公司遇到问题时必须及时修订。

3.3 不可控市场营销环境因素

不可控制因素是影响机构业绩且机构及其营销人员不能支配的因素。我们应该知道，任何市场营销计划，不管编制得如何完善，如果它受到不可控制因素的影响，也仍然会失败。因此，外部环境必须不断加以监视，其影响必须收入到任何市场营销计划中。另外，与不可控变量相关的应急计划必须成为市场营销计划的一个重要部分。值得留心监视和预期的不可控制因素有消费者、竞争、政府、经济、技术等。

3.3.1 消费者

虽然营销人员可以支配目标市场的选择，但他不能控制人口的各种特征，而公司可以作出反应。不能控制的消费者特征有年龄、收入、婚姻状况、职业、种族、教育和身份等。为了应对这些不可控制因素，市场营销人员必须了解影响消费者行为的文化、社会因素。一般来说，消费者的购买决策会受到家庭、朋友、宗教、教育水平、职业、行为准则、禁忌、习俗和其他文化、社会因素的影响。例如，不同的宗教节日往往会影响到某些商品消费的升降。西方国家在圣诞节时，礼品和食物的销售量会大增；伊斯兰国家在斋月时香烟的销量则会大减。宗教的饮食禁忌或提倡，也会影响到消费结构。例如，犹太人和穆斯林禁食猪肉、印度人禁食牛肉。

由于消费者购买各种产品和服务的行为互有差别，市场营销人员必须了解消费者的购买决策过程，这种决策过程说明消费者在购买产品时所需要的步骤。在购买汽车的情况下，消费者会仔细收集许多车子的信息资料，把多种备选车子进行排队，选择喜欢的车辆，对购货条款进行讨价还价，最后完成这一购买过程。而在购买快餐时，消费者则会观看其手表，看到已是用餐时间，便会走到最近的快餐店去用餐。

【小资料 3-1】

空客内可以打麻将

6 日，空客中国表示，未来 5 年，空客每年将在中国销售 5～6 架公务机，来自中国的订单已经占到了空客全球公务机销售的 1/4。

目前，中国地区运营的空客公务机已达 6 架，其中 3 架在中国内地注册。此外另有 2 架也即将投入运营。“中国经济强劲的增长是公务机市场增长的基础。”空客中国副总裁陈菊明表示，2005 年，空客向中国地区售出了第一架公务机。随后 5 年，空客在中国的销售量超过 20 架，平均每年 4 架。“其中也不乏上海买家。”

陈菊明表示，空客公务机商务的重心已经慢慢向亚洲尤其是中国转移。空客预测，未来 5 年，中国买家将每年购买 5～6 架空客公务机，总量将达到 30 架次。与之相对应的是，空客公务机交付能力是每年 12～24 架，换言之，每年有 1/4 的订单将供给中国。

为了迎合中国买家口味，今年，空客还专门推出了一款名为“凤凰”的设计，其中设有一张可容纳6个座位的圆形桌，体现了传统家庭文化理念。这一圆桌还可以折叠成正方形，在飞行中还能打麻将。“凤凰”客舱还设有卡拉OK区，这是另一项在亚洲国家盛行的休闲活动。

资料来源　宗禾．空客内可以打麻将设计迎合中国买家［N］．广州日报，2011-04-08（AⅡ6）．

3.3.2　竞争

公司面临的竞争结构常常影响其市场营销策略及吸引目标市场的成败，因此必须对公司所面临的竞争结构加以界定和分析。总的来说，公司可能面临的竞争结构类型有四种：①垄断；②寡头垄断；③垄断竞争；④完全竞争。

（1）在垄断的情况下，只有一个公司销售某一产品或服务。这种情况在许多国家都存在，即当一个公司拥有某项专利或被允许作为公用事业，如作为地方电力公司时，就产生了垄断。这些垄断公司的市场，因产品或服务的不同有大有小。这些垄断经营的产品或服务，其需求弹性（消费者对价格变动的敏感性）取决于对该产品的必需程度。例如，公用事业，通常较缺需求的价格弹性，因为不管价格上涨多少，人们还得继续利用这些服务。

私营垄断者由于其产品或服务的独特性，完全可以控制其市场营销计划，因此他们的主要营销任务就是要保持这种独特性，不让其他公司进入这个市场。随着专利期的届满，通常竞争就会加剧。公用事业是被政府严格管制的，其计划必须经政府批准。

（2）在寡头垄断情况下，少数公司通常占有一个行业的大多数销售额。美国的汽车行业便是这种情况的最好说明，通用、福特和克莱斯勒汽车公司的客车销售量便足足占了美国国内汽车销售总额的90%。其他寡头垄断行业的例子还有平板玻璃、涡轮机、家用冰箱、冷冻机、电脑、航空运输等。这些市场往往非常巨大，并分裂成各种不同的细分市场。消费者的需求弹性是互相联系的，即如果某个公司提高其产品价格而其他公司并不跟着提价时，消费者对该公司产品的需求便会锐减；如果某个公司降低其产品价格而其他公司也跟着降价时，消费者对该公司产品的需求则仅会略有上升。因为这些行业只有少数公司，因此每个公司都能在一定程度上对其营销计划加以控制。由于通常资本（工厂和设备）成本较高，新公司要进入该市场较困难。

寡头垄断公司一般都力图避免花费大、不利于提高生产能力的价格战，而是推出相似的价格，力图从企业形象、产品选择权、颜色、送货和其他特点方面来区别它们的产品。寡头垄断公司为获得成功，必须使消费者把它们的品牌视为优异的品牌。

（3）在垄断竞争情况下，市场上有多个公司，每个公司都试图推出独特的市场营销组合。加油站、服装厂、家具厂、美容院、靴鞋零售店便是在垄断竞争下营运的行业。这些行业都力图通过与竞争者不同而为消费者所期望的市场营销变量组合来获得差别优势。由于一大批公司都在制造或销售基本上相类似的商品，所以竞争绵延不绝。这些行业市场的大小，主要取决于消费者认为某一品牌和商店具有多大的独特性。如果一个公司的产品被认为比竞争者的产品更具独特性，就可制定一个高于行业平均价格的高价而不会导致销量下降。一个公司通过其市场营销变量的组合，有可能在一定程度上控制其总体营销计划。但在垄断竞争下，新公司比较容易进入该市场，为了保持成功，公司必须不断更新自己的策略，并努力保持差异化特性。

（4）完全竞争则需要两个条件：一是买方和卖方的人数很多，每个公司供应的商品量在该商品的总供给量中只占极小比例，以致没有一个公司能够单独影响价格；二是每个公司供应的商品或服务都是同质的，不存在任何差别，因而购买者不会对任何一个销售者产生偏好，从而排除了销售者的任何垄断因素。这种情况通常发生在选购品生产企业及从事农产品加工、农业机械制造以及化肥生产的农业综合企业之间。这些企业的市场份额较小，需求弹性较大，如果提高价格就会导致无销售，降低价格就会使公司蒙受损失。由于各个公司的产品都是标准化的，对其他营销变量的控制也较小，新公司进入该市场较容易。在完全竞争格局下，由于各个公司的价格和产品相同，没有差别利益可言。因此重要的是各个公司必须树立可靠性的声誉，以最低的成本利润价格销售，并尽可能说服更多的分销商及零售商购买自己的商品。

公司在断定其所面临的上述市场结构特性后，就必须估计其竞争对手的市场营销策略，特别是必须断定哪些市场已经饱和、哪些市场尚未满足、竞争者的市场营销计划和消费者群、竞争者的形象、竞争者的差别优势、消费者对竞争者所提供的服务和质量水平的满意情况。

3.3.3 政府

政府作为机构的不可控因素，主要是指各级政府所颁布的大量影响机构市场营销的法规是不以个别机构的意志为转移的。由于我国市场经济长期不发达，我国有关调整机构营销活动的法规长期以来也较滞后和不完善。但改革开放以来，随着我国经济的迅猛发展，市场交易的数量和空间不断扩大，相关的法规建设也有了长足进步。近20年来中央及各级人民政府已颁布了一大批规范和调整工商机构行为的法律和规章。这里除了新修订的《中华人民共和国刑法》、《中华人民共和国民法通则》、《中华人民共和国行政处罚法》等基本法律之外，还有《中华人民共和国公司法》、《中华人民共和国合同法》、《中华人民共和国广告法》、《中华人民共和国商标法》、《中华人民共和国价格法》、《中华人民共和国专利法》、《中华人民共和国反不正当竞争法》、《中华人民共和国产品质量法》、《中华人民共和国消费者权益保护法》、《中华人民共和国全民所有制工业企业法》、《中华人民共和国乡镇企业法》、《中华人民共和国合伙企业法》、《中华人民共和国银行法》、《中华人民共和国票据法》、《中华人民共和国反垄断法》、《中华人民共和国旅游法》等以及各种条例及法规，而且还在继续完善之中。

至于某些法制比较健全的西方国家，政府这一不可控因素对机构市场营销活动的影响更为明显。以美国来说，100多年前美国国会便制定了大量控制和限制企业营运的法规。20世纪早期的这些法规侧重保护小企业不受大企业的侵害，相关法律有《反托拉斯法》、《价格歧视法》、《不公平贸易法》等。从20世纪60年代初期起，则重点转向帮助消费者与欺诈及不安全的企业行为打交道。

【小资料3-2】

平谷工商解读新消法四大亮点

2014年新版《中华人民共和国消费者权益保护法》（以下简称“新消法”）在3月15

日开始实施，平谷区工商局针对新消法的四大亮点做出了解读。新消法中，不仅将网购可享“7天后悔权”列为新条例，还首次实行举证责任倒置原则，确保消费者不再遭遇维权难。

亮点一：部分商品实行举证责任倒置

新消法第二十三条第三款规定：经营者提供的机动车、计算机、电视机、电冰箱、空调器、洗衣机等耐用商品或者装饰装修等服务，消费者自接受商品或者服务之日起六个月内发现瑕疵，发生争议的，由经营者承担有关瑕疵的举证责任。

这是一个值得关注的重大改变。“谁主张，谁举证”是《中华人民共和国民事诉讼法》规定的一般证据规则。消费者要想证明某个商品是否存在瑕疵就必须拿出证据来，但因为不掌握相关技术等信息，消费者举证往往非常困难。此次新消法的颁布，将消费者“拿证据维权”转换为经营者“自证清白”，实行举证责任倒置，解决了消费者举证难问题。

当然，上述规则仅适用于机动车等耐用品和装饰装修等服务，且仅限于购买或者接受服务之日起六个月内，超过六个月后，不再适用。

亮点二：明确消费者个人信息保护

新消法将个人信息列入了保护范围，成为消费者的一种权益，是修订后非常值得关注的一大亮点。

新消法第二十九条规定：经营者收集、使用消费者个人信息，应当遵循合法、正当、必要的原则，明示收集、使用信息的目的、方式和范围，并经消费者同意。经营者收集、使用消费者个人信息，应当公开其收集、使用规则，不得违反法律、法规的规定和双方的约定收集、使用信息。经营者及其工作人员对收集的消费者个人信息必须严格保密，不得泄露、出售或者非法向他人提供。经营者应当采取技术措施和其他必要措施，确保信息安全，防止消费者个人信息泄露、丢失。在发生或者可能发生信息泄露、丢失的情况时，应当立即采取补救措施。

个人信息被随意泄露或买卖，消费者的正常生活受到严重干扰。谁都知道是商家“出卖”了消费者的个人信息，但却没人管也没地方去投诉。新消法首次将个人信息保护作为消费者权益确认下来，是消费者权益保护领域的一项重大突破。

亮点三：网购享有“7天后悔权”

网购时冲动消费后悔了、物品有色差、衣服穿上不好看……不管出于任何原因，新消法赋予消费者“7天后悔权”。

新消法第二十五条第一款、第二款规定：经营者采用网络、电视、电话、邮购等方式销售商品，消费者有权自收到商品之日起七日内退货，且无需说明理由。

“7天后悔权”是新消法关注度较高的一处变化。随着电子商务的快速发展，网购已成为人们购物的主要方式之一。网购的“非现场性”容易导致消费者和商家传送的信息不对称，收到与介绍相差甚远的商品。消费者也容易冲动购物，冷静后才发现买的并不是自己所需。因此，新消法第一次将“七天无理由退货”规则纳入法律中，针对网购等远程购物方式赋予了消费者七天的反悔权，旨在促进买卖双方的平等地位。

但同时也应注意到，反悔权仅适用于网络等远程购物方式，消费者直接到商店购买的物品，不适用该条规定。另外反悔权的期限是七日内，且下面四类商品不适用无理由退货：（一）消费者定做的；（二）鲜活易腐的；（三）在线下载或者消费者拆封的音像制品、计算机软件等数字化商品；（四）交付的报纸、期刊。

亮点四：加大消费欺诈赔偿

新消法第五十五条规定：经营者提供商品或者服务有欺诈行为的，应当按照消费者的要求增加赔偿其受到的损失，增加赔偿的金额为消费者购买商品的价款或者接受服务的费用的三倍；增加赔偿的金额不足五百元的，为五百元。法律另有规定的，依照其规定。

新消法不仅将惩罚性赔偿的倍数由“退一赔二”变为“退一赔三”，而且还对赔偿的最低数额进行确定。例如，孙小姐在某超市购物时，看到一款促销的泰国大米，原价 10.5 元/千克，促销价 6.2 元/千克。结账回家后，孙小姐发现超市在结账时是按大米原价进行结算的。此案例中，超市的行为明显构成价格欺诈，根据新消法，孙小姐可获得 3 倍赔偿，由于该数额低于 500 元，因此孙小姐可以获得 500 元的赔偿。

但是此赔偿原则仅针对经营者存在欺诈消费者的行为。所谓欺诈消费者的行为，是指经营者在提供商品或者服务中，采取虚假或者其他不正当手段欺骗、误导消费者，使消费者的合法权益受到损害的行为。

资料来源　改编自佚名．平谷工商解读新消法四大亮点［EB/OL］．［2014-05-12］．http://xf.chinadaily.com.cn/2014/0512/221.shtml.

3.3.4　经济

作为不可控制的经济因素，其对公司营运的影响也是非常错综复杂的，其中最重要而直接的有下列几种。

1）通货膨胀

在宏观经济环境中最令人关心的一个重要因素，就是通货膨胀或经济衰退。在通货膨胀情况下，生产和购买产品、服务的成本会随着物价的上涨而迅速上涨。从市场营销的角度看，如果物价的上涨快于消费者收入的增长，消费者购买的商品数量就会减少。这种关系在许多商品的购买中都有明显的表现。例如，过去人们基本上还可以接受或颇愿惠顾的火车餐饮食品，近年来在认为人们收入已大为提高从而承受能力也大为提高的思想指导下，大大提高了价格：一盘木樨肉应售价 10.60 元，实售价 25 元；一碗鸡蛋汤应售价 3 元，实售 6 元；一碗米饭应售价 0.80 元，实售价 2 元……一般实售价都高于应售价的 1 ~ 2 倍。因此，有相当部分的旅客，能不在车上用餐的尽量不在车上用餐，确需在车上用餐的，往往以自带的其他干粮代替，这样致使列车餐饮品的销量大为下降，餐饮经营反而陷入困境。

2）通货紧缩

通货紧缩也是宏观经济环境中最令人关心的因素之一。在通货紧缩的情况下，物价指数连续走低，市场销售全面疲软，商品普遍供大于求，产成品库存不断增多，资金资源占压严重，生产能力大量闲置，企业普遍开工不足，企业生产经营困难重重。

通货膨胀与通货紧缩，都是经济发展中的一种非良性现象，都来源于宏观经济的不平衡和不协调，只不过是前者表现“需求过大、供给不足”，后者表现为“供给过大、需求不足”。其对经济发展的危害程度，以及对微观企业市场营销的不利影响，只要不是发生了严重的通货膨胀，后者往往比前者有过之而无不及。

3）消费者收入

基于消费者收入之微观经济趋势，对销售者来说也是一个很重要的问题。因为即使他们的产品是符合消费者需要的，如果消费者无力购买，这些产品的价值就可能不大。而消费者的购买能力，却是与其收入紧密联系的。消费者收入则包括总收入、个人可支配收入、可自由支配收入三个部分。

总收入是指个人或家庭在一个年度内从各种来源获得的或应计的货币总额。这是支撑消费者购买能力的基础，一般来说，随着一国或一地居民个人平均总收入水平的提高，人们的消费水平以及工商企业的市场销售额，即社会消费品零售额也会随之提高。反之，如果这种收入下降或增幅放慢，整个社会的零售总额则有可能下降或增幅减缓。

个人可支配收入是指个人总收入减去社会保险支出、向政府预交的所得税款和其他扣减项目和金额后，可供个人花费和储蓄的部分。因此如果个人所得税及其他税费的税率以快于个人可支配收入增幅的速度提高的话，消费者就必须节约。

可自由支配收入是指个人总收入除去完税及日常生活必需开支外的剩余部分。可自由支配支出一般用于奢华或享受的商品和服务，如海外游、高级音乐会、名牌服装、高级照相机和摄像机等。界定什么是个人可支配收入和什么是可自由支配收入的一个明显问题，就是要断定什么是奢侈品和必需品，如目前我国小汽车到底属必需品抑或奢侈品对汽车厂商来说的确是一个两难问题，或是一个考验他们营销思想水平和业务水平的尖锐问题。由于不少汽车厂的决策者一直把小汽车看做是只有少数人才能拥有的奢侈品，从而在汽车生产经营思想上强调要以高起点、高投入、高价格、高积累来创造名牌，结果是全国100多万辆的轿车，60多万辆的轻型汽车生产能力，年年有将近一半放空。与此同时，1 000万辆的摩托车、200多万辆的农用车，轻而易举地占据了汽车工业认为原本属于它们的市场。

3.3.5 技术

今天人类社会正处在技术变革的时代。技术作为一个重要环境因素，是指应用科学或工程技术研究的发明或革新。每次技术革新浪潮，都可能取代现存的产品与公司，或者说，每一项新技术都是一种“创造性破坏”力量。晶体管损害了真空管行业，复印机损害了复写纸行业，电视损害了报纸、戏曲和电影，高速公路损害了铁路及内河航运业。如果老行业不采用新的技术，而是轻视或与其对抗，它们的生产经营必将衰落。

1）技术对市场营销的影响

先进技术，特别是电脑的发展，对市场营销有着非常重大的影响。在超级市场里，电脑结账扫描器可使零售商监控有哪些产品正在销售，以什么价格销售。手持式计算机正被许多公司用来让其送货人员监控店内促销及直接向公司总部报告销售情况。服务营销重要组成部分的消费者服务，也可借助手持计算机大力提高工作效率及经济效益。尤其是随着信息技术的发展，信息技术服务更成为了信息技术业的基础行业，并正逐步凸显出它在经济效益和社会效益两个方面的巨大发展潜力。如IBM公司专门成立了一个IBM全球服务部（IGS），并把IGS作为一个服务品牌加以运作。在IBM公司全球的技术优势和人才资源支持下，IGS已经把服务的内涵大大拓展，其服务内容涵盖了从行业战略层的商务战略咨询和托管服务，到企业管理层的电子交易、电子协同工作、商务信息咨询等全方位服务，以及 IT 系统的设计、安装和后期维护服务。总之，如今信息技术服务业正成为信息技术业的基础行业。

至于信息技术本身的发展，对市场营销以及整个国民经济发展的影响则更为明显而深刻。“十二五”时期，信息技术产业作为经济增长的“倍增器”、发展方式的“转换器”和产业升级的“助推器”，在我国走新型工业化道路、转变经济发展方式、全面建设小康社会进程中肩负着重要的历史使命，从而使得我国信息技术产品的营销额也大大增长。通信产品方面，国内市场对光通信产品、接入网设备、数字移动通信产品的需求将快速增长，而增长速度最快的互联网业务的发展，将使得数据和多媒体通信产品成为市场的热点；视听产品方面，数字化和网络化将是贯穿产业发展的主线。以数字电视、数字视盘机、数字相机、家庭影院为代表的新一代数字视听产品成为市场上的主流产品。

近年电子化、网络化技术的突飞猛进，对市场营销的影响更为突出，如沃尔玛所有的成功可以说都是建立在沃尔玛利用信息技术整合优势资源，信息技术与零售业整合的基础之上。通过采用最新的信息技术，沃尔玛将最古老的销售技巧与最现代化的高科技联系起来，从而能够以最低的成本、最优质的服务、最快速的管理反应开展全球运作，达到提高生产率和降低成本的目的。

电子商务最早产生于 20 世纪 60 年代，兴盛于 90 年代。其产生和发展的重要条件是计算机的广泛应用及网络的普及和成熟。当前电子商务正以其费用低廉、覆盖面广、功能更全面、使用更灵活等优势而应用于企业对消费者、企业对企业、企业对政府机构、消费者对政府机构等领域。这就在很大范围内改变了传统的贸易方式，实现了“无纸贸易”或“无纸交易”。

电子商务的发展，使网上营销的新概念进入到市场营销学领域。电子商务与网上营销的区别在于电子商务涵盖范围广，网上营销涵盖范围窄，是电子商务的一个分支，但网上营销的内容比电子商务还丰富，它利用互联网技术、电脑通信及数字交互式媒体，低成本、高效率地对企业经营过程中的市场调查、客户分析、产品开发、生产流程安排、售后服务等环节进行管理，从而达到更好地满足买卖双方需求的营销目标。例如，网络转瞬之间的信息收集处理、储存和传递能力，无可比拟地大于传统媒体的一对一的互动沟通方式，为生产者提供了小生境营销甚至个别营销的机会和可能。网上营销对购买者来说更具有无数好处：他们一天 24 小时无论在什么地方均可订购到产品，无须走出办公室或家门可找到有关公司、产品、竞争者、价格等方面的对比信息，无须面对推销员可能带来的争吵及排队等，因而网上购物的人数将越来越多，对传统的零售店和购买中心都将逐渐造成冲击。

【小资料 3-3】

大学师生都爱网购

记者目前在采访中发现大学生群体网上购物成风，不仅书籍多在网络上购买，甚至连雨伞、睡衣等日用品均购置于互联网。记者实际踩点采访后发现，以侨生较多、“网上购物更早风行”的暨南大学为例，每日送达这家高校的快递包裹数量达到 2 000 多件，其中 90% 送至学生宿舍。

暨大日收包裹2 000多件

据了解，或许“由于境外生多，对时尚和新鲜事物接受快”，暨大是国内几大物流公司单日快件票数最多的高校之一。

记者昨日中午12时来到暨大周转楼架空层，看到多家快递公司已经来到现场等待学生下课后前来取件。一些快递公司匆匆将几大麻袋的包裹往地下铺开，等待学生来取件。一些服务更到位的快递公司，则趁着等候学生下课的间隙将包裹按照不同的宿舍楼分类，“以免领取包裹时人挤人乱成一团”。

通过询问现场各家快递公司的日派件数加上实地统计，记者计算出每日送达这家高校的快递包裹数量达到2 000多件，其中，快递数量较多的韵达快递日均派件达到500件左右，申通快递日均派件400左右。“要是网站有促销活动，当天的快递数量会增加一半左右。”某购物网站的专职物流师傅介绍说。

快递坐等取件日入千元

高校人员集中，快递数量多，其中90%的包裹是派给学生的，而学生宿舍管理严格以至于快递员无法到各个宿舍派件，只需在指定地点等候学生取件即可，减少了工作量。这些特定的因素使高校成为快递代理商青睐的派送点之一。

“平均派一单快递公司提成1～2元，一天下来派快递的提成可以达到800～1 000元。”申通快递一位工作人员表示。

快递收发点已三易其址

据了解，各家快递公司在暨大最早的派送点设在该校饭堂门口对面的人行道上，最初只有几家最大的快递公司入驻。随着网购学生的不断增多，网购数量和种类的不断扩大，一些小型的物流公司，甚至各大报业集团旗下的物流公司也开始进入校园设点，中午下课高峰期，取件的学生和堆积如山的快递包裹十分显眼，对校园交通造成了一定影响。因此，校方决定将各家快递公司的收发件点统一移至该校经济学院门前，之后，又再度移至空间更为开阔的周转楼架空层。

“我们眼看着快递收发地点的变迁，对网购风潮的发展也十分惊讶，以前身边的同学大多在网上买书，现在不少人连生活用品和零食都在网上购买了。”暨大新闻学院大三的李同学说，“现在几乎每个同学都开始使用网络银行，甚至从今年开始四六级考试都使用网银缴费了。”

资料来源 卢迎新．大学师生都爱网购 快递包裹校园“塞车”［N］．广州日报，2011-03-30（A19）．

2）技术对生态学的影响

生态学在产品开发及世界资源生态平衡方面影响着社会。生态学涉及环境中各种物质资源的关系。人们已越来越多地认识到，今天在利用地球资源的决策中会对社会产生长期的后果。

现在对世界各国来说，一个越来越严峻的问题就是环保问题。随着国民经济的发展及工业化、城市化进程的推进，我国城市所面临的这一问题更令人担忧。现在我国三分之二的城市被“白色垃圾”等固体废弃物污染和大气污染，严重威胁到这些城市的社会经济发展及居民身心健康。其原因主要是商品流通领域内一些经济活动，如过度包装、一次性包装、不洁商品的流通和不合理运输等直接产生、加重了这些“城市型污染”。随着这些情况的加剧，也日益增加了要求工商企业开发和销售有环保意识的产品，开展“绿色流通”的消费者压力，即要求现代市场营销要以“绿色商品、绿色物流、绿色技术、绿色服务”为主体内容，构建城市的流通管理体系。

现在已有不少公司对此作出了良好的反应，近年无论是国外还是国内的饮料、清洁剂公司，都纷纷应用可回收利用的塑料瓶。在德国的慕尼黑，宝马公司建有一家专门的再循环和拆借中心，负责研究旧车的拆解技术与再制造。在再制造的过程中，报废汽车零部件有94%被高技术修复，5.5%回炉再生，只有0.5%被填埋处理。在能源和环保的压力下，新能源汽车无疑将成为未来汽车的发展方向。“十二五”期间，我国新能源汽车将正式迈入产业化发展阶段；“十三五”期间，我国将进一步普及新能源汽车、多能源混合动力车，插电式电动轿车、氢燃料电池轿车将逐步进入普通家庭。

近年日益波澜壮阔的环境运动，亦给企业开展绿色营销以巨大压力，环境运动是关心社会的公民和政府为保护与改善人们的生活环境所进行的有组织的运动。环境运动关注技术发展带来的掠夺式采矿、森林滥伐、工厂烟雾、广告牌和废弃物，以及休闲机会的损失和由于受到脏空气、脏水和化学药品污染的食物对健康引起越来越严重的问题。这些问题差不多与所有公司和企业的生产和经营活动都有直接或间接关系，其对企业营销的挑战和冲击更为深远而严峻，为此企业将要承担更大的社会环境义务，付出更大的成本与努力。

本章小结

市场营销环境是指影响企业与其目标市场进行有效交易能力的所有行为者和力量。市场营销环境可以根据不同标志进行多种多样的分类。其中最常用的分类有：（1）按影响范围大小，可分为公司微观环境和公司宏观环境。（2）按控制性难易，可分为公司可控制的因素和不可控制的因素。（3）按环境的性质，可分为自然环境和文化环境。上述三种市场营销环境的分类，虽然所用标志互不相同，但对总体市场营销环境的归结、阐述是一致的。本章仅就第二种分类法，即按控制性难易来划分市场营销环境的方法依次对有关因素进行分析研究。

可控市场营销环境因素是由机构及其营销人员支配掌握的因素。这些因素又可分为最高管理部门可控因素和营销部门可控因素两类。最高管理部门可控因素有企业方向、总目标、市场营销部门在公司中的重要作用、其他职能部门的作用。营销部门可控因素有目标市场的选择、市场营销目标、市场营销机构、市场营销计划或组合、调控等。

不可控市场营销因素是影响机构业绩而机构及其营销人员又不能支配的因素。任何市场营销计划，不管其编制得如何完善，如果它受到不可控制因素的影响，也仍然会失败。因此，机构对外部环境必须不断加以监视，其影响必须收入到任何市场营销计划中。值得留心监视和预期的不可控因素有消费者、竞争、政府、经济、技术等。

主要概念和观念

□ 主要概念

市场营销环境　公司微观环境　公司宏观环境　公司可控制的因素　公司不可控制的因素　自然环境　文化环境

□ 主要观念

市场营销因素组合决策

基本训练

□ 知识题

3.1　阅读理解

1）市场营销环境的常用分类有哪几种？

2）企业最高管理部门所要作出的基本决策有哪些？

3）消费者的不可控性表现在什么地方？

4）公司面临的竞争结构类型有哪几类？

5）不可控的经济因素中最重要的有哪几项？

6）技术对市场营销的影响具体表现在哪些方面？

3.2　知识应用

1）选择题

（1）公司微观环境________。

A. 包括矿产、动物种群等自然资源

B. 是指影响公司微观环境的各种因素和力量的总和

C. 包括社会价值观和信念、人口统计变量、经济和竞争力量、科学和技术、政治和法律力量

D. 是指由公司本身市场营销活动所引起的与公司市场紧密相关、直接影响其市场营销能力的各种行为者

（2）营销部门可控因素中的产品或服务决策，包括________。

A. 卖什么、售卖品目的数量、质量水平、公司的技术革新、包装、特色等

B. 是通过中间商还是直接销售给消费者，通过多少店点销售，供应商选择，识别竞争者等

C. 选择促销工具组合、分担促销及与其他人的费用、评估促销效果、所追求的形象、顾客服务水平等

D. 价格总水平、价格幅度、价格与质量之间的关系，如何对竞争者的价格作出反应等

（3）在垄断竞争情况下，________。

A. 只有一个公司销售某一产品或服务

B. 少数公司通常占有一个行业的大多数销售额

C. 有多个公司，每个公司都试图推出独特的市场营销组合

D. 每个公司供应的商品或服务都是同质的，不存在任何差别

（4）消费者收入作为公司的市场营销环境因素，最直接的原因是________。

A. 其总收入是支撑消费者购买能力的基础，其水平高低将影响人们的消费水平及工商企业的销售

B. 其个人可支配收入更直接决定人们的消费和储蓄水平

C. 其个人可自由支配收入决定人们用于奢华或享受商品和服务的购买水平

D. 消费者的总收入、个人可支配收入及可自由支配收入将从多层面影响整个工商企业及不同工商企业的销售额

2）判断题

（1）企业方向这一公司可控因素中所包括的企业功能，是指公司在供应商→制造商→批发商→零售商这一市场营销系统中的地位，以及其所承担的任务。（　）

（2）作为公司可控因素的市场营销功能，一般仅包括销售和广告。（　）

（3）营销部门可控因素包括产品或服务总范围、产品的地理覆盖面等。（　）

（4）寡头垄断公司一般都力图避免花费大、不利于提高生产能力的价格战，而是推出相似的价格，力图从企业形象、产品选择权、颜色、送货和其他特点方面来区别它们的产品。（　）

（5）政府作为机构的不可控市场营销环境因素，主要是指各级政府所颁布的大量影响机构市场营销的法规是不以个别机构的意念为转移的。（　）

（6）如果个人所得税及其他税费的税率以快于个人可自由支配收入增幅的速度提高的话，消费者就必须节约。（　）

（7）随着“城市型污染”的加剧，日益增加了要求工商企业开发和销售有环保意识的产品，开展“绿色流通”的消费者压力。（　）

□ 技能题

3.1　规则复习

1）市场营销环境的分类

市场营销环境可以根据不同标志进行多种多样的分类。

（1）按影响范围大小，可分为公司微观环境和公司宏观环境。

（2）按控制性难易，可分为公司可控制的因素和不可控制的因素。

（3）按环境的性质，可分为自然环境和文化环境。

2）垄断竞争

在垄断竞争情况下，有多个公司，每个公司都试图推出独特的市场营销组合以获得差别优势。各个公司市场的大小，主要取决于消费者认为某一品牌和商店具有多大的独特性。如果一个公司的产品被认为比竞争者的产品更具独特性，就可制定一个高于行业平均价格的高价而不会影响销量下降。但在垄断竞争下，新公司比较容易进入该市场，为了保持成功，公司必须不断更新自己的策略，并努力保持差异化特性。

3.2　操作练习

1）实务题

用两三个实例分析说明：

（1）影响消费者行为的文化、社会因素；

(2) 技术对市场营销的影响。

2) 综合题

如果你是一家以生产校服为主的中型童装厂的主管，对“政府”这一不可控营销环境因素，你应关注哪些主要方面的问题？近年有哪些典型的实例？

□ **能力题**

3.1 案例分析

白酒销量出现持续大降 迎来史上最难时期

受遏制“三公”消费政策等因素影响，今年以来白酒销售业绩逐渐恶化，价格一路下行。于是，一些大型酒业及业外资本纷纷抄底酒业，新一轮兼并重组大幕悄然开启。业内专家表示，白酒行业正处于历史上最难时期，近半酒业或将被兼并收购，从而退出市场。放低身价，走亲民的中低档路线将成为行业过冬必然之举。

中秋和国庆假期一向是白酒销售的旺季，但今年情况并不尽如人意。记者近日走访武汉多家大型超市及酒类专营店发现，品牌白酒的价格和销量都在下降，一些门店销量萎缩了近三成。

“今年的旺季和往年相比要平淡不少，尤其是高档酒整体销售低迷。”武汉一家大型超市烟酒专柜负责人告诉记者。虽然茅台和五粮液等高档白酒的价格均出现不同程度的下调，但销量也同比降幅明显。

记者在这家超市看到，多款白酒都在打折促销，幅度在200~500元不等。如52度五粮液售699元，53度飞天茅台售1 199元。打折促销活动从9月25日开始，将持续到10月底。

这种惨淡局面在特约经营店表现更加明显。湖北省十堰市北京路某名酒专卖店店主告诉记者，以往节假日都是白酒销售的黄金时期，而且“逢节必涨”，但今年高档白酒在中秋国庆的销量比往年下降了三分之一，飞天茅台等名酒价格也降了一半。

其实，今年以来，白酒销售行情就一直不乐观，许多商家原本希望趁着中秋国庆双节能够赚回来，结果依然失望。

业内认为，遏制“三公”等政策持续加压，高档白酒正步入史上最难时期。国泰君安分析师胡春霞表示，遏制“三公”政策有从严细化的趋势，高端白酒市场短期内难以回暖。另外，随着消费者健康意识的提高，红酒、养生酒越来越受青睐，挤占了白酒的市场份额。

中国酒业协会理事长王延才对白酒业的前景还比较乐观。他在“中国酒业的传承与创新”论坛上表示，虽然行业进入调整期，但到8月底整个酒类产业的产品销售量、销售额仍保持10%左右的增长。

当人们还在感叹白酒市场的萧条时，一些“外行”却从中看到了商机。前不久，娃哈哈传出欲砸下150亿元进驻仁怀白酒工业园，联想控股成立丰联集团收购4家酒企，美的集团计划投资5亿元进入酒业，连以包装纸贸易起家的广东星达集团也将触角伸向酒业。

同时，酒业内部的重组兼并大潮已悄然开启。10月9日，苏酒集团投资3亿元在湖北省郧县收购一家酒厂，开工建设万吨优质白酒项目。在此之前，五粮液砸2.5亿元跨省收编河北酒企。金六福也表示将以发行新股份的方式收购集团公司全部股权。

业内人士表示，由于白酒生产资质受到限制，新增生产线非常困难。而酒业巨头又想趁白酒行业低迷之机扩大生产，业外资本也想抄底白酒业，兼并地方中小酒企无疑成为一条快捷便道。钢铁企业天津荣程集团、中国荣赛国际集团等都是通过收购当地酒厂来获取白酒生产的相应资格。

中国商业联合会会长张志刚说，我国白酒产业的发展仍有广阔的前景，当前白酒的人均消费水平低，市场潜力还很大，发展潜力很大。

资料来源　徐海波．政策紧绷销量持续下滑 白酒行业或将重新洗牌［EB/OL］．［2014-06-17］．http：//news. xinhuanet. com/2013-10/12/c_ 117687704. htm.

问题：

1）目前影响白酒销量大减的营销环境因素有哪些？

2）许多“外行”资本却看中白酒大有商机，根据何在？

3.2　网上调研

就我国某种家电产品受技术环境因素影响的突出案例进行网上调研。

第4章

消费者市场

学习目标

通过学习本章，你应该达到以下目标：

知识目标：了解消费者市场的概念及其特点；弄清消费品的分类；了解消费者购买行为类型；弄清影响消费者行为的因素。

技能目标：能针对消费者的不同购买行为类型，作出相应的营销决策和反应；能针对影响消费者行为的因素，采取相应的市场营销策略和措施。

能力目标：具有进行科学研究消费者行为并作出相应营销决策的能力。

引例

我国城乡居民旅游消费差异的实证分析

近年来，我国正逐步进入大众化旅游消费阶段，旅游消费对我国国民经济及相关行业的拉动作用也日益明显。旅游消费水平受各种经济、时间和心理需求因素的影响。根据凯恩斯绝对收入假说，决定消费支出的因素很多，如收入水平、商品价格水平、收入分配状况等，但收入水平是最重要的因素。我们对旅游消费的研究，也将集中在居民收入与旅游消费关系的研究。目前，国内关于居民收入与旅游消费的研究集中于探索两个变量之间的相关关系，较为一致的结论是居民的收入与旅游消费有正向相关关系，使用时间序列数据和截面数据进行定量研究的文献较多，而从城乡差距、地区差距的角度利用面板数据研究居民收入对旅游消费影响的文献较少，本文的实证研究则试图弥补这种不足。

根据凯恩斯消费函数，我们分别构建了我国农村和乡镇地区居民收入与旅游消费之间的回归模型。研究的数据主要来自1997—2011年《中国旅游统计年鉴》、《中国国内旅游抽样调查资料》、《中国旅游业统计公报》、《中国统计年鉴》、各省份的《旅游统计年鉴》等。农村地区的研究，被解释变量采用国内旅游者人均旅游花费的数据，解释变量采用农村居民家庭人均纯收入的数据，不包括西藏地区的数据。城镇地区的研究，被解释变量采用国内旅游者人均旅游花费的数据，解释变量采用城镇居民人均可支配收入的数据。我们用各省份农村和城镇地区的平均自发消费水平和平均边际消费倾向来反映不同地区旅游消费行为的差异。

1. 农村与城镇旅游边际消费倾向分析

分析结果表明，我国农村居民家庭人均纯收入平均每增加1元，农村居民人均旅游消费支出平均增加0.62元；城镇居民可支配收入平均每增加1元，城镇居民人均旅游消费支出平均增加0.49元。从地区分布看，东、中、西部的农村地区居民旅游的边际消费倾向均高于城镇地区居民旅游的边际消费倾向。

2. 城乡居民旅游消费的跨地区差异分析

按照凯恩斯的观点，东部地区的边际消费倾向应低于中、西部地区。从实证分析的结果来看，东部地区城乡居民旅游的平均自发消费水平普遍高于中、西部地区居民。农村地区的居民人均纯收入每增加 1 元，东部地区居民的旅游消费平均支出增加 0.72 元，中部地区居民的旅游消费平均支出增加 0.23 元，西部地区居民的旅游消费平均支出增加 0.93 元。城镇地区的居民人均可支配收入每增加 1 元，东部地区居民的旅游消费平均支出增加 0.42 元，中部地区居民的旅游消费平均支出增加 0.40 元，西部地区居民的旅游消费平均支出增加 0.57 元。结果显示，城乡居民旅游的平均边际消费水平是：中部<东部<西部。另外，东、西部地区农村居民旅游的平均边际消费水平高于城镇居民，中部地区农村居民旅游的平均边际消费水平却低于城镇居民。实证分析结果表明，中部地区城乡居民旅游的平均边际消费水平并不符合凯恩斯的理论，其特殊性有待进一步的验证。

3. 城乡旅游消费的跨时差异分析

从城乡居民旅游消费支出占收入的比率变化趋势看，1999 年之前，农村居民的旅游支出比率远远低于城镇居民的旅游支出比率，但一直呈现出较快的增长趋势，但 1999 年之后呈现出明显的下降趋势。从整体增长趋势来看，城镇居民的旅游支出比率一直呈现出下降趋势。随着收入的增加，居民的旅游消费倾向在递减。同时也可以看出，居民的旅游消费支出对居民收入的反应程度在逐渐降低。金融危机挫伤了居民的消费信心，居民收入受到一定的影响。但是经济增速的放缓不会导致居民放弃旅游活动，由于时间因素和心理需求因素短期内不会发生改变，出于缓解工作压力和寻求愉悦的心理需求，居民仍会选择"节约型"的旅游方式，尽量减少旅游消费支出。

资料来源 梁春媚. 我国城乡居民旅游消费差异的实证分析 [N]. 光明日报，2013-04-20.

在前几章对市场营销学的一些概论性问题作了一般性的观察后，从本章开始我们将对策略性市场营销的理论和实务问题进行系统而具体的探讨，而市场分论又是这之中首先要考察的问题。本教材的市场分论共包括两章，这一章首先讨论其中的消费者市场。

消费者市场是一般市场营销学的重要研究对象。本章所探讨的消费者市场的特点、影响消费者购买行为的因素及消费者的购买决策过程，是广大消费品生产经营者制订策略性营销计划的前提和依据。

4.1 消费者市场的特点与消费品的分类

4.1.1 消费者市场的概念及特点

消费者市场，或叫最后消费者市场，是指个人及机构团体采购人员为了个人的使用而购买产品或劳务的市场。从这个定义可看出，《市场营销学》中的所谓产业市场或消费者市场，是以购买目的和动机为依据来划分，而不是以所购产品的自然属性来划分，因为有许多产品在上述两种市场中都可以被消费。例如煤炭，既可出售给个人消费者，也可出售给生产者，很难根据产品本身来断定它是属于哪一种市场。正因为如此，消费者市场的研究对象主要是消费者，要研究与消费者购买消费品有关的四个方面的问题，即研究消费者为何购买，在何时、何处，如何购买。

为了更好地研究上述问题，有必要先对消费品市场的特点进行一些分析。

消费者市场大致有如下几个特点：

(1) 消费者的购买，绝大多数属小型购买。在现代社会中，这一特点尤为明显，主要是因为现代社会中家庭规模日益缩小，不论是资本主义还是社会主义的工业社会，由父母、少数子女，没有拖累的亲属组成的“核心家庭”，已成了“现代化”的、标准的模式。这样受消费单位规模缩小的制约，消费者的购买遂呈现出小型购买的特点。针对此，消费品包装、产品规格也必须适当缩小，以适应消费者的需要。

(2) 消费者的购买属多次性购买。这在很大程度上与上述小型购买的特点相关。由于消费者家庭日趋缩小，住宅逐渐公寓化，储藏量有限，消费者购买量小，必然要经常重复购买，不像生产资料购买，一次购买量很大，以供较长一段时期的生产所需。

(3) 消费者市场差异性大。因为消费者市场包括每一个居民，范围广、人数多，各人的购买因年龄、收入、地理环境、气候条件、文化教育、心理状况等的不同而呈现很大的差异性。因此工商企业在组织生产和货源时，必须把整个市场加以细分，不能把消费者市场只看做一个包罗万象的统一大市场。

(4) 消费者市场属非专业购买。大多数消费者购买商品都缺乏专门知识，尤其在电子产品、机械型产品、新型产品层出不穷的现代市场，一般消费者很难判断各种产品的质量优劣或质价是否相当，他们很容易受广告宣传或其他促销方法的影响。因此，现代工商企业必须十分注意广告及其他促销工作，或努力创名牌，建立良好的商誉，这都有助于产品销路的扩大，有助于市场竞争地位的巩固。但要坚决反对利用消费者市场非专业购买这一特点欺骗顾客，坑害消费者的行为。

4.1.2 消费品的分类

消费品是供最终消费者用于家庭或个人消费，而不是用于生产加工或提供服务的产品，后者则属于产业用品的范畴。

消费品的分类，同样是按对消费品的购买行为来划分，而不是按消费品的自然属性来划分。据此，消费品可大致划分为四类。

1) 日用品

它是指那些广大消费者经常购买、即用即买、购买时花最小精力去比较的产品。这些产品消费者一般都较熟悉，并具有一定的商品知识，所以在购买时不大愿意或不需花更多时间去比较它们的价格与品质，多数是就近有卖便就地购买，而且也愿意接受其他代用品，没有强烈的偏好。由于这些日用品消费者在需要时往往希望立即购到，所以出售这些商品的商店，多数设在住宅区，或由综合商店经营，或设货摊、货亭经营，而且为便于普通购买，大百货商店、超级市场、货仓商场也都经营。

日用品的广告宣传工作，多数由生产企业负担。因为商业企业，尤其是零售商店，它们经营的每一商品往往都有许多品牌，不只专营某一生产者的产品。同样，一个生产者的同一产品，往往由许多商店经销，因此零售商店不能为一种或数种日用品花钱去做广告宣传。所以整个广告宣传的任务几乎都由生产企业自己承担。

日用品还可以进一步区分为常用品、冲动购买品和紧迫需要品，常用品是消费者经常购买的日用品，品牌的偏好是决定消费者迅速选择的因素，如有些人会经常购买中华牙膏、青岛啤酒等。冲动购买品是消费者事先未计划或未加努力去寻找，碰见时才临时打算购买的日用品，这些商品的销售，销售点多而方便，因为消费者很少会专门费心去寻找这些产品。这就是一些书店和超级市场为何将小报和糖果放在付款台旁边的缘故，消费者往往不会早就想到要买这些东西。紧迫需要品是当消费者紧急需要时所购买的日用品，如突遇大雨时的雨伞，生病时的各种对症药，一般说紧迫需要品的销售应放在多一点地方销售，以免消费者想买时买不到。

2）选购品

它是指消费者在挑选和购买过程中要特别比较其适用性、质量、价格、式样等的产品，也就是说，消费者在购买此类产品时，往往会跑多家商店去比较其品质、价格或式样。例如时装、家具、耐用消费品、布料、皮鞋等均为此类商品。一般说来，选购品的价格较高，购买间隔时间较长，消费者产生需求时，并不像对日用品那样希望立刻买到，而且对于何种品牌或商店并无确定的观念。根据选购品的这一购买特点，对它们的经营应适当集中，多作专业化经营，以使经营的花色品种比较齐全，给消费者更多的挑选机会，而且适当集中还应包括商店适当集中的意思。如果一个区域只有一家专营商店，消费者由于选购机会少，往往不愿前往，而会跑到同类商店较多的市区去购买。“只此一家，别无分店”不一定都能做大生意。

选购品又可区分为同质品和异质品。同质品是在消费者心目中质量一样，但价格有显著差异，值得花些时间和精力去选购的产品。所以假如各种牌子的电冰箱质量差不多时，消费者就会货比三家，找质价最相当的购买。异质品是同一类产品，质量差异很大，对消费者来说，产品的质量因素远比价格重要，如家具、服装等。销售异质选购品必须有足够的好货色以满足不同消费者的爱好；同时也必须有训练有素的销售人员，以回应顾客的提问或咨询。

3）特殊品

它是指那些具有独特的品质、风格、造型、工艺等特性，或品牌为消费者特别偏爱，消费者习惯上愿意多花时间与精力去购买的商品。因此消费者在前去购买某一特殊品时，对于所要购买的商品已有充分的了解，这一点与日用品很相似。但消费者只愿意购买某一特定品牌的商品，并不轻易接受其他代替品。

4）非谋求品

它是指消费者目前尚不知道，或者知道而通常不打算购买的产品。例如某些特效新药，在未大做广告之前，或有关顾客未看到这些广告之前并不知道有这种产品，这就属于未谋求品。至于已经知道而一般情况下不打算购买的产品，最典型的例子是人寿保险、墓地、墓碑和百科全书。由于这些产品非常特殊，所以要求通过广告及人员推销这些方式，作出大量的市场营销努力。

4.2 消费者行为模式和购买行为类型

4.2.1 消费者行为模式

消费者行为是指消费者在寻求、购买、使用、评估和处理预期能满足其需要的产品和服务时所表现出来的行为。消费者行为研究，就是研究人们如何作出花费自己可支配的资源（时间、金钱、精力）于有关消费品上的决策。这种决策包括：谁是该产品的消费者？消费者买什么？他们为何购买？谁参与购买？在什么时候购买？在什么地方购买？如何购买？西方市场营销学将这些决策内容称为**消费者市场的“7O'S”架构**。例如牙膏这种产品，消费者购买什么类型的牙膏（药物、水果、薄荷）？什么牌子的牙膏（中华、高露洁、佳洁士）？为什么要买这些牙膏（防蛀牙、去牙垢、洁白牙齿）？在什么地方购买（超级市场、便利店、小百货店）？多长时间购买一次（每周、每两周、每月）？这些问题的答案可通过消费者研究获得，并可给有关制造商制订产品计划、设计产品规格、决定促销策略提供重要的根据。

不过对上述几个问题的研究，有些比较直观，诸如：消费者购买什么产品？如何购买？在什么时候购买？在什么地方购买？这些问题是购买者行为的外显现象，可以通过直接观察或访问去了解。至于人们为何购买则是一个非常复杂难以轻易得出答案的问题，因为购买者上述那几个具体方面的外显购买行为，只不过是购买者对来自各方影响的反应，这是购买者复杂的内在心理作用过程的结果。而人们的内在心理，即使科学高度发达的今天，仍是不能完全认识的领域。但是这种导致各种具体购买行为形成的购买者心理过程，却是现代企业市场营销决策人员必须力求了解的问题，一个企业如果能真正弄清消费者对不同的产品、价格、广告宣传等将作出何种反应，则会比竞争者占有更大的优势。所以，不少企业和学者已投入和正在投入大量的时间和精力来研究这种市场营销影响因素和消费者反应之间的关系。而他们的这种研究，都是以图 4-1 所示的简单购买者行为模式作起点的。

图 4-1　简单的购买者行为模式

图 4-1 中所谓的购买者“黑箱”，是指消费者的神秘心理如同黑箱一样，人们无法窥见其内容，它的作用只能由其反应看出来。市场营销决策人员对行为科学家的奢求，就是希望他们能为“黑箱”内的结构提出一个更明确的模式。

这种购买者行为模式，还可用图 4-2 来更详细地表现。

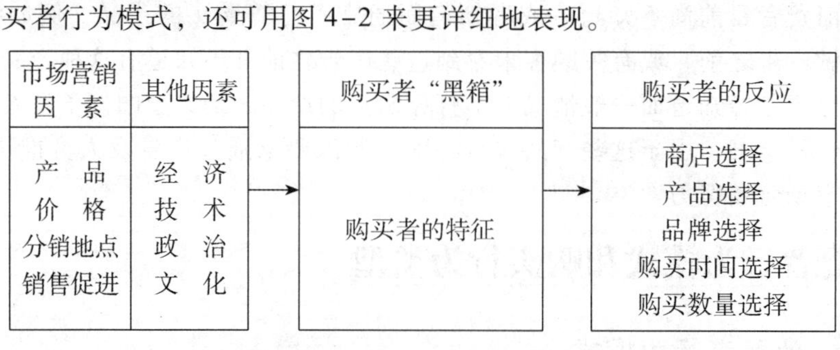

图 4-2　详细的购买者行为模式

这一详细的购买者行为模式表明，消费者的购买心理虽然是复杂的、难以捉摸的，但由于这种神秘莫测的心理作用可由其反应看出来，因而可以从影响购买者行为的某些带普遍性的方面，探讨出一些最能解释将购买影响因素转变为购买过程的行为模式。

影响消费者购买行为的因素，正如图 4-2 所示主要是购买者特征，因此本章最后一节将就购买者特征各因素对购买行为的影响作全面阐述。

【专论 4-1】

两种著名的消费者购买行为模式

消费者购买行为是指消费者为满足自身需要而发生的购买和使用商品的行为活动。一些西方学者在深入研究的基础上，揭示了消费者购买行为中的某些共性或规律性，并以模式加以总结描述。其中尤以恩格尔-科拉特-布莱克威尔模式（Engel-Kollat-Blackwell, EKB 模式）和霍华德-谢思模式（Howard-Sheth）最为著名。

恩格尔-科拉特-布莱克威尔模式

EKB 模式强调了购买者进行购买决策的过程。这一过程始于问题的确定，终于问题的解决。在这个模式里，消费者心理成为“中央控制器”，外部刺激信息（包括产品的物理特征和诸如社会压力等无形因素）输进“中央控制器”；在“控制器”中，输入内容与“插入变量”（态度、经验及个性等）相结合，便得出了“中央控制器”的输出结果——购买决定，由此完成一次购买行为。

霍华德-谢思模式

霍华德和谢思认为，影响消费者决策程序的主要因素有：输入变量、知觉过程、学习过程、输出变量、外因性变量等。模式中的输入变量（刺激因素）包括刺激、象征性刺激和社会刺激。刺激是指物品、商标本身产生的刺激；象征性刺激是指由推销员、广告媒介、商标目录等传播的语言、文字、图片等产生的刺激；社会刺激是指消费者在同他人的交往中产生的刺激，这种刺激一般与提供有关的购买信息相联系。消费者对这些刺激因素有选择地加以接受和反应。

霍华德-谢思模式与前面阐述的 EKB 模式有许多相似之处，但也有诸多不同点。两个模式的主要差异在于强调的重点不同。EKB 模式强调的是态度的形成与产生购买意向之间的过程，认为信息的收集与评价是非常重要的方面；而霍华德-谢思模式更加强调购买过程的早期情况：知觉过程、学习过程及态度的形成。同时，霍华德-谢思模式也指出了影响消费者购买行为的各种因素之间的联系错综复杂，只有把握多种因素之间的相互关系及联结方式，才能揭示出消费者购买行为的一般规律。

资料来源　佚名. 消费者购买行为的模式分析［EB/OL］.［2014-04-02］. http://china.findlaw.cn/data/xfzqy_7521/6/53573.html.

4.2.2　消费者购买行为类型

消费者购买行为，与消费者行为往往被视作同义语，但严格来说，两者仍略有差别。因为消费者行为不仅包括购买商品的行为，还包括如何使用、处理所购商品的行为。不过在一般的消费者研究中，主要的内容和重点还是放在消费者的购买行为上。至于消费者购买行为的类型，则有多种多样的划分，其中最实质或最具实际意义的则是按消费者的购买动机和个性特点的分类。因为这两个都是影响整个消费者行为的主要因素，对具体的消费者购买行为也不例外，据此，消费者的购买行为可区分为下列四类。

1）理智型购买

这是指经过冷静思考，而非凭感情所采取的购买行动。它是从产品长期使用的角度出发，经过一系列深思熟虑之后才作出的购买决定。

一般来说，购买者在作出这种购买决定前，通常都仔细考虑下列问题：

（1）是否质价相当。感情型的购买对价格高低不甚考虑，理智型的购买则很重视价格。有些商品也许感到很实用或相当急用，但往往要进行一定的质价比较，或期望降价后才购买。

（2）使用开支。不仅要考虑购买商品本身所花的代价，而且还要考虑这些商品在使用过程中的开支是否合算。例如，买电炉、烘衣机时往往会考虑其耗电量大是否值得买。

（3）产品的可靠性、损坏或发生故障的频率及维修服务的价格。对可靠性的判断：一看是新产品还是老产品，是名牌还是杂牌；二看新产品质量是否过关，老产品或名牌是否倒了牌子。损坏或故障频率：一看产品本身，有些容易损坏，会经常出故障，如自动折骨伞就较传统伞容易损坏和出故障；另看不同的品牌，如科龙冰箱的故障少，杂牌的故障多。此外，维修服务价格也很受关注，这类消费者往往觉得有些产品买得起修不起，因而也就不买。现在不少耐用消费品以免费包修，或延长包修时间作促销手段，往往可以有效招徕这部分顾客。

（4）产品的使用寿命，包括自然寿命和社会寿命。他们对不耐用的商品或只能适用短时的时尚商品很少买，对长命灯泡之类的商品则趋之若鹜；如果是真品国画挂历他们绝不会买，因价高寿命短；貂皮女童装和高级童皮鞋这些人也很少买，它们的自然寿命虽然较长，但社会寿命太短。

上述这种理智型的购买者，无论是商品生产者还是经营者都必须加以了解。因为那些以这类消费者为目标市场的产品，在营销上必须采取相应的合理方法，即必须使广告、销售促进、产品开发、定价及分销等活动能对理智型的购买者有号召作用。

2）感情型购买

这是指出于感情上的理由，即感情动机而产生的购买行动。下列是一些引起感情购买动机的主要因素。

（1）感觉上的感染力。某些商品能在人们的感官上产生魅力，从而使他们产生购买的念头。所谓感官，一般是指眼、耳、鼻、舌、身等，它们具有特殊的生理结构和机能，能分别接受外界的不同刺激而产生视觉、听觉、味觉、嗅觉和触觉。这五种官能是影响许多商品销售的重要因素，不少人为满足这些官能上的需要，往往乐意购买某些不一定有很大实用价值的商品。例如，精纺毛线衫，其保温性能并不如羊毛线衫，但它摸起来更舒服，所以引起很多人购买。时尚商品的视觉感染力，更是打开这些商品销路至关重要的因素。

（2）企求安全长寿，避免痛苦和危险。人们的自卫本能和爱护家庭、亲友的情感，常常驱使人们去购买维生素、参茸丸、安全装置以及投买各种保险。

（3）显示地位和威望。在现代社会中，有些产品正成为地位和成就的象征，即所谓地位标志的产品。这些产品赋予它的使用者某种光彩，如一种有威望、身居高位、身居上层社会地位的光彩。虽然这些产品与其他相类似的竞争产品相比并不会具有更大的实用价值，但它们却可卖出更高的价钱，因为它们被看做是与成就、威望相同的东西，如豪华的住宅和家具、精巧的工艺品和古董，还有高级轿车，都属于这一类产品。

上述这些购买行为，所有的生产和经营者都必须研究和掌握，以便采取相应的营销策略，使所生产或组织来的产品更适销对路，符合不同消费者多种多样的要求，并扩大产品销售，巩固企业的经济地位。

3）习惯型购买

这是指有的消费者，对某些商品往往只偏爱其中一种或数种品牌，购买商品时，多数习惯于选取自己熟知的品牌，如有人买牙膏，习惯于买中华、黑人、云南白药牙膏。当然消费者的习惯不是不可改变的。如原来习惯于购买上述三种牙膏的人，现在开始转变为习惯购买佳洁士、舒适达、高露洁牙膏了。因此一个精明的生产企业或商业企业，就应针对这一类型的消费者，努力提高产品质量，加强广告宣传，创名牌、保名牌，在消费者心中树立良好的产品形象，使其成为消费者偏爱、习惯购买的对象。

【专论 4-2】

习惯性购买行为的营销策略

对习惯性购买行为的主要营销策略有：

1. 利用价格与销售促进吸引消费者试用

由于产品本身与其他同类品牌相比难以找出独特优点以吸引顾客的兴趣，就只能依靠合理价格与优惠，展销、示范、赠送、有奖销售的手段吸引顾客试用。一旦顾客了解和熟悉了产品，就能经常购买以至形成习惯。

2. 开展大量重复性广告加深消费者印象

在低度介入和品牌差异小的情况下，消费者并不主动收集品牌信息，也不评估品牌，只是被动地接受包括广告在内的各种途径传播的信息，根据这些信息所造成的对不同品牌的熟悉程度来决定选择。企业可开展大量广告，使顾客经过被动地接受广告而熟悉品牌。为提高效果，广告信息应简短有力且不断重复，只强调几个重要论点，突出视觉符号与视觉形象。

3. 增加购买介入程度和品牌差异

在习惯性购买行为中，消费者只购买自己熟悉的品牌而较少考虑品牌转换，如果竞争者通过技术进步和产品更新，将低度介入的产品转换为高度介入并扩大与同类产品的差距，将促使消费者改变原先的习惯性购买行为，并在价格和档次上与同类竞争性产品拉开差距。

资料来源 佚名. 习惯性购买行为［EB/OL］.［2014-01-15］. http://wiki.mbalib.com/wiki/%E4%B9%A0%E6%83%AF%E6%80%A7%E8%B4%AD%E4%B9%B0%E8%A1%8C%E4%B8%BA.

4）经济型购买

经济型的购买模式好像与前述的理智型购买是一回事，其实不完全相同。理智型的购买，虽然价格高低也是一种决定因素，却是经过质价等比较，看是否值得买的。例如，本类型购买者打算购买 74 厘米创维牌彩色电视机，该品牌这一规格的电视机有两种型号，一为优惠价的2982A（800）型，定价3 340元，比另一款定价为5 680元的29F系列产品便宜得多，但经过比较，顾客宁愿购买后者，而不购买价格优惠的前者。而经济型的购买行为，则特别重视价格，专选廉价的东西买。只要实用，则外形、包装不一定太讲究，至于质量，虽然也作质价比较，但往往价重于质。例如，有的人宁愿买100元的国产经济表，而不买300元的进口表，有时还抱侥幸的心理，买便宜货试试看。针对此，各生产或商业企业，还应适应市场的需要，生产或经营一定的经济实惠的品种，不仅可充分满足各方面的需要，而且企业本身，往往还可开创一些新局面，甚至死而复生。如前些时候全国手表严重积压，但有些手表厂改产经济表，却销量大增，一枝独秀。

4.3 影响消费者行为的因素

从图4-2详细的购买者行为模型可看出，影响消费者行为的因素主要是购买者特征。因为面对同样的市场营销刺激因素，不同的购买者之所以有不同的反应，即表现出不同的行为，主要是受不同的购买者特征所影响。至于影响购买者行为的特征，则可区分为文化、社会、个人及心理四大因素，现分述如下。

4.3.1 文化因素

文化因素对个人需求和购买行为的影响极其深广。其中，最主要的有文化、亚文化与社会阶层三个方面。现就其所起作用分述如下。

1）文化

文化是人类欲求与行为最基本的决定因素，文化本身又包括语言、法律、宗教、风俗习惯、音乐、艺术、工作方式及其他给社会带来独特情趣影响的人为现象。就其对消费者行为影响的角度而言，文化是后天学习来的，是对某一特定社会成员消费行为直接产生影响的信念、价值观和习俗的总和。低等生物的行为受其本能的控制，而人类的行为则大部分是后天经验学习来的，是小孩在社会中成长，受到家庭和其他主要社会机构的潜移默化，学习到一套基本的价值观念、洞察能力、偏爱与行为。

2）亚文化

任何文化都包含着一些较小的群体或所谓的亚文化，它们以特定的认同感和社会影响力将各成员联系在一起，使这一群体持有特定的价值观念、生活格调与行为方式。这种亚文化有许多不同的类型，其中影响购买行为最显著的有四种：①民族亚文化群体。世界上许多国家，除了各具有相对统一的某种文化类型外，都还存在着许多以民族传统为基础的亚文化，如美国便有华裔、西班牙裔、波兰裔、意大利裔美国人等。这些人，特别是他们中的第一代和第二代，在食品、服饰、家具和文娱要求这些方面，仍然保留着他们民族的许多传统情趣和喜好。②宗教亚文化群体。世界上许多国家，在一国之内，往往存在着许多不同的宗教。以我国来说，就同时存在伊斯兰教、佛教、天主教、基督教等。他们特有的信仰、偏好和禁忌也形成一种亚文化，在购买行为和购买种类上表现出许多特征。③种族亚文化群体。如黑人与白人，他们有不同的文化形态和态度。④地理亚文化群体。例如，我国华南地区与西北地区，沿海地区与内地偏远地区，都有不同的生活方式和时尚，从而对商品的购买也有很大不同。

总之，一个消费者对各种产品的兴趣，如对食物的偏好、衣着的选择、娱乐甚至事业的抱负，显然都受到他的民族、宗教、种族和地理背景的影响。

3）社会阶层

差不多每一种人类社会中都有不同的社会阶层。每一阶层的成员都具有类似的行为、兴趣和价值观念。具体来说，他们具有几项特征：①同一阶层的成员，行为大致相似；②人们依据他们所处的社会阶层，可排列出其地位的高低；③社会阶层不单由某一变量所决定，而是由他的职业、收入、财富、教育、价值观等综合决定；④个人可能晋升到更高阶层，也可能下降到较低的阶层。

不同社会阶层的人，无论在购买行为和购买种类上都具有明显的差异性。例如，对于衣饰、家具、业余活动、家用电器等，各种阶层的人在款式、风格、品牌上便分别有其不同的偏好。正因为如此，市场营销人员可以借助这一因素的研究成果，采取相应的市场营销策略，如在产品开发上，可集中全力于某些阶层的需求品；在商业网点上，可考虑建立适当类型的企业以便更有力地吸引目标市场的消费者；在促进销售上，可考虑采用不同阶层人士最易接触的广告媒体；在定价上，可制定最符合不同社会阶层经济状况及心理状况的价格等，从而可以提高企业的竞争地位，获取更大的经济效益。

【小资料 4-1】

美籍亚裔人的购买模式

美国有 70% 的亚洲人是移民，大多数年龄都在 25 岁以下。最近美国商务部统计局的统计数字表明，亚裔美国人是美国增长最快的种族亚文化群体。这一亚文化群体由中国人、日本人、菲律宾人、朝鲜人、亚洲印第安人、东南亚各国及太平洋岛国的人民组成。由于亚裔亚文化如此多种多样，要将这一群体的购买模式加以概括非常困难。有关亚裔美国消费者的研究提出，这一亚文化的个人和家庭可分为两个群体：（1）“同化的”亚裔美国人。他们精通英语，受过高等教育，担任专家和经理职位，表现出的购买模式与典型的美国人非常相似。（2）“未同化的”亚裔美国人。他们是新近的移民，仍保持自己原来的语言和风俗习惯。亚裔美国人这种多样化的语言、风格和口味的明显差别，要求营销者必须对亚洲各国有敏锐的认识。例如，美国安休斯—布希农场公司的农产品销售部所销售的 8 个不同品种的加州米，便各标以不同的亚洲标签，以覆盖一系列的民族和口味。该公司的广告还述及中国、日本、朝鲜对不同种类饭碗的各自偏好。

一些研究还表明，作为一个整体的美籍亚裔亚文化群体，具有一些共同的特征，如勤奋、家庭观念强烈、欣赏教育、中等家庭的收入超过白人家庭。而且这一亚文化也是美国最具创业心的群体，这可从亚洲人企业成员的表现得到明证。根据这些特质，美国人寿保险公司大都会将亚洲人作为一个主要的保险目标市场。

资料来源　BERKOWITS E N. Marketing［M］. 4th ed. Illinos：Irwin.

4.3.2　社会因素

消费者行为不但受到广泛的文化因素的影响，同时还受到社会因素的影响，如受到相关群体、家庭、社会地位的影响。

1）相关群体

所谓**相关群体**，就是能直接或间接影响一人之态度、行为和价值观的群体。直接对人产生影响的群体称为认同群体，即人们所属和相互影响的群体。认同群体又有主要群体和次级群体之分：主要相关群体就是那些密切的经常互相发生影响作用的群体，如家庭、朋友、邻居、同事等；次级相关群体则是人们相互发生影响作用稍逊的群体，如宗教组织、专业性协会、同业公会等。

至于人们受相关群体影响的方式，至少可分为三种。第一，相关群体向人们展示新的行为和生活方式；第二，相关群体也会影响人们的自我观念，即将自己看成是相关群体同一类型的人，因为他们一般都想顺应这些相关群体的风尚和潮流；第三，相关群体能产生一种令人遵从的压力，影响人们选购与其一致的产品和偏爱相同的品牌。

总之，企业营销人员都必须利用各种相关群体的影响作用，通过各种方式有效地推销自己的产品。

【观念应用 4-1】

宗教对市场营销的影响

下面是宗教信仰影响市场营销的一些具体表现：

(1) 在一定文化社会中，妇女的社会和经济地位往往受到宗教的影响，例如，妇女可能被严格禁止与男子一起从事某些工作。这在某些伊斯兰国家，如沙特阿拉伯便是如此，从而妇女作为消费者的角色也会受到限制。

(2) 宗教节日可能影响到某些商品消费的升降。西方国家在圣诞节时，礼品和食物的销售量会大增；伊斯兰国家在斋月香烟的销量则会大降。国际营销管理人员必须对各种宗教节日具有高度的敏感性，根据这些节日特点，相应地制订自己的工作日程和市场营销计划。

(3) 宗教的饮食禁忌或提倡，也会影响到消费结构。例如，犹太人和穆斯林有禁止食猪肉、印度人有禁止食牛肉的戒律。

(4) 某些宗教都赞同命定或命运的说法，相信人们不能改变自己的未来，印度教徒、佛教徒和某些穆斯林都相信命运。西方文化则相信各人可以自己把握自己的命运，因而在西方都很重视计划的安排。穆斯林则相信只有神要发生什么事情时事情才会发生，因而他们往往不努力去争取改善自己的经济和生活状况，而听其自然。

(5) 印度的种姓等级制度限制某些种姓等级的成员参与某些经济活动。这种种姓制度代表了区分细分市场的界限，它也影响到人事和管理方面的政策和做法。

(6) 某些宗教是较为保守和受传统束缚的。人们认为这种宗教可能会对科技的变化和新产品感到恐惧和怀有敌意，国际营销管理人员必须知道这些宗教信仰的逻辑，学会如何与他们打交道。

(7) 宗教对魔力、巫术、咒语的相信，可能阻碍和阻遏某些商业活动。在亚洲一些地方，神灵、算命、手相、占卦是生活的主要部分，从而在商业活动中必须对其慎加处理。

(8) 宗教的组织和训令在经济活动中起着重要的作用。中东的伊斯兰寺院（清真寺）和西方的天主教堂都是不应忽视的机构。

资料来源　蔡新春，何永祺．国际市场营销学［M］．2版．广州：暨南大学出版社，2004：36.

2）家庭

购买者的家庭成员对购买者的行为显然影响最强烈。一般人在整个人生历程中所受的家庭影响，基本上都来自两方面。一是来自自己的父母，每个人都会由双亲直接教导和潜移默化获得许多心智倾向和知识，如宗教、政治、经济以及各人的抱负、爱憎、价值观等。甚至许多消费者在与父母不在一起相处的情况下，父母对其潜意识行为的影响仍然很深、很强烈。至于在那些习惯于父母与子女不分居的国家，这种影响更具有决定性的意义。

另外，对一个人日常购买行为更直接的影响，则是来自自己的配偶和子女。由这一构成来看的家庭组织，是社会上最重要的消费者购买组织，并早已受到广泛的重视与研究。现在大多数市场营销人员都很注意研究家庭不同成员，如丈夫、妻子、子女在许多商品购买中所起的作用和影响。

当然，家庭的购买决定并不总是由丈夫或妻子单方作出的，实际上有些价值昂贵或是不常购买的产品，往往是由夫妻双方共同作出购买决定的。不过，这里仍有一个到底夫妻中哪一方对购买决定有较大影响力的问题。可能是丈夫较有影响力，也可能是妻子较有影响力或是夫妻双方具有同样影响力。

3）身份和地位

每个人一生中都会参与许多群体，如家庭、社会、各种组织机构等。一个人在不同群体中的处境，即身份和地位是不同的。例如，一位能诗会画的女经理，在她父母亲的眼里，她的身份是女儿；在她的家庭里，她的身份是妻子；在她的公司里，她的身份是经理；在她兼任工作的社会里，她的身份是艺术家。一种身份包含着一组由自己及周围的人所期望的行为活动。一个人在各种群体中的各种身份，都会影响其购买行为；每一种身份又都附着一种地位，反映社会对他的尊重。例如，一个集团公司的董事长，其地位就远比一个基层企业的部门经理高。这样这位身在高位的董事长，将会购买能够显示其身份与地位的更高级的日用品和奢侈品。事实上正是这样，人们常常选购某些地位标志的商品来表明他们的社会地位。针对此，每个市场营销人员都必须弄清哪些产品有变成地位标志的可能性，以便采取相应的市场营销策略打入新市场，或提高原有市场的占有率。但地位标志产品不仅因阶层而异，而且也因地区而异。一个敏锐的市场营销人员还必须善于识别这种差异，才能更好地利用影响消费者购买行为的身份和地位这一因素，从中获得更大的经济效益。

4.3.3　个人特征

消费者的购买行为除受上述文化因素和社会因素的影响外，还受到个人许多外在特性的影响，其中比较明显的有购买者的年龄与生命周期阶段、职业、经济环境、生活方式以及性格和自我观念等。

1）年龄与生命周期阶段

显然，人们购买产品或对服务的需求会随其年龄的增长而变化。以食物为例，人们早年吃的是婴儿食品；长大成年之后，大部分食品都能吃；到了晚年，则往往须禁吃一些食物或是有一定的饮食规定。此外，对于衣饰、摆设、娱乐等的爱好也跟年龄大小密切相关。

年龄不仅直接影响一个人的购买决策，而且还会关系到个人的婚姻状况，有无小孩以及孩子的年龄等，更复杂地影响个人的购买行为。

2）职业

一个人的职业也影响其对产品和服务的需求。普通工人与农民的需求有很大不同，一般职员与高等学校教师的需求也有许多方面不同。因此，市场营销人员有必要对各种不同职业群体的需求进行深入的调查研究，以选择产销或提供专门适合某职业群体的产品及服务。

3）经济环境

一个人的经济环境通常会大大影响其所考虑或打算购买的产品和服务。所谓人们的经济环境，包括个人可支配的收入、存款与资产、借债能力以及对储蓄与花钱的态度。正由于个人的经济环境对购买行为有极大的影响，因此经营那些对于收入反应较敏感的产品的企业，应该经常注意消费者个人收入、储蓄及存款利率的变化，根据整个社会经济状况的变化可能涉及个人经济环境的趋势，采取适当的步骤来重新设计产品，重新定价，减少生产和存货，或重新确定目标市场，以及采取其他相应的措施来维持或提高自己产品的销售量。

4）生活方式

人们的购买行为也受他选择的生活方式的影响。虽然有些人可能都来自相同的亚文化、相同的社会阶层甚至同一职业，但却可能有很不同的生活方式。

所谓生活方式，就是指人们的生活格局和格调，集中表现在他们的活动、兴趣和思想见解上。人们的生活方式勾画了人与环境相互作用后形成的更完整的人，它比单独的社会阶层或性格所表达的特性完整、深邃得多。消费者对产品和品牌的选择，还是一个人生活中具体所思、所作、所为的重要表现。因此，每个企业在制定市场营销策略时，都应探明产品或品牌与生活方式之间的相互关系，并应对目标消费者的生活方式有一清晰的把握，然后才能适应消费者各种不同生活方式的商品需求和服务需求，在整体市场营销活动中作出相应的决策，以便尽可能吸引相关生活方式下消费者的注意和购买。

5）性格与自我观念

各人都有影响其购买行为的不同性格。所谓性格就是导致一个人对其客观环境作出一贯、持久反应的明显心理特征，如刚强或懦弱、热情或孤僻、外向或内向、创意或保守、主动或被动、自恃或谦逊等。

由于某些性格形态与某些产品或品牌的选择存在着一定的相互关系，因此在分析消费者行为时，对性格的研究是很重要的。例如，一家啤酒公司发现，常饮很多啤酒的人都比较外向、自强。公司根据这种情况，就可建立一种能吸引这类消费者的品牌形象，通过广告大力宣传与这些人性格要求相符的产品特色，使得这些嗜饮啤酒的人有亲近感，觉得这正是属于他们的品牌。

现在，不少市场营销人员还运用了另一个与性格相关的观念，即自我观念，或叫自我形象。自我观念是描述我们如何看待自己，或别人如何看待自己的一幅复杂心灵图画。每一个人都会自认为自己是属于什么类型的人，或认为别人会把自己看做是属于什么类型的人，因而在行为表现上应与自己的身份相符。正因此，市场营销人员所塑造的产品形象，必须与目标市场消费者的自我形象相符，否则人们是不会选择那些不符合其自我观念的产品和品牌的。

4.3.4 心理特征

一个人的购买行为还会受到四个主要心理因素的影响。这些因素是：动机、知觉、后天经验、信念与态度。

1）动机

动机是一种被刺激的需求，它是以迫使人们采取相应的行动来获得满足。

心理学家曾提出许多人类行为动机理论，其中最著名的是马斯洛的动机理论，这种理论对消费者分析和市场营销的推论有一定参考价值。

马斯洛（Abraham H. Maslow）曾试图解释为什么在某一特定时间人们会被特定的需求所驱使，为什么有些人花大量时间和精力去寻求个人安全，而另一些人则花大量时间和精力去追求令人尊重。他的答案是人类需求可以排列成从压力最大到压力最小的几个层次，或者说，人类的需求是按从较低需求到较高需求的先后顺序发展的，如图 4-3 所示。马斯洛指出：在面包不足的时候人类仅靠面包为生，那是千真万确的。但当有大量面包而且他的肚子长期被填饱后，人的需求会发生什么变化呢？马斯洛认为，此后较高的需求会按无穷的系列出现。一旦饥饿问题获得解决后，饥饿就不再支配个人的行为，这时他又会有新的需求要满足，如社会和文化方面的需求。

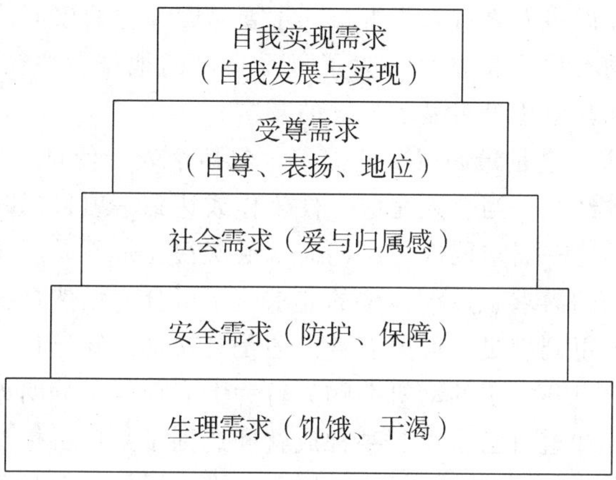

图 4-3　马斯洛需求层次

马斯洛动机理论的具体要点归纳起来是：

每个人都有很多需求；这些需求的重要性不同，因此可按阶梯排列；人总是首先满足其最重要的需求；当较重要的需求得到满足后，这个需求便不再是激励因素，它就失去了对行为的刺激作用，于是此人会转而追求下一个重要需求。

根据马斯洛需求层次理论，这些需求按其重要性的不同，可分为五种主要类型。

（1）生理需求。它包括满足饥饿、干渴等方面的需求，这是人类最基本的需求，也是人类最首要的需求。在这类需求没有得到一定满足时，人们一般不会产生更高的需求，或者不认为还有什么需求比这类需求更高、更重要。在那些消费者倾注全力以获得足够食物来度日的地区市场，那里的消费者很少会对其他产品感兴趣，或有钱购买其他产品。例如，他们很少会对人寿保险，或对参加什么促进艺术活动的协会之类感兴趣。

（2）安全需求。这是与人们为免遭肉体和心理损害有关的需求，最主要的是为保障人身安全和生活稳定。最一般的表现是对保险、保健、保安的需求，但往往还有一些不是那么明显表现的需求。例如，在一个安定的社会里，个人还可能通过提高教育和职业培训，加强自己的社会地位来保证生活安定。另外，现在世界各地正在蓬勃发展的用户第一主义运动，对希望不受机构庞大的商业企业欺诈钱财的消费者来说，可能是一种很大的需求。

（3）社会需求。这就是爱和归属感的需求，包括感情、亲昵、合群、爱人和被人爱等。希望被别人或相关群体承认和接纳，能给予别人和接受别人的爱和友谊等这些需求，恐怕是影响人们行为的最重要因素。亲昵的需求往往在礼品的购买、体育运动中的集体行动、文化的追求中表现出来，这些需求往往又促使各种新式服装开发，或促使消费者消费某一特定品牌的产品。

（4）受尊需求。它包括威望、成就、自尊、被人看得重要和有身份等需求。这些具体不同的需求，同样也会从不同的侧面影响人们的行为。例如，威望这种需求，既可鼓舞人们去好好完成有益的事业，也可导致人们破坏性的、反社会利益的行为。确实，历史提供了充分的证据，证明希望受公众尊敬和谄媚、奉承的需求具有不由自己的力量。事实上，威望这种需求和利欲心及权力的要求常常是紧密相连的。在现代社会中，不少消费者正是百折不挠地去达到各种各样的目标（产品），以要求极其广泛的服务来竭力表达他的权力和威望这些需求。许多人之所以买古董，主要是因为它的象征性价值，而不管它是否有什么实用价值。外国有些人暴富后，为了显示自己的地位，往往迁居到更高级的住宅区，并以豪华的家具和其他摆设来显示自己的豪富。

（5）自我实现需求。这是最高层次的需求，包括个人行使自主权及获得成就的需求。人们一般都会有这样的经验，当个人完成一件工作或达到一项目标时，都会感到一种内心的愉悦。马斯洛阐述的这一需求层次与第四需求层次往往是不易明显区分的，因为自我实现的需求往往与受表扬的需求、追求地位的需求密不可分。虽然自我实现的动机在自己的成就不为人所知时也会得到满足，但大多数人还是喜欢别人知道自己的成就，都试图以某种方式来显示它。因此自我实现的动机在购买行为上表现得十分明显，他们常常选购某些特定的产品，借以让人知道自己获得了某种成就和达到了某项目标。

以上就是马斯洛需求层次论中从低到高的五个需求层次。但是应指出，个人行为也可能会出现某些变异，有的人甚至在其低级需求还未完全得到满足时，会受到为获得更高需求目标的动机影响，因为人们是可以容忍某种需求只得到部分满足的。马斯洛通过观察研究发现，可能一般人在生理需求获得 80% 满足时，其安全方面的需求也已得到 70% 的满足，归属感方面的需求得到 50% 的满足，受尊需求得到 40% 的满足，自我实现的需求得到 10% 的满足。

2）感觉

这是影响个人购买行为的另一个重要心理因素。一个被动机驱使的人随时准备着行动，但具体如何行动则取决于他对情境的感觉如何，两个处于同样情境的人，由于对情境的感觉不同，其行为可能大不相同。

具体来说，人们对相同的刺激之所以会有不同的感觉，主要由下列三种感觉加工处理程序所引起，即由选择感觉、选择扭曲、选择记忆三种加工处理程序所引起。

（1）选择感觉。一个购买者每天都会接受数以千计的信息。当一个人坐车上班时，会在路上看到许许多多的广告牌和招牌；报纸、电视、广播中充满信息；朋友们也谈及许多商店和商品。显然，一个人不可能全部接收这些信息，于是就产生了**选择感觉**，即购买者不自觉地控制信息的接收，有的被注意，有的被忽略掉。一般说来，影响购买者愿意接收信息的原因约有下列几种情况：①购买者的眼前需求，即购买者最近前的需求使其易于接收那些有助于满足此种需求的信息。②购买者所持的态度与看法。一般情况下，购买者会选择那些符合或补充、加强其现有态度和看法的信息，而拒绝那些与其态度和看法相冲突的信息。③购买者不确实知道或缺乏知识的领域。购买者对于有关这些方面的信息一般也较关心和注意接收。

在市场营销领域中，包装、价格、广告、品牌等都是潜在消费者接收与否的信息。如果公司和企业要使自己所发布的消息成为购买者可接收的信息，首先必须使这些消息与消费者的需求和看法协调一致。另外，这些消息还必须减少消费者的疑虑，并能提供意味深长的信息。

（2）选择扭曲。有些信息甚至还为购买者注意和接收，但其影响作用不一定会与信息发布者原来所预期的相同。因为在购买者对其所接收信息进行加工处理的过程中，每个人都会按照自己的一套方法加以组织和解释。也就是说，购买者一旦将信息接收过来，就会将它扭曲，使其与自己的观点和以前接收的信息协调一致起来，因此就使得接收到相同信息的购买者会有不同的感觉。

（3）选择记忆。人们对其接触、了解过的许多东西常常会遗忘，仅记得那些与其观点、意气相投的信息，即购买者往往会记住自己喜爱品牌的优点，而忘掉其他竞争品牌的优点。

正由于上述三种感觉加工处理程序，使得同样数量和内容的信息，对不同的购买者会产生不同的反应，而且都会在一定程度上阻碍购买者对信息的接收。这就要求市场营销人员必须采取相应的市场营销策略，如大力加强广告宣传，不断提高和改善商品的质量和外观造型、包装等，以打破各种感觉障碍，使本公司和企业的商品信息更易为消费者所注意、了解和接收。

3）后天经验

所谓后天经验就是指影响人们改变行为的经验。它既可表现为公开行动的改变，也可表现为语言上和思想上的改变。后天经验论者认为：人们的购买动机除了少数基于本能反应和暂时生理状态（如饥饿、疲乏）外，大多数是后天形成的；人类后天经验的形成是驱力、刺激物、提示物、反应和强化相互作用的结果。它们的相互关系如下。

驱力或动机，是引发行动的内在动力；反应则是指消费者为满足某一动机所作出的反应或选择；刺激物或提示物则是决定人们何时、何处以及如何反应的微弱刺激因素；强化则是指如果某一反应能使消费者获得满足，那么消费者便会不断作出相同的反应和选择。

后天经验理论对市场营销人员有多方面的意义：首先，它说明要发挥市场营销作用就要按一定的价格、在一定的地点和时间将商品提供给消费者满足其需求（驱力所向的需求）。其次，既然购买是需求的反应，企业必须广泛运用信息通报手段，通过说明各种疑难问题的解决办法，促进动机实现或使反应强化等来使购买者产生需求欲，进一步作出购买反应。

4）态度和信念

一般说来，态度与信念之间的区别是不大的。按照心理学家和社会学家通常的说法，态度是指人们对于某些刺激因素或刺激物以一定方式表现的行动倾向，信念则是态度的词语表述，即两者不过是同一物的表里关系。态度对任何人的生活都有影响，它影响个人对其他人、其他事物和事件的判断方式和反应方式。因此人们生活的许多方都受到自己所持态度的支配。

态度可看成是“认识—动情—追求”的三部曲，或者说，态度是由认识、动情、追求三部分组成的。

认识部分，包括与态度的特定目标相关的信念或知识。而信念则是建立在人们所获资料的基础上。因此，人们各具不同的信念，至少有一部分原因是由于所获信息和知识的不同。也就是说，态度是人们直接对已知其存在的现象的表态。当然，在信息不足、不全时，人们也可能虚构某些事实，但他们必须对所虚构的东西知道有可能存在才行。因此认识部分在整个态度的组成中很重要，因为对于一种客体的信念将会影响态度的变化。

动情部分，包括有关人们情绪方面的内容，如对客体的喜欢不喜欢，爱和憎等。这些情绪可能来自个人的特质和动机，也可能来自社会的规范。

追求部分，即态度的动作倾向，它涉及人们采取某种行动的意向。但并不等于说态度和行为之间必然有直接的关系，譬如赞同的态度必然会自动地引起对态度目标的有利行为。其实不完全如此，消费者可能对某些厂家的产品抱有赞同的态度，但可能没钱或不需要采取购买行动。当然在大多数情况下，态度和行为还是直接相关的，当一个人根据过去的体验或其他信息，已对某些产品、某些服务公司形成了肯定或否定的态度时，购买决策过程可大大加快。因此，各个企业应尽可能使其产品适应消费者的意向，激起消费者抱惠顾态度，从而赢得更多的顾客和市场。

【小资料 4-2】

顾客决策的八个步骤

2009 年夏，小崔打算和女友小丽结婚，计划购买一套婚房。（步骤 1，需求认知阶段）

小崔现在一看报纸就会首先翻到置业版仔细看，也经常上专业的房屋置业网站，还不时打听同事买房的情况，原先看到有人发楼盘广告就躲着走，现在主动去宣传员手里要楼盘彩页，并亲自实地考察楼盘。（步骤 2，信息搜集阶段）

小崔最后打算在泉城花园和香港国际两个小区中选择一个。于是，他设立了以下几个评价标准：户型、单价、交通、设施、周边环境。最后，他给香港国际打了 85 分，给泉城花园打了 82 分。（步骤 3，产品和品牌评价阶段）

经过反复权衡，他决定购买泉城花园的房子，因为尽管香港国际的综合评价高，但它要明年才能交房，而泉城花园下个月就可以交房。（步骤 4，决策阶段）

售楼小姐问小崔是要付全款还是按揭，小崔选择首付 3 成，7 成按揭，20 年还清，而不是付全款。（步骤 5，购买阶段）

小崔收到房子后，装修，入住。（步骤 6，这就是消费）

可是，这时候小崔听说房子降价了，比他购买时每平方米便宜了 200 元，于是小崔怀疑当初自己的决策是不是错了。（步骤 7，购买后再评估阶段）

住了半年，小崔对社区环境和房屋质量很满意，于是不断向朋友推荐购买这个小区的房子。（步骤 8，反馈阶段）

资料来源　刘进．如何加速顾客的购买决策［J］．销售与市场：渠道版，2010（3）．

本章小结

消费者市场的研究对象是消费者，即要研究与消费者购买消费品有关的消费者为何购买，在何时、何处与如何购买等四个方面的问题。消费者市场的主要特点为：（1）消费者的购买绝大多数属小型购买；（2）消费者的购买属多次性购买；（3）消费者市场差异性大；（4）消费者市场属非专业购买。

消费品可按对它们的购买行为划分为日用品、选购品、特殊品和非谋求品。消费者对它们的购买互有不同的特点，必须分别采取不同的营销方式和策略。

消费者行为模式是研究消费者行为的起点，消费者行为模式的架构，西方市场营销学称之为消费者市场的 70’S 架构，即包括谁是消费者，消费者购买什么，他们为何购买，谁参与购买，在什么时候购买，在什么地方购买，如何购买等决策内容。按消费者的购买动机和个性特点可将消费者的购买行为分为：（1）理智型购买；（2）感情型购买；（3）习惯型购买；（4）经济型购买。

影响消费者行为的因素主要是购买者特征，而影响购买者行为的特征则包括文化、社会、个人及心理四大因素。（1）文化因素。这一因素包含文化、亚文化与社会阶层三个方面。（2）社会因素。这一因素包含相关群体、家庭、身份和地位几个方面。（3）个人因素。这一因素包含年龄与生命周期阶段、职业、经济环境和生活方式、性格与自我观念几个方面。（4）心理因素。一个人的购买行为还会受到四个主要心理因素的影响。①动机。心理学家曾提出许多人类行为动机理论，其中最著名的是马斯洛的动机理论，这种理论对消费者分析和市场营销的推论有一定参考价值。②感觉。一个被动机驱使的人随时准备着行动，但具体如何行动则取决于他对情境的感觉如何。③后天经验。它是指影响人们改变行为的经验。后天经验论者认为，人们的购买动机除了少数基于本能反应和暂时生理状态外，大多数是后天形成的。④态度与信念。态度是指人们对于某些刺激因素或刺激物以一定形式表现的行动倾向，信念则是态度的词语表述，人们生活的许许多多方面都受到自己所持态度的支配。

主要概念和观念

☐ 主要概念

消费者市场　消费者行为　消费者市场的“70’S”架构　文化　相关群体　选择感觉

☐ 主要观念

消费者市场的四大特点　消费者购买行为的四大类型　马斯洛需求层次理论　后天经验理论

基本训练

□ 知识题

4.1 阅读理解

1）消费品可大致划分为哪几大类？

2）影响消费者行为的文化因素包括哪几个方面？

3）影响消费者行为的社会因素包括哪几个方面？

4）影响消费者行为的个人特征包括哪些方面？

5）影响消费者行为的态度和信念有何区别？

4.2 知识应用

1）选择题

（1）北京六必居、广州致美斋的酱料，在消费品的分类上属于________。

A. 日用品　B. 选购品　C. 特殊品　D. 非谋求品

（2）从消费者购买行为类型看，一般中档手机的购买属________。

A. 理智型购买　B. 感情型购买　C. 习惯型购买　D. 经济型购买

（3）次级相关群体是人们相互发生影响作用稍逊的群体，如________。

A. 邻居　B. 同学　C. 表亲　D. 同乡会

（4）近年中秋节的高价礼品月饼越来越畅销，这主要是由于人们的________越来越增强所引致。

A. 生理需求　B. 社会需求　C. 受尊需求　D. 自我实现需求

（5）购买动机由后天形成的商品比比皆是，如________就是其中之一。

A. 粮食　B. 住所　C. 饮用水　D. 鱼肉罐头

2）判断题

（1）由于电冰箱的普遍使用，消费者的购买属多次性购买这一消费者市场特点已逐渐淡化。（　）

（2）在现代社会中，有些产品正成为地位和成就的象征，即所谓地位标志的产品。例如高档自行车、耐用电器、高营养成分保健品都属于这一类产品。（　）

（3）一个消费者对各种产品的兴趣，显然都受到他的民族、宗教、种族和地理背景的影响。（　）

（4）所谓人们的经济环境，包括个人所在地区的经济增长情况、社会就业状况、收入水平、消费水平、储蓄水平等。（　）

（5）人总是首先满足其最重要的需求，当这些需求得到充分满足后，才会转而追求下一个重要需求。（　）

□ 技能题

4.1 规则复习

1）马斯洛需求层次

马斯洛认为，人类的需求可以排列成从压力最大到压力最小的五个层次，即生理需求、安全需求、社会需求、受尊需求、自我实现需求。或者说，人类的需求是按从较低需求到较高需求的先后顺序发展的。当最低的需求，即最重要的需求得到满足后，这个需求便不再是激励因素，它就失去了对行为的刺激作用，于是此人会转而追求下一个重要需求。但个人行为也可能会出现某些变异，有的人甚至在其低级需求还未完全满足时，会受到为获得更高需求目标动机的影响，因为人们是可以容忍某种需求只得到部分满足的。马斯洛通过观察研究发现，可能一般人在生理需求获得 80% 满足时，其安全方面的需求也已得到 70% 的满足，归属感方面的需求得到 50% 的满足，受尊需求得到 40% 的满足，自我实现的需求得到 10% 的满足。

2）态度是“认识—动情—追求”的三部曲

认识部分，包括与态度的特定目标相关的信念或知识。而信念则是建立在人们所获资料的基础上。因此，人们各具不同的信念，至少有一部分原因是由于所获信息和知识的不同。当然，在信息不全、不足时，人们也可能虚构某些事实，但他们必须对所虚构的东西知道有可能存在才行。因此认识部分在整个态度的组成中很重要，因为对于一种客体的信念将会影响态度的变化。

动情部分，包括有关人们情绪方面的内容，如对客体的喜欢不喜欢，爱和憎等。这些情绪可能来自个人的特质和动机，也可能来自社会的规范。

追求部分，即态度的动作倾向。它涉及人们采取某种行动的意向，但并不等于说态度与行为之间必然有直接的关系。当然在大多数情况下，态度和行为还是直接相关的。因此，各个企业应尽可能使其产品适应消费者的意向，激起消费者抱惠顾态度，从而赢得更多的顾客和市场。

4.2　操作练习

1）实务题

用两三个例子分析说明：

（1）消费者市场属非专业购买的情况；

（2）感情型购买的情况。

2）综合题

请到一个大百货公司的彩电商场观察两小时，看来询问或购买的顾客中，持各种购买行为的各占多少？为赢得这些不同行为的消费者，该商场可能作了哪些努力？你觉得该商场哪些方面的营销工作做得不够而丧失了某些顾客的生意？应如何补充、改正？

□ 能力题

4.1　案例分析

针对女性消费的产品策略

消费者对一种产品既有生理性的需要，也有心理性的需要。从某种程度上讲，女性购买产品，更多的是出于心理性需求。因为女性的情感世界丰富多彩，想象力丰富，且对各种新事物非常敏感，对美的追求比较强烈。通过购买和使用一种产品，可以寄托自己的某种感情，展示自己的个性，获得某种心理满足和精神享受。这就对制造商提出了更高的要求，从前那种花色品种单一、设计包装呆板、大批量生产的产品已远远不能满足女性消费者的需要，产品必须从功能、质量、设计、包装、服务等方面去迎合女性消费者。

1. 突出女性消费者关心的要点。有人说“女人就是认死理”，有时候为了找到自己所喜爱的产品，不惜跑遍整个城市，你的产品质量再好、功能再全，如果没有突出强调女人关注的要害，那么一切都是毫无意义的。营销理论指出，“顾客满意是最好的质量”。因此，深入了解女性消费群的心理特点、消费行为特点及变化趋势，开发、生产出适销对路的产品，是企业成功的第一步。

2. 用精美的包装吸引女性消费者。包装是指产品本身的包装，也指百货商店或零售店的包装纸或购物袋，如衣袋等，一般随物赠送。“一个没有牌子和包装的商品，只能算半成品”，这句话充分强调了包装在企业的产品经营和销售中的重要作用。对于女性尤其如此。因为女性购买商品比较多地强调“美感”，容易受感情作用而产生购买行为。精美的包装满足了女性消费者对美的敏感、爱美的心理，从而使她们对商品或服务产生好感。包装在某种程度上抬高了商品的身价，使消费者产生荣誉感，满足了女性消费者的虚荣心。有些包装具有重复使用的价值，诸如精美结实的购物袋之类，作为商品的“免费”附加物，满足了女性消费者精打细算的心理，极受她们的欢迎，有利于培养她们的购买习惯。

3. 保证提供优质服务。女性在购买过程中既追求生理满足，也追求心理满足，对销售服务特别重视。因此，努力改进服务质量，增加服务项目，扩大服务范围，延长服务时间，提高服务水平，坚持做好售前、售中、售后服务，是争取女性消费者的有效途径。

4. 树立并培育好的品牌形象。在 21 世纪，女性在消费生活中不再停留于简单的衣、食、住、行上，而是追求更高层次的欲望，简单来说，就是希望生活除了物质上的满足外，在精神或心灵上也能够更丰富多彩。一个最突出的表现就是购物的品牌化趋势，即能代表“购买者身份”（阶层、性别、职业、文化修养等）的商品越来越受到女性的青睐。她们对产品的要求，将不止于功能上和质量上的满足，还希望通过品牌来显示自我，表现自己的经济地位、品位和气质。女性越来越重视产品的品牌知名度、社会影响力。在同类竞争品牌中，不管质量、价格如何，只要是知名品牌产品，能超越产品功能而给她们带来种种感官、精神上的满足，很可能就会成为她们的首选。她们愿意付更多的金钱来换取这些额外的重要价值。因此，商家应从产品、包装到宣传、销售渠道，全方位培育具有高附加值的高档品牌。

资料来源　肖凭，文艳霞．针对女性消费的营销策略探微［J］．市场营销，2005（3）：24-25.

问题：

1）本文所提的针对女性消费的产品策略，是否切中要害？有何独到或精辟之处？还有什么地方需要补充或修正？

2）请按女性消费的特性，提出一些相应的促销策略。

4.2　网上调研

就女大学生在服装上的购买行为进行网上调查研究。

第 5 章

产业市场

学习目标

通过学习本章，你应该达到以下目标：

知识目标：了解产业市场与消费者市场的区别；弄清产业市场的分类；弄清产业市场的特点。

技能目标：能掌握产业购买者相关行为，作出相应的营销决策、策略并制定措施。

能力目标：具有深入分析影响产业购买者的主要因素、顺利做成各种工业品交易的能力。

引例

健康产业

1. 基本情况

健康产业是一种有巨大市场潜力的新兴产业，涉及医药产品、保健用品、营养食品、医疗器械、保健器具、休闲健身、健康管理、健康咨询等多个与人类健康紧密相关的生产和服务领域。中国健康产业由六大基本产业群体构成：第一，以医疗服务、药品、器械以及其他耗材的产销、应用为主体的医疗产业。第二，以健康理疗、康复调理、生殖护理、美容化妆为主体的非（跨）医疗产业。第三，以保健食品、功能性饮品、健康用品产销为主体的传统保健品产业。第四，以个性化健康检测评估、咨询顾问、体育休闲、中介服务、保障促进和养生文化机构等为主体的健康管理产业。第五，以消杀产品、环保防疫、健康家居、有机农业为主体的新型健康产业。第六，以医药健康产品终端化为核心驱动而崛起的中转流通、专业物流配送为主体的新型健康产业。健康越来越受到国人的关注和重视，健康产业也极具投资潜力，如今它已成为我国经济产业中一大“朝阳产业”。美国著名经济学家保罗·皮尔泽在《财富第五波》中将健康产业称为继 IT 产业之后的全球“财富第五波”。

2. 发展现状

随着社会发展和人们生活水平的普遍提高，以及人类生活方式的改变，健康产品的总需求急剧增加。以生物技术和生命科学为先导，涵盖医疗卫生、营养保健、健身休闲等健康服务功能的健康产业成为 21 世纪引导全球经济发展和社会进步的重要产业。在发达国家，健康产业已经成为带动整个国民经济增长的强大动力，健康行业增加值占 GDP 比重超过 15%，而在我国，健康产业仅占中国国民生产总值的 4% ~5%，低于许多发展中国家。

我国健康产业发展十分迅速，市场容量不断扩大，健康产业在国民经济中的比重不断上升，特别是保健品行业，成为推动我国经济发展的又一新兴动力。据相关统计资料，目前我国共有药品生产企业6 000多家，每年1 500多亿元的消费市场；保健品生产企业3 000多家，每年超过500亿元的消费市场。预计到2015年我国健康产业产值将达到1万亿元人民币。

虽然我国健康产业发展迅速，但由于涉及的领域众多，没有比较完善的相关法律和制度来规范，也没有相关的标准作为发展的参照，导致行业发展较为混乱，尤其是保健品行业。同时在健康管理和服务上对于核心技术与相关健康服务的整合还有待完善，还无法对客户提供整套解决方案。

3. 发展趋势

我国健康产业在医疗、卫生、保健、生命科学等领域取得了重大的成就，我国健康产业也开始步入快速发展的高速路。在快速发展的同时，我国健康产业也正面临着发展的新趋势。

（1）老年健康产业将占据主导地位

随着我国人口老龄化进程的加快，65岁以上人口比重呈不断上升趋势，2004年达到了7.6%，我国已进入老龄化国家行列，老年人口的健康问题日益突出，老年健康产业将成为我国未来健康产业发展的重要内容。

对老年健康的重视必然带动老年健康产品的发展，如保健品、营养食品等，同时未来我国老年家庭病床护理、健康咨询、老年康复中心以及提供医疗护理和保健器材等的服务将是老年健康产业的发展方向。

（2）营养保健将迎来巨大发展空间

近20年来，我国保健品消费增长在15%～30%之间，远远高于发达国家13%的增长率，2004年全国保健品市场容量达到了400亿元左右。随着我经济快速发展和居民生活水平的提高，健康成为焦点话题，而当前由于工业、农业污染的严重，人类对健康营养的索求已转移到营养保健品、绿色食品。

在未来，营养保健将成为我国健康产业发展的巨大增长点，随着我国老龄化社会的到来，营养保健市场将有很大的增长空间。

（3）健身娱乐成为健康产业新亮点

随着人民生活水平的提高，以及“黄金周”、“双休日”的出现，假日休闲娱乐成为时下的热点，旅游、健身、娱乐等逐渐发展起来，成为健康产业的一大亮点。

有专家预测，未来体育健身将成为人类健康产业的核心，由此带动的相关产业的发展潜力是巨大的。目前我国有各类体育经营企业2万多家，总投资额约2 000亿元人民币，营业额为6 000亿元人民币。同时休闲娱乐成为眼下市民生活的特色，旅游、健身、娱乐等已成为热点，而休闲旅游已成为我国经济增长的亮点。

资料来源　佚名．健康产业［EB/OL］．［2014－04－25］．http：//baike. baidu. com/link？url＝ahiF6m6bnTLxw1G9zJ_ ru4P-ZwFLMsnnMgDdBvVybMfXmOc1jKTwiTSyHT4hiakU9vOqDXn0n4NQoLdNcK2Tfa.

产业市场与前一章所讲的消费者市场是整体商品市场的两大领域，虽然两者所受营销环境的制约，制订营销计划、策略的根据和指导思想有许多相似之处，但两者在具体的营销特点、营销对象及购买行为上又有较大的不同。因此，有必要在研究消费者市场之后，从两者之间有何异同的角度，对比出发，进一步从概念、市场主体、商品分类、市场特点、购买者行为等方面对产业市场作具体而全面的探讨。

5.1 产业市场的性质

5.1.1 产业市场的概念

产业市场是指各类企业、各级政府部门、各种机构为合成产品（合成产品的零部件和原材料）、组织机构消费（办公用品、咨询、作业中使用的必需品）、生产过程使用（装置和设备）和再销售给其他企业而购买产品和服务的市场。这个定义排除了最终消费者为个人使用或消费而购买的汽车、家庭用品、小包装食杂品等的市场，即消费品是出售给个人的，而产业营销的消费者则是组织，如工商企业、政府及机构。正因如此，产业市场也叫组织机构市场，具体包括工业市场、中间商市场、政府及机构市场等。而在这几种市场中，一般市场学都把研究重点放在工业市场上。

产业市场主要是**工业市场**，虽然其与消费者市场密不可分，即各个公司的最后生存要依靠最终消费者购买它们的某些制造品，但许多公司却可能从来没有与最终消费者直接接触过。钢铁公司、化学公司、矿产公司、机床制造厂、铲车制造厂、电脑主机制造厂、造船厂等都不向最终消费者销售，而是销售给其他企业以作进一步加工、作业之用。这些公司的产品，哪怕有许多也是制成品，一般是很少适用于个人消费者的。例如，如果人们为犁耕自己的小花园而去购买一台价值10万美元的美国约翰·迪尔鹿牌拖拉机或用一台12吨的货车来把落叶拉运到路的边栏外那将是很可笑的。总之，工业品是与消费品不同而需要不同的策略、市场和管理分析的。

5.1.2 产业市场与消费者市场的区别

产业市场与消费者市场的差别首先表现在它们对产品和服务的使用及它们所购产品和服务的类型上。如前所述，产业购买者将产品和服务用于进一步生产、运作或再销售给其他消费者。他们购买资本设备、原料、半成品及其他产品和服务。最终消费者购买产品和服务为个人、家庭使用。他们通常购买制成品，并不涉及千百万元厂房、设备的购买。

正由于产业购买者所购产品和服务的性质与最终消费者不同，因而他们的购买方式也与最终消费者不同：

（1）产业购买者多以产品详细说明书及技术数据为依据来作购买决策。产品必须符合其所列举事项的最低标准，如工程及建筑准则、纯度及等级标准、马力、电压、建筑所用之材料等，否则他们不会考虑采购。最后消费者则多根据产品使用说明书、时尚、款式来作购买决策。

（2）产业购买者通常采用多重购买负责制，即由两个或两个以上的人员参与复杂产品或昂贵产品的购买决策。例如，电子现金出纳机的采购，便要由电脑人员、营销人员、业务经理、装置专员、总稽核等人参与。公司的总裁则将对设备的特点及供应者作出最后选择。最后消费者的购买虽然也可能搞多人负责制，但往往是很少使用而且也很不正规的。

（3）产业购买者在购买程序上多数都要进行价值分析和卖主分析。价值分析的目的在于确定“最佳的购买”。价值分析包括设计分析和价格分析两个方面。价值分析从检查产品设计开始，也就是从它所执行的功能开始。价值分析的问题大致如下：

①这种产品可否取消？

②这种产品如果不是标准的，能否采用标准的产品？

③这种产品如果是标准的，是否完全适用（或者不适用）？

④这种产品的性能是否大于所要求的性能？

⑤能否减轻重量？

⑥在库存中是否有相似的产品可以代替？

⑦是否可以详细规定与必需的公差更接近的公差？

⑧这种产品是否有不必要的机械加工？

⑨是否有多余的、不必要的最终修饰？

⑩是否详细规定了商业质量（商业质量通常是最经济的）？

⑪这种产品如果自制是否比购买便宜？如果这种产品是自制的，是否能买到自制后不足的数量？

⑫这种产品是否正确选择了运输工具以获得最低的运输费用？

⑬包装费用可否降低？

⑭能否要求供应商降低价格？

卖主分析则是根据供货质量、服务质量及价格来对具体的供应商进行评估，而最终消费者很少进行上述这样复杂的分析。

（4）产业消费者采取以租代购的情况比较普遍。租赁的产品主要是大型设施或重要设备，包括飞机、轮船、汽车、石油钻机、农业机械、各种工业设备、医疗设备。这种租赁方式有利于企业引进先进技术设备，节约资金使用，提高资金利用率。虽然近年消费者市场，如电脑、汽车等的私人租赁业务也有较大发展，但与产业市场的租赁业营业额相比都是微乎其微。

【小资料 5-1】

以租代购　成都现汽车使用新模式

近日，新世纪国际租赁有限公司与四川邮政储蓄银行强强合作，“新世纪”为后者提供了 262 辆汽车租赁，服务至四川全省各市州。四川长征汽车为此次租赁服务提供了 64 台高品质帕萨特新领驭轿车，旨在促进三方合作关系，为“以租代购”这种汽车使用新模式率先做出响应。

汽车融资租赁这种使用模式在发达国家已相当成熟，简单说就是以租代购，可为大型企业带来决策、经营、技术更新、现金流、财务指标优化、预算执行、税收等方面的优势。据资料统计，这种使用模式在发达国家已占商务公务用车的 50% 以上，但在国内还不到 4%，市场发展潜力巨大。

资料来源　陈瑶．以租代购 成都现汽车使用新模式［N］．华西都市报，2010-11-15（029）．

（5）产业消费者在一些重要承包合同中，经常采用竞争性的投标和议价方式。在采用竞争性投标方式时，要求销售者对具体产品、工程和服务提出单独自主的报价。在采用议价方式时，购买者则利用自己的讨价还价能力及订单的大小来制定价格。这种竞争性的投标及议价方式大多数应用在复杂的、按客户要求提供的产品和服务上。最终消费者除了个别购买古文物、收藏品、拍卖品之外，很少采用这种竞投方式。

（6）产业购买者在采购时，经常采用互惠购买方式，即他们选择的供应商是同意购买他们所出售的产品或服务的客户，如造纸厂向化工厂购买化学品时，化工厂则同意向造纸厂购买金额大致相近的纸张。不过这种方式在国外往往受到严格的限制，因为它会大大削弱竞争。

5.1.3　产业市场营销的顾客

产业（工业）顾客可分为六大类：工业品再销售商、工矿企业、机构、政府、服务业、国际公司和国际配销商，如图 5-1 所示。

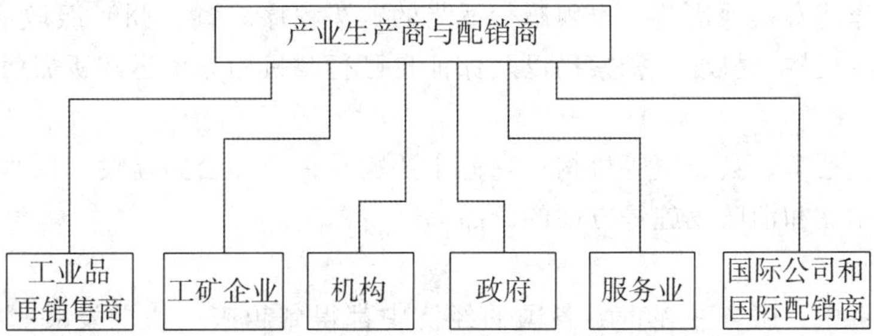

图 5-1　产业顾客的类型

1）工业品再销售商

工业品**再销售商**包括为了再销售给其他企业而购进工业品的任何企业。这里面包括从具有完全功能的配销商到只具有极其有限功能的代理商和经纪人的所有不同类型的中间商。所有这些中间商都在一种经济配销系统中执行十分重要的职能。如果没有这些机构，在产品和服务的营销中将经常产生混乱和中断的现象。

2）工矿企业

这里的工业企业主要是指制造业，包括从制造重型设备到制造轻工设备和产品的各类生产者。这些机构设计和生产最终消费者使用的有形产品。这类工业品顾客绝大多数属原设备制造商，即他们购买设备是为了制造产品，但他们也经常购买服务和产品供自己使用。

矿业或提炼业也是工业品市场很重要的一个组成部分，因为它们是一切原料的源泉。为了采掘或提炼这些原料，它们必须购买相应的设备和其他生产用品。这一类型的工业品顾客包括矿产、农业、林业、石油、渔业等企业。

3）机构

这里的机构是指医疗部门、教育机构、私人资助机构（如托儿所）等。因为每种机构都有其独特的问题和需求，所以产业营销人员必须根据每种机构的不同情况，在营销重点和方法上予以分别对待。

4）政府

政府是产业市场的顾客。过去我国由于政企不分的体制，往往把本属于政府向企业采购的许多东西（如军用品等）作为内部调拨分配，从而政府作为工业品顾客的身份就不十分明显，在市场营销中也不被十分重视。而西方国家，政府在工业品市场中所占的比重是很大的，如美国各级政府的购买总数，目前约占国家生产总值的20%。我国近年由于经济体现制的改革，政企逐渐分开，政府作为产业市场顾客的身份也就逐渐突出。从国内外总体来看，基本的政府顾客可分为三类：①中央（联邦）政府；②省（州）级政府；③地方政府。

中央（联邦）政府是无数种类产品的大型购买者。军事部门购买从最新式的喷气式战斗机到军事休息室个人使用的低等产品。其他部委机关也专门购买某些专用产品以保证各类政府部门工作的正常运转。而且，政府也是电子计算机、墨水、铅笔和其他许许多多产品的最大购买者。

省（州）级政府的购买小于中央（联邦）政府，但也有类似的购买需要。除军用品购买之外，省（州）级政府也购买相同类型的产品和服务。州、省或相应的政治单位为了使自己的工作能有效地运转，也须履行适当的购买程序。省（州）级政府为教育机构、公路建设、劳改机构、机场、警察局以及保证自己行政机构有效运转所需而购买各种相关用品。

地方政府包括市、县、镇等机构。它们主要购买街道和公路建设、供水系统、固体废料处理、警察用品和消防设施等方面的产品。

5）服务业

在当代经济中，服务业在世界各国的经济中都得到越来越快的发展。它主要包括法律、市场研究、管理咨询、预测、会计、金融、广告、保险、交通运输、房地产及市场营销等部门。尤其是一些国家，随着从工业经济型转变为服务经济型，产业市场顾客中的这部分人也越来越复杂而多样化，他们的购买品和购买量也相应有很大的增长。

6）国际公司和国际配销商

由于通信及交通的发达，世界正在缩小。现在全球经济相互影响，其相关程度正如西方一句流行的俏皮话所说的那样：“一国感冒其他一些国家便伤风。”如当英国经济下降时，整个西欧就会产生反响。多国和国际公司在世界许多国家都设立了总部，进出口中间商已成为国际贸易的重要联络者，他们从事大量的工业品及消费品的国外再销售业务。例如，随着我国逐步成为世界制造业中心，随着我国综合国力的进一步提高，巨大的采购市场引起全世界的极大关注，近年许多全世界著名的国际公司纷纷进入我国设立总部和采购中心。在深圳，沃尔玛将其全球采购中心迁至此地，通用电气、IBM 等 20 多家知名跨国公司也在此设立了独资采购中心。在上海，上海跨国采购促进中心和上海跨国采购服务有限公司正式成立不到一个半月，就有 184 家跨国公司地区总部和中国总部进驻。2013 年，在第 12 届跨国采购大会上，511 家跨国采购商和 6 家联合国及组织采购机构云集，超过 8 000家供应商参展。[①] 2013 年，第八届跨国零售集团采购会达成意向成交额 240.8 亿元人民币。其中，首次参加到江苏跨国采购的德国联邦采购物流协会和联合国组织，分别达成意向成交额 1 200 万元和 800 万元。[②] 在全球采购大潮涌入我国的同时，我国的一些大

① 李嘉珺. 上海跨国采购集团：倾力打造跨国采购产业链［N］. 解放日报，2013-09-11.

② 孙莹. 第八届跨国零售集团采购会达成意向成交额逾 240 亿［EB/OL］.［2014-07-02］. http://finance.chinanews.com/cj/2013/07-05/5009999.shtml.

中型企业也先后“走出去”，在国外设立了跨国采购机构。仅以汽车行业为例：2013年，我国汽车零件进口额同比增10.4%至253.7亿美元。我国本土汽车零部件行业经过几十年的技术积累，技术水平也已有很大提升，已成为继美国、日本、德国之后的世界汽车零部件第四大生产国和出口国。以上种种说明，国际公司和国际配销商也是产业市场顾客中不容忽视的大户。

5.1.4　产业市场的分类

为了深入开展产业市场营销，必须进一步了解不同类型的产业市场。一般来说，产业市场可划分为四大类型：原设备制造商、最终使用者、维修管理部门、工业品配销商。

1）原设备制造商

原设备制造商是指那些购买产品作为它们制造产品的设备零部件的公司。例如，我国的许多电冰箱厂向美国通用电气公司购买马达来装配电冰箱；又如，收音机、录音机、玩具、电视机、录像机及电子仪器仪表等厂商向各印刷电路板制造商购买各种印刷电路板来组装自己的产品，都属此种类型。

2）最终使用者

最终使用者虽然也可能购买那些与销售给原设备制造商相同的产品，但最终使用者不以任何形式再出售这些产品，他们自己消费或使用这些产品。例如，拖拉机油路接头密封圈的生产商将产品卖给拖拉机生产者，由于拖拉机生产商将其用于装配拖拉机后再出售，所以属于原设备生产商。但密封圈生产商也可通过零件配销商将产品直接卖给农场使用，农场则是最终使用者。

3）维修服务部门

维修服务部门主要是指社会上的独立专业维修服务部门，它们为了承担各种工业品及消费品的维修服务工作，也需购买各种工业品零部件。如汽车修理部门、农机修理部门以及家电维修部门，它们都经常购置各种汽车、农机、家电零部件，用来更换整机内受损零部件。

4）工业品配销商

许多产品和服务从原供应者到最终使用者往往经过一个环形的路线。工业品配销商则在这一环形路线中起着桥梁的作用。它们买进工业品，而后再销售给原设备生产商、最终使用者、原料生产者及其他配销商。如通用电气公司将马达销售给通用电气供应公司，该供应公司再将这些马达销售给其他零件市场。工业品配销商的这些活动构成了高度统一的销售渠道网，使得工业品的流通更适应各种类型工业品市场的需求。

5.1.5　工业品和服务的分类

作为一个市场营销经理来说，更好地了解产品的分类会有助于更有成效地处理每种产品的产品/市场问题。因为不同的产品/市场配对要求运用不同的配销渠道，针对不同购买动机的商品诉求，要运用不同的经营方法、不同的市场营销技术和策略。大致上说，工业品可分七类：原料、设备、辅助设备、零部件、加工原料、物料、工业服务。

1）原料

原料是矿产、林业、渔业和农业等提炼业的产品，包括煤、铁矿石、原油、海盐、原木、鱼、肉、稻谷、小麦、铜、沙、石灰石、铅、银、金、羊毛、棉花等许许多多产品。所有的产品都起始于原料之范围。许多人造产品，如塑料或玻璃，它们开始也是用原油或沙子这些原料制造而成的。这些产品可作为原设备制造零部件来销售，也可作为最终使用者的供应品来出售。

2）设备或主要设备

设备或主要设备，即生产所需的主要工业机械装置，包括厂房建筑、交通运输工具、电子计算机主机、重型或大中型机械设备，如冲床、大型遥控机械设备、机床、大型刨床、桥式吊车等。其特点是价值大，使用时间长，属于购买者的固定资产投资支出。

3）辅助设备或次要设备

辅助设备或次要设备，即处于辅助地位起辅助作用的设备。它包括小型的、可移动的设备，如工具、模具、小型电机、打字机、复印机、个人电脑、电锯、砂轮机、挖掘机、各种仪表、电气测试设备、砧头、手推车等。原设备制造商、最终使用者、配销商都购买这些产品。此类产品多属于标准化、通用化产品，价值低，使用时间短。

4）零部件

零部件也叫子配件。这些零部件是用来组装原设备制造商的成品的，这些成品不再进入销售渠道。电子装配件、齿轮、电键、接线器、轮胎、马达、微型信息处理机、灯泡均属零部件。当这些产品出售给制造厂时，属原设备销售，但当出售给配销商作为最终使用者更换零部件时则属零件销售。

5）加工原料

这是指那些不能视为零部件的产品。其中最典型的有塑料、钢板、化学品、润滑油、研磨料、过滤材料、玻璃瓶、皮革、纸板、三夹板以及各种碳氢化合物产品等。这些产品是在生产过程中使用的，因而，它们常常会耗尽而需更换、修理或复原。

6）物料

物料是在操作或生产时所使用的一般生活用品。盥洗室用的毛巾、纸张、铅笔、钢笔、复写纸、电脑磁盘、电脑边缘穿孔纸、工作手套、安全眼镜、制服、手绢、安全帽等均被视为物料。

7）工业服务

工业服务包括法律服务、金融服务、培训、教育服务、市场调查、广告鉴定、管理和营销咨询等。在发展中国家，正像已转入服务经济的发达国家那样，服务的重要性也越来越突出。

5.1.6　产业市场营销管理系统

产业市场营销管理系统非常复杂，犹如溪流汇集形成河流一般。图 5-2 对产业市场营销管理系统的流程作了相当详细的图解。

1）产业市场营销径流系统

产业市场营销犹如水力系统中的复杂径流一样。原料直接或通过中间商从原料提炼业（农业、矿业、林业、渔业）流向原料生产商（炼油厂、冶炼厂、加工厂）。然后原料加工者直接或通过中间商、代理商和经纪人出售给制造商或生产商，他们将这些原料转变成成品、子配件或零件。生产商将他们的制成品出售给其他生产者（原设备生产商或最终

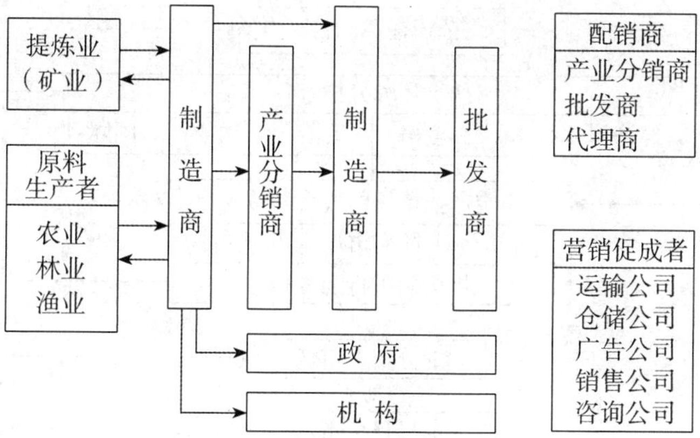

图 5-2 产业市场营销径流系统

使用者），或出售给中间商或零售商，某些产品还回流出售给原料提炼业或原料生产者。许多制造厂原产成品出售给中间商，再由其回售给其他制造商。某些制成品还有可能由一个中间商销售给另一中间商，再转售给制造商。

2）产业市场营销径流中的促成者

整个产业市场营销径流系统是由许多不同类型的公私机构支持促成的。这些促成者有运输公司、仓储公司、广告公司、市场营销研究公司、金融机构、公共会计师事务所、管理和市场营销咨询公司等。所有这些机构正如其名称所示，都各执行其专门的职能，如加快业务处理速度、沟通信息、帮助预测、控制以及增强企业能力以成功完成企业的各种交易。

3）配销商（中间商）

由于时间的推移，各种机构分别执行具体业务的发展，配销商在国外有许多不同的名称，如中盘商、代理商、经纪人、制造厂用品供应商、工业配销商、销售商、佣金批发商、制造商代理等。每一机构都执行自己独特的职能，并按自己的工作质量获得相应的回报。

4）产业市场营销管理系统

图 5-3 描绘了产业市场营销管理系统的动态性和在高度竞争环境中决策的错综复杂性。管理人员首先从公司的任务和目标出发，分析总体经营环境、各种产业市场的机会和威胁，以及存在于各种类型产业顾客中的组织购买者行为规律。接着按归类的相近属性进行市场细分，选出进一步研究的市场，经过对这些细分市场进行详细的分析，决定所要选择的目标市场。

当公司选定目标市场后，就要与公司内的其他职能部门合作，一道制定市场营销策略及目标。这些职能部门包括研究开发部门、工程部门、作业部门、服务及人力资源部门。根据这些不断流入公司所有层面的竞争情报（市场信息）流，管理人员进一步决定所要采取的产业市场营销因素组合，这些因素组合构成公司的产业市场营销计划。为完成这一计划及衡量其结果，最后必须对完成计划目标所采取的行动进行必要的评估及控制。

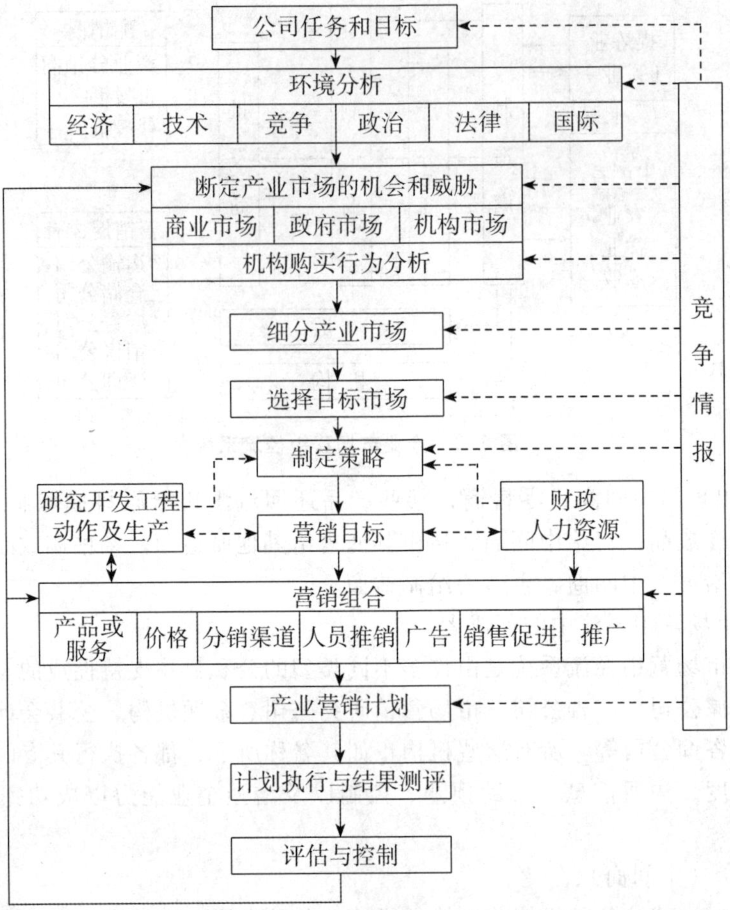

图 5-3　产业市场营销管理系统

5.2 产业市场的特点

与消费者市场相比，产业市场有一些显著的不同特点。

5.2.1 衍生需求

产业市场营销最重大的营销特点就是衍生需求。所谓**衍生需求**就是指对工业品的需求是随着对消费品的需求的变化而变化的。这些工业品包括最终消费品的零部件、组件、配件以及用以制造最终消费品的产品。换句话说，衍生需求就是工业用户不因个人的需求和愿望而采购产品或接受服务，而是为了提供他们自己顾客所需的产品和服务而采购。衍生这个词就来源于此：工业用户对所采购的产品或服务项目的需求，就是从他们的顾客对他们的产品的需求而衍生出来的。

在实际业务中，衍生需求的概念有许多层次。例如，对棉花的需求依赖于纺织工业的需求，而纺织工业的需求又依赖于服装工业的需求，服装工业的需求则依赖于最终消费者对于服装，尤其是对于棉制品服装的需求。当最终消费者从喜爱棉纺织品转向喜爱具有皱纹少及其他特点的合成纤维时，就将反过来影响棉农。假如这些转向是非常迅速的，一些公司就要严重受挫，即使它们从来没有与最后消费者直接发生过关系也同样如此。换句话说，即使最后消费者本身不采购棉花，他们仍然是棉花生产者背后的推动力——棉花的需求是从消费者对棉布服装的需求衍生出来的。

5.2.2　波动性大

相对来说，工业品和工业服务的需求要比消费品和服务的需求波动性大。这一特点主要源于衍生需求，因为消费品需求如增加某一百分比，为了生产这一追加的需求产量，就会要求工厂和设备以更大的百分比增长。经济学家把这种现象称为“加速原理”，有时消费品需求仅上升 10%，就可导致下一阶段工业需求 200% 的增长。相反，如消费品需求有 10% 的下降，就可导致对资本货物需求的全面暴跌，两者变动幅度之差幅，随衍生需求层次的多少而变，即衍生需求的层次越多，链条越长，其变幅也越大。

为什么会有这么大的变动呢？这主要是因为工业品生产者的机器设备一般使用寿命都较长，在其产量不变的情况下，每年只需报废更换一小部分就可以了。但如果因消费需求增加而引起该企业产品增加的话，那么增产部分便要用新添的机器设备来制造。这样所需新添机器设备与正常需要更换的设备之比往往很大。相反，消费品需求稍减，则会影响购买工业用品的投资产生较大的下降。

5.2.3　需求缺乏弹性

许多工业品和工业服务的总需求受价格变动的影响并不大，即其需求的价格弹性相对较小。如图 5-4 所示，距离最终消费者越远的产品，其价格变动越大；相反，其需求价格弹性却越小。这种现象的出现主要源于衍生需求函数。价格多变性是供需反作用力的函数。例如，当铜出现短缺，而工业需求由于新房产销售旺盛而高涨时，铜的价格便迅速上涨，从而呈易变性，但由于对新房产建筑的需求很高，而消费者又有对铜制的自来水设施的需求，因此房产建筑商不管价格如何发生变动，还是要购买同样数量的铜，因为建筑商可把增加的成本转嫁给购买者，从而铜的需求便缺乏价格弹性。总之，房产建筑商不会因铜的价格下跌而购进大量的铜，他们也不会因为价格上涨而少购铜，除非他们可以找到满意的其他金属或其他替代品。就短期来讲，对铜的需求特别缺乏弹性，因为生产商不可能在制造工艺上进行大的变革。另外，那些在某项产品的总成本中只占很小比例的工业品，也是缺乏弹性的。比如，西装上的纽扣的价格上涨也不会对纽扣的总需求造成太大影响，不过生产者可因供价的不同而另选纽扣的供应商。

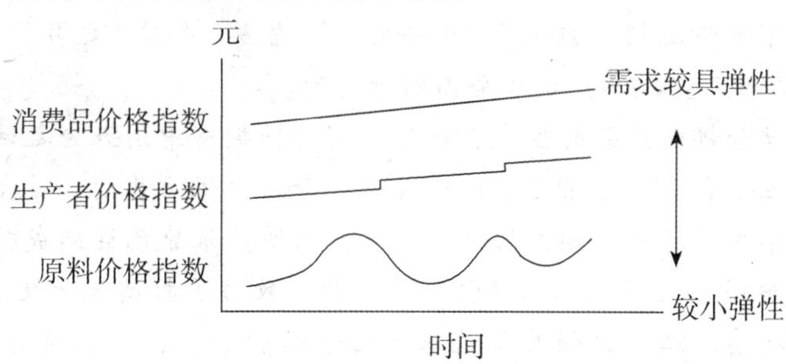

图 5-4　市场价格易变性的比较

5.2.4 购买者地理位置集中

这一特点主要是指产业购买者往往集中在某些地区，这些地区的工业品购买额占了全国或全省（州）购买总额的很大比重，以及各种工业品的购买往往各集中在某些地区。例如，我国的沈阳、哈尔滨、北京、上海、天津、武汉、大庆、鞍山等城市，其工业品购买量便比较集中，占全国购买总额的比重就比较大。另外从不同工业品的购买集中程度看，印制电路板的购买从广东省来看，主要集中在深圳、珠海、中山、顺德、佛山、番禺等地；烟叶的购买从全国来看主要集中在云南、河南、上海等地。

这种产业市场购买者地理位置集中的特点，在西方工业发达国家表现得尤为明显。例如，美国半数以上的工业购买者集中在纽约、加利福尼亚、宾夕法尼亚、伊利诺伊、俄亥俄、新泽西和新墨西哥等七个州。至于美国十个最大的大都会：纽约、洛杉矶、芝加哥、波士顿、华盛顿、哥伦比亚特区、底特律、休斯敦、旧金山、达拉斯更是密集的产业市场。石油、橡胶、钢铁等工业的地理位置更加集中，大部分农作物更是仅产于少数几个州。

【专论 5-1】

华东地区五金机电市场区域特点

我国五金行业经过20多年的努力，已成为名副其实的五金大国，但不是五金强国。目前，我国五金产业带形成了以浙江产业、广东产业、江苏产业为主要中心，进行全国覆盖发展的战略，并集中各大五金产区的优势资源，进行大力整合，提升产区整体的竞争力。

中国地域广阔，各地区发展经济的条件有较大区别，五金产业也具有明显的区域性，这与我国的国情有关，也是我国五金行业的特色。目前长三角、珠三角地区已成为中国经济增长最快的地区。近年来，长三角经济区已成为外商投资增长最快的地区。华东地区的五金机电城主要集中在江浙沪，并逐渐形成了大批以制造业集群为基础即五金机电产品生产集散地型的专业市场。

江苏是中国五金制造业大省，去年产值达400亿元。近几年随着“长三角”经济发展的不断推进，江苏省成本优势凸现，其工业化、城市化进程快速提升，五金需求非常庞大，去年达500亿元。以姜堰为代表的江苏五金产业发展也相当迅猛，是全国五金生产基地之一，周边有“不锈钢之镇”戴南、“车件之乡”九龙、“工具之乡”启东等近40个五金产业集群，200多种五金产品产销居全国同行前列。

浙江省是全国五金机电产品的生产、销售大省，并拥有中国五金之城、锁具之都等称号，涌现出一大批五金企业。永康是中国最大的五金出口供货基地、最大的电动工具生产基地、最大的滑板车生产基地、最大的保温杯生产基地。永康已连续成功举办九届中国五金博览会，依托“中国五金名城”的独特产业优势，致力于打造现代化五金制造业基地。杭州新世纪锁具市场借浙江三大锁具制造基地之一的影响力，尤其是有“中国锁都”之称的温州制锁业的背景，打造单类产品特色市场，亦大受青睐。

上海五金商贸城，依托上海国际大都市的号召力，挟长江三角洲的五金制造业优势，借开放的经营理念，抢占制高点，声名鹊起。上海机电城以品牌建设为重点，吸引更多知名品牌、著名企业入驻经营，集聚商气，提升档次，快速繁荣市场，扩大行业影响，注重科学管理，一切以市场繁荣为中心，一切以客户利益为中心，为经营者提供更舒适的经营环境、更完备的综合功能，注重诚信经营，规范交易。上海五金城区位优势明显，周边制造业发达，本着“立足上海、走向世界”的发展理念，“诚信、共赢”的经营原则，将逐步成为五金企业走向世界的最佳贸易平台。

资料来源 孓金．华东地区：五金机电市场区域特点解析［EB/OL］．［2014-06-18］．http：//info. wujin. hc360. com/2009106/20154676897-3. shtml.

5.2.5 购买者人数少，购买数量大

通常与产业营销者打交道的顾客远比消费品营销人员少，这是因为工业品的使用者或购买者远比消费品少。例如，一家大的轮胎公司，其生产的轮胎作为工业品时，销售对象只有少数几家汽车制造厂，甚至其命运很大程度上依赖于能否得到一份来自一家大汽车制造商的订单，当然也可寄希望于广大的消费者。但是，当该公司把替换轮胎卖给消费者时，它就要面对一个巨大的潜在市场，那就是千百万或上亿的汽车所有者。

正因购买者人数少，产业市场的购买数量就比较大。许多产业市场由于购买者高度集中，往往几家买主便占了大部分的购买量。例如，某些印制电路板生产厂家，往往其全部产品只销售给一个家用电器生产企业。反过来某些家用电器生产企业往往将采购一家或好几家印制电路板厂的全部产品。

这种购买者人数少，购买数量大的特点，往往会给购销双方带来经营管理方便和生产经营成本降低的好处；同时也导致购销双方关系的紧密，因为产业市场购买者人数较少，大宗买主对供应者来说更具权威和重要性。一般来说，购买者总希望供应商按自己的要求提供产品，他们通常愿意和那些在技术规格和交货要求上与自己密切合作的供应商达成交易。因此一个成功的工业品供应者必须在各方面都要以市场为导向，他们应调动各有关的机构来设计、生产和运送那些符合工业品购买者需要的产品。例如，现在有些有名的电子计算机生产公司都愿意适应各种客户的特殊需要而定做许多不同的电子计算机系统。

5.2.6 购买人员较为专业、影响购买决策者众

工业品的购买者与一般消费者不同，一般消费者对所购消费品往往缺乏专业知识，工业品则都是由那些经过专业训练的采购人员购买，他们对所欲购买的工业品不仅在性能、质量、规格以及技术细节要求上都较为明了，而且他们运用的专业方法、谈判技巧也都较老练，这反过来要求产业市场营销者必须对他们的产品提供大量的技术资料和特殊服务，如某些机械设备，在成交之前，还要向客户提供试用机会或表演。

在购买决策方面，与消费者的购买决策相比，影响工业购买决策的人要多得多。这是因为工业品的购买决策一般都不是由个人作出，而由采购委员会作出并负责。采购委员会都是由技术专家组成的，在购买主要产品时，高级管理人员也往往会在其中。因此工业营销者必须组成一支训练有素的推销代表队伍，并对客户采购委员会各成员对产品的评判标准、一般经济观点甚至个人好恶都要作较深入的了解，以便投其所好，应付这些精明的采购者，从而达成更有利的交易。

5.3 产业购买者行为

5.3.1 产业购买者行为模式

如同对最终消费者行为研究一样，对产业购买者行为的研究，关键之处也在于研究环境刺激与购买者反应之间的关系。这种研究是以图 5-5 所示的产业购买者行为模式为起点的。

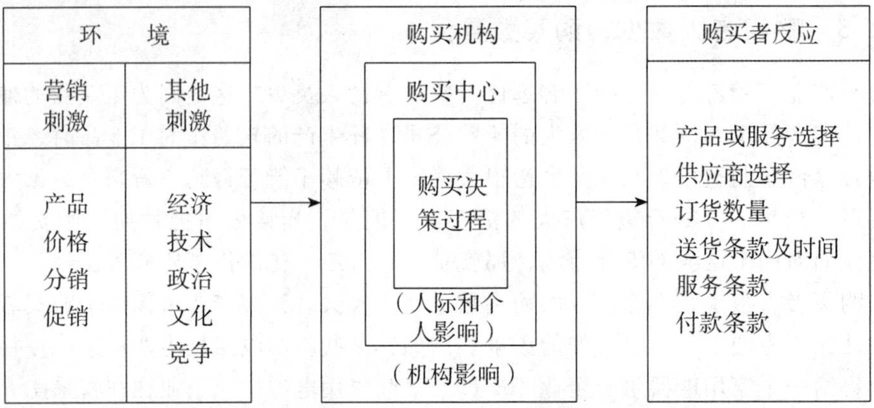

图 5-5 产业购买者行为模式

在这个模式中，营销和其他刺激影响购买机构并产生某些购买者反应。与消费者的购买一样，对产业购买者的营销刺激也包括产品、价格、分销及促销（4Ps）；其他刺激则包括营销环境的五种主要力量：经济、技术、政治、文化、竞争。这些外部刺激进入机构并转变为购买者反应：产品或服务选择、供应商选择、订货数量、送货条款及时间、服务条款和付款条款。为了制定有效的市场营销组合策略，营销者必须了解机构在把刺激转变为反应的过程中到底发生了什么事情。

在机构之中，购买活动包括两大部分：由所有参与购买决策之人员组成的购买中心及购买决策过程。图 5-5 表明，购买中心和购买决策过程要受到内部机构、人际和个人因素以及外部环境因素的影响。

图 5-5 中的模式还涉及产业购买者行为的四个问题：（1）产业购买者要作出什么购买决策？（2）谁参与购买过程？（3）影响产业购买者的主要因素是什么？（4）产业购买者如何作出他们的购买决策？下面分头对这些问题进行一些必要的讨论。

【观念应用 5-1】

医药产业市场购买行为模式

医药产业市场购买行为模式也是一种“刺激-反应”模式。在该模式中，营销活动和其他环境刺激对医药产业市场购买者产生影响，并引起购买者作出某些反应。

医药产业市场购买者所受到的刺激与医药消费者一样，都来自两个方面：营销刺激和外界环境刺激。这种刺激进入医药产业组织后产生的反应表现为产品或服务的选择、供应商的选择、订单的数量、配送和服务、付款条件等。

刺激如何转化为反应，则要看医药产业市场购买组织是怎样活动的。在购买组织内部，购买活动由两部分组成：一是采购中心；二是购买决策过程。采购中心由涉及购买决策过程的所有人组成；购买决策过程则受医药产业组织内部因素、人际关系和个人因素的综合影响。

研究医药产业市场的购买行为，需要逐项回答以下问题：医药产业市场的购买对象、参与购买过程的人员、产业购买行为的主要类型、影响产业购买的主要因素、产业购买者的购买决策等。

资料来源　佚名．医药产业市场购买行为模式［EB/OL］．［2014-06-18］．http：//www.yy21.net/news/0208681.html.

5.3.2　产业购买者的购买决策类型

产业购买者的购买决策通常可分为三种类型，每一类型都面临一系列的决策选择，但其具体决策选择的数目是不同的。因此也可称为三种购买级别，按其所需决策选择数目的多寡，从低（少）到高（多），分为直接重购、修正重购和新购三种级别或类型。

1）直接重购

直接重购正如其名称所示，是一种最直截了当、所需决策选择数目最少的采购类型。这种采购往往只由采购部门级别较低的人员按照过去的订货目录再次购买。直接重购的产品也往往是那些最频繁购买而且需不断补充使用的产品，如煤、钢、铁矿石、原木、小麦、谷物、铅笔、办公设备及润滑油、磨料等。负责此项采购的人员在这些产品的库存量低于预定的水平时便简单地进行再订购，而且通常都年复一年地向同一供应商订购，除非是供应商方面出了什么问题或出现了新的潜在供应者，他们在供货条件、质量、价格等方面有更大的吸引力，使原购买决策者觉得有必要再考虑时才会改变供应者。因此，原来的供应商必须尽最大的努力保持产品和服务的质量，并争取与客户达成运用自动订货系统的安排，以便既可使采购代理人节省订货时间，也可使自己获得源源不断的订单。

2）修正重购

修正重购常常意味着直接重购的延伸，是在购买者想要修正产品的规格、价格和交货条件时发生的。由于要作上述这几方面的改变，就有可能要改变供应商或与原供应商协商某些新的条款。这样原来的供应商便会感到紧张，并且会全力以赴地保持这笔交易，而原落选的供应商则认为这是提出“最佳报价”，以便跻身于这笔交易的大好机会。这种情况使得买卖双方都需要一定的决策过程，有更多的决策人员参与。适于这类购买情况的产品一般是小型手工工具、零配件、物料、升降叉车等。

3）新购

顾名思义，**新购**就是指产业客户在产品采购中所面临的新任务。由于原材料、零部件、供应品等一般都为频繁常购之产品，不存在新购的问题。因此新购的产品一般都是不常购买的项目，如设备（大的机床、印刷机）、电子计算机、新的大楼和仓库、整队货车或汽车，或对工厂的购买。这是三种购买类型中最重要的一种，同时也给产业市场营销战略家提供了一系列机会和挑战。

产业购买者在执行这种任务时，通常都有一整套能满足企业要求的衡量标准，并经常以此为据考虑一大批可能的供应者，这些供应者则力图说服购买者相信他们的产品和服务是性能最好或成本效益最佳的。

由于新购的成本和风险较大，因此其所需决策选择数目也最多，采购过程也较复杂。一般新购要经过五个阶段，即觉察、兴趣、评估、试用、采用等阶段。针对这些不同阶段，产业营销者必须采取相应的营销对策。如在信息通报和促销方面，大众媒体在最初的觉察问题阶段效果最好；而在兴趣阶段，推销人员的影响最大；在评估阶段，技术信息源最重要。

5.3.3 产业采购过程的参与者

产业采购的一个重要特点就是集体行动，除了极少数情况，由组织机构内个别人作出购买过程中的所有决策外，大多数情况是许多来自不同领域和具有不同身份的人员直接或间接参与产业采购过程而作出的各有关决策。也就是说，在产业采购中作出决策的是一个团体。这种团体称为决策单位或**采购中心**，即指所有参与采购决策过程的个人和团体，他们在各决策中怀着共同的目标并分担共同的风险。

采购中心包括在购买决策过程中执行下列六种职能之一的全体组织成员，即使在极个别情况下，这六种职能由同一个人执行，也仍可视为一个决策单位。

1）使用者

使用者是组织机构内使用所购产品和服务的成员，他们往往是采购过程的发起者，甚至在很多情况下由他们提出技术上的购买要求。如果产品使用后达不到预定的标准，使用者所受损失也最大，因此在决策单位中他们被赋予一定行政上的权力，并受到其他同事的尊重。当他们拒绝接受或使用某一供应商所供应的某些具体原料或产品时，是不容易妥协的。属于使用者的人员包括业务经理、职工、工程师、研究开发部门工作人员、办公室人员、公司管理人员、会计及销售和市场营销管理人员。

2）影响者

影响者是直接或间接参与购买过程并在采购中心中发挥一定行政威力的人员。他们可以自己的技术知识施加压力，如强调要保持生产进度、维持设计要求，施展他们在定价、买卖方面的专业知识，对购买决策人员施加影响。属于影响者的有采购经理、采购部门中的采购员、总经理、生产和办公室人员、研究发展工程师、工程技术人员等。例如，采购经理在建筑物、发电机、自动装卸车以及诸如法律、管理咨询、广告等咨询服务的购买上虽然不是决策者，但却是有相当影响力的影响者。

3）采购者

采购者通常是有权并具有相应知识进行谈判和替机构进行采购的采购代表或采购员。采购者有时也在采购决策中起某些作用，如协助决定产品规格等，但他们的主要职责还是选择卖主和进行谈判。如果采购过程比较复杂，采购员里还会包括谈判的高级职员。

4）决策者

决策者是机构中具有正式和非正式权力作出最后决策的人员，他对采购中心的其他成员具有否决权。从供应者来说，很有必要查明谁是决策者，以便以决策者的需要为目标，有效地达成交易。一般来说，工程师、车间主任、办公室经理、督导员、销售和市场营销经理、研究发展工程师和采购经理等，都可能成为决策者。

5）把关者

把关者是机构中那些可控制信息流传入决策单位的人员。当采购中心其他成员侵犯采购经理的职权或越过采购程序时，采购经理常常起到这种作用，他可拒绝或阻止某些推销商或某些价格信息与采购中心成员接触。另外，甚至接待员、电话员也可以阻止推销者与使用者和决策者交谈。

6）批准者

批准者是那些有权批准决策的人或采购者向其提交行动方案的人。

以上就是采购中心一般所包括的各种成员，但并不是说任何产品的采购都必然要求这六种成员参加。实际上任何机构的采购中心，其大小和组成都因产品的不同而不同。例如，购买电子计算机就比购买打字机需要更多的决策参加者。因此产品营销人员必须弄清下列几个问题：谁是主要的决策参与者？他们所能影响的决策有哪些？他们的影响程度如何？每一决策参与者所使用的评估标准如何？

5.3.4　影响产业购买者的主要因素

产业购买者在作购买决策时要对许多影响作出反应，其中最重要的有四类，即环境、组织、人际关系及个人等因素。

1）环境因素

现时和预测的经济因素，如生产水平、投资额度、消费支出和利率等，都对产业购买者有重大影响。在经济衰退时期，产业购买者就会减少对厂房、设备和存货的投资。在这种环境下，产业营销者很难刺激总需求，他们只能争取增加或维持需求的份额。

当前一个越来越重要的环境因素就是重要原料的短缺，因此现在许多公司都愿意购买和掌握大量稀缺原料的存货，以保证有充分的供应。产业购买者也受到客观环境技术、政治和竞争发展变化的影响。文化和习俗也会极大地影响产业购买者对营销者行为和策略的反应，特别是在国际营销环境中这种情况更为明显。总之，产业营销者必须注意上述这些因素，研究他们如何影响产业购买者，并努力把这些挑战转变为机遇。

2）组织因素

每一个组织都具有其具体的采购目标、政策、程序、组织结构及制度。产业营销人员必须尽量了解有关这方面的问题。以采购目标来说，通常产业部门购买产品和服务都是为了通过降低成本和提高收入来增加利润。某些大的连锁公司购买自动存货系统，就是为了增加旗下各连锁店适销对路产品的数量及鲜活性；某个汽车公司更换其广告代理，就是希望新选的广告公司能为其策划更多有效的广告活动，以便能推销更多的汽车并增加收入；为了改善行政部门的决策，许多公司购买先进的计算机系统来处理数据。总之，在增加利润这个相同的目标下，各个产业部门的具体采购目标是各不相同的。了解产业部门的采购目标是开展产业部门营销工作的首要步骤。另外其他几个组织因素所引起的问题，产业营销人员必须尽量了解和注意。诸如，多少人参与购买决策？他们是谁？其评价标准是什么？公司对采购人员实行哪些政策与限制？

3）人际关系因素

采购中心通常包括一些有不同利益、地位、职权、神态和说服力而互相影响的参与者。正因如此，在共同决策中难免有时会发生冲突，作为产业市场营销人员来说，不仅要了解产业购买者采购中心各成员间产生冲突的内容，更要了解他们解决冲突的办法。因为不同采购中心所产生的冲突往往是非常具体而不同的，很难归结出带规律性的内容，而解决冲突的办法却有一些行之有效的共同途径。产业营销者了解产业购买者解决冲突的办法，可更具针对性地做好产业营销工作。

解决采购中心人际冲突的一般方法有四个：①解释问题。当采购组成员在作购买决策前要求获得进一步信息资料时，对相关问题作必要的解释是公司最好的处理程序。②说服。一般用在采购组成员各自提出为何要选择某一具体品牌的看法时。从理论上讲，最合理的建议将会首先被选中，但实际上最雄辩的发言者往往能说服别人支持他的意见。③相互让步。采购组各成员相互支持对方不同情况的建议，不管其是否最具优点。例如，一方同意一个成员所选择的采购项目供应商，反过来他则同意另一成员所选择的下一个采购项目的卖主。④政治活动。采购组各成员设法说服外部关系人和上级支持他们的立场，从而在权力角逐中获胜。

4）个人因素

产业购买决策过程中的每一参与者都带有个人的动机、直觉和偏好。这些个人因素不外乎来自个人的年龄、收入、教育、职位、个性及对风险的意识。也就是说，产业购买者进行采购时，除了理智的需要，即满足机构的需要外，还要满足他自己的需要，即个人感情上的需要。

产业购买者的感情需要主要包括心理需要、回避风险、身份地位、报答及友谊等。

5.3.5 产业购买过程

产业购买者购买所需产品一般要经过一个比较复杂的过程，西方市场学家一般将采购过程划分为八个阶段，并称之为采购阶段。当然并不是任何一项工业品采购都要经过这八个阶段。例如，在执行修正重购或直接重购时，可以跳过某些阶段。但在执行新购任务时，则通常要经过采购过程的所有阶段。

1）觉察问题

当公司内部某人发现通过取得某项产品或服务能够解决某一问题或满足某一需求时，购买过程便开始了。觉察问题可能由公司的内部刺激引起，也可能由外部刺激引起。就内部因素而言，可能由于公司决定推出一项新产品，需要新购生产设备和原材料，或因为机器发生了故障，需要购买新的零部件，或许是因采购经理对现行供应商的产品质量、价格、服务感到不尽如人意，需要寻找新的供应商。就外部因素而言，采购者可能在某个商品展销会上产生了新的想法，或者是看到了什么广告，或者接到了某推销员的推销电话，说他们可以提供质量更优、价格更低的产品。

2）决定需求要项

觉察了某项需求之后，采购者接着就要拟出一份需求要项说明书，说明所需产品的特点和数量。对于标准化的产品，这一过程所要解决的问题较少。但对于复杂的产品，采购员可能要与其他人员，如工程师、使用者、技术顾问等一起来作出决定。他们将对产品的可靠性、耐用程度、价格和其他应有的属性，按其重要性排序。在这一阶段，机灵的工业营销者可协助采购员决定他们的需求，并提供有关不同产品特点所具价值的信息。

3）决定产品规格

此阶段采购组织要进一步决定拟购产品的技术规格，此项任务常常需在价值工程分析小组协助之下完成。价值分析主要是指为了降低成本而仔细研究每一零部件，看看是否需要重新设计，是否需要实行标准化，或是否还有成本更低的生产方法。价值工程分析小组经此找出最佳的产品性能，并把这些性能要求列入说明书中，以作为采购取舍的根据。供应商也可利用价值分析作为获得新客户的手段。一些原来没有参与某些产品交易的销售商，可通过向采购人员展示制造某种产品的更好方法，把直接重购变为新购，使自己有获得新业务的机会。

4）寻求供应商

此阶段采购者要进行供应商研究，以找出最理想的供应者。他们可通过翻阅贸易指南，进行电子计算机检索，或打电话给其他公司要求介绍情况。一般来说，采购任务越新、商品越复杂和所花的费用越大，采购者花费在挑选与考验供应商上的时间就越多。供应商的任务就是要在重要的工商企业名录或网上产品目录中占有一席之地，并在市场上塑造一个好的商誉。推销人员要注意各公司寻找供应商的过程，并想法将他们的公司纳入采购者考虑之列。

5）征求报价

在产业购买过程的报价阶段，采购者将邀请合格的供应商提交申请书。作为回应，有的供应商将提供一份售货商品目录或派出一位推销人员。但是，当产品复杂且价格昂贵时，采购者通常都要求每位潜在的供应商提供详尽的书面申请书。因此，产业营销者必须善于研究、编写和提交申请书，以回应采购者的报价要求。这里要注意，申请书应该是一种市场营销文件，而不仅仅是一种技术文件。这种文件必须令人产生信心，要使本公司胜过竞争者，成为潜在客户的理想供应商。

6）选择供应商

在这个阶段，采购中心的成员将对申请书进行审查并选出一个或几个供应商。在选择供应商时，采购中心通常都列出一份有关供应商的属性及其相对重要性的清单。根据一项调查，采购中心经理们列出了下列影响供应商与客户关系的最重要的属性：优质的产品和服务，按时交货，有道德的公司行为，诚实的通报及具竞争性的价格。其他还有一些重要因素，包括维修、服务能力，技术支援及咨询，地理位置，历史业绩及信誉等。采购中心的成员将按这些属性对供应商进行评估，并挑出最好的供应商。

在作出最后选择之前，采购者将与所看中的供应商谈判以获得更好的价格及其他条款。最后，他们可能挑选出一个或少数几个供应商。不过许多采购者都倾向于寻求多个供应商来源，以避免完全依赖一个供应商，同时可随时间的推移对几个供应商进行价格及业绩方面的比较。

不过在政府采购中，货物或服务项目采取邀请招标方式进行采购，按我国《政府采购法》规定，采购人可以从符合相应资格条件的供应商中通过随机方式选择三家以上的供应商，向其发出投标邀请书，但最后只能选择一个中标的供应商。不过由于一般政府采购的招标都是单个项目的招标，不存在中间及项目完成后的讨价还价问题，因此挑选一个供应商，不会出现依赖一个供应商的问题。

7）正式订购

在此阶段，采购者将拟出一份最终订货单，其内容包括与选中的供应商的最终订货，并列出一系列有关条款：技术规格、所需数量、预期交货时间、退货办法、保证等。对于维护、修理、操作用品，采购者正在越来越多地采用一揽子订货单来代替定期的订货单。

一揽子订货单可建立一种长期的关系。供应商可在一定的时间以双方协议所达成的价格向购买者重复供货。按照这种办法，存货由卖方负责，当购货方需要进货时通过电子计算机自动打出订单向供应商要货。一揽子订货导致更多的单一货源采购，并从该货源采购更多品种的商品。这样就使得供应商与采购者之间的关系更密切，以致其他供应商很难突破介入，除非买方对原供应商的价格与服务感到不满意。

8）业绩评估

在这一阶段，采购者将对各供应商的业绩一一评估。采购者通过与本单位的使用者联系，要求他们对产品使用的满意程度作出评估。业绩评估后可能继续维持原来的订货安排，或作某些修正，也可能中止原来的订货安排。因此，供应商的任务就是要掌握购买者用以判断供应商是否令其满意的共同标准，并作出相应的努力。

以上是在新购情况下产业采购的完整过程，这八阶段模式给实际的产业购买决策过程提供了一个简单的概貌，但实际的过程通常远比这复杂得多。各个机构还会按自已的路子进行采购，而且不同的采购情境要求也不同，采购中心的不同成员也可能参与不同的采购阶段。

【小资料5-2】

海尔集团瓦楞纸箱的采购

目前，海尔集团希望引进更多的国际化大型瓦楞纸箱生产企业，因为国际化大型企业的产品品质和企业管理模式与海尔集团国际型大企业的特点及要求相吻合。他们认为供应商提供的虽然是零配件，但是面对消费者时则直接代表海尔的形象。海尔作为一个国际化大企业，对包装的要求是日益提高它的审美性，达到宣传其品牌的目的。另外，海尔集团希望瓦楞纸箱供应商能够考虑就近建厂，以便及时为海尔集团提供配套的瓦楞纸箱产品。

1. 海尔集团确定纸箱供应商的步骤

第一，申请企业登录海尔物流网站，在网上进行供应商信息注册，由物流推进部审核通过后与供应商联络，由物流公司和检测公司人员一起到瓦楞纸箱生产企业现场进行评审，评审内容主要涉及供应商质保体系及现场产品控制管理情况，评审合格的供应商将成为海尔集团的定点瓦楞纸箱配套厂家之一。瓦楞纸箱生产企业的管理层必须提供必要的先期质量保障，这就要求瓦楞纸箱生产企业开展员工质量培训，提供必要的技术支持，对任何有需要的设备进行量值鉴定，保证成为海尔集团的新供应商后，质量水平及材料来源一致，确保瓦楞纸箱从设计到生产全过程的研发及控制能力。

第二，海尔集团根据自己的产品特点及对包装的要求向定点瓦楞纸箱配套厂家提供图纸，由厂家完成具体设计方案。

第三，包装设计方案得到海尔集团确认后，由定点瓦楞纸箱配套厂家生产出样品。

第四，样品交至海尔集团实验室，实验室按照企业标准进行瓦楞纸箱外观及物理性能方面的测试。实验检测指标主要包括耐破强度、戳穿强度、边压强度、黏合强度和抗压强度。测试合格的产品进行小批量试生产，一般为100件到500件不等。

第五，通过小批量试用的产品正式投入使用，未通过的可继续调整，重新生产样品、进行批量验证，直至合格。这样，瓦楞纸箱生产企业才能真正成为海尔集团合格的瓦楞纸箱供应商。

2. 海尔集团瓦楞纸箱采购订单的下达

海尔集团根据生产和采购瓦楞纸箱的周期，事先将瓦楞纸箱采购申请发布到 B2B 电子采购平台，此时，每个订单项目的接受状态都为“待确认”。瓦楞纸箱供应商可以通过订单查询，对新产生的订单进行确认或者拒绝。若瓦楞纸箱供应商确认订单，就可以在订单的完成过程中对供货状态进行维护，根据海尔的采购计划提前备料和安排生产，有效保证供货计划的完成。

瓦楞纸箱供应商可以在网上随时查询到自己的库存情况，并结合海尔的采购计划和采购申请及时安排生产，及时与海尔联系并安排送货计划，而且可以在网上查询到自己提供的所有瓦楞纸箱的价格、供货清单及所供瓦楞纸箱在所有同类供应商中所占的供货比例。

资料来源　佚名．海尔集团瓦楞纸箱的采购流程及质量管理［EB/OL］．［2014-06-18］．http：//news. pack. cn/qydt/bzxxh/2006-04/2006041914232022. shtml.

本章小结

产业市场是指各类企业、各级政府部门、各种机构为合成产品、组织机构消费、生产过程使用和再销售给其他企业而购买产品和服务的市场。产业市场也叫组织机构市场，具体包括工业市场、中间商市场、政府及机构市场等。而在这几种市场中，一般市场学都把研究重点放在工业市场上。由于产业购买者所购产品和服务的性质与最终消费者不同，因而他们的购买方式也与消费者不同：（1）产业购买者多利用产品详细说明书及技术数据来作购买决策；（2）产业购买者通常采用多重购买负责制；（3）产业购买者在购买程序上多数都要进行价值分析和卖主分析；（4）产业购买者在一些重要承包合同中，经常采用竞争性的指标和议价方式；（5）产业购买者在采购时，经常采用互惠购买方式。

产业市场的顾客可分为再销售商、工矿企业、机构、政府、服务业、国际公司和国际配销商六大类。产业市场的主体是工业市场。一般来说，工业市场可分为原设备制造商、最终使用者、维修服务部门、工业品配销商这四大类型。至于工业品本身，则大致可分为原料、设备、辅助设备、零部件、加工原料、物料、工业服务等七类。

产业市场与消费者市场相比，具有一些显著的特点：①衍生需求；②波动性大；③需求缺乏弹性；④购买者地理位置集中；⑤购买人数少、购买数量大；⑥购买人员较为专业化、影响购买者众。

产业购买者的购买决策通常可分为直接重购、修正重购和新购三种级别或类型。产业采购过程的参与者则包括如下采购中心的成员：①使用者；②影响者；③采购者；④决策者；⑤把关者；⑥批准者。而影响产业购买者的因素则主要有环境、组织、人际、个人等因素。产业购买过程则一般要经过八个阶段：①觉察问题；②决定需求要项；③决定产品规格；④寻求供应商；⑤征求报价；⑥选择供应商；⑦正式订购；⑧绩效评估。

主要概念和观念

□ 主要概念

产业市场　工业市场　再销售商　衍生需求　直接重购　修正重购　新购　采购中心

□ 主要观念

多重购买负责制　以租代购　采购中心的多样性　供应商属性的重要性

基本训练

□ 知识题

5.1　阅读理解

1）产业市场与消费者市场有何区别？

2）工业市场可划分为哪几大类型？

3）工业品可分为哪几类？

4）产业市场有哪些特点？

5）采购中心通常执行哪些职能？

6）影响产业购买者的主要因素有哪些？

7）产业购买过程一般要经过哪几个阶段？

5.2　知识应用

1）选择题

（1）产业市场与消费者市场的差别主要表现在________。

A. 产业购买者与消费者的购买方式不同上

B. 他们对产品和服务的使用及他们所购产品和服务的类型上

C. 他们购买的产品和服务自然属性不同上

D. 他们购买产品和服务的数量不同上

（2）电视机制造商向印刷电路板制造商购买各种印刷线路板来组装自己的产品属________类型的产业市场。

A. 最终使用者　　B. 维修管理部门

C. 工业品配销商　　D. 原设备制造商

（3）最典型的加工原料是________。

A. 铁矿石、原油、海盐、棉花等　　B. 轮胎、马达、齿轮、接线器等

C. 钢板、润滑油、皮革、纸板等　　D. 纸张、电脑磁盘、毛巾、手绢等

（4）最典型的直接重购产品是________。

A. 升降叉车、物料、零配件、小型手工工具等

B. 电子计算机、大型机床、汽车等

C. 煤、铁矿、办公设备、润滑油等

D. 工厂、货车、仓库、大型印刷机等

（5）采购中心的决策者是________。

A. 那些有权批准采购者所提行动方案的人员

B. 机构中具有正式或非正式权力作出最后决策的人员

C. 直接或间接参与购买过程并在采购中心发挥一定行政威力的人员

D. 组织机构内使用所购产品和服务的成员

2）判断题

（1）工业品和消费品的生产商不总是他们各自市场的独占供应者，某些专营的产业营销者便时有过界侵入消费者市场，且一般都能取得很好的经营成果。　（　）

（2）水泥生产商通过建筑材料公司将水泥销售给个人消费者使用，此类消费者则是产业市场中的最终使用者。　（　）

（3）小型电机、挖掘机、打字机、手推车等都属于辅助设备。　（　）

（4）产业市场营销径流中的促成者有物流公司、广告公司、市场研究公司、金融机构、公共会计师事务所、管理和市场营销咨询公司等。　（　）

（5）产业购买者感情需要主要包括心理需要、回避风险、身份地位、报答及友谊等。　（　）

（6）产业购买者购买所需产品，一般都要经过比较复杂的八阶段过程。　（　）

□ 技能题

5.1　规则复习

1）产业市场营销的顾客

产业市场营销的顾客可分为六大类。

（1）工业品再销售商。它包括为了再销售给其他企业而购进工业品的任何企业。

（2）工矿企业。工矿企业主要是指制造业，包括从制造重型设备到制造轻工设备和产品的各类生产者。

（3）机构。这里的机构是指医疗部门、教育机构、私人资助机构（如托儿所）等。

（4）政府。从国内外总体来看，基本的政府顾客可分为中央（联邦）政府、省（州）级政府、地方政府三类。

（5）服务业。服务业主要包括法律、市场研究、管理咨询、预测、会计、金融、广告、保险、交通运输、房地产及市场营销部门。

（6）国际公司和国际配销商。

2）产业购买过程

西方市场学家一般将采购过程划分为八个阶段。

（1）觉察问题。公司内部某相关人员由于公司的内部或外部的刺激，发现通过取得某产品或服务能够解决某一问题或满足某一需求。

（2）决定需求要项。觉察了某项需求之后，采购者接着就要拟出一份需求要项说明书，说明所需产品的特点和数量。

（3）决定产品规格。采购组织要进一步决定拟购产品的技术规格。此项任务常常需在价值工程分析小组协助之下完成。

（4）寻求供应商。此阶段要进行供应商研究，以找出最理想的供应商。这可通过翻阅贸易指南，进行电子计算机检索，或打电话给其他公司要求介绍情况来实现。

（5）征求报价。采购者将邀请合格的供应商提交申请书。作为回应，有的供应商将提供一份售货商品目录或派出一名推销人员。

（6）选择供应商。采购中心的成员将对申请书进行审查并选出一个或几个供应商。

（7）正式订购。在此阶段，采购者将拟出一份最终订货单，其内容包括与选中的供应商的最终订货，并列出一系列有关条款。

(8) 业绩评估。在这一阶段，采购者将对各供应商的业绩一一评估。业绩评估后可能继续维持原来的订货安排，或作某些修正，也可能中止原来的订货安排。

5.2 操作练习

1) 实务题

用两三个例子分析说明：

(1) 产业市场购买者地理位置集中这一特点在我国的具体表现。

(2) 个人因素影响产业购买者作购买决策的具体表现。

2) 综合题

假如一家大型市场研究公司新开张前拟采购全套办公设备，其购买过程已进入“寻求供应商”阶段，而你恰是该地某较有竞争实力的办公设备供应公司的销售部门主要负责人，你将作出哪些努力使自己的公司成为该市场研究公司选中的供应商？

□ 能力题

5.1 案例分析

政府采购过程是否与一般产业购买过程相一致

政府采购也称公共采购，它是政府机关为了开展日常政务的需要或为公众提供公共服务，在财政的监督下，以法定的方式和程序（以竞争性公开招标为主），从国内外市场为政府部门或所属团体购买商品或劳务的行为。它的核心在于统一购买，公开招标。由于政府采购制度可以充分实现政府采购中货币价值最大化，发达国家已普遍实施了这一制度。在国际上，这一制度已有上百年历史。

我国从 1995 年开始在部分地区试行政府采购制度，目前初步建立了较为完善的体系、管理机构和执行机构。采购规模呈现快速增长势头，由试行初期的每年 10 多亿元，发展到 2001 年的 653 亿元、2003 年的 1 659 亿元，2005 年政府采购规模已达 2 500 亿元之多。

为了加速在我国推广政府采购制度，为了规范政府采购行为，提高政府采购资金的使用效益，维护国家利益和社会公共利益，保护政府采购当事人的合法权益，我国还于 2002 年 6 月制定了《中华人民共和国政府采购法》，并由国家主席颁令自 2003 年 1 月 1 日起施行。该法对政府采购方式、政府采购程序等方面作出了全面的规定。如政府采购方式便具体规定了公开招标、邀请招标、竞争性谈判、单一来源采购、询价、国务院采购监督管理部门认定的其他采购方式等几种方式，并强调公开招标应作为政府采购的主要采购方式。而且对各种方式的采购程序也作出了扼要的规定。详见《政府采购法》第三十三条至第四十二条。

资料来源 根据《中华人民共和国政府采购法》及其他相关报刊文章编写。

问题：

根据这些规定和要求，你认为政府采购的采购程序也大致要经过本教材 5.3.5 所讲的八个采购阶段吗？不管答案是肯定的还是否定的，都请结合简单的实例加以说明。

5.2 网上调研

就某几个中型制衣厂布料采购过程的参与者，进行网上调研。

第 6 章

市场营销调研

学习目标

通过学习本章，你应该达到以下目标：

知识目标：了解市场营销调研的作用和操作要求，清楚市场营销信息系统的结构，熟悉各种市场营销调研方法的特点及适用性。

技能目标：根据调研任务和可信度要求，确定市场调研的对象和抽查样本数量，掌握实地调查方法与技能，能够设计调查表。

能力目标：根据企业经营要求，设计市场营销信息系统，制订市场调研的内容和计划；培养组织公司市场营销调研活动的能力。

引例

济南宏济堂开拓前列欣胶囊山东市场

济南宏济堂制药有限责任公司（原山东济南中药厂）是国家 21 个重点中药企业之一，始创于 1907 年，迄今已有百年历史。该公司在 1996 年推出纯中药制剂——神方前列欣胶囊（以下简称前列欣），该药品主治前列腺炎、前列腺增生，尤其是治疗慢性前列腺疾病效果明显，2001 年该药的全年销售额为 3 000 多万元。但在进一步开拓市场时，宏济堂感觉到竞争品牌众多，竞争激烈，运作中缺乏有效的营销模式。即使在山东境内，宏济堂花了几年的时间开发青岛市场，然而截止到 2001 年年底前列欣产品在其市场上每月的回款仅有 2 万多元。

2001 年年底，宏济堂通过在全国范围广为筛选，最终选择北京匹夫营销策划公司作为其进一步开拓市场的营销顾问。宏济堂高层领导希望利用匹夫公司在医药保健品市场的丰富经验，通过引进全新的市场推广模式，将前列欣做成强势品牌。

1. 深度市场调研

经研究，宏济堂决定将济南、青岛作为试点市场。为提供科学的市场营销方案，匹夫公司历时 1 个多月，对前列欣的营销现状进行深度调研。

（1）市场潜量。济南男性人口为 284.2 万人，30 岁以上男性占一半左右，其中前列腺患者发病率在 20% 以上。若发病人群 10% 购买前列欣一个疗程，则可实现销售收入 901.63 万元。青岛男性人口为 356.1 万人，按上述方法计，则可实现销售收入 1 137.74 万元。

（2）消费者需求状况。消费者选购药品容易受广告影响，但认为医生专家推荐最为可信。购药所考虑的因素按重视程度排序依次为：药品疗效、有无副作用、品牌、价格、服用方便等。而购买地点多选择大药房而非医院药房，两者在调查对象中所占比例分别为53.59%和36.36%。

(3) 整体竞争状态。调查中发现市面有50余种同类药品出售，其中13种药品均为治疗前列腺炎和前列腺增生的药品。泽桂癃爽与前列欣属国家三类新药，进口药保列治、哈乐获得多数医生的认可。而市场份额占有率最高的则是前列欣。

山东是人口大省，且经济发展良好，青岛为山东的经济龙头，而济南是山东的省会，因此该类药品在这两个城市的市场竞争非常激烈。可以说该市场处于诸侯割据状态，前列欣处于竞争品牌的大包围之下，欲“出人头地”实属不易。

(4) 主要竞争对手。主要竞争对手为前列康、癃闭舒、泽桂癃爽、保列治、前列回春及安尿通等。前列康具有低价和品牌的优势；保列治具有缩小前列腺体积，降低急性尿潴留的危险，降低良性前列腺增生相关手术危险性等显著特色；而癃闭舒则为国家基本医疗保险品种，与医院有着特殊关系；泽桂癃爽为最近几年新批准的同类优质药品，在医院销售较好等。

(5) 前列欣市场表现。宏济堂内部员工认为前列欣疗效好，但普遍认为价格高，宣传力度不够。消费者调查显示，济南的消费者对前列欣的提及率占总体的12.34%，青岛的消费者对前列欣的提及率仅占1.8%。在药店调查中显示，济南药店反映同类产品中前列欣销售较好的占30.34%，而在青岛该数据仅为4.88%。

(6) 形式与选择。目前我国有各类前列腺疾病患者约8 000万人，山东省约有300万人，随着人口结构进入老龄化，前列腺患者群体呈不断增加的趋势。根据有关数据估计山东市场潜量达1.47亿元，济南市场潜量为901万元，青岛市场潜量为1 137万元。

面对如此充满诱惑力的市场，国内外厂家纷纷染指，力争占有一席之地。前列康、癃闭舒、泽桂癃爽、保列治等在山东市场上气势逼人，在医院、药店等销售终端已取得了一定的市场优势。如果它们在市场上的扩张态势得不到遏制，将置前列欣于非常危险的境地。尽管如此，前列康治疗慢性前列腺炎的效果一般，而癃闭舒、泽桂癃爽、保列治则主要强调了治疗和抑制前列腺增生，而忽视了治疗慢性前列腺炎的宣传，所以它们也并非无懈可击。

青岛市场对商家开拓整个山东市场非常重要。前列欣目前必须加大青岛市场开拓的力度，强力占领青岛市场，是实现该产品在山东做强的关键点。

前列欣在青岛各药店的销售很不理想，临床又有保列治和癃闭舒等牢牢盘踞。前列腺疾病是男性常见病，患者自发到药店购买此类药品的习惯基本成熟。因此，综合考虑后，前列欣选择首攻OTC市场。

2. 制定营销策略

根据市场调研的结果及细致的分析，四夫公司为宏济堂前列欣的市场营销制订了如下营销计划，实践证明该计划是比较合理的。

(1) 竞争策略：正面攻击OTC市场占有率最高的前列康。这是因为前列康的低价位策略导致该产品利润空间小，不可能在受到攻击时作出“强烈”反击，攻击的风险较小而成功后的受益巨大。

(2) 强攻区域：青岛；人群定位：患有前列腺疾病的中老年男子。

(3) 渠道定位：药店为主，医院为辅。

（4）UPS：治疗慢性前列腺炎效果好。

（5）价格策略：维护高价位不变，灵活运用让利不让价方法。

（6）促销：在高铺货率的情况下，主要利用非人员手段进行促销。以事件行销为主，常规广告为辅。

资料来源　改编自方明．100 个成功的营销管理［M］．北京：机械工业出版社，2005.

匹夫公司为了帮助宏济堂开拓前列欣胶囊的山东市场，首先认真进行市场营销调研，然后制订市场营销计划，符合市场营销决策的科学程序。为了做到比竞争对手更好地满足市场需求，市场营销者就必须认识市场营销调研的重要性，建立调研管理系统，并持续地组织市场营销调研，以便有的放矢地开展市场营销活动。

6.1 市场营销调研的作用和要求

6.1.1 市场营销调研的作用

所有的市场营销活动都要围绕满足顾客的需要这个基本目的来组织。那么，顾客的“真实”需要是什么？顾客需要企业提供什么样的产品和服务？在企业满足顾客需要的同时，有没有竞争对手与企业争夺顾客？企业能否保持合理的盈利性？这些问题关系到市场营销的许多重要决策。要制定正确的决策，首先必须通过市场营销调研，获得可信的、正确的信息。

市场营销调研（marketing research），是指为获得制定市场营销决策所需的可靠信息而进行的企业活动。如图 6-1 所示，由于决策所需的大量信息必须通过收集、加工整理、解释和发现等环节才能获得，因而市场营销调研包括紧密联系的两个组成部分——市场营销调查和研究。市场营销调查是指利用某种调查方式与方法，有系统地搜集有关市场、商品、顾客行为、销售等方面的数据与资料并加以整理，以便通过这些数据和资料如实地反映市场营销背景的客观情况，而市场营销研究则是根据调查所得的数据与资料，经过“去粗取精，去伪存真，由此及彼，由表及里”的分析与研究，从而得到——解释、发现和预测——合乎市场营销背景客观事物发展规律的知识。

市场营销调查和研究是两个互为包含、不可分割的过程。进行市场营销研究必须以市场营销调查为前提，在市场营销调查中又通常包括分析和研究。通过市场营销调查，市场营销者获得有关市场营销背景历史与现状的数据和资料；通过市场营销研究，市场营销者获得有关市场营销背景中机会与威胁存在的信息。正是两者的有机结合，市场营销调研成为了一个完整的概念；也正是两者的有机结合，使得市场营销调研具有对市场营销决策的支持功能——市场营销决策就能够设法趋利避害，实现企业的营销目标。

做好市场营销调研可以让企业全面、正确认识顾客需要，以便有的放矢地做好市场营销工作。在企业的市场营销中，不仅要选用正确的方式、方法去做事，而且要注意做正确的事。换句话说，企业不仅要考虑如何利用产品、价格、促销和渠道等手段去争取顾客购买其产品，最为重要的是要根据顾客需要来供应产品、正确定价、合理促销。市场营销者经常爱犯的毛病是把自己的爱好看做是顾客的爱好，以自己为尺度来测算市场的需要。然而，顾客总是与市场营销者存在差距。当市场营销者按照自己的“计划”来“造市场”时，就会发生马失前蹄的事故。问题出在对顾客需要的认知上面。

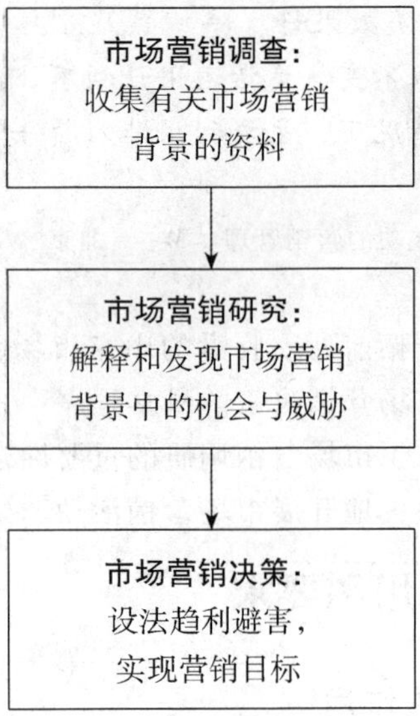

图 6-1　市场营销调研与决策的过程

【小资料 6-1】

顾客导向的产品创新

研究表明，新产品失败率在美国高达 95%，就是在欧洲也高达 70%。其主要原因在于，许多企业在创新中忽视了顾客因素。高露洁的设计师曾经说过：“我们要设计好的牙刷并不难，难的是要理解把牙刷塞进嘴巴的所有人的生活方式，因为牙刷的选择不是由牙刷本身和嘴巴选择的，而是由这个人的头脑、他的生活方式和影响到他的社会环境决定的。”因此，在开发新产品时，企业需要研究的不仅仅是顾客表象的需求，而是要更多地挖掘目标消费者潜在的动机、需求和渴望，了解目标消费者周边的社会人文环境对其心灵的影响，并捕捉顾客在各类产品上的消费脉动。

海尔集团开发大地瓜洗衣机的故事许多人都不陌生。农民们在购买了海尔洗衣机后抱怨这种机器洗地瓜洗不干净。海尔在得知此事后没有嘲笑农民的“无知”，而是从中受到启发，研制出了新产品“大地瓜洗衣机”。虽然这种洗衣机的销售量并不大，但它验证了海尔的创新理念，即市场的难题就是创新的课题。海尔此举也给了人们这样一个信号：产品开发要跟着消费者的感觉走。

一个企业家说得好：产品不是生产出去的，而是从市场引进来的。一个啤酒制造商想推出一种针对年轻人的新产品，但是不知道设计什么样的产品概念，于是研究人员就走进酒吧，分别观察那些聚在一起喝啤酒聊天和单独喝酒的年轻人，拍摄他们在生活环境中的真实行为，以捕捉顾客与产品互动的真相。最后发现，聚在一起的年轻人喜欢喝的是清爽型啤酒，而独自喝酒的人则喜欢喝淡爽啤酒，于是他们找到了“单独”和“淡”的概念，针对这些群体推出了一种名为“超爽 10 度半”的淡爽啤酒，并将“淡爽”和生活的“平平淡淡才是真”以及“看淡”和“看开”结合起来作为产品的推广概念，产品推出后备受欢迎。

资料来源　根据黄平和王一娟的文章改写。黄平．顾客导向的产品创新［J］．企业改革与管理，2009（12）．王一娟，等．面向市场求创新［N］．经济参考报，1999-08-23.

上述实例说明，如果不认识和掌握顾客需要，企业就不可能开发出能够满足市场需要的新产品。消除这种错误的基本途径就是认真地对消费者的“真实”需要进行调研。

6.1.2　市场营销调研的要求

科特勒在《市场营销管理》一书中对如何提高市场营销调研的有效性进行了研究，提出有效市场营销调研的五个特征。

第一，调研方法的科学性。有效的市场营销研究，要利用科学的方法，其原则是：细心观察，提出假设，预测和证实。

第二，研究艺术的创新性。研究要有创造力，不断吸收新技术、新方法，运用创新性的手段去解决问题。

第三，多维考证的综合性。要避免过分依赖某一种方法。最好根据问题的性质来选择方法，而不是反过来以现成的方法套用到不同的问题上。在信息来源上，最好从多个来源去搜集信息，采用多种方法，这样可以增加信息的可信度，增强营销管理人员提出决策时的信心。

第四，模式与资料的关联性。模式与资料之间应具有相互的依存性。研究问题的模式，一般应是从众多的事实中抽象归纳而提出的，而模式提出后，又能引导出所需寻找的信息类型。

第五，信息价值与成本的合理性。这是指信息的价值与其成本的比较。价值与成本的对比分析能帮助研究部门决定采用哪个研究方案，使用哪个研究计划，有初步结果后是否搜集更多信息。

有效的市场营销调研必须是有目的的、有计划的、有组织的、科学合理的。“目的性”就是要符合市场营销决策的需要，能够回答和解决市场营销者在决策制定中对于市场环境或营销背景中的“盲点”问题；“计划性”就是要周密设计，合理组织调研力量，以便圆满地、成本最小地完成调研任务；“组织性”是指公司有专门的职能机构负责和组织营销调研工作；“科学合理性”要求采用符合调研对象特征又能够获得所需数据资料的调研方式和方法，还要努力做到费时最少、费用最省、效果最佳。因此，为了取得良好的市场营销调研结果，应当努力做好市场营销调研的组织管理工作。

6.1.3　市场营销信息系统

随着市场的国际化和竞争的激烈化，市场营销决策的重要性不断提高。企业界出现这样一种趋势，即管理部门对市场营销信息的需要量越来越多、质量要求越来越高，不少企业把信息当做第五项重要资源，把市场营销调研作为一种长期职能。另一方面，近半个世纪以来，信息技术的快速发展和应用，也为企业长期地、大范围地、低成本地收集和处理市场营销信息创造了条件。于是，市场营销信息系统快速地发展起来。

所谓市场营销信息系统，是向管理系统提供各种经常性及特定性信息，协助营销主管规划及控制各种营销活动的常设功能系统。史丹顿（Stanton）认为，市场营销信息系统是一个互动的、连续的、未来导向的人员、设备及程序的结构，用来产生及处理信息流程，以协助制订营销计划中的管理决策。有关市场营销信息系统的构成因素，他认为包括相互作用的人员、设备和程序三个要素。

由于信息资料需要经过收集、整理和传送等环节，因此，根据信息的来源和处理过程来进行分工是恰当的。一般来说，市场营销信息系统可划分出内部报告子系统、市场情报子系统、营销研究子系统和信息分析子系统等四个部分。大体的工作流程是：从各个信息源子系统收集资料并加以处理和转换，通过信息流程传导给市场营销管理人员；管理人员依据这些资料制订各种计划、方案，并据此组织市场营销活动，实现组织的目标，如图6-2所示。

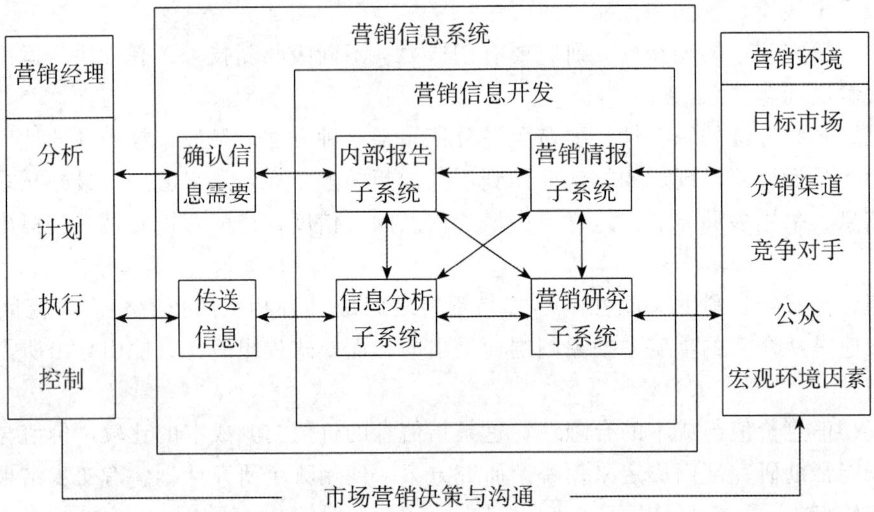

图 6-2　市场营销信息系统的结构

1）内部报告子系统

内部报告子系统是市场营销信息系统中最基本的子系统，提供处理订货、销货、存货、应收账款、应付账款等方面信息，又称内部会计系统或订货处理系统。内部报告系统的核心是订单—发货—账款循环过程的信息报告。

2）营销情报子系统

该子系统是向营销主管人员提供企业外部营销环境中日常发生的、与企业经营相关联的各种事件信息的一整套机构和程序，通常被认为是市场营销信息系统中主要的信息源子系统。它能够提供顾客、竞争者、合作者、公众、政府以及整个市场环境的动态情报资料。

3）营销研究子系统

该子系统提供营销专家或企业营销部门对特定问题进行重点研究所获得的结果，也是重要的市场营销信息。例如，专家对于市场机会的分析与预测，营销部门进行产品偏好测试、地区销售预测、动机研究或广告效果研究的结果等，都是重要的决策依据。营销研究子系统也是一个信息源子系统，从信息价值和利用率方面来看，它比前述两个信息源子系统更为重要。

4）信息分析子系统

信息分析子系统是指企业用来整理、加工、分析来自各个信息源子系统的营销资料的机构、程序和技术手段。技术手段对于资料的整理加工具有重要的帮助作用。一个营销管理人员要使工作效率得以提高，就要充分地、有效地运用各种先进的研究技术和数据处理工具，例如电子计算机、统计程序和数量分析模型。

上述四个子系统必须紧密地联系，加强协作，这样就可以实现资料信息共享，也可以有效利用调研人力、物力，并且保证有序地开展工作。

从市场营销信息系统的组成来看，发现市场营销信息源并从中获得所需资料，是市场营销信息系统主要的任务。而这一工作，就是市场营销调查。本章的后续部分，将着重讨论市场营销调查的任务、方法及管理问题。

6.2 市场营销调研过程的组织管理

6.2.1 市场营销调研的内容

为制定正确的市场营销决策，在市场营销调研中，不仅在资料来源上要注意广泛性，而且要注意资料内容的全面性和完整性。

一般来说，有关顾客、市场、市场营销等因素以及宏观环境，都是营销调查的内容。每次市场营销调研都应根据特定的营销决策问题，具体界定调研搜集的资料范围。

1）产品动态信息

产品动态信息是指有关市场上与企业现有产品和拟开发产品的供应、销售相关的情报资料。收集这方面的情报资料，通常主要是帮助市场营销者了解产品的创新机会与创新动态，指导企业正确制定产品营销策略、产品开发和创新策略。收集和分析产品动态信息的调研活动通常称为产品研究。

产品动态信息的主要内容涉及：

（1）现有产品如何被使用和能够拓展到哪些新用途；

（2）现有产品销售量的变化以及销售增长率的变化；

（3）同行向市场推出了什么样的改进型产品；

（4）这些改进型产品的销售情况如何；

（5）新产品开发的新动向、新的开发方式与开发速度；

（6）本企业产品包装实用程度、美观程度，与产品本身的价值是否适应以及竞争者的产品包装情况等。

2）市场动态信息

变化是市场不变的规律，它能给企业带来机会，也会产生威胁。市场动态信息是反映商品供需关系及其变动过程和趋势的基本信息，包括以下主要内容：最终顾客数量、收入水平信息；目前社会消费品零售总额及其增长速度、消费构成、总需求潜量及地区市场需求潜量的评估信息；价格水平波动以及相应的销售量变动的信息；市场总供应能力变动的信息，包括进口、出口量的变动；中间商构成及其竞争环境的变化信息。

3）消费者需求信息

收集和分析消费者需求以及影响这种需求的消费者性质和心理偏好以及购买行为等因素的信息，是市场营销调研的中心，通常被称为消费者行为研究。这种调研可能包括在前述的各种信息的收集与整理活动之中。事实上，不论是产品研究、市场研究还是销售研究，均应以消费者的需求作为分析研究问题的出发点。

对消费者进行调查分析主要包括如下内容：①有关消费者群体构成信息，包括消费者的人数、性别、年龄、职业和收入以及地理分布等方面的资料。②有关消费者购买行为与习惯的信息，包括消费者购买什么，谁是使用者与购买者，在何时何地购买，消费者的购买时间、地点和购买方式习惯等方面的信息。③消费者购买动机分析，主要收集和分析的信息包括对产品质量、价格、品牌、包装、促销、服务等因素的个人观点和群体倾向，购买行为与消费者个人特征、消费目标之间的关系。④消费者性格分类、气质类别、年龄、职业、生活与工作背景等因素与购买行为之间关系的研究信息。

4）竞争者信息

竞争者分析包括收集和处理涉及这样一些问题的资料：同行竞争者数量、替代品竞争者分布如何？在同行竞争者之间以及替代品竞争者之间，所推出的产品有哪些差异？主要竞争者规模及市场营销策略是什么？在产品销售前后，竞争者提供了何种服务与保证？顾客需要哪些服务？顾客对竞争者产品、服务和营销策略的评价是什么？各竞争者之间市场份额分割如何？本企业的市场地位及其变化走向如何？

5）销售绩效信息

销售绩效信息主要包括销售政策的效果信息和促销方法的投入产出效果信息。收集和分析该类信息的调研活动是销售研究，其目的是建立更有效的销售组织和采取更好的方法。销售绩效信息包括如下主要内容：销售政策的执行情况与出现的新问题，对当前销售方法的评价，销售网点与销售人员效果分析，广告及其他促销手段效果分析，销售成本与效益信息。

6）宏观环境动态信息

宏观环境动态信息主要包括经济增长走势、经济政策、新增长点的信息，政治体制、社会安全与稳定、法律制定和执行情况的信息，新技术开发的信息等。

所需调研的内容以二次资料和原始资料的形式存在。所谓二次资料，就是已经被加工整理成可直接阅读和利用的文件形式的资料，也称为二手资料，例如人口统计资料、经济景气分析指标、经济发展速度等数据，可以从政府部门或者报刊上查找获得。收集与整理二次资料的调研通常被称为“案头调研”。与二次资料相对应，在有关事件发生后已经出现，但尚未被收集整理，因而不可以直接阅读和利用的资料，称为原始资料，也称为第一手资料。它们是实地调研的对象。市场营销调研，就其所要收集和整理的有关资料存在形式来看，包括了对原始资料和二次资料的收集整理，即包括案头调研和实地调研。

6.2.2 市场营销调研的类型

虽然市场营销调研在很多企业是经常性的活动，但是每次调研的目的和任务不同，每次市场营销调研的做法都不一样。大体上讲，可将市场营销调研类型区分为以下四种。

1）探测性调研

当管理者感觉到市场营销中存在问题，但对问题的性质或范围不甚明确时委托市场营销人员进行的调研，通常属于**探测性调研**。这类调研没有特定的调查内容，大多采用非正式调查方式。例如，某企业营销经理对某项产品近几个月来销售量一直下降的原因不清楚，在这种情况下，就可以运用探测性调研，找出可能的原因，然后确定调研重点，作进一步深入调查。

2）描述性调研

描述性调研以说明被调研内容“是什么”或“怎么样”为主要特征，而不要求研究其原因与结果的关系。例如，要调查某种产品的市场占有率，只要调查清楚该产品在市场占有比率的数字即可，不必再深入调研其原因。进行这类调研要十分重视事实资料的搜集与记录。

3）因果关系调研

这类调研着眼于弄清楚问题的原因与结果之间的有关变量关系，即要回答“为什么”的问题。如上例中产品市场占有率问题，不仅要调查清楚市场占有率的实际情况，还要弄清楚占有率上升或下降的原因。影响市场经济活动的变量主要有可控变量和不可控变量。因果关系调查就是要了解这些变量与某个绩效变量的关系，弄清楚各变量对绩效的影响程度。

4）预测性调研

此类调研的特点，是在搜集、整理资料的基础上，运用科学的预测方法，分析市场在未来一定时期内产品供需的变化情况，其目的在于切实掌握市场机会，制订有效的营销计划。

6.2.3　市场营销调研的程序

市场调研不但要有科学的调查方法，而且对调研活动的每个步骤都要作出周密的安排。当然，市场调研的程序，应视具体情况而定。基本的过程如图 6-3 所示，包括设计调研任务和计划、进行准备、实际调研和资料整理与报告四个阶段。

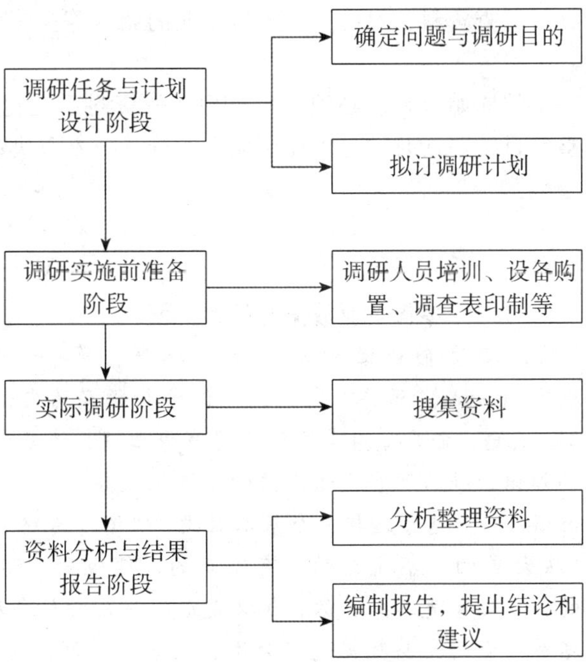

图 6-3　市场营销调研基本程序

1）确定问题与调研目的

在执行调研之前，应确定需要解决的问题和调研目的。由于经济现象非常复杂，通常要先作初步调查（即探测性调查），然后确定调研的问题及其范围。要求问题要提得准确，范围不宜过宽，无关紧要的问题要删掉，但也不能过于狭窄。

2）拟订调研计划

调研计划（也称调研方案）是有关如何深入分析有关问题，达到调研目标的活动安排。调研计划的内容包括：规定收集什么样的资料，找谁收集资料，谁来收集，如何收集，费用预算等。例如，在拟订资料搜集计划时，如果企业内外现有的资料和数据可以利用，就要着手进行案头调研；如果资料不足，就要采取实地调查的办法。又如，由于被调查的对象太多，不可能包括全体，只有采用选样的方法。样本是否恰当，对调研结果影响甚大，因此，选样的决定，也是调研计划的组成部分。

3）调研实施前的准备

这一步骤主要包括调研人员培训，区域分工，设计与印制调查表，购置调研需用到的仪器、设备，熟悉被调查者的地址或分布及文化背景和相关情况。

4）搜集资料

在调研中一般首先考虑取得二次资料的可能性。运用现成的二次资料，不论在时间上或经济上都可以节省，对资料的历史背景也比较清楚，也可以与实地调查资料进行对比。在运用二次资料时，要充分考虑到资料可能存在的不足，如资料过时，分类要求与调查目的不同，资料可能有遗漏与错误等。如果二次资料不适用，就要考虑收集原始资料。

原始资料可从企业内部和外部两个方面进行收集。内部资料指企业内部的业务状况记录，如销售记录、成本记录和实验记录等。外部资料主要来自对企业外部的调查或销售实验，如对用户或消费者的调查资料，对批发和零售企业的调查等。

5）分析整理资料

通过调查和实验得来的原始资料，必须加以整理，使资料系统化、简单化与表格化，达到准确、适用和完整的目的。同时，也可使用先进的统计技术和决策模式，以便发现更多的研究成果。

【专论 6-1】

零售企业数据挖掘的价值

要为顾客创造价值，零售企业必须解决两个问题：第一，何时（when）何地（where）向顾客提供何种（what）商品？第二，如何培养顾客的忠诚度，使之成为“回头客”？要培养顾客的忠诚度，企业必须掌握顾客的消费心理、消费偏好及解决问题所需要的有关顾客的信息和知识，并为顾客提供满意的个性化服务。

数据挖掘（data mining）是基于这样一个基本假设，“消费者过去的行为是其今后消费倾向的最好说明”，从大量的、不完全的、有噪声的、模糊的、随机的实际应用数据中，提取隐含在其中的、人们事先不知道的，但又是潜在有用的信息和知识的过程。

开展数据挖掘包括对大量的交易数据进行分类、聚类、关联、序列模式分析等工作，根据不同的主题，“复原”出顾客的消费行为特征，完成从已知的交易数据中寻找未知的顾客消费行为模式这一全新的知识的过程。其中，分类功能可以帮助企业进行市场细分。

美国卡夫（Kraft）食品公司建立了一个拥有3 000万顾客资料的数据库，获得了顾客对有关食物的兴趣和口味方面的大量信息。在此基础上，卡夫公司经常向不同口味和兴趣的顾客发送特定产品的优惠券，并为他们推荐符合其口味和健康状况的卡夫产品食谱，让众多顾客“内心”感动。

关联分析是数据挖掘中较为重要的功能，可用来发现交易数据库中不同商品销售之间的联系。沃尔玛（Walmart）对顾客进行购物篮分析（marketing basket analysis），期望弄清楚哪些商品最有希望出现在顾客的购买活动中，利用自动数据挖掘工具（模式识别软件）对原始交易数据进行关联分析，意外地发现跟尿布一起购买最多的商品竟是啤酒。

序列模式分析侧重于分析数据间的前后序列关系，它能发现数据库中形如“在某一时段内，顾客购买商品A，接着购买商品B，而后购买商品C”即序列A→B→C出现频率的知识。对于忠诚度较高的顾客，可以分析他们的购买历史，向他们发放下次可能购买的商品的优惠券，从而将其“锁定”。

资料来源 程锡礼，殷国新. 数据挖掘：零售企业提升竞争力的利器［J］. 江苏商论，2003（12）：25-26.

6）编制报告，提出结论与建议

编制报告要注意紧密围绕调查的目的与要求，客观、准确而且有的放矢地分析问题，提出建议。文字应当简明扼要，内容应通俗易懂，尽量避免使用过多的技术性名词或晦涩之词。结论与建议可归纳成要点，后附表格与附件，以便阅读。

6.2.4 市场调研的组织管理

为保证市场营销调研有效开展，必须做好调研过程的管理，包括合理分工、明确责任、做好记录、争取配合等各方面的管理工作。

1）调研人员数量

调研活动最重要的投入是人力。如何确定调研人员的数量？一般来讲，可以根据收集资料的数量要求、难易性和时间范围，来确定所需人员的数量。例如，在实地调研中，如果采用顾客访问调查法，所需调研人员的数量可由下式来确定。

$$\text{调研人数}=\frac{\text{要访问的顾客数量}\times\text{每次访问时间}}{\text{调研周期}\times\text{每天工作时间}\times(1-\text{路途耗时率})}$$

这里，要访问的顾客数量和每位拜访时间可以由调查计划以及访问实验获得相应数据，而调查人员在拜访顾客前后所消耗的路途时间，一般可根据拜访方式（见面的或不见面的，顺路的或专门的）、顾客距离、交通条件等因素来具体确定。为了减少这个系数，就要尽可能地选择不见面的、可顺路拜访的、近距离的顾客作为访问对象。

有些顾客拜访活动可能需要两个或更多人合作进行，在确定调研人员数量时应予以考虑。

2）调研人员的培训

收集和处理市场营销情报资料是一项目的性、技巧性很强的工作，对调研人员素质，尤其是对情报资料的意识力、敏感力以及获取力，有很高的要求。因此，在调研活动展开之前，必须对调研人员进行培训。

培训可以采用专家授课和操作实验的方式。专家授课的目的是让有关调研人员了解调研的目的、任务和所需要获得的市场营销情报资料的特征、性质和内容范围，熟悉调研活动的技巧与方法，认识情报资料来源。操作实验的目的在于为所培训人员提供一种体验调研要领的机会，以便熟悉调研要点，掌握调研方法。

3）调研人员分工

对调研人员的分工可以按地区范围、按客户类型和按调研方法与资料类型来进行。

（1）按地区范围分工。一个省（市、自治区、特别行政区）一个调研小组。

（2）按客户类型分工。一个小组拜访渠道中间商，一个小组拜访最终用户，还有一个小组访问潜在客户。

（3）按调研方法分工。一个小组进行案头资料的收集整理工作，一个小组进行顾客访问调查，一个小组采用观察法进行调查。

每个调研小组应指派一名责任心强、有调研管理经验的人负责，并明确权力与责任。

4）调研质量管理

一般来说，有两种因素会影响调研工作的质量：一是调研人员的工作质量；二是调研系统的运行状态。后者包括设备仪器的误差，环境噪音，被调查者的配合情况。

调研人员的工作质量是指有关调查是否按调研计划寻找合格的对象，正确引导被调查者如实回答问题，真实记录被调查者提供的资料和反映的客观事实，有无自填问卷、随便找一个人来填写问卷、不按程序操作、不按规范提问和记录等情况。如果缺乏约束和监督，不能迎接困难挑战的调研人员就会违规操作。因此，加强约束和监督就至关重要。

调研质量管理主要是指明确规定调研人员的工作质量、建立质量管理制度、加强监督、质量评估和实施奖惩等活动。建立质量标准是质量管理的首要一环，作为调研人员工作、保证质量和质量管理活动的依据。有了质量标准，还必须就如何保证质量，尤其是调研人员如何努力来保证质量提出措施，形成有关的操作技术规范和责任制度。建立制度是为了约束人们保证质量、正确操作，但是制度的有效执行还依赖于一定的监督、评估与奖惩机制。没有监督就不能评估，没有评估就不能准确说明制度的实际执行情况和实际达到的质量水平，因而就不能合理奖惩。奖惩不合理或者不存在，质量管理等于零。

6.3 市场调查对象

6.3.1 信息源特征

进行市场调查首先必须回答从何处搜集资料的问题。人们所要收集资料的地方或对象，被称为**信息源**。所谓“种瓜得瓜，种豆得豆”，对市场营销调研来讲，就是要找对信息源。

正确识别信息源，是进行市场营销调查的关键步骤。所谓信息源就是有关事件的记录或信息内容发生和存在的地方。一般来说，信息源应具有这样几个特征：

（1）与有关事件或信息内容的联系最密切；

（2）对有关事件发生过程或信息内容有完整的记录或记忆；

（3）具有对有关事件发生过程或信息内容的长久记忆功能或记录保持功能；

（4）在一定条件下能够讲述或再现有关事件全貌。

在上述小思考中，商店是销售有关商品的地方，商店和消费者都是有关事件（最近几个月商品的销售）的主要行为人，因而与该事件具有密切的联系。政府的统计机关和工商管理机关通常不会关心或介入有关商品的销售，没有密切联系。但是，一个消费者只会记忆或记录自己的消费购买，没有对市场上某种商品几个月来的销售量作记录，该记录只有商店才有。商店的销售记录或相应账目通常会保存较长时间，在调查中能够全面、完整地说明有关商品的实际销售量及其增长情况。

6.3.2　抽样调查原理

常常发现，有些市场营销信息源是一个成员众多的群体，如消费者、零售商，他们广泛分布于各个地方。如果要把全部成员一一加以调查，要么花费漫长的时间，要么付出极高的费用代价。人们还发现，不少调查对象的个别信息对于信息源整体而言，不是那么重要。例如，生活日用品的采购决策多数是家庭主妇作出的，虽然家庭其他成员可能介入决策过程，因而可认为他们也是信息源的成员，但是从家庭主妇那里获得的有关购买决策信息，往往比其他家庭成员的信息要有用得多。如果忽略部分对象的个人资料，而以另一部分对象的资料为依据整理而获得的信息，通常能够作为整个信息源信息内容综合结果的代表。这一现象在统计学上被称为“大数定理”。这个理论告诉我们，从庞大的信息源群体内抽取一部分对象来进行市场营销调研将更有效。

信息源全体成员称为母体，被抽取出来作为调查对象的成员称为样本。为节约费用，快速完成调研任务，必须在全部对象（母体）中选择具有代表性的一部分（样本）加以调查，然后以样本的统计特征值推断母体特征值。这种调查称为**抽样调查**。

所谓抽样，即从母体中抽出一部分样本。样本应当具有代表性，本身具有（因而能反映）母体的特征。例如，在对消费者进行抽样调查时，所选择调查的消费者应当与其他消费者具有相似收入水平、消费习惯、文化背景、消费层次和市场环境。如果出现不同，所调查的消费者信息就不能反映其他消费者的信息，在从样本特征值推断母体特征值时，就会发生偏差。在消费者之间存在差异的情况下，必须选择特征不同的消费者，避免以偏概全。

6.3.3　样本数量的决定

如果各个个体之间存在较大差异，如果要求样本统计特征值能够反映和说明母体的情况，就需要选取较多的个体作为样本。样本数量可以影响调查数据的质量，它在很大程度上取决于各个个体之间的相似程度和相关信息的种类。

在随机抽样中，用数学方法准确计算出样本的数量以达到所要求的准确性是完全可能的。这里首先要确定可信度要求。可信度是表明特定样本的估计量被视为对母体参数的真实估计的准确与可靠程度。可信度的对称是误差的显著性水平。95% 的置信水平（表示样本估计量落入可信区间的概率为 0.95）对应有 5% 的误差显著性水平，而 99% 的置信水平对应有 1% 的显著性水平。

对每个样本进行调查取得的某种数据称为样本值。抽样调查取得的该类数据的全部样本值可被用于计算样本平均值以及标准方差。样本平均值反映全部样本的某种数据的均等水平，通常记为 $\bar{X}$；标准方差则反映各个样本值在平均值周围分散的程度或离散度，记为

S^2。有些情况下也用到样本平均值的标准误差（SE_x）。如果这个统计数值大，那么该样本估计值与母体参数的真实值偏差也大；如果这个数值较小，就可以相信样本估计值是一个较好的、可靠的母体参数的代表。

不论样本数量多大，在将样本平均值视为母体均值时，总是存在一定的误差。统计学理论证明，样本平均值的误差大小与样本数量的平方根成反比。这一定理用数学公式来表达就是：

$$SE_X = \frac{\sigma}{\sqrt{n}}$$

其中：σ——母体的标准方差；n——样本数量。

根据上述定理，不难推导：$n = \frac{\sigma^2}{SE_X{}^2}$

这就是用来计算样本数量的数学公式。一般情况下，母体的标准方差是不知道的，因而要以 K 个个体组成的样本组的标准方差来代替。K 个个体构成的样本组的标准方差可作为母体方差的一个合理估计，用下式计算：

$$\hat{\sigma} = \sqrt{\frac{\sum (X_i - \bar{X})^2}{K - 1}}$$

另一个可用于计算简单随机抽样的样本数量的数学公式是：

$$n = \left(\frac{Z\hat{\sigma}}{E}\right)^2$$

其中：Z——Z 统计量，对应于希望达到的置信水平；E——可接受的最大误差。

由上述定理也可以发现，要提高样本估计值的准确度，虽然可以通过增加样本数量来实现，但是，需增加的样本数量将呈二次指数速度增长。具体而言，一个样本数量是 1 000的抽样调查结果所存在的样本误差只是一个样本数量为 4 000 的样本误差的 2 倍。或者说，一个样本数量是 4 000 的样本误差只是样本数量为 1 000 的样本误差的 1/2，因为

$$\text{样本误差之比} = \sqrt{4\,000 \div 1\,000} = 2$$

调研费用也是影响样本数量决定的因素之一。调研活动的费用总是随着样本的增多而增加，选择的样本数量越大，所需要投入的资金和人力、物力就越多。从节约费用的角度考虑，样本数量应当小一些。

6.3.4　样本的选择

从母体中抽取样本的方法很多，常用的方法有如下几种。

1）简单随机抽样法

在拟定被调查的总体（母体）中，如果各个个体之间没有明显的特征或背景差异，可采用简单随机抽样调查法。简单随机抽样意味着以母体中的各个个体均有相等机会被选择为原则来进行抽样，因而对任何个体都没有事先明确的取舍对待。具体操作中，常用的简单随机抽样方法有如下三种。

（1）任意随机抽样。它又叫抽签法，即将所要调查的全部个体编成号码，写于卡片上或纸上，任意抽出所需之样本数目。

（2）等距随机抽样。此法是将被调查的全体对象，按随机的顺序排列，再按照一定的间距规定，选出样本。例如，要调查某城镇 5 000 户居民购买电风扇的需求，计划抽出

5% 的样本即 250 家进行调查，因而需要在每隔 20 家选择 1 家。假如起点号码是 3，则后续抽取的样本依次是 23、43、63……

（3）乱数抽样。此法又叫随机号码表抽样。首先将要调查的个体编列成号码，然后利用乱数表，随意选出样本。

简单随机抽样的主要优点在于简单易行，减少选样中的主观片面因素。其缺点是各样本可能不够典型，彼此差别较大。

2）计划抽样法

此法的特点是按某种标准从全体调查对象中选取若干个体为样本，也称为判断抽样法。所取标准通常以中等水平为主，如中等形状、中等程度、中等品质等，同时少量选择偏大者或偏小者。如调查耐用消费品购买需求，就以中等收入家庭为主要对象，少量调查高收入者。

3）分层随机抽样法

所谓分层抽样，就是将母体按其特征或者按调研目的，分为若干组，每一组为一层，然后在每组中随机地抽取一部分个体作为样本，如图 6-4 所示。

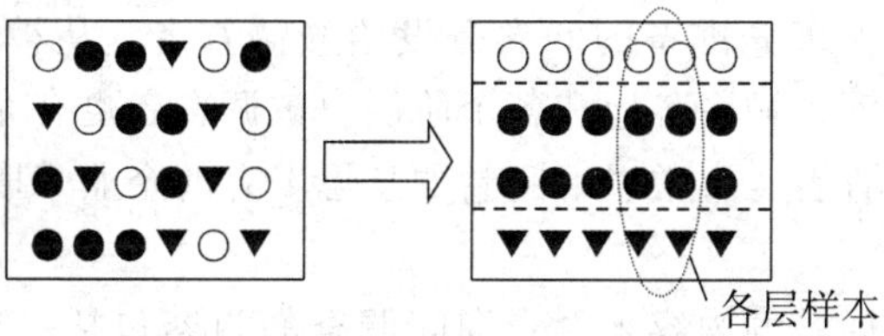

图 6-4　分层调查示意图

从图 6-4 可以看出，每一层的群体所含的要素具有相同的特征，是“同质”的，但各层的要素之间是“异质”的。这样抽出的样本，代表性较大。

4）分群随机抽样法

分群随机抽样法首先将母体分为若干群，使每个群的构成与母体构成大体接近，然后随机抽取一个或少数几个群来进行调研。这种方法把母体分为若干小组，做法上与分层抽样相同。不同点在于分层抽样每组皆抽查，每组又只抽查一部分；分群抽样却抽查若干群（组），对抽出的群则全部调查，如图 6-5 所示。实行分群抽样，有利于节省人力、时间和费用。

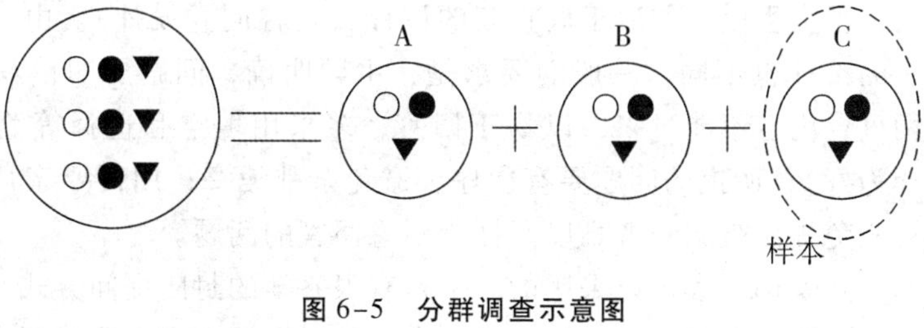

图 6-5　分群调查示意图

6.4 原始资料调查方法

原始资料调查的主要方法有三种：询问法、观察法与实验法。

6.4.1 询问调查法

询问调查法是市场调研的常规方法，也是获取原始资料的主要方法。顾名思义，询问法就是将拟调查事项，以口头语言或书面语言的形式，通过会面、问卷、电话或者因特网，向被调查者提出询问，从对方的回答中获得资料的调查方法。通常需要预先准备好调查提纲，制作调查表格，然后向被调查者询问，因此，又称为调查表法或问卷调查法。

常用的询问调查有三种做法：①见面访谈调查；②不见面访谈调查；③填写问卷调查。这三种做法各有优缺点。见面访谈调查效果较好，用得也较多。当面听取被调查者意见，还能观察其反应，发现新的问题。当然，见面访谈调查也有缺点，除了费用高和范围窄外，调查人员的技术熟练程度和主观偏见也常会影响收集资料的准确性。为了节约调研费用，可采用不见面访谈调查法。此法利用现代沟通技术如电话、因特网，由调查人员提出问题，请对方作出回答。能在较短时间内调查较多的样本，但一般只限于调查简单的问题，且不易获得对方的合作。由于电话、因特网的普及范围有限，因此这种调查做法主要集中在城市范围。填写问卷调查法组织工作简单，成本也低，做法是通过信件、报刊广告页、产品包装等途径，把事先准备的问卷分发给被调查者，从被调查者的回答中获得资料。此法调查面宽，能深入城乡各地和各个阶层，被调查者也有充分的时间来考虑，但时间长，答复率低，被调查者也常常误解问卷的意思。有的企业采取有奖征答的办法，提高了答卷回收率。

根据要求被调查者回答的内容来看，询问调查的内容包括：（1）事件。询问的问题是已经发生的事件或事实，如询问消费者最近购买过哪一种型号和牌子的洗衣粉，被调查者可不作评价和解释性回答。（2）偏好。着重了解被调查者的兴趣、爱好、购物选择倾向，如调查消费者喜欢什么样的服装式样？为什么喜欢？如果他实际购买的话，将会选择购买什么式样的服装？如果购买的与自己所喜欢的服装式样不一样，原因又是什么？（3）意见。通常结合事件调查或偏好调查，让被调查者同时作出必要的解释，阐述观点。如为什么购买这种商品？选购某种牌子的商品的原因是什么？（4）计划。如调查消费者近期打算购买什么牌子的洗发水？明年是否准备购买家具？打算购买什么样的家具？

6.4.2 调查表的设计

询问调查法在很大程度上取决于调查表的设计（也称问卷设计）。由于调查方式、内容不同，调查表的设计也不同。一般的要求是：主题明确，问题要明白易懂；含义要清楚，不能模棱两可；内容不能过多，以易于回答；多采用填空和选择等简单方式（多种选择比简单选择为好）；所提的问题要有次序，避免杂乱无章；用词要亲切，并能引起被调查者的兴趣；避免提出被调查者难以回忆或不愿回答的问题。

有四种提问方式是调查表可以采用的。一是有限答案的封闭提问方式。这类问题通常只有两个或者多个有限的而且能够估计到的答案，可以在调查表上明确列出来，让被调查者选择回答（用划“√”或者划“○”方式）。例如：

请问您最近一个月里是否光顾过麦当劳快餐店？①是　②否

二是检测印象的回想提问方式。这类问题主要用于了解顾客的兴趣、注意力、选择记忆和平常生活习惯。例如：

请您回想一下含有“宝”字的商品品牌，看看能够写出多少个？

答：____

三是带有程度估计性质的提问方式。这类问题能够反映被调查者对有关事物的看法、观点和评价，也能够用于比较不同人（尤其是市场营销者与消费者之间）认识上的差距。可以有多种方式让被调查者对有关事物进行评价。常用的是打分法和排序法。例如：

1. 在您看完广告节目 A 以后，请您就以下几个评价指标在相对位置打分：

程度打分	（最差）	1	2	3	4	5	6	7	8	9	10	（最佳）
①主题是否突出		–	–	–	–	–	–	–	–	–	–	
②能否引人注意		–	–	–	–	–	–	–	–	–	–	
③品牌是否明确		–	–	–	–	–	–	–	–	–	–	

2. 在您看完产品 A、B、C 的介绍材料后，对下属各个方面，请按从强到弱的顺序把三个产品进行排序：

①在产品使用的方便性方面____________________

②在产品功能的新颖性方面____________________

四是要求发表意见、说明观点的一般提问方式。例如：

在您家庭近三年的开支计划中，主要考虑有哪些方面的开支需要？您计划通过哪些方式来满足这些需要？

答：____

由于回答这类问题有一定难度，而且被调查者的观点可能比较分散，此外，个人的表达能力也会导致答案的差异，因而难以得到理想的调查结果。通常情况下，应该较少采用甚至不用这样的提问方式。

6.4.3　观察调查法

此法在收集资料时，不直接向被调查者提出问题，而是通过直接的观察和记录，研究被调查者的行为和心理。这种调查方法是在被调查者不知不觉中进行的。例如，调查消费者对厂牌、商标、装潢和设计等爱好与反映，就可以在零售商业柜台前直接观察购买者的选购行为。

观察法的优点主要有：（1）由于直接观察，减少了调查者的主观偏见，因此所得资料较为客观和准确。（2）能根据调查目的作实地观察和记录，所得结果实用性也较大。同时，一些不能用调查法实施之项目，可以运用观察法进行。观察法的缺点是，只能观察到事实的发生，不能说明原因，更不能说明购买动机和意向。

6.4.4　实验调查法

实验调查法与自然科学的实验求证法类似。自然科学的实验通过实验室，市场调研的实验则通过“实验市场”。实验调查是为了验证某个假设，说明因果关系。通过模拟市场的实践和对比试验，所获得的资料比较准确和详细，实用性大。

采用实验法的调查项目，多用于调研市场营销策略、销售方法、广告效果以及各种因素（如产品设计、价格、包装等）的变动对销售的影响。例如，某企业测试其产品的颜色是否要变更。可在甲地以传统颜色出售，在乙地、丙地以不同颜色出售，假定其他因素不变，那么在一定时间内，通过市场销售情况，可以调查出购买者对不同颜色的要求。

采用实验法有其困难之处和缺点，主要是：时间长，费用大，选择的试验市场不一定有典型性，影响市场需求的多种可变因素不易掌握，所得结论不易相互比较等。

本章小结

企业必须借助市场营销调研，准确掌握当时和未来顾客的“真实”需求，在此基础上对企业的顾客服务活动加以合理规划和控制。合理组织市场营销调研是提高其有效性的保证，必须注重调研方式和方法的科学性。此外，还要遵循客观性、目的性、系统性、效益性等原则，并要建立一个完整的市场营销信息系统来加强调研。

组织市场营销调研的具体程序和做法要视具体情况而定。基本程序包括调研任务与计划设计、实施前准备、实施调研和资料分析与结果报告等四个阶段。找准信息源是让市场调查收到事半功倍效果的重要因素。这也是对抽样调查的基本要求。根据信息可能的分布情况，可选择简单随机抽样法、计划抽样法、分层随机抽样法和分群随机抽样法来抽取样本进行调查。收集原始资料的调查方法主要有询问法、观察法和实验法。

主要概念和观念

□ 主要概念

市场营销调研　探测性调研　描述性调研　信息源　抽样调查

□ 主要观念

有效市场营销调研的特征　市场营销信息系统　消费者行为研究　调研计划　抽取样本的方法　调查表　观察调查法　实验调查法

基本训练

□ 知识题

6.1　阅读理解

1）市场营销调研在市场营销管理中处于什么地位？它对市场营销行为具有什么影响？

2）判断一项市场营销调研是否得到合理组织的准则是什么？

3）市场营销调研一般要收集哪些信息？它们有什么作用？

4）在市场营销调研过程中，哪个环节对于调研的成功最为重要？

5）抽样调查的核心原则是什么？如何保证从样本推断总体特征的正确性？

6）收集原始资料的方法有哪些？各种方法的适用范围是什么？

6.2　知识应用

1）填空题

（1）市场营销调研包括紧密联系的两个组成部分，即________和市场营销________。

（2）有效的市场营销调研必须是有目的的、________、________和________。

（3）所需调研的内容以________和________的形式存在。

（4）市场营销调研类型可区分为________、________、________和________四种。

（5）整理原始资料的步骤是________、________、________、________。

2）选择题

（1）某 VCD 制造公司近年来销售额一直处于增长状态，但市场反馈的消息说，该公司的市场占有率在逐年下降。听到这一消息后，公司经理十分震惊。于是，他指示市场营销部部长对其原因进行认真的调研。为组织好这次调研，市场营销部经理首先进行了一次小范围的调研。该调研属于________。

A. 探索性调研　　B. 描述性调研

C. 因果关系调研　　D. 预测性调研

（2）下列资料中，________不属于二次资料。

A. 王府井百货大楼 2014 年销售收入

B. 王府井百货大楼家电商品部 2014 年销售收入

C. 王府井百货大楼家电商品部销售收入占公司总收入的比重

D. 王府井百货大楼家电商品部 2015 年促销计划

（3）在采用询问法调查顾客对某商店服务水平的满意程度这一项目时，如果限定 3 个问话，最适合的提问方式是________。

A. 封闭提问方式　　B. 回想提问方式

C. 评估提问方式　　D. 一般提问方式

（4）下列活动中，________不属于实地调查。

A. 街头人流量观察

B. 请顾客参观新产品展示会

C. 新产品试销

D. 从零售商搜集电器销售额历史数据

（5）利用因特网进行购买意向问卷调查，宜采用________。

A. 询问调查法　　B. 观察调查法　　C. 实验调查法　　D. 案头调查法

□ 技能题

6.1　规则复习

1）市场营销调研的组织管理

有效市场营销调研的五个特征是：调研方法的科学性、研究艺术的创新性、多维考证的综合性、模式与资料的关联性、信息价值与成本的合理性。

市场营销信息系统由四部分构成：内部报告子系统、营销情报子系统、营销研究子系统、信息分析子系统。

市场营销调查的内容包括：产品动态信息、市场动态信息、消费者需求信息、竞争者信息、销售绩效信息、宏观环境动态信息。

市场营销调查类型包括：探测性调研、描述性调研、因果关系调研、预测性调研。

市场调查的主要步骤是：确定问题与研究目的、拟定调研计划、调研前准备、资料收集、分析整理资料、编制报告、提出结论与建议。

组织一次市场调查的管理活动包括：确定调研人员数量、调研人员培训、分工、调研质量管理。

2）市场营销调查方法

抽样调查需要：决定样本数量，选择样本。

从信息源母体抽取样本的方法常用的有：简单随机抽样法、计划抽样法、分层随机抽样法、分群随机抽样法。

收集原始资料的方法主要有：询问法、观察法、实验法。

调查表设计的一般要求是：主题明确，表述含义清楚单一，内容不宜过多，多采用填空和选择等简单方式，问题有次序，能引起被调查者的兴趣，避免提出被调查者难以回答的问题。

调查表可用的四种提问方式：一是有限答案的封闭提问方式，二是检测印象的回想提问方式，三是水平评估的度量提问方式，四是发表意见的一般提问方式。

6.2　操作练习

1）实务题

（1）根据街道办事处提供的资料，已知广州市某街道共有600户居民家庭。现欲按照等距离抽样法从中选择30户家庭进行调查。要求：①简要分析抽样实施步骤；②如果第一个随机抽取的号码是12，那么，其他被抽取的家庭代号将是哪些？

（2）如果采用回想提问方式来询问企业经理人员与顾客联系的密切程度这一问题时，问话提纲怎样设计才是最佳的？

2）计算题

（1）以95%的可信度对所有消费者对“可口可乐”口味的喜欢程度进行随机抽样调查，如果要求样本平均值与母体真实平均值之间可接受的最大误差量为1.5，在假定S = 18时，样本数量为多大？

（2）某市场调研公司接受顾客委托，要从广东、江苏、辽宁三省选出500个家庭进行调查，三个月内完成并提交报告。调研公司准备在30天内完成调查，以便为资料分析和撰写报告腾出时间。估计每拜访一个家庭大约需要1小时左右，但由于地区分布面广，路途事件损失率可能高达85%。本次调研大约需要聘用多少调查人员（每天的工作时间包括旅途所花费的时间，估计为7小时）？

3）综合题

假设你最近被聘为亮晶晶眼镜公司的营销经理。下周公司高层将要讨论公司如何做强做大的战略问题，其中要听取你的工作汇报。请你列出你的工作汇报提纲，包括即将进行一项市场调研工作的比较详细的设想。

□ **能力题**

6.1　案例分析

杭州青年服装消费状况调研报告

杭州作为“最女性化的城市”在女装产业发展上可谓占尽“天时、地利、人和”，并已成为国内大型女装产业聚集地之一。杭州市政府推出了造成“中国女装之都”的战略，要把女性服装产业打造成地域支柱产业。女装市场的主要消费群体是青年，青年女性的服装消费推动着服装市场的发展。杭州的服装企业只有顺应时代、市场的要求，准确、及时把握消费群体的心理，不断推陈出新，出奇制胜，才能在竞争中赢得主动，求得发展。了解青年女性消费群体的状况是服装企业市场营销决策的前提。

1. 调研的内容

(1) 调查问卷的目的。通过设计的问卷向服装消费者了解以下信息：消费者的状态（基本信息）、购买服装的种类、购买成衣的频率及场合、购买成衣的渠道、何时购买服装、购买服装的消费额。

(2) 调查的区域。原则上以当地的商业中心为主要调研区域，同时考虑一些中、高档生活小区。各个区域要求覆盖以下各个调研点，以保证样本分布的均匀性和代表性：杭州市城东分布的专业服装市场（四季青精品服装市场、杭派服饰城、杭派精品服装市场、龙翔服饰城、杭州常青意法服饰城）；杭州市中心商业中心的大商场（杭州大厦、银泰百货、解百、杭百）；杭州市城西的新兴超市（物美西城店、华商、华润、乐购）；分布在城市各处繁华地段的连锁店、专卖店（真维斯、佐丹奴、班尼路、威鹏、Lee 等品牌）；部分大专院校校区等。

(3) 调查问卷的设计。以问卷形式针对一些在国际国内影响较大的时装品牌及一部分大众品牌、杭派品牌向消费者展开调查。问卷结构主要分为说明部分、甄别部分、主体部分、个人资料部分；同时问卷还包括访问员记录、被访者记录。问卷形式上采用了开放性和封闭性相结合的方式；问题结构上采取 5 分制评价量表、自由选择、强制性选择、偏差选择、自由问答等几种方式。

(4) 调查的目标群。受访目标群共分四大类：18 ~ 25 岁的服装消费群体占总调查人数的 27%；26 ~ 35 岁的服装消费群体占总调查人数的 36%；36 ~ 47 岁的服装消费群体占总调查人数的 19%，在校大中专学生占总调查人数的 18%。发放问卷 1 000 份，回收 965 份，回收率 96.5%，抽样置信度为 98%。

本次调查对象中女性与男性比例约为 7 : 3，大专以上文化程度达 46%，公司职员比例达 42%，个人月收入呈明显常态分布，800 ~ 1 500 元收入的属中低阶层消费群体占总调查群体的 29.1%；1 500 ~ 2 500 元收入的属中等阶层消费群体占总调查群体的 38.4%；2 500 ~ 3 500 元收入的属中高阶层消费群体占总调查群体的 19.6%；3 500 元收入以上的属高层消费群体占总调查群体的 12.9%。这些特点保证了本次调查具有一定的代表性，能较好地反映杭州市内服装品牌认知度与购买率的基本状况。

2. 调查结果

(1) 认知度。统计结果表明，认知度居前几位的品牌是：李宁、班尼路、金利来、皮尔·卡丹，分别为 91.6%、88.4%、80.3%、78.6%。与这四种品牌相比，其他品牌的认知度均在 50% 以下，其中认知度在 40% ~ 50% 的品牌为阿迪达斯、报喜鸟、七匹狼、真维斯、梦特娇、耐克等；认知度在 30% ~ 40% 的品牌依次为步森、杉杉、雅戈尔、佐丹奴等。其余的认知度低于 30%。杭派女装品牌认知度较高的有：ELE、红袖、秋水伊人、古木夕羊、蓝色倾情、浪漫一身、永远的女人等，认知度在 10% ~ 22%。人们对运动休闲服方面了解较多的品牌有：班尼路、佐丹奴、真维斯、萍果、堡狮龙、Esprit、

U2、Crocodile、金利来，认知度均在18%～26%。

高收入人群对国际品牌认知度较高，如对Boss、Prada、Louis Vuitton、Max Mara、Alma、Chanel、Bubberry、Bally、Armani等的认知度在12%～20%。中等收入阶层对香港品牌服装具有较高的认知度，如Esprit、Theme、G2000、Michel Rene、Jessica和Episode。

（2）购买率。对于国内外品牌的购买率的统计：居第一位的是李宁，其购买率高达49.8%，这不但与它的品牌有关，更与其价格有关；认知度居第二位的班尼路服饰购买率达41.5%，远高于其他品牌；排在第三位的阿迪达斯购买率达30.8%。但是，认知度较高的皮尔·卡丹、报喜鸟、七匹狼等知名品牌的购买率却相对较低，这与其品牌定位、价格等有一定的关系。

（3）消费者购买成衣的方式与偏好。77%受访者表示，每次逛街消费都会光顾服装店。在中等收入阶层的白领女性受访者中，83%～85%经常到服装店购物。消费者购买成衣的渠道：连锁店（38%）居首位，其余依次为大商场（35%）及服装专业市场（16%）。受访学生之中，逾半数到连锁店购买运动休闲装；女职员则喜欢在大商场购买衣服。受访女性白领中逾60%最注重品质，22%注重颜色与款式，18%注重价格。运动休闲装方面，大部分受访者最注重价格。在现实中，热衷于网上购衣的消费者越来越多，集中在40岁以下的青年女性人群，特别是那些酷爱时尚、追逐流行的白领人群以及部分大中专学生。调查表明，竟有超过20%的消费者已尝试通过网络选购服装服饰品，另有35%的消费者对网上购衣表现出不同程度的兴趣和关注，比如经常性地浏览一些著名购物网站的服装专区或打过销售咨询电话。有45%的人群表示对网上购衣不太了解，20%的消费者则认为网上购衣存在种种缺陷，自己将坚持传统的逛店购衣方式。

（4）何时购买服装。67%的受访者表示会在一时冲动情况下购买服装，会因为追逐时尚而非因实际个人需要而消费。销售最畅旺的日期为五一劳动节、十一国庆节、春节等节假日。一般而言，一月、二月、十月、十二月为旺季，四月、六月、九月为淡季。消费者通常在假日购买成衣。受访者平均每年花在购买服装上的金额：高收入人群最高，每年平均为6 050元人民币，中收入人群每年平均为3 050元人民币，学生只花900元人民币。

（5）消费者购买服装的选择。现代人的服装消费观念显示：重视个性的、合适的服装才是首选的消费者占主导地位，其比例分别为64.8%和55.7%；只有少数人有从众和追求流行趋势心态。消费者购买服装时，最重视的五个因素依次为：尺码（94%）、裁剪（92%）、价格（88%）、质料（87%）及款式（76%）。大部分受访者均满意所买的服装，在不满意所买服装的受访者中，60%认为最不满意买错款式，其余依次为品质、颜色及尺码。逾半数受访者认为折扣是最吸引他们的推广招数。百货店及连锁店都会在节日、店庆期间打折。此外，电视广告、户外广告、免费赠品都能吸引消费者注意。

（6）大中专学生作为一个特殊的服装消费群体抽样调查基本情况分析。现代大学生在选择服装类型上，越来越趋于自主化，更在意追求服装的舒适度，同时也融入服装潮流之中。有67.14%的男生和61.35%的女生都偏好运动休闲型服装，而偏好时尚、突出个性化服装的男、女生只分别占22.1%和25.4%。

以款式为购买服装首选因素的男、女生各占32.18%和42.36%，质量因素以19.26%位列其次，而品牌因素则以6.2%居于最后。因此，厂商应在款式的设计上注重新奇，以迎合现代大学生着衣的不同品位与风格。真维斯、佐丹奴、班尼路、李宁等是大学生较喜欢的品牌。

有超过半数的购买者只愿接受 50 ~ 100 元/件的服装价位。就购买场所而言，60.04% 的女生和 51.88% 的男生选择在专卖店购买。

3. 调查结果分析

（1）品牌认知度的影响因素。

①年龄因素。品牌认知度与调查对象的年龄有极大的关系。其特点是 35 岁以下的调查对象的品牌认知率明显高于 35 岁以上的调查对象，而且各类品牌无一例外地证明了这一点。更深一步分析：18 ~ 25 岁组在班尼路、李宁、真维斯、佐丹奴等品牌上的认知度高于 26 ~ 35 岁组；26 ~ 35 岁组对步森、皮尔・卡丹、报喜鸟等品牌的认知度又明显高于 18 ~ 25 岁组；雅戈尔、金利来、七匹狼等品牌在 35 ~ 45 岁组的认知度最高。杭派女装的消费年龄主要集中在 20 ~ 35 岁，以年轻的知识女性、职业女性为主。

②文化程度。主要表现在：品牌认知度与文化程度成正相关关系；学历在初中、高中之间的，其品牌认知率为 29.5%。

③职业。不同的职业决定了不同的品牌、不同款式服装的购买。调查结果证明，50% 以上的国内外服装品牌认知度与职业显著相关。总体来说，绝大多数品牌在大学生、公司职员和企业管理人员中的认知度较高。国家机关干部和科教文卫人员对知名品牌的认知度普遍低于平均水平。至于其他消费者则对知名品牌无甚了解。

④收入。63.6% 的国内外服装品牌的认知度与消费者收入档次显著相关，个人收入在 1 500 元以上的调查者对服装品牌的认知度明显高于较低收入段。同时，有些品牌的认知度在低收入者中也较高，如班尼路、真维斯等，其原因与大学生所占比例较高有关。

（2）服装购买者心态分析。从统计看，有近 48% 的人经常购买特定的品牌或厂家的服装；约有 21.5% 的人“购买外出穿的服装时考虑到品牌丰富的商店”，而且在购买时喜欢和朋友或家人一起去；27.7% 的人认为“如果能买到称心的服装，即便商店远些也没有关系”；有 24% 的人认为“即便价格贵些，也要买名牌服装”。可以看出，在杭州市的服装消费者中，有为数不少的人注重品牌。该结果也证明厂家、商家可以通过品牌服装或服务等途径来获得较为稳定的消费群。

4. 结语

无论是从消费者购买还是从经营者销售来看，品牌意识已深入人心。在繁多的服装品牌的销售点中，最具市场亲和力的是连锁专卖的品牌经营模式。专卖店的形式，一方面可以扩大品牌影响力，另一方面可以提高产品的销售额。

人们的观念在时刻变化，消费观念也不例外。很难想象一成不变的款式和风格能立足于现在的市场上。服装市场，除了变幻不停的流行趋势，个性化的款式也层出不穷。商家除了要有敏锐的市场眼光，善于捕捉市场机会，树立动态市场理念外，还应主动开发设计出便于搭配、风格迥异的服装，以满足消费者求新、求异、求个性的需求。

资料来源　改编自雷俊霞. 杭州服装消费群体状况调研报告 [J]. 丝绸，2006 (6).

问题：

1）利用本案例的资料以及你个人的观察，哪些因素影响到青年消费者的品牌消费意识?

2）本案例中采用的调研方案是否合理?

3）本案例的调研结果对杭州服装企业具有哪些借鉴意义?

6.2　网上调研

就上网对学生的影响问题设计一个调研计划，并进行网上调研。

第 7 章

市场需求预测

学习目标

通过学习本章，你应该达到以下目标：

知识目标：认识市场需求预测在市场营销中的作用，了解市场需求预测的类型。

技能目标：掌握市场需求预测的基本要求，能够应用购买者意向调查法、专家预测法和类推法等定性预测方法，以及时间序列分析预测法和因果分析预测法等定量预测方法进行市场需求预测。

能力目标：能分析影响市场需求的各种因素，计划市场需求预测项目的程序，并组织和协调预测活动过程。

引例

制作型小家电走红市场

因为食品添加剂的滥用被接连曝光，不仅是这两年已经热销的豆浆机，各种自助式的厨艺小家电，如面包机、酸奶机、烤肉机……甚至豆芽机，都借着“恐添”的光，卖到火爆。

2011 年的食品安全问题似乎尤为突出。“塑化剂”风波愈演愈烈，远的更不用说，染色馒头、瘦肉精、牛肉膏事件……尽管主管部门的立法进度与查处力度并重，但仍难消除消费者的疑虑。

然而，“时势造英雄”的道理是一个通例。添加剂的滥用导致了食品安全问题的集中爆发，却也在一定程度上成就了家电领域里原本不起眼的一支队伍——小家电的迅速壮大。

对食品安全问题的担心，让不少消费者不再厌烦厨房的繁琐和操劳，“自己动手，丰衣足食”。而消费诉求自然也得到了市场的热烈响应。

家电行业报告数据显示，2011 年一季度，全国家电业销售额比去年同期微增 1.7%，达到 2 696 亿元；其中，小家电产品市场销售额则已达到 414 亿元，较去年同期增长 5.9%，远超过传统家电行业的增速。而小家电行业领军企业更是以高出行业数倍的速度发展。

以九阳为例，借助九阳豆浆机等小家电的快速增长，该公司近 5 年的平均增长率均超过 40%，年销售业绩突破 100 亿元，业绩“醒目”。

另一小家电行业巨头美的也进一步掀开了产业布局的新篇章。据悉，投资超过 10 亿元的美的厨卫芜湖基地第一期工程已于 2010 年 9 月正式顺利投放。到 2015 年项目全部建设完成后，美的厨卫芜湖基地的产能将达 860 万台，实现工业产值 60 亿元，且有望成为全球最大厨卫生产基地。

在苏宁等各大家电卖场以及各类网店，小家电都成为消费者的新宠。一家淘宝店铺在一个月之内竟然售出 4 000 多台豆浆机，据店内客服介绍，有时候他们一天就能发出好几百台。

除了在网络上热销外，此前并不显山露水的小家电几乎是在一夜之间登上了各大卖场的销售榜单。“小家电今年 5 月份的销量比去年同期上涨 20% 以上。除了豆浆机、酸奶机大受欢迎外，现在面包机、烤箱等以往比较冷门的家电也热销起来。”北京一家卖场的销售人员告诉记者，豆浆机现在每个月的销售量最少都是前几年的 3 倍以上。

资料来源　刘昕．制作型小家电走红市场［N］．国际商报，2011-06-16（A14）．

营销计划是否具有可行性和有效性，在很大程度上取决于该计划是否充分考虑了企业即将面临的未来的市场环境和顾客需求。因此，管理者在制订市场营销计划之前，一定要先进行市场需求预测，弄清楚顾客需求的性质和大小，为正确制订市场营销计划提供依据。

7.1 市场需求预测的作用

所谓**预测**就是根据过去和现在已有的材料和知识来推测未来。由于客观世界的任何事物发展变化都有一定的规律性，这些规律是能够被人们认识和掌握的。只要掌握和利用了这些规律，人们就可以有相当大的把握预测未来。

7.1.1 市场需求预测的含义及地位

市场需求预测，顾名思义，就是对未来潜在市场的需求潜量进行推断和估计。基础是运用科学的方法，充分掌握和利用市场调查所取得的资料，并且对影响市场需求的各种因素进行认真的分析和估计。

市场需求预测已有相当长的历史。早在春秋战国时期，我国古代的大商人端木、陶朱公和白圭，都是善于预测的成功者。端木的市场预测有“亿则屡中”之名，陶朱公则借助“时用则知物”理论和“待乏”原则，在“十九年之中三致千金”，而白圭拥有“乐观时变”的经商天才，因而在《史记》中被誉为“天下言治生者祖”。在古希腊，哲学家塞利斯（Thales）也曾经进行过一次成功的市场需求预测。他通过对气象变化的研究，预测到油橄榄将要获得大丰收。于是，他购买并控制了米利都和开奥斯两个城市的榨油机。等到油橄榄收获后需要榨油时，他再以高价出售，从中获利甚厚。古代的市场需求预测，主要是凭借商人个人的经验进行的。随着市场活动的广泛开展和市场经济的发展，市场需求预测逐步成为一门科学，并成为市场营销管理中的一个重要分支。

市场需求预测是市场预测的主要内容之一。市场预测是指应用科学的预测方法，对影响市场供求关系的诸因素进行调查研究。市场是商品交换关系的总和。供求矛盾是市场运行中的基本矛盾，它支配着市场上各类企业的生产经营活动。从企业角度上看，在供求矛盾中，需求是矛盾的主要方面，因而市场预测主要是市场需求预测。

7.1.2　市场需求预测的类型

需求预测有许多不同的层次，如图 7-1 所示。需求预测可以在产品范围、市场空间和时间三个维度上分层次展开。科特勒指出，如果把产品范围分六个层次（产品细目、产品、产品线、公司销售、行业销售和全部销售），空间范围分为个人、地区、国内、洲别、世界等五个层次，时间分短期、中期和长期三个层次，则共有 90 种需求预测的类别。

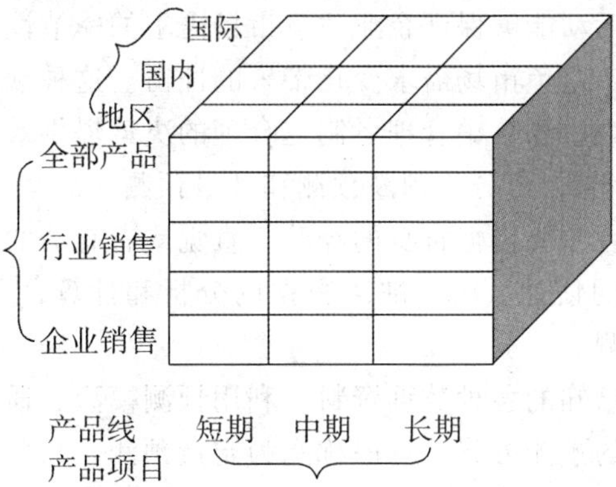

图 7-1　需求预测的不同类型

根据预测任务和预测特征的差异，可将市场需求预测划分为若干类型。

1）根据预测范围的不同，有宏观市场需求预测、行业需求预测和企业需求预测三种

宏观市场需求预测是从全社会商品销售或社会消费品零售的角度，对未来一定时期的市场需求总量的预测。从宏观上看，市场需求总量是国民经济发展的结果，也是国民经济发展的标志。宏观市场需求总量表现为全社会总的购买力，因而是全社会商品价值可能达到的最高实现水平。

行业需求预测是指对一定市场上某类商品（行业产品）总需求水平的预测。例如，有关今后十年国内市场对电冰箱的需求总量的预测，就是对整个电冰箱制造行业而言的。行业需求预测可以说明产品需求总量以及产品生命周期变化。

企业需求预测是工商企业从合理组织商品生产和经营的角度出发，对未来一定时期具体市场对某类或某种商品的购买量的推测和估计。例如，在开发一种新产品时，市场营销管理者需要了解这种新产品在市场上可能达到的最低的销售量水平，以便估计可能实现的销售收入和可能取得的利润，进而判断是否值得去投资开发。在企业考虑进行设备投资扩大生产能力时，市场营销管理者需要了解这种产品在市场上可能达到的最大的销售量水平以及企业能够取得的市场份额，从而测算出能最有效利用的生产能力和最佳投资规模，避免发生生产能力过小不能满足顾客需要，或者生产能力过大以至于经常被闲置的情况。

行业需求预测和企业需求预测都属于微观预测。微观市场需求预测主要是在认真分析消费者的消费需要或用户的生产经营需要的基础上进行的。

2）按照预测时间的长短，有长期预测、中期预测和短期预测之分

长期预测是指对五年以上的市场环境变化及其对市场需求的影响的预测，有的可能包括整个产品生命周期或者更长时期。在企业制订长期发展规划，或者开发新产品、作出重大技术改造投资决策之前，通常需要进行长期预测，以便准确地把握较长远的市场需求变

动趋势。

中期预测是指有关一年以上、五年以内市场需求变动趋势和可能的市场形势的预测。例如，推测新产品是否进入成长期或成熟期，在产品生命周期中某个阶段销售增长态势，可能达到的销售水平。这是企业在制订战略性经营发展计划、市场营销计划时，为掌握市场需求变动速度、幅度、方向和性质，必须进行的市场需求预测。

短期预测是指一年以内的市场需求的预测，比如季度需求预测，通常适用于那些季节性强的商品。这类预测活动能够保证企业适应市场需求的季节性变化或短期波动，在变动之前及时采取合适对策，避免市场需求变化带来的冲击。这种预测也适用于对市场促销活动的效果预测和审计，为市场营销管理者制定合理的决策提供效益分析的依据。

3）按预测方式的差异，可分为判断预测和计量预测

判断预测是指预测者主要依据自身的经验、直觉或者有关的知识，对未来一定时期市场需求变动趋势所进行的估计。由于缺乏数据的分析和计算，因而预测值的准确度不够高，一般称之为定性预测。

计量预测则是依据已知的各种数据资料，利用预测模型，通过计算获得对未来一定时期市场需求水平预测值的预测方式，一般称之为定量预测。只要拥有充分的数据和选用了符合市场需求变化规律的预测模型，计量预测的结果就会具有相当高的准确度。

7.1.3 市场需求预测的作用

市场需求预测在企业市场营销活动中占有重要的地位。估计市场需求是评价市场营销机会的重要步骤。如果市场需求潜量大，就能够让企业集中使用生产要素，获得巨额的销售收入，并从规模经济中获得理想的利润。在需求潜量大或需求增长快的市场上通常能够比较容易地培育企业的竞争实力，使企业实现较快发展。对于小企业来说，市场需求预测也能够帮助它们寻找相当宽松或理想的生存空间，或者躲避强大的竞争对手的攻击。

做好市场需求预测，还可以使企业在新产品开发、产品上市的时间上掌握主动权，总是能够抢先一步，满足消费者需要，争取获得较大的市场占有率。可以看出，市场需求预测对于企业的战略发展和市场营销行为，具有重要的作用。

7.2 市场需求预测的基本要求和影响因素

7.2.1 市场需求预测的基本要求

从现在推测未来，必须采用科学的方法。这里首先要求预测人员具有科学的态度，重视经验、资料和知识的积累，善于从复杂多样的客观资料的变化中找出市场需求变化的规律，并在实践中不断完善对有关变化规律的认识，以此作为市场需求预测的基础。其次，也要采用科学的预测程序和方法，认真做好资料的收集、甄别、分析处理和统计计算工作，保证预测工作质量。这些要求来自科学预测本身的规定性。

虽然不少企业进行过市场需求预测，但是相当多的预测没有起到应有的作用，原因是预测值的准确性很差。为了让预测工作为企业经营决策提供可靠的依据，提高市场需求预测的准确度是十分必要的和非常重要的。那么，如何提高市场需求预测的准确度呢？基本要求如下：

1）正确定义市场需求预测的具体任务和要求

企业组织进行市场需求预测，通常都是为制定经营决策、编制发展规划和市场营销计划提供依据的。在每次具体的预测活动组织中，通常面临特定的市场形势，依据当时掌握的数据资料，需要弄清楚某些具体的问题，因而当次预测的任务、性质和要求具有特殊性，与其他的市场需求预测会有所不同。这一点不仅预测的组织应当明确，还要让预测人员明白。如果定义不清，可能使有关人员在理解上发生分歧，进而导致预测发散。正确定义当次预测的任务和要求，将会使预测程序安排合理，并有很强的针对性。

2）集思广益

相当多的预测活动是以人们的经验和知识为基础的。而不同的人由于经历不同、爱好相左、见识参差不齐，故在预测任务的完成能力、准确性等方面会有差别。因此，在重要的预测活动中，应尽量吸收较多的经验丰富、学识渊博、分析判断能力强的人参与预测，以便集思广益。

3）重视可信度分析

不论选用定性预测方法还是选用定量预测方法，提高预测的准确度关键在于预测推理思路或分析模型的合适性。例如，对于观察值呈现增长趋势的某种商品需求的预测，是采用直线模型还是采用生长曲线模型来预测，必须认真进行拟合度分析或可信度分析。有些情况下，一项预测任务可能要试用多种不同模型或分析思路，通过可信度分析来找出相对理想的模型，为有效预测奠定基础。

4）做好预测过程的组织管理工作

企业进行市场需求预测，可能要组织多个预测人员，采用一定的程序和方法，因而有一定组织管理工作量。为了保证尽快获得预测结果，并有较高的准确性，这就要求组织者注意做好事前准备、制订预测活动计划、严格控制进度和质量，并且注意做好沟通和保密工作。有些资料应当向预测人员展示，有些资料则要保密。获得预测结果以后，也要做好分析整理工作，及时向运用预测结果的部门和人员递送预测报告。

7.2.2 影响市场需求的因素

在不同的地区、不同的时期，给定商品的市场需求会有变化，这是由有关购买者所面临的生活环境、受到外界刺激和自身因素的变化造成的。影响顾客群体购买欲望的因素非常多，一般来说，主要影响因素有外界环境、消费习惯、促销刺激和顾客群体构成等。

1）外界环境

市场需求受到众多环境因素的影响，例如，电视机的普及造成了收音机市场需求的下降；电话的普及减少了人们对信封、信纸的需求；互联网的发展促进了电子计算机（尤其是个人电脑）市场需求的增长。

2）消费习惯

消费习惯决定着顾客群体或每个顾客对某种商品的消费方式和消费数量。例如，城镇居民对鲜牛奶的爱好已逐渐变成天天饮用鲜牛奶的习惯，不少白领人员逐步形成饮用咖啡的习惯，使得鲜牛奶、咖啡的市场需求大大增长。又如，南方人有天天洗澡的习惯，形成对洗发水和沐浴露的稳定的市场需求。

3）促销刺激

企业的市场促销行为也能影响它们的产品的市场需求。例如，产品价格的上扬或下降，更多的或更大的购物奖励，或者新产品的免费试用，都可能改变人们的购物兴趣和欲望。市场需求与企业的市场营销促销力度具有一定的对应关系，可以用一个曲线图来直观地说明这种关系，如图 7-2 所示。

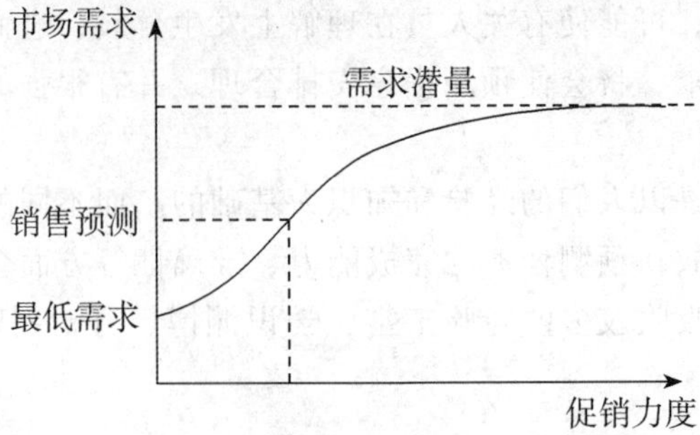

图 7-2　市场需求与促销力度之间的关系

企业的促销力度可以通过促销费用来估计。在促销费用效率不变的条件下，促销力度与促销费用是成正比的。这些促销费用可以是购物有奖、购物送礼或免费试用的支出，也可以是广告费用（尤其是 POP 广告费用）或推销人员奖励支付。由于许多消费者重视价格和购物奖励，消费需求具有弹性，因此，在企业增加促销费用以加强促销力度时，有关商品的市场需求通常会有所增加。

在图 7-2 中，可以看到，市场需求曲线是从最低需求逐步上升的，最大能够达到的需求水平称为**需求潜量**。最低需求是在企业没有任何促销行为时，受到消费者本身消费习惯、生活需要等因素的影响，市场上出现的对某种产品的需求，也称为基本需求或市场最小量。随着促销费用的增加，促销活动对顾客的购买欲望产生越来越大的影响，市场需求因此不断上升。一般来说，促销活动对市场需求的刺激作用，受到购物心理和消费习惯等因素的影响，是一个逐步减弱的过程。在促销费用相对较少、促销力度较弱的阶段，随着促销力度的提高，市场需求以较高的速度增长，并且有不断加快的趋势；当促销力度加大到相对较高的水平后，市场需求随促销费用增加而增长的速度逐步下降，市场需求曲线变得接近于一条水平线。如果在此之后，企业继续增加促销费用的效果几乎为零，即加大促销力度不再可能显著地带来市场需求的增加。这时达到的市场需求水平是顾客消费的饱和水平，已经达到市场需求的最大界限，称为需求潜量。

在市场需求的最小量与最高界限之间，市场需求水平随着企业促销力度的提高而上升，表明需求对促销具有弹性。相当多商品的市场需求具有较高的促销弹性，即促销费用的小量增加能够引起需求量较快的增长，对企业来说，市场需求增长量带来的收益增量将会大大超出所增加的促销费用，给企业带来利润的增加。正是这个原因，企业要充分利用促销手段，借以提高经济效益。

4）顾客群体的构成

顾客群体的人口数量、各收入层次的构成对于市场需求也是有影响的。例如，对于食品、饮料、服装、洗涤剂等日常生活用品，人口数量越多，市场需求量就越大。对于像汽车等那些价格较高的商品，市场需求不仅取决于人口数量，还取决于人们的收入水平，只有高收入水平的人口数量多，其市场需求才会比较高。

7.2.3 市场需求的估计

一般来说，在某个地区，在一定时期内，某种商品的市场需求量可以用下式来估算：

$$Q=nqp$$

其中：Q——市场需求量，以顾客购买的商品价值量表示；n——购买者人数；q——人均年购买量；p——商品平均价格。

例如，假设某地区有5亿消费者购买瓶装饮料，每人每年购买200瓶，平均价格为2元。于是可计算出，该地区近年来每年对瓶装饮料的市场需求量是：

$$Q=5\times200\times2=2\ 000\ (亿元)$$

一般来说，一个地区的消费者人数、每人每年的购买量、平均价格等数据资料，必须通过调查取得，而且要求准确。如果这些数据不准确，对于市场需求的计算将会出现很大的误差，失去计算市场需求的意义。

7.3 经验预测法

经验预测法是一种最为古老的预测方法。它主要依赖预测者个人的经验，这些经验通常来自个人经历、个人的潜心研究和学习。凡是从事过市场经营或者从事过市场需求研究的人员，大多会具备一定的识别市场变化迹象、判断需求变化趋势的经验或知识。在实际工作中，主要采取销售人员预测、专家预测、类推法等方式。

7.3.1 销售人员意见法

对于市场需求变化规律有较深认识和掌握的人员是那些经常和顾客打交道、直接从事商品销售工作的销售人员，包括制造商的推销人员、零售商的营业人员和部门经理、代理商等。他们尤其对自己所在地区、自己主要销售的产品的市场情况十分熟悉，因而进行这一层次的市场需求预测具有优越的条件。

采用这种方法进行预测，通常需要寻找熟悉各类产品、各个地区市场情况的销售人员。一般来说，可采用市场分割预测法。具体做法是：根据各个销售人员了解的产品、地区市场有所不同的特点，在组织市场需求预测时，可采用市场分割预测法，即将整体市场进行分割，使每个“子市场”适合各个销售人员。这样就可以在销售人员之间进行分工，各人预测一个“子市场”未来一定时期的需求潜量。整体市场的需求预测值等于各个“子市场”预测值之和。

［例］为估计明年国内市场的彩色电视机的需求潜量，某公司把驻各地区的销售代表召集起来，分别估计出明年华南地区、华东地区、华北地区、东北地区、西南地区、西北地区彩色电视机的需求潜量依次为250万台、235万台、190万台、215万台、165万台和140万台。根据这些预测资料，可以计算国内市场明年对彩色电视机的需求潜量如下：

全国彩电需求预测值$=250+235+190+215+165+140=1\ 195$（万台）

在采用市场分割法进行预测时，需要防止某些“子市场”没有人预测被遗漏，而有些“子市场”被交叉预测等现象。

7.3.2 专家预测法

这是一种以市场分析和预测专家为主体的市场需求预测方法。相当多的企业管理人员、行业管理者、市场调研公司的专家以及一些学者不仅积累了丰富的市场需求分析资料，了解整体市场的行情，而且对未来一定时期的市场需求能够进行相当准确的预测。市场营销管理者应当考虑有效利用这些专家的经验和知识财富，请他们提出不同层次的市场需求预测。

在聘请若干专家对同一个项目进行预测时，会发现不同专家的预测值彼此不同的情况，这是由于各个销售人员的经验和见识相互不同所引起的。为防止无谓的争论，预测组织者可预先为每个预测人员设定一个加权值，在收集每个专家的预测结果以后，利用加权值来计算所有专家的预测值的加权平均数，由此获得未来时期的市场需求预测值。

[例] 某零售公司为预测本公司明年的销售额，通知五个商品部、统计信息科等部门的主管人员开会。在公司经理简要介绍今年营销计划、经营计划执行情况之后，又安排各单位的主管人员分析和讨论了明年的销售形势、机遇和挑战。最后在公司经理的主持下，由每个主管人员对公司明年的销售额进行预测。结果见表 7-1。

表 7-1 **综合预测法**

主管	商品一部	商品二部	商品三部	商品四部	商品五部	统计信息
预测值（万元）	300	450	350	500	400	400
加权值（%）	14	15	13	18	20	20

因为统计信息科主管，商品四部、五部主管具有相对较多的市场经验和较强的预测能力，所以给他们赋予较大的加权值，而其他部门的主管被赋予较小的加权值。该公司明年销售额预测值计算如下：

明年销售额 $=300\times14\%+450\times15\%+350\times13\%+500\times18\%+400\times20\%+400\times20\%=405$（万元）

实践中可能发现，为每位参与预测的专家赋予一个客观公正的加权值，是比较困难的。尤其在不同的预测项目中，专家的相对预测能力各不相同，有的专家在某个项目的预测中表现出较高准确率的预测能力，但在另一些项目中则可能出现准确率很低的预测情况。即使对于同一个预测项目，有的专家的预测的准确度也不稳定，有时会比较高，有时又比较低。为了避免赋予加权值时出现不合理的情况，一个简单的做法就是计算所有参与预测的专家预测值的简单平均数，以此作为专家组的综合预测值。

7.3.3 德尔菲预测法

德尔菲预测法是专家预测法的一种特殊形式。传说“德尔菲”（Delphi）是希腊一个古城的名字，城中有座阿波罗神殿，众神每年到此集会，预言未来，无不灵验。本预测方法就是借此传说来命名的。

这种方法要求选择一组专家，但不让专家之间相互认识和知晓。预测组织者和各位专家直接联系，分别征询他们的意见，进行预测。这样做，是为了充分发挥每个专家的预测能力，避免专家之间的相互影响。由于每位专家的经验和知识与其他专家不同，因此，预测结果会有差异。为消除预测差异，德尔菲预测法采取多轮反馈预测的方式，使专家的意见逐渐趋于一致。具体做法是：

第一轮，由预测组织者将拟调查预测的项目、要求列成提纲，加上有关背景资料，一并提供给所选择的专家，请他们作第一轮预测，并说明预测的依据和理由。

第二轮，预测组织者把第一轮的专家意见进行集中整理后，以不记名的形式，将不同的预测结果及其依据、理由，分别送给各位专家，请他们进行分析和评价，并对自己原先的预测进行补充、修改和进一步的说明。

第三轮，预测组织者把第二轮取得的专家意见进行集中处理，并将修正后仍然存在的不同预测结果及其理由、新的说明再次反馈给有关专家，请他们进一步分析和评价，并对个人原先的预测进行新的修正。

一般经过四五轮这种不记名的反复征询，专家们的预测意见会逐步趋于一致，预测组织者最后可以得出比较切合实际的预测值。

【小资料 7-1】

电子商务有多大的市场？

某公司总经理看到媒体上有关电子商务迅速发展的报道以后，有意进入电子商务领域。销售经理和市场营销经理与公司总经理不谋而合，也希望公司发展电子商务业务。这一想法得到了公司董事长的支持。于是，总经理和销售经理、市场营销经理一起讨论了如何发展电子商务业务的计划。市场营销经理建议首先搞一个有关电子商务发展前景的市场需求预测，得到了总经理的同意。

于是，受总经理的委托，市场营销经理通过调查，认识了一批电子商务研究专家。他从中选择了六位，拟采用德尔菲预测法，请他们对未来三年国内通过电子商务实现的销售额可能达到的水平进行预测。六位专家分别编号为 A、B、C、D、E 和 F，并对有关专家保密（包括这些编号）。市场营销经理很快搜集了若干有关国内和国外电子商务业务发展情况的资料，并印制了征询预测意见函件，通过电子邮件交换系统，分别寄送给有关专家。

三天之内，市场营销经理收齐了六位专家的预测回函。集中整理的结果见表 7-2。

表 7-2　**专家意见汇总表**

专家编号	预测数值（亿元）	主要理由
A	300	3 000 个电子商务公司乘以平均 1 000 万元销售收入
B	100	2 000 万网民乘以平均 500 元网上购物消费
C	50	2 500 个电子商务公司乘以平均 200 万元销售收入
D	270	目前 10 亿元乘以 $(1+200\%)^3$
E	500	全国消费品零售总额 5 万亿元乘以 1%
F	250	5 000 万网民乘以平均 500 元网上购物消费

市场营销经理发现，专家预测的平均值是 245 亿元，但是彼此差距太大，最大预测值与最小预测值之差，即极差 = 500 − 50 = 450（亿元）。于是将表 7-2 删除“专家编号”一列后，寄给有关专家，请他们予以评价，并修正他们的预测。

专家们的第二次预测意见很快得到回复。经过汇总，得到表 7-3。

表 7-3　　第二次汇总

专家编号	预测数值（亿元）	主要理由
A	300	3 000 个电子商务公司乘以平均 1 000 万元销售收入
B	100	2 000 万网民乘以平均 500 元网上购物消费
C	250	2 500 个电子商务公司乘以平均 1 000 万元销售收入
D	250	5 000 万网民乘以平均 500 元网上购物消费
E	320	4 000 万网民乘以平均 800 元网上购物消费
F	250	5 000 万网民乘以平均 500 元网上购物消费

有三个专家改变了看法，预测理由也从四类逐步集中于两类，预测的平均值是 245 亿元，尽管专家们的预测意见还是不一致，但是极差减少到 220 亿元（320-100）。为争取获得相对收敛的专家预测，市场营销经理又先后请有关专家进行过两次修正预测。最后获得的预测意见与第三次预测意见基本相同，汇总于表 7-4。

表 7-4　　最后一次汇总

专家编号	预测数值（亿元）	主要理由
A	240	3 000 个电子商务公司乘以平均 800 万元销售收入
B	200	4 000 万网民乘以平均 500 元网上购物消费
C	200	2 500 个电子商务公司乘以平均 800 万元销售收入
D	250	5 000 万网民乘以平均 500 元网上购物消费
E	200	4 000 万网民乘以平均 500 元网上购物消费
F	250	5 000 万网民乘以平均 500 元网上购物消费

由于专家们不再修正他们的预测，可以认为，最后的预测是专家们满意的预测。经过分析，可以得到，专家最后预测的平均值是 223 亿元，预测值分布区间是 200 亿 ~250 亿元。

市场营销经理将专家最后预测结果报告给公司总经理，总经理认为公司发展电子商务业务的可行性论证要以专家预测值为主要依据进行。后面还应该进行竞争分析、企业份额分析、成本分析、投资分析和盈利性分析，最后才能决定公司是否发展电子商务业务。

（本实例根据一篇未公开发表的资料改编而成。）

7.3.4　类比预测法

所谓类比预测法，是指根据一事物与另一事物在发展变化方面的相似性，借助其中某个事物的已知变化来推测另一事物的未知变化水平的预测方法。例如，家用洗衣机的市场需求量变化与电冰箱的市场需求量变化具有一定相似性，因为这些商品的购买者群体大体相同，平均购买量很接近。在对某种事物缺乏历史资料、无法直接进行预测时，就可以利用事物之间的相似性，采用类比预测法进行预测。

［例］某水泥制品公司通过观察，发现公司的水泥制品市场需求与本地基本建设投资具有密切的关系。已知 2013 年本地基本建设投资总额是 160 亿元，公司水泥制品销售额

是 1.2 亿元。根据政府部门的有关计划，预计 2014 年本地基本建设投资总额可以达到 280 亿元，那么 2014 年公司的水泥制品市场需求量估计如下：

设 2014 年公司的水泥制品市场需求量为 x 亿元，根据类比原理，可写出下列关系式：

$$\frac{1.2}{160}=\frac{x}{280}$$

于是，计算出

$$x=\frac{1.2}{160}\times 280=2.1\text{（亿元）}$$

运用类比预测法的关键在于确认事物之间的相似关系或关系类型。在刚才讨论的例子中，该公司水泥制品市场需求与当地基本建设投资的关系，属于同比例增长的关系，即认为公司水泥制品的销售增长速度与当地基本建设投资增长速度是相同的。在其他的许多案例中，事物之间的关系可能与此不同。为了准确作出预测，需要认真分析和确认事物之间的具体关系类型。

【专论 7-1】

把握时机抢占先机

在市场营销活动中，什么条件下可以抢占先机呢？在新产品刚导入市场的时候，创新企业就抢占了先机。由于新产品市场在进入到成长期之前需要培养，抢占先机的企业要承担培育市场的职能，也许要培育五年，也许十年，要投入的培育成本很大。如果十家企业进入市场，每家企业都投入一部分钱，培育这个市场就容易了。如果创新企业将新产品推上市场之后没有其他企业跟进来，它表面上抢占了先机，其实要在培育需求方面浪费大量资源。

■ 只有需求性萌芽即将凸显的时候，才需要抢占先机

抢占先机必须要看准时机，大家都想抢的时候你去抢，那就是有利的。如果大家都不想抢，而你就先抢了，这说明你对市场的把握存在问题。市场把握是通过调研来决定的。如果说市场尚不存在已感知的需要，你去抢占先机就没有必要；如果说已经存在感知需要，只是消费者需求处于潜在状态等待挖掘，这个时候你去抢占市场的先机就很有意义。

■ 不同产品类别和市场普及率的差异

抢占先机是在产品从导入期过渡到成长期的时候，但是对于不同类别的产品来说，这个时间是有区别的。对于科技性强且更新换代比较快的产品，它的整个周期都是在更新和交替之中，企业的营销活动基本上都是在帮助导入和拓展市场。那么，是在开始上升阶段抢占先机还是在潜在上升阶段就要抢占先机呢？这就需要看一看该产品的潜在市场规模有多大，是否有更多的消费群体需要更替。如果是，就需要花很长时间来消化。

但是，对于传统的产品来说，则有一个很传统的市场发展模式。那些满足基本需求的产品，更新速度非常慢，而它从导入阶段过渡到成熟阶段的时间是非常短的。这类产品定型后，很长时间不需要更新，只要等到市场普及率达到 5% 以上就可以去抢占市场先机了。

■ 成长市场是整个产品阶段的最大先机，但成熟早期还有概念性先机

如果说产品进入的市场已经是成熟市场，那么已经没有什么先机可抢了，但在成熟早

期，有概念性的先机可以抢：一个是品牌认知的先机，一个是产品价格掠夺的先机。进入成熟期以后，谁先利用价格优势来扩充规模，谁就有可能占得规模化先机。或者，谁先实现品牌的高度认知，谁就有可能占得未来一个阶段的市场先机：谁先做高认知度，谁抢夺的市场规模就更大。

■ 抢占概念性先机要先于规模扩张的先机

要抢占先机的主要是产品的个性化和品牌的概念化两点。个性化就是产品要有与众不同的特征，而这种特征必须用一个概念表述出来，让消费理解和认同。所以，要把一个产品概念捆绑到产品品牌身上，这个概念越接近共性概念越好，因为认同这种共性概念的市场需求规模是比较大的，而那些个性化的小概念市场往往被区隔得太细、太小。例如宝洁公司的舒肤佳香皂，它打出的概念是“去污”、“杀菌”，而这个概念的市场是很大的。现在国内的一些品牌就不能再用这个概念尾随其后，只能自己再找出一些其他概念，但找出来的其他概念的市场份额很小，很难与宝洁竞争。

资料来源　刘永炬．把握时机抢占先机［J］．企业文化，2009（7）．

7.4 时间序列计量预测法

在很多场合，公司不仅拥有与预测项目相关的过去和现在的数据资料，而且要求作出的预测值具有相当高的准确性。这就要采用计量预测的方法。计量预测法的重要特点就是从已有数据资料中寻找预测项目的有关变量的变化规律，并在此基础上作出对未来某段时期的市场需求的推测和估计。具体方法有时间序列分析法、因果关系分析法等。

时间序列是指按时间前后顺序罗列的有关经济变量的一组数据。一般来说，用于市场需求预测的时间序列数据是一组时间间隔相等、不间断的历史数据，也称为观察值序列。根据事物发展变化的连贯性原理，通过对时间序列数据的分析，可以找出某种经济变量或市场需求的变化规律。利用分析时间序列数据所取得的这些规律进行预测，称为时间序列分析法。具体方法有简单平均法、移动平均法和指数平滑法等。我们介绍后两个。

7.4.1 移动平均法

移动平均法就是以第 t 期的步长为 N 的移动平均值 Mt 作为第 t+1 期的预测值。相对简单平均法来说，移动平均法采用的时间序列数据可以少一些，或者说，移动平均法只是重视近期观察数据反映的市场需求变动趋势，忽视较早的时间序列反映的变动趋势。

设给定时间序列观察值

$x_1, x_2, \cdots, x_t \ (t \geqslant N)$

设定步长为 N，则第 t 期的移动平均值

$$M_t = \frac{x_t + x_{t-1} + \cdots + x_{t-N+1}}{N}$$

预测方程：

$$\hat{y}_{t+1} = M_t$$

［例］在一家商店某种饮料最近 5 个月的销售量见表 7-5，用步长 N =3 的移动平均法预测第 6 个月的销售量。

表 7-5 **该饮料近 5 个月的销售量**

T	1	2	3	4	5	6
x_t	5	6	4	6	3	

利用表 7-5 中的数据，可以计算出：

$M_3=\frac{5+6+4}{3}=5$，$y_4=5$

$M_4=\frac{6+4+6}{3}=5.33$，$y_5=5.33$

$M_5=\frac{4+6+3}{3}=4.33$，$y_6=4.33$

把有关计算结果填入其中，得到下列汇总表，见表 7-6。

表 7-6 **汇总表**

T	1	2	3	4	5	6
x_t	5	6	4	6	3	
M_t			5	5.33	4.33	
$\hat{y}_t$				5	5.33	4.33

移动平均法的超前预测期只有 1 期。对于第 6 个月以后的市场需求量，移动平均法不能预测。

上述计算移动平均数的公式表明，对于步长范围内的近期时间序列数据是不再区分重要程度的。其结果是把早期观察数据中市场需求变动趋势与近期的市场需求变动趋势简单平均加以处理。这种做法还是不能充分表现重视近期观察数据、忽视早期数据的要求，故称为简单移动平均法。

为克服简单移动平均法的缺陷，人们采用了加权移动平均法，即对于一组时间序列观察值：

$x_1, x_2, \cdots, x_t \ (t \geq N)$

设定步长为 N，从第 t-N+1 期到第 t 期观察值的权数分别为：

$w_1, w_2, \cdots, w_N \ (w_i>0)$

且满足条件：

（1）$w_1<w_2<\cdots<w_N$

（2）$\sum_{i=1}^{N} w_i = 1$

则第 t 期的加权移动平均值

$$M_t = \sum_{i=1}^{N} w_i x_{t+i-N}$$

预测方程：

$$\hat{y}_{t+1}=M_t$$

通过加权平均处理，可以把早期观察数据中包含的趋势因素的影响降到最低程度，在移动平均值的计算中重视近期趋势的作用，这样就可以使得市场需求预测贴近现实的市场需求变化轨迹。同时，考虑了近期随机因素，减少了早期的随机因素的影响。

［例］已知某百货商场 1—5 月份销售额，见表 7-7，取步长 N=3，权数分别为 0.2、0.3、0.5，对 6 月份的销售额进行预测。

表 7-7　**该百货商场 1—5 月份的销售额**

月份	1 月	2 月	3 月	4 月	5 月
销售额（万元）	500	700	450	440	650
权数 w_i			0.2	0.3	0.5

根据已知数据，可以计算 5 月的加权移动平均值：

$M_5 = 0.2 \times 450 + 0.3 \times 440 + 0.5 \times 650 = 547$（万元）

故 6 月份销售额预测值 $\hat{y}_6$ 为 547 万元。

7.4.2　指数平滑法

指数平滑法是重视近期观察值（给予较大权数）的加权平均法的改良预测方法。其加权权数是一个等比级数，即规定自当前期向前，各期观察值的权重按指数规律下降。具体来说，对应于观察值：

$x_t,\ x_{t-1},\ x_{t-2},\ \cdots$

权重依次为：$\alpha,\ \alpha(1-\alpha),\ \alpha(1-\alpha)^2,\ \cdots$

满足条件：$0 < \alpha < 1$

$$\alpha + \alpha(1-\alpha) + \alpha(1-\alpha)^2 + \cdots = 1$$

采用上述权数的加权平均数是：

$S_t = \alpha x_t + \alpha(1-\alpha)x_{t-1} + \alpha(1-\alpha)^2 x_{t-2} + \cdots$

由于 $S_{t-1} = \alpha x_{t-1} + \alpha(1-\alpha)x_{t-2} + \alpha(1-\alpha)^2 x_{t-3} + \cdots$

因此有 $S_t = \alpha x_t + (1-\alpha)S_{t-1}$

其中：α——平滑系数；S_t——第 t 期指数平滑值。

指数平滑法的基本预测公式是：

$\hat{y}_t = S_t$

递推公式是：

$\hat{y}_{t+1} = \alpha x_t + (1-\alpha)\hat{y}_t$

递推公式表明，采用指数平滑法进行预测，只要有一个观察数据就够了。

[例] 已知某时间序列前 5 期的观察值是：

4，5，3，6，4

假定 $\hat{y}_1 = S_1 = x_1 = 4$，试用指数平滑法作出第 6 期的预测值（取 $\alpha = 0.3$）。

根据题目给定的条件，不妨对 2 ~5 期作追溯预测，计算结果见表 7-8。

表 7-8　**应用指数平滑法的计算结果**

T	1	2	3	4	5	6
观察值	4	5	3	6	4	
平滑值	（4）	4.3	3.9	4.5	4.4	
预测值	（4）	4	4.3	3.9	4.5	4.4

即第 6 期的预测值是 4.4。

7.5　因果分析预测法

因果分析预测法是根据事物的发展变化都有内在原因的原理，通过分析市场需求与有关影响因素之间的作用-反应关系，建立一个市场需求预测函数，然后借助对各种影响因素调研所取得的数据资料，来预测未来市场需求水平的方法。这种方法抓住市场需求与各种影响之间的联系，通过科学分析，力求获得有关市场需求变动规律的合理的解释，以此作为预测未来市场需求的基础，具有较高的科学性和完善性。

7.5.1　因果关系分析预测的程序

进行因果关系分析预测，首先必须找出影响预测任务定义的市场需求的各种影响因素。例如，对于一个商店来说，影响其销售额的因素可能有商品结构、价格水平、光顾的顾客数量以及顾客平均购买额；对于为该商店提供某种电器商品的供应厂家来说，影响该商品在该商店的销售额的原因可能是该商店的服务质量、促销力度、商店声誉、竞争性品牌以及价格等因素。对于不同内涵的市场需求，影响因素通常是不同的。因而要具体问题具体分析，不可抄袭别的分析结论。

其次，鉴别有关因素与市场需求的相关性。有些因素容易被识别，其与市场需求具有确定性关系，但有些因素与市场需求的关系是不明确的，故需要通过相关性分析来予以鉴别。图 7-3 是若干相关系数反映的观察值分布。

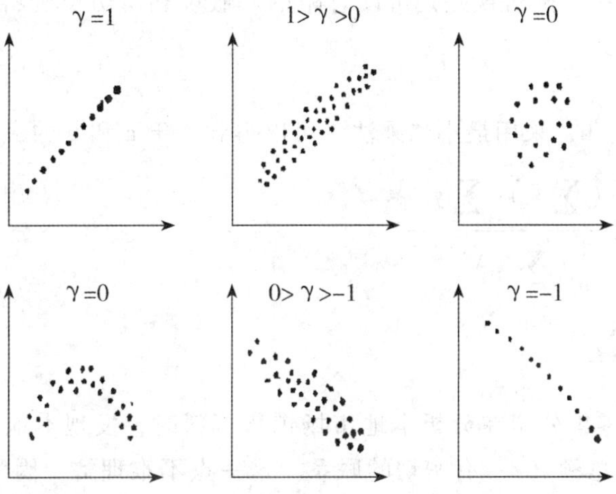

图 7-3　有关因素与市场需求之间的相关关系

再次，根据观察数值建立函数关系。一般认为，只要两个变量的相关系数 $|\gamma| \geq 0.75$，就可以说这两个变量之间具有强相关关系，就可以在它们之间建立起一定的函数关系。

在通常情况下，可采取曲线拟合方式来确认两个变量之间的函数关系。常用的拟合曲线有：

（1）$y=ax+b$

（2）$y=a+bx+cx^2$

（3）$y=ax^b$

（4）$y=ab^x$

（5）$y=a\ln x$

（6）$y=\frac{b}{1+ax}$

（7）$y=ae^{bx}$

（8）$y=\frac{a}{x}$

再次，收集影响因素未来的取值。因果分析预测的前提是已知有关影响因素（自变量）未来的取值。这些数据是经常变化的，而且能够造成市场需求的变动。应当通过市场调研，搜集这些数据。

最后，进行预测计算并估计可信区间。所谓可信区间，是指在显著性水平 α 下，存在一个正数 δ，使得被预测变量的真实值 y 以 1-α 的概率落在区间（$\hat{y}-\delta$，$\hat{y}+\delta$）内。可以通过统计分析，计算出 δ。参见相关的数理统计著作。

7.5.2 线性回归分析法

根据已有的历史资料，如果能判定一个影响因素与市场需求之间具有线性关系，就可以运用线性回归方法来建立因果分析预测模型，为预测奠定基础。

设影响因素的取值为 x，市场需求值是 y，两者之间的线性关系可表述为：

$$y=ax+b+\varepsilon$$

其中：a、b——常数；ε——随机误差。

在市场需求预测中，随机误差是可以忽略的。假设利用历史资料，可找出 a、b 的具体数值，得到预测公式：

$$\hat{y}=ax+b$$

为估计出常数 a、b，采用最小二乘法，可以得到关于 a 和 b 的最优估计值。

$$\begin{cases} a=\dfrac{\sum x_i y_i-\dfrac{1}{n}(\sum x_i)(\sum y_i)}{\sum x^2-\dfrac{1}{n}(\sum x_i)^2} \\ b=\dfrac{\sum y_i}{n}-a\dfrac{\sum x_i}{n} \end{cases}$$

［例］某城市一零售公司在分析本地市场销售资料时，发现本地零售销售额（y）与当地居民可支配收入总额（x）有密切的联系。这一点不难理解，因为当地居民是本地零售市场的主要购买者。有关历史资料见表 7-9。

表 7-9　**零售公司的历史资料**

编号	x（亿元）	y（亿元）	x^2	xy
1	138	46	19 044	6 348
2	149	41	22 201	6 109
3	152	43	23 104	6 536
4	152	47	23 104	7 144
5	153	48	23 409	7 344
6	190	56	36 100	10 640
7	211	67	44 521	14 137
8	216	64	46 656	13 824
9	235	63	55 225	14 805
$\sum$	1 596	475	293 364	86 887

在本例中，n =9，运用统计分析方法，可计算出两者之间的相关系数为 0.9347。因此，应用线性回归方程进行模拟是合理的。有关参数已列于上表的最后一行，将相应数据代入 a、b 参数的计算公式，有：

$$a=\frac{86\ 887-\frac{1}{9}\times 1\ 596\times 475}{293\ 364-\frac{1}{9}\times 1\ 596^2}\approx 0.2566$$

$$b=\frac{475}{9}-0.2566\times\frac{1\ 596}{9}\approx 7.2741$$

那么，本例中的线性回归方程就是：

$$\hat{y}=0.2566x+7.2741$$

如果通过调查已知下年度该市居民的可支配收入水平可达 250 亿元，那么该市零售市场销售总额将可以达到：

$$\hat{y}=0.2566\times 250+7.2741=71.4241\ （亿元）$$

在这个例子中，市场需求预测的具体任务是预测下年度该城市的零售市场销售总额。这里，把居民可支配收入水平看做原因，零售市场销售额作为结果，用历史数据建立起线性回归方程，然后进行预测。预测结果是下年度该城市零售市场销售总额可达到 71.4 亿元。

严格地说，这个预测结果必须进行可信度检验，或者估计一个置信区间，以便让市场营销人员合理地利用预测。

【观念应用 7-1】

城乡居民收入对消费的影响

凯恩斯认为随着收入的增加，消费也会增加。随着城乡居民收入的巨大变化，我国居民的消费行为也发生了一系列的变化。但是也要注意到，收入直接制约着消费，收入分配严重地影响着消费。

回归分析的假设与统计数据

消费水平与收入水平之间具有正向同步变动趋势，居民消费价格指数以及恩格尔系数对居民消费水平也有一定的影响。相关的数据资料见表 7-10。

表 7-10　**统计资料**

年份	城镇居民消费水平绝对数（元）	城镇居民家庭人均可支配收入（元）	城镇居民消费价格指数（上年=100）	城镇居民恩格尔系数（%）	农村居民消费水平绝对数（元）	农村居民家庭人均纯收入（元）	农村居民消费价格指数（上年=100）	农村居民恩格尔系数（%）
1993	3 027	2 577.4	116.1	50.3	855	921.6	113.7	58.1
1994	3 891	3 496.2	125	50	1 118	1 221	123.4	58.9
1995	4 874	4 283	116.8	50.1	1 434	1 577.7	117.5	58.6
1996	5 430	4 838.9	108.8	48.8	1 768	1 926.1	107.9	56.3
1997	5 796	5 160.3	103.1	46.6	1 876	2 090.1	102.5	55.1
1998	6 217	5 425.1	99.4	44.7	1 895	2 126	99	53.4
1999	6 796	5 854	98.7	42.1	1 927	2 210.3	98.5	52.6
2000	7 402	6 280	100.8	39.4	2 037	2 253.4	99.9	49.1

建立回归模型

依据表7-10统计资料，我国全体居民的人均年消费水平由“居民消费水平”统计指标给出，分别建立城镇、农村居民消费水平关于其三个影响因素的多元线性回归模型，进行逐步回归分析：

其中：$\hat{y}$表示我国城镇（农村）居民消费水平绝对数；

x_1 表示我国城镇居民人均可支配收入（农村居民人均纯收入）；

x_2 表示我国城镇（农村）居民消费价格指数；

x_3 表示我国城镇（农村）居民恩格尔系数。

农村居民消费的回归统计（城镇略）见表7-11。

得到城镇居民消费水平绝对数：

$$\hat{y}=2\ 742.4632+1.0394191x_1-0.186619x_2-47.72596x_3$$

农村居民消费水平绝对数：

$$\hat{y}=-99.55456+0.88883226x_1+2.2166605x_2-2.123512x_3$$

表7-11　　农村居民消费水平统计分析

回归统计	
Multiple R	0.9984832
R Square	0.9969687
Adjusted R Square	0.9946952
标准误差	31.420422
观察值	8

方差分析

	df	SS	MS	F	Significance
回归分析	3	1 298 766.5	432 922.18	438.51635	1.721E-05
残差	4	3 948.9718	987.24295		
总计	7	1 302 715.5			

	Coefficients	标准误差	t Stat	P-Value	Lower 95%	Upper 95%
Intercept	-99.55456	416.47308	-0.239042	0.8228212	-1 255.869	1 056.7601
X Variable 1	0.8888326	0.047956	18.534325	4.987E-05	0.7556853	1.0219798
X Variable 2	2.2166605	2.9228581	0.758388	0.4904475	-5.898494	10.331816
X Variable 3	-2.123512	7.2905726	-0.291268	0.7853258	-22.36539	18.118363

对应 x_1 的系数1.0394191和0.8888326表示在城镇（农村）居民消费价格指数和城镇（农村）居民恩格尔系数不变的条件下，城镇居民人均可支配收入和农村居民人均纯收入每增加1元，城镇居民和农村居民消费水平绝对数平均增加的幅度。

从资料中可以得到多重判定系数（R Square）$R^2=0.9986$（$R^2=0.9969$）度量了因变量同多个自变量的相关程度。其意义是：在居民消费水平取值的变差中，能被城镇居民人均可支配收入（农村居民人均纯收入）、城镇（农村）居民消费价格指数、城镇（农村）

居民恩格尔系数的多元回归方程所解释的比例为99.86%（99.69%），平均的预测误差为72.05（31.42）。

统计检验

拟合优度检验：由上面的分析数据可知，两个模型的相关系数R分别为0.9983、0.9984，可见解释变量与被解释变量间的关系极为密切；多重判定系数分别为0.9986、0.9969，说明两个方程拟合优度都很好、可信度较高。

F检验：给定显著性水平α（0.05），查F分布表得F（3，4）=6.59。

对于城镇，F=957.0847 > F（3，4）=6.59；对于农村，F =438.52 > F（3，4）。

即居民消费水平与收入水平、消费价格指数及恩格尔系数之间存在显著的线性关系。

回归系数检验（t检验）：前面计算的t检验的值给定的显著性水平α=0.05，查表有$t_{0.025}$（4）=2.776，由计算数据分别对回归系数进行检验：

城镇：$t_1=20.143486$，$t_2=-0.033198$，$t_3=-3.335928$

农村：$t_1=18.534325$，$t_2=0.758388$，$t_3=-0.291268$

由检验可知，城镇（农村）$|t_2| < t_{0.025}(4) = 2.776$，$|t_3| < t_{0.025}(4) = 2.776$，都是不显著的，即可以认为居民消费价格指数与居民恩格尔系数对居民消费水平没有显著的影响，在建立模型时，可以不作为解释变量引进模型。另一方面，$|t_1| > t_{0.025}(4) = 2.776$，说明不论是城镇还是农村，居民收入水平对居民消费水平的影响是显著的。

由以上分析可知，在所选取的三个影响因素中，居民恩格尔系数对居民消费水平的影响是最不显著的，居民消费价格指数次之，而居民的收入水平对消费水平的影响是最显著的。分析结论与经济理论中的绝对收入理论是一致的，即收入水平是决定消费水平的主导因素。

资料来源　毕建芝，蒙玉玲，于桂荣. 论城乡居民收入对消费的影响［J］. 商业时代，2005（27）：16-17.

问题：如果以居民收入水平、居民消费价格指数为自变量，那么，居民消费恩格尔系数与这两个自变量之间存在什么关系？

分析提示：运用二元线性回归统计分析方法。

由于篇幅限制，本章只能介绍常用的一部分市场需求预测方法。对于市场营销人员来说，正确地预测市场需求在市场营销计划和策略的制定中具有重要地位，因此，必须慎重对待这个问题。学员们可以根据工作的要求，合理选择运用。

本章小结

市场需求预测就是对未来的市场需求潜量进行推断和估计，这是评价市场营销机会、为市场营销决策提供依据的重要步骤。市场需求预测的方法有经验预测法和时间序列计量预测法之分。依据经验的预测方法有销售人员预测法、专家预测法和德尔菲预测法。以数据分析和计算为基础并借助一定计量模型来进行市场需求的定量预测方法有时间序列计量预测法和因果分析预测法。

主要概念和观念

□ 主要概念

预测　需求潜量　时间序列

□ 主要观念

经验预测法　德尔菲预测法　时间序列计量预测法　移动平均法　因果分析预测法

基本训练

□ 知识题

7.1　阅读理解

1）什么是市场需求？影响消费者市场需求的因素有哪些？

2）市场需求预测对哪些市场营销决策具有重要的影响？

3）要提高市场需求预测的准确性，有哪些途径？

4）时间序列分析预测法的假设前提是什么？

5）因果分析预测法的核心环节是什么？

7.2　知识应用

1）选择题

（1）根据预测范围的不同，市场需求预测可分为________。

A. 宏观预测　B. 微观预测　C. 行业预测　D. 企业预测

（2）如果要估计一个人口总数约600百万人的城市对伊利鲜牛奶的年需求量，在下列预测方法中，________方法要科学一些。

A. 人口总数×人均日饮用伊利鲜牛奶数量×365天

B. 人口总数×人均日饮用鲜奶量×365天×预计伊利市场占有率

C. 去年该市鲜牛奶销售总量×（1＋增长率）×预计伊利市场占有率

D. 去年该市鲜牛奶销售总量×（1＋增长率）×预计伊利促销费用占行业促销费用总额的比率

（3）在有力的促销作用下，市场需求达到了顾客消费的饱和水平，这种需求量被称为________。

A. 销售预测量　B. 需求潜量　C. 基本需求量　D. 企业销售量

（4）在运用指数平滑法进行预测时，如果平滑指数较大，则预测结果接近于________。

A. 本期实际值　B. 前期预测值

C. 前期实际值　D. 以往观察值的加权平均值

2）判断题

（1）市场营销需求预测是一门古老的学问。（　）

（2）在市场需求变化很快的环境下，市场需求预测不可能准确，因而没有必要去进行这种预测。（　）

（3）只要加大促销力度，市场需求就会不断上升。（　）

（4）德尔菲预测法反复征求专家的意见，是为了缩小专家预测的差异，一直到专家意见趋于一致为止。（　）

（5）因果关系分析预测法是以两个变量之间的联系为基础来进行市场需求预测的。（　）

□ **技能题**

7.1　规则复习

1）市场需求预测的组织

进行市场需求预测前首先要明确：产品范围、空间范围、时间范围。

市场需求预测的基本要求：正确定义市场需求预测的具体任务和要求；集思广益；重视可信度分析；做好预测过程的组织管理工作。

企业销售预测取决于：行业需求量预测、企业市场占有率。

2）市场需求预测的方法

基于经验的预测方法包括：销售人员预测法、专家预测法、德尔菲预测法、类推预测法。

从已有的数据资料中寻找有关变量的变动规律，借以进行预测的计量方法有：基于时间序列分析的移动平均法、指数平滑法，基于拟合曲线模型的因果分析预测法。

因果分析预测的程序是：找出影响市场需求的各种影响因素；鉴别有关因素与特定的市场需求的相关性；根据观察数据建立函数关系；搜集影响因素未来的取值；进行预测计算并估计可信区间。

7.2　操作练习

1）实务题

用两三个例子说明：

（1）市场需求预测在市场营销计划制订中起到什么作用？

（2）一个企业的某产品销售量与该企业用于该产品的市场营销努力之间存在什么关系？

2）计算题

（1）已知某公司近 10 个月某种商品的销售量（见表 7-12），取步长 N=3，用移动平均法对 4～10 月作追溯预测，再对第 11 月进行预测。

表 7-12　**近 10 个月来某种商品的销售量**

T	1	2	3	4	5	6	7	8	9	10
x_t	15	16	14	18	13	17	15	16	14	18

（2）已知时间序列前 10 期的值是：

5　4　6　7　6　4　3　4　6　7

试分别以 N=3 和 N=5 为步长，用移动平均法做追溯预测和预测第 11 期的销售额，并评价哪一个步长方案适用于本项时间序列。

（3）对于上述第 3 题，试用平滑系数 $\alpha=0.3$，假定 $T_1=x_1$，预测第 11 月该公司的销售量。

（4）某公司近 5 年来通过加大广告宣传的投入，促进了商品销售额的增长。有关数据见表7-13：

表7-13　5年来的广告费用和销售数据

年度	2010	2011	2012	2013	2014
广告费（万元）	500	700	800	600	700
销售额（亿元）	1.8	2.4	2.5	1.5	2.2（估计）

问：①用线性回归模型来拟合是否合适？

②如果用线性回归模型来预测，那么当公司希望2015年获得2.5亿元销售额时，公司需要付出多少广告费？

（5）某人作N =3的移动平均预测后，把前若干期的原始数据丢失，请替他补上。数据资料见表7-14：

表7-14　数据资料

T	1	2	3	4	5	6	7	8
x_t					11	10	12	
y_t				10	9	9	10	11

（6）某家用电器公司近5年的促销费用和销售额资料汇总见表7-15。

表7-15　该公司近5年的广告费和销售额

年度	2010	2011	2012	2013	2014
广告费（万元）	1 000	800	900	900	1 000
销售额（亿元）	2.8	2.4	2.5	2.7	3.0（估计）

如果2015年的促销费用比2014年少10%，那么该公司的销售额可能是多少？

3）综合题

假设你是一个食品公司的营销经理，该公司下周将召开高层会议，讨论下一年度的国内市场营销计划。你必须向高层主管提供报告，内容包括：

（1）国内食品市场销售额预测；

（2）本公司规定，营销费用占销售收入的25%。本公司上年度的市场占有率是3.8%。上年度本公司的销售收入是多少？付出的营销费用是多少？

（3）如果下年度维持这一市场占有率水平，公司下一年度的销售目标应达到多少？营销费用预算可能达到多少？

（4）如果上年度整个行业的营销费用占销售收入的比例是30%，那么本公司下年度需要增加营销费用预算吗？

除了公司年度总结报告之外，你应当参考《中国统计年鉴》以及食品行业的有关统计资料。

□ **能力题**

7.1　案例分析

天津市汉沽区服务业规模复合式预测

1. 研究方案设计

从世界发达国家的经济发展实践看，服务业发展表现出直线增长的趋势，服务业的规模占到经济总量的 70% 以上。从中国经济（尤其是经济发达地区）发展的大趋势看，大力发展服务业将是我国经济转型的必然选择。为此，中央和地方政府已经推出促进服务业发展的多项政策和措施。预测未来服务业发展规模，可以为企业制定市场营销战略、发展服务经济提供有效依据，也可为政府有关管理部门作出决策提供有价值的参考。

由于一定时期的服务活动客观地受到多种因素的制约和影响，服务业发展总是表现出高度的复杂性，因此，仅仅使用单一的方法来预测某一时期服务业发展状况，难免会造成一些误差，而采用复合式预测方法，则可能提高经济预测的准确度。所谓复合式预测方法，是指对同一预测项目同时采取两种以上的预测方法，以不同的逻辑关系和数据计算路径测算同一个目标数据，然后综合确定这一目标数据的预测方法。

天津滨海新区是新世纪天津经济发展的“龙头”，而汉沽区是滨海新区的重要组成部分。对天津市汉沽区服务业发展规模的预测内容包括：2010 年和 2015 年两个时间节点天津市汉沽区服务业的地区总产值、服务业就业规模和服务业产值占地区总产值的比重。分析思路是：（1）以经济发展的阶段性目标为基准，采用时间数列和指标分析相结合的方式推算各个时间节点的三项经济数据；（2）以服务业人均服务人数为基准，采用时间数列和指标分析相结合的方式推算各个时间节点的三项经济数据。

我们对天津市汉沽区服务业规模的预测采用了以下两种方法：（1）趋势推测法。趋势推测法是利用较长一段时期内时间数列所呈现的逐渐增加或逐渐减少的变化趋势来测定未来的状况。（2）移动平均法。移动平均法是使用时间数列中最近若干时期数据平均值来推算下一个时期的预测值。采用这些预测方法的基本依据是服务业的增长具有一定的规律性，在正常情况下，利用过去一定时期的数据可以推算出未来的预测数值。

2. 2010 年天津市汉沽区服务业发展的总体规模

根据《天津市汉沽区 2007 年政府工作报告》，汉沽区经济社会发展的主要预期目标是：到 2011 年全区生产总值达到 125 亿元，年均增长 20% 以上，人均生产总值突破 8 000 美元。以年增长率为 20% 倒推，2010 年汉沽区的地区生产总值目标大体是 100 亿元。在当年人均生产总值为 56 000 元（以 2006 年美元对人民币汇率大体为 7 推算）的条件下，2011 年汉沽区的人口规模应当是 22 万人左右，而 2010 年汉沽区的人口规模应当在 20 万人左右。2006 年汉沽区实现地区生产总值 43. 26 亿元，其中服务业实现生产总值 16. 64 亿元，服务业占地区生产总值的比重是 38%。根据汉沽区的资源条件和滨海新区快速发展的历史机遇来判断，汉沽区应当大力发展现代服务业，为此，到 2010 年汉沽区的服务业比重应当达到 40% 以上。此外，按照整体要求，2020 年天津市人均 GDP 要实现翻三番，照一般性推算，在 2010 年的时间节点上应当是翻一番半左右。

测算方法之一：2000 年天津市人均 GDP 为 17 900 元，至 2010 年实现翻一番半后，人均 GDP 达到 53 700 元。按照这一水平计算，2010 年汉沽区 20 万人的 GDP 总量应当是 107 亿元。此外，我们将 2010 年汉沽区服务业占 GDP 的比重确定在 40%，按照这一比重计算，2010 年汉沽区服务业的总规模是 43 亿元左右。同时，以 2006 年天津市服务业人均产值 70 900 元为基数，按照近 5 年年均 8. 8% 的增长速度，2010 年天津市服务业人均产值将达到 99 300 元左右的水平。依照这一水平计算，2010 年汉沽区服务业要完成 43 亿元的产值，需要产业人员 4. 3 万人左右。

测算方法之二：根据对天津市统计年鉴的相关数据测算，2006 年天津市服务业从业人员人均服务的人口规模是3.8人。考虑到最近几年汉沽区服务业人员人均服务人口的规模尚无法达到全市的平均水平，因此，我们将2010年天津市服务业人均服务的人口规模大体确定在4人。依照这样的服务规模，到2010年，拥有20万人口规模的汉沽区，就需要服务业就业人员5万人。同时，按照2010年天津市服务业人均产值99 300元的标准，2010年汉沽区5万服务业人员将实现大约49亿元的服务业产值。

将以上两种测算方法所得出的两组数据进行对比分析，考虑到最近几年汉沽区的经济发展处于“起飞”阶段，众多服务业项目还在开工建设时期，对于服务业指标的确定，应当就低不就高。因此我们得到预测的基本结论：

到2010年，在人口规模20万的条件下，天津市汉沽区服务业的发展规模是：(1) 服务业的地区总产值达到40亿元；(2) 地区服务业就业规模达到5万人；(3) 服务业产值占地区总产值的比重达到40%。

3. 2015年汉沽区现代服务业发展的总体规模

根据天津市、滨海新区和汉沽区的规划，2010年到2015年将是汉沽区跨越式发展的重要时期。在这一时期，随着大批规划项目的建成投产、中新生态城的初具规模，汉沽区的人口总量将急剧扩大，同时外来人员的数量也将逐年大幅上升，其所形成的消费能力必将十分巨大，从而推动汉沽区第三产业的空前繁荣。综合参考近年来汉沽区其他发展规划的预测，到2020年汉沽区的人口规模将在100万人左右，届时汉沽区服务业所占GDP的比重要达到60%以上。以2010年汉沽区人口规模20万人为基数，2010—2020年汉沽区人口需要增加80万人，年均增加8万人。以此推算，2015年汉沽区的人口规模应当是60万人。以2010年汉沽区服务业占GDP比重40%为基数，2010—2020年汉沽区服务业占GDP的比重需要增加20%，年均增加2%。以此推算，2015年汉沽区服务业所占GDP比重应当是50%。此外，按照整体要求，2020年天津市人均GDP要实现翻三番，照一般性推算，在2010年的时间节点上应当是翻一番半左右，在2015年的时间节点上应当是翻两番半左右。

测算方法之一：2000年天津市人均GDP为17 900元，至2015年实现翻两番半后，人均GDP达到107 400元左右。按照这一水平计算，2015年汉沽区60万人的GDP总量约为644亿元。我们将2020年汉沽区服务业占GDP的比重确定在了50%，按照这一比重计算，2020年汉沽区服务业的总规模是322亿元。同时，以2006年天津市服务业人均产值70 900元为基数，按照近五年年均8.8%的增长速度，2015年天津市服务业人均产值将达到151 400元左右的水平。依照这一水平计算，2015年汉沽区服务业要完成322亿元的产值需要产业人员21.3万人左右。

测算方法之二：根据对天津市统计年鉴的相关数据测算，2006年天津市服务业从业人员人均服务的人口规模是3.8人，根据天津市连续10年的统计数据计算，此规模逐年微弱递减0.1左右。于是，将2015年天津市服务业人均服务的人口规模大体确定在3人。依照这样的服务规模，到2015年，拥有60万人口规模的汉沽区，就需要服务业就业人员20万人。而20万的人口规模乘以2015年天津市服务业人均151 400元的产值，2015年汉沽区服务业经济规模应当是302亿元。

将以上两种计算方法所得出的两组数据进行对比分析，考虑到2010—2015年，汉沽区的服务业正处在大发展时期，众多服务业项目还不能最终完成，一定程度地影响到服务业的产值规模。因此，我们得到基本结论：

到 2015 年，在人口规模 60 万人的条件下，天津市汉沽区服务业的发展规模是：(1) 服务业的地区总产值达到 300 亿元；(2) 地区服务业就业规模达到 20 万人；(3) 服务业产值占地区总产值的比重达到 50%。

资料来源　改编自杨建新．服务业预测的复合式方法及其应用——以天津汉沽区服务业发展规模预测为例［J］．开发研究，2010 (4)．

问题：

1) 采用复合式预测方法与采用单一预测方法相比，其优越性是什么？

2) 根据本案例资料，探讨推动服务业发展的主要因素是哪些。

7.2　网上调研

就消费者愿意在网上购买哪些商品以及可能支付的价格，进行消费者意向调查，然后考虑组织一个专家小组，按照德尔菲法进行网络销售预测。

第 8 章

市场竞争分析与策略

学习目标

通过学习本章，你应该达到以下目标：

知识目标：了解竞争者的类型；理解判断竞争者的战略、目标、优势和劣势、反应模式的意义；认识行业竞争的五种基本力量。

技能目标：学会分析竞争者的方法；掌握市场领导者、市场挑战者、市场追随者和拾遗补缺者的竞争策略与技巧。

能力目标：具有判断竞争者的战略、目标、优势和劣势、反应模式及分析竞争环境的能力；具有制定竞争战略的操作能力。

引例

五芳斋——百年品牌　焕发青春

联纵智达团队从 2008 年 10 月 20 日起正式与五芳斋开始合作，利用自己的专业知识，给五芳斋这个百年老字号企业注入了巨大的活力。但在 2009 年，来自区域品牌、全国性品牌的竞争对手已经从多个层面对五芳斋发起冲击，并形成了一定的威胁。

五芳斋主要面临如下 6 个方面的威胁：

1. 竞品低价蚕食团购业务。团购业务在浙江本地陷入价格恶性竞争，针对五芳斋以低价格抢占市场份额。

2. 渗入五芳斋销售系统。竞争对手通过给连锁加盟商更低的供货价格，以“挂羊头卖狗肉”策略侵入连锁系统。

3. 区域市场惨遭包围和蚕食。五芳斋原本只注重在 13 个城市的发展，而在浙江之外的市场已经逐步被对手抢占。

4. 早餐市场被严重挤占。浙江本地竞争者在五芳斋的早餐基础上增加了品种，降低了价格，在市区、郊县遍地开花。

5. 现代终端渠道受到全国性品牌打压。三全、思念等全国性品牌通过冷链产品的逐渐扩张，已影响到五芳斋传统产品的终端销售。

6. 品牌老化，缺少与消费者的沟通。众多品牌借助端午节大力推广，占据重要的传播途径。

联纵智达团队针对上述威胁的来源和内容，同时结合五芳斋的企业资源和实际情况，开始了市场“进攻”和“反攻”，提出了以下品牌活化的六大决策。

一、业务规划

四剑齐发。根据功能的不同，规划了现代终端、流通渠道、连锁门店以及早餐这四个业务模块，共同支撑起整个五芳斋的销售业务。

二、产品规划

1. 三管齐下——增、扩、竞策略。为确保在核心区域的市场份额，五芳斋通过设计满足高中低不同价位需求的产品系列，实现全面市场覆盖，同时重点针对竞争对手类似定位的产品展开竞争。增：巩固传统消费人群，提高传统消费者的购买频率，在现有市场份额的基础上实现稳中有增，聚焦于提升现有主力产品的净销力和动销力。扩：吸引新的、潜在目标客户的消费，利用独特的概念和诉求吸引其进行尝试性消费，组合开发具有独特口味和概念基础的产品。竞：在核心区域市场，聚焦于与其产品定位相类似的现有产品，利用良好的口碑和品牌影响力，与竞争对手展开直接竞争。

2. 产品线全品项覆盖。针对不同的消费群体、不同的终端以及不同的市场定位，设计不同的产品，确保对核心区域做到产品全覆盖（如表 8-1 所示）。

表 8-1　五芳斋的产品线规划

品名		零售价（元）	目标终端	市场定位
高端	盛世五芳	258	门店、高端商务场所	高端商务馈赠
	金樽五芳	198	门店、高端商务场所	高端商务馈赠
	百年五芳	158	仅限于常规 KA、MA	领导送礼
	韵味五芳	138	仅限于常规 KA、MA	亲朋好友礼赠
中高端	江南五芳	98	仅限于常规 KA、MA	商务馈赠，送礼
	丰年五芳	88	门店、常规 KA、MA	国企团购、送礼
	品味五芳	78	门店、常规 KA、MA	国企团购
	喜庆五芳	68	仅限于门店	亲朋好友送礼
低端	情系五芳	48	仅限于常规 KA、MA	私营企业团购
	真情五芳	38	仅限于门店	私营企业团购
	和风五芳	28	仅限于常规 KA、MA	年龄人群尝新、送礼
其他	悠香五芳		电子商务	年轻消费群

3. 外观设计旧貌换新颜。（1）包装外观：在包装上增加创意点，区别竞争对手；在包装的整体风格上增加时尚元素，吸引年轻消费群。（2）材质规格：在包装规格上呈现多样化，增加小包装和单个包装规格；改变材质单一的包装风格，采用磨砂、纸质等多样化和系列化的包装材质。（3）颜色搭配：在包装的颜色上，改变单一的风格，增加鲜艳的颜色；在图案搭配上做到多样化，增加特色，区别对手；突出五芳斋的 LOGO 及品牌名称，增强品牌影响力；在包装颜色和图案搭配上，尽可能在不同系列产品中做到差异化，便于消费者辨识和认知。（4）整体排面：在卖场整体排面上进行全面设计，突出大气的风格；在终端增加生动化的物料配合，进行强势终端的生动化建设。

三、渠道建设

渠道建设的重点是区域保卫，外围扩张。除了之前的 13 个重点城市外，还要积极扩大渠道范围，包括外围的二三线城市，以及对现有城市继续深挖，进一步提升城市内部的覆盖率，从竞争者手中逐步抢回“阵地”。

1. 渠道精耕。一是优化一级城市市场的运作，包括空白销售终端的开发（特通渠道的运作、社区便利连锁终端的开发等）、核心终端的建设和管理（核心终端的生动化建设、核心销售终端的体系化管理）、团购市场的拓展与发力；二是对周边二、三级市场进行销售网络的整体布局，其中包括二、三级市场的渠道招商、渠道经销商的帮扶管理等。

2. 招商。(1) 搭建组织平台：确定外围新兴市场开拓的合理组织架构，设置合适人员和岗位说明，为新兴市场的网络布局做好组织保障。(2) 进行渠道招商：大范围的进行渠道招商，利用渠道经销商资源，快速、有效地搭建五芳斋新兴市场的销售网络。(3) 优秀经销商帮扶：通过多样化的帮扶手段和措施，对区域经销商实施实际的帮扶协销，提升区域市场运作水平和销售业绩。

3. 经销商帮扶。对核心经销商进行精耕培育，做到深度帮扶。因此，对于优秀的区域经销商，在高空品牌传播、市场推广、业务团队建设等方面进行资源倾斜和智力帮扶；协助区域经销商建设和管理区域内的重点终端，从产品开发、陈列、日常管理等方面给予帮扶和倾斜；协助区域经销商收集、开发、管理区域内的团购大客户资源。

4. 终端管理。采用三大策略来助推市场：(1) 继续加大对终端网点的争夺和支持力度。根据五芳斋未来5年的市场发展目标，遵循“多劳多得”的原则，按照区域市场的实际情况，制定符合区域市场劳动报酬率的经营考核机制，让五芳斋一线销售人员能切实地享受到自身劳动所带来的回报，充分调动自身的积极性。(2) 在核心区域继续排他竞争。联纵智达制定的2010年度动销策略的核心内容是：在目标终端开展排他性竞争。营销中心和市场部为此特别制定了非常具体的量化标准。同时，为了配合排他性竞争策略的开展，市场部先后制作了大量的终端物料，并投放到各个区域市场。(3) 在非传统区域继续提高终端占有率。在非传统区域，依然保持发展速度，继续提高终端占有率。

四、品牌传播

1. 采用三大策略。策略一：终端活动推广。结合卖场终端、门店和网络等销售渠道，展开针对性的活动和促销推广活动，提高关注度，扩大用户数，增进品牌吸引力。策略二：公关活动推广。利用嘉兴的端午文化节和中国粽子博物馆资源，形成行业层面的公关推广，塑造中国粽子第一品牌形象。策略三：品牌广告+促销广告。以媒体、售点广告为主，快速强化五芳斋的品牌标识、属性和个性认知，引发消费者兴趣和关注；深挖粽子文化，细分市场，推出概念性的新品，引发淡季消费关注和消费热潮。

2. 精广告、大公关、深活动、巧促销。主要体现在执行层面，即“精广告、大公关、深活动、巧促销”传播方式的精准组合。

3. 七大传播亮点。亮点一：立体传播和集中传播。抓住端午假期的机遇，实施大活动、大公关、大传播，通过高空、地面线上媒体以及地面大型活动，形成立体化的造势，树立五芳斋的“王者形象”，在消费者心智层面和竞争者拉开差距。亮点二：五芳斋粽子广告片。从五芳斋产品原料和百年文化入手，清晰体现五芳斋粽子的品牌识别。亮点三：公关活动和大型巡回路演。举办粽子文化节，十城浓浓端午情、共享五芳斋，万粽一心、中华龙腾、五芳斋裹粽大赛等大型公关活动和巡回路演，将五芳斋推向端午文化的主角，拉近和消费者的距离。亮点四：强化消费者接触点。通过高空和地面结合拉动，强化消费者每一个可能的接触点，形成消费者“全触点”的接触，增大消费者终端对五芳斋品牌的“购买决策”。亮点五：自有媒体宣传。产品专卖和高速门店作为五芳斋自有终端品牌形象展示载体，不仅需要在内部核心层提升品牌形象，在外围更是承载五芳斋的品牌形象。亮点六：新型媒体和渠道推广。电子商务平台的搭建、电视购物模式的引进、DM宣传单和物流、银行卡数据库联动推广等新的推广模式，推动年轻群体、网民群体的购买行为，同时成为产品在后续库存解决和前期新产品推广的重要渠道。亮点七：展会和招商配合。通过糖酒会展示五芳斋品牌形象，结合经销商推荐、KA推荐、糖酒会推广等多渠道组合，进行全国空白市场、重点市场的招商。

五、营销组织架构变革

1. 营销组织架构的三大变革。一是以大区制为代表的营销组织职能的强化，二是强化分公司内部职能模块明确的区域管理，三是将利润考核转变为销售考核。

2. 阶梯式组织。通过个人传帮带、组织培养、内部挖掘、外部引进等多种方式来培养具有潜力的销售人员，以达到合理的销售团队建设，最终形成明星销售员、骨干销售员和潜力销售员的三级阶梯式的团队模式，为五芳斋的可持续发展提供可靠的人力保障。

3. 销售人员再造血。将明星销售人员的行为通过制度、工具、培训、手册等多项管理方法和手段，转化为可衡量的工作成果，成为标准的销售管理模式，保持五芳斋营销组织活力的成长平台。

六、冷链策略定位及目标市场

1. 产品优化：选择最能满足消费者需求的冷链产品，锁定规格、口味和包装，与重点渠道相结合，有针对性地集中投入，避免遍地开花。

2. 渠道集中：集中资源在重点KA渠道进行产品展示和推广，同时逐步培养经销商队伍，利用其销售网络对现有渠道进行有益补充，并选择目标消费群体较为集中的终端进行造势，引爆市场。

3. 区域集中：立足江浙沪核心区域，借助品牌优势选择重点核心分公司进行定向区域推广。此外，在外围市场选择有条件的经销商进行渠道合作。

4. 消费者集中：细分市场和消费人群，紧紧把握冷链产品消费群体的需求，锁定上班族和家庭购买群体为目标消费人群。

5. 传播集中：集中有限的资源，选择最直接有效的推广媒介，统一传播主题，对目标人群展开精准有效的传播。

经过联纵智达集团三年的服务，五芳斋这个百年品牌得到深入活化，2010年仅粽子销量就达7.5亿元，连续3年增长40%，2010年经销商达到350家，远远高于行业老二，稳稳地坐住了老大的头把交椅。此外，在稳固华东核心区域之外，还开辟了华南、西南、华中、华北和西北区域市场，真正成为全国性品牌。

资料来源　联纵智达．五芳斋：百年品牌 焕发青春［EB/OL］．［2014-05-09］．http：//www.emkt.com.cn/cgi-bin/author.cgi？author=%C1%AA%D7%DD%D6%C7.

企业在市场经济条件下进行营销活动，不可避免地要进行具体、深入的市场竞争分析和选择适当的竞争战略与竞争策略。引例中五芳斋根据威胁采取的一系列决策充分说明了市场竞争分析和选择适当的竞争战略与竞争策略的重要性。

8.1 分析竞争者

8.1.1 界定企业的竞争者

“知己知彼”是市场竞争的重要原则，一个企业参与市场竞争，不但要了解谁是自己的顾客，而且还要弄清谁是自己的竞争对手。人们在商战中，似乎谁是竞争对手已一目了然，但实际上界定企业的竞争对手的范围可宽可窄，如果从由窄到宽的角度来界定企业的竞争对手，可分为以下几个层次：

(1) 把同一行业以相似的价格向相同的顾客提供相同产品的企业视为**品牌竞争者**。这是狭义的竞争者，品牌几乎是区别产品的唯一因素。

(2) 把同一行业生产不同档次、型号、品种的产品的企业视为**行业竞争者**。

(3) 把为满足相同需求而提供不同产品的企业视为**一般竞争者**。

(4) 把为争取同一笔资金而提供不同产品的企业视为**广义竞争者**。

为便于阐述与研究，以下提及的竞争者多数是指第一、第二层次的竞争者。

8.1.2 识别竞争者的战略

各个企业所采用的竞争战略各不相同，但一个行业里的某些企业却可能实行相同的或近似的战略，从而形成一个个实行不同战略的群体，这就为识别竞争者的战略提供了一个很好的方法。例如，可根据质量形象和纵向联合两个变量把大型家用电器行业划分为四个战略群体，如图 8-1 所示。

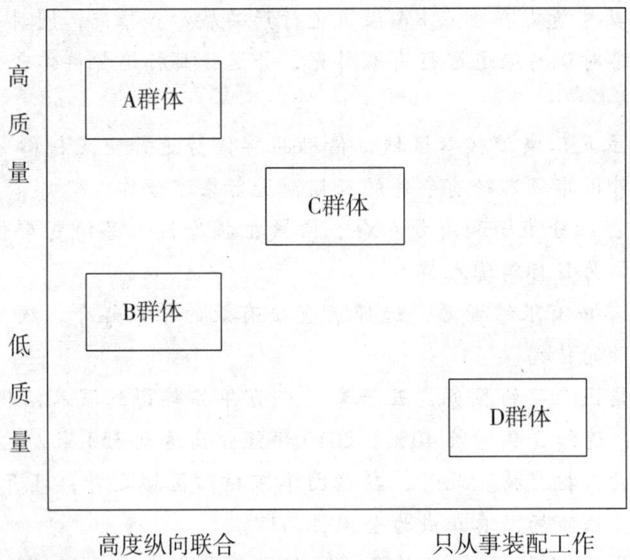

图 8-1 大型家用电器行业的战略群体

划分战略群体可以帮助企业进行正确决策。首先，可确定本企业所在的位置。同一群体的其他企业是最主要的竞争对手，战略接近使竞争趋向激烈。其次，可从中选择较易进入的群体。由图 8-1 可知，各个战略群体设置的进入障碍的难度不尽相同。其中战略群体 D 最易进入，而战略群体 A、B 最难进入。如果一家新进入该行业的企业在纵向联合及质量形象方面不可能进行大量投资的话，就应选择最易进入的战略群体 D。最后，可为企业决策提供依据。假设某一企业处于战略群体 A 的位置，或某一企业准备进入战略群体 A，都必须对这一群体的其他企业进行更深入的调查研究，并使本企业具有更多的策略优势，体现出较强的竞争能力。这对新进入该行业的企业来说尤为重要，因为只有这样才能从战略群的原有成员那里把部分目标顾客争夺过来。

把某一行业的企业分为不同的战略群体说明同一群体内企业之间的竞争程度高，但并非群体之间就没有对抗。例如，各个战略群体的促销努力会使消费者群体互相交叉；各个战略群体企图扩大自己的市场范围时必会导致对抗。这在分析竞争对手的战略时应引起足够的重视。另外，战略群体的划分一般比较粗略，图 8-1 也只限于两个变量组合的战略异同而已。为此，当确定了战略群体后，还应调查研究同一群体的各个企业的产品开发、技术水平、顾客服务、定价方针、产品分销等方面的具体策略，为本企业超越竞争对手提供更多可以互相比较的情报资料。

8.1.3　判断竞争者的目标

判断竞争者的目标可以帮助企业预见竞争者的战略行动，进而找到一个能尽量避开竞争者目标的有利的竞争位置，来实现本企业的目标和减少竞争者的威胁。竞争者的目标可以有总目标与分层目标，近期目标和远期目标等。这就要求企业采用动态的、具体分析的方法来判断竞争者的目标，其中起码要注意以下几点区别：

（1）在不同情况下对同一目标的重视程度有所不同。例如，有的企业仅仅是为了实现目标利润指标，尽管通过其他策略和努力会产生更多的利润，但只要达到指标，它们就可能会放弃这种努力，这是比较容易对付的竞争对手。另一些企业则会以实现最大限度利润为目标，它们将为此尽最大的努力，选择其相应的策略行动。即使如此，也还有实现短期与长期最大利润目标之分，前者会采用高价格、高促销的策略，企图通过占有绝对优势的产品在短期获取更多的超额利润；后者则注重于提高技术水平、经营管理水平、市场竞争能力，并顾及企业全部产品的定价与促销，以短养长来取得长期的、整体的最大利润。

（2）在目标组合中的侧重点有所不同。判断竞争者的目标，不但要全面了解其利润、市场占有率、销售增长率、企业形象等各种目标，更重要的是识别其目标的重点，当某一企业的重点目标遭受攻击时，它便会作出强烈的反应。

（3）确定企业目标的因素有所不同。企业的目标是根据多种因素确定的，如公司规模、地位、专业化程度等。大型跨国公司的实力雄厚，它们总是谋求在世界范围内获取最大限度的利润，而它们的子公司的目标除了为母公司的总目标服务外，还要体现合资者和东道国的利益。此外，一个企业可以是专业公司，也可以是多行业的混合型公司；可以是总公司的核心成员，也可以是次要成员。它们都会有自己特定的目标，就“避实击虚”的原则而言，对实力相对较小、次要成员、多行业的公司采用竞争行动较为有利。

8.1.4　评估竞争者的优势与劣势

“扬长避短”是市场竞争的重要原则之一，这就要求企业能准确地掌握竞争者的优势和劣势，其中包括销售额、市场占有率、利润率、销售增长率、投资收益、现金流量、新的投资、生产能力的利用情况等。搜集竞争者的这些情报资料是一件相当困难的事情，但还是要为此作出努力，因为它能对竞争者的优势和劣势进行较为准确的估计，帮助企业作出向谁挑战、怎样挑战的决策。表 8-2 的市场调查结果，可以帮助企业进行评估分析。

表 8-2　　顾客对竞争者评估比较表

企业	产品知名度	产品质量	价格合理性	技术服务	推销人员
A	优	优	中	一般	优
B	良	良	优	良	优
C	中	一般	良	中	中

表 8-1 说明，A 企业的优势明显，但价格与提供技术服务方面并不理想；B 企业的总体状况良好；C 企业在各方面基本处于劣势。运用表 8-1 进行评价比较可以得到以下好处：(1) 了解本企业与竞争对手的优势和劣势。假设本企业是 A，说明必须致力于能被顾客接受的合理价格，更要加强技术服务的投资与管理；假设本企业是 C，说明自己在竞争中已经处于很不利的位置，这时应尽快检讨本企业的战略、目标、策略及执行、控制方面的偏差。(2) 可帮助企业选择适当的竞争行动。假设选择 A 企业为竞争目标，显然应在定价、提供技术服务方面采取竞争行动；假设选择 C 企业为竞争目标，则可在多方面发起进攻；B 企业没有明显劣势，但并不等于所有顾客对它都表示满意，还可进行具体的分析。如顾客对 B 企业产品质量的评价是“良”，这只是一个“平均值”，并不是每个购买者都认为它的产品质量良好。假定调查数据中评“优”的顾客为 20%，评“良”的顾客为 40%，评“中”的顾客为 30%，评“一般”的顾客为 10%，后两类顾客对 B 企业的产品质量反应平淡，它们的看法表明 B 企业的产品质量也存在相对劣势，这正是可以利用的进攻缺口。

上述方法是一种静态的分析方法，在现实中，能够表现企业优势和劣势的各种因素往往是不断变化的。因此，企业还要注意进行追踪调查，以便根据变化了的情况作出竞争决策。

8.1.5　估计竞争者的反应模式

估计竞争者在遇到攻击时可能采取什么行动和作出何种反应，有助于企业正确地选择攻击的对象、因素和力度，实现每一次竞争行动的预期目标。竞争者的反应可以受到它对各种假设的影响，也可以受到它的经营指导思想、企业文化和某些起主导作用的信念的影响，还可能受到其心理状态的影响。下面仅从竞争者的心理状态的角度列举常见的一些反应类型。

(1) **从容型竞争者**。有些竞争者对其他企业的某一攻击行动采取漫不经心的态度，或不迅速反应，或反应不强烈。它可能深信顾客的忠诚，也可能待机行动，还可能缺乏反击的能力等。为此，企业采取进攻行动时关键在于弄清这一类型竞争者行为的具体原因。

(2) **选择型竞争者**。竞争者可能对某些方面的进攻作出反应，而对其他方面的进攻则无反应或反应不强烈。例如，某一竞争者对威胁其主营业务的攻击反应强烈，而对其次要业务的进攻则反应冷淡。企业对这类竞争者的攻击要在具体分析的基础上选择竞争的因素。

(3) **凶暴型竞争者**。这一类型的竞争者对向其所拥有的领域所发动的任何进攻都会作出迅速而强烈的反应。这类竞争者多属实力强大的企业，它的这种反应无非是向同行表明，对它的任何攻击都将徒劳无益，攻击羊总比攻击老虎好些。

（4）**随机型竞争者**。这类竞争者对某一攻击行动的反应不可预知，它可能采取反击行动，也可能不采取反击行动。显然应付这类竞争者的难度要大一些。

【专论 8-1】

竞争者与顾客在企业心目中的位置

上述内容介绍了分析竞争者的重点和方法，并强调了重视竞争者的重要性，但这是否意味着只要集中精力去研究、攻击、应付竞争者就能赢得竞争？这就提出了在分析竞争者时必须解决的另一个深层的问题：竞争者与顾客在企业的心目中到底处于什么位置上，即企业以什么指导思想来开展市场竞争。为此，首先可对两种不同指导思想的企业进行剖析。

一种是以竞争者为中心进行市场竞争的企业。这种企业的行动基本上由竞争者的行动与反应所支配，它们会花大量的时间和精力在市场上跟踪竞争者的行动。下面以甲企业对竞争者进攻的反应为例：竞争者 A 全面进攻某一区域市场时，如甲企业无力反击就会迫不及待地退出这一区域市场；竞争者 B 在扩大分销网络时，甲企业便会对自己的分销商采取新的优惠措施；竞争者 C 采用削价办法时，如使甲企业失去一部分市场占有率，则会以同一行动加以反击；竞争者 D 推出新的服务项目吸引甲企业的客户时，甲企业会迅速增加促销预算。总之，企业老是围绕着竞争者转，千方百计地御竞争者于企业大门之外。客观地说，这一指导思想有其一定的积极意义，起码可以训练企业人员保持高度的警惕性，某些反击行动也能达到保护自己的目的。但它的消极作用是被竞争者牵着鼻子走，一方面会置企业预定目标于脑后，只有在竞争者采取攻击行动后才知道自己该做些什么事情，因此而疲于奔命。另一方面，就算对竞争者采取了一些攻击行动，也只是针对现有的竞争者而已，而忽略了可能出现的新竞争者；更重要的是这一指导思想顾此失彼，重视了竞争者，忽视了企业赖以生存和发展的顾客。

另一种是以顾客为中心进行市场竞争的企业。例如，甲企业通过市场调研掌握了以下信息：本行业的总体市场每年都在增长；增长最快的是注重产品质量的细分市场；容易成交的细分市场也在增长，但这些顾客会在比较中选择最优惠的供应商；越来越多的顾客已经表示对全天热线电话供货感兴趣，而本行业里无人提供这项服务。为此，甲企业可能会采取以下行动：在进入、扩展要求提供高质量的细分市场方面集中更多的力量，致力于提高产品质量，并把广告的主题转向强调质量；将不采取削价和其他妥协的行动，因为甲企业不把选择优惠购买条件的不稳定的顾客群体视为目标市场；对 24 小时热线电话供货的成本、收益进行调查预测，如有前途则增加这项服务。显然，甲企业的行动是以顾客为中心，它能识别新的营销机会和确立具有战略意义的行动方针，并能通过观察顾客需求的演变来决定何种顾客群体和何种新需求是最重要的服务对象。

上述两种指导思想同时存在于现代企业中，但应当承认，不管是哪一种指导思想都有得有失，因此科特勒提出了现代企业既要注重竞争者又要注重顾客的观点，并从以顾客为中心和以竞争者为中心的角度来划分企业指导思想变化的不同阶段：第一阶段是企业导向，既不注意顾客也不注意竞争者，仅注重企业的生产、产品与销售；第二阶段是顾客导向，仅注重顾客；第三阶段是竞争者导向，仅注重竞争者；第四阶段则兼顾了顾客和竞争者，可称之为“竞争者-顾客导向”。

8.2 行业竞争环境分析

8.2.1 行业竞争结构

与企业相关的环境范围很广，但对企业影响最大的是本企业所在行业中各企业之间的竞争，企业在决定竞争原则和竞争战略策略时必须考虑同行成员的状况。当然，行业外的力量也不容忽视，它将对本行业中所有的企业产生影响。据此，美国战略学家迈克尔·波特在进行行业竞争结构分析时列出了五种影响行业竞争的基本力量，如图 8-2 所示。

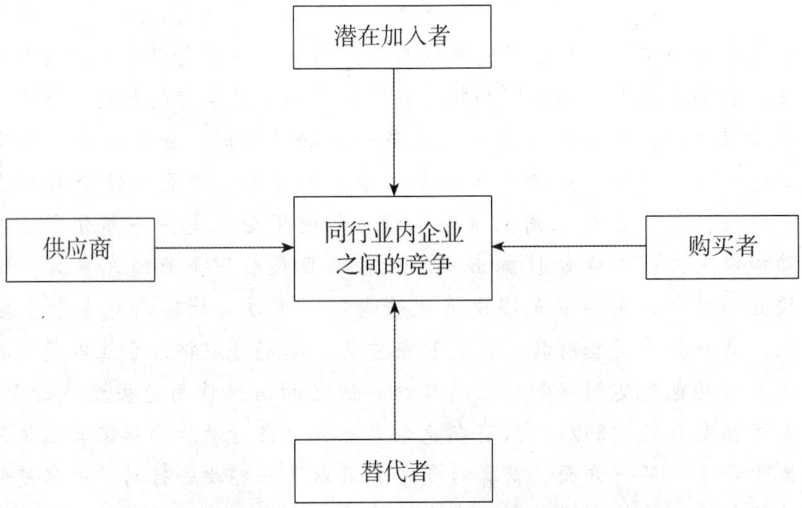

图 8-2　行业竞争的五种基本力量

对于某一行业来说，五种基本力量的综合实力决定了该行业的盈利能力和竞争强度。行业内竞争激烈，投资收益率将会下降，导致某些企业转向其他行业，潜在加入者和替代者对该行业也缺乏兴趣，最终使竞争趋向缓和；竞争强度减缓可能使该行业的获利能力回升，高利润则会吸引替代者和潜在加入者，或促使行业成员增加投资，最终加剧竞争的激烈程度。对于某一企业来说，这五种力量都将对自己起牵制作用，它们的竞争力有强有弱，强者将处于支配地位和起决定作用，弱者则处于次要地位。为此，企业应着重分析这些力量的竞争力的强弱，界定本企业的优势与劣势，然后确定自己在竞争中的有利位置。下面我们可进一步对行业竞争的五种基本力量进行具体的分析。

1）同行业内企业之间的竞争

俗话说：“同行如敌国。”同行业内企业之间短兵相接的对抗是不可避免的，其激烈程度受以下行业因素的制约：

（1）行业的发展阶段。新兴的或处于成长期的行业，其市场的潜力、市场的空间比较大，企业只要跟上行业的发展步伐，就一定有立足之地，竞争也相对缓和；当行业处于成熟期时，市场达到饱和状态，各个企业寻求扩大市场占有率的努力会激化竞争的激烈程度。

（2）行业的集中程度。在分散行业中，大多数为中小企业，因此容易形成相互独立、彼此平等、没有垄断的局面。从表面上看，这类行业内的企业可以各行其是，无需对抗与摩擦。但实际上为了生存和谋求发展，或者怀着企图超越别人的野心，都会促使它们进行激烈的争斗。相反，在集中程度高的行业中，存在着几个垄断企业，这些垄断企业能对行业中的其他企业施加影响，或者起协调作用。

（3）行业的产品差异程度。行业内各企业所提供的产品没有明显的差异时，价格、宣传、服务、公关等非产品因素的竞争比较激烈；如果产品能够表现出差异性，各个企业就可以利用这种差异性吸引不同的顾客，竞争也就相对缓和。

（4）行业的规模状况。假设行业的成员、生产数量比较稳定，竞争则相对缓和；若涌进许多新成员，或行业内某些成员为增强竞争能力而大批量增加生产数量，就容易引起激烈的市场竞争。

2）潜在加入者的威胁

当某一行业前景乐观、有利可图时，就会引来新的竞争企业，使该行业增加新的生产能力，并要求重新瓜分市场份额和主要资源。另外，某些多元化经营的大型企业还经常利用其资源优势从一行业侵入另一行业。这些新加入者将会导致行业的成本上升、价格下降、利润减少。减少或避免潜在加入者的威胁，关键在于设置进入行业的障碍和行业成员的戒备、抵抗。

3）替代产品的竞争压力

与某一产品具有相同功能，能满足同一需求的不同性质的其他产品属于**替代产品**。随着科学技术的发展，替代产品将越来越多，某一行业的所有企业都将面临与生产替代产品的其他行业的企业进行竞争的局面，竞争激烈程度取决于产品替代的密切程度、替代产品的成本水平和行业的获利水平。抵御替代产品的威胁，仅靠一两个企业的努力难以奏效，最好是由行业采取集体行动，协同对待生产替代产品的竞争者，如组织行业协会、共同研制开发产品和改进产品的质量、联合开展持续性和大规模的广告宣传活动等。

4）购买者的成交能力

行业成员面对购买者，在行业内部是卖方之间的竞争，与购买者是买卖方之间的竞争，竞争的焦点是价格、产品质量、服务等交易条件。这时，企业的竞争策略是防御，避开实力强大的购买者的威胁。在下列情况下，购买者具有较强的竞争力。

（1）需求量大的购买者。它具有讨价还价的能力，在企业的众多用户中处于较高的地位。

（2）需求标准化产品、大路货的购买者。这类用户可随意选择供应企业，并利用供应企业之间的竞争得到好处。

（3）工业用户的费用在购买者的产品成本中占很大比例时，购买者会在比较中选择供应企业。

（4）工业用品的质量对购买者的产品影响不大时，购买者也会在众多供应企业中加以选择。

（5）购买者充分掌握市场需求、市场价格、市场竞争、产品成本等信息时，便具有很强的议价能力。

（6）购买者能够通过后向一体化取得所需的工业用品时，也可增强议价能力。

5）供应商的成交能力

行业成员面对供应者，在行业内部变成了买方之间的竞争，而与供应者还是买卖方之间的竞争，竞争的焦点同样是各种交易条件。供应商往往会通过提高价格、降低产品质量和服务水平、停止供货等手段对企业施加压力。为此，企业必须注意供应商在交易中的能力和表现。

（1）供应商是垄断企业，在价格、服务、质量等交易条件上会以强凌弱。

（2）某一企业不是供应商的重要客户，或供应商向许多工业用户供货，这些用户又是属于零星分散、实力弱小的工业企业时，供应商在交易中都处于有利位置。

（3）供应商的工业用品对企业的产品质量影响大时，将提高供应商的地位。

（4）供应商的产品具有特殊性能，或暂时没有替代产品时，它往往会利用这一局部性垄断的优势对客户施加压力。

8.2.2 行业竞争形势

分析行业竞争形势有助于企业掌握本行业的竞争程度、选择适当的竞争手段和追踪行业竞争形势的变化。描述行业的竞争形势，可综合考察行业的成员数量和产品差异程度，由此而形成五种类型的行业竞争形势，如图 8-3 所示。

	一个企业	少数企业	许多企业
产品无差异	完全垄断	完全寡头垄断	完全竞争
产品有差异		差别寡头垄断	垄断性竞争

图 8-3 五种类型的行业竞争形势

（1）**完全垄断**。只有一家企业在某一市场提供某一产品或服务。这是由国家垄断、专利权、规模经济或其他因素所造成的结果，是没有其他企业参与竞争的行业。如果由国家垄断而提供产品和服务，须遵守国家法令来制定合理价格和保证服务质量；若由于某一企业的绝对优势而形成完全垄断的局面，它就会在交易条件上做文章来获取最大限度的利润。只有在出现竞争性产品时，才会降低交易条件来阻碍新竞争者的进入。

（2）**完全寡头垄断**。由少数几家企业控制同一无差别产品的行业。这类行业难于利用产品自身的因素来进行竞争，竞争手段主要是一些非产品因素，如价格、渠道、促销、服务等。当服务相同时，就要依靠规模经济来降低成本，在价格相同的情况下获取更多的利润，或适当降低价格来提高竞争能力。

（3）**差别寡头垄断**。由少数几家企业控制同一有差别产品的行业。寡头垄断企业可利用产品的质量、特性、款式或型号等方面的差异性，从中选择一种主要产品因素来寻求领导地位。

（4）**垄断性竞争**。由许多提供有差别的产品并使产品具有特色的企业所组成的行业。在多企业参与竞争的情况下，企业可利用产品的差别，集中精力于某一细分市场，显示产品的特色，占有竞争的主动权。

（5）**完全竞争**。由许多提供相同产品和服务的企业所组成的行业。这类行业的产品难于表现差异性，在许多企业都提供同价匀质产品的条件下，竞争力主要表现在心理间隔和降低成本上。

8.2.3 进入与退出行业的障碍

进行行业竞争环境分析要对企业进入与退出某一行业的障碍因素进行考察。进入障碍主要是对资本的要求、规模经济、政府政策、专利和许可证条件以及产品差异程度、原料供应、分销渠道控制程度等。其中有的障碍是行业固有的，有的障碍则是某些企业单独或联合行动新设置的。退出障碍主要有：对顾客、债权人或企业职工的法律和道义上的义务，政府限制，资源转移的困难，高度纵向联合的牵制，感情障碍等。

从理论上看，市场经济为企业自由进出某一行业创造了良好的条件，但实际上却可能存在难于进入或易进难出的情况。为此，企业在进入某一行业时就应同时顾及进入与退出障碍因素。一般而言，实力雄厚的企业进行多元化经营时，可选择高进入障碍、低退出障碍的行业。这类行业对大型企业的阻力相对较小，一旦成功进入，一方面可阻碍中小企业大量涌入，另一方面竞争的失败者又会及时退出，有利于企业长期稳定获利。实力较小的企业可选择进入和退出障碍均低的行业，这类行业没有垄断，竞争程度低，虽然不能获取高额利润，但有稳定的利润率，而且可以自由进出。在易进难出的行业里，许多新竞争者会蜂拥而来，又难于退出，这就必然导致恶性竞争，降低整个行业的获利水平；而难进难出的行业虽然可以有效阻止大批新竞争者加入，获利水平也较高，但当行业环境恶化又难于退出时，各个企业就会不断转换竞争策略来摆脱厄运，结果却会加剧竞争激烈程度，共同陷入更糟的境地。

8.3 市场竞争战略

从竞争手段的角度来看，可把竞争战略定义为：企业计划在一段较长的时期内采用的主要竞争手段。在现实的市场竞争中，有许多竞争手段可供选择，其中有的竞争手段又互相联系、不可分割，但也有主次之分，因此可把主要竞争手段视为竞争战略，其他则为辅助的竞争手段。下面仅介绍几种常见的竞争战略。

8.3.1 高质量竞争战略

企业采用**高质量竞争战略**，就是致力于树立高质量的企业形象，并希望在竞争中以高质量超越竞争对手。人们在提及松下、索尼、东芝公司的产品和服务时，很自然地就与高质量联系在一起，这就是高质量企业形象的魅力，也是高质量竞争战略的优势。怎样认识和塑造高质量，可参考第 10 章第 1 节的相关内容。

作为一种竞争战略，高质量的优势是明显的：它是一切竞争手段的前提和基础，也是树立良好企业形象的基础，能充分体现以顾客为中心的现代营销观念，能适应人们收入水平和生活质量大大提高、科学技术日新月异的市场形势和由价格竞争纷纷转向质量竞争、服务竞争的市场竞争新形势。但以高质量为竞争战略要求企业具有科学的管理思想、先进的管理经验和较高的科学技术水平。这一战略一般适用于生产机械设备和耐用消费品的企业。

8.3.2 低成本竞争战略

低成本竞争战略指的是企业以低成本作为主要的竞争手段，企图使自己在成本方面比同行业的其他企业占有优势地位。怎样实现低成本是实施这一竞争战略的关键。总体上说，企业应发挥规模经济的作用，使生产规模扩大、产量增加，从而降低单位产品固定成本。在扩大生产规模过程中，为了实现低成本的目标，还要争取以较低的价格取得生产所需的原材料和劳动力；使用先进的机械设备，增加产量，提高设备利用率、劳动效率和产品合格率；加强成本与管理费用的控制等。

实施低成本竞争战略，可以低于竞争者的价格销售产品，提高市场占有率；也可与竞争者同价销售产品，取得较高的利润。在与各种竞争基本力量的较量中可处于有利地位，如大批量采购原材料就具有较强的议价能力；低价可应付有势力的购买者，给新竞争者造成进入障碍，给同行成员造成威胁。低成本还可使企业经营实现良性循环，把增加的利润投入到更新设备、开发新产品中去，促使成本进一步下降，继续保持成本优势。但应注意的是，低成本战略曾在 20 世纪 70 年代流行于许多西方企业，当同行企业都采用各种措施使成本最小化达到或接近极限时，这一战略就失去实用的意义了。因此 20 世纪八九十年代在国际上出现了竞争战略的转换。然而，这一战略对于固定成本高，原材料需求量大，产品无差异的钢铁、石油化工、铝材等大中型工业企业来说，还是有现实意义的。

8.3.3 差异优势竞争战略

企业以表现某些方面的独到之处为主要竞争手段，希望在与竞争对手的差异比较中占有优势地位，因此便形成了**差异优势竞争战略**。这里所指的“差异”是广义的。例如，产品的性能、质量、款式、商标、型号、档次、产地，生产产品所需采用的技术、工艺、原材料，以及售前售后服务、销售网点等各方面的差异。企业只要在其中某一方面或几个方面与竞争者有所不同，并对潜在顾客具有较大的吸引力，就能取得优胜地位。如日本本田公司向美国市场推出的灵活、省油、驾驶方便的小型汽车，美国 IBM 公司向国际市场推广电脑并提供完善的服务等，都能显示出差异的优势。某些产品如汽水、啤酒等难于表现实质性差异时，企业可通过品牌、广告宣传等竞争因素来创造心理性差异，使顾客偏爱、信赖本企业的品牌，从而形成差异优势。

差异优势竞争战略是在各个企业大批量生产同一无差异产品并出现销售困难时提出来的一种战略。在上述情况下，解决问题的出路是使企业在技术、实力、创新能力、原材料、经营经验等方面的优势，成功地转化为在产品、服务、宣传、网点等方面具有独特之处的差异优势。这样，就能使企业减少与竞争对手的正面冲突，在某一领域里取得竞争的优胜地位。在行业内，顾客对具有特色的产品可能并不计较价格，或无法进行价格比较，因此可以高于竞争对手的价格销售产品取得更多的利润；在行业外，具有特色的产品又可阻碍替代者和潜在加入者的进入，提高与供应商、购买者讨价还价的能力。但实施这种战略可能以付出较高成本为代价；当较多顾客没有能力或不愿意高价购买具有特色的产品时，市场占有率的提高就比较困难；企业在某些方面的经营特色也可能被其他企业打破，这就要求企业在实施这一战略时有不断创新的精神。

8.3.4　集中优势竞争战略

集中优势竞争战略要求企业致力于为某一个或少数几个消费者群体提供服务，力争在局部市场中取得竞争优势。上述差异优势竞争战略是立足于企业的能力，使产品、经营差异化；集中优势竞争战略则是着眼于顾客需求的差异性，把整体市场进行分割。所谓“集中”，就是企业并不面向整体市场的所有消费者推出产品和服务，而是专门为一部分消费者群体（局部市场）提供服务。集中精力于局部市场，仅需要少量的投资，这对中型企业特别是小企业来说，正是一个在激烈竞争中能够求得生存与发展的空间。同时，这一战略既能满足某些消费者群体的特殊需要，具有与差异战略相同的优势，又能在较窄的领域里以较低的成本进行经营，兼有与低成本战略相同的优势。但它有一定的风险，当所面对的局部市场的供求、价格、竞争等因素发生变化时，就可能使企业遭受重大损失。

8.4　市场竞争策略

所谓**竞争策略**，是指企业依据自己在行业中所处的地位，为实现竞争战略和适应竞争形势而采用的各种具体行动方式。企业在行业中所处的地位可具体分为四种类型，如图 8-4所示。

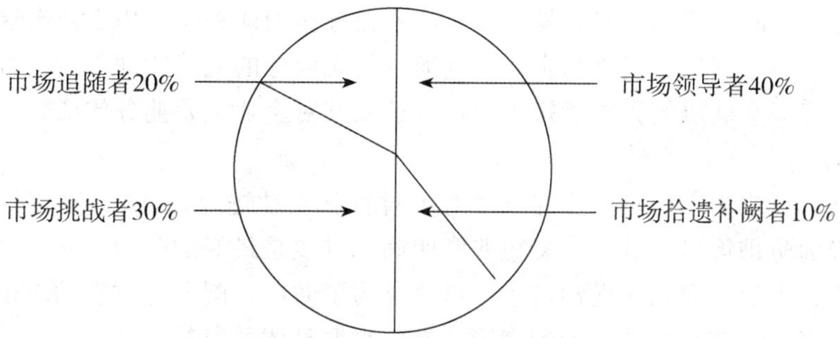

图 8-4　假设的市场结构

在图 8-4 中，假设某行业市场为四类企业所占据，其中市场领导者拥有 40% 的市场占有率，在行业中总是企图维护其霸主地位；市场挑战者拥有 30% 的市场占有率，它们会为扩大市场占有率而发起进攻；市场追随者拥有 20% 的市场占有率，它们则可能为维持现状而抗争；市场拾遗补阙者仅有 10% 的市场占有率，它们的目标是服务于无须付出竞争代价的小的细分市场。

8.4.1　市场领导者的竞争策略

市场领导者是指某一行业中拥有最大的市场占有率，在价格变动、新产品开发、分销覆盖面和促销强度等方面都起主导作用的某一大企业。例如，通用汽车公司（汽车业）、国际商用机器公司（电脑）、惠普公司（打印机）、可口可乐公司（软饮料）等，均为各自所在行业的市场领导者。这类企业为继续保持其霸主位置，都会围绕着扩大市场需求、维护现有市场占有率和提高市场占有率等三个策略目标来采用具体的竞争策略。

在市场竞争中，作为市场领导者，往往会成为市场挑战者的攻击对象。因此，维护市场占有率也就成为市场领导者的一个重要的策略目标。即使它们不发动攻击，至少也应自我保护，防御竞争对手的进攻。把军事战争的模式移植到商战中，便有以下策略可供选择。

1）阵地防御

企业为维护原有的地位，以现有的不变的产品和市场防御竞争者的攻击，就是**阵地防御**。阵地防御是一种古老的、传统的军事战争防御策略，但静态的城堡防御工事，实际上并非坚不可摧。在商战中，也有人采用这种策略。

阵地防御虽然也是一种竞争策略，但它在军事和商业上都是风险性极高的策略。一方面，它为竞争者提供了显而易见的固定目标，猛烈的攻击便可摧毁僵化的防线，最终失去原有的市场地位；另一方面，它完全放弃了在市场上与竞争者一较高低的进攻或防御的主动权，被动挨打的结果必然是优势的丧失。因此，企业即使采用这种防御策略，也要动态地维持现有的产品和市场，如致力于产品线的延伸与产品的改良，甚至向多元化发展等。

2）侧翼防御

所谓**侧翼防御**，是指企业通过治理薄弱环节来防御竞争者乘虚而入，或建立一些次要业务作为防御的前沿阵地。显然，"侧翼"可理解为企业的薄弱环节或次要业务。挑战者在发起进攻时，往往是以攻击对手的薄弱环节或劣势作为突破点的，加强对薄弱环节的管理，就是侧翼防御，从而保护了自己的原有市场。有的企业在维护主要业务时，又往往会遇到来自其他企业的挑战。这时，发展一些次要业务作为侧翼防线用于截击这些进攻，也是行之有效的策略。例如，当食品企业受到廉价的无商标的大路货冲击时，可推出廉价优质的大路货来把那些低质的大路货挤出市场，解除其对企业主要业务的威胁。

3）以攻为守

顾名思义，**以攻为守**即指企业在竞争对手对自己发动进攻之前，先发制人抢先进攻。这是一种积极的防御策略，其策略思想非常明确：进攻是最好的防御，先下手为强；与其坐等别人进攻，不如先向别人发动进攻；进攻是为了防御，削弱进攻者的攻击能力。运用以攻为守的前提是充分掌握竞争者的意图，然后采取具体的对策。

（1）捷足先登。比别人先走一步以便取得竞争的主动权。

（2）保持优势。这是阻截竞争对手正面进攻的最好对策。所谓保持优势，在激烈的对抗中应是动态的，即要求强化目前的竞争优势和发展新的优势，而强化和发展优势都是一种进攻的行动。

（3）虚张声势。这种进攻只是一种心理战术，而不是实际上的攻击行动，但它同样可达到以攻为守的目的。空城计可偶尔为之，但不要重复开"狼来了"的玩笑。

4）反击防御

反击防御是指企业在受到竞争者的攻击时，以强硬的进攻行动加以迎击。在市场竞争中以攻对攻是直接的、正面的对抗，市场领导者为了防守自己的阵地（产品和市场），这种对抗是不可避免的。反击的形式可根据具体情况加以选择。

（1）正面迎击。当竞争者从正面攻击企业的产品和市场时，可毫不妥协地进行以牙还牙的反攻，展开面对面的决斗。

（2）侧翼反击。你攻击我的阵地，我反击你的侧翼，也不失为一种良好的计策。有时，挑战者的进攻锐不可当，正面迎击可能遭受巨大损失。为此，防守者可先作后退，观察挑战者的进攻行动。待挑战者显露出薄弱环节和某方面的劣势时，再后发制人，予以反击。

（3）牵制攻击。你进攻我的阵地，我反击你的阵地，让你的后院起火，迫使你撤军回防。例如，日本富士公司在 20 世纪 70 年代向欧美市场大举进攻，夺取柯达公司的胶卷市场。它把促销费用集中于新市场，而对本国市场的销售有所放松。于是柯达杀了富士一个回马枪，在日本各大中城市大做广告，大力赞助日本流行的体育运动，收购日本企业生产柯达产品，雇用日本职员进行生产和经营管理，产品的包装、品牌、说明书采用日文，努力塑造“日本的柯达”的产品形象。这样，20 世纪 80 年代末柯达胶卷市场上升至第二位，其势头直逼富士，令其不得不调头顾及大本营，从国外抽调人力、物力回国对付柯达，而柯达便能乘机去收复本国和其他市场。

5）机动防御

机动防御是指企业未雨绸缪，将其市场和产品扩展到可作为未来防御和进攻的新领域。这一策略的指导思想是：预防胜于治疗，事先做好准备，将来就能攻能守。这里的“新领域”可以是拓展新的细分市场、区域市场，拓宽业务范围，实行多元化经营等。如石油公司转为能源公司，把业务范围从石油扩展到煤炭、核能、太阳能、水利和化工等领域。又如烟草公司进入啤酒、软饮料、食品、旅游等新行业。

6）撤退防御

当企业有计划、主动地放弃一部分无法防守的市场和实力弱小的产品时，这便是**撤退防御**。采用这一策略的理由是：在特定形势下，撤退才能更好地防守；与其被一部分次要的市场和产品拖累，不如尽早地甩掉它们以增援较强的领域。

【观念应用 8-1】

布莱克公司反击日本公司

在 20 世纪 60 年代，美国布莱克公司是世界机械和电力工具行业中无可争辩的霸主。然而，当日本的牧田电器公司进入这个行业后，一切就全变样了。

日本公司以专业电力工具市场为突破口，开始对布莱克公司构成威胁。由于这个市场并不是布莱克公司的主战场，日本人很快便以优异的质量和低廉的价格获得了该市场的主导权。尽管电力工具不是布莱克公司的主要产品，但由于该市场利润丰厚、前景远大，向来为布莱克公司所重视，骤然失去这株摇钱树，对布莱克公司来说，也是极大的一个损失。

布莱克公司很快就展开了反击，它首先采用了侧翼/地位防御战略。布莱克公司进行了大量的市场调查和营销研究，仔细分析顾客的需求，通过对产品质量的改良，封锁了所有可能出现的弱点；随后又转而采取了正面攻击的策略。布莱克公司的研究人员将日本产品一件件拆卸开来，进行仔细研究，并加以复制，以找到日本人在成本和质量上获得优势的原因。它对产品价格进行了调整，以抵消日本人的价格优势；它还在生产线上引进了机器人，以提高生产效率。在几年中，布莱克公司投资了 2.5 亿多美元进行针对日本的竞争活动，这些努力减缓了日本人前进的速度，而直到现在，布莱克公司依然还是机械工具行业中的霸主。

资料来源　科特勒．超一流的行销战略战术——日本战胜美国［M］．蒋涛，等，编译．北京：中国经济出版社，1992：265-266.

问题：布莱克公司与日本公司的竞争采用了什么策略？

分析提示：防御与进攻策略的区别。

8.4.2 市场挑战者的竞争策略

在行业中名列第二、三名或名次稍低的企业可称为**市场挑战者**。其中有一些是规模相当大的企业，如汽车行业的福特公司、丰田公司等，照相机行业的富士公司、拍立得公司等，软饮料行业的百事可乐公司等。对这些市场挑战者而言，也要解决防御的问题，但它们主要是市场竞争的进攻者。其攻击对象主要有：一是市场领导者。它们总是对市场的“王位”虎视眈眈，梦想总有一天能从市场领导者那里摘取皇冠。对市场领导者的进攻风险最大，但一旦成功便能使梦想成真。二是同等规模的企业。这种攻击往往是乘人之危，以实现扩大市场占有率的目标。三是中小企业。在市场竞争中对中小企业的蚕食、吞并，正是这一进攻的结果。由此可见，进攻市场领导者和同等规模的企业，一般都不是以吃掉、打垮对方为目标，而是为了争取更大的市场占有率。而攻击中小企业，则可能是想把它们赶出现有市场，或将它们吞并。根据上述进攻对象和目标，便可以集中优势为原则来选择适当的进攻策略。

1）正面进攻

正面进攻是指进攻者集中力量直接攻击竞争对手的长处、市场和产品。这是硬碰硬的攻坚战，其条件是：进攻者的实力大于竞争对手。商战也不例外，守方的产品、市场受到直接攻击，威胁到它现有的地位甚至生死存亡，必然会进行顽强的抗争，因此正面攻击很可能是一场旷日持久的相持战，这时充足的人财物资源便成为决定性的因素。总而言之，正面进攻是以强攻弱，战而胜之，具体可采用以下策略方式。

（1）完全正面进攻。进攻者模仿其竞争对手，追求同样的产品和市场，在产品、价格、推广等方面进行直接较量。采用这种策略的进攻者是绝对的强者，实力远远大于竞争对手。因此，无论是理论分析或实际的商战，市场挑战者向市场领导者发动完全正面进攻，便可能两败俱伤或是胜利的反面。

（2）局部正面进攻。在产品、价格、促销、渠道等营销因素中选择一个或少数几个因素进行正面进攻。只要在某一方面优于竞争对手，进攻者便可取得“相对强者”的地位，增加取胜的机会。

2）侧翼进攻

侧翼进攻是指进攻者以自己的相对优势去攻击竞争对手的薄弱环节。上述正面进攻是攻击竞争对手的长处，而侧翼进攻则是攻击竞争对手的短处，体现了“扬长避短、避实击虚”的竞争原则。采用这一策略的条件是：①进攻者的实力较小。这些企业所拥有的技术、资金力量较小，根本无法发动正面进攻，但侧翼进攻则能发挥相对优势的作用。②所夺取的市场具有较大的潜力。这样，进攻者便有立足之地，并可以此为突破口，待机发动正面进攻。③竞争对手不会采取报复行动。只要竞争对手对进攻者所进入的市场不屑一顾，认为这些市场微不足道，便有把握取得成功。

侧翼进攻仅攻击对手的薄弱环节。换言之，它不是为争夺同一市场而进行短兵相接的对抗，而是在整体市场上更广泛地满足不同的需求，这正好体现了“发现需求并满足需求”的现代市场营销观念。此外，侧翼进攻的成功概率远远大于正面进攻，是一种最有效和最经济的策略形式。侧翼进攻可分为以下两种策略类型。

（1）地理性侧攻。进攻者选择竞争对手实力薄弱或根本未涉足的地区市场进行进攻。

例如，日本制药和医疗器械公司为了进入美国市场，不是采用直接与强大的美国公司硬拼的办法，而是以美国公司的薄弱环节——南美洲为实验基地，确立自己在该市场的地位。这样，美国公司很难对这种侧攻组织起有效的反扑，日本公司却能以此为突破口登陆美国市场。

（2）细分市场侧攻。进攻者选择竞争对手未能满足消费者需求的细分市场为攻击目标。上述地理性侧攻可以通过与竞争对手相同或相似的产品实施，其核心在于发现受到忽略的区域性市场。细分市场侧攻则迥然不同，它是针对被忽略的消费需求，推出竞争对手未生产的差异性产品。

3）包围进攻

所谓**包围进攻**，是指进攻者以更深的产品线或更广的市场来围攻竞争对手的阵地。侧翼进攻是占领竞争对手的次要市场或无法覆盖的市场，包围进攻则是企图通过“闪电”般的攻击，夺取竞争对手的一块市场。包围进攻可采用以下两种策略类型。

（1）产品围攻。进攻者推出大量品质、款式、功能、特性各异的产品，加深产品线来压倒竞争对手。

（2）市场围攻。进攻者努力扩大销售区域来攻击竞争对手。

例如，日本本田公司一方面采用产品围攻策略，推出轻型高质量的摩托车，增加三级变速、自动变速装置，向哈雷公司的豪华、重型车发起围攻。另一方面，又采用市场围攻的策略，以洛杉矶的销售子公司为基地，逐步从西部向东部扩大销售区域，建立包括钓具店、运动器材商店、汽艇销售店在内的广泛销售网络，努力做好维修、零配件供应工作，终于使本田摩托顺利登陆美国市场，继而一跃成为世界驰名的产品。

4）迂回进攻

进攻者避免与竞争对手正面冲突而向较容易进入的市场发动进攻的策略便是**迂回进攻**。上述正面进攻与包围进攻都是属于在特定市场上与特定的竞争对手进行竞争的策略。侧翼进攻的竞争尽管发生在竞争对手力量薄弱或根本不存在的市场上，但其攻击目标仍然是特定的竞争对手，因此这些进攻必然对现有市场构成威胁。但迂回进攻则是不针对特定的竞争对手和现有市场的最间接的进攻策略。其策略意图是避免在现阶段与竞争对手发生冲突，企图绕过过分拥挤的现有竞争战场来寻找开拓发展的新天地。当然，采用迂回进攻策略也应具备一定的条件，即进攻者在市场上拥有一定的地位和特殊的能力，它可反映在下面的策略类型上。

（1）发展新产品。进攻者以新产品超越竞争对手，而不必在现有产品上进行抗争。对现有产品进行模仿和改良，结果会导致正面竞争。完全新产品的开发，则可避免与原有竞争对手的直接冲突。如日本开发的录像机、激光唱盘等，虽然还留在原有的机电行业中，竞争对手也未改变，但营销的精力已转移到这些全新产品上，无需在原有市场上与竞争对手分享利益。采用这一策略要求进攻者拥有实力雄厚的科技能力。

（2）多元化经营。进攻者努力摆脱对单一业务的依赖，转而进入新行业，在更为广阔的市场空间寻求立足点。

5）游击进攻

游击进攻是指进攻者向竞争对手发动小范围、小规模、间歇性的进攻。上述进攻策略都要求对竞争对手进行多方面、大范围、持续性的攻击，而游击进攻正好相反，其策略目标在于消耗对手的精力和瓦解对手的士气，迫使对手作出让步，借以提高自己的市场地位。一般而言，实力较小的公司将会采用此策略攻击实力强大的公司，但每次攻击行动应使竞争对手的消耗大于自己，才能取得较好的效果。

游击进攻的具体行动几乎是没有固定模式的市场活动。这些营销活动往往是针对特定的竞争对手进行的。例如，在某一市场突然降低产品价格，某一时期采取强烈的促销行动，吞并竞争对手的渠道成员，挖走竞争对手的高级管理人员，盗取竞争对手的商业秘密等，都具有游击进攻的特点。

8.4.3 市场追随者的竞争策略

市场追随者是指那些模仿市场领导者的产品、市场营销因素组合的企业。上述挑战者是企图通过竞争行动来夺取领导者的市场，甚至存有争得市场领导地位的野心；追随者则不是以击败或威胁领导者为目标，而仅仅是模仿领导者的行动，依附于领导者，从中取得高额利润。在市场竞争中，行业的亚军公司并不是非当挑战者不可。当领导者有足够的实力抵御各种攻击时，亚军公司与其跟领导者争个鱼死网破，倒不如追随领导者，缓和矛盾。特别是在钢铁、肥料、化工等资本密集型的同质产品的行业中，难于使产品差异化和形象差异化，服务质量趋同，价格的敏感性较高，采用进攻策略便可能招致激烈的价格战和对挑战者的报复，为此，亚军公司更适合于充当追随者的角色。追随者为了选择一条不会导致竞争者报复的发展道路，可采用以下策略。

1）紧跟其后

它指的是追随者尽可能在各个细分市场和市场营销组合领域模仿领导者。从表面上看，这种追随者如同挑战者，但只要它们不采取攻击性的手段刺激领导者，就不会发生直接的冲突。

2）有距离追随

它指的是追随者在目标市场、产品革新、公认的价格水平和分销等主要方面追随领导者，而在其他次要方面则保持一定的距离。这种距离包括收购同行业的小企业、适当多元化经营等。追随者采用这种策略较容易被领导者接受，一方面它没有干扰领导者的营销战略，另一方面让追随者获得一定的市场占有率还有助于领导者免受实行垄断的指责。

3）有选择追随

它指的是追随者在某些方面步领导者后尘，另一些方面则自行其是。其中，它只模仿领导者行之有效的策略，在能发挥自己特长的领域便致力于创新。这两者的结合可能使其以后发展成为挑战者。

8.4.4 市场拾遗补阙者的竞争策略

市场拾遗补阙者是指那些专门为被大企业忽略或不屑一顾的小市场提供有效服务的小企业。这类小市场可称为**小生境市场**，它既没有风险，又有利可图。上述分析可知，市场挑战者有时也占领小生境市场，其目标是以此为跳板攻击竞争对手，而市场拾遗补阙者占领小生境市场的策略目标则是为了自身的生存和发展，因此它是不具攻击性的小企业。对于小企业来说，关键在于找到理想的小生境市场，其应具备以下特征：这个小生境市场有相当规模的购买力，并可盈利和具有发展潜力；强大的竞争者对该市场没有兴趣；企业具备为该市场服务所必需的能力和资源；企业已在顾客心目中建立良好的信誉，能以此抵御竞争者的攻击。

小企业要成为一个成功的拾遗补阙者，就必须是服务于某一小市场的专家，并在该市场实施专业化策略。

（1）最终用户。针对某些最终用户进行专业化经营。例如，各种产品维修、维护服务，用于维修的零配件的生产与供应，各种咨询服务等。

（2）特定顾客。为某些特定顾客服务，既可起拾遗补阙的作用，又有利于专业化经营。例如，专门为另一企业提供差异化产品，这一产品具有标准化生产不易兼顾的功能；专门为千差万别的顾客提供定制产品，成为加工专家；只为某一家大企业提供所需的产品和服务。

（3）特定产品。其中包括：只为各个行业生产某一层次所需的产品，如调制品公司集中生产铜材、铜部件或铜制品满足各行业生产之需；只生产一条产品线的一种产品甚至其中的一种零件，以发挥自己的专长，如汽车行业的企业只生产敞篷汽车，或只生产某一优质的汽车零部件。

本章小结

竞争是当代市场的主要经济现象，任何企业及产品都要经受市场竞争的考验，参与市场竞争是企业的主要营销行为。

参与市场竞争，首先必须认真分析自己的竞争对手，界定哪些是企业的竞争者，并遵循“知己知彼”的竞争原则。通过各种途径了解竞争者的战略、目标、优势和劣势及反应模式，掌握分析竞争者的方法。

其次，应具体分析行业竞争环境，充分认识同行企业、潜在加入者、替代者、供应商、购买者这五种行业竞争的基本力量对本企业参与市场竞争的影响，弄清自己处于何种竞争形势，并在分析的基础上了解进入与退出行业的障碍，以便作出正确的决策。

最后，还要根据行业环境及本企业的地位、性质、实力选择恰当的竞争战略和竞争策略。本章所介绍的各种竞争战略、竞争策略是市场竞争的经验总结，熟悉这些战略策略对企业具有指导作用。

主要概念和观念

□ 主要概念

品牌竞争者　行业竞争者　一般竞争者　广义竞争者　从容型竞争者　选择型竞争者　凶暴型竞争者　随机型竞争者　替代产品　完全垄断　完全寡头垄断　差别寡头垄断　垄断性竞争　完全竞争　高质量竞争战略　低成本竞争战略　差异优势竞争战略　集中优势竞争战略　竞争策略　市场领导者　阵地防御　侧翼防御　以攻为守　反击防御　机动防御　撤退防御　市场挑战者　正面进攻　侧翼进攻　包围进攻　迂回进攻　游击进攻　市场追随者　市场拾遗补阙者　小生境市场

□ 主要观念

竞争者分析方法　行业竞争的五种基本力量　竞争战略类型　企业在行业中所处地位的类型　市场领导者与市场挑战者的竞争策略类型

基本训练

□ 知识题

8.1　阅读理解

1）可从哪些方面来分析竞争者？

2）可采用什么方法分析竞争者的战略、目标与优势和劣势？

3）怎样认识行业竞争的五种基本力量？

4）在什么情况下，购买者与供应者具有较强的竞争力？

5）各种竞争战略具有什么优缺点？

6）怎样正确认识各种防御策略？

7）怎样正确认识各种进攻策略？

8）市场追随者可采用哪些竞争策略？

8.2　知识应用

1）选择题

（1）同一行业以相似的价格向相同的顾客提供相同产品的企业是________。

A. 品牌竞争者　　B. 行业竞争者　　C. 特殊竞争者
D. 一般竞争者　　E. 狭义竞争者　　F. 广义竞争者

（2）为同一笔资金而提供不同产品的企业是________。

A. 品牌竞争者　　B. 行业竞争者　　C. 特殊竞争者
D. 一般竞争者　　E. 狭义竞争者　　F. 广义竞争者

（3）竞争者的反应模式可分为________。

A. 从容型竞争者　　B. 对抗型竞争者　　C. 选择型竞争者
D. 随机型竞争者　　E. 凶暴型竞争者　　F. 随和型竞争者

（4）影响行业竞争的基本力量是________。

A. 辅助商　　B. 供应商　　C. 购买者
D. 行业内企业　　E. 替代者　　F. 潜在加入者

（5）同行业企业之间竞争的激烈程度主要受________的影响。

A. 行业的规模状况　　B. 行业的发展程度　　C. 行业的集中程度
D. 行业的技术程度　　E. 行业的联合程度　　F. 行业的产品差异程度

（6）从行业的成员数量和产品差异程度的角度来考察，行业竞争形势可分为________。

A. 完全垄断　　B. 完全寡头垄断　　C. 完全竞争
D. 完全差异垄断　　E. 差别寡头垄断　　F. 垄断性竞争

（7）石油属于________的行业。

A. 完全垄断　　B. 完全寡头垄断　　C. 完全竞争

D. 完全差异垄断　　E. 差别寡头垄断　　F. 垄断性竞争

(8) 企业在行业中所处的地位可分为________。

A. 市场挑战者　　B. 市场进攻者　　C. 市场防御者

D. 市场追随者　　E. 市场拾遗补阙者　　F. 市场领导者

2) 判断题

(1) 市场竞争在战略群体内企业之间进行，群体之间不存在对抗与竞争。　(　　)

(2) 当某一行业的产品差异程度高时，竞争也就比较缓和。　(　　)

(3) 新兴行业的市场竞争比较激烈。　(　　)

(4) 需求量大的购买者具有较强的竞争力。　(　　)

(5) 需求标准化产品的购买者具有较强的竞争力。　(　　)

(6) 供应商是垄断企业时，则具有较强的竞争力。　(　　)

(7) 迂回进攻策略属于间接进攻策略。　(　　)

□ 技能题

8.1　规则复习

1) 分析竞争者

界定企业的竞争者：由窄到宽界定竞争对手，可分为品牌竞争者、行业竞争者、一般竞争者、广义竞争者。

识别竞争者的战略：各个企业所采用的竞争战略各不相同，可利用“战略群体”类型来识别竞争者的战略。

判断竞争者的目标：在不同情况下对同一目标的重视程度有所不同，在目标组合中的侧重点有所不同，确定企业目标的因素有所不同。

评估竞争者的优势与劣势：可利用“顾客对竞争者评估比较表”加以评估。

估计竞争者的反应模式包括：从容型竞争者、选择型竞争者、凶暴型竞争者、随机型竞争者。

2) 市场竞争策略

企业在行业中所处的地位可具体分为四种类型：市场追随者、市场领导者、市场挑战者、市场拾遗补阙者。

市场领导者的竞争策略：阵地防御，侧翼防御，以攻为守（捷足先登、保持优势、虚张声势），反击防御（正面迎击、侧翼反击、牵制攻击），机动防御。

市场挑战者的竞争策略：正面进攻（完全正面进攻、局部正面进攻），侧翼进攻（地理性侧攻，细分市场侧攻），包围进攻（产品围攻、市场围攻），迂回进攻（发展新产品、多元化经营），游击进攻。

市场追随者的竞争策略：紧跟其后，有距离追随，有选择追随。

市场拾遗补阙者的竞争策略：服务于最终用户，服务于特定顾客，服务于特定产品。

8.2　操作练习

1) 实务题

联系我国市场实际，回答以下问题：

(1) 如何评价我国市场上出现的“价格战”？

(2) 在同一行业市场中，两个企业采用相同的竞争战略或策略，为什么效果不同甚至相去甚远？

2）综合题

请为一个中型家电企业收集市场竞争环境的相关资料（可包括五种影响行业竞争的基本力量、行业竞争形势、进入与退出行业的障碍等），进行分析并提出参与市场竞争的建议。

□ 能力题

8.1 案例分析

一个百年老厂在家门口遭遇的困境

上海蜜饯厂是一家创建于清朝道光年间的百年老厂，如今走入困境。它生产的各类蜜饯的年生产量已从高峰时的3 000多吨下降到400多吨，去年亏损额达到68万元；蜜饯承销店家在市内外总共只有300多家，而历史上最好的年份，单上海市内就有3 000多家。

改革开放前，上海蜜饯厂的经营无忧无虑。当时，该厂所产蜜饯集“京”、“广”、“闽”、“潮”、“苏”五方特色。传统产品奶油话梅、琥珀杏梅、香葡萄等都是部优、市优产品，无花果脯、玫瑰杨梅更是行销国外。市场上没有竞争对手，上海街头巷尾大大小小的南货店、糖果店、蜜饯柜台摆放的几乎都是上海货。

但前几年，广东蜜饯一马当先迅速进入上海百姓家；随后，浙江、江苏、福建等地的一些蜜饯名品在上海商店也开始纷纷露脸。遗憾的是，上海蜜饯厂处于市场竞争之中，却没有竞争意识。百年老厂看不起外地乡镇小厂的“原始”工艺，对它们善待商家的种种“攻心”、“公关”技巧，更是嗤之以鼻。外地小厂很善于翻出蜜饯新“花样”，百年老厂的评价却是“花头花脑”；外地小厂生产的蜜饯外包装很漂亮，百年老厂却认为“有啥稀奇”。但就在“不以为意”中，王中王话梅、佳宝九制陈皮等外省市蜜饯品牌，在上海市场上占据了越来越多的份额，有些甚至还挂起了泰国、菲律宾等国的“洋牌子”，独独上海的“土产”蜜饯踪影难觅。上海蜜饯厂产品的市场覆盖率连连下降，企业效益频频滑坡，尽管后来该厂也生产起了小包装蜜饯，但“后发效应”总要大打折扣，难于从根本上摆脱竞争失利的窘境。

资料来源 李荣．上海人为啥吃不到上海蜜饯［N］．经济参考报，1996-06-10（6）．

问题：

1）上海蜜饯厂的竞争者采用了什么竞争策略？

2）上海蜜饯厂属于哪种类型的竞争反应模式？这一反应模式有何弊端？

3）通过本案例的分析可得到什么启发？

8.2 网上调研

请对我国化妆品的市场竞争环境进行一次网上调研。

8.3 单元实践

国内饮料行业的基本竞争规则

概要地说，饮料行业的基本竞争规则表现在以下几个方面。

第一，产业平均竞争门槛提高。目前饮料行业的竞争已处于新的平台之上，是巨头们（包括“可口可乐系”、“百事可乐系”、“达能系”、“台资系”以及“本土系”等）之间的“博弈”，是多种要素和综合实力的比拼。资源条件、研发能力、制造基础、市场营销水平等，“一个都不能差”。此外，各品类均已出现较高的市场集中度，使得新进入者很难突破，成功的机会减少。换句话说，非大投入、大手笔、高起点不能取得优势。

第二，广告宣传的边际效用递减。广告“强轰”拉动市场的运作方式已经开始不适用了。一方面，因为随着价格下降，各企业用于广告的资源有限；另一方面，消费者在广告“信息爆炸”的环境中有些麻木了，并且趋于理性。如何用新的运作方式维护品牌形象，促使品牌增值，是每个企业市场营销方面面临的主要挑战。

对现有推广瓶颈的突破，意味着新的推广方式的酝酿和产生。未来品牌运作及市场推广的突破方向，在内容上将更加注重沟通的深度和融合，在形式上将更加注重直接、互动，融入消费者生活的事件营销将成为主流。

第三，产品本身的竞争地位提高。在渠道结构稳定、市场推广大同小异之后，产品的差异化是竞争的主要途径。各品类（如水、茶、牛奶、果汁等）内部品种均有细分趋势，产品线日趋密集，体现了市场深化的特色。

其内涵（内在的品质）与外秀（外在的审美风格和文化含量）是市场优势的主要源泉。这对各企业研发能力和研发投入提出了更高的要求。此外，饮料产品的“品牌联想”（特定品牌与特定“概念”之间的心理关联）较其他消费品更加先入为主，加之饮料消费的主体（新生代）偏好的快速游移，因此新产品开发的准确性和速度尤为重要。速度营销，强调运作的节奏，是饮料业的竞争规则之一。

第四，得终端者得天下。掌控终端，提高终端竞争力（表现在铺货率、主推率等指标以及终端服务、推广能力等方面）是各企业的基本策略倾向。营销的优势，已从品牌运作转向渠道模式、结构与渠道管理。渠道资源尤其是终端资源成为各企业争夺的“焦点”。坚固、通畅的道路是企业多元化发展的基础和平台。掌控终端的深度分销模式，意味着区域的密集式开发，这对各企业的人力资源管理能力和企业文化建设能力提出了新的、更高的要求。

第五，价格将长期成为竞争的焦点。不同品类价格竞争的激烈程度不同。可乐产品、瓶装水产品由于产品同质以及密集式分销等原因，价格已几乎是底限；而茶、牛奶、果汁等品类，由于竞争结构尚不稳定，价格仍是改变行业格局的利器。

资料来源 施炜．国内饮料行业的基本竞争规则［J］．总裁，2003（4）：14-15.

问题：国内饮料行业的基本竞争规则对行业竞争的分析有何启示？

实践要求：参照上述样本，在调研的基础上为我国药品行业写一篇有关市场竞争的调查结论。

第 9 章

目标市场营销

学习目标

通过学习本章，你应该达到以下目标：

知识目标：弄清目标市场营销的内涵及实行目标市场营销的步骤；了解市场细分的含义和基本原理；理解选择目标市场及市场定位的意义和作用。

技能目标：掌握消费者市场和产业市场细分的方法；学会作出市场细分、目标市场及市场定位的策略。

能力目标：具有科学地细分市场、正确选择目标市场及市场定位的能力。

引例

凯利通手机　市场细分的成功案例

售价大多为两三百元的凯利通功能手机，让宁鹏创办的利通四方集团竟然有了非常体面的年销售额。中国割裂的消费市场再次展示了不容小觑的商业机会。

这个魁梧的大汉出生于河南农村，自考成人本科学历，拥有十几年的销售经验，在销售行当一直做得风生水起。他 2002 年进入手机行业，以打造的一款八喇叭手机蜚声业界——该产品曾带来一年数亿元的净利润。

2009 年年底，宁鹏不想再继续替人打工，他拉着一批人投资 400 万元，打算“做个有理想的小公司”。他决定靠技术难度较大的翻盖机进攻乡镇市场。他相信在中国庞大的乡镇人口基数上，如果每年实现一个目标，也能“做大”。数月后，卖得好的机器出了品质问题，没有问题的机器又卖不动。这半年，创业团队备受煎熬，宁鹏也不知道出路，但他相信答案在市场一线。

宁鹏一年内跑了全国二三百个乡镇，见了上千名消费者，“早上八点十分出发，晚上我们回（市里）差不多十一点。选一个零售店待上一天，看他们怎么卖我们的手机。（消费者）买了后，我问他为什么要买这个手机，觉得这个手机哪里好、哪里不好。”

最终，宁鹏发现了细分市场上切实存在的刚需——乡镇消费者在户外嘈杂环境下需要大音量的手机。他决定推出名为凯利通的“音响手机”，与过去的山寨机相比，凯利通手机不仅音量大、音色纯，而且还脱离了无战略构想和品牌定位的作坊式公司阶段。2012 年起，宁鹏将声音的特色传导至新成立的智能手机事业部，号称“美声美色”、“智能影音”。

跟风者陆陆续续出现。这位 1975 年出生的销售达人颇为自信，他并不能一直发现细分到生活底处的需求，但他往往可以引领这股潮流。他坚持低价策略，在用户选择与价格中努力寻找平衡点。宁鹏声称，看得见、摸得着的尽一切可能做好，可要可不要的功能坚决不要。

在智能机生存周期为半年、功能机为一年的三四五级市场，创始人身处一线给公司带来的快速反应能力效果卓绝。宁鹏表示："坐在办公室里的人永远都不知道市场有什么需求，（发现了市场需求）要快速满足，否则你就晚了，而我始终了解市场。"

2013 年 3 月，凯利通开始学习导入华为 IPD 流程管理。4 月份，宁鹏带着他的 11 人核心团队进入了"黑马-华为特训营"。5 月份，宁鹏再率团队前往阿里巴巴杭州总部，拜会阿里 CEO 陆兆禧，双方期待更深层次合作方案出台……

智能机时代的来临给手机行业带来了短暂的风光，移动互联网时代又给了它们一记重击。在风雨飘摇的手机行业里，这个从乡镇一路走出来的宁鹏和他的公司到底能有怎样的未来？

资料来源　佚名．凯利通手机　市场细分的成功案例［EB/OL］．［2014-06-18］．http：//cy.51zjxm.com/qiyeguanli/20130720/31099.html.

目标市场营销是企业市场营销策略规划的重要内容，也是企业制定市场营销组合策略的前提和依据。为有效地实行目标市场营销，企业必须相应地采取三个重要步骤，即市场细分、选择目标市场和市场定位，而市场细分则是目标市场营销的起点或市场营销的核心。本章首先将以较大篇幅讨论市场细分的相关问题，在此基础上，循序渐进地讨论选择目标市场及企业产品的市场定位问题。

9.1　市场细分

9.1.1　市场细分的概念

自 1956 年温德尔·R. 史密斯（Wendell R. Smith）在美国《市场营销杂志》著文首先提出市场细分的原理和概念以来，对市场细分的研究有了很大的进展，市场细分的定义也出现了各种各样的说法。有的较为简单，认为市场细分就是把市场区分开来而分别加以征服的战略；有的则进一步说明，认为市场细分就是根据对产品比较相似的需求，将一个异质的购买者大群体划分为一个个更为同质的购买者小群体的过程。当然，还有许许多多其他的说法。不过从实质上说，所谓**市场细分**，就是根据构成总体市场的不同消费者的需求特点、购买行为和购买习惯，将他们细分为若干相类似的消费者群体，即把某一产品的市场，根据影响消费者需求特点的明显标志，细分为一个个小市场，然后对这些不同的细分市场，从产品计划、分销渠道、价格政策直至推销宣传，采取相应的整套市场营销策略，使企业生产或经营的商品，更符合各个不同消费者阶层和集团的需要，从而在各个细分的小市场中提高竞争能力，增加销售，占有较大的市场比重。

市场细分这一原理的提出，其主要根据是：无论是消费者市场还是组织机构市场，购买者之间的需求和欲求都存在着广泛的差异，这些差异又是由购买者所处的不同地理环境及购买者千差万别的文化、社会、个人和心理特征所影响而形成的。因此，市场上任何一项产品或服务，如果包含有两个以上的消费者，这个市场便可加以细分，即可以划分为具有不同需求、不同购买行为的购买者群体。

【观念应用9-1】

飞鹤新品上市　引领婴幼儿奶粉市场步入细分新阶段

均衡营养群配方让偏食宝宝不再缺少营养；高效吸收配方专为吸收消化能力差的宝宝设计；增强抵抗力配方是三力合一，调节免疫系统；益智营养群配方能帮宝宝补脑，让孩子更聪明……近日，国内知名乳业品牌飞鹤推陈出新、再度发力，特别将针对1岁以上幼儿的3段产品进行了细分，针对不同幼儿身体的不同变化和特殊需求，推出4款新品：均衡配方、高效吸收配方、增强抵抗力配方、益智营养群配方。

据飞鹤负责人介绍，此次推出新品，是从消费者的实际需求出发，而飞鹤3段新品的“细分化、针对性”特点，也恰恰填补了目前奶粉市场的一大空白。中国乳制品工业协会秘书长牟静君曾公开表示，细分奶粉是市场的发展趋势。而飞鹤此番的全新探索无疑树立了行业引领者的品牌形象，为奶粉市场打出了一张好牌。

飞鹤四大新品：刮起市场细分新旋风

中国消费者对于乳品市场的信心正在逐渐恢复，尤其是婴幼儿领域，奶粉的销量逐年递增，消费者对于优质奶粉的需求量增大。有数据显示，婴幼儿奶粉市场近3年来平均增速在20%左右，其中针对1岁以上幼儿的3段产品增速最为突出，年增长率接近30%。

与此同时，消费者对于幼儿配方奶粉的需求也在发生变化。“有家长已经意识到1岁是婴幼儿成长过程中一个重要转折点，身体结构和营养需求都发生变化，有针对性地为宝宝补充该特定成长阶段所需营养相当重要。”飞鹤营养专家分析认为，很多家庭都急需最适合自己宝宝体质的奶粉，这对于中国的奶粉企业也提出了一大挑战。

致力于成为“宝宝的营养师”的飞鹤乳业，成了第一个挺身而上的品牌，重磅推出飞鹤3段新品幼儿奶粉。其中，飞鹤均衡配方产品适合吃得少、吃得慢、吃得挑的偏食宝宝，它拥有“8+8”全营养配方，涵盖坚果精华、牧场鲜奶、肉制品类、鱼制品类、蛋制品类、谷物类、蔬菜类、水果类共8大膳食营养中的多种营养成分，强化维生素类、矿物质类等8种重要营养素，支持骨骼、智力发育；飞鹤高效吸收配方是专为吸收消化能力差的宝宝设计，富含可溶性膳食纤维、乳白蛋白等；飞鹤增强抵抗力配方是三力合一，核苷酸对免疫系统有调节作用、益生元增强肠道抵抗力、叶黄素能保护视网膜；飞鹤益智营养群配方，顾名思义能帮助宝宝补脑，其中富含的核桃油、藻油DHA、ARA/核苷酸让孩子更聪明。

科学、有针对性的配方，势必将掀起奶粉市场新一轮的细分旋风。

飞鹤发力：多项举措奠定品牌影响力

由单一主食到定制营养，飞鹤3段新品提出了婴幼儿奶粉领域的一大新主张。飞鹤负责人介绍，此次推新旨在引领消费者认识到婴幼儿的不同发展阶段，并培养家长有针对性为孩子补充营养的正确意识，同时，飞鹤也致力于不仅让孩子健康成长，也要均衡营养、聪明益智。

据了解，飞鹤3段新品的研发过程凝结了飞鹤诸多营养专家的心血，依托飞鹤妈妈宝宝营养研究中心的支持，专家们对于市场外部环境、消费者需求以及奶粉产品现状等进行了详尽解析，走访诸多消费者，力求周到、贴心、直接有效，最终发现“需求均衡营养、满足宝宝肠胃的高效吸收、给孩子更多保护”成为家长们最大需求。而后，飞鹤根据中国宝宝体质，特别研发了 4 款幼儿奶粉，分别针对宝宝们的不同情况，给予他们最专属的关爱。此外，配合新品上市，飞鹤还通过益智玩具总动员、营养专家咨询、路演活动、母婴亲子课堂、3 段产品营养屋陈列等多种举措，令消费者更深入地理解奶粉细化新趋势，掌握营养秘籍。

另外，业内人士分析认为，飞鹤品牌的技术水平和多年专注奶粉领域积累的经验是他们此次能在市场上成功突围的关键，4 款新品幼儿奶粉的诞生，延续其 100% 原生态牧场奶安全、新鲜的一贯经典之外，以营养细分新理念，将飞鹤与其他品牌拉开距离，这股“奶粉细分”的新式旋风，显然已经帮助飞鹤构成了其在业界无法撼动的品牌影响力。

资料来源　佚名．引领婴幼儿奶粉市场步入细分新阶段［EB/OL］．［2014-06-18］．http：//news. zaojiao. com/2011/0504/299804. html.

问题：任何一项产品只要有两个以上的消费者就可对其市场进行细分，这是真的吗?

分析提示：这是艺术的夸张，其实有效的市场细分是需要一定条件的。

当然这种细分是有层次的，各个企业由于自身的条件及产品的不同，对其相关市场会有深浅不同程度的细分，开展不同层次的细分市场营销。

1）一般的细分市场营销

这个层次的细分市场是由一个市场中有较大区别的购买者群体组成。虽然购买者的需要、购买力、地理区位、购买态度、购买习惯是互不相同的，但公司不会将其产品或服务按每个顾客的要求来定做，而是试图将构成市场的某些大细分市场分离出来，属于同一细分市场的购买者，他们的需要和欲求就被看做是十分相似的。

2）拾遗补阙营销

拾遗补阙营销所涉及的层次，是从一般较大的细分市场中区分出来的较狭窄划分的群体，通常是那些需求没有得到满足的小市场。这些市场是可获得某些特别利益的。例如，可从中老年男士服装这一细分市场中，区分出某些不为一般服装公司所重视，而一些顾客又得不到满足的中山装、唐装这些小生境市场。由于大多数服装公司都不屑进军这些次细分市场，个别拾遗补阙的公司就会在这些狭小的市场中得其所哉，获得丰厚的利润和发展。

3）局部地区营销

局部地区营销计划是按照局部地区顾客群体的需要和欲求而量体裁衣式地制订的。所谓局部地区顾客群体，包括商业区、聚居区，甚至个别单独商店服务范围的顾客。例如，新华书店或一些连锁书店，往往根据其分店的不同聚居区地理位置，而有所侧重地供应各种不同类型的图书。

4）个别营销

个别营销是市场细分的极限层次，也可说是“定制营销”或“一对一营销”。一段时期以来，由于大量营销的风行，掩盖了若干个世纪以来消费者都是被作为单独服务的事实，如裁缝为个人量体裁衣，皮匠为个人定做鞋子等。事实上今天的许多企业对企业营销，就是实行定制营销的。今天的许多新技术，特别是电脑、数据库、遥控生产、快速通信媒体电子邮件、传真机等的涌现，使得企业可以考虑重新实行定制营销，或“大量定制营销”，即大规模生产单独设计的、能适应每个顾客要求的产品。

【小资料 9-1】

个性营销步骤

个性营销常常包括三大活动：寻找个性之根；形成个性之树；传播个性之香。

寻找个性之根

对于个性营销者而言，他们的首要任务是寻找品牌个性在哪里，品牌个性常常由四个元素构成：个性化顾客、个性化需求、个性化产品、个性化区域。以英国棕榈航空公司为例，其品牌个性的完整描述为：企业的经理人员享受度假乐趣，高质量、省时间的全套服务，只飞往欧洲 11 个城市。这种品牌个性不仅独一无二、容易保持却很难被模仿，而且瞄准了顾客购买决策的关键影响因素，足够重要，不易被抵消。成功地寻找到个性之根正是这家名不见经传的航空公司能够击败众多老牌的航空公司并被评为世界上最令顾客满意的航空公司的奥秘所在。

形成个性之树

如果能够顺利地发现品牌个性，下一步的工作就是为品牌个性构建实现体系或者说是运营体系。个性营销者必须从研发、采购、生产、实体配送、营销、销售、服务等业务流程和管理流程上进行优化，以确保整个经营体系能够去支持、形成和持续改进品牌个性——品牌个性不是空洞的漂亮话，而是可以真真切切地为顾客所感知。维珍航空独树一帜的行为正暗合此意。伴随着持续创新的理念，它在业务流程改进上进行大胆创新：第一个提出并设计了全标价经济舱航空产品、商务舱提供的服务达到了一等舱的水平、可以保证全程睡眠、提供两种不同的饭菜可供乘客挑选等，永远做旧规则的打破者和新思维的弄潮儿。不仅如此，在一般航空公司常常会忽视的管理流程改进上，维珍航空一直优化到几近作秀的地步。在维珍公司，“员工就是上帝”并非口惠而实不至，其领导人布兰森喜欢住普通员工住的公寓，不喜欢待在豪华酒店里，每天早上他工作的第一件事就是看看有没有员工给他发邮件，每年他和来自集团各个公司的包括清洁工在内的 20 名雇员到加勒比海度假，甚至自己上飞机当服务生以及挽起袖子修理马桶。

传播个性之香

对于个性营销者而言，最后一步就是对品牌个性进行深度的传播，使得品牌个性成为占据潮头的竞争优势。和一般人的见解恰恰相反，品牌个性常常很难用广告来渗透，这就是维珍航空“一切为了上头版头条”理念的来源。布兰森很重视公关和推广，他创造了无数甚至能够吸引全球眼光的事件营销活动，如开着坦克在皇家马路上游行、在争议和风险中签约性手枪乐团、驾着热气球横渡大西洋、海湾战争期间派遣维珍集团的飞机紧急飞往伊拉克接送英国人质、几乎全裸地出现在纽约时代广场等。这种创新性的传播方式带来的结果是，几乎只在一瞬间，几乎不花什么钱，千百万人就都知道了维珍，布兰森也成了维珍品牌的关键识别元素。个性营销的本质在于通过价值创新来引导市场，而非迎合市场，这是个性营销的优势和魅力所在。尽管对中国企业而言，维珍和棕榈的成功也许是难以复制的，但它们毕竟能够使我们看到夜空中有更多的星星，保留“有梦就能飞”的创新激情。

资料来源　佚名．个性营销［EB/OL］．［2014-04-10］．http：//baike.baidu.com/link？url=rhVRR_jA0fS3WGsex9Hzdzus6vS8dZYsH8WOHcd6AsX32ToE_zyYnfJtLrmbFbV-DiX6d3nb3NJpJsRrBt7jBq.

9.1.2　市场细分的作用

从上述市场细分的含义可以看出，在当今人们生活水平不断提高、消费需求日益多样化、产品和服务市场越来越扩大的经济社会中，市场细分是一项很重要的市场营销策略。各工商企业根据市场细分的原理，把市场营销力量集中到一小群购买者身上，就可更好地为顾客服务，开展有效的竞争，更有效地达到企业的盈利目标。具体来说，市场细分的作用有以下几点。

1）可更精确细致地分析市场推销机会，使自己处于有利的地位

企业运用市场细分的原理来分析研究市场，不仅可以了解整个市场的总情况，还可以较具体地了解每一个细分市场的实际购买量、潜在需求量、购买者满足的程度，以及市场上竞争的状况。这可使企业能对每一细分市场推销机会的大小加以比较，进一步找出市场营销的好时机，采取相应的市场营销策略；使企业可以选择最能发挥自己优势的市场作为自己的目标市场；使企业的资金和物质资源得到最有效的运用，从而能迅速取得市场的优势地位。

2）可更好地为顾客服务，从而发挥最大的市场推销效果

企业将市场细分后，就可为非常明确的目标市场量体裁衣式地制订恰如其分的市场营销组合方案，即可以设计恰当的产品属性，确定适当的价格及策略，制定可行的促销政策和分销政策来为目标市场的需求服务。这样，由于不是以一种产品式样或一种产品设计、一种价格、一种促销方案和一种分销策略招徕所有的顾客，就可将市场营销组合分离，为每个细分市场分别采用不同的市场营销组合，或以一套市场营销组合用之于一个特定的市场，从而就可发挥最大的推销效果。

3）可为新产品打开新的销路

由于企业不断地研究、分析市场，可从中了解到消费者的需要和爱好，以及他们的购买种类、购买行为、购买习惯、购买动机等，检查本企业产品的质量、包装、设计等是否符合消费者的要求，然后据此改进，从而可为企业产品打开新的销路。

4）可帮助企业增加利润或更好地达到其他目标

由于进行了市场细分，企业就不必大量生产、大量分销或大量促销，从而可依靠专门化，以有限的资源和能力而获得较大的成功。市场细分策略，通常都不是追求销售量最大化的方法，公司实施这一策略，可以较少的成本有效地吸引一个细分市场中的大部分顾客，获得大部分市场份额。另外，实施市场细分策略，还可使企业在竞争中趋利避害，有较大的回旋余地。因为在当今国内外市场中，虽然总体上竞争非常激烈，但也存在很大的不平衡性，总存在一些空当。通过市场细分，就可找出总体市场中这些竞争不甚激烈的部分，或自己可以发挥竞争优势的领域。企业通过市场细分，找出这一细分市场并选为目标市场，在这一细分市场中，其他竞争者要进攻自己是较困难的，从而可更好地保卫自己。

9.1.3　有效市场细分的条件

1）可衡量性

可衡量性是指用以细分市场的变量必须是可以衡量的，或者说为了将购买者归门别类，划为不同的群体，公司必须能对购买者的特点和需求予以衡量。如果某些细分变量或

购买者的特点和需求很难衡量，这个细分市场的大小就很难测定。一些带客观性的变量，如年龄、性别、收入、教育、地理位置、民族和种族等，这些都易于确定，并且有关它们的信息和统计数字，通过各级统计部门是比较容易获得的。相反，一些带主观性的变量，如心理和性格方面的变量，就比较难断定。

2）足量性

足量性是指细分市场的大小和利润值得单独营销的程度，即划分出来的细分市场必须是值得采取单独营销方案的最小单位。它的规模必须是能使企业足以产生一定的销售额，顺利实现市场营销目标，并且有可拓展的潜力，以保证按计划能获得理想的经济效益和社会服务效益。如一个普通大学的餐馆，如果要满足少数师生酷爱西餐的要求而专门开设一个西餐部，可能由于这个细分市场太小而得不偿失。但如果开设一个回族饭菜供应部，虽然其市场仍然很狭窄，但从细微处体现了民族政策，有较大的社会效益，值得坚持。

3）可接近性

可接近性是指企业对细分出来的市场能进行有效促销和分销的程度，或获得该细分市场有关资料的难易程度。这些细分市场中的购买者，必须在易于接触和沟通方面具有充分的相似之处，以便销售者能较经济而有效地与这些潜在顾客接触沟通。如这些细分的成员可能在地理上是较集中的，他们在同一商业区购物或经常接触同一广告媒体，这样公司便可通过这些地方供货或做广告，经济而有效地向他们推销。

4）独特性

独特性是指细分出来的市场必须对市场营销计划有独特的反应，即用某种特定方法细分出来的各个细分市场，其成员对市场营销计划的反应必须是不同的。如果各个细分市场对某种市场营销计划的反应都是相同的，那就没有必要，也不存在要在不同的细分市场中施行不同的市场营销计划。换言之，只要采用大量营销方法就可以了。

9.1.4 消费者市场细分的方法

如前所述，有效的细分市场不是随便根据什么标准都可以划分出来，同时也不可能按影响购买者需求的所有变量来进行。因此在实际工作中，往往把它们归纳为若干基本要素，然后将其进行或粗或细的细分。

在消费者市场方面，用以细分的变量，通常可归纳为人口统计、地理、心理和行为等基本要素。

1）按人口统计的市场细分

按人口统计的市场细分是以描述人口一般性特征的人口统计变量，如年龄、性别、收入、职业、教育、宗教、种族或国籍等将市场划分为不同群体。由于以人口统计变量来细分市场比其他变量更容易衡量，且适应范围比较广泛，许多消费者市场都可按这一方法进行细分。

（1）按年龄细分

人们在不同年龄阶段，由于生理、性格、爱好的不同，他们对消费品的需求往往有很大的差别。因此，可按年龄范围细分出许多各具特色的消费者市场，如儿童市场、青年市场、中年市场、老年市场等。

(2) 按性别细分

不仅不少商品在用途上有明显的性别性，如男装与女装，男表与女表，而且在购买行为、购买动机、购买角色方面，两性之间也有很大差别。例如，女士是服装、化妆品、节省劳力的家庭用具、小包装食品等市场的特别重要部分，男士则是香烟、饮料、体育运动用品的主要购买者。

(3) 按收入细分

人们收入水平的不同，不仅将决定其购买商品的性质，如收入高的家庭就会比收入低的家庭购买更高价的商品，而且还将影响其购买行为和购买习惯，如收入高的人一般喜欢到大百货公司和名牌专卖店购物，收入低的人则通常在货仓商场、超市及普通商店购物。

(4) 按民族细分

世界上大部分国家都拥有多种民族。我国更是个多民族的国家，这些民族都各有自己的传统习俗、生活方式，过着不同的社会经济生活，从而呈现出各种不同的商品需求。只有按民族这一细分变量将市场进一步细分，才能充分满足各族人民的不同需求，并进一步扩大企业的产品市场。

(5) 按职业及教育状况细分

从事不同职业的人其消费需求是有很大区别的。其主要原因是从事不同职业的人所获收入的不同，另外不同职业的特点，也会引起许多需求上的差异。

至于教育状况的不同会引起不同的需求，也是显而易见的。因为教育程度不同的人，在志趣、生活方式、文化素养、价值观念等方面都会有所不同，因而会影响到他们的购买种类、购买行为和购买习惯。

2) 按地理状况的市场细分

地理状况这一细分变量，主要包括消费者所居住的地区，如东北、华北、西南、华南或山区、平原、内陆、沿海，以及这些地区的自然特点，如人口密度、气候、城市规模等。消费者的需求和欲求常常受到这些地理变量的影响也是显而易见的，因此企业也可以分别利用各个地理变量或其组合来细分自己的市场。

(1) 按地理位置细分

地区位置不同，首先会反映文化和社会价值观的差异。例如，某一地区可能会比别的地区更保守。另外还会影响促销的难易程度。例如，有的城市有自己的地方电视台，有的城市却没有，这就使得零售商很难把商业信息传给附近城市的消费者。

(2) 按人口多寡及密度细分

人口多寡和密度意味着该地区是否有足够的居民以产生相当的销售额，以及开展一项营销活动的成本有多大。尤其以人口密度不同细分出的城市、郊区、乡村市场，其现实意义更大。

(3) 按气候细分

地区气候不同会影响一系列商品的消费，如东北地区对服装的需求就与华南有较大区别，滑雪娱乐场所只能在长期下大雪或气温低于零度的地点开办。

3) 按心理的市场细分

按心理的市场细分是将购买者按其生活方式、性格、态度而细分成不同的群体，即同一人口统计的人对产品的需求表现出差异性甚大的心理现象，则可将消费者细分为不同的市场。其细分方法主要有：

(1) 按生活方式细分

生活方式是人们生活和花费时间及金钱的模式。可根据消费者的不同生活方式划分出各种明显的细分市场。例如，深居简出者，他们大都在家里度过闲暇时间，是以家庭为中心的人，时髦人物则大都热衷于社交活动，事业心重的人则将大部分闲暇时间用在考虑工作上。这样，就可根据消费者所花时间从事的活动进行市场细分。例如，妇女时装生产商为“纯朴女性”、“时髦女郎”和“男性化女士”设计不同款式的服装。

(2) 按态度细分

它是指根据消费者对公司及其商品的态度进行分类并采取相应的营销措施。例如，对持中间态度的消费者（“我曾听说过某品牌，但我并不真正了解它”），应大力开展资料丰富的、有说服力的促销活动；对抱积极态度的消费者（“某品牌是市场上最好的产品”），应利用接连发出的广告与消费者签订合同的办法加以巩固；对持消极态度的消费者（“某品牌比另外某品牌大大低劣”），要改变其态度是较困难的，应在广告宣传上具体化，并改进产品质量，提高公司形象。一般说来，公司放弃这一细分市场是合适的，因为公司进行市场细分，并不是要公司利用一种营销努力来满足所有消费者群体的要求。

(3) 按利益追求细分

它是指按消费者对所购产品追求的不同利益来分类。这种方法首先要断定消费者对有关产品所追求的主要利益是什么，追求各种利益的各是什么类型的人，各种品牌的该类商品提供了什么利益，然后根据这些信息来采取相应的市场营销策略。

4) 按行为的市场细分

它指的是将购买者按其对产品的理解、态度、使用或反应来细分成不同的群体，具体来说包括下列各种细分：

(1) 按使用率细分

使用率是指消费者购买产品或服务的数量，消费者有的可能使用很少，有的使用一些，有的大量使用。由此可细分出产品的轻度、中度和重度使用者市场。重度使用者一般在市场上所占比例不大，但他们的消费量可能在全部消费量中所占比例为最大。一般来说，某个产品的重度使用者通常具有共同的人口、心理特征和习惯接触的媒体。根据这种形象特征可制定价格、信息、广告媒体等方面的策略。但在致力于为重度使用者细分市场服务时，不要犯忽视轻度使用者的错误，因为有时轻度使用者会转变为重度使用者，也可能从未使用者中产生出新的使用者。

(2) 按使用情况细分

使用情况是指消费者从前是否有使用过某种产品或服务的经历，可细分为未使用者、曾使用者、潜在使用者、初次使用者和经常使用者。市场占有率高的公司特别重视将潜在使用者转变为实际使用者，而小公司则努力将使用竞争者品牌的顾客转向使用本公司的品牌。对潜在使用者和经常使用者应分别采用不同的营销方法。

(3) 按使用者忠诚性细分

使用者忠诚性是指一个购买者不得不购买某一品牌商品的一种持续信仰和约束。人们可以对某些实体产品，如健力宝饮料、中华牙膏、柯达胶卷忠诚；可以对某些服务，如南方航空公司、假日酒店忠诚；也可对一个机构，如消费者委员会、工商联合会忠诚；还可以对一项事业，如希望工程、治安基金忠诚。为此企业必须辨别它的忠诚顾客，以便更好地为他们服务。在这一过程中，又首先必须弄清忠诚顾客人口统计方面的各种特点。这有时是不容易做到的，因为许多顾客是不愿意提供个人信息的。另有一种办法可辨别使用者的忠诚，就是给坚定的顾客某种形式的回报或鼓励，如这些顾客每次向企业购物时都给予一定折扣，饭店就经常给予这种折扣。

【专论 9-1】

国内轿车市场的细分化趋势

目前国内汽车厂家面临的是一个逐渐被“碎片化”的市场。一方面，传统的消费观念、审美趣味依然占据主导地位，反映在市场上就是桑塔纳、捷达、夏利等传统车型的销量继续保持较高的水平；另一方面，新兴的城市白领、小资、波普艺术家等阶层在快速崛起，个性化的车型日渐受到他们的青睐。

可以肯定的是，随着消费者“碎片化”和新车型引进的同步加速，汽车市场细分化的趋势不会中止，其步伐只会越来越快。如何寻找真正属于自己的细分市场，成为所有厂家面临的生死问题。

细分必须建立在现实的需求上。然而，目前许多厂家仍然期望通过一个另类的概念来创造一个细分市场，CUV、NCV、MBV……各种概念满天飞，让消费者摸不清方向，结果厂家自己也迷失了方向。

那么，如何应对细分化趋势？

过去，一个厂家只需要拥有一两款有竞争力的主力车型，就可以支撑起大部分销量。但现在，大部分汽车厂家都被迫在不同的细分市场上四面出击，全面开花。这样做的后果就是设计、制造成本和营销成本急剧上升，利润率急剧下降。从国际汽车界的经验来看，各大跨国汽车巨头为了应对细分化趋势，采取了以下战略，对我国汽车企业或许会有所启发。

■**平台战略**

汽车的平台战略，就是指在汽车研发、制造过程中，几个车型共用一个技术平台，生产出来的车型在外形、功能方面可能不尽相同，但却有着相同的底盘、发动机技术和车身结构等。平台战略不仅可以大幅度降低研发费用，同时也加强了制造系统的柔性，使得几款车型在同一生产线上进行生产成为可能，从而可以大幅度降低制造成本。更重要的是，同一平台可以演化出不同外形和配置的车型，满足不同细分市场的需求。

目前，几大跨国巨头都采用了平台战略。比如，德国大众推出 PQ35 平台，速腾、迈腾、途安、高尔夫、奥迪 TT 等车型都在这个平台上进行开发，福特福克斯、沃尔沃 S40、马自达 3 这三款车也共用同一个技术平台，丰田的皇冠和锐志也共用一个平台。

国内的一些自主品牌汽车厂家几年前车型较少，并没有产品平台的概念，随着产能的扩大，像奇瑞、吉利等厂家也开始有意识地建立自己的产品平台，这是一个良好的开端。

■**多品牌战略**

虽然平台战略解决了用不同车型攻占不同细分市场的问题，但当所有的厂家都在搞平台战略的时候，产品的同质化依然不可避免。为了寻求新的差异化优势，厂家不得不亮出多品牌这个武器，期望通过品牌所代表的价值观、审美情趣、文化理念的不同，来有效区隔消费心理，为消费者创造新的购买理由。

现在大型的跨国汽车巨头如通用、丰田、福特、大众、日产、本田，基本上都采用了多品牌战略，连奔驰也为了攻占年轻人市场而创造出了 SMART 品牌，宝马则收购了 MINI、劳斯莱斯等品牌。在同一公司内部，不同品牌之间也可以共享一些技术平台，比如帕萨特和奥迪 A6 的共用零件比例相当高，从而有效地降低了制造成本。

在国内的汽车生产厂家中，运用多品牌战略最典型的当数上海通用。国产凯迪拉克主攻豪华车市场，进口萨博（SAAB）比凯迪拉克档次稍低一点，别克则定位于公商务轿车，雪佛兰主攻家庭轿车市场，从而实现了对大部分细分市场的覆盖。其他厂家，像上海大众引进了斯柯达品牌，一汽大众拥有大众和奥迪两个品牌，神龙汽车则有标致和雪铁龙两个品牌，长安福特也拥有福特、马自达和沃尔沃三个品牌。

■Cross 战略

在国际汽车界，Cross 是近年来最流行的词汇之一，国内一般翻译成“交叉车”或“跨界车”，意思是融合了多种设计元素的车型，也就是一辆汽车拥有几辆车的功能。像 SUV 就是典型的 Cross 车型，它既有越野车的越野性能，又有轿车的乘坐舒适性，满足了城市越野爱好者的需求。MPV 则综合了轿车和轻型客车的优势，被称为“多功能轿车”。

近几年，各大汽车公司纷纷推出 Cross 车型，Cross 也成为最具发展潜力的细分市场。2010 年的上海车展上，上海大众推出了 Cross POLO，它在 POLO 的车顶上安装了行李架，配以动感十足的大包围和轮毂，风格强悍，具有明显的越野休闲风格。奇瑞的东方之子也推出了 Cross 版本。

Cross 的本质接近于前面我们所说的创造细分市场，由于它融合的是两个以上细分市场的优势，具有一定的市场基础，所以在销量方面不存在太大的问题，从而成为国际汽车设计的一个方向。

资料来源　向寒松．市场细分，并没有那么简单［J］．新营销，2007（7）．

9.2 选择目标市场

市场经过细分之后，便使公司面临许多不同细分市场的机会，公司必须仔细从中选择自己的目标市场，以便集中全部市场营销能力，更有效地为这些目标市场服务，从而获得相应的经济回报。这样，为精确选择目标市场，高效而有利可得地为这些细分市场的成员服务，就必须做好以下三个方面的工作。

9.2.1 评估细分市场

评估细分市场的目的在于弄清这些细分市场是否具有值得公司进军的各种条件及程度，因此公司在评估目标市场时，就必须采用一套具体的评估标准。一般来说，起码应包括以下四点。

1）规模

细分市场的预计规模是决定该细分市场是否值得进军的主要因素。如果所选择的细分市场过于狭窄，公司就可能达不到它所期望的销售额和利润；如果所选择的细分市场过于广阔，公司就会使自己的市场营销力量铺得过宽而显得单薄，增加的销售额和利润就不足以弥补增加的开支。

至于什么是适当的规模，不同公司之间的选择将是相差很大的。大公司一般会选择销售量较大的细分市场，小公司则通常会选择一些小细分市场，甚至如前所述会选择一些小生境市场。如美国的摩根这家小汽车制造公司，便曾集中选择了一个非常小而专的汽车市场，因其顾客追求的是第二次世界大战前的怀旧赛车。该公司据此采用了与此种特殊需求十分合拍的市场营销组合方案，起到了很好的拾遗补阙作用。

2）预期增长程度

评估一个细分市场是否值得经营，不仅要看它现有规模这一静态面，而且还要看到它可能发展变化的动态面，有的市场现在虽然规模不大，但未来可能会迅速增长，或预计会有所增长。例如，现在有“微车王”之称的柳州五菱汽车制造厂，20 世纪 80 年代初刚由原来的拖拉机厂转产微型汽车时，当时的微型汽车市场很小，但他们根据国际上的普遍情况预计到，我国发展汽车工业的指导思想，必将从依靠公费购车来把汽车工业建成支柱产业转变为发展私人购车为主，从而微型汽车市场的前景很广阔，于是 1983 年投入 1 142 万元作转产性技术改造，1985 年达到年 5 000 辆生产能力。随着 1993 年我国以发展个人购车为主推动汽车产业发展政策的颁布，我国微型汽车市场获得了快速发展，柳州五菱汽车厂的微型汽车产量也从 1991 年的 10 万多辆发展到 1996 年的 70 万辆，5 年间增长了 6 倍。

3）结构吸引力

所谓**结构吸引力**，就是不仅要考虑一个细分市场在规模和增长程度方面所具有的吸引力，还要考虑可能使细分市场失去利润吸引力的其他因素。这种评估细分市场吸引力的模型，目前最为常用的是迈克尔·波特的五因素模型，这一模型认为影响细分市场盈利有五个主要因素：

（1）行业竞争和细分市场内竞争的威胁；

（2）潜在的入市者和转行（业）的威胁；

（3）替代品的威胁；

（4）购买者及其相对力量；

（5）供应商及其相对力量。

4）与公司目标和资源的一致性

这是指公司对各个细分市场的规模、增长程度、结构吸引力作出评估之后，还应逐一地将它们与公司的目标和资源背景作对比检查，看细分市场与公司的长期目标之间的一致程度如何。例如，常常会有这种情况，一个似乎有吸引力的细分市场，由于它不能大力推动公司朝既定的长期目标前进，或它将转移公司的精力，这个细分市场也将被放弃。即使那些细分市场与公司的长远目标相吻合，也还必须进一步考虑公司是否具有有效生产经营所需的技术力量、物质资源及责任承担能力，如果缺乏这些条件，进入这些细分市场就没有多少策略性价值。

9.2.2　决定市场覆盖的宽度

市场经过细分、评估后，可能得出许多可供进军的细分市场，这时公司就要进一步作出最后的市场细分决策，即决定向哪个市场或多少个市场进军，也就是作出市场覆盖宽度的决策。在实际工作中，一般有五种市场覆盖模式可供选择。

1）密集单一的市场

公司在众多的细分市场中只选择其中一个细分市场。这种策略虽然有较大的潜在风险，如消费者的爱好突然发生变化，或后来某一个强大竞争者介入这个细分市场，公司就很容易受到损害。但是大量事实证明，朝着这个方向实行的密集性市场营销，对那些资金有限的小公司却是很有吸引力的。一般来说，那些选择密集单一市场的公司，可以建立较强的市场地位，树立行家里手的声誉，并可获得超过行业平均利润的收益。

2）有选择的专门化

作为密集单一市场策略的取舍，公司也可以覆盖几个细分市场的策略来分散风险。所选的几个细分市场虽然必须与公司的目标和资源相适应，但它们之间不必有必然的联系。如一个制鞋厂可选择青年胶鞋、中年皮鞋、老年布鞋来生产，不过其前提应是上述这些不同的细分市场对上述各种具体不同的鞋类应是最有前景和经济效益的市场。

3）市场专门化

公司集中生产某一市场（某一消费者集团）所需要的各种产品的策略。例如，制鞋公司只选择青年人所需要的布鞋、胶鞋、皮鞋来生产，即不生产老年、中年的鞋类。企业提供一系列产品专门为这个顾客群体服务，可获得良好的声誉，容易打开产品的销路，但如果这个顾客群体的购买力下降，会减少购买产品的数量，企业就会产生效益滑坡的危险。

4）产品专门化

公司在几种产品中，专门生产一种适合各种消费者需要的产品。例如，一个制鞋厂，在皮鞋、布鞋、胶鞋、塑料鞋四种产品中，只选择了生产皮鞋，它包括了老年、中年、青年需要的所有品种。采用这种策略可使企业在某个产品方面树立起很高的声誉，扩大销售，但如果这种产品被全新技术产品所代替，就会使销量大幅下降。

5）市场完全覆盖

这是指公司想用各种产品满足各种顾客群体的需要，只有大公司才能采用这种模式。

以上五种市场覆盖模式可归纳如图 9-1 所示。

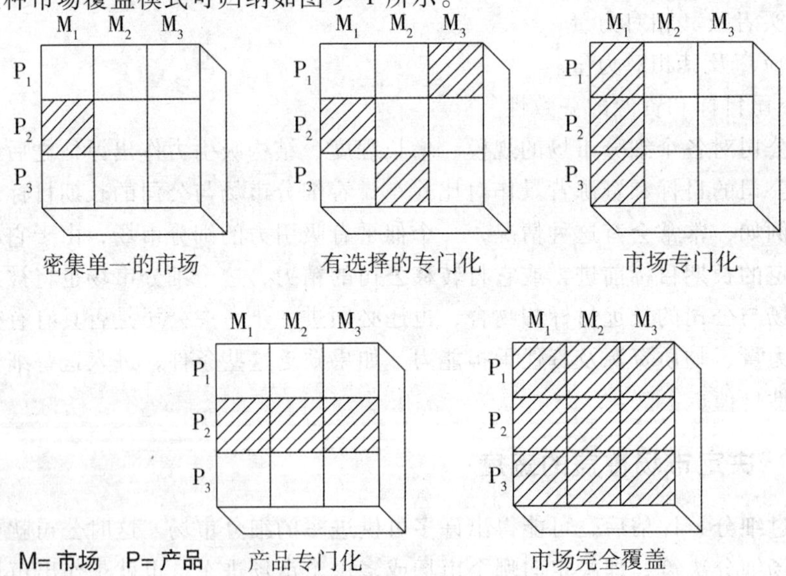

图 9-1　市场覆盖的五种模式

【专论 9-2】

专一化（集中化）战略

专一化（集中化）战略是指主攻某个特殊的顾客群或某产品线的某一个细分市场。它具有以下特点：（1）使整个企业的力量和资源更好地服务于某一特定的产品；（2）将目标集中于特定的细分市场，企业可以更好地超越竞争对手；（3）集中服务某一类特定客户。例如，服装行业，是很大一个市场，有的企业只做儿童服装，如 BALABALA，有的只做职业装，有的只做商务休闲，有的只做夹克，有的只做西服，有的只做西裤等，甚至在休闲装细分市场，“柒牌”也只专注于立领，这都是专一化战略的思想体现。

日本某烘焙企业，因为做很多食品，面临倒闭的边缘，后来一改“什么都做”的模式，只做“比萨”，并把消费群体定位在年轻人，采取“门店销售为辅，送货上门为主”的模式，一年营业额过亿元。上海的莉莲蛋挞主营业务为“蛋挞”，被称为“上海最好吃的蛋挞”，也是专一化战略的例子。

格力，专一做空调；格兰氏，专注做微波炉；万科，专注高端商品房；海尔，专注家电行业；宝洁，专注日化，等等。

企业也可以通过满足特殊对象的需要而实现差异化，或者在为这一对象服务时实现低成本，或者二者兼得。这样的公司可以使其赢利的潜力超过产业的平均水平。

总体而言，建立起企业在市场上的竞争优势是所有战略的核心，一个开发企业要获得竞争优势就必须作出明确的战略选择，必须决定希望在哪个范畴取得优势。企业决策层想采用的全面出击的战略既无战略特色，也会导致低于水准的项目出现，它意味着企业在长期市场竞争中毫无竞争优势可言，并逐步消耗完企业偶尔建立起来的品牌价值。

资料来源　余建忠．烘焙业主必须了解的三大战略［EB/OL］．［2014-06-18］．http://info.food.hc360.com/2010/08/121104345246.shtml.

9.2.3　目标市场策略

根据各个细分市场的独特性和公司自身的目标，共有三种目标市场策略可供选择。

1）无差异性市场营销策略

这是指公司只推出一种产品，或只用一套市场营销办法来招徕所有的顾客。一般来说，当公司断定各个细分市场之间的差异很少时可考虑采用这种大量市场营销的策略。一个公司在向消费者出售短锯锯片、铜器或银器擦粉、蔬菜罐头时，可能会发现不区分细分市场会更有成效。尤其是在一个较小市场范围内的小商店，适用无差异性市场营销策略的空间会更大，如图 9-2 所示。

事实上，绝大多数产品的市场都是可以细分的，竞争者可通过市场细分，选择适当的目标市场而享有竞争优势，甚至像食盐这种非常普通、没有什么特别引人兴趣的产品，也可以相当广泛地细分为矿盐、海盐、炒玉米花用盐、焗鸡用盐、特味盐、碘盐、非碘盐等。显然，如果这些产品只采用一个品牌，就不能提供各种具体利益的信息或诉求。

2）密集性市场营销策略

这是指公司将一切市场营销努力集中于一个或少数几个有利的细分市场。例如，一个小型机器锯的制造商，预测出其产品有三个主要的细分市场，即偶然或不时使用者（如

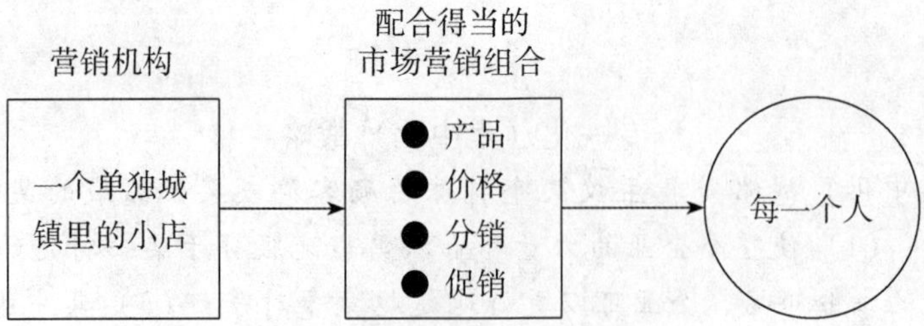

图 9-2 无差异性市场营销策略

郊区的房主)、农场市场和专业伐木工人市场。这三种使用者各有其特殊的要求，把这种小型机器锯用于不同的用途。如果小型机器锯的营销者只选择这些细分市场中的一个市场如农场使用者，来制订针对性的市场营销组合方案，并将其市场营销努力和资源指向那个单一的细分市场，这就是典型的密集性市场营销方法。图 9-3 就是这一策略的图解。

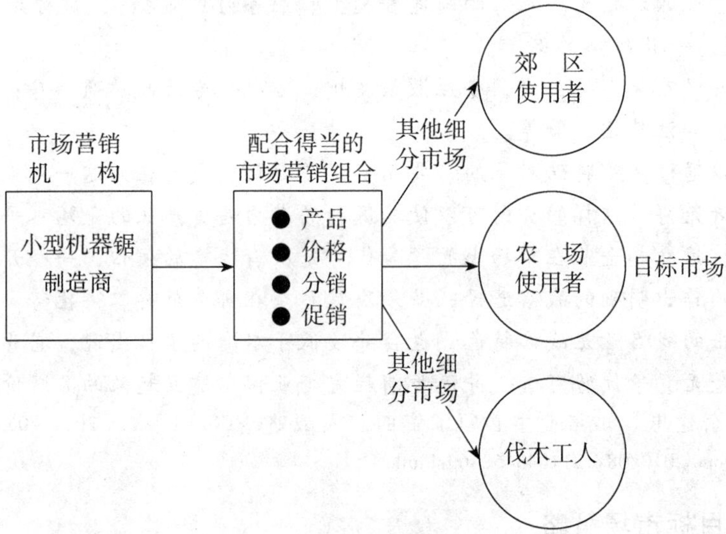

图 9-3 密集性市场营销策略

在实际经济生活中，与上例相似，奉行密集性市场营销策略的还大有人在。例如，有的服装厂只生产女装或男衬衫，有的汽车厂只生产吉普车或工具车等。企业之所以采取这一策略，是因为如果采取其他策略，该产品只能在整个市场中拥有很少的份额，而采取密集性的市场营销策略，则可在部分市场中拥有很大的市场占有率。这样就可节省市场营销费用，增加盈利，而且还可提高产品与企业的知名度，从而巩固企业的市场地位，提高企业的竞争能力。

当然，密集性市场营销也不是没有风险的。如果一个公司把全部力量集中到一个细分市场上，那就会缺乏多样性和应变性，就会产生“把所有的鸡蛋放在一个篮子里”的危险。如果这个细分市场太狭小，或其增长速度很慢，或这个细分市场受突发事件影响而萎缩，企业就会发生重大的财政问题。

3）差异性市场营销策略

差异性市场营销是指公司根据各个细分市场的特点，相应扩大某些产品的花色、式样和品种，或制订不同的营销计划和办法，以充分适应不同消费者的不同需求，吸引各种不同的购买者，从而扩大各种产品的销售量。当然适于采用此种策略的产品或行业，其市场需求一般应存在一定多样性或差异性。例如，染发剂行业便面临多种多样需求的消费者，有的想改变头发的颜色，有的想掩盖头发的苍白，有的想亮发。这样在这些消费者大群体中就可找出许多其他的细分市场。据此，美国一家名叫克莱罗尔的染发剂生产商，便将其市场区分为七个细分市场，并针对这些市场分别制订了七套市场营销组合方案，开发了七种染发剂，尽量适应各个不同细分市场的需要，如图 9-4 所示。

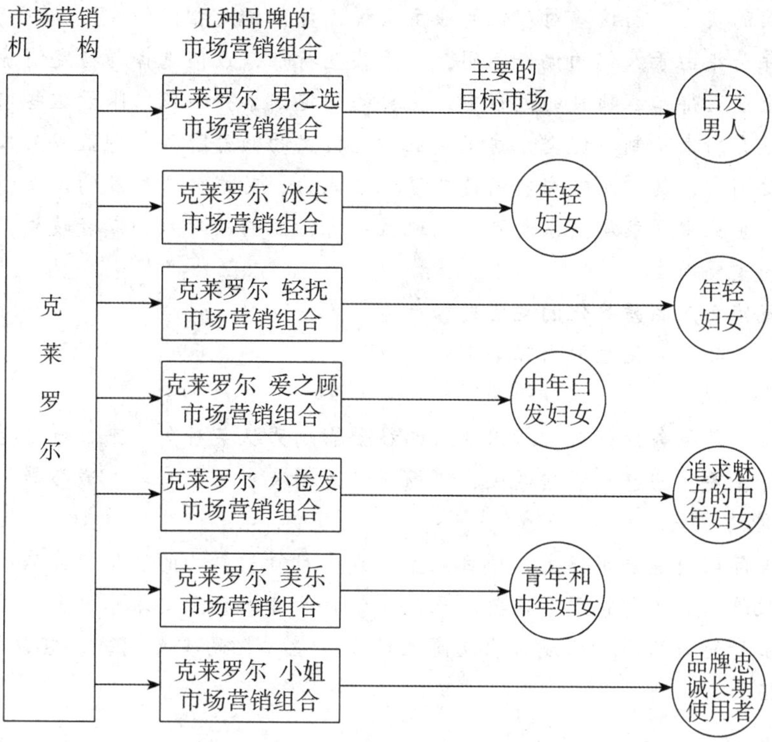

图 9-4　差异性市场营销策略

在这个案例中，辨明各个细分市场并不特别困难，大量的工作在于如何制订能满足各个细分市场的市场营销组合方案。

从今后的趋势看，随着生产的发展、人民生活水平的提高，消费者的需求将愈来愈多样化。为了充分满足各方面的需要，同时也为了提高自己的市场竞争能力，各工商企业将越来越多地实行差异性市场营销策略。

采用差异性市场营销策略的优点是：在产品设计或宣传推销上能有的放矢，分别满足不同地区消费者的需求，可增加产品的总销售量，同时可使公司在细分小市场上占有优势，从而提高企业的威望，在消费者心目中树立良好的公司形象。其缺点是：会增加各种费用，如增加产品改良成本、制造成本、管理费用、储存费用。正因为有上述的原因，同时由于公司各种能力的限制，所以并不是任何产品都适于采用差异性市场营销策略。

【专论 9-3】

我国建筑市场产品差异化分析

现阶段的中国建筑企业正处于从传统计划经济体制向现代化市场经济体制的变革时

期，伴随着建筑市场的繁荣，建筑企业之间的竞争日趋激烈。因此，对建筑市场产品差异化的要素及其特点等的研究，对于提高建筑企业的市场竞争能力具有一定的现实意义。

一、建筑市场产品差异化

建筑市场产品差异包括纵向差异和横向差异。

纵向差异是指所有消费者对所提及的大多数特征组合偏好是一致的。对于业主来说，建筑产品纵向差异主要体现在投标文件中所表达的企业在工程质量、服务水平、技术和管理能力等方面的实力，而这些对理性的业主来说，评价都是相同的。

横向差异是指由于人们的偏好不同，对于某些特性，最优选择与特定消费者有关。事实上，建筑企业获得工程项目的过程中，主要的决定因素并不仅仅限于这些内容。由于业主行为不规范，约束机制不健全，建筑企业所能提供的额外服务与利益成为工程采购中不可忽视的重要因素，其中比较突出的是垫资施工能力、对拖欠工程款的容忍程度以及寻租行为。此外，企业由于隶属关系受到所属地区或者行业的额外照顾或者歧视，也是构成建筑产品差异的重要因素。

二、建筑市场产品差异化的主要内容

建筑市场产品差异化主要内容如下：

1. 社会影响力

由于建筑业是服务性行业，所以企业的社会影响力从某种角度来说就是企业品牌的力量，显得格外重要。它包括资质等级、市场活动范围及市场占有率、声誉等。

2. 融资能力

目前，国际国内建筑市场上，项目业主为减少对贷款机构的负债率，从而降低其可能面临的金融风险，业主都将更多地要求承包商带资承建，甚至要求承包商共同参与项目的融资。因此融资能力的高低已成为承包商生产能力差异化的重要因素，它包括融资能力、资本保值增值能力。

3. 技术能力

技术对于中国建筑企业而言，水平差距不大，技术特点和特色不明显，形成不了太大的差异化。众多企业在相同层次上竞争，导致大企业不能生产技术复杂、要求高的项目，中小企业对一般的项目却又望洋兴叹。技术能力主要包括设计力量、拥有的技术力量、R&D及技术创新力量、信息技术。

4. 工程管理的能力

建筑企业生产能力差异化重点体现在工程管理方面，包括质量、工期、成本控制、合同管理、合作能力、安全管理、环境管理、风险管理等。

三、建筑市场产品差异化的特点

建筑市场的子市场主要有住宅建筑市场、公共建筑市场和大型专业性项目市场等三个，各个市场的产品差异特点如下：

1. 住宅建筑市场

当前住宅建设是我国经济建设的重要增长点，住宅建筑产品的市场需求量很大。总体上来讲，该市场对于企业的技术和管理水平要求不高，目前每一个工程的施工工艺和方法相似，可复制性较高。住宅建筑子市场所要求的必要资本少，规模经济不明显，进入壁垒也较低。在这一市场上，小型建筑施工企业，尤其是乡镇、集体建筑企业在住宅建筑市场占据相当大的份额。这一类企业数目多，施工能力相差不大，业绩相似，所以这一子市场所提供的产品差异较小。

2. 公共建筑市场

公共建筑市场包括中小型公共建筑市场和大型公共建筑市场。中小型公共建筑包括多层和低层办公楼、旅馆和教学楼等工程，这类工程虽然技术有一定特点，但是并不明显。因此，在中小型公共建筑市场中，以技术、管理和服务为主的纵向差异并不明显。但是由于该层次企业众多，市场竞争更为激烈，垫资施工能力、拖欠工程款以及寻租等横向差异对于企业获得竞争优势显得更为重要。大型公共建筑的主要特点是投资比较大，目前较为复杂，对于建筑企业的技术和管理水平要求较高，并要求企业具有承担过类似工程的经验。大型公共建筑市场规模经济明显，要求的必要资本高，进入费用较高，所以在大型公共建筑市场内，现阶段的骨干力量仍是国有大型施工企业。这类企业资质较高，信誉较好，技术水平较高，但普遍问题是企业经营不灵活，欠缺激励机制。这些企业在争取获得项目的过程中，企业的业绩、实力的作用占据了重要地位，代表了企业提供建筑产品的能力。所以，与住宅建筑市场相比，公共建筑市场的纵向差异更为明显。

3. 大型专业性项目市场

大型专业性项目市场政策限制严格，具有较高的进入壁垒，因此，所提供的产品差异非常明显，包括核电站、地铁轻轨、大型隧道、大跨度桥梁、港口工程、海洋工程和水利工程等，这类工程对技术的独特性、企业的技术和管理的整体实力要求高，市场中只有少数技术和管理力量雄厚的施工企业才有能力承担。由于需要特殊的专业技术人员、大型专用设备、丰富的工程管理经验以及良好的专业工程业绩，这一市场一直处于垄断或寡占局面，很少有市场外的一般建筑企业涉足。

这类工程大都为国家重点投资项目，工程交易过程受到严格监督。因此，其产品差异主要体现为纵向差异。

对建筑市场整体而言，业主需求的零散性和多样性，导致建筑企业类型和规模的多样性，也使得建筑企业提供的工程服务水平、质量和技术特点也存在明显不同。而建筑市场的产品差异是建筑企业提供产品的能力的差别，这就决定了建筑业整体而言是一个高度差异化的产业。

提供差异化的产品和服务是建筑企业提高市场地位、构筑行业进人壁垒的重要手段，建筑企业应该建立差异化竞争的理念。在建筑业中，产品和服务的差异主要体现在工程质量、资金实力、管理水平、员工素质、服务质量、技术实力等方面，因此拥有不同层次的建筑企业才能满足市场上的多元化需求。现阶段我国建筑业的产品和服务差异化并不明显，虽然一些大型建筑企业尝试通过产品和服务创新，以及对目标市场的重新定位，巩固并提高自己的市场地位，但仍有许多建筑企业受传统经营思想和管理理念的束缚，忽视产品和服务的差异化，缺乏技术创新的能力和动力。通过扩大建筑产品差异程度，我国建筑企业可以构筑一道无形的非价格壁垒，作为一种有效的非价格竞争手段；利用建筑产品的差异化，可以促进建筑市场结构的优化，有效对抗市场上的激烈竞争。

资料来源 佚名．产品差异化［EB/OL］．［2014-01-08］．http：//wiki. mbalib. com/wiki/% E4% BA% A7% E5% 93% 81% E5% B7% AE% E5% BC% 82% E5% 8C% 96.

9.3 市场定位

9.3.1 市场定位的概念

贯穿上述选择目标市场阶段，公司选定某一细分市场作为目标市场后，便应考虑如何为自己的产品在所欲导入的市场中进行有效定位的问题。因为在这些市场中往往都会存在一些捷足先登的竞争者，甚至有的竞争企业在这个市场中已占据了“地盘”，树立了独特的形象。这样新来的企业便有一个如何使自己的产品与现存的竞争者产品在市场形象上相区别的问题，这就是市场定位问题。反过来说，市场定位的实质就是差异化，就是有计划地树立本公司产品具有某种与竞争者产品不同的理想形象，以便目标市场了解和赏识本公司所宣称的与竞争对手不同的特点。简而言之，所谓产品的市场定位，就是在消费者心目中为公司的品牌选择一个希望占据的位置。

从上述定义可看出，市场定位的主要作用在于借助确定产品或品牌的竞争优势，着重推出与竞争产品和品牌不同的产品以满足消费者利益，更有效地吸引该细分市场中的消费者，尤其是有利于他们迅速作出购买决策，重复购买本公司产品。因为在当今信息爆炸的社会中，消费者大都被过量的产品和服务信息所困惑，他们不可能在作每项购买决策时都对产品重新评价，为了简化购买决策，消费者往往会将产品加以归类，即将产品和公司在他们心目中“定个位置”，这种产品位置是消费者将某种产品与竞争产品相比较而得出的一组复杂的感觉、印象和感想。产品进行了有效的定位，就可使消费者产生深刻、独特的印象和好感，对该产品和品牌形成习惯性购买，从而使公司的市场不断巩固和发展。

相反，企业如果不愿意研究和有效地进行市场定位，不搞差异化，不仅不利于消费者充分行使选择权，不能满足消费者多样化的需求，而且还会由于众多企业都以雷同的产品或服务追逐同一市场的有限顾客，使得各家企业的市场严重分流，达不到一定的规模经济效益。而且，由于大家都想争夺有限的客源，必然会进一步加剧市场竞争，尤其是价格竞争（因为不进行有效的市场定位，就是不从产品、服务、人员、形象等方面进行差异化来竞争），又会进一步降低企业的利润，使企业缺乏技术改造和扩大生产的资金，最终影响到企业和整个行业的发展。

9.3.2 市场定位策略

公司在具体探索定位策略时，大致有六种定位策略可供选择。

1）比附定位

比附定位就是攀附名牌，比拟名牌来给自己的产品定位，以借名牌之光而使自己的品牌生辉。比附定位的主要办法有三：一是甘居“第二”。就是明确承认同类产品中另有最负盛名的品牌，自己只不过是第二而已。这种策略会使人们对公司产生一种谦虚诚恳的印象，相信公司所说是真实可靠的，这样自然而然地使消费者能记住这个通常不易为人重视和熟记的序位。二是攀龙附凤。其切入点亦如上述，首先是承认同类产品中已有卓有成就的名牌，本品牌虽自愧弗如，但在某地区或某一方面还可与这些最受消费者欢迎和信赖的品牌并驾齐驱。例如，内蒙古的宁城老窖，以“宁城老窖——塞外茅台”的广告诉求来定位，就是一个较好的例子。三是奉行“高级俱乐部策略”。就是公司如果不能取得第一名，或攀附第二名，便退而采用此策略，借助群体的声望和模糊数学的手法，打出入会限制严格的俱乐部式的高级团体牌子，强调自己是这一高级群体的一员，从而提高自己的地位形象，如宣称自己是××行业的三大公司之一、50 家大公司之一、10 家驰名商标之一等。

2）属性定位

这是指根据特定的产品属性来定位。例如，广东客家酿酒总公司把自己生产的“客家娘酒”，定位为“女人自己的酒”，突出这种属性对女性消费者来说就很具吸引力。因为一般名酒酒精度都较高，女士们多数无口福享用，客家娘酒宣称为女人自己的酒，就塑造了一个相当于“XO 是男士之酒”的强烈形象，不仅可在女士心目中留下深刻的印象，而且会成为不能饮高度酒的男士指名选用的品牌。

3）利益定位

这是指根据产品所能满足的需求或所提供的利益、解决问题的程度来定位，如中华瓷感白牙膏定位为“根源美白、去除牙齿污渍”；高露洁 360°牙膏定位为“全面口腔健康”；云南白药牙膏定位为“疗效牙膏”，宣称对牙周炎、牙龈出血等多种口腔疾患有显著疗效。这些定位都能吸引一大批消费者，分别满足他们的特定要求。

4）与竞争者划定界线的定位

它是指与某些知名而又属司空见惯类型的产品作出明显的区分，给自己的产品定一个相反的位置。例如，美国的七喜汽水，之所以能成为美国第三大软性饮料，就是因为采用了这种策略，宣称自己是“非可乐”型饮料，是代替可口可乐和百事可乐的清凉解渴饮料，突出其与“两乐”的区别，因而吸引了相当部分的“两乐”品牌转移者。

5）市场空当定位

这是企业寻找市场上尚无人重视或未被竞争对手控制的位置，使自己推出的产品能适应这一潜在目标市场的需要的策略。作出这种决策，企业必须对下列问题有足够的把握：①制造这种新产品在技术上是可行的；②按既定计划价格水平，在经济上是可行的；③有足够数量喜欢这种产品的购买者。如果上述问题的答案是肯定的，则可在这个市场空当进行填空补缺。

6）质量/价格定位

这是指结合对照质量和价格来定位。产品的这两种属性通常是消费者在作购买决策时最直观和最关注的要素，而且往往是相互结合起来综合考虑的，但这种综合考虑，不同的消费者会各有侧重。如某种选购品的目标市场是中等收入的理智型的购买者，则可将产品定位为“物有所值”，作为与“高质高价”或“物美价廉”相对立的定位。

9.3.3　市场定位策略的选择与执行

从上述内容可看出，市场定位的核心是要使公司的产品与竞争者的产品有差别，因此市场定位策略的选择和执行包括下列三项工作。

1）应推广多少差别化特点

这是指到底是推广一种差别化特点还是多种差别化特点。许多营销者主张仅向目标市场推广一种利益，即各个品牌应挑选出一个属性，并极力称誉它是该种属性的“第一”。而购买者一般会记得“第一”的信息，尤其是在今天这个信息化的社会。因为人们的心智，以及动物心理学的铭印作用，这种动物生命早期即起作用的学习机制，往往对于最早的、第一的事物最敏感。因此，第一个人、第一座山、第一家盘踞在你心目中的公司，都是难于驱逐出去的。

当然并不是所有的人都认为单一利益定位总是最好的方法，公司也可进行双重利益定位，甚至三重利益定位。但是，随着公司对其品牌好处标榜的增多，他们将冒失去信任和定位不够明确的危险。因此，公司通常必须避免四种主要的定位失误。

（1）过度的定位。有些品牌被言过其实地鼓吹其功效或提供的好处，购买者可能觉得很难相信该品牌在产品特点、功效或制作上像所宣称的那么好。

（2）混乱的定位。有的公司对其品牌所作的诉求过多，而且变动过于频繁，致使购买者对其品牌只有一个混乱的印象，很难令人弄清该产品的主要特点何在。

（3）过宽的定位。有些产品定位过宽，不能突出产品的差异性，很难使该产品在消费者心目中树立显著的、独特的形象。

（4）过窄的定位。有的产品本来可以适应更多的消费者的需要，并成为他们钟爱的品牌。但由于定位过窄，只着重宣传适于某一部分人的需要而忽视了其他钟爱此种产品的消费者，结果痛失了一大批可成为该品牌忠诚者的顾客。

2）应推广哪些差别化特点

虽然市场定位的核心是要使公司的产品与竞争者的产品有区别，但是并不是所有的品牌差异化都是有意义和值得推广的。因此，公司必须仔细选择令自己与竞争者有显著区别的差别化特点。一般来说，值得塑造和推广的差异化应达到下列标准：

（1）重要性。这种差异化是应向目标购买者提供价值较高的利益。

（2）独特性。这种差异化是竞争者没有提供的，或公司能以更独特的方式提供。

（3）优越性。这种差异化是优于消费者可从中得到相同利益的其他方法的。

（4）沟通性。这种差异化是易于向购买者通报，并能为购买者肉眼看得见的。

（5）优先性。这种差异化是竞争者不容易模仿的。

（6）承担性。这种差异化是购买者的支付能力能承担得起的。

（7）盈利性。公司能有利可得地将这种差异化引入市场。

在实际工作中，有些公司推出的差异化往往与上述的某些要求不相符。例如，现在有些宾馆，常常喜欢在广告中大力吹嘘其是全世界或全地区最豪华或最大的宾馆，其实这种差异化对许多游客来说并不重要。恰恰相反，这一差异化往往还会赶跑一些游客。又如，美国电话电报公司最先推出可显图像的电话机时之所以大遭失败，就是因为当时其价格过高，广大社会公众认为没有必要为看到通话对方而花那样大的成本。

总之，在推广哪些差异化特点问题上，首先要考虑所欲推出的差异化特点是否有实际意义，值不值得推广。而在考虑应推广哪些具体的差异化特点时，则应考虑自己有哪些优于竞争者的差异化特点值得推广，值得树立其形象。其具体的做法是：公司必须将和竞争优势相关的四种属性与主要的竞争者作比较，即在技术、成本、质量和服务这四项中，明确自己的名次与竞争者的名次，进行比较，然后通盘考虑，看有哪些是值得推出的差异化特点。

3）如何通报公司的定位

一旦公司选择了一个市场位置，就必须采取有力的步骤来向目标消费者传达和通报这一预期的定位，公司的所有市场营销组合工作都应支持这一定位策略。如果公司决定将某种产品定位为最优质量和最优服务的产品，首先就必须将这种定位传达给目标市场，并制订相应的市场营销因素组合计划，拟写落实定位策略的战术性行动细节。因此，一个执行

“高质量定位”的公司，知道自己必须制造出高质量的产品，制定较高的价格，通过高质量的经销商来分销商品，并在高质量的媒体上做广告。公司还必须招聘和培训更多的服务人员，选择在服务方面有良好声誉的零售商，并精心撰写能传播优越服务信息的推销和广告词句。这是树立持久的、令人相信的高质量、高服务定位的唯一途径。

这里应指出，公司提出一个好的定位策略远比执行这个策略要容易得多。因为要发展一种定位或改变一种定位需要旷日持久的努力，而花费多年时间发展起来的定位却可能毁于一旦。因此，当公司建立起一种理想的定位后，就必须通过持久的业绩和不断的沟通来加以维持，必须密切监控并随时间的推移而修正这一定位，以适应消费者需求和竞争者策略的变化。但公司也必须避免过急的转变，以免消费者困惑。正确的做法是，产品的定位必须随着经常变化的市场营销环境而逐渐变更。

本章小结

目标市场营销是企业制定市场营销组合策略的前提和依据。本章所探讨的市场细分、选择目标市场和市场定位，便是执行目标市场营销三项先后继起的重要经济活动。

市场细分，就是根据构成总体市场的不同消费者的需求特点、购买行为和购买习惯，将他们细分为若干相类似的消费者群体。细分市场的方法，消费品市场与产业市场不完全相同，或有较大的区别，但其细分的条件却是一致的，即细分出来的市场必须具有可衡量性、足量性、可接近性及独特性。市场经过细分之后，使企业面临许多不同细分市场的机会，企业必须仔细从中选择自己的目标市场。为精确选择目标市场，高效而有利可图地为这些细分市场的成员服务，必须做好三个方面的工作，即评估细分市场，决定市场覆盖的宽度，制定相应的目标市场策略。

主要概念和观念

□ **主要概念**

市场细分　可衡量性　足量性　可接近性　独特性　结构吸引力

□ **主要观念**

拾遗补阙营销　个别营销　无差异性市场营销　密集性市场营销　差异性市场营销　比附定位　属性定位　市场空当定位

基本训练

□ **知识题**

9.1　阅读理解

1）实行目标市场营销一般包括哪几个重要步骤？

2）市场细分有何作用？

3）进行有效市场细分应具备哪些条件？

4）消费者市场细分的变量有哪些？

5）评估目标市场的标准有哪几个？

6）公司在探索市场定位策略时有哪几种策略可供选择？

7）市场定位策略的选择与执行包括哪几项工作？

9.2　知识应用

1）选择题

（1）拾遗补阙营销所涉及的细分市场是________。

A. 从一般较大的细分市场中区分出来的较狭窄划分的群体

B. 按照局部地区顾客群体的需要而量体裁衣式地予以满足的局部地区市场

C. 由一个市场中有较大区别的购买者群体组成

D. 极限层次的细分市场，每个消费者都被视为独立的市场

（2）从有效市场细分条件的可衡量性来看，不大容易衡量的细分变量中有________。

A. 收入　　B. 地理位置　　C. 教育　　D. 生活方式

（3）一般图书市场多采取________。

A. 按人口统计的市场细分　　B. 按地理状况的市场细分

C. 按心理的市场细分　　D. 按行为的市场细分

（4）市场覆盖模式中的市场专业化是指________。

A. 公司在众多的细分市场中只选择其中一个细分市场

B. 公司在众多的细分市场中分别选择几个没有必然联系的细分市场

C. 公司集中生产某一市场所需要的各种产品的策略

D. 公司在几种产品中，专门生产一种适合各种消费者需要的产品策略

（5）康佳高清 DLP™ 光显电视的“光显科技，超越想象力”这一定位，属于________。

A. 属性定位　　B. 利益定位

C. 市场空当定位　　D. 与竞争者划定界限的定位

2）判断题

（1）市场细分就是把市场区分开来，从中选择一个或一些作为进军的市场。（　）

（2）个别营销是将消费者作为单独服务的对象，为其生产单独设计的产品的营销。（　）

（3）有效市场细分条件中的足量性与独特性之间往往是对立或有矛盾的。（　）

（4）受教育状况不同会引起不同需求，主要是由于受教育程度不同的人所获得的收入不同。（　）

（5）按使用率的市场细分，是指按消费者购买某种商品或服务的频繁程度来进行市场细分。（　）

（6）评估细分市场的目的，在于弄清这些细分市场是否具有值得公司进军的各种条件。（　）

□ 技能题

9.1　规则复习

1）目标市场策略

为有效地实行目标市场营销，企业首先必须采取市场细分的步骤。市场经过细分之

后，便使企业面临许多不同细分市场的机会。企业便可采取如下相应的目标市场策略，从中选择自己的目标市场，集中全力向其进军。

无差异性市场营销策略。企业只推出一种产品，或只用一套市场营销办法来招徕所有的顾客。一般来说，当企业断定各个细分市场之间差异很小时可采用这种大量市场营销的策略。

密集性市场营销策略。企业将一切市场营销努力集中于一个或少数几个有利的细分市场，以求得在这些市场中拥有很大的市场占有率。

差异性市场营销策略。企业根据全部细分出来的各个细分市场特点，相应扩大某些产品的花色、式样和品种，或制订不同的营销计划和办法，以充分适应不同消费者的不同需求，从而扩大各种产品的销售量及总销量。

2）市场定位策略

企业在具体探索市场定位策略时，大致有六种策略可供选择。

(1) 比附定位。比附定位就是攀附名牌，比拟名牌来为自己的产品定位。比附定位的主要办法有三个：一是甘居“第二”；二是攀龙附凤；三是奉行“高级俱乐部”策略。

(2) 属性定位。属性定位就是根据特定的产品属性来定位。

(3) 利益定位。利益定位就是根据产品所能满足的需求或所提供的利益、解决问题的程度来定位。

(4) 与竞争者划定界限的定位。它是指与某些知名而又司空见惯类型的产品作出明显的区分，给自己的产品定一个相反的位置。

(5) 市场空当定位。市场空当定位就是寻找市场上尚无人重视或未被竞争对手控制的位置，使自己推出的产品能适应这一潜在目标市场需要的策略。

(6) 质量/价格定位。这是指结合对照质量和价格来定位。

9.2　操作练习

1）实务题

用两三个例子分析说明：

(1) 当前，在我国家电行业中，哪些门类的产品比较重视市场细分？其中最常用的细分变量有哪些？其优缺点如何？

(2) 目前市场上各种品牌电冰箱的定位五花八门，哪些定位较科学、准确？哪些定位不确切或不准确？

2）综合题

如果你是一家拟投资餐饮业的大公司决策者，欲进军北京或广州之类的大城市，在执行目标市场营销时，将采取哪些具体步骤和策略，确保企业成功和逐步扩展？

□ 能力题

9.1　案例分析

以“差异化”策略决胜京西地产板块

入市策略

西现代城项目在入市之前，我们对石景山区域做了大量的市场调研工作，充分按照“市场需要什么，我们就做什么；市场缺什么，我们就做什么”的原则来规划我们的项目，也就是我们制定的“差异化”策略。而今，“西现代城”项目在石景山区域已具备了相当的知名度，这与我们最初制定的策略是密不可分的。

操盘观点

别把“共有资源”作为项目的卖点推销给客户。

北京地产市场在经历了近几年的市场洗礼之后，消费者开始越来越关注地产项目的环境问题。石景山区域在这方面具备得天独厚的条件，再加上地铁、五环、阜石路等日益便利的交通网络，区域内市场发展迅猛。但是，区域内项目的同质化现象却是相当严重。区域内的共有资源不应当成为项目的卖点，它只是项目的依托点。我们需要展示给消费者的只是我们项目独一无二的“差异化”优势所在。

以区域市场空缺为切入点

跟北京其他区域相比，京西板块具有得天独厚的自然环境条件。数百年来一直是北京自然环境最好的地区，成为北京名副其实的“绿谷氧吧”。而且根据市政府的最新城市规划方案，该区域将作为北京的“生态带”进行发展，所以区域内生态环境的继续完善与发展仍然是一大重点。

在此背景下，整个京西板块在短短一年的时间内已经涌现出了近400万平方米的住宅供应量，并且仍然以迅猛的速度在递增。这其中包括高档的别墅、TOWNHOUSE 项目，而更多的则是价位适中的普通商品房。在这些为数众多的房地产项目当中，绝大多数利用周边良好的自然与生态环境，在房地产推广过程中主推“生态”、“自然”、“绿色”的概念，导致区域内各个项目的同质化形象相当严重，差异化特征不明显。

那么区域内市场的空缺是什么？消费者真正需要的是什么？“返璞归真”固然是现代城市人对其生活状态的一种美好追求，也是我们在进行房地产运作时便于炒作的素材，但是“返璞归真”不应当以“牺牲现代都市便利的生活条件”为代价。基于我们对区域市场的进一步分析研究，我们认为此区域内缺乏的正是：完全现代的生活模式。这一空缺成为我们引领区域市场的切入点。

突破“同质化”，促现代生活升级

找到市场空缺，突破“同质化”，就要在项目软硬件设施的配备与选择上狠下工夫。

首先，我们在区域内首次提出了“精装修”的概念，可以说是对整个区域内的同档项目的纯毛坯时代做了一次完全的升级。其次，作为一个15万平方米总建筑体量的项目来讲，我们规划设计了2万平方米的豪华精装会所，这么高的会所人均占有率在整个北京的房地产圈子里也是罕见的。另外，我们还特别引进了“鼠标管家”物业服务系统，在社区内积极开展电子商务，引进了只有高档酒店才有的“VOD点播系统”，双层保温、地板采暖、燃气泄漏报警等安防系统，全部为三星级标准。

值得一提的是我们在二期还特别推出了90～140平方米的精装小跃层户型，这在区域内目前是绝无仅有的。因为通过我们对市场的调研发现，这样的实用户型更能够切合区域内客户的实际需求。所以，在二期开盘前的内部认购期间，这些亮点户型受到了区域内消费者的热烈追捧，我们也积累了大量的客户。

从我们运作“西现代城”项目的整体过程来看，我们的这个关于“现代化生活模式”的差异化亮点，还是找得非常到位的。从项目软件到硬件设施的配置上，我们都为了突破区域内严重的“同质化”现象付出了心血，使我们的项目成为了区域内的升级产品。

资料来源　王瑛琦．以“差异化”策略决胜京西地产板块［N］．中国消费者报，2004-08-06（C2）．

问题：

1）本文指出“市场需要什么，我们就做什么；市场缺什么，我们就做什么”，这就是该作者所在的地产开发公司在“西现代城”项目上所制定的“差异化”策略。这一概括是否科学？

2）“差异化”或“差异化经营”与“差异化策略”的含义是否一致？

3）“西现代城”项目所搞的“差异化”，是否真正搞到了点子上？请详加评述。

9.2　网上调研

就某两三个中型酒店的市场定位进行网上调研。

第10章

产品与产品组合决策

学习目标

通过学习本章，你应该达到以下目标：

知识目标：了解整体产品、品牌、包装、产品组合的含义和服务的特点；理解全面质量营销的观点和品牌、包装的作用；认识产品组合的策略类型和分析产品组合的意义。

技能目标：学会运用各种产品组合策略、品牌策略和包装策略；掌握分析产品组合的方法。

能力目标：具有品牌、包装设计优劣的判断能力；具有品牌决策和产品线决策的操作能力及运用分析产品组合方法的能力。

引例

AA老人手机的定位与产品策划

一、战略选择

1. 做产品，还是做人群？(1) 做产品，以产品为中心，在外观、功能、软件、界面、体验、价格等多方面追求用户的更高满意度，而对用户并不做锁定，所有开发并不体现特别的针对性。(2) 做人群，首先以目标人群锁定为前提，进行针对性的开发。这是一个市场细分、定位的过程。

2. 做产品，还是做服务？(1) 做产品，手机行业的传统电子实体产业的本质，包括NOKIA。(2) 做服务，互联网的数字经济的特点，也是苹果的成功突破点。增值应用服务正逐渐成为电子产业的新的主要利润来源。

3. 做自产自销，还是做平台运营？(1) 自产自销，产品及服务的自行开发、生产、销售的闭环企业运营模式。这是传统经济企业的主导模式。(2) 平台运营，利用自有的核心基础性资源，搭建平台，面向第三方开发者及各类合作者构建多元化的生态圈的开放式运营模式。这是互联网经济的主体模式。

4. 做实体经营，还是做资本运作？(1) 实体经营，对资源综合利用以取得实际的经营成果。(2) 资本运作，利用金融资本市场，来实现经营成果的倍增，起到杠杆放大作用。单纯的手机已经不具备良好的资本市场概念，而移动互联网，以及针对特定人群的深度价值开发经营，比如老人群体，则具有很好的资本市场概念。

二、定位

1. 市场扫描。(1) 苹果的“泛人群”模式，通吃各类人群，追求极简主义。(2) 三星以领先科技、造型时尚的特点，通吃各类人群。(3) OPPO、步步高主打年轻时尚人群。(4) 小米手机，主打 IT 技术发烧人群。(5) 朵唯女性手机，定位城市时尚潮流知性女白领。(6) 三盟老人机，操作简单，主打老年人市场。

2. 人群选择。(1) 泛人群，就是不做明确人群定位，以科技和时尚为特征，去打动所有能触及的人群。一线大品牌凭借其强大的产品线和宣传力量，可以做到大面积的人群覆盖。而深圳厂家由于营销资源有限，如果跟进这种方法，则很容易进入与大品牌的正面对战，以及相互的同质化竞争，在营销上处于弱势地位。尽管很多企业实行了不错的产品差异化策略，但因为未进行有效的人群定位，因此成效也不显著。(2) 通过扫描市场可以看到，采取人群细分+产品差异化的战略，深圳一些中小手机企业也取得了很好的市场效果，如三盟老人手机。(3) 未来的人群差异化竞争，将在深度上而不是广度上发展，也就是进一步的“窄众化”。在既有的细分概念上，再做进一步的人群细化、深度巩固，打造大品牌不愿意做、小品牌短期无法切入的低强度竞争的“蓝海市场”。

3. AA 品牌定位——中老年人时尚精品手机!

(1) 定位分析：①中老年人：不是中年人+老年人，是介于中年人和老年人之间的人群，年龄在 50～60 岁的人群。②时尚：不是年轻人的专利，对于有文化和有收入的中老年人来讲，触摸屏、上网、智能化、丰富的资讯和生活应用服务，这些需求也是非常强烈的。现有市场上的老人机做成了“傻瓜”机，严重压抑了这种需求。当然，这种需求的产品表现形式和使用体验，不应过于花哨、复杂，应该有针对性地简洁、实用、易操作。③精品：指价格不是低端的，产品也不是低端的。产品外观时尚，做工精细，品质稳定，应用服务丰富多样，物超所值。

(2) 目标人群描述：目标人群主要集中在大中城镇里，人口数量比较大。其特征是：有着稳定的职业或退休待遇，可支配收入比较充裕；子女已经成家立业，没有多大生活压力；追求单纯、闲适的品质生活；受过相对较好的教育，能适度接受一些新事物。他们购买手机，不仅仅是为了电话沟通，也是为了享受更多的资讯和生活服务。

(3) 定位策略：切割定位，对传统老人手机市场做进一步细分，即：一是切割出比较靠近中年人的一个大类人群出来；二是抓住比较有消费能力和应用服务消费需求的人群，以配套价格端位，配套深度的应用服务。当前市场上的老人手机，都是低端化产品，已经高度同质化，价格竞争泛滥，急需突破。此定位将促进老人手机市场进入一个新的高度，开掘出新的蓝海金矿空间。

(4) 应用平台定位——悠易生活家园!“悠易”，悠闲、轻松的意思，体现这一年龄人群的心理和精神状态与需求。所开发的应用，密切贴合中老年人的现实需求，提供经过筛选的精华资讯、内容和服务，以“精”制胜，避免让其眼花缭乱，陷入资讯海洋，产生畏难思想。

4. 价值主张——实用好用，更时尚!①此主张与传统老人手机比较，既承袭了“实用、好用”的概念，更突出了“时尚”概念。“时尚”一词含义广泛，是当前各大品牌智能手机主打的概念。将老人机与智能机进行概念整合，让老人机拥有时尚元素，这在行业内是一大创新和市场突破，具有鲜明的冲击力。②“更”一词，将 AA 手机强势地与传统老人手机进行区隔，建立起全新的概念体系。③价值主张一旦确定，所有的产品开发、营销推广都将围绕这个中心来开展。

三、产品竞争力

1. 产品结构。产品由终端产品和应用服务两大部分构成。第一期产品，重点打造推出特色终端产品。第二期产品，重点推出深度特色应用服务。

2. 终端产品。(1) 坚持特色：G+G 高档电容触摸屏、EZ-OS（易人机系统）、翻页菜单、巨图标、巨字体、巨头像、回音壁（自动录音回放）、亲亲通讯录（带头像、带录音记录）、来电语音、语音短信、书架阅读、生活知识、趣味游戏、迷你网讯、天气健康等。(2) 提炼产品功能卖点，形成专用术语，彰显科技含量。

3. 应用产品。(1) 第一期：重点推出书架阅读（电子图书馆）、迷你网讯、天气健康。(2) 后续平台化运作，自行或合作开发并运营，推出“悠易自在 EZ-Live”频道，开展社区交友、广告、电子商务等业务。贴心护卫——SOS 报警、迷路导航；老友会——棋友、牌友、舞友、歌友、旅友、书画友；健康保健——体检、保健食品、保健药品、保健器械、医疗咨询；旅游休闲——景点推荐、旅行社、旅游保险、保健按摩；护理用品——洗浴用品、护肤品；生活用品——服装、鞋帽、眼镜、轮椅、拐杖 。

4. 终端产品发展计划。根据定位，形成系列化的精品线：(1) 易尚功能机系列：3.5 寸中低端、4.6 寸中端；(2) 易智智能机系列：4.0 寸中高端、5.2 寸高端；(3) 坚持精品路线，不走机海战术。

四、品牌形象力

1. 品牌名称。(1) 手机的主打品牌：AA。(2) 保持公司名称与品牌名称的一致性，便于集中注意力，集中宣传资源。(3) 初期不宜做过于复杂的品牌演化，容易乱，难于解释。(4) 应用平台品牌为“悠易自在 EZ-Live”。(5) 平台要保持一定的中立性，以便于第三方推广。

2. VI 系统。(1) LOGO 的字体、颜色要稳重、踏实，颜色不要过于鲜艳，符合中老年人心理；(2) 制作标准的 VI 手册，明确使用规范。

3. 品牌主张。AA 中老年时尚精品手机——实用好用，更时尚！

4. 品牌个性。简约、时尚、温馨。

5. 品牌故事。从中老年人的生活状态、生活场景、心理状态、精神世界等角度，编撰一个经典的、结合产品特色的故事和画面，可向卡仕牛奶、歌莉娅服装等品牌学习 。

6. 品牌背书。(1) 企业研发、制造实力、优秀团队；产品设计理念、产品锤炼过程；合作伙伴等。(2) 集团实力、产业、历史、荣誉、领袖人物等。

7. 品牌文化。关爱人性，精品至上。

资料来源 周健 . AA 老人手机品牌营销策划案例［EB/OL］.［2014 - 06 - 23］. http://www.emkt.com.cn/article/577/57718.html.

产品是市场营销活动的轴心，是市场营销因素组合中的首要因素，企业在整个市场营销活动过程中都离不开产品。产品营销的成功，涉及整体产品的塑造、产品质量以及品牌、包装、产品组合决策等方面。

10.1 整体产品

10.1.1　产品与整体产品概念

从市场营销的角度来看，产品是指能够提供给市场被人们使用和消费并满足人们某种需要的任何东西，包括有形物品、服务、人员、组织、观念或它们的组合。市场营销学所研究的产品是一个**整体产品概念**，由三个层次构成，如图 10-1 所示。

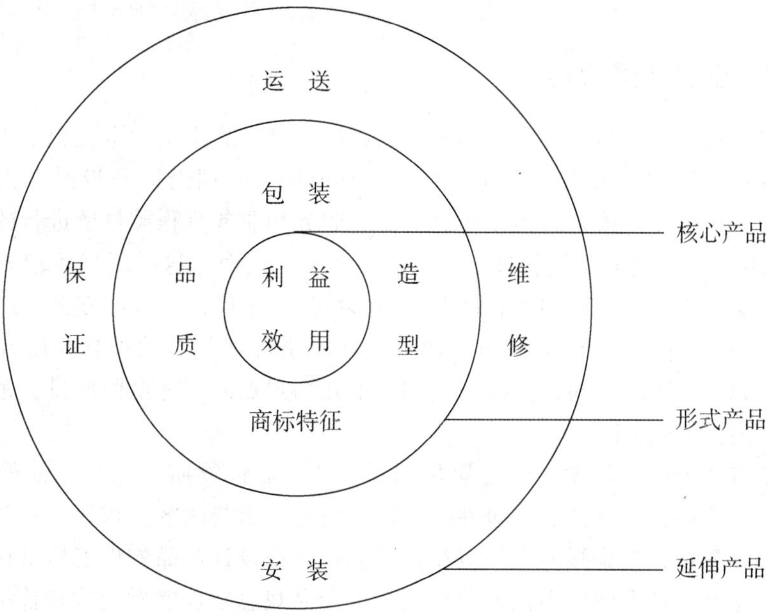

图 10-1　整体产品概念示意图

1）核心产品

核心产品是指整体产品提供给购买者的实际利益和效用。从这一意义上说，顾客在市场上购买的并不是物品的实体，而是需求的满足与满意，实体产品实质上只是传递利益的载体。例如，需求摄像机的顾客，购买的是对美好往事的追忆。由此可见，某一产品能否被市场接受，不仅取决于企业能否提供这一产品，更重要的是取决于它能否给购买者带来某种实际利益，使其需求得到满足。企业必须以向顾客提供尽量多的实际利益为出发点，来设计和开发新产品。

2）形式产品

形式产品是指产品在市场上出现时的物质实体外形，包括产品的品质、特征、造型、商标和包装等。它是核心产品的表现形式，虽然一般不涉及产品的实质，但当这种形式与产品的实质内容协调一致时，将给消费者带来各种心理上的满足，起到促销的作用。企业极其重视对其产品包装、造型、商标的设计和营销策略的运用，道理也在于此。一个精明的营销者，绝不会忽视对产品形式的塑造。

3）延伸产品

延伸产品是指整体产品提供给顾客的一系列附加利益，包括维修、运送、安装、保证等在消费领域中所给予消费者的好处。顾客需求能否得到满足，不仅取决于生产领域的产品开发过程和流通领域的购买过程，还取决于消费领域的产品使用过程。可以预见，在大多数企业产品更新换代能力逐步接近、信息手段高度发达的将来，利用实体产品本身的因素赢得竞争主动权的机会将越来越小，营销者争夺顾客的主战场将逐步转移到售后服务上来。因此，能向顾客提供完善的产品附加利益的企业，才有可能成为市场竞争的优胜者。

综上所述，整体产品形成于生产、流通、消费各个领域。顾客所追求的是整体产品，企业所提供的也必须是整体产品，同时还要依据整体产品概念来确定和选择多种不同的产品策略。

10.1.2　全面质量营销

质量直接影响核心产品，决定顾客的满意程度。对产品质量的重视源于美国学者提出的质量管理理论。20世纪五六十年代，日本企业根据这一理论进一步提出企业必须实行全面质量管理，即企业全体人员不断改进产品、服务和业务流程质量所进行的系统管理活动。20世纪80年代，全面质量管理学风靡西方企业。然而，这一现代管理方法的缺陷是忽视了由顾客定义质量的核心问题，因此在20世纪90年代，一些西方企业进而追求“**全面质量营销**”（total quality marketing），即把全面质量管理与营销理念相融合，用营销思想和方法来认识、解决质量问题。我们可用以下几个观点来表述全面质量营销。

1）质量是由顾客界定的

产品质量有两个衡量尺度：性能质量和适应质量。性能质量是指产品的功能、耐用性、牢固性、可靠性、经济性、安全性等；适应质量是指与顾客需求相一致的产品质量。

质量由顾客界定，就是强调在适应质量的前提下来设计产品的性能质量标准。它们的位置的前后，正好反映了两种不同的营销观念。产品观念把性能质量放在首位，以不变的或相对稳定的产品去应付瞬息万变的市场需求，致使许多风行一时的产品被市场遗弃，如美国的胜家缝纫机和曾享誉中国的某一名牌木钟等。市场营销观念则相反，它是站在顾客的立场上，依据市场需求制定出具体的性能质量标准，即以顾客的需求为出发点，并以顾客的满意为终点，生产出无缺陷（顾客满意）的产品，最终赢得市场。增加产品的技术含量只是提高产品性能质量的手段，满足顾客对产品性能质量的需求才是目的。另外，性能、质量的“高”是相对的，并不是越高越好。适度的高性能质量更具竞争能力；过度的性能质量是“过剩质量”，它的代价是增加成本、提高价格、赶走顾客、降低竞争能力。

2）质量是全方位的

质量要反映在企业的每一个行为上。企业除了要关注产品的质量外，还要关注产品的包装、广告、服务、产品说明、交货和售后服务的质量。

质量需要全体职员同心协力。为了实现质量目标，企业的每一个职工都必须共同努力，消除工序、环节、部门之间的障碍，而且要把下一工序、下一环节和自己所服务的部门视为顾客并使之满意。

质量要求高素质的合作伙伴。质量的形成、保证与提高不仅来自企业内部，也与企业外部相关，特别是必须找到高素质的供应商和分销商并与之结成联盟。

质量必须实现企业的全部产品协调统一。某一企业所生产的所有产品的质量是良好的，这个企业及其产品在市场上的整体形象也是良好的。相反，如果某一企业向市场推出哪怕只是一项不合格的产品，也会导致损害企业整体形象的后果。

3）质量是动态的

消费者的需求变化要求改进质量。过去我国企业往往把选购品甚至日用品耐用性看成是性能质量的重要指标。随着人们收入水平的提高和消费心理的变化，耐用性在质量中的地位也应往后移，而应更多地考虑产品的可靠性、安全性等。

市场竞争能力的变化要求企业改进产品质量。企业产品的高质量在市场竞争中可能转化为低质量，从而失去竞争力。因此，与本企业原有水平比较，质量必须有所提高和不断改善；与进步中的企业比较，本企业的质量不进则退，存在被赶上和超过的风险；与相等的企业比较，只有提高和改进质量，才能领先竞争者一筹；与先进企业比较，也只有不断进取，才能赶上和超过它们。

【观念应用 10-1】

温迪的“全面质量等式”

温迪是美国 10 大快餐业巨头之一，它的成功在很大程度上归功于推行“全面质量等式”：全面质量=优质+品种多样化+良好的就餐环境+有竞争力的价格+经营的一致性、连贯性+方便性。

全面质量等式来源于“温迪”对市场的全面调查。调查结果表明消费者对于其快餐品质和就餐环境表示满意，但普遍认为价格偏高，经营上缺乏一致性、连贯性并且就餐欠方便。为此温迪决意改革经营，他们认为创造股东价值最好的办法是实现消费者需求。当消费者来到温迪就餐，合理的价格、优质的食品和服务满足了消费者的需求，同时也就产生了股东的价值。由于实施全面质量等式，并把重点放在消费者满意上，当年销售额就上升了 5%，其后几年也一直稳步上升。

温迪深知快餐质量对吸引顾客的重要性，所以一直在这方面下苦功，并深信自己的汉堡包在过去 10 多年中是全美国最好的。

温迪以品种多样化来适应消费者品味需求的变化。德国人喜欢食用有嚼头的面包，他们便在当地生产略硬一些的面包，使消费者满意。

温迪的快餐店建筑具有现代、清洁、精心装饰的特点，每个店统一装修以便消费者识别。

有竞争力的价格对发展快餐业十分重要，消费者喜欢快餐的原因之一是因为它便宜，温迪注意到了这一点。在德国，典型的温迪消费者是踢完足球或看罢电影在餐馆中与朋友们聚会的年轻人。他们收入较少，温迪就采用薄利多销手段抓住这批顾客。温迪快餐比一般的德国餐馆价格都低。

温迪在美国及世界许多地方都有连锁店，进餐方便是全面质量等式中非常重要的一项。购买快餐大多是随机就餐，方便是消费者所关心的。温迪快餐店选址注重交通方便、人口密集的地区，以方便顾客购买。

温迪的全面质量等式为今天的辉煌打下了坚实的基础。

资料来源　李航，马泽峰．温迪的“全面质量等式”［M］//有效管理者——产品战略．北京：中国对外经济贸易出版社，1998：372.

问题：如何正确理解全面质量营销的实质（结合案例进行分析）？

分析提示：比较产品观念与市场营销观念。

10.2 品牌管理

10.2.1 品牌及其相关概念

绝大多数生产企业都为自己的产品赋予品牌与商标，它们已成为产品的一个不可缺少的组成部分。认识品牌与商标之间的关系，首先必须弄清下列几个概念。

（1）**品牌**，是一个名称、词语、标记、符号或图案，或是它们的互相组合，用于识别产品的经营者和区别竞争者的同类产品。

（2）牌名，即品牌的名称，是品牌中可用口语称呼的一部分，用于经营者及其产品的商业宣传活动。

（3）品牌标记，是品牌中可记认但无法用口语称呼的一部分，它包括符号、图案、独特的色彩或字体。

某一产品的牌名与品牌标记的总和就是该产品的品牌。

（4）**商标**，是经有关政府机关注册登记受法律保护的整个品牌或该品牌的某一部分。

商标具有区域性、时间性和专用性的特点。

综合上述几个定义可知，品牌与商标是有一些区别的：品牌是一个商业名称，其主要作用是宣传商品；商标也可以宣传商品，但更重要的是，商标是一个法律名称，可受到法律的保护。品牌与商标是密切联系在一起的：品牌的全部或其中某一部分作为商标经注册后，这一品牌便具有法律效力。一般而言，品牌与商标是总体与部分的关系，商标是品牌的一部分，所有商标都是品牌，但品牌不一定都是商标。正因为它们紧密相连且基本作用相同，本教科书还是按人们的习惯，把品牌与商标视为同义词来表述。

10.2.2 品牌的作用

品牌是形式产品中的一个重要组成部分，在市场营销中具有特殊的作用。

（1）识别商品出处。这是品牌最基本的作用，是企业给自己的产品赋予品牌的出发点。市场上有众多的同类产品，这些产品又是由不同企业生产的，顾客在购买商品时，往往是依据不同的品牌加以区别的。同时，消费者需要对商品进行维修、保养、更换配件等也就能认牌“对号入座”。对经营者来说，则便于本企业产品的信息反馈、加强产品管理和及时调整产品策略。

（2）宣传推广商品。商品进入市场有赖于各种媒体进行宣传推广，依附于商品实体的品牌是其中一种宣传推广的重要媒体，而且它是不用花钱的广告媒体。商品流通到哪里，品牌就在哪里发挥宣传作用。品牌是企业形象与信誉的表现形式，人们一见到某种商品的商标，便会迅速联想到商品的生产者、质量与特色，刺激消费者产生购买欲望。因此，独特的商标便能自然地成为一种有效的宣传广告手段。

（3）承诺产品质量。品牌标记送交管理机关注册成为商标，需要呈报产品质量说明，作为监督执法的依据。这样，品牌也就成了产品质量的象征，可以促使生产企业坚持按标准生产产品，保证产品质量的稳定，兑现注册商标时的承诺。如生产者降低产品质量，管理机关便可加以监督和制止，维护消费者的利益。

(4) 维护专用权利。品牌标记经注册成为商标后，企业既有上述保证产品质量的义务，也有得到法律保护的权利。商标注册人对其品牌、商标享有独占的权利。对擅自制造、使用、销售本企业商标，以及在同类、类似商品中模仿本企业注册商标等侵权行为可依法提起诉讼，通过保护商标的专用权，来维护企业的利益。

(5) 充当竞争工具。在市场竞争中，品牌标记成为商标后，不但具有维护专用权利的防御性作用，而且还有充当竞争工具、攻击竞争对手的进攻性作用。这一作用已逐步被现代企业认识和重视，并可从以下几个方面表现出来：

名牌产品借助品牌优势，或以较高的价格获取超额利润，或以相同价格压倒普通品牌的产品，扩大市场占有率。

拥有国际驰名品牌的企业会通过许可证贸易、合营等形式用其品牌取代目标国家的知名品牌。

在产品的差异所表现出来的任何优势都有可能被打破和超越的情况下，借助永远属于本企业优势的品牌进行市场定位，以“第一品牌”的良好形象超越竞争对手。

在商品进入目标市场之前，先行宣传品牌和注册商标既可防止“抢注”，又可以攻为守、先声夺人，为商品即将进入目标市场奠定基础。

拥有资本优势的企业会通过购买他人的驰名品牌或同时购进企业及其驰名品牌的办法，变他人的驰名品牌为自己的品牌，进入和占领一个特定的市场。

综上所述，随着商品经济的发展，品牌在现代营销中的作用越来越大。不但生产经营者注重品牌，而且消费者在很大程度上消费的不仅是商品，更重要的是品牌。因此可以说，市场注重品牌甚于商品，品牌的魅力超过商品的魅力，现代企业更寄希望于品牌。正如某一驰名品牌创立者所说：一个公司要被瓜分，我会高兴地带走品牌，而你尽可以拿走其他所有的东西，但我的进展一定会比你快。而某一外商也曾表示愿出巨资购买杭州“娃哈哈”品牌的使用权，并明言所感兴趣的是品牌而非营养液，即使不生产原有产品，也能借助“娃哈哈”品牌来占领市场。随着品牌作用的增大，其价值也在不断提高。

10.2.3　品牌设计

一个优秀的品牌有赖于品牌名称与商标的精心设计。有战略眼光的企业家都极其重视品牌的命名与设计。

例如，美国埃克森石油公司为设计商标而耗资 1.22 亿美元，前后花了 6 年时间，聘请了经济学、心理学、语言学、商品学等方面的专家，研究了世界上 55 个国家的语言和风俗习惯，最后才从 1 万多个设计中，确定“EXXON”为品牌。

一个优秀品牌的设计，应遵循以下原则：

1) 选题好

在进行品牌设计时，可供选择的题材很多，如花草虫鱼、名词词汇、名胜古迹、神话典故、人名物名、数字文字、符号图形等。选题是否恰当，除符合企业本身的意愿外，应同时兼顾其他的设计原则，因此选题是综合考虑品牌设计原则的过程。

2）不违法

品牌设计必须严格遵守法律的有关规定。维护国家、民族、国际组织的尊严；维护社会和消费者的利益；维护生产同类产品企业平等竞争的权利；维护品牌专用权人的合法权利。在国际营销时，还要注意品牌在使用地名、人名、数字、图案等方面的法律限制，以及目标国家的禁忌。

3）有特色

一项调查结果显示，人们每天遇到与商品有关的信息达 1 000 多种。怎样引导消费者从所接触的众多繁杂的信息中把注意力集中到本企业的品牌上来，这就涉及商标设计要有特色的原则问题。平庸无奇的品牌不但无法吸引消费者注意，而且还会给人以产品一般化的感觉。只有独特别致、新颖美观、感染力强的品牌设计，才能吸引人们的注意和让人留下深刻的印象，增强广告宣传的效果。

4）能传神

它是指企业能够借用品牌向消费者传递有关产品、企业特点的信息。其中包括直接传递信息，如“神州牌”热水器明确地表现了产地，“娃哈哈”品牌直接传达了儿童用品的信息。应当注意，通过品牌标记直接表达产品的质量、用途等信息可能受到法律的限制。另外，也可以间接传递信息，借用牌名与品牌标记把与商品有关的信息隐喻出来，如“健力宝”隐喻运动饮料的产品属性，“钻石牌”隐喻产品耐磨耐用的性能质量。值得一提的是，传递信息并非品牌必须具有的属性，即有时品牌也可不包含商品的信息，如无含义的词汇、标记，或有含义的词汇、事物但与商品本身没有内在联系。但不要使商品信息与品牌信息相互矛盾，导致消费者产生不利于营销的联想。

5）易记读

易记，就是要求品牌标记容易记忆、辨认、过目难忘。为此，商标应采用流行的色彩、明快的线条、精炼的文字、抽象的图案，化繁为简，避免过于写实，使商标的整体结构形象化、艺术化、通俗化，以便在五光十色的商品海洋中，通过简单明了的商标图案，让消费者迅速地留下深刻的记忆。易读，就是牌名的发音顺口顺耳，能朗朗上口。绕口、低沉的读音将使商品的宣传推广大打折扣。另外，根据我国的文化传统，牌名的读音还要力求简短，不管是本国产品的牌名，还是进口产品牌名的翻译，最好是一至三个读音，以便易于记忆与宣传。

10.2.4 品牌决策

1）品牌使用决策

企业的产品是否使用品牌是首要的品牌决策。从商品经济发展的历史来看，品牌从无到有，现代市场绝大部分商品都使用品牌，包括越来越多传统上不用品牌的商品也出现了品牌化的倾向。当然，为节省成本费用，有些商品仍不使用品牌，如匀质产品、鲜活商品、零碎小商品等。近年来，超级市场也出现了生活用品无品牌的“回潮”现象，如通心粉、纸巾等，这主要是为了降低价格、扩大销量。另外，某些出口商品也采用无牌中性包装形式，其目的是要适应外国市场的特殊情况，转口销售、避免某些外国政府限制等。

2）品牌防御决策

品牌防御是防止他人的侵权行为以及避免企业的声誉、利润受损，可采用以下对策：

(1) 及时注册商标。品牌标记经注册成为商标后可得到法律保护，有效地防止竞争者抢注、仿制、使用、销售本企业的商标。出口商品应在目标国家及时注册商标。注册商标在有效期满后应及时申请续展注册。

(2) 在非同类商品中注册同一商标。例如，电风扇的“钻石牌”的商标已注册，该企业在未生产的门锁、轴承等商品上也注册与电风扇一样的商标，以免遭受可能的损失。

(3) 在同一商品中注册多个商标。例如，“两面针”牙膏同时注册“两面针”、“针两面”、“面两针”、“两针面”等多个商标，从而堵住可能被仿冒的漏洞。

(4) 使用防伪标识。采用不同形式的防伪标识，可为维护商标专用权起到积极作用。

(5) 品牌并存。我国企业与外国企业合资时，便可以采用品牌并存的办法来防止被洋品牌淹没的风险，即在合资企业的不同产品上分别使用我国和外国的品牌，或在同一产品上共同使用本国与外国的品牌。

3) 品牌归属决策

商品品牌的归属有以下几种选择：

(1) 生产者使用本企业的品牌，可称为生产者品牌。

(2) 生产者借用他人的品牌：①**定牌**(贴牌)，一般是指出口企业按外国买主的要求在自己的产品上使用买主指定的牌名、商标；②**品牌特许**，通过支付费用的形式，取得他人的品牌使用权。

(3) 生产者把商品卖给中间商，使用中间商的品牌，可称为销售者品牌。

(4) 生产者的产品同时使用生产者品牌和销售者品牌，可称为**双重品牌**。

近 20 多年来，某些西方国家出现了销售者品牌迅速发展的趋势。

例如，美国零售巨子西尔斯公司于 1979 年开发了第一个自己的品牌——“西尔斯”轮胎，接着在电池、家电、服装等产品上也使用自己的品牌。西尔斯的成功使许多百货店、服装店、杂货店等纷纷仿效，推动了销售者品牌的发展。

采用销售者商标具有许多优势：提高了销售者的商誉，使它能宣传自己而不是生产者；可以取得价格竞争的主动权，因为销售者品牌的推销费用低于生产者品牌；可在品牌争夺战中占优势，许多新开业或中小型的生产企业往往乐于使用声誉高于自己的销售者品牌来带动产品上市，销售者会首先陈列自己品牌的产品，迫使不愿采用销售者品牌的生产者就范。

4) 品牌关联决策

这是企业内部品牌之间关联程度的决策，可分为两种品牌策略。

(1) 亲族品牌策略。所谓**亲族品牌策略**，是指企业将自己生产的全部产品或同一产品线的产品，都选用同一个品牌，或以一定的牌名为基础，把它与各种文字、标记结合起来，用于本企业的各种产品。例如，金利来公司的品牌涵盖该公司所有产品；联合利华公司的食品类产品的品牌用“家乐”，洗涤类产品的品牌用“奥妙”；汉庭酒店集团在总品牌“汉庭”的基础上拥有“汉庭快捷”、“汉庭全季”、“汉庭客栈”三个系列品牌；可口可乐公司后来推出的一款低热量饮料用“健怡可乐”牌名。

企业采用亲族品牌有下列好处：①显示企业实力，提高企业威望，树立企业形象。②可带动新产品顺利上市。③可节省广告费用，宣传效果好。但亲族品牌有一定的局限性：它不适用于原有声誉、形象一般或较差的企业；它一般只适用于价格、品质和目标市场大致相似的商品。

【小资料 10-1】

副品牌战略助推企业品牌升级

副品牌战略就是以一个主品牌涵盖企业的所有产品，同时给旗下的各个产品打一个副品牌，以副品牌来突出产品的个性形象。副品牌在一定程度上可以帮助企业摆脱发展瓶颈，推动产品销售，另一方面，也为主品牌的升级提供助力。

蒙牛特仑苏的推出不仅开辟了牛奶行业一个新的高端品类，并且造就了蒙牛品牌的提升，使企业利润大增。特仑苏现已成为蒙牛的一个明星产品，成就了高端纯奶的一个副品牌。只要说到特仑苏，人们就会想起蒙牛，这就是主副品牌之间的合力效应。

光明乳业采取副品牌战略，推出了针对女性消费者的畅优产品，打破了乳品市场没有高端酸奶的局面。畅优副品牌让光明实现了产品利润增长点，提高了光明品牌的竞争力，重要的是为光明大品牌的发展增添了新的活力。

娃哈哈在开发新品时，多次采用副品牌策略，每一个品类都推出几个副品牌产品。比较成功的就是营养快线，借助娃哈哈强大的品牌影响力迅速占领市场，被消费者所认知。相比较单一品牌的新品推广模式，采用副品牌策略推出的新品大大节省了新品推广费用。营养快线不仅实现了120多亿元的年销售额，也让娃哈哈这个20多年的老品牌焕发了二次青春，间接地带动了整个娃哈哈产品家族的升级。因为有了娃哈哈的品牌基础，才造就了营养快线的成功，反过来，营养快线又帮助娃哈哈大品牌实现了跨越式的升级。

企业实施副品牌策略必须满足以下条件：

1. 主品牌是强势品牌，已经被市场承认，被消费者认可，这样在推广副品牌时，就降低了消费者的认知风险，缩短了新品被市场接受的时间，在终端推广上也相对节约成本，是一种“子凭母贵”的方式。

2. 副品牌要个性十足，即在与主品牌有关联的前提下塑造个性十足的副品牌。它既能够使消费者眼前一亮，又能为主品牌注入兴奋点，让主品牌功能最大化。

3. 副品牌要体现主品牌的核心价值，借助主品牌的影响力。所以，采用副品牌策略要注意与主品牌的相关性，副品牌新品与主品牌应该有一种互补性和交替性，而不是制造一种同质性，使消费者产生歧义的联想，分散品牌的竞争力。

资料来源　付邦安．副品牌战略助推企业品牌升级［EB/OL］．［2014-06-24］．http：//www. chinavalue. net/Management/Blog/2011-12-6/860887. aspx.

（2）单一品牌策略。所谓**单一品牌策略**，是指一个品牌只用于一种产品的策略。例如，宝洁公司在中国生产的洗发水分别用“飘柔”、“海飞丝”、“潘婷”等品牌。

采用单一品牌的理由是：①起“隔离”作用。用品牌把不同产品的特性、档次、目标顾客的差异隔离开来。②起“保险”作用。使某一产品的失败不至于影响其他产品。③起“激励”作用。④起“竞争”作用。同一企业的每一产品使用一个品牌，可促使企业内部不同品牌管理者之间形成良性的竞争，最终达到提高企业总体效率的目标。不断开发的新产品采用新的品牌，可给人以蒸蒸日上、进步发展的良好印象。但单一品牌的成本费用大，包括商标设计及品牌命名费用、注册与续展费用、宣传推广费用等。

5）品牌变更决策

许多相关因素的变化要求企业作出变更品牌的决策，它包括以下两种策略。

（1）更换品牌策略。**更换品牌策略**是指企业完全废弃原有的牌名、商标，更换为新的牌名、商标。当品牌已不能反映企业现有的发展状况时，或由于产品出口的需要等，可以进行更新，目的是使品牌适应新的观念、新的时代、新的需求和新的环境，同时也可给人以创新的感受。

（2）推展品牌策略。**推展品牌策略**是指企业采用原有的牌名，但逐渐对原有的商标进行革新，使新旧商标之间造型接近、一脉相承、见新知旧，如图 10-2 所示。世界著名的西屋公司、百事可乐公司、雀巢公司等的商标都曾进行过多次的修改，其目的与更换品牌基本相同。

图 10-2　宝马汽车商标的推展

10.3 包装管理

10.3.1　包装的分类

包装是指盛装产品的容器和包裹物。包装反映了产品的外在质量，是产品质量不容忽视的一个重要组成部分。产品包装可粗略地分为运输包装与销售包装两大类。

1）运输包装

其俗称是大包装或外包装。它用于储运、装卸过程中直接保护商品，或通过保护销售包装而达到保护商品的目的。现代运输包装注重采用新材料，如采用玉米淀粉黏合剂、冷制氧化淀粉黏合剂生产加工的包装纸可增强防潮性能；塑料泡沫衬垫材料用于容易破损商品的运输包装。运输包装容器也在不断创新，集装箱、集装架、吨装袋等已被广泛应用。运输包装必须标明各种标识，如：①识别标识，用于表示货物名称、收货人和发货人名称、目的地名称，以及件号、体积、重量、原产地等；②指示标识，用于注明注意事项，如防潮、叠压限度、开启方向等；③警告标识，用于表示危险性质，如有毒品、易燃品、放射性品等。

2）销售包装

俗称小包装或内包装。它可保护商品和便于储运，更重要的是便于经营者展示陈列商品和消费者识别、选购、携带、使用商品。本教材所探讨的包装，主要是这种包装。销售包装更强调直接保护商品，如采用加压和吹制技术生产的新型轻量强化玻璃作包装材料，重量轻、强度大、不易破损，明显优于普通玻璃。销售包装的容器如盒、筒、瓶、罐、桶、袋等，也往往与现代技术相结合，表现产品的外在质量。销售包装饰物如吊牌、丝带、衬垫等，可装饰、美化、宣传、保护商品。销售包装标识可用于装潢商品、刺激购买，其类型除指示、警告标识外，还有：①解释标识，用于解除顾客心理上的疑虑，如面制品包装上标明无漂白等；②激励标识，在包装上使用强烈的文字、色彩、图案刺激消费者产生购买欲望，如标上“新鲜”、“特优”等字样；③管理标识，在包装上使用条形码和绿色标志等，便于销售管理、仓库管理和环保商品的管理。

10.3.2 包装的作用

在现代经济生活中，包装的功能作用越来越大，主要表现在以下几方面：

1）保护商品

这是包装的基本作用。商品的营销一方面要经过流通（储运、装卸、批零）和消费（购买、保管、使用）过程；另一方面不同商品又具有不同形态、性能和安全要求。为此，都有赖于适当的包装，以保护商品的使用价值，尽量避免损坏、腐烂、曝光、散落、溢渗、爆炸、污染等危害和损失。

2）识别商品

这是包装在现代经济条件下新产生的一种作用。通过包装的不同造型、色彩、设计和风格，可以使一种商品与另一种商品或一个企业的商品与另一个企业的同种商品相区别，给顾客选购商品带来了便利。

3）便于使用

根据消费者的习惯、要求进行合理和恰当的包装，能方便消费者使用。例如，一次或多次用量包装，可满足个人、家庭、集团的不同需求；科学的包装设计，可给消费者携带、开启、保管、使用商品带来方便；必要的文字说明，可帮助消费者详尽地了解商品的成分、性能、用途、使用方法、适用范围和注意事项等。可见，恰当的包装为消费者提供了方便，并便于经营者的销售和管理。

4）促进销售

产品包装是“无声的推销员”。顾客购买商品时首先触及到的是包装装潢，一个设计独特、造型美观的包装，可给消费者留下深刻的第一印象。同类同质的竞争性产品能否吸引消费者选购，往往取决于包装的优劣。“买椟还珠”的古代典故也生动地反映了包装的魅力。

5）增加利润

良好的包装设计不但能扩大销售，而且可以增加利润，使顾客愿以较高的价格购买精美包装的商品，而所超出的价格可以远远超过包装的附加成本。例如，苏州檀香扇在香港售价每把 65 港元，后经港商花 5 港元成本把原包装改为锦盒包装，售价提高到 160 港元，即 5 港元的成本带来了 90 港元的利润。

10.3.3 包装设计

总的来说，商品包装设计必须遵循保护商品、便于识别、便于使用、便于促销、增加利润、节省成本和维护社会公共利益等原则，选用现代化的包装材料、容器和科学的包装技术。在包装设计上体现社会性市场营销观念。不但要考虑企业的利益，还要考虑社会的公共利益。

1）要执行有关法规

我国政府制定颁布的《GB5296.1-1997 消费品使用说明总则》、《工业产品质量责任条例》、《中华人民共和国产品质量法》等法规，对商品包装设计都有各种明确的要求。

例如，不同企业的产品包装应避免雷同；包装上必须注明生产企业或经销企业的名称、地址等；药品和营养品应注明每次服用的精确分量；食品应注明生产日期、有效期限、成分及含量、用量、使用方法、禁忌与注意事项等；禁止使用聚氯乙烯等原料作食品包装。其中，包装的产品说明书应充分表现企业对社会公众的责任感。

【小资料 10-2】

说不明白的说明书

上海一女职工服用上海黄海制药厂生产的西药卡马西平片后，腰部、下肢出现皮疹。她多次读过该药说明书，未见到不良反应中有“皮疹”内容，故继续服药。结果导致病危，经抢救后才脱险。事故的根本原因正如记者所说的，厂商认为中国人的文化素质不够高，看到药品说明书上有太多的不良反应会影响销路……因此擅自删除了上海市卫生局指定的卡马西平片说明书中的“皮疹、荨麻疹、白细胞减少、粒细胞缺乏、再生障碍性贫血、肝功能异常”等内容。

资料来源　胡喜盈．不该发生的事［N］．经济参考报，1996-02-01（4）．

2）要遵守包装道德

包装设计必须考虑和维护消费者的利益，坚决反对和抵制利用包装弄虚作假，欺骗、损害消费者利益的行为。随着商品经济的发展，我国企业开始注重包装是经营思想的一大进步，但同时出现了低值商品高级包装、小商品大包装、欠量包装和夸大功能的欺骗性包装等，有的则在应用包装策略时弄虚作假。这些行为不仅坑害了顾客，也有损企业的声誉。

3）要保护生态平衡

自 1980 年以来，世界上有关增强环保意识、提倡绿色营销的呼声越来越高。包装材料与资源运用、包装物与环境保护直接相关。为此，有的企业已使用可降解的塑料作包装材料，依法回收包装物；有人甚至提出“商品包装趋向于零”的口号，尽量减少包装物对环境的污染。总之，根据生态学的要求，利于合理处理垃圾及防止资源枯竭，已成为包装设计中十分重要的问题。

【专论 10-1】

包装设计的新趋势

（1）轻量化——用轻量强化玻璃瓶、高质轻化铝罐、轻型塑料容器、经防水树脂处理的纸容器等在很大程度上代替原来的玻璃、金属、陶瓷包装，特制轻型纸箱、塑料泡沫等逐步代替了木材包装。这些新型轻量包装不但大大降低了重量，节省成本和日趋贫乏的自然资源，而且其特殊功能也远远超过旧式包装，如防水、防震、防破碎、防变形等。

（2）少量化——用一人一次或一个家庭一次用量包装取代普通量包装。目前，世界各国的小家庭、单身家庭、老年家庭所占比例在逐步上升，消费者在饮食方面倾向于简便、实用、合理化和多样化。因此，少量的食品包装更能适应顾客的这些消费特点，还可避免购量过多而造成的浪费。

（3）薄型化——由一个按商品特有的形状和大小预先成型的塑料罩壳所组成的泡罩

包装。商品被嵌入泡罩壳后，借助于溶热、黏合剂等，将泡罩固定在纸板上。如一些药品、食品、玩具、文具等都可采用这种包装。这种包装分量轻、易搬运、便于陈列，且透明光亮，使人们能迅速辨认。真空包装也是薄型化的形式。纺织品采用真空包装，不但能缩小体积，还能防潮、防蛀；食品的真空包装可以保鲜；羽绒制品采用真空包装，拆开包装后很快就恢复原样，松蓬率比旧式包装高出2%。

(4) 便易化——为方便销售、消费而采用的各种创新包装结构形式。常见的便易包装有以下几种：可充分利用店铺空间展销的可挂式包装；容易开启的拉环式、掀扭式、拉链式包装；有利于运输、堆放、陈列的可叠式、组合式包装；能够充分展示商品的透明式、开窗式包装；反映顾客心理需求和特殊需求的配套式、礼品式包装；方便使用的喷雾式、提携式包装等。这些新式包装已被国内外企业广泛应用。

(5) 无害化——主要是指能保障顾客健康的无菌食品包装。采用这种包装就是将灭菌后的食品直接罐装于包装容器中，并立即封口，无须再作灭菌处理。这种包装不但无菌、无害，而且具有节省能源、减少操作工序、避免营养损失和可以长期储藏等优点。

10.3.4 包装策略

1) 类似包装策略

类似包装策略是指某一企业所生产的各种产品的包装物上都采用相同外形的图案、近似的色彩、共同的特征。这种策略可使顾客识别商品出处，壮大企业声势，扩大影响，带动新产品上市，促进销售，节省包装设计费用。

2) 分类包装策略

分类包装策略是指企业依据产品的不同档次、用途、营销对象等采用不同的包装。例如，高档商品的包装要显得名贵精致，中低档商品的包装可稍为简略朴素；儿童商品的包装可用动物或卡通人物形象，老人使用的商品包装则可简易实用。

3) 组合包装策略

组合包装策略是指按人们消费的习惯或特殊的需要，将多个相关的商品组合装在同一包装物中。如把茶壶、茶杯、茶盘、茶碟放在一起进行包装。它便于顾客配套购买商品，以一物带多物增加销售；可带动新产品上市，满足特殊的心理需求。例如，把多个品牌的世界名酒的小瓶分装再装在同一包装物中，顾客只花较少的钱就能尝遍世界名酒。

4) 再使用包装策略

再使用包装策略是指在包装设计时，使包装物不但能包装商品，而且在商品用完后还能移作他用，以此给予消费者额外的利益。如把酒瓶设计成精致的花瓶或仿造古董，具有一定的欣赏价值。由于顾客把这些包装物当做家庭装饰品或其他常用物品的容器，也无形中起到了广告宣传的作用。

5) 附赠品包装策略

附赠品包装策略是指利用包装物附赠物品或给顾客各种奖励，借以吸引顾客购买和重复购买。其形式多种多样，例如，在包装里面附有彩券、车票、球票或实物赠品等；利用包装物抽奖；同一商品同时采用正常包装与折价包装等。它对中等以下收入水平的家庭主妇及青少年更有吸引力，也可通过附赠品包装推销商品或作为介绍新产品和进行市场调查的手段。

6）改变包装策略

改变包装策略是指为吸引新顾客而废弃旧式包装，采用新式包装，为克服现有包装的缺点或为适应市场竞争而修改现有的包装。改变包装可等同于产品创新，促进销售；采用新的包装材料、形式、技术，可显示现有产品的特点，体现消费新潮流，节省包装成本。

10.4 产品组合决策

10.4.1　产品组合及其相关概念

通常情况下，一个企业不可能只经营单一产品，更不可能经营所有的产品；同时，企业还要考虑所经营产品之间的协调。为解决企业经营产品的量与度、产品之间的结构等问题，便产生了产品组合的一系列问题。研究产品组合首先必须弄清几个与其相关的概念。

产品项目：按产品目录中列出的每一个明确的产品单位，一种产品的型号、品种、尺寸、价格、外观等就是一个产品项目。

产品线：指一组密切相关的产品项目。它可从多方面加以理解：满足同类需求的产品项目，如不同型号的电视机等；互补的产品项目，如电脑的硬件、软件等；卖给相同顾客群体的产品项目，如小学生的文具等。企业可视经营管理、市场竞争、服务顾客等具体要求来划分产品线。

产品组合：指企业经营的全部产品线、产品项目的结构或结合方式。它包括三个变化因素，如图 10-3 所示。

|←———— 产品组合广度 ————→|

电冰箱	洗衣机	空调	彩电
冰王子	神童五	小元帅	探路者
大王子	丽达	金元帅	
双王子	小神功	小超人	
帅王子	小丽人	小状元	
	小神童	小公主	
	小神泡		

↑产品组合深度↓

图 10-3　海尔集团产品组合示意图

海尔集团有 40 多大类 800 多个项目的产品，为便于分析研究，图 10-3 仅选取一部分产品种类、项目来说明产品组合的变化因素。

（1）**产品组合广度**：指一个企业拥有产品线的数量。如图 10-3 所示，海尔有 4 条产品线，这些产品线反映了该公司产品组合的广度。

（2）**产品组合深度**：指一个企业的每条产品线的产品项目的数量。如图 10-3 所示，彩电的产品组合深度是 1，电冰箱的产品组合深度是 4。

（3）**产品组合关联性**：产品组合关联性指一个企业的所有产品线之间的相关程度。如图 10-3 所示，海尔的产品都是家用电器，关联程度较高；假设海尔又生产中药，那它的产品组合关联程度就较低。

10.4.2 产品组合策略的类型

产品组合策略是指企业根据市场需要及企业的内部条件，选择适当的产品组合广度、深度、关联性来确定经营规模、范围的策略。不同企业应根据实际情况，对下列的产品组合策略方式作出适当的选择。

1）全线全面型

这是指企业着眼于向任何顾客提供各种所需产品的产品组合策略。该策略要求企业同时拓展产品组合的广度和深度，增加产品线和产品项目，力求覆盖每一细分市场。对产品线之间的关联程度则没有限制，可以是狭义的全线全面型，即扩展产品线后关联程度仍然紧密；也可以是广义的全线全面型，即扩展产品线后关联程度松散。

2）市场专业型

这是指企业向某一市场（某一类型顾客）提供所需的各种产品的产品组合策略。它应该以满足同一类型顾客为出发点，着重考虑拓展产品组合的广度，即依据同类顾客需求设置产品线。

3）产品线专业型

这是指企业只生产某一种类型的不同产品项目来满足市场需求的产品组合策略。采用这一策略的企业只拥有一条产品线，可根据市场需求增加这一产品线的深度，扩展产品项目。

4）有限产品线专业型

这是指企业只生产某一产品线中一个或少数几个产品项目来满足市场需求的产品组合策略。这一策略可为小型企业采用，因为其所需资金相对较少，可发挥企业专长，但它的风险比较大。

5）特殊产品专业型

这是指根据消费者的特殊需要而专门生产特殊产品的产品组合策略。这种策略的市场竞争威胁小，适合于小型企业，但难于扩大经营。

6）特别专业型

这是指企业凭借其特殊的生产条件生产能满足顾客特殊需求的产品的产品组合策略。采用这一策略可排斥竞争者涉足。

10.4.3 产品组合分析

产品组合不是静态的而是动态的组合，企业的内外部条件在不断变化，产品组合也应随之进行调整，增删一部分产品线及产品项目，使产品组合经常达到合理化、最佳化的状态。为此，必须借助一定的分析方法。随着系统分析方法和电脑的广泛应用，可以预料将会产生许多科学的分析方法，下面仅介绍两种被西方企业广泛应用的方法。

1）象限分析法

象限分析法是由美国通用电气公司创立的，它利用行业吸引力和本企业实力两个综合性变量构成一个坐标，每个轴分为高中低三个档次，便形成一个象限图，如图 10-4 所示。

由图 10-4 可知，行业吸引力与本企业实力分别由许多具有影响力的变量组成。运

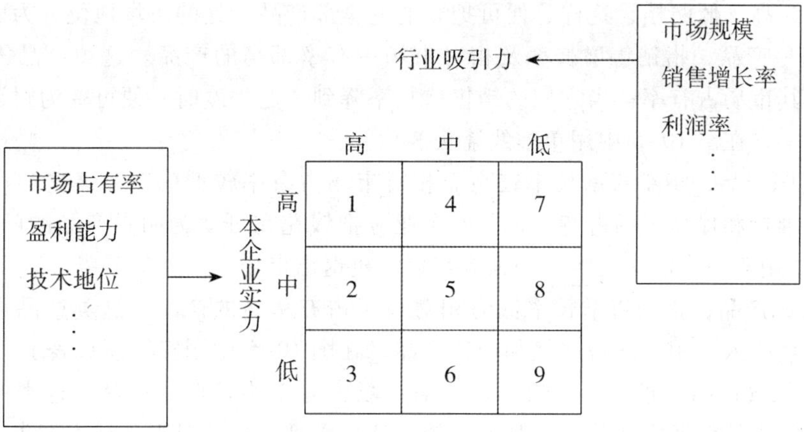

图 10-4　象限图

用象限图先把每种产品分档，并进入相应的象限（方格）位置上，再进行分析和作出决策。象限图中 9 个象限可分为三种类型：象限 1、2、4 为绿灯类，表示进入这些象限的产品具有较高的吸引力与实力，应作为投资与发展的对象；象限 3、5、7 为黄灯类，属于中间状态的产品，它们可能转变绿灯类或红灯类产品，因此应保持现状，并注意其发展方向；象限 6、8、9 为红灯类，是吸引力和实力较低的产品，应掌握时机及时淘汰这类产品。

2）波士顿矩阵分析法

企业也可应用由美国波士顿咨询公司创立的矩阵图分析法来分析和决策，如图 10-5 所示。

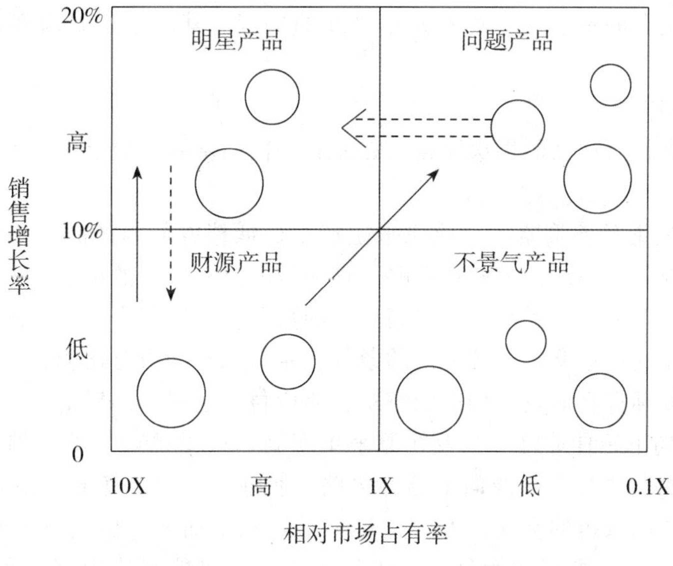

图 10-5　矩阵图

由图 10-5 可知，这种方法仅依据销售增长率及相对市场占有率两个因素对产品组合进行分析。销售增长率以 10% 为界分为高、低两档。相对市场占有率是指本企业某一产品的市场占有率与同行业中最大的竞争者的同一产品的市场占有率之比。相对市场占有率以 1 为界分为高、低两档，这样，便可把企业的全部产品所处的市场地位分为四种类型：

（1）明星产品，指销售增长率及相对市场占有率都高的产品。这类产品需投入大量现金来维持其市场占有率；当它们的销售增长率降到一定程度时，便可变为财源产品，为企业积累资金，在图 10-5 中用单虚线箭头表示。

（2）问题产品，指销售增长率较高而相对市场占有率较低的产品。这类产品需投入大量资金来维持和提高市场占有率，因此企业应把钱花在可变为明星产品的问题产品上，在图 10-5 中用双虚线箭头表示，否则应掌握时机退出市场。

（3）财源产品，指销售增长率低但相对市场占有率高的产品。这类产品可为企业带来大量的现金收入，用以扶持明星和问题产品，在图 10-5 中用实线箭头表示。

（4）不景气产品，指销售增长率及相对市场占有率均较低的产品。这类产品有时可能产生一些收入，但通常都是微利甚至亏损，耗费管理人员的时间而得不偿失。

采用此法可帮助企业分析现有产品组合是否合理。图中的圆圈代表现有产品的位置，圆圈的大小表示销量的大小。一般而言，明星与财源产品多且销量大的产品组合比较合理。企业对各类产品可采取不同的策略：要投入大量现金扶持明星产品，促使其成为财源产品；要保持财源产品的市场占有率，以便赚取更多的现金；对衰退中的财源产品可以获得短期利益为目的；要勇于放弃近期利润，提高有前途的问题产品的市场占有率，使其成为明星产品；对无前途的问题产品及亏损的不景气产品应及时放弃，以便使有限的资金集中于有潜力的产品。

10.4.4 产品线决策

产品线是产品组合的基础，产品组合的广度、深度、关联性都取决于产品线的状况。因此，实现产品组合的最佳化，离不开产品线的决策。其决策主要内容包括产品线的延伸、填充与缩减。

1）产品线延伸

产品线延伸是针对产品的档次而言，在原有档次的基础上向上、向下或双向延伸，都是产品线的延伸。

（1）产品线向上延伸策略。企业原来生产中、低档或低档产品，如新推出高档或中档的同类品，这就是产品线向上延伸策略。这一策略具有明显的优点：可获取更丰厚的利润；可作为正面进攻的竞争手段；可提高企业的形象；可完善产品线，满足不同层次消费者的需要。但采用这一策略应具备一定的条件：企业原有的声誉比较高；企业具有向上伸延的足够能力；实际存在对较高档次的需求；能应付竞争对手的反击。

（2）产品线向下延伸策略。企业在原来生产高档或中档产品的基础上，再生产中档或低档的同类产品，便是产品线向下延伸策略。企业采用这一策略可反击竞争对手的进攻，可弥补高档产品减销的空缺；可防止竞争对手乘虚而入。但它可能给人以“走下坡路”的不良印象，也可能刺激竞争对手进行反击，还可能形成内部竞争的局面。为此，企业应在权衡利弊后再作出决策。

（3）产品线双向延伸策略。原来生产中档产品的企业同时扩大生产高档和低档的同类产品，则是产品线双向延伸策略。采用这种策略的企业主要是为了取得同类产品的市场地位，扩大经营，增强企业的竞争能力。但应注意，只有在原有中档产品已取得市场优势，而且有足够资源和能力时，才可进行双向延伸，否则还是单向延伸较为稳妥。

2）产品线填充

上述产品线延伸是产品档次的扩展，经营范围的伸长，因此是一种战略性决策。**产品线填充**是针对产品项目而言，在原有档次的范围内增加新的产品项目，它只是一种战术性决策。这一决策的目标是多方面的：通过扩大经营增加利润，满足消费者差异化需求，防止竞争对手乘虚而入，利用过剩的生产能力等。但进行决策时应注意：必须根据实际存在的差异需求来增加产品项目；必须根据需求变化增删产品项目，以动态的观点来认识产品线的填充；必须使新的产品项目有足够的销量。

3）产品线缩减

产品线缩减是指企业根据市场变化和本身的实际情况，适当减少一部分产品项目。在以下情况下，企业应考虑适当减少产品项目：①已进入衰落期的亏损的产品项目；②无力兼顾现有产品项目时，放弃无发展前途的产品项目；③当出现市场疲软时，删减一部分次要的产品项目。

本章小结

产品是市场营销因素组合的首要因素。产品是一个广义的概念，它包括有形产品、服务、人员、组织、构思或它们的组合。产品是一个整体概念，可分为核心产品、形式产品、延伸产品等三个层次。核心产品的形成取决于质量，市场营销原理认为质量是由顾客定义的，应以满足需求为出发点来塑造产品质量，在全面质量管理中融入营销理念。服务是无形产品，具有形态的无形性、产销的同时性、质量的波动性及效用的易失性等特点。服务营销应在 4Ps 的基础上增加“实物证据”、“人”、“过程”3 个“P”。

品牌是形式产品的重要组成部分，品牌在现代营销中具有辨别商品出处、宣传推广商品、承诺产品质量、维护专用权利和充当竞争工具等作用。品牌设计应遵循选题好、不违法、有特色、能传神、易记读等原则。企业实施品牌战略应进行一系列的品牌决策，包括品牌的使用、防御、归属、关联和变更的决策。

包装是形式产品的另一个重要组成部分，商品包装包括两大类型：运输包装和销售包装。包装具有保护商品、识别商品、便于使用、促进销售和增加利润的作用。包装设计应充分发挥包装的作用，并要考虑全社会的公共利益，执行有关法规，遵守包装道德和保护生态平衡。为充分利用包装进行促销活动，企业应根据实际情况选择适当的包装策略。

当企业拥有多种产品时，就必须解决产品之间的结构问题。多数企业都拥有自己的产品项目、产品线和产品组合方式。产品组合方式由其广度、深度、关联性等变量决定。企业可根据内外部条件选择适当的产品组合策略。产品组合是动态的，企业可借助象限分析法、波士顿矩阵分析法等来分析产品组合的合理性，并据此进行决策，使其达到最佳状态。产品线是产品组合的基础，实现产品组合的最佳化离不开产品线的决策，其决策内容包括产品线的延伸、填充与缩减等。

主要概念和观念

□ 主要概念

整体产品概念　核心产品　形式产品　延伸产品　全面质量营销　品牌　商标　品牌特许　定牌　双重品牌　亲族品牌策略　单一品牌策略　更换品牌策略　推展品牌策略　类似包装策略　分类包装策略　组合包装策略　再使用包装策略　附赠品包装策略　改变包装策略　产品项目　产品线　产品组合　产品组合广度　产品组合深度　产品组合关联性　产品线延伸　产品线填充　产品线缩减

□ 主要观念

全面质量营销的观点　品牌的作用　品牌决策　包装的作用　分析产品组合的意义和方法　产品线决策

基本训练

□ 知识题

10.1　阅读理解

1）怎样正确认识整体产品概念？

2）可用哪些观点来表述全面质量营销？

3）品牌与商标有何联系与区别？

4）生产企业采用销售者品牌有何优势？

5）亲族与单一品牌策略各自有何优缺点？

6）有哪些包装策略可供选择？

7）产品线向上、向下延伸有何优缺点？

10.2　知识应用

1）选择题

（1）整体产品包括以下几个层次：________。

A. 形式产品　　B. 观念产品　　C. 核心产品

D. 形象产品　　E. 延伸产品　　F. 目标产品

（2）产品线决策的主要内容包括：产品线的________。

A. 延伸　　B. 增长　　C. 填充

D. 调整　　E. 维持　　F. 缩减

（3）整体产品可分解为________。

A. 形象产品　　B. 核心产品　　C. 观念产品

D. 形式产品　　E. 延伸产品　　F. 服务产品

（4）企业可根据实际情况对________等产品组合策略作出适当的选择。

A. 市场专业型　　B. 产品线专业型　　C. 全线全面型

D. 有限产品线专业型　　E. 特别专业型　　F. 特殊产品专业型

（5）企业可选择________等方法来调整产品组合。

A. 德尔菲法　　B. 会审法　　C. 象限分析法

D. 线性回归法　　E. 类比分析法　　F. 波士顿矩阵分析法

(6) 采用象限法评估产品组合状态时，黄灯类的产品项目应________。

A. 投资　　B. 发展　　C. 保持现状

D. 及时淘汰　　E. 注意其发展动向　　F. 提高占有率

(7) 品牌具有________的特殊作用。

A. 识别商品出处　　B. 承诺产品质量　　C. 充当竞争工具

D. 调节市场供求　　E. 维护专用权利　　F. 宣传推广商品

(8) 一个优秀品牌的设计应遵循以下原则：________。

A. 不违法　　B. 能传神　　C. 选题好

D. 易记读　　E. 有特色　　F. 有价值

(9) 生产者在品牌归属方面的选择有：________。

A. 定牌　　B. 生产者品牌　　C. 亲族品牌

D. 双重品牌　　E. 销售者品牌　　F. 特许

(10) 品牌防御决策主要包括：________。

A. 及时注册商标　　B. 在非同类商品中注册同一商标　　C. 使用防伪标识

D. 品牌并存　　E. 在同一商品中注册多个商标　　F. 品牌特许

(11) ________属于包装标识。

A. 识别标识　　B. 管理标识　　C. 解释标识

D. 指示标识　　E. 警告标识　　F. 激励标识

(12) 包装的作用主要表现在：________。

A. 保护商品　　B. 识别商品　　C. 承诺质量

D. 增加利润　　E. 便于使用　　F. 促进销售

(13) 商品包装策略主要有：________。

A. 类似包装策略　　B. 分类包装策略　　C. 改变包装策略

D. 再使用包装策略　　E. 附赠包装策略　　F. 组合包装策略

2) 判断题

(1) 顾客在市场上购买的是需求的满足，而不是物品的实体。　(　　)

(2) 整体产品形成于生产领域。　(　　)

(3) 在市场经济条件下，企业应强调在性能质量的前提下来设计产品的适应质量。　(　　)

(4) 高档产品是优质产品，而低档产品则是劣质产品。　(　　)

(5) 适应质量相等的高档和低档产品都是优质产品。　(　　)

(6) 产品线延伸是不断增加产品项目的策略。　(　　)

(7) 核心产品是指企业所生产的产品中最主要的产品。　(　　)

(8) 商标是品牌的一部分。　(　　)

(9) 商标即是品牌标记。　(　　)

(10) 企业不得在任何商品中使用其他人已注册的商标。　(　　)

(11) 商标在任何地方都可受到法律保护。　(　　)

(12) 任何产品的牌名及品牌标记都具有专用权。　(　　)

（13）在品牌战中，销售者品牌比生产者品牌具有更多的优势。（　）

□ **技能题**

10.1　规则复习

1）品牌决策

品牌使用决策：品牌战略要求品牌化；为节省成本费用、降低价格、适应外国市场的特殊情况，可不使用品牌。

品牌防御决策：及时注册商标；在非同类商品中注册同一商标；在同一商品中注册多个商标；使用防伪标识；品牌并存。

品牌归属决策：生产者品牌；生产者借用他人的品牌（定牌，品牌特许）；销售者品牌；双重品牌。

品牌关联决策：亲族品牌策略、单一品牌策略。

品牌变更决策：更换品牌策略、推展品牌策略。

2）产品线决策

产品线延伸：产品线向上延伸策略、产品线向下延伸策略、产品线双向延伸策略。

产品线填充：在原有档次的范围内增加新的产品项目，它是一种战术性决策。

产品线缩减：企业根据市场变化和本身的实际情况，适当减少一部分产品项目。

10.2　操作练习

1）实务题

（1）请为某医院设计出能展示其优质服务的“实物证据”。

（2）对某一商场的商品包装进行调查，分析存在的问题并提出你的改进意见。

（3）调查一家企业的产品组合状况，分析其合理性。

2）综合题

“做产品”与“做品牌”有何区别？可运用本章所学知识（如整体产品、全面质量营销、品牌个性、品牌声誉等）加以分析。

□ **能力题**

10.1　案例分析

“太阳神”受挫折的原因何在

“太阳神”曾经是中国保健饮品行业的一面旗帜。但在残酷的市场竞争中，其保健品口服液的市场占有率从1990年的63%跌至目前的不到10%，销售额从1993年10亿元的最高峰跌至1997年的2亿多元。这到底是怎么一回事？

“太阳神”1988年创业，只用了3年时间就占领了全国大部分市场。但从1994年开始便急剧膨胀：1年内，上马了包括石油、房地产、化妆品、电脑、酒店业等在内的20个项目，在新疆、云南、广东成立了3家经济发展总公司，同时成立山东弘易公司，投资3亿多元。不幸的是，这些钱几乎犹如“石沉大海”。

导致“太阳神”效益滑坡的另一重要因素是产品更新换代滞后。在中国保健品市场，除了“太阳神”的甘菊型和猴头菇口服液外，尚不能找出第3个产品可以连续卖10年。由于科技人员严重脱离市场，“太阳神”耗费巨资开发出来的20多个产品都无法在市场上站稳脚跟，使企业一再错失发展良机。

这些年，“太阳神”内部实行职工效益与推销业绩挂钩。这一政策导致企业内部和外部都只愿意去做利润丰厚的当红产品。这样，更导致需较长推广期、利润低的新产品死于襁褓之中。就在“太阳神”新老产品出现断层的时候，异军突起的其他口服液乘虚而入。

“太阳神”的董事长曾用半个月时间写出了一份“反省”材料，提出了“太阳神”的“九大反思”。在一个高层会议上，“太阳神”作出通过体制创新杀出一条血路的决策，其中包括调整企业高层人事结构，开拓具有科技内涵的产品和建立信息、研究开发、市场科技化体系等。一个企业最可悲的是看不到潜在的危机，而已经意识到危机的“太阳神”就有希望再度崛起。

资料来源　程小琪．“太阳神”夕阳悲歌近黄昏［N］．羊城晚报，1998-08-08（1）．

问题：

试结合案例具体分析广义的全线全面型产品组合策略（无关联多元化）的利与弊。

10.2　网上调研

在网上收集有关企业实行品牌延伸的资料，并据此分析实行品牌延伸的条件、优势和可能产生的问题。

第 11 章

开发新产品及产品生命周期

学习目标

通过学习本章，你应该达到以下目标：

知识目标：了解开发新产品的必要性；理解新产品和产品生命周期的含义；认识产品生命周期各个阶段的市场特点和策略重点。

技能目标：学会正确应用产品生命周期各个阶段的策略；掌握产品生命周期各个阶段的营销管理要求。

能力目标：具有判断企业产品当前所处生命周期阶段的能力、按开发新产品程序制订相关计划的操作能力。

引例 企业新产品小羚羊退热贴的差异化品牌策略

在广州举行的“第二十四届中国医药企业营销高峰论坛”上，河南羚锐制药旗下儿童药品牌小羚羊退热贴因其差异化的品牌定位及销售策略，成功入选某媒体评选的“2013 年度十大医药营销案例”。

发散定位

小羚羊退热贴于 2011 年推出，属于一类医疗器械。如何使一个新上市的儿科产品在已呈现出激烈竞争的市场上成功建立品牌，实现销售放量？羚锐制药在贴膏剂领域占有一定地位，如何挖掘并整合内部资源，特别是贴膏剂的产品延伸、产品群丰富，或在此基础上构建新的产品群是企业当时迫切需要思考的问题。

通过市场调研发现，儿童退热贴市场品牌众多，但缺少强势品牌，这是一个机会。如何让产品一上市就能引起关注？一般情况下，儿童药名称多以“小儿”打头，于是企业提取了“小”这个元素，再从近几年流行的动画片《喜羊羊与灰太狼》中美羊羊这个角色挖掘了“羊”，结合企业名“羚锐”中的“羚”，结合成“小羚羊”这样一个既有企业元素，又有儿童喜爱的时尚元素的词语组合，市场识别度和企业认知度完美结合。

该产品使用日本进口的双弹非织造布和 CPP 压花膜，分别打造背衬和防粘层两个关键产品组件，且在背衬上设计卡通图案，在众多退热贴中差异化明显。

此外，小羚羊退热贴利用高分子凝胶所含的大量水分及天然活性成分进行扩散，通过水分汽化带走热量，达到退热降温效果，主打快速降温、缓解疼痛、提神醒脑三种功效，分别针对有发烧、头痛、烦躁等症状的各类感冒人群，以及学习、工作压力大的学生和职业人士。这一定位与其他退热贴只有快速降温一种适用范围的局限性相区别。

全媒体宣传

小羚羊退热贴产品价格的差异性也非常明显。鉴于小羚羊退热贴的购买者是家长，他们的消费心理是给儿童最好的和安全的，故采取高端定价，与专业、高端的产品包装、设计融为一体。

企业选择在连锁药店、单体（个体）药店、社区诊所、小型医院等渠道销售，形成广度和深度覆盖。为了确保全国统一零售价的价格模式，羚锐制药设置了专门的市场督察部，专职管理产品价格秩序。

为了凸显产品质量，企业还专门与其他退热贴品牌进行降温效果和黏附力效果比较，结果表现优异。数据加上现场对产品的体验很有说服力，让客户没有任何拒绝的理由，加上产品在包装等方面综合优势明显，铺货问题很容易解决。

在全面铺货的基础上，企业选择在专业媒体和大众媒体开展广告宣传，撰写相关文章。在中考和高考前夕，针对提神醒脑的适用范围策划了考生专题海报，在全国主要连锁药店进行宣传。企业还尝试运用自媒体，在新浪微博注册并认证了“羚锐小儿退热贴”官方微博，借助母亲节、父亲节、儿童节、端午节、教师节等节日，开展“传递贴心关爱”公益性话题传播，吸引网友参与，取得了良好的宣传效果。由于宣传到位，前段时间热播剧《小两口》还 3 次免费植入该产品的广告达 10 多秒之久，使之成为一种消费时尚。

一系列工作的开展，为小羚羊退热贴的市场爆发带来了巨大驱动力。2013 年 1—7 月，产品销售额已超越 2012 年全年销售额，实现了 8.33% 的增长。

资料来源　吴延兵．产品延伸异中有同 小羚羊退热贴个案赏析［EB/OL］．［2014-06-24］．http：//www.emkt.com.cn/article/604/60488.html.

企业利用产品因素进行营销活动，除应从广义、整体的角度去认识产品，重视产品的质量、品牌、商标、包装和合理安排产品组合外，还应集中精力于新产品的开发，并在产品生命周期中加强营销管理。小羚羊退热贴这一案例说明，新产品开发极其重要，但成功与否不完全取决于新产品开发的数量，还要看是否具有新产品开发的能力和在产品生命周期中的决策是否正确。

11.1 开发新产品

11.1.1　新产品的概念

从营销的角度来考察，新产品是一个广义的概念，既指绝对的新产品，又指相对的新产品；生产者变动整体产品任何一个部分所推出的产品，都可以理解为一种新产品。据此可把新产品分为以下四种类型。

1）完全新产品

完全新产品是指采用新原理、新技术和新材料研制出来的市场上从未有过的产品。这是绝对的新产品，它的创新程度最高，具有其他类型新产品所不具备的经济、技术上的优势：可取得发明专利权，享有独占权利；能通过其明显的新特征与新用途改变传统的生产、生活方式，取得全新的市场机会，创造需求。完全创新的产品的研制是一件相当困难的事情，需要技术、资金、时间的保证，还要承担巨大的投资风险。为此，实力较强的企业为了实现战略目标，不失时机地重视开发完全创新的产品是必要的，但为了应付眼前的市场竞争，也应重视开发相对的新产品，即在原有产品的基础上进行更新换代、改革与仿制。

2）换代新产品

换代新产品是指采用新材料、新元件、新技术，使原有的产品的性能有飞跃性提高的产品。换代新产品的技术含量比较高，是在原有产品基础上的新发展，因此它是企业进行新产品开发、提高竞争能力的重要创新方式。现代科学技术的进步，消费者日益多变的需求，是企业对产品更新换代的良好条件和环境。

【小资料 11-1】

“小护士”的遗憾

2003 年年底，全球最大的化妆品集团欧莱雅终于得偿心愿——成功收购中国品牌“小护士”。曾经在防晒品界执牛耳，在中国护肤品品牌排名第三的“小护士”，就这样“嫁”入豪门，令国人为中国又失去一个本土的著名品牌而唏嘘！

成立于 1992 年的深圳丽斯达有限公司靠“小护士”品牌发家。尽管入行颇晚，但丽斯达一开始就着手铺设完善的销售网络，逐渐组建了 28 万个销售网点，逐渐掌握了对市场的精确细分及定位的模式，这些使小护士在群雄争霸的护肤品行业迅速崛起。丽斯达期待在此基础上全面提升“小护士”的品牌形象，但在产品线拓展和品牌提升方面始终未有建树，“一枝独秀”的小护士面临着后续发展的瓶颈。

小护士崛起于中国化妆品市场时，准确地将自己定位为问题皮肤的解决专家，后来直接定位为年轻女性的功能化妆品，主打产品防晒护肤品，以极具差异化特征的产品概念切入市场，并以颇具大众亲和力的传播，很快俘获了广大年轻消费者的心。但是十年过去了，消费者、市场及营销战略已经发生了戏剧性的变化——今天的消费者面对的是不断增多的可接受的品牌，并处于永无宁日的价格促销的包围之中，其结果是，他们正变得不太忠实于品牌。近年中国有不少化妆品品牌表现不俗，从渠道到终端都对小护士形成围剿，雅倩佳雪、东洋之花、美加净、丁家宜等长期与小护士如影随形，通过流通渠道争夺战，硕果累累，在某些二、三级市场它们甚至超过了小护士。遗憾的是，小护士的产品创新和品牌提升却不大，给人品牌老化的印象。除此之外，随着企业的不断成长和扩张，对领导力、组织的管理力、机制创新、人力资源、企业文化等都提出巨大的挑战。

资料来源　朱玉童，刘颖．“小护士”的遗憾［J］．销售与市场，2004（4）（上）：32.

3）改革新产品

改革新产品是指从不同侧面对原有产品进行改革创新而创造的产品。下列情况同属这种类型：采用新设计、新材料改变原有产品的品质，降低成本，但产品用途不变；采用新式样、新包装、新商标改变原有产品的外观而不改变其用途；把原有产品与其他产品或原材料加以组合，使其增加新功能；采用新设计、新结构、新零件增加其新用途。改革新产品的技术含量低或不需要使用新技术，是较容易设计的新产品类型。它可以增强竞争能力，延长产品生命周期，减少研制费用和风险，提高经济效益。

4）仿制新产品

仿制新产品是指企业未有但市场已有而模仿制造的产品。仿制是开发新产品最快捷的途径，风险也较小，只要有市场需求，又有生产能力，就可以借鉴现成的样品和技术来开发本企业的新产品。日本汽车扬威世界，它的第一步是从仿制开始的；"广货"畅销于国内外市场，其中不乏仿制的产品。但仿制不能违反《中华人民共和国专利法》等法律法规，还需对原有产品进行适应性的修正。

11.1.2　开发新产品的必要性

1）客观上的必要性

（1）从产品属性的角度来考察。产品最重要的属性——产品的使用价值往往是多方面的。它是由人们在同自然作斗争的过程中，随着自己生产经验的积累，生产技术的提高以及科学知识的增进而逐步被发现的。这种使用价值的新发现要求进行新产品的开发和产品创新。

（2）从消费需求的角度来考察。随着社会经济的发展，人们的货币收入的逐步提高和科学技术的不断进步，人们对商品的需求也越来越复杂，更迫切地要求生产部门扩大产品的花色品种，提高更新换代速度，开发出更多的新产品，以适应他们不断发展的新生活方式的需要。

2）主观上的必要性

（1）从长远利益的角度来考察。新产品的成功率很低，短期内会给企业带来较大的损失，但却可得到长远利益。据一项调查表明，成功的新产品可给企业带来 65% 的盈利。换言之，成功的新产品除可收回包括失败新产品在内的全部研制费用外，还能取得可观的利润，即推出新产品与利润是成正比的。正是由于这一结果，促使企业不怕失败，失败了还要拼命地开发新产品。

（2）从市场竞争的角度来考察。企业的竞争力在很大程度上取决于能否向市场提供适销对路的新产品，因为新的市场环境、消费需求必然要求以新产品与之相适应。更重要的是，激烈的市场竞争和日新月异的科学技术正在加速产品的更新换代，以产品创新取胜便成为企业参与竞争的锐利武器。为此，有远见的企业家都把研制新产品看成是企业竞争力强大的重要标志，不惜花费巨大的人、财、物力来开发新产品。例如，从 1997 年以来，海尔冰箱公司平均 1.5 天便研制出一个新产品，平均 1 天就有 1.8 个专利产生，使海尔的科技创新进入世界最先进家电企业行列，使海尔冰箱在严重供过于求的国内冰箱市场上异常火暴。

（3）从企业发展的角度来考察。企业可通过增加原有产品产量和发展新产品这两条途径来谋求生存与发展。前者在短期内是可以奏效的，但从长期来看，产量越多则风险越大。因为产品具有自己的生命周期，在成熟期后期及衰落期里，增加产量会导致产品积压；同时，当原有产品进入衰落期时，企业也会随之走向衰退。这从反面告诫人们：企业若不发展新产品，则无法生存，不断创新才是企业生存与发展的唯一途径。这样，当第一代产品处于衰落期时，就有第二代产品进入发展期；当第二代产品进入成熟期时，又有第三代产品推出市场，此起彼伏，连续不断，始终保持企业的稳定或向上的势头，避免衰退或大起大落，如图 11-1 所示。

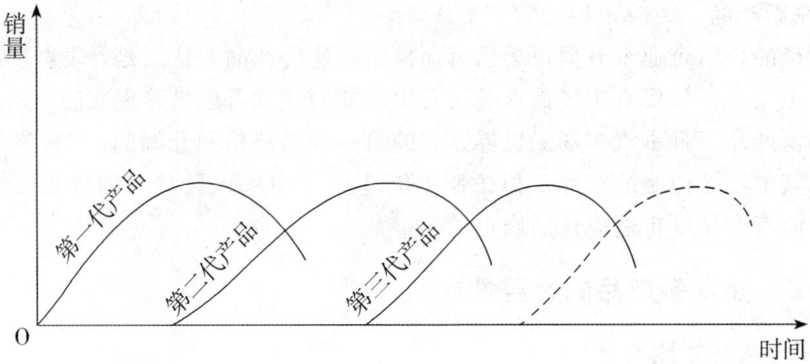

图 11-1　产品更新换代示意图

（4）从资源利用的角度来考察。开发新产品可解决“大材小用”的问题，以低成本的原材料替代高成本的原材料，提高经济效益；可充分利用被废弃的物质资源，变废为宝，并减少环境污染；可在不增加人力、财力、物力的条件下增加生产新产品，通过充分利用厂房、设备和劳动力来降低单位产品成本，这对一些生产季节性产品的企业更有实际意义。

11.1.3　开发新产品的程序

企业发展新产品的方式可以是收购，也可以是开发。收购包括收购其他公司，购买其他公司的专利，通过许可证贸易取得他人的技术使用权；开发包括本企业开发，与独立研究机构或新产品开发代理商签订合同来开发，与其他公司联合开发等。下面仅从本企业开发的角度来讨论新产品开发问题。

开发新产品要承担很大的风险，企业必须慎之又慎，应明确着重涉足的业务领域和产品的种类，制定出新产品构思取舍的标准，作好研究费用预算，建立有效的组织机构，确保设计、生产和营销等几个环节自始至终密切配合；还必须严格遵循一定的科学程序，以尽量减少或避免风险，使开发新产品工作达到预期目的。

开发新产品的程序可分为六个阶段。

1）收集新产品构思

新产品构思，即提出新产品的想法、主意。构思的多寡会影响新产品开发的成功率，因此要广泛搜集，越多越好，而且不要在这一阶段否定任何一种构思。一些“异想天开”的构思往往更具创意，或有某些合理的成分。

构思可源于企业内部，包括生产、销售、工程技术人员等。适当的激励构思措施，可调动雇员提出构思方案的积极性。

构思也可源于企业外部，如顾客、中间商、竞争对手、科技文教部门、技术市场等。顾客和中间商是产品的使用者或经营者，他们对原有产品的意见、未来产品的追求，便是良好的构思来源。及时掌握竞争对手开发新产品的新动向，可使企业少走弯路，或“借鸡下蛋”，或后来居上。借助科技领域的新成就构思新产品，更能适应时代新潮流。

【专论 11-1】

激发新产品构思的方法

一个良好的构思，可以产生于偶然的发现、联想，但主要是靠科学的方法。国内外企业通过实践总结出来的希望列举法、缺点列举法、类比法、仿生法、综摄法等激发构思的方法都可以借用。我国一位青年科学工作者提出的“信息交合”理论，也为激发构思提供了一种新颖的方法。所谓“信息交合”，就是把各种物质要素连成信息坐标轴——x 轴，再把人类实践要素连成另一信息坐标轴——y 轴，两轴相交并垂直延伸而成“信息反应场”，使两轴各点上的信息依次“相乘”，即可形成“信息交合”。若应用此理论来构思杯子新产品，即可得到许多奇妙的创新构想：杯子功能和数字交合，可在杯子内壁加上刻度做量具，人们服药或需控制水量时会更感方便；和温度交合，便可给杯子加上温度计；杯子上可以绘上历史年代表、中国地图、九九歌诀、英文字母、太阳系图甚至乐谱等，成为“知识杯”；将杯盖做成日晷的形状，印上时间指示刻度，杯体印上“修正值表”，便成了“时辰表”；利用杯子可旋转的特性，可制成“函数杯”、“24 节气杯”、“四季星图杯”、“银行利率杯”等。

2）新产品构思的筛选

新产品构思既不可能全部实施，也不可能完全符合企业的目标，这就需要经过筛选，大量地淘汰那些不可行的构思，使企业能把有限的资金集中于少数有潜力的新产品上来。

新产品构思筛选过程可用图 11-2 来表示。

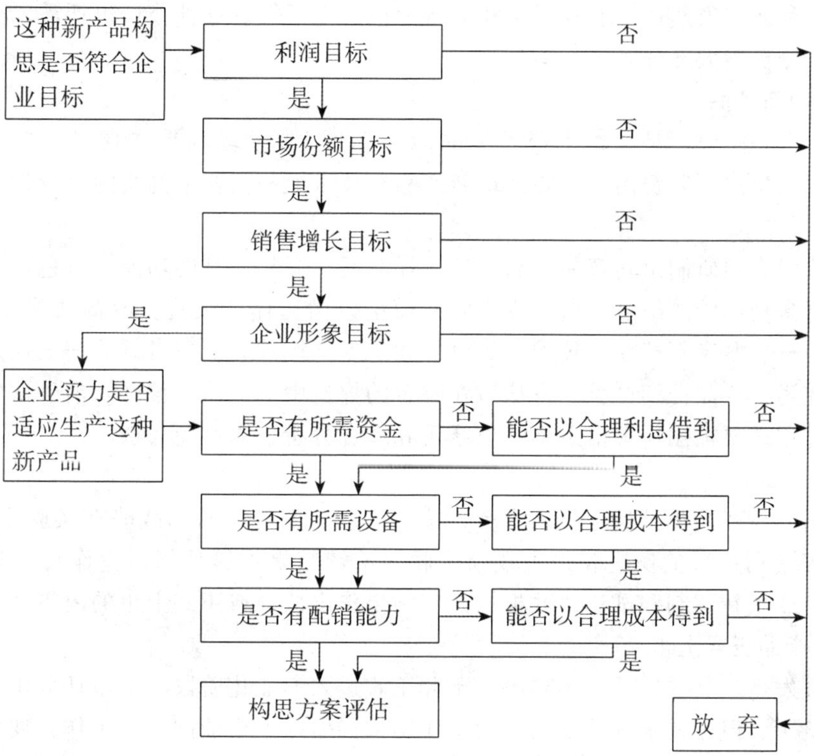

图 11-2　新产品构思筛选过程示意图

在实际操作过程中，企业目标与实力的具体因素、侧重点可依据实际情况而定。在筛选过程中，要尽量避免两种失误：一是“误舍”；二是“误取”。这两者都会给企业带来损失。

经过筛选，最后仅保留少数的可行构思。在资金有限的条件下，这些构思还需通过评分的办法给予评估，高分者进入下一阶段。

3）观念产品的策划与分析

观念产品是介乎于产品构思和实体产品之间的一个概念，是根据市场需求对产品构思进行详尽、形象的描述。在形成实体新产品之前，还需对观念产品进行策划与分析，包括它的形成、测试、营销战略制定与商业分析。观念产品的形成可用下面假设的例子加以说明。

某食品公司有一个新产品构思，即开发一种用以增加牛奶营养和口味的粉状牛奶添加剂。从消费者、产品利益、使用场合的角度可形成以下几种观念产品：

（1）专门为中年人制作的不用自行烹制又能迅速取得营养的“即食早餐饮料”；

（2）供儿童作午间点心饮用的“美味饮料”；

（3）供老年人在深夜就寝前饮用的“健康饮料”。

对观念产品进行测试，就是使用文字和图片的详细描述向预期的目标顾客调查，了解他们的反应，其中包括对这种产品的信赖程度、需求程度以及与现有产品的差异程度等。

假设测试结果表明上述第二种观念产品比较好，便可进一步制定出营销战略，包括具体描述目标市场，对观念产品予以定位，投产后几年内的销售额，市场份额和利润目标等。

观念产品的商业分析，其目的在于确定所拟开发的新产品在商业上的吸引力。商业分析的焦点是利润，当然也不能忽视对社会所承担的责任等。这种分析包括需求分析、成本分析、盈利分析三大部分。

4）试制新产品

假如说上一阶段还是“纸上谈兵”的话，那么试制阶段则是“真刀实枪”了。这一阶段要花费大量的研制费用，又要确定新产品在技术上和商业上的实际可行性，因此必须慎而行之。

这一阶段必须研制出新产品样品。这一样品通常要从产品的功能、特色、包装、造型等方面进行多种不同的组合，研制成不同的模型以供选择与试验。消费试验有多种方式：实验室试验——鉴定新产品在技术上的可靠性、安全性等；消费者试验——通过试用鉴别新产品的优劣；样品征询试验——从潜在顾客的评价中测定需求偏好。消费试验是一个多次反复的过程，要根据反馈信息不断地修正和综合分析，以避免失误。

5）新产品试销

把试制的新产品小批量地投入生产，按企业制定的有关营销战略在实验市场中实施，以观察顾客（用户）的反应和销售效果。假如试销结果不够理想，应作具体分析再重新进行试销，或重新试制和试销，并根据试销结果作出放弃或正式上市的决策。

6）新产品正式上市

这是开发新产品的最后一个程序，至此正式进入商业化阶段。上市任务由企业内部的营销部门负责，但也要求其他部门通力协作，共同做好上市前的准备工作：要详细整理新产品特点的资料，以供采购、生产、营销部门作为备料、制作、检验的依据；核实出厂价格；制定经费预算；备足大量生产所需的物质技术设备和物料；培训经销人员；制订分销计划；制订广告宣传计划等。

在实际操作中，试销与正式上市是一个连续、快速的过程，应做好统筹安排。另外，还应注意掌握好上市的时机和市场推广的范围。

【观念应用 11-1】

润妍：三年准备，一年败北

世界著名消费品公司宝洁的营销能力早被营销界所传颂，但 2002 年宝洁在中国市场却打了败仗。其推出的第一个针对中国市场的本土品牌——润妍洗发水一败涂地，短期内就黯然退市。

润妍洗发水的推出，是为了应对竞争对手对其持续不断发动的“植物”、“黑发”概念进攻。在“植物”、“黑发”等概念的进攻下，宝洁旗下产品被竞争对手贴上了“化学制品”、“非黑头发专用产品”的标签。为了改变这种被动的局面，宝洁从 1997 年调整了其产品战略，决定为旗下产品引入黑发和植物概念品牌。

在新策略的指引下，宝洁按照其一贯流程开始研发新产品。从消费者到竞争对手，从名称到包装，宝洁处处把关试验。经过长达 3 年的市场调查和概念测试，2000 年润妍终于踏上了起跑线。而同是在 2000 年，联合利华推出了具有黑发植物概念的夏士莲品牌延伸产品——黑芝麻洗发水。

两年后，夏士莲的黑芝麻取代了奥妮百年润发留下的市场空白，而宝洁却对表现不佳的润妍丧失了信心，2001 年 5 月收购同样以植物配方为概念的“伊卡璐”，于是宝洁推出的第一个本土品牌只能接受夭折命运。

润妍采用和主流产品不同的剂型，需要经过洗发和润发两个步骤，这种产品在 20 世纪 80 年代曾是主流，但现在已经被 2 合 1 产品惯坏了的消费者，并不喜欢把洗头时间拖长一倍。

润妍把目标消费群体定位在高知识城市白领女性，而这个群体现在对黑头发并不感冒，针对该人群的高价格，又不能被黑头发目标消费群体接受。润妍还沿袭了飘柔等旧有强势品牌的价格体系，在这种价格体系下，经销商没有利润，又不能不做，但新品牌润妍并没有“压榨”经销商的资本。润妍的价格政策，导致经销商对其采取了抵制态度。润妍的概念推广比起夏士莲黑芝麻洗发水来，显得笨拙有余、锐利不足。对于黑发概念，夏士莲通过强调自己的黑芝麻成分，让消费者由产品原料对产品功能产生联想，从而事半功倍，大大降低了概念传播难度；而润妍在传播时，似乎并没有强调首乌成分。

润妍在市场运作上也存在严重失误。在奥妮惨败、市场出现瞬间空白之际，比起规避风险来说，更重要的是用尽快的速度填补空白，但宝洁却把 3 年时间浪费在市场研究和概念测试上。试想如果润妍能在奥妮败退的一年内推出，那么市场上恐怕早没有夏士莲黑芝麻的生存空间了。

资料来源　铂策划，陈奇锐，单艳 .2002 年十大营销失利案例［EB/OL］.［2014-06-24］. http：//www. emkt. com. cn/article/101/10161-3. html.

问题：你认为润妍失败的原因表现在哪些方面？

分析提示：结合案例分析新产品开发与推广必须考虑的影响因素。

11.2 产品生命周期概述

11.2.1　产品生命周期的概念

产品生命周期是指一种产品在市场上出现、发展到最后被淘汰的过程，它是产品的一种更新换代的经济现象。

某一新产品正式上市，它的生命周期由此开始；当经历一段时间后它不再被消费者接受而退出市场时，其生命周期便至此结束。这一产品生命周期实际上是产品的市场寿命、经济寿命，而不是指产品的使用寿命、自然寿命。

产品生命周期的长短由众多的影响因素决定，其中包括：产品本身的性质、特点，市场竞争的激烈程度，科学技术的发展速度，消费需求的变化速度，企业营销的努力程度等。从总的趋势看，产品生命周期正在日益缩短。正如日本的一项调查所显示的那样，手提电话平均126天更新一次，电脑产品更可用“日新月异”来形容。因此，企业应加快产品开发和更新换代的速度，这样才能立于不败之地。

11.2.2 产品生命周期的阶段

为便于分析与研究，可采用一个理论图形来表现产品的生命周期，如图11-3所示。

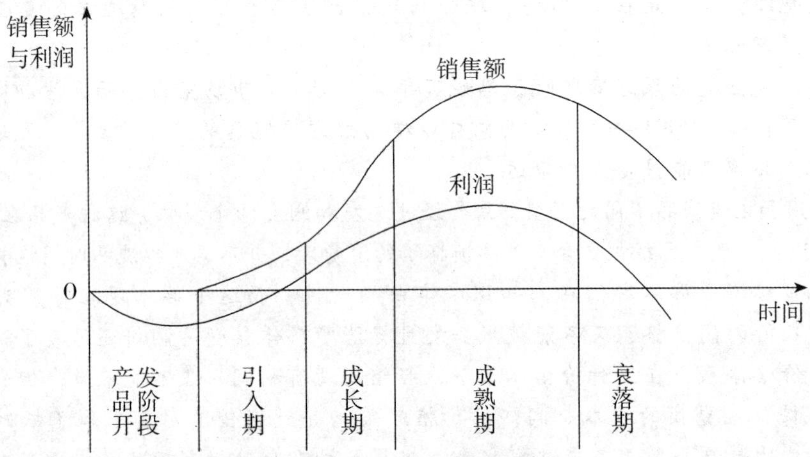

图11-3 产品生命周期示意图

由图11-3可知，产品生命周期可分为以下四个阶段：引入期、成长期、成熟期与衰落期。这些阶段中销售额与利润的变化特点将在下面两节中详述，在此仅对某些相关的问题加以说明与分析。

（1）把产品生命周期划分为不同的阶段，一方面反映了产品在不同时期中存在着不同的特点，另一方面说明了不同的阶段应该采用不同的营销策略，这正是研究产品生命周期的重要意义之一。

（2）某一产品在不同市场中所处的生命周期阶段往往不同，它在甲市场处于成熟期，在乙市场可能正处于引入期，这是由于市场条件、产品原有扩散范围有限等原因造成的。这就为成熟期甚至衰落期的产品进入新市场、延长产品生命周期提供了依据，它在国际营销中更具有重要意义。

（3）某一产品的生命周期及其阶段的准确划分有待于产品退出市场之后，但这时已不存在营销意义。因此，企业必须了解自己的产品目前正处于哪一个阶段，以便采用相应的营销策略。人们通常是根据销售增长率明显变化之处来划分阶段。

（4）图11-3表现的产品生命周期仅是一条理论曲线，每个产品实际的生命周期曲线则完全不同。不但各阶段的销售额、时间有差异，而且还有许多特殊的情况：有的产品只有引入期与衰落期，新产品进入市场不久便很快夭折，如图 11-4（a）所示；有的产品只有成长期与衰落期，这主要是一些时尚商品，如图 11-4（b）所示；有些产品没有衰落期，一直处于成熟期阶段，像那些具有民族特色、某种文化代表性的产品等，如图 11-4（c）所示；有些产品则没有引入期，产品一上市销售额便迅速增长，如图 11-4（d）所示。现实市场中还有许多特殊的产品生命周期形态。

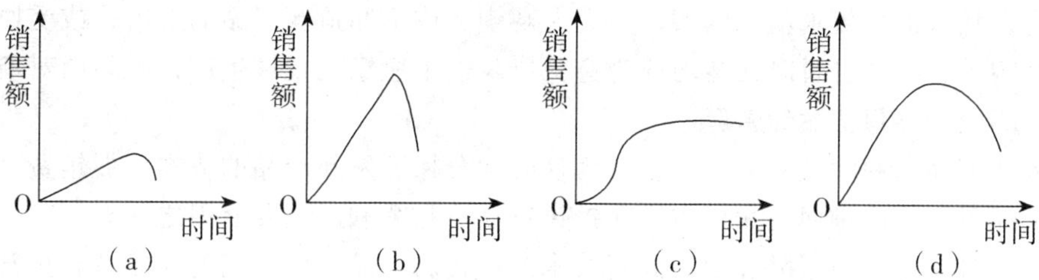

图 11-4　各种特殊产品生命周期示意图

11.2.3　产品种类、品种和品牌的生命周期

某一产品种类（如洗衣机）、产品品种（如半自动洗衣机）、产品品牌（如白鹅牌洗衣机）都有各自的生命周期。

一般而言，产品种类的生命周期相当长，这与人类对某种需要的持续与永恒密切相关。例如，人们对洗衣机的需要，在没有新的产品种类取代洗衣机之前，洗衣机将长期处于成熟期阶段。

产品品种具有典型的产品生命周期形态，如半自动洗衣机经历了引入期、成长期、成熟期和衰落期这四个阶段。

产品品牌的生命周期的形态因具体品牌而定，有的长盛不衰，如可口可乐；有的则相当短暂，如白鹅牌洗衣机。

上述各种产品生命周期形态可用图 11-5 来表示。

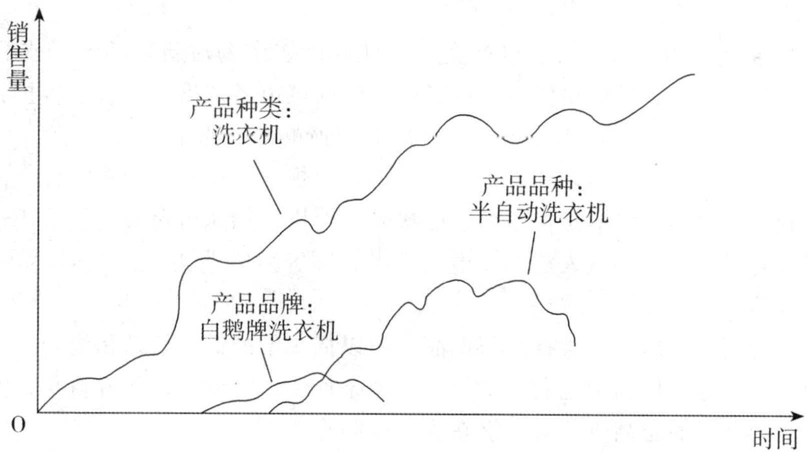

图 11-5　产品种类、品种、品牌生命周期示意图

在营销学中所分析的产品生命周期主要是指产品品种、产品品牌的生命周期，它便于分阶段地采用不同的营销策略。

11.3 引入期与成长期的营销管理

11.3.1 引入期的特点与营销策略

处于引入期的产品的销量小且销售额缓慢增长。其原因是多方面的：消费者对新产品感到陌生，只有极少数求新者购买，多数人观望，或不知道新产品的上市，或受原有消费习惯的影响等；生产者暂时无能力或为避免风险而不愿意大批量生产；中间商对新产品的销售前景不明，不想贸然经营等。

引入期产品的利润低甚至亏损。因为这时须分摊开发新产品的成本，促销费用大，有的新产品还可能因改进而增大成本，而销售量小也是微利的主要原因之一。

一般而言，完全新产品和含有高新技术的换代新产品在引入期的竞争者较少甚至没有竞争者。掌握高新技术的能力和时间的差异会暂时排斥竞争者。

上市的新产品不一定都能走完所有的生命周期阶段，即它还存在夭折的风险。由于市场预测的失误、新产品本身致命的缺陷、上市时机选择不当、宣传推广不力、成本核算上的偏差，以及中间商不给予配合等，都可能使新产品上市后不久即被市场遗弃。为此，建立新产品的初级需求，努力提高新产品的知名度，才是这一阶段的策略重点。具体的营销策略有：

(1) 控制投资规模，待销量有明显增加时再逐步扩大投资；单一品种或品牌进入市场，待新产品被接受后才不断多样化和差异化；广泛搜集顾客使用新产品后的信息，尽快修正新产品的缺陷，保证新产品的质量。所有这些，都可避免新产品可能夭折的风险。

(2) 广告宣传的重点应放在知悉产品的存在和产品的利益、用途上，以便建立初级需求。这一阶段可采用多种多样的促销方式、手段，如发送赠品、新产品演示、借助企业原有产品的提携支持、以寄售和优惠等办法诱导中间商经销等。总之，要有相当的促销力度，尽快使新产品能被潜在顾客接受。

(3) 引入期产品的上市范围要根据企业条件和潜在市场对新产品的需求程度等具体情况而定。可全面铺开，推向整体市场；也可先向区域市场推出，然后逐步扩大。

(4) 新产品的定价与促销力度组合，可形成四种策略供选择。

①快速高价策略，即以高价推出新产品，并以大规模的促销活动相配合。高价是为了获取高额毛利；高促销的目的是促使顾客能接受高价格，加速市场渗透。采用这一策略的条件是：市场容量大，大多数人还不知道该产品，顾客急需购买该产品而不在乎高价格，面临潜在的竞争。

②缓慢高价策略，即以高价推出新产品，但以低水平的促销活动相配合。其目的在于减少促销费用，又能获取高额毛利。如符合下列条件便可奏效：市场容量小，大多数顾客了解该产品，消费者愿意高价购买，潜在竞争威胁小。

③快速低价策略，即以低价推出新产品，并配合以大规模的促销活动。这一策略可快速占领市场，达到最大的市场占有率。采用这一策略应符合下列条件：市场容量大，顾客不了解该产品，顾客注重价格，存在潜在竞争，扩大产量能有效降低成本。

④缓慢低价策略，即以低价和低水平的促销推出新产品。这一策略是以低价刺激市场

使之尽快接受该产品，又以低水平促销来减少费用。采用这一策略的条件是：市场容量大，顾客已熟悉该产品，顾客注重价格，存在潜在竞争。

11.3.2　成长期的特点与营销策略

成长期产品的销售额迅速上升，是产品生命周期中销售增长率最高的阶段。这是因为早期采用者喜欢这种产品，产生重复购买行为；保守的顾客受影响也开始购买，促使销售额不断增长。

这一时期的利润迅速增长。销售额的增加降低了单位产品成本，也减少了促销费用的分摊，这时已不再分摊或少量分摊新产品研制费用。

产品被消费者接受且销量显著增加，同时吸引了竞争者，使他们看到了大规模生产和盈利的机会。因此，竞争者日渐增多是这一时期的主要特点。

一项新产品顺利进入成长期，说明这是一个成功的新产品，它已摆脱了夭折的风险。但必须看到，这并不等于创新产品的企业也能成功地利用这一产品长期获利。这是因为，众多的竞争者完全可以采用“迟走半步”的竞争策略，既不用为研制新产品进行投入，又可针对新产品的缺陷、不足，加以大幅度改进，最终把创新产品的企业挤出市场。这样的案例屡见不鲜。

为此，成长期产品的策略重点应放在创立名牌、提高偏爱度上，促使顾客在出现竞争性产品时更喜爱创新企业的产品。具体策略是：

（1）改进产品的质量，赋予产品新的特性，改进款式，修正缺陷，使整体产品优于同类产品。

（2）进入新的细分市场，发展销售网点，扩大销售。

（3）在出现众多竞争对手的情况下，树立起本企业及其产品的良好形象。要重点宣传品牌商标，提高品牌的知名度与偏爱度，促使潜在顾客认牌购买。

（4）原来采用高价进入市场的产品，在这一阶段要根据竞争形势的要求降低价格，争夺低收入、对价格敏感的潜在顾客。

11.4　成熟期与衰落期的营销管理

11.4.1　成熟期的特点与营销策略

成熟期产品的销售额大，达到整个产品生命周期的最高峰。成熟期的时间也最长，市场上多数产品都属于成熟期的产品，因此营销部门往往需要花费大量的精力加强成熟期产品的营销管理。成熟期产品的销售增长率有一个变化过程：缓慢增长，只有少量滞后的顾客在这时进入市场；销售增长率接近或等于零，这时市场处于饱和状态；缓慢下降，一部分消费者开始转向购买替代新产品，如图 11-4 所示。

这一时期利润最高，是产品对企业贡献最大的时期，这与当时的销售量相关，也与销售量的变化过程一致。

由于成熟期存在行业内生产过剩的威胁，迫使各个企业都采用最有效的竞争手段来维持市场占有率，导致最激烈的市场竞争。

根据上述特点，成熟期的策略重点应放在延长生命周期、提高竞争力上，通过获得竞争优势，维持大量销售，从该产品中获得尽量多的利润。企业可具体采用以下策略：

（1）改进市场，即尽量在使用者的人数和用量上采用不同的策略。为了促使更多的人使用本企业品牌的产品，可用各种促销手段使未使用过这种产品的人也购买它；可设法进入那些虽然使用这种产品，但并未使用过本企业品牌的新的细分市场；可吸引竞争者的顾客试用本企业品牌。为使顾客增加用量，也有各种途径：一是提高使用频率，使顾客增加使用次数；二是增加每次的用量；三是增加新的更广泛的用途，这是延长产品生命周期的有效办法。

（2）改进产品，它与改进市场相辅相成。改进产品将更有效地改进市场。企业可从三个方面改进产品：

①提高质量，使本企业品牌的产品更可靠、更经济、更耐用、更安全等。

②增加特性，使本企业品牌的产品具有其他同类产品所没有的新特性。

③更新款式，包括采用新的包装、造型、花色、外观设计等，增加产品的美感。

（3）改进营销组合，以适应激烈的市场竞争形势。

产品进入成熟期后，必须重新设计营销因素组合方案，对产品因素及非产品因素（价格、渠道、促销）加以整合。总体而言，这一时期应采用竞争性价格策略，巩固或适当扩大分销渠道，增加促销费用。其中具体的方式、手段则要视企业内外部条件而定，因此将可能形成许多种千差万别的组合方案。当前我国市场的家电、饮料等产品的竞争，也反映出各个企业营销组合的差异，它们的成功与失败都可为成熟期产品的营销组合提供宝贵的经验和教训。

11.4.2 衰落期的特点与营销策略

当某一品牌或品种的产品的销售额明显下降或急剧下降时，说明这种产品已进入衰落期。销售额下降的原因主要是出现了更新的产品，消费者对这种产品已不感兴趣或过度竞争所致。

伴随着销售额的迅速下降，利润也在下降甚至出现亏损的局面。据此，该产品行业内的竞争者或立即退出市场，或缓慢地退出市场。显然，这一阶段的营销策略重点是掌握时机，退出市场。具体的策略体现在以下两个方面。

1）判断衰落期的产品

这是处理衰落期产品首先必须解决的问题。如果判断失误，过早地淘汰产品，企业便不能收回投资，获得预期的经济效益；相反，如果延误时机又会被这种产品拖累，因投入大量的时间、消耗大量的精力而得不偿失，甚至成为探索新的替代产品的阻力。因此，应建立一个能判断衰退产品的制度，并遵循一定的步骤：

（1）成立一个由市场营销、生产、财务部门的代表组成的产品审核委员会。

（2）由审核委员会确定衰落产品的标准和程序，以便客观地评价哪些产品属于衰落期产品。

（3）由审核办公室提供每种产品的资料，说明它们在市场规模、市场占有率、价格、成本和利润方面的具体情况及发展趋势。

（4）确定已经进入衰落期的产品。其标准是：销售额下降的年数，市场占有率、毛利率与投资报酬率的发展趋势。

（5）向主管经理汇报衰落期产品的情况。应说明如果改变或不改变营销策略，这种产品的销售额和利润将有什么变化。

（6）由产品审核委员会审查这些信息资料，并对衰落期产品提出适当的建议，如顺其自然发展，改进营销策略，或立即放弃。

2）决定退出市场的方式和时机

企业应对衰落期产品进行慎重的决策，其中包括：

（1）明确退出市场的方式。衰落期产品迟早会退出市场，但并不是说产品一进入衰落期，就立即退出市场。根据企业处理衰落产品的经验，可采取两种方式：一是立即放弃，即停止生产该产品，或把品牌使用权转让给一些有兴趣的公司；二是缓慢放弃，即逐步地减少投资和产品产量，放弃较小的细分市场和无利可图的渠道，减少促销预算等，直至该产品完全衰竭为止。不管企业采用何种方式放弃这些产品，都应适当保留一部分零配件及服务项目，保证最后出售的那部分产品能获得维修服务，以维护消费者的权益和企业的良好形象。

（2）选择退出市场的时机。当确知衰退产品已无法弥补固定成本，继续生产会拖累企业，或者已经开发出替代新产品，或者该品牌的产品还有局部优势（完善的分销渠道、良好的品牌声誉、生产成本低等）吸引其他公司，并愿意通过转让的方式生产该品牌的产品时，可以立即放弃。当衰退产品还能吸引已撤退的公司的顾客，在一定时期内增加本企业的销售额和利润，或企业为了充分利用现有的资源，维护企业的市场占有率，衰退产品还能取得弥补固定成本的边际贡献，且还有一部分忠诚的品牌使用者存在需求时，则可缓慢放弃。

本章小结

新产品是一个广义的概念，它可分为四种类型：完全新产品、换代新产品、改革新产品、仿制新产品。在上述类型中，创新程度是由高到低的，且后三种类型是在原有产品基础上的创新。

在现代市场中，开发新产品越来越显得重要。在客观上，是产品属性的新发现、消费需求的发展变化的需要；在主观上，企业的长远利益的实现、市场竞争的形势、企业的生存与发展、资源的充分利用，都要求不断地开发出新的产品。

为了减少和避免开发新产品的风险，开发新产品应遵循科学的程序，一般可分为六个阶段，即新产品构思、构思方案筛选、观念产品策划、新产品试制、新产品试销与新产品正式上市。

新产品能否在目标国家市场获得成功，其创新程度是重要的影响因素之一。一般而言，产品创新程度越高，对消费者原有行为模式的影响越大，甚至要求建立全新的消费行为模式，这往往会遭到消费者的拒绝、抵抗。此外，还取决于创新扩散的速度。具有相对优势、兼容性、可尝试性、可观察性这些特性的创新产品有利于加速扩散速度，而具有复杂性这一特性的创新产品则会降低扩散速度。

每一产品都有其在市场上出现、发展到最后被淘汰的生命周期，在理论上可把产品生命周期分为四个阶段：引入期、成长期、成熟期和衰落期。产品生命周期的各个阶段都有自身的市场特点和需要解决的特殊的问题，企业应据此弄清楚营销策略的重点和应采取的各种营销策略。

主要概念和观念

□ 主要概念

完全新产品　换代新产品　改革新产品　仿制新产品　新产品构思　观念产品　产品生命周期

□ 主要观念

新产品的含义　开发新产品的必要性　开发新产品的程序　产品生命周期的含义　产品生命周期各个阶段的市场特点　产品生命周期各个阶段的策略重点和营销策略

基本训练

□ 知识题

11.1　阅读理解

1）如何认识完全新产品的优势及在开发应用上的困难？

2）仿制新产品有何优势及应注意什么问题？

3）新产品构思有哪些主要来源？

4）企业研究产品创新程度具有什么意义？

5）产品的创新扩散速度会受到哪些因素的影响？

6）应怎样正确认识产品种类、品种和品牌的生命周期？

7）一项新产品顺利进入成长期，说明这是一个成功的产品，这是否等于创新产品的企业也能取得成功？为什么？

8）成熟期产品在采用改进市场策略时，可采用哪些具体办法？

9）判断衰落期产品应遵循哪些步骤？

11.2　知识应用

1）选择题

（1）________是在原有产品基础上发展起来的新产品。

A. 完全新产品　B. 换代新产品　C. 相对新产品

D. 观念新产品　E. 改革新产品　F. 仿制新产品

（2）产品的新颖程度可划分为以下类型：________。

A. 一致性创新　B. 差异性创新　C. 特殊性创新

D. 非连续性创新　E. 连续性创新　F. 动态连续性创新

（3）创新产品可感知的特性包括：________。

A. 相对优势　B. 兼容性　C. 复杂性

D. 可变性　E. 可尝试性　F. 可观察性

（4）产品生命周期可分为________等几个阶段。

A. 引入期　B. 成长期　C. 成熟期

D. 相持期　　E. 衰落期　　F. 饱和期

（5）产品成熟期的策略重点是________。

A. 建立新产品的初级需求　B. 创立名牌　C. 延长生命周期

D. 提高偏爱度　E. 提高新产品的知名度　F. 提高竞争力

（6）产品处于________阶段时，市场竞争最激烈。

A. 引入期　　B. 成长期　　C. 成熟期

D. 相持期　　E. 衰落期　　F. 饱和期

2）判断题

（1）在不同市场，同一产品的生命周期所处阶段有所不同。（　）

（2）产品生命周期是指产品的市场寿命。（　）

（3）所有产品都必须经过引入期、成长期、成熟期、衰落期四个阶段。（　）

□ **技能题**

11.1　规则复习

1）开发新产品的程序

搜集新产品构思：构思来源、构思数量、激发构思的方法。

新产品构思的筛选：新产品构思筛选过程；避免“误舍”与“误取”；构思方案评估。

观念产品的策划与分析：观念产品的形成；观念产品的测试；制定观念产品的营销战略；观念产品的商业分析。

试制新产品：研制出新产品样品；消费试验（实验室试验、消费者试验、样品征询试验）。

新产品试销：小批量地投入生产；确定实验市场；制定与实施营销战略。

新产品正式上市：详细整理新产品特点的资料；核实出厂价格；制定经费预算；备足大量生产所需的物质技术设备和物料；培训经销人员；制订分销计划；制订广告宣传计划。

2）正确理解产品生命周期的概念

产品生命周期是一种更新换代的经济现象；

产品生命周期是产品的市场寿命、经济寿命，而不是指产品的使用寿命、自然寿命；

在营销学中所分析的产品生命周期主要是指产品品种、产品品牌的生命周期；

产品生命周期的长短由众多的影响因素决定；

产品生命周期的不同阶段应该采用不同的营销策略；

某一产品在不同市场中所处的生命周期阶段往往不同；

必须预测某一产品的生命周期及其阶段；

每个产品实际的生命周期曲线不同。

11.2　操作练习

1）实务题

调查分析某品牌产品当前所处生命周期阶段，并提出营销策略的改进建议。

2）综合题

某公司计划开发一种新型的环保洗衣粉，请根据所学知识为该公司提供一份开发新产品的方案。

□ **能力题**

11.1　案例分析

索尼公司通过“创造需求”开发新产品

公关专家伯内斯曾说，工商企业要“投公众所好”。这似乎成了实业界一条“颠扑不破且放之四海而皆准”的真理。但索尼公司敢于毅然决然地说“不”。索尼的营销政策“并不是先调查消费者喜欢什么商品，然后再投其所好，而是以新产品去引导他们进行消费”。因为“消费者不可能从技术方面考虑一种产品的可行性，而我们则可以做到这一点。因此，我们并不在市场调查方面投入过多的兵力，而是集中力量探索新产品及其用途的各种可能性，通过与消费者的直接交流，教会他们使用这些新产品，达到开拓市场的目的”。

索尼的创始人盛田昭夫认为，新产品的发明往往来自于灵感，突然闪现，且稍纵即逝。现在流行于全世界的便携式立体声单放机的诞生，就出自于一种必然中的“偶然”。一天，井深抱着一台索尼公司生产的便携式立体声盒式放音机，头戴一副标准规格的耳机，来到盛田昭夫房间。从一进门，井深便一直抱怨这台机器如何笨重。盛田昭夫问其原因，他解释说：“我想欣赏音乐，又怕妨碍别人，但也不能为此而整天坐在这台录音机前，所以就带上它边走边听。不过这家伙太重了，实在受不了。”井深的烦恼，点亮了盛田昭夫酝酿已久的构思。他连忙找来技师，希望他们能研制出一种新式的超小型放音机。

然而，在索尼公司内部，几乎众口一词反对盛田昭夫的新创意。但盛田昭夫毫不动摇，坚持研制。结果不出所料，该产品投放市场，空前畅销。索尼为该机取了一个通俗易懂的名字——“沃可曼”（Walkman）。日后每谈起这件事，盛田昭夫都不禁感慨万千。当时无论进行什么市场调查，都不可能由此产生“沃可曼”的设想。而恰恰正是这一不起眼的小小的产品，改变了世界上几百万、几千万人的音乐欣赏方式。

索尼公司在“创立旨趣书”上写着这样一条经营哲学：“最大限度地发挥技术人员的技能，自由开朗，建设一个欢乐的理想工厂。这就是‘创造需求’的哲学依据。”

资料来源　李航. 创造“需求”[M]//有效管理者——产品战略. 北京：中国对外经济贸易出版社，1998：250.

问题：

1）你认为应从哪些方面来理解“创造需求”这一概念？

2）结合案例分析“创造需求”在哪些方面突破了传统的营销原理。

11.2　网上调研

使用“问题列举法”和“希望列举法”设计一份调查问卷，在网上进行调查。

第12章

价格决策

学习目标

通过学习本章，你应达到以下目标：

知识目标：了解影响价格决策的公司内部因素及外部环境因素。

技能目标：掌握制定价格的各种方法；学会作出价格调整的各种策略。

能力目标：具有分析、比较各种定价方法及各种的价格调整策略的相对优缺点的能力，根据具体情况选择最优方法和策略。

引例

中国汽车价格战略案例分析

本田飞度——低价，一步到位

在国内经济型轿车市场上，像广州本田的飞度一样几乎在全球同步推出的车型还有上海大众的POLO。但与飞度相比，POLO的价格要高得多。飞度1.3L五速手动挡的全国统一销售价格为9.98万元，1.3L无级变速自动挡销售价格为10.98万元，而三厢POLO上市时的价格为13.09万~16.19万元。飞度上市后，POLO及时进行了价格调整，到2003年12月中旬，在北京亚运村汽车交易市场上，三厢POLO基本型的最低报价是11.11万元。即使这样，其价格还是高于飞度。虽然飞度9.98万元的价格超过了部分消费者的心理预期，但在行家眼里，这对其竞争对手而言是致命的定价。

飞度在定价上也体现了广州本田的营销技巧。对于一般汽车企业来说，往往从利润最大化的角度考虑定价，想办法最大限度地获得第一桶金。这体现在新车上市时总是高走高开，等到市场环境发生变化时才考虑降价。但这种方式存在一定的问题，即在降价时，因为没办法传递明确的信号，消费者往往更加犹豫，因为他们不知道企业是否已经将价格降到谷底。

飞度的做法则不同，它虽然是一个技术领先的产品，但采取的是一步到位的定价。虽然这种做法往往使消费者要向经销商交一定费用才能够快速取得汽车，增加了消费者的负担，但供不应求的现象会让更多的消费者产生悬念。如果产量屏障被打破以后，消费者能够在不加价的情况下可以买到车，满意度会有很大的提高，因为它给予了消费者荣誉上的附加值。

对于飞度为什么能够实现如此低的定价这个问题，广州本田方面的解释是，飞度起步时国产化就已经超过80%，而国产化比例是决定国内轿车成本的两大因素之一。

整体来看，飞度良好的市场表现最重要的原因之一是广州本田采用了一步到位的低价策略。汽车性能和价格在短期内都难以被对手突破。这就使得长期徘徊观望的经济型轿车潜在消费者打消了顾虑，放弃了持币待购的心理，纷纷选择了飞度。

■分析

低价策略，也可称为渗透定价策略，是指汽车企业以较低的成本利润率为汽车定价，以求通过“薄利多销”来实现利润指标的定价策略。这是一种比较常用的促销手段，利用人的求实、求廉的心理，一般只用于消费者对价格反应敏感的汽车产品，如中低档的经济型汽车。

从产品的生命周期来看，属于产品投入期和衰退期的汽车，常常会用低价策略。前者的目的是为了迅速占领市场，后者是为了加快更新换代。同时，低价策略使厂家获取微利，用于市场推广的预算不足，给人以价低质次的不良感觉。

大众奥迪——高价，攫取利润

2005 年 6 月 16 日一汽大众正式公布了全新奥迪 A6L2.4 和 A6L3.0 共 6 款车型的价格和详细装备表。其中 A6L2.4 三款车型的厂家指导价格区间为 46.22 万元至 57.02 万元；A6L3.0 三款车型的价格区间为 56.18 万元至 64.96 万元。这 6 款车型已于 6 月 22 日正式上市销售。

据了解，自 1999 年投产以来，上一代国产奥迪 A6 经历了五次升级，在不到 5 年的时间里销量超过 20 多万辆，在国内豪华车市场多年来可谓“一枝独秀”，直到去年市场份额仍维持在 60% 左右。

按照这个价格，新奥迪 A6 的最高价格已经打破了目前国产豪华轿车最贵的一款——宝马 530i。国产宝马 5 系目前的价格是 53 万～61 万元，市场报价更低，日产豪华车的价格是 24.98 万～34.98 万元，丰田豪华车的报价是 32.8 万～48 万元，新奥迪 A6 等于“让出”了原来销量最大的价格区间。

奥迪美国官方网站上写到，美国市场上目前新奥迪 A6 只有 3.2L 和 4.2L 两个排量，其价格分别为 4.262 万美元和 5.222 万美元。这样，美国版的 3.2L 折合人民币为 35.3 万元，国内版本竟高出了 21 万～29.96 万元。

“和美国版的新奥迪 A6 相比，在核心配置方面，国内版的新奥迪 A6 发动机不是 FSI 的，而且不带全时四驱，变速箱还不是 Tiptronic 手/自一体变速器，且价格也贵出很多。”业内人士这样分析道。一位不愿意透露姓名的分析师说，如果市场证明新奥迪 A6 在定价上出现失误，很可能将加速大众汽车在华市场份额下滑，同时导致中国中高档车市的重新洗牌。

其实，奥迪采取高价策略，已经不是第一次了，以前奥迪 A4 也同样采用的是高价入市策略。这样，可以使汽车厂商在短时间内攫取大量利润，等到过一段时间后，竞争对手的车也上市了，消费者的热情也消退大半，再降价刺激市场，扩大市场占有率，提升销量。对于高档豪华轿车来说，顾客多是高收入个人、政府和企事业单位，对价格并不是太敏感，他们主要看重的是品牌。

奥迪自己不可能不知道高价入市的风险，但这两年大众在华业务销量和利润都逐年下滑，如果没有利润增长点，今年很可能出现 20 年来第一次亏损。奥迪 A6 新车型如果高价入市成功，则很可能避免全年的亏损。奥迪在中国这么多年的先入优势，品牌在消费者心目中的地位，经销商的实力，让这次赌赢的胜算很大。但越往后，消费者越成熟，信息越透明，中国的消费者没理由愿意比美国的消费者多花二三十万来买同样的车。所以，大众奥迪就算赢了这次，使今年勉强不亏损，但明年能躲得掉吗？

■分析

高价策略，也称为取脂定价策略，指企业以较高的成本利润率为汽车定价，以求通过“厚利稳销”来实现利润最大化。这种策略也是一种较特殊的促销手段，利用人的求名、求美心理，一般运用于价格弹性小的产品或消费者对价格反应迟钝的产品，如具有新款式和新功能的中档汽车，以及高档豪华汽车。比如奥迪 A8 加长型 3.0 在中国上市时卖 118 万元人民币，同级别的奔驰 S350 售价为 120 万元，宝马 730Li 售价为 110 万元，但这些车在国外市场的定价也就 10 万美元左右。

高价策略的优点是：新车上市之初，顾客对其尚无理性的认识，此时的购买动机多属于求新求奇，利用这一心理，企业通过制定较高价格，以提高产品身份，创造高价、优质的品牌形象；在上市初制定高价，使企业在汽车产品进入成熟期时可以拥有较大的调价余地，以保持企业的竞争力，而且可以吸引价格敏感的顾客；利用高价限制需求的过快增长，获取利润进行投资，扩大生产。

这种策略的缺点是：过高的价格不利于市场开拓，会在一定程度上抑制销量，导致大量竞争者涌入，仿制品、替代品大量出现，迫使企业降价；价格过分高于价值，易造成消费者的反对和抵制，引发大量批评和一系列的公关问题。

现代伊兰特——降价，找准时机

降价时机的选择，首先要看竞争厂家是否有可能跟进、是否有实力跟进，因为竞争车型跟进的时间长短和车型多少决定着自己的降价效果。北京现代的伊兰特选择在 2004 年 9 月初降价，时机的选择不早不晚。如果在 8 月份降价，有可能引发其他厂商降价跟进，不仅自己降价的效果难以体现，而且加快了价格这个“魔鬼螺旋”的转速，于己于人于整个行业都不利；而如果是在 9 月中旬或者下旬降价，则降价的效果要差好几成，因为一位“准消费者”从知道降价消息到真正去买车一般会间隔 3～10 天的时间，选择在 9 月初降价能促使更多的人在当月去买车。

那么，为什么北京现代在 9 月初降价，而其他厂商没有降价跟进呢？或者说，北京现代选择在 9 月初降价，凭什么保证其他厂商不会或者无法降价跟进呢？

北京现代这么有把握，是基于对国内汽车市场的理解和深入把握。按照往年的惯例和经验，国内汽车厂商照例会把每年的 9 月和 10 月份视为“金九银十”，指望在这两个月多卖车，于是会集中在 8 月份向经销商大幅度压货。一般说来，在每年 8 月底，最晚在 9 月初，汽车厂家就会把高于月均销量 50%～80% 的车子压到经销商手中，或者已经签订购车合同。

在经销商大幅压货的情况下，汽车厂家一般是很难降价跟进的。因为按照厂家和经销商的汽车销售政策和合同，如果厂家在把车子卖给经销商之后再调低汽车的市场指导价，厂家要赔偿旧价格与新价格的差额；如果合同另有约定，汽车厂家还需要另外向经销商支付违约金。如果厂家在此时降价就意味着，汽车厂家在约定的付款时段内不仅要向上游的供应商付款，同时还要向下游的经销商付款，这么多车子的付款额度，将让自己公司的财务不堪重负。当时的情况是，上海通用、南北大众分别在 2004 年六七月份刚刚降过价，它们不是不想跟进，而是跟进不了、赔不起了。

选择降价时机时，不能只选择自己的市场份额足够高时才降价，同时更要考虑遏制新的竞争车型的成长。如果等到新车型成长起来、消费者认可之后再去降价拼抢，就很难遏制新车型的增长势头了。

与降价时机相关的一个重要的问题是：降价周期如何把握？如果降价周期太短，容易打击消费者的信心，反而造成新一轮的持币待购；如果降价周期太长，产品销量有可能受到更大的抑制，等于是把市场拱手让给了竞争对手，而且容易错失降价的最好时机。这些都是厂商在以后继续运用价格策略时要深入研究的，所以，降价并不是一种很简单的营销策略。

■分析

所谓降价策略，是指企业在原来的基础上下调汽车价格来达到其营销目的的一种价格策略。一般来说，企业之所以进行降价调整，不外乎生产成本降低，生产能力过剩，需求弹性增大，市场竞争加剧，适应经济形势，以及照顾客户关系等几个方面的原因。就其积极意义而言，可以达到“价降量增”的结果，通过销量提高引起产量扩大，求得边际效益和规模利润，同时也提高企业的知名度和市场占有率。

在国外，降价曾经是汽车普及的推动力。美国汽车的普及要归功于福特的 T 型车，而日本汽车的普及要归功于丰田在第二次世界大战后的不断降价。另外，降价也可以是一种主动进攻的战术。从降价的内容上说，企业应该把握住降价的时机、幅度、主动权。但从消极意义方面分析，降价会造成两败俱伤甚至全行业亏损的局面，同时会引发消费者的“价格期待”心理。中国这几年的价格战，已经是最好的证明。

资料来源　陈玮，李穗豫. 价格：中国汽车市场的经典价格案例分析［EB/OL］.［2014-06-20］. http://www.shichangbu.com/2006/0515/10833.html.

价格决策既是市场营销活动的重要组成部分，也是市场营销策略规划的重要内容，它关系到企业的利润、成本补偿及是否有利于产品销售、促销等问题。本章将围绕价格决策这一中心问题，着重论述影响价格决策的因素，制定价格的方法，价格调整的策略。这些内容给研究价格决策的基础概念和观念提供了一个框架，并指出了整体机构和市场营销目标与一个机构的定价目标的相互关系，以及不同机构的相应决策选择。

12.1 影响价格决策的因素

任何决策，除了首先由决策者根据自身的考虑而提出设想外，还必须顾及可能对其制约或促成的各种客观条件。因此一个公司的价格决策，既受到公司内部因素的影响，也受到外部环境因素的影响，如图 12-1 所示。内部因素包括公司的营销目标、其他营销组合因素、成本和定价组织。外部因素包括市场和需求、竞争以及政府。

12.1.1 影响价格决策的内部因素

1）公司的营销目标

公司的营销目标是影响公司定价的一个首要因素。不同公司的营销目标，或同一公司不同时间的营销目标是多种多样极其不同的，但归结起来，最通常的目标有下列几种。

（1）求生存。当公司受到生产能力过剩、激烈竞争和顾客需求变化困扰时，往往会

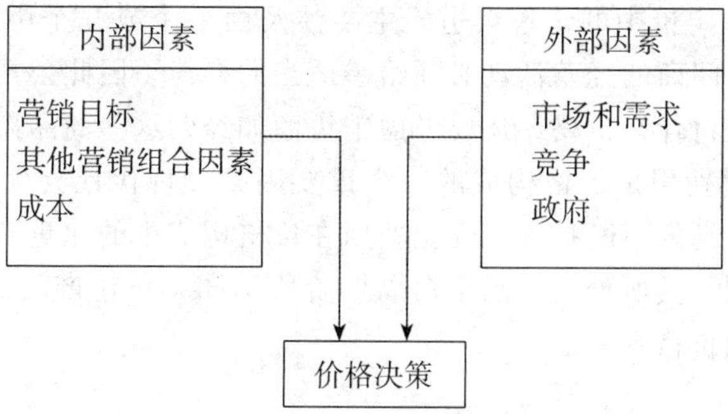

图 12-1　影响价格决策的因素

把求生存作为主要的追求目标。此时生存比利润更重要，只要它们的价格能补偿变动成本和部分固定成本，它们就可以继续生产经营，以等待情况改变或其他问题得到克服时再求发展。

（2）求目标投资收益率。在正常情况下，每个公司都要追求一定的利润目标，这些目标通常是以投资收益率或资产收益率来评估的。公司欲从中选择的利润目标一般有三种：①长期利润目标。此时公司制定正常的行业价格，但却生产优质的产品，将来可渗透到竞争者的市场中去。②最大当期利润目标。一般是根据已知的需求和成本情况，制定一个在当季或当年可获得最大利润的价格。③固定的利润目标。此时公司往往制定一个具体的利润目标，如 20% 的税前投资收益率，这样可保证公司获得一定的投资收益。

（3）求市场占有率占统治地位。以此为目的的公司为获得占统治地位的市场占有率，往往把价格尽可能定得最低，以便把竞争者的顾客吸引到自己这边来，使自己产品在市场上的占有率达到绝大多数的份额。它们之所以这样做是因为，享有最大市场占有率的公司可把成本降到最低，并获得最大的长期利润。实际上也是这样，随着市场占有率的不断提高，公司可以积累更多的生产和营销经验，从而可使成本大大降低，而成本的降低则可进一步导致利润的增加。

（4）求产品质量的领先地位。一些公司为了在市场上树立一个产品质量最优的形象，往往在生产成本、产品开发研究以及促销方面作了较大的投入，为补偿这些支出，它们往往都给自己的产品或服务制定一个较高的价格。反过来这种较高的价格又进一步提高了产品的优质形象，增加了对追求高档产品的那部分高消费者的吸引力。

（5）企图阻止新的竞争者进入市场。公司为了阻止新的竞争者进入同一市场，往往可采取定低价的办法，使竞争者意识到如进入此市场，所得将非常微薄，而且会被卷入价格战而不能自拔，这样就可尽量减少竞争者的数目。但公司必须有承担收入相对不高的能力及思想上的足够认识。

2）其他营销组合因素

价格是公司用以达到营销目标的营销组合因素之一，各个营销组合因素之间则是相互联系、相互制约的，当其中任何一个因素发生变化时，常常会影响其他因素。因此在制定价格时，还必须仔细考虑其他营销组合因素。

（1）产品。主要是指制定价格时，必须考虑产品的属性，即产品的有形属性和无形属性有何独特之处。一般来说，具有独特性的产品，其售价往往可远远超过创造该属性所花的成本。

（2）销售渠道。定价中的销售渠道，主要涉及由一个或几个中间商组成的营销渠道结构问题。对这些中间商的经营活动必须给予适当的补偿。因此公司在定价时，不仅要考虑最终消费者愿意支付什么价格，还要考虑销售商如经营这些商品需要多少赚头的问题。

（3）促销。促销费用是价格构成的一个重要因素。现代社会生活中，由于市场竞争的日益加剧及产品市场的不断扩大，促销费用在价格构成中的比重有不断加大之势。不过由于产品的性质不同，其所处的产品生命周期阶段不同，单位产品的促销费用也不相同，这都将影响到产品的价格水平。

3）成本

一般来说，在产品的价格构成中，成本所占比重最大，或者说是定价的基础，因此了解成本的作用及成本行为对价格决策至关重要。

（1）成本种类。在价格决策中，必须掌握四个重要的成本概念。

①总成本（TC），是公司在产品的制造和营销过程中所支付的总费用。总成本是固定成本和变动成本之和。

②固定成本（FC），是公司固定开支的总和，如每月必须支付的厂房租金、管理人员薪金、保险费等。固定成本是与公司的产量无关的费用，不随产品生产或销售收入的变化而变化。

③变动成本（VC），是公司直接用于产品生产和销售的各种费用之总和，是随生产水平的变化而直接发生变化的。如产量增加一倍，其所需的劳动力、原材料成本及销售佣金也增加一倍。变动成本表现在每一单位产品上，就叫单位变动成本。

④**边际成本**（MC），是总成本因每增加一个单位的生产和营销而发生的变化：

$$MC=\frac{\text{总成本的变化}}{\text{数量上每增加一个单位}}=\frac{\Delta TC}{\Delta Q}$$

（2）不同生产水平的成本。为了明智地定价，管理部门须了解其成本是怎样随着不同生产水平的变化而变化的。例如，假设某家用电器集团建立了一间工厂，每天生产1 000部半导体收音机。图12-2（a）所示的是典型的短期平均成本曲线。该图表示，如果每天生产的产品数量很少，则单位成本就会很高。当每天的产量提高到1 000个单位时，平均成本就会大降，这是因为固定成本分摊的单位较多，因此每个单位应分摊的固定成本就较少。但如果该厂努力使每天的产量超过1 000部，成本就会随之增加。日产量超过1 000部时平均成本之所以会增加，是因为这时工厂的效率降低了，即工人必须排队等待机器操作，机器发生故障增多，工人们互相干扰。

如果该公司认为它每天能销售2 000部，它就应考虑建造更大的工厂。该厂将使用效率更高的机器和作更有效的工作安排，日产2 000部的单位成本也将要比日产1 000部的单位成本更低，如图12-2（b）中的长期平均成本曲线所示。实际上，根据图12-2（b）所示，一家日产3 000部的工厂效率将会更高。但是日产4 000部的工厂效率会低一些，因为超规模经济的不利性将增加，要管理的工人太多，效率降低。图12-2（b）表明如果社会需求足以支持日产3 000部的生产水平，这种规模的工厂便是最佳建厂规模。

（3）生产经验函数的成本。假设某家用电器公司经营一家日产3 000部半导体收音机的工厂，随着生产半导体收音机经验的不断积累，该公司学会了如何改进工作。工厂根据实践经验，工作组织管理得好，并采用了更好的设备和生产工艺，工人学会走捷径，并对

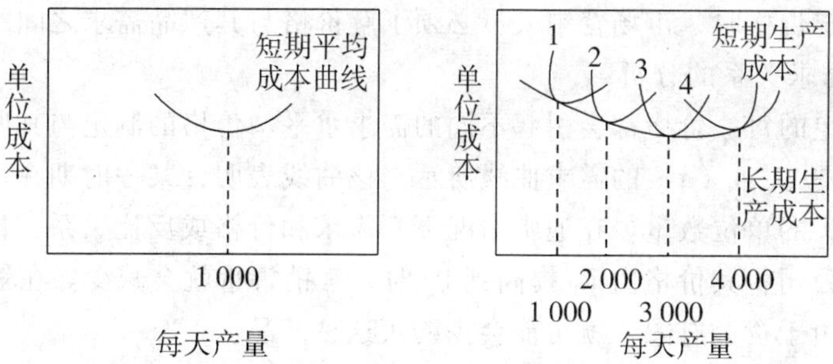

(a) 固定规模工厂的成本行为　　(b) 不同规模工厂的成本行为

图 12-2　每个时期不同生产水平上的单位成本

机器设备更熟悉，这样随着产量的提高，该公司的工作效率也日益提高，将获得更大规模的经济效益。其结果是随着生产经验的积累，平均成本趋于下降。图 12-3 正是这一情况的说明。这样生产第一批 10 万部半导体收音机的平均成本是每部 10 元，当公司开始生产 20 万部时，平均成本就是 8 元。这种随着生产经验的积累而导致平均成本下降的现象，称为经验曲线或学习曲线。如果存在这种向下倾斜的经验曲线，对公司来说意义将十分重大。因为它不但可使公司的单位生产成本下降，而且当某一时间内公司生产和销售的产品更多时，其下降的速度会更快。当然这还需要一个条件，就是市场必须准备购买这些更高产量的产品。同时为了利用这种经验曲线，该公司必须在产品生命周期的前期获得较大的市场占有率。这表明公司由此可采用下列定价策略：该公司给其半导体收音机定低价，其半导体收音机的销量便会增加，同时通过经验的增多，其成本将不断降低，然后该公司就可以进一步降低其价格。但是经验曲线定价策略也会带来某些重大风险：首先，这种攻击性定价方法，容易使人对其产品产生“便宜无好货”的感觉。其次，这种策略是以竞争者软弱和不愿与该公司降价行为作斗争为前提的。事实上有些竞争者并非如此，该公司的低价策略往往会遭到很大的反击，不一定都能卓有成效。最后，当公司靠某项技术提高产量时，某个竞争者可能会找到成本更低的技术，使其能以比仍在按旧经验曲线经营的市场领导者制定更低的价格。

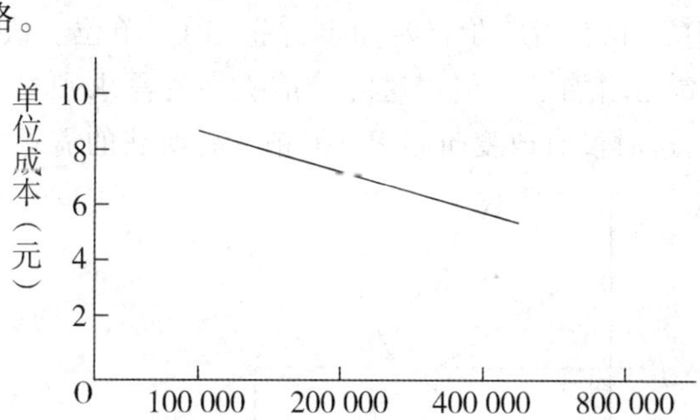

图 12-3　随累计产量而变的单位成本：经验曲线

12.1.2　影响价格决策的外部因素

1）市场和需求

成本是制定价格的下限，反过来，市场和需求却是制定价格的上限。无论是个人消费者还是生产消费者，都会将一项产品和服务的价格与拥有它们所得的利益进行对照，权衡得失。因此在制定价格时，市场营销人员必须了解价格与其产品需求之间的关系。

(1) 价格-需求关系的分析

公司可能制定的每一价格都会引起不同的需求水平。价格的制定与其所引起的需求水平之间的关系如图 12-4（a）的需求曲线所示。该曲线表明，某一时期在可能制定的不同价格下市场将购买的单位数量。在通常情况下，需求和价格成反比关系：价格越高，需求越低。因此如果公司将其价格由 P_1 提高到 P_2 时，其销售量就会减少。在短期内，如果价格过高，消费者由于资金有限，就可能会少购买这种产品。

大多数需求曲线是一条向下倾斜的直线或曲线，如图 12-4（a）所示。但是地位标志产品的需求曲线，有时则往上倾斜，如图 12-4（b）所示。例如，某香水公司发现，当把价格由 P_1 提高到 P_2 时，它销售的香水是更多而不是减少。因为消费者认为，更高的价格说明该香水更好或更符合要求。但是如果公司制定一个太高的价格 P_3，其需求水平将又会低于 P_2。

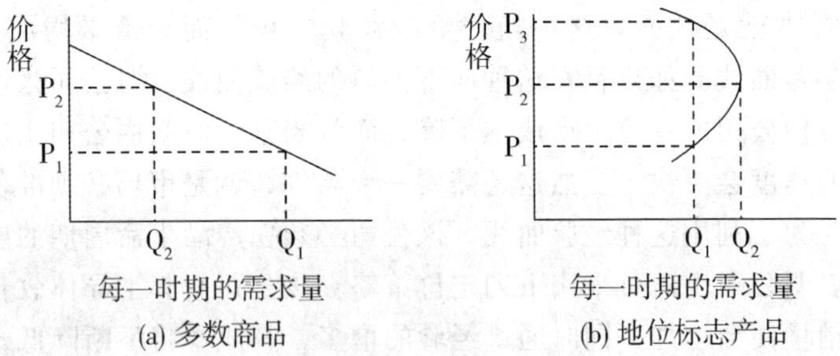

图 12-4　假设的需求曲线

在测定价格-需求关系时，市场研究人员一定不要让其他因素影响需求的变化。例如，当一个公司在增加广告的同时又降低价格，人们就无法知道有多少需求是由于降价引起的，有多少需求是由于增加广告宣传引起的。经济学家对各种非价格因素对需求的影响，往往是通过需求曲线的移动而不是需求曲线的变动来说明的。假设某一产品的原始需求曲线是图 12-5 中的 D_1，销售者将价格定为 P 并销出 Q_1 单位。假定后来社会经济突然改善，或销售者将广告费用增加了一倍，这时较前提高的需求则是通过将需求曲线从 D_1 向上移动至 D_2 来反映，这时没有改变价格 P，但销售者所获的需求量却增加到 Q_2。

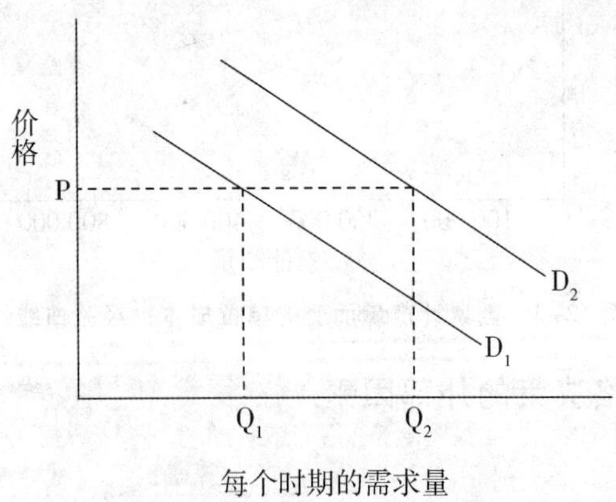

图 12-5　非价格因素影响需求曲线移动

（2）需求的价格弹性

市场营销人员还必须了解**需求的价格弹性**——需求对价格的变动将作出多大的反应。请看图12-6中的两条需求曲线。图12-6（a）价格从P_1提高到P_2，引起需求从Q_1到Q_2的稍微下降。但在图12-6（b）中，相同的价格变动却引起需求从Q_1到Q_2的大幅度下降。如果价格稍作变动而需求几乎不变动，则这种需求称为无弹性。

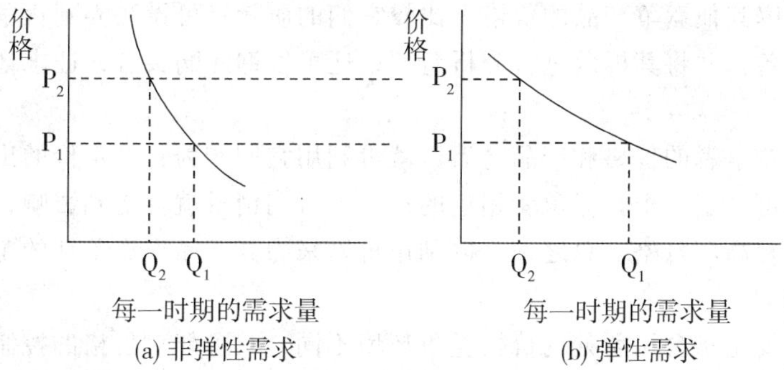

图12-6 弹性与非弹性需求曲线

需求的价格弹性是按下列公式计算的：

$$需求的价格弹性=\frac{需求量变动的百分比}{价格变动的百分比}$$

假如销售者将价格提高2%时，需求量降低10%，这样需求的价格弹性便是-5（这个减号表明价格与需求之间是反比关系）。这种需求是有弹性的。如果价格提高2%，需求量下降2%，那么需求弹性便是-1。在这种情况下，销售者的总收入仍然一样：销售者的产品销量减少了，但价格提高了，能保持与原来相同的总收入。如果价格提高2%，需求量下降1%，则需求弹性是$-\frac{1}{2}$，这种需求则无弹性。需求弹性越小，销售者提高价格所获收入就越多。

什么东西决定需求的价格弹性呢？一般来说，当购买者打算购买的产品是珍稀的产品或是高质量、表示威望和独有的产品时，消费者的价格意识就较淡薄。另外在不易找到替代品，或不容易对替代品的质量进行比较时，购买者的价格意识也较淡薄。最后，当某一产品的总花费相对他的收入来说较低时，或其所花费用由他人承担时，购买者的价格意识也较淡薄。

如果需求是有弹性而非无弹性，销售者将考虑降低其价格，因为较低的价格可带来更多的总收入。只要生产和销售更多产品的额外费用不超过额外的收入，这种做法就是合理的。

2）竞争

竞争是影响公司价格决策的另一重要外部因素，又可进一步区分为竞争者和竞争环境两方面。

（1）竞争者

公司在作价格决策时，必须考虑竞争者的成本、价格及对公司本身价格变动可能作出的反应。一个消费者当其想购买一台万宝电冰箱时，往往会把万宝冰箱的价格和价值与科龙、海尔、上菱、华凌、扬子等相近产品的价格和价值相对比来进行评估。此外，公司的价格策略还可能影响到它所面对的竞争性质。如果万宝奉行高价格高利润策略，就可能吸引更多的竞争者。而低价格、低利润策略则可阻止竞争者或将他们赶出市场。

公司必须对照竞争者的成本来检查自己的成本，看自己是按有利的成本进行经营还是按不利成本经营。它还必须了解各个竞争者产品的价格和质量。这样做有好几种方法：如可派采购员去了解其他竞争产品的价格，比较它们的质量；可设法弄到竞争者的价目表和购买竞争者的设备，并将其拆散进行分析对照；还可以询问购买者，征求他们对各个竞争者产品的看法。

一旦弄清了竞争者的价格和产品之后，就可利用它们作为自己定价的出发点。如果与竞争者相似，就可制定一个与竞争者相近的价格，否则销量就会受到影响；如果优于竞争者，就可以制定较高的价格。总之，可以利用价格来为其产品作竞争性的定位。

（2）竞争环境

竞争环境主要是指公司所处的价格竞争环境不同，其可能对价格的控制程度也不同。

①市场控制价格环境。其特点是存在高度竞争，供应的产品和服务类似，各个公司对价格的控制力甚微。公司想制定一个高于现行价格的价格将不会吸引太多的顾客，因为如果价格提高，顾客就会转向竞争者，所以，任何一个公司都不会有足够的需求。同样，如果一个公司想以低于其竞争者的价格销售产品，其所得也会减少，因为本来按市场价格它就可以卖掉其产品。

②公司控制价格环境。其特点是存在适度竞争，产品和服务有较大差异化，各个公司对价格的控制力较强。在这种环境中，公司定高价可以获得成功，因为消费者认为它们的供应与众不同，有独特性。这种差异化可通过品牌形象、特色、伴随服务、花色品种和其他因素来达成。在这种环境中，廉价商店也可通过定低价吸引消费者的办法来开辟一个小生境市场。在这种环境中，价格的选择取决于公司的策略和目标市场。

③政府控制价格环境。其特点是价格由政府制定，如公用事业、公共汽车、出租车、公立大学等的收费标准均由政府制定。在这种情况下，公司对价格几乎没有控制力，进行价格竞争的可能性极微。要竞争只有另辟蹊径，多在质量差异化、服务差异化方面下工夫。

【小资料 12-1】

湖南省城市供水价格管理实施办法（节选）

第三章　水价的制定

第九条　制定城市供水价格应遵循补偿成本、合理收益、节约用水、公平负担的原则。

第十条　供水企业合理盈利的平均水平应当是净资产利润率 8% ~10%。具体的利润水平根据不同的资金来源确定。

（一）主要靠政府投资的，企业净资产利润率不得高于 6%。

（二）主要靠企业投资的，包括利用贷款、引进外资、发行债券或股票等方式筹资建设供水设施的供水价格，还贷期间净资产利润率不得高于 12%。还贷期结束后，供水价格应按本条规定的平均净资产利润率核定。

第十一条　城市供水价格实行分类价格形式制定，鼓励具备条件的城市实行“两部制”、“三阶梯”水价。

第十二条　城市供水实行分类价格的计算方法为：

（一）基本水价（平均水价）=（供水成本+费用+税金+利润）/售水量

利润=企业净资产×净资产利润率

税金为同期的税金总额；售水量为同期的售水量。

（二）各类水价的计算

$$\text{居民生活用水价格}=\text{基本水价（平均水价）}/\left(\text{居民生活用水售水量占总售水量之比}\times\text{居民生活用水比价系数}+\text{非居民生活用水售水量占总售水量之比}\times\text{非居民生活用水比价系数}+\text{特种用水售水量占总售水量之比}\times\text{特种用水比价系数}\right)$$

其他各类水价=居民生活用水价格×分类用水比价系数

分类售水量均为同期的售水量。

第十三条　城市供水价格应逐步实行容量水价和计量水价相结合的两部制水价和阶梯式计量水价。容量水价用于补偿供水的固定资产成本，计量水价用于补偿供水的运营成本。阶梯式水价体现多用水多付费原则。

两部制水价计算公式如下；

1. 两部制水价=容量水价+计量水价；

2. 容量水价=容量基价×每户容量基数；

3. 容量基价=（年固定资产折旧额+年固定资产投资利息）/年制水能力；

4. 居民生活用水容量水价基数=每户平均人口×每人每月计划平均消费量；

5. 非居民生活用水容量水价基数为：前一年或前三年的平均用水量，新用水单位按审定后的用水量计算；

6. 计量水价=计量基价×实际用水量；

7. 计量基价=〔成本+费用+税金+利润-（年固定资产折旧额+年固定资产投资利息）〕/年实际售水量。

第十四条　城市居民生活用水可实行阶梯式计量水价。

阶梯式计量水价可分为三级，级差为1∶1.5∶2。

阶梯式计量水价计算公式如下：

1. 阶梯式计量水价=第一级水价×第一级水量基数+第二级水价×第二级水量基数+第三级水价×第三级水量基数；

2. 居民生活用水计量水价第一级水量基数=每户平均人口×每人每月计划平均消费量；

每户平均人数按当地政府统计部门公布的人数确定。

第十五条　居民生活用水阶梯式水价的第一级水量基数，根据确保居民基本生活用水的原则制定；第二级水量基数，根据改善和提高居民生活质量的原则确定；第三级水量基数，根据按市场价格满足特殊需要的原则制定。具体各级水量基数按国家和省有关用水定额并结合促进提高人民生活质量原则由当地政府确定。

第十六条　以旅游业为主或季节性消费特点明显的城市可实行季节性水价，但最高上浮幅度不应超过基本水价的20%。

第十七条　城市非居民生活用水实行两部制水价时，应与国家或省及其所属职能部门发布的实行计划用水超定额加价的有关规定相衔接。

第十八条　城市污水处理费的征收办法及标准按省有关部门规定执行。城市生活垃圾处理费由城市供水企业实施伴随自来水水费代征的，其征收办法和标准按省有关部门规定执行。

第十九条　供水企业对转供水单位和未接管的实施物业管理居民小区的供水，实行供水趸售价格。趸售价格在不改变居民生活用水价格的前提下由供水企业与趸水单位协商议定，报所在城市人民政府价格主管部门备案。双方对趸售供水价格有争议的，由所在城市人民政府价格主管部门会同城市供水行政主管部门协调。

第二十条　城市居民住宅及其他高层楼宇的二次供水加价，由城市人民政府价格主管部门会同城市供水行政主管部门根据加压成本和合理水损等情况核定。

资料来源　湖南省物价局、湖南省住房和城乡建设厅关于印发《湖南省城市供水价格管理实施办法》的通知，2013-01-10.

3）政府

政府对价格决策的影响主要体现在各种有关价格禁止的法规上，有关政府禁止的价格行为可分为四大类。

（1）禁止价格垄断。《中华人民共和国价格法》（以下简称《价格法》）第十四条第一款规定，经营者不得“相互串通，操纵市场价格，损害其他经营者或消费者的合法权益”。本条文实质是禁止经营者的价格垄断行为。

（2）禁止价格欺诈。《价格法》第十四条第四款规定，“经营者不得利用虚假或者使人误解的价格手段，诱骗消费者或其他经营者与其进行交易”。简言之，就是禁止价格欺诈。

（3）禁止价格歧视。《价格法》第十四条第五款规定，“经营者提供相同商品或者服务，不得对具有同等条件的其他经营者实行价格歧视”。所谓价格歧视，通常是指商品或服务的提供者提供相同等级、相同质量的商品或服务时，使同等交易条件的接受者在价格上处于不平等地位。

（4）禁止低价倾销。《中华人民共和国反不正当竞争法》和《价格法》都规定在依法降价处理鲜活商品、季节性商品、积压商品等商品外，不得以排挤竞争对手或者独占市场为目的，以低于成本的价格销售商品。本条的实质是禁止经营者的低价倾销行为，在现代竞争法中亦称为掠夺性定价行为。判断是否构成低价倾销行为，一看手段，即看其定价是否低于成本，蚀本销售；二看目的，即看其是否为了排挤竞争对手或者独占市场；三看后果，即看是否扰乱了正常的生产经营秩序，损害国家利益或其他经营者的合法权益。如引发恶性低价竞销，阻碍或威胁竞争对手的建立、生存和发展，造成国家税收损失。

【小资料 12-2】

杭州公布 2013 年度十大价格违法案件　房产和超市最严重

杭州市物价局于 2013 年 12 月 15 日对外公布了 2013 年杭州十大价格违法案件。

根据杭州市物价局公布的数据显示，截至11月底，杭州共计查处价格违法案件201件，实施经济制裁总金额1 241.026万元，其中没收589.1万元，罚款409.73万元，退还消费者242.196万元。

《每日经济新闻》记者梳理发现，房地产销售和超市零售成为价格欺诈最严重的领域，占十大案件半数以上，其中乐购超市2013年遭查处3次，被杭州市物价局斥为“屡查屡犯”。另外的价格欺诈案件涉及餐饮、医疗、旅游和停车等领域。

乐购同一门店“屡查屡犯”

《每日经济新闻》记者注意到，此次被上榜通报的典型案件，涉及销售领域的是乐购、欧尚和屈臣氏。其中乐购同一门店在一年内遭到杭州市物价局连续3次查处，属于“屡查屡犯”，总共被罚款45万元。

杭州市物价局通报称，根据消费者的投诉于2013年8月9日对杭州庆春乐购购物有限公司价格政策执行情况进行检查，发现该公司在销售商品时，卖场商品标价签标示“光明酸牛奶饮品（原味）”，规格为190ML/盒，零售价为48元/箱（190ML＊24盒），而实际结算价格为72元/箱（190ML＊24盒），商品标价签标示的价格与实际结算价格不符，其行为违反了国家发改委《禁止价格欺诈行为的规定》等有关规定，属价格欺诈的价格违法行为。

更严重的是，杭州市物价局在2013年4月3日和6月14日已经两次对该公司以价格欺诈依法处以5万元和10万元的罚款，此次属屡查屡犯，杭州市物价局依法对其作出罚款30万元的行政处罚。

这并非乐购首次价格违法。根据新华网浙江频道的报道，杭州乐购超市庆春店、德胜店在销售商品时，标价签标示的内容与实际不符，涉嫌价格欺诈，2012年9月28日遭杭州市物价局通报。更早先可以查到的报道显示，乐购杭州的门店在2007年、2008年也因为价格欺诈被物价部门公开查处过。

就物价部门通报的屡次价格违法行为，《每日经济新闻》记者昨天多次联系乐购公关部门相关人士，但其手机始终无人接听。

除乐购外，杭州欧尚超市有限公司石祥店2012年12月28日在销售“椰树牌天然椰子汁利乐包”（规格为245＊6盒）时，商品标价签标示的价格为10.20元/包（折合1.70元/盒），而实际结算价格为2.80元/盒；2013年2月25日在销售“太平之选特级初榨橄榄油”（规格为750ML＊2礼盒装）时，商品标价签标示的价格为158元/盒，实际结算价格为185元/盒。处罚6万元。

杭州屈臣氏个人用品商店有限公司太平里分店销售的麦兜造型手机包（货号：100277809），店内标价为8.90元/个，结账小票打印金额为10.90元/个。处罚2万元。

楼盘违规多不明码标价

房地产的价格欺诈行为，基本上为不按规定的内容、方式明码标价。

如杭州绿城东友房产开发有限公司开发的“春江明月”楼盘项目，售楼部现场缺少在售楼盘“商品房销售明码标价牌”；有62套在售房源价目表缺少核心要素（层高、户型、公摊面积等）；有220套未公开公示可售房源；已售房源标示的价格与实际成交价格不符。其行为违反了国家发改委《关于商品和服务实行明码标价的规定》、《商品房销售明码标价规定》和《禁止价格欺诈行为的规定》等有关规定，涉嫌不明码标价、不按规定的内容和方式明码标价以及价格欺诈的价格违法行为，杭州市物价局作出罚款 65.7 万元的行政处罚。

杭州千岛湖远洋置业有限公司开发的“金基观岛庭苑”楼盘项目，售楼部现场公开公示的“商品房销售明码标价牌”缺少内容（车位配比率、基础设施配套情况，特别提示等）；有 521 套在售房源价目表缺少核心要素（户型等）；已售房源标示的价格与实际成交价格不符。最后被罚 62.3 万元。

“中粮·方圆府”因为虚构原价和不按规定的内容、方式明码标价，被罚 20.2 万元。

杭州市物价局监督检查分局副局长俞荣泉向记者表示，就 12358 价格投诉电话接到的价格违法行为的举报和投诉分类来看，对停车场乱收费没有明码标价的投诉最多，此外旅游、餐饮的投诉也很突出。

杭州市物价局还通报，杭州东来顺饭庄有限公司价目表存在不按规定明码标价的现象，销售的羊肉卷短斤缺两，被罚款 6.1 万元。杭州爱德医院床位费标示价格与实际收取不符，处罚 5 万元。杭州富阳天钟山旅游有限公司收取景点门票价格高于政府定价，没收违法所得 5 925 元并罚款 2 000 元。杭州常青停车场收费未明码标价，处罚 4 000 元。

资料来源　徐超．杭州公布 2013 年度十大价格违法案件 房产和超市最严重［EB/OL］．［2014-06-20］．http：//www.nbd.com.cn/articles/2013-12-16/795266.html.

12.2 制定价格的方法

根据前述价格与成本、价格与需求的关系，以及竞争者对公司价格决策影响的分析，公司所定的价格既不能低得无法盈利，也不能高得无法产生需求，而是介于其间。图 12-7 总结了定价时应考虑的三项主要因素：产品成本是定价的下限；竞争者的价格和替代品的价格是定价的定向点；消费者对产品独特性的评估是定价的上限。因此公司所选择的定价方法，都会考虑上述一个或一个以上的因素。下面我们将探讨四大类的主要定价方法，如图 12-8 所示。

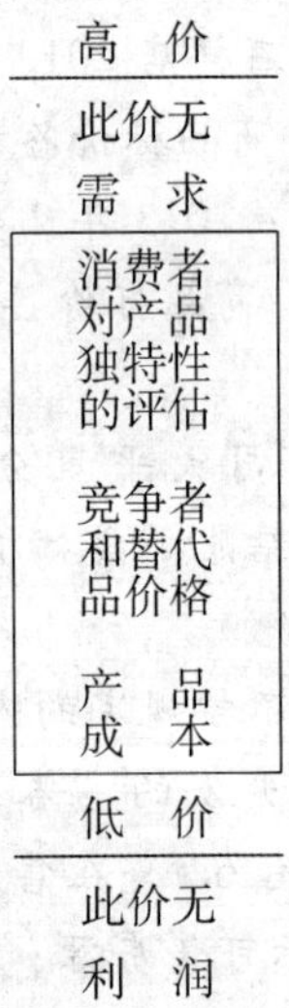

图 12-7　影响定价的三因素模式

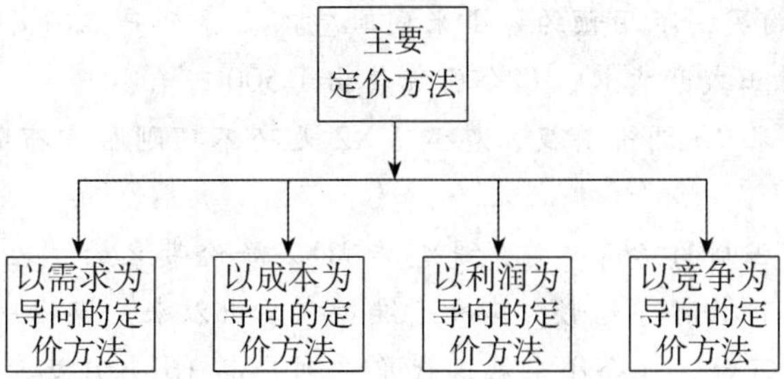

图 12-8　主要定价方法

12.2.1　以需求为导向定价

1）撇脂定价法

公司推出新产品或完全创新产品时，可以采用**撇脂定价法**，给顾客真正期望并愿花钱购买的这些产品制定一个最高的价格。这些顾客的价格意识一般不太强烈，因为他们往往会把新产品的价格、性能和质量能满足他们需求的程度与代用品的相同特性作全面比较考察，而不仅仅是作价格比较。当这些顾客的需求已得到满足后，公司就把价格降低，以吸引另外一些较具价格竞争意识的细分市场。然后，循此再逐步降低价格，逐层撇取“乳脂”（奶皮）或顾客细分市场，撇脂定价遂由此得名。

当然撇脂定价策略并不是在任何情况下都是有效的，它有一定的条件要求：（1）要有足够的潜在顾客，愿意按较高的初始价格立即购买这些新产品，其销售有利可获；（2）这种高价不会吸引新竞争者；（3）逐步下降的价格仅稍微影响销量的增加和单位成本的降低；（4）顾客认为该产品定高价是由于它具有很高的质量。

2）渗透定价法

与上述方法相反，公司对新产品制定一个较低的初始价格来迅速吸引大量购买者，形成大众市场。

适于采取渗透定价的情况与撇脂定价的情况恰好相反。（1）这种市场的许多细分市场具有较高的价格意识；（2）较低的初始价格足以阻止竞争者进入该市场；（3）随着产量的提高，单位生产和营销成本会急剧下降。在某种情况下，渗透定价法可紧跟撇脂定价法，即公司可对新产品制定一个较高的初始价格以吸引无价格意识的消费者，迨收回了初期的研究开发成本和导入市场的促销费用后，就接着运用渗透定价法来吸引更广大的大众细分市场，并提高市场占有率。

【专论 12-1】

小米“血战到底”：渗透定价与撇脂定价的耦合案例

“我们小米不惹事，但绝对不怕事。”这是我在一位小米员工微信朋友圈里引用雷军 2014 年年初在公司内部传达的一句话，对应的照片是红米手机降价到 699 元，屏幕上写着大大的“血战到底”四个字。由于是小米内部年会，这个细节受媒体关注度反而不如 1 月 3 日正式宣布红米移动版降价 100 元——彼时看起来充满着小米对战华为硝烟味儿。

时隔一个多月，定下全面进击基调的小米又一次出击，把旗下最有“经典范”的小米 2S 降价 400 元，从 1 699 元直接降到 1 299 元，降幅达到 20% 以上；并且，降价之后的小米2S接受开放购买，不用预约。小米同时宣布2系列产品（小米2、小米2S、小米2A）自2012年10月正式开卖起，迄今已经售出1 500万台。

有趣的是，在小米2S调价前夜，魅族MX2无巧不巧刚刚宣布降价100元，从1 699元降到1 599元。

魅族大概会有被压制的悲情。首先是魅族MX2降价带来的“红利”，100元对阵400元，被小米更大的红利抵消得无形；其次是继黄章复出以来，媒体一直怀疑魅族一年出货量最多不会超过300万台，如今小米第二代单系列产品16个月就卖到了魅族一年销量的大约5倍，且不论该系列眼下已经不是小米主打机型。

翻一翻微博上的评论，魅族的同情者不少，甚至有人因此呼吁“跟谁打价格战也别跟专搞颠覆的小米打”。但显然商业社会是以实力说话的，华为荣耀没有跟进红米699元定价，我们看到了，魅族MX2没有正面跟进小米2S的1 299元定价，我们又看到了。

说句题外话，“小米跟进魅族降价400元”说辞过于富有“情感”，不是成熟的商业思维方式。就像很难想象苹果会去回应中国国产厂商连篇累牍地陈述要赶超苹果的言论一样，小米的体量已经与魅族拉开了几个身位，难以想象它会为了这样一个对手成立“紧急作战指挥室”，然后“紧急下调”产品价格。不过我不想费更多的笔墨来揣测双方的决策环境，我想探究的是为什么小米敢降价400元——无论它的动机是什么？

还是先采用“富有情感”的视角，可以把这次行为视作雷军和小米对年初提出“血战到底”口号的一以贯之。眼下“应对”魅族降价行为是“血战到底”的第二弹。首弹是1月刚开年时TD版红米从799元降到699元。那次，躺枪的是去年12月发布的华为荣耀，后者首发价格仅比红米移动版原价低了1元。两家不同的是，华为没有跟进小米的新定价策略，而魅族的应对方式则是拿出翻新机“RE版MX2”来撑1 299元的场子。

小米两次调价都有人刻意抢占先机，但从“声量”和调价魄力上看，小米还真两度“后发制人”。的确，是这个词，“声量”。在巨大品牌势能和用户群体的裹挟夹持下，小米进击的动能转换也有了额外的加成。其实，这就是传统单纯终端制造商早先所忽视并难于理解的关键——在从产品到体验，再到与用户深度互动的整体品牌运营工程面前，传统单一的价格思维无论从体量、力量和胆量等维度看都已全面落后。简言之，“产品即媒介”这个道理在竞争对手们终于觉察并尝试掌握时，小米已经攒下了足够客观的领先优势。

但是“执行既定口号”还不足以解释小米为什么敢于降价，而且幅度达20%之多。我认为根本原因还在于成本的控制，再加上雷军经常挂在嘴边的那句“成本定价”。我们知道，小米2推出已经有16个月（以上市正式销售为准），小米2S推出也已经快一年，根据摩尔定律（业界一般认为摩尔定律适用于手机界），小米2系列产品的BOM成本已经受惠于摩尔定律；同时由于小米的销售能力出众，面对供应商时也有更强的议价能力。

事实上，摩尔定律的作用是一直存在的，在经历新品首发一段时间后，所有的手机都应该降价。但之前手机厂商鲜有降价促销行为，它们把这些收入都计算到利润中了。当然，也有强势的品牌，如2005年鼎盛时期的诺基亚，乔布斯时代的苹果，在摩尔定律即将发生作用之后，直接将产品停止销售。小米手机以一年发布两款新机的快速节奏，更深切地感受着摩尔定律的作用。比如比小米2晚约半年的2S，定价很快就已经从1 999元降到1 699元，甚至配置还有所提升。

成本变迁的同时，策略驱动因素是小米的“成本定价”原则。小米 2S 比小米 2 降低 300 元，小米 2S 一年后又降价 400 元，其定价策略与摩尔定律作用下的成本走向是正相关的。加上小米的“成本定价”策略，这些变化又非常直接地反映到产品具体定价中。所以，小米此时降价 400 元绝不只是一种市场策略。

这可能是眼下消费电子行业“单款长周期”产品策略比较合理的综合定价原则。产品在市场中的导入、攀升、顶峰期，直至一个相对平稳的出货时间段内，可采用“渗透定价”方式，即维持相对平稳的定价曲线，前期较少获取硬件利润甚至亏损但后期可获得一定收益，也较能稳定消费者的购买信心。但当其生命周期长达下代主力机器即将发布及上市之后，则可视为一个新的“渗透定价”区间。

不同的“渗透定价”区间之间，则以类似“撇脂定价”法接续。所谓“撇脂定价”指的就是随着成本的变迁，逐步降低价格，在产品周期早期获得较多利润，而后期则配合放量逐步降价，收窄利润。之所以说是“类似撇脂定价”，就是小米的这种周期接续的综合定价法中，始终紧密围绕着“成本定价”这条单维曲线，波动不大。

当然，这种综合定价策略的首要前提是，一款产品无论是性能、体验都能支撑一款经典产品所需的超长生命周期。

其实，我从小米 2S 降价行为看到的更多的是这个公司逐渐显露出来的越来越浓烈且绵密的进取热情与战意。在 2S 降价到 1 299 元后，小米完成了在手机入门市场的全覆盖：699 元的红米，1 299 元的 16G 小米 2S，1 999 元的小米 3。而且在每个价位段，小米的性价比都具备了还算比较明显的比较优势。

后续小米推出新品，应该会继续守住这三个价位档，不断填补新品进来。而 500 ~ 2 000元是中国手机厂商的集中出货区，今年这场戏肯定是要越来越好看了。

资料来源　黄龙．小米“血战到底”：渗透定价与撇脂定价的耦合案例［EB/OL］．［2014-03-01］．http：//www. chinaz. com/news/2014/0301/341294. shtml.

3）地位标志定价法

前面在讲需求的价格弹性时曾提到，消费者有时会用价格来衡量一种产品的质量或威望，因此当价格降低至某个价格点之后，该产品的需求反而会有所下降。地位标志定价法或威望定价法，就是给产品制定一个高价，以吸引地位意识强烈的消费者购买此产品，如图 12-9（a）所示。该产品的需求曲线先是由 A 点至 B 点之间往下向右倾斜，但是由 B 点至 C 点之间则扭转过来向左倾斜，因为在 B 点至 C 点之间，需求实际减少了。从 A 点至 B 点的各种降价，消费者往往认为是一种廉价，从而会更多地购买；从 B 点至 C 点的各种降价，往往会引起他们对产品质量和产品威望的怀疑，从而会减少购买。营销管理人员在此处的价格策略应是把价格停留在 P_0（初始价格）之上。高级轿车、钻石、香水、精美瓷器、水晶、珍珠等，都有某些地位标志的因素，定低价往往会比定高价销售得糟糕。

4）产品线定价法

一个公司通常都不仅仅销售一种产品，而是销售各种各样成系列的产品，公司有时就按少数距离较大的价格点来给这些产品定价，这就叫**产品线定价法**。例如，一个百货公司的经理，可以对女装分段制定 180 元、280 元、380 元这样一个产品线价格，如图 12-9

(b) 所示。这种定价法假设这些价格点的每一点需求是有弹性的，但在这些价格点之间需求是没有弹性的，即如果在 280 元至 380 元之间需求没有弹性，具体再定 290 元、300 元……那么这些价格之间的差距过小，一般不会影响需求的改变，但会使购买者迟疑不决，弄不清它们是否质价相当，转而向其他地方购买。因此在采用产品线定价法时，销售者都利用精心考虑、数目较少的价格点来为其产品线内的产品定价，并为这些不同档次的产品树立不同的感性质量，以证明这些不同的定价和同一价格点内的各种产品是质价相当的。后一种情况还有助于增加产品的选择性，使消费者在一个价格档次内有较多花色式样的选择。

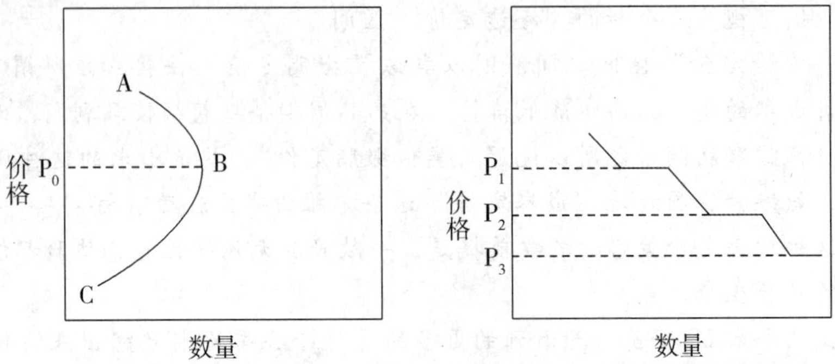

(a) 地位标志定价法　　(b) 产品线定价法

图 12-9　两种需求导向定价法的需求曲线

5）挂零定价法

广州友谊商店销售的一款飞利浦牌 74 厘米的彩电定价 5 999 元，广州王府井百货大楼销售的一款乐华牌便携式收录机定价 597 元，好又多量贩店销售的海螺牌衬衫定价 98 元。这些商店为什么不干脆把这些商品分别定价为 6 000 元、600 元、100 元呢？商店这样做其实是在采用**挂零定价法**，即在某个整数之后再加上元、角等零数，意欲以很小的差价使人们心理上感到有很大的差价。例如，消费者会认为好又多量贩店的海螺牌衬衫是几十元一件的衬衫而不是成百元一件的衬衫。从理论上讲，如果价格从 100 元降至 98 元，需求就会增加，而且有不少证据说明这种事情确实是发生过的，但是，消费者也可能会把这些挂有零数价格的产品看做是低质品。有鉴于此，广州友谊商店把一款派克笔的价格定为 2 010 元，而不像另一大商店那样不明智地将一款派克笔的价格定为 1 995 元。

6）产品组合定价法

产品组合定价也是一种经常使用的需求导向定价法，即经营者只按一个一揽子的价格销售两件或两件以上的产品。如有些电脑公司把电脑硬件、软件和维修合同组合在一起定价出售，有些瓷器店把整套摆宴用的餐具组合在一起定价销售就是典型的组合定价。组合定价法的理论根据是，消费者对一揽子定价好处的评估远比逐件定价高。这是因为可从好几个方面得益：(1) 不必分头逐件购买；(2) 配套产品之间的用处互相支持，可使消费者更好地得到满足；(3) 购买者可降低购买总成本，销售者可降低营销成本。例如，一般公园和游乐场出售的全票，往往都比一一参观游览其中各个景点和项目所收费用为低。另外将产品组合在一起定价，往往还可使那些消费者在另外情况下可能并不购买的产品现在反而购买，从而获得更多的销售量。

【观念应用 12-1】

捆绑定价产品之间的关联性

尽管在非相关性产品捆绑定价方式下捆绑定价的产品之间可以并无必然联系，但其实施要求基本产品和捆绑产品之间在消费对象、销售终端、品牌效应等方面相同或相近，一般要求具有以下条件：

（1）捆绑定价产品之间的互补性。捆绑定价的产品最好是互补性产品。这种互补性不仅仅是指产品之间的功能性互补，还包括捆绑定价的产品在消费者心目中被联系在一起或可以被联系在一起，并且产品之间对彼此的竞争地位有显著影响。这样，通过互补产品的关联，使得消费者将它们的形象联系在一起，综合地而不是单独地衡量它们的功能，或者将它们作为一个整体来衡量购买使用。

（2）捆绑定价产品目标顾客的重叠性。在捆绑定价中，两种产品的目标市场应有较大交叉的部分。只有这样才能保证两种或几种同时捆绑定价销售的产品是目标消费者所需要的。如果捆绑定价的产品的目标消费者是不同的，将大大降低对捆绑定价产品的需求。

（3）捆绑定价产品之间市场定位的同一性。市场营销学依据人们的职业、收入、交易水平等变量将社会划分为不同的阶层，而不同社会阶层的人在消费习惯、消费心理等方面存在较大的差别。因此，在对产品实施捆绑定价策略时，要求捆绑产品市场定位至少是相同或者相近的，否则，捆绑定价策略就难以成功。奢侈品与劣等品也不能捆绑定价。

资料来源 曹洪，夏丽萍．捆绑定价策略探析［J］．价格月刊，2004（03）：20-21.

问题：为何要强调捆绑定价产品之间的关联性？

分析提示：这是由捆绑定价法（产品组合定价法）的理论根据衍生出来的。尤其是这种一揽子定价能给消费者带来诸多好处，主要有赖于这些产品之间有一定的关联性。

12.2.2 以成本为导向定价

1）标准加成定价法

大多数生产商和零售商经营管理的商品都非常繁多，要想用预计每种产品需求的方法来逐一定价是不可能的。因此他们往往采用**标准加成定价法**，即在某具体产品大类中的所有产品成本上加一个固定的百分比。但这个百分比是以销售价为基础计算的。如一个半导体收音机生产商在用此法定价时，他首先要计算出其单位成本：

可变成本	30 元
固定成本	600 000 元
预计单位销售量	55 500 元

$$
\begin{aligned}
\text{单位成本} &= \text{可变成本} + \frac{\text{固定成本}}{\text{单位销售量}} \\
&= 30 + \frac{600\ 000}{55\ 500} \\
&= 40.8\ （元）
\end{aligned}
$$

现在假设该生产商想获 15% 的销售额加成。其加成价格是：

$$
\text{加成价格} = \frac{\text{单位成本}}{1 - \text{销售额预期利润}}
$$

$$=\frac{40.8}{1-0.15}$$

$$=48（元）$$

该生产商将把每部半导体收音机定价为48元售给经销商，每部盈利7.2元。

这种加成的大小，是随产品的不同而不同的。一般来说，季节性强的产品加成往往较高（以补偿当季无法售罄的风险），特殊品、周转慢的产品、储存和搬运费用高的产品、价低零星的产品、易腐易损的产品，也往往需要更高的加成。常用品的加成则较低。

2）成本加成定价法

某些制造业、建筑设计和建筑公司，往往采用一种变体的标准加成定价法，即不像标准加成定价法那样，在成本之上加一个以价格百分率计算的加成来制定价格，而是在成本之上加一个以成本百分率计算的加成来制定价格。这种方法往往用在只经营一种产品或少数种类产品的定价上。一个建筑公司按房屋建筑成本12%的加成来制定价格便是这种方法的运用。此时如果房屋的建筑成本为80万元，建筑加成费为建筑成本的12%或9.6万元，其最终价格将是89.6万元。

3）经验曲线定价法

经验曲线在前面论述影响价格决策的内部因素时已提及，经验曲线定价法就是以经验效应为根据的。这种经验效应理论认为，许多产品和服务每当其生产和销售增加一倍时，单位成本便会降低10%~30%。这种下降是相当有规律或可以预料的，因而每单位的平均成本是可用具体数字估算出来的。例如，如果公司估计每一时间产量增加一倍时成本会下降15%，那么生产和销售第100个单位时的成本将是第50个单位成本的85%，生产销售第200个单位时的成本将是第100个单位成本的85%。因此，如果第50个单位的成本是100元，第100个单位的成本将是85元，第200个单位的成本将是72.25元，以此类推。由于价格经常随着经验曲线成本的下降而下降，价格迅速下降是完全可能的。日本和美国的公司经常采用这种定价方法。这种以成本为基础的定价方法，从一个侧面也说明了继撇脂定价法之后接着要实行渗透定价法这种以需求为基础的定价策略的必然性。

12.2.3 以利润为导向定价

1）目标利润定价法

公司定价时先定一个具体金额的年目标利润，这就叫目标利润定价法。假设一个本小利微的画框商店的店主打算运用目标利润定价法来为其最具特色的画框制定价格，并假设相关资料如下：

单位可变成本为22元；

固定成本为26 000元；

单位价格不超过60元时不会影响需求下降；

年销售量为1 000单位时目标利润是7 000元。

该画框的价格可如下计算：

利润=总收入-总成本

利润=（P·Q）-［FC+（UVC·Q）］

7 000（元）=（P×1 000）-［26 000+（22×1 000）］

7 000（元）=1 000P-（26 000+22 000）

$$1\,000P=7\,000+48\,000$$

$$P=55\text{（元）}$$

其中：P——价格；Q——年销售量；FC——固定成本；UVC——单位可变成本。
即该画框店为获年 7 000 元的目标利润，则必须将画框的单价定为 55 元。

不过这里面有一个最重要的假设，就是这样高的画框平均价格不会影响需求的下降，否则就不可能达到这样一个利润（7 000 元）目标。

2）目标销售收入定价法

上述目标利润定价法虽然较简单，只涉及一个具体的金额数字，但此法缺乏一个用以说明公司为达到该目标在销量或投资上应作出多大努力的标准。正因为如此，有些公司，如连锁超级市场公司往往采用目标销售收入定价法来制定典型的价格，使公司获得一个以销售量若干百分比表现的利润。假设前述画框店店主决定采用目标销售收入定价法来为该店的画框定价，且其前三个假设数字与前例相同。该店主现在要制定一个目标为年销售量 1 250 单位 20% 收入的画框价格。其具体计算如下：

$$\text{目标销售收入}=\frac{\text{目标利润}}{\text{总收入}}$$

$$20\%=\frac{TR-TC}{TR}$$

$$0.20=\frac{P\cdot Q-[FC+(UVC\cdot Q)]}{TR}$$

$$0.20=\frac{P\times 1\,250-[26\,000+(22\times 1\,250)]}{P\times 1\,250}$$

$$P=53.50\text{（元）}$$

其中：TR——总收入。

这样单价为 53. 50 元，年销量为 1 250 单位时：

$$TR=P\cdot Q=53.50\times 1\,250=66\,875\text{（元）}$$

$$TC=FC+(UVC\cdot Q)=26\,000+(22\times 1\,250)=53\,500\text{（元）}$$

$$\text{利润}=TR-TC=66\,875-53\,500=13\,375\text{（元）}$$

复核：

$$\text{目标销售收入}=\frac{\text{目标利润}}{\text{总收入}}\times 100\%=\frac{13\,375}{66\,875}\times 100\%=20\%$$

3）目标投资收入定价法

美国的通用汽车公司及许多公用企业，都制定一个年投资收入的目标，如 20% 的投资收益率，然后采用目标投资收入定价法来达成这些目标。

假如前例中的店主制定一个 10% 的投资收益率目标，这个目标是上年实绩的一倍。她打算把每个画框的平均价格从 50 元提高到 54 元或 58 元。为此，她可能要通过提供更好的画框和更高质量的闪光金边来提高产品质量。这样成本必将提高，但也可能补偿因次年销售量减少而减少的收入。

12. 2. 4　以竞争为导向定价

1）现行价格定价法

公司运用此法定价时，主要是根据竞争者的价格来制定自己产品的价格，很少考虑自己的成本或社会需求。公司可以制定与其主要竞争者相同、稍高或稍低的价格。在寡头垄断的产业中，如销售钢铁、纸张、化肥等商品的产业中，公司通常都制定相同的价格。小公司则追随市场领导者，如果市场领导者的定价变动了，它们也随之改变自己的价格，而不是根据自己的成本或需求发生变化来制定价格。有些公司可能会将其价格定得比市场领导者略高或略低一些，但是它们总是使其保持一定程度的差异而不变。**现行价格定价法**在现实经济工作中相当普遍，当需求弹性不易测量时，公司认为现行价格定价法反映了本行业的集体智慧，这种定价会产生合理的报酬，同时可阻止恶性的价格战。

2）密封投标定价法

当公司对工程进行投标时也采用以竞争为导向的定价方法。公司采用密封投标定价法定价时，是以设想竞争者将定什么价为基础，而不是以自己的成本或需求为基础。公司的目的既然是为了中标，为此其要价必须低于其他公司。

但是公司的定价不能低于一定水平，如果它把价格定得低于成本就会使自己的经济利益受到损害。相反，公司所定价格越高于其成本，它中标的机会就越小。

这两个反向拉力的净效果可以某一具体投标的预期利润来说明，见表 12-1。假设报价 950 万元可产生中标的机会高达 0.81，但只有 10 万元的低额利润，因此这个报价的预期利润是 8.1 万元。如果该公司的报价是 1 100 万元，其利润可能是 160 万元，但其中标的机会可能降至 0.01，预期利润仅为 1.6 万元。因此公司应选择能产生最大预期利润的报价。根据表 12-1，最佳报价是 1 000 万元，其预期利润是 21.6 万元。

表 12-1　**不同报价对预期利润的影响**

公司报价（万元）	公司利润（万元）	中标的概率（假定值）	预期利润（万元）
（1）	（2）	（3）	（4）＝（2）×（3）
950	10	0.81	8.1
1 000	60	0.36	21.6
1 050	110	0.09	9.9
1 100	160	0.01	1.6

参与多项投标的大公司如利用预期利润作为定价根据很有意义。因为如果它比竞争者有更多的投标项目，就会在长期中获得最大利润。那些仅偶尔参与投标或者急需争取某项招标项目的公司则会发现利用这种预期利润为根据来报价没有多大用处。例如，这种方法在中标概率为 0.1、利润为 1 亿元与中标概率为 0.8、利润为 1 250 万元这两个报价之间没有区别，其预期利润均为 1 000 万元。但是，想要维持生产的公司则宁愿选择第二个报价而不选择第一个报价。

12.3 价格调整策略

公司按照上述各种方法制定基本价格后，往往还会对它们进行一定的调整，以适应各种消费者的偏好和情况的变动。归纳起来，公司常用的价格调整策略有四大类。

12.3.1 价格折扣和折让

大多数公司都会调整其基本价格，以报答顾客的某些行为，如提早付款、批量购买、淡季购买等。这些价格调整称为折扣和折让。分述如下：

（1）现金折扣。现金折扣是指对那些迅速付款的买主降低价格。在美国，这一折扣的典型例子是“2/10，信用净期 30”。这就是说可于 30 天内偿付的货款，如在 10 天内付款，可打 2% 的折扣。这种折扣必须保证提供给所有符合这些条件的买主。这种折扣在许多行业中已成惯例，它有助于改善销售商的现金状况，减少坏账和降低收回欠款的成本。

（2）数量折扣。数量折扣是对那些大批量购买的买主降价。例如，购买 100 个单位以下的单价是 10 元，100 个单位以上的单价是 9 元。此种数量折扣必须提供给所有顾客，但是不能超过销售者大量销售所节省的成本。这些节省包括销售、储存和运输降低的费用。数量折扣可激励顾客从某一特定的销售者购买更多的商品，而不是从许多不同的销售者购买。

（3）功能折扣。功能折扣也称贸易折扣，是由销售者提供给那些执行一定贸易职能，如记账、储存、销售等职能的分销渠道成员的。生产商向不同交易渠道提供的功能折扣是不同的，这是因为它们提供的服务不同。但是，生产商必须在每一交易渠道中提供相同的功能折扣。

（4）季节折扣。季节折扣是对在淡季购买商品或服务的顾客降低价格。例如，冰箱生产商在冬季向零售商提供季节折扣，鼓励他们提前订货。宾馆和航空公司在销售淡季也往往提供季节折扣。采用这种季节折扣，使得生产商能全年保持稳定生产。

（5）折让。折让是降低目录价格的另一种形式。例如，以旧换新折让是给购买新货时交回旧货的买主给予降价。还有一种形式是促销折扣，是为了报答那些参与广告和支持销售计划的经销商，向他们提供的报酬或减价。

12.3.2　差别定价

公司常常考虑到顾客、产品和位置的不同而调整其基本价格。在采用差别定价法时，公司往往用两种或多种价格销售一项产品或服务。这样做，即使价格有差别，其成本则不一定不同。差别定价法有好几种形式：

（1）顾客细分定价，即对同一产品或服务，不同的顾客收取不同的价钱，如有的公共交通工具对学生和老人的收费较正常票价低。

（2）产品种类定价，即对同一产品的不同规格、种类制定不同的价格，但不是根据它们的不同成本按比例制定的。例如，现在市场上销售的一种自动控温电熨斗，其价格往往比一般电熨斗高出几十元，这种高级电熨斗只是多安装了一个指示灯，可以表示电熨斗的温度是否恰到好处，可是这个额外装置的成本还不到 10 元。

（3）位置定价，即对不同的位置收取不同的价格，即使这些不同位置的成本是相同的。如戏院中的不同位置的座位，其价格都是互不相同的，因为在不同的位置观众所得到的欣赏效果是不同的，他们愿意为某些好的位置多付些钱。

（4）时间定价，就是价格随不同的季度、不同的月份、不同的日子，甚至不同的钟点而变动。例如，长途电话的收费，在白天与晚上、平时与星期天就不相同。

为使差别定价策略奏效，必须具备一定条件：第一，该市场必须是可以细分的，这些细分小市场必须显示出不同的需求程度；第二，支付低价的细分市场无法将有关产品转手给需付高价的细分市场；第三，竞争者不能在需付高价的细分市场将产品按低价售给顾客；第四，市场细分和管理监控市场的成本不应超过从价格差别中获得的额外收入；第五，这种做法不应使顾客产生不满情绪；第六，该种差别定价必须合法。

12.3.3 促销定价

公司在采用促销定价时，常常暂时把价格定得低于目录价格，甚至低于成本。促销定价有好几种形式：

（1）牺牲品定价。超级市场和百货商店常把少数商品作为牺牲品来定价，以吸引顾客进店，并希望他们能另外购买那些正常加成的商品。

（2）大特卖定价。销售者在某个特定的时间和场合、某种特别的节日，或某些重要的社会活动日，将价格作较大幅度的削降，以吸引大量的顾客。不过这种特别事件价格必须是一种难得的机会，否则会失去效果，甚至影响正常的业务。

（3）现金回扣定价。有些生产商在某个特定时间向顾客提供现金回扣，刺激他们购买自己的产品，使生产商在不必降低目录价格的情况下，就能达到清仓的目的。这种回扣刺激了销售量增长，但公司为此所费并不像降价那么大，其原因是许多顾客买了商品，但都不愿费心将可得回扣的赠券寄回。

（4）低息融资。这也是一种不必降价而能扩大销售的方法。如汽车销售商可采取给予顾客以很低利息，甚至不收利息的短期融资，以招徕顾客。

另外生产商还有以长期保修或免费维修来降低消费者“价格”，或干脆从正常的价格打一定折扣以刺激销售和减少存货。

【小资料12-3】

淘宝店铺价格促销方案：激发消费欲望

网上商店同传统的商店一样都需要店主的精心打理，因此，制定既适合网店又适合网络环境的促销策略就显得十分必要。价格是除了质量、性能和款式之外决定买家是否购买的关键因素，卖家在琢磨买家心理的基础上要创造出种种易于买家接受，且能激发消费欲望的价格促销方式。下面，就主要来讲讲价格促销中的6种常用方法。

方案一：错觉折扣——给顾客不一样的感觉

人们普遍认为打折的东西质量会差一些，而我们换一种叙述方式：注重强调商品的原价值，让买家觉得花了更少的钱，买到了更超值的商品，效果往往大不同。

举例说明：“花100元，换购价值130元商品”和“全场7.7折，99元任选”这两种描述，实际上都是价格上的让利，但是给买家的感觉是完全不一样的，如果你把130元的宝贝7.7折后按100元销售，那买家就会感觉这个宝贝就值100块。但是如果你把方案改成“花100元换购价值130元商品”，买家就会觉得这个商品的价值还是130元，而他只要花100块钱就得到了，他从中赚到了。

方案二：一刻千金——让顾客蜂拥而至

“一刻千金”的促销方案就是让买家在规定的时间内自由抢购商品，并以超低价进行销售。比如在你的店铺，每天早上9点到9点半拍下的宝贝，可以以5元的价格成交。这个促销看似大亏本，但是实际上这一举动给你带来了急剧的人气提升和很多的潜在客户，因为实际上30分钟的挑选时间是仓促的，30分钟之后，客户还是会在你的店里逛的，既然来了总要买点什么，而且那些抢下 5 元特价的客户也可能因为觉得占到了大便宜而购买更多。所以，用这种方案把顾客吸引过来之后，接下来就是让顾客自愿掏腰包了。

方案三：超值一元——舍小取大的促销策略

超值一元，就是在活动期间，顾客可以花 1 元钱买到平时几十甚至上百元的商品。或许很多人不明白一个问题：这种促销方案不是会让店铺亏本很多吗？其实不然，从表面上看，这种 1 元钱的商品确实赚不到钱，但是通过这些商品，店铺吸引了很多的顾客，而一个顾客如果购买了一件 1 元商品，那他同时再购买店铺里其他商品的可能性是很大的，因为多买几件同样只需要付一次邮费。而那些进到店铺里来却没有购买 1 元商品的顾客，购买店铺里其他商品的可能性非常大。

方案四：临界价格——顾客的视觉错误

所谓临界价格，就是在视觉上和感性认识上让人有第一错觉的那个价格，比如，以 100 元为界线，那么临界价格可以设置为 99.99 元或者是 99.9 元。这种临界价格最重要的作用是给买家一个视觉错误：这个商品并没有上百，也只不过是几十块而已。

尽管这个促销策略已经在超市、商场被广泛运用，但是也说明了这个方法屡试不爽，我们在实际的操作中，还是可以拿来使用的。

方案五：阶梯价格——让顾客自动着急

所谓阶梯价格，就是商品的价格随着时间的推移出现阶梯式的变化。比如：新品上架第一天按 5 折销售，第二天 6 折，第三天 7 折，第四天 8 折，第五天 9 折，第六天原价销售。这样给顾客造成一种时间上的紧迫感，越早买越划算，减少买家的犹豫时间，促使他们冲动购物。当然阶梯的方式有很多，店家可以根据自己的实际情况来设定。宗旨就是既吸引客户又不会让店里亏本。

方案六：降价加打折——给顾客双重实惠

降价加打折实际上就是对一件商品既降价，又打折，双重实惠叠加。相比纯粹的打折或者纯粹的降价，它多了一道弯，但是不要小看这道弯，他对顾客的吸引力是巨大的。第一，对于顾客来说，一次性的打折方案和降价加打折比起来，毫无疑问他们会认为后者更便宜。这种心理使得顾客丧失原有的判断力，被促销所吸引。第二，对于店铺来说，提高了促销的机动性，减少了因促销而付出的代价。比如以 100 元商品为例，如果直接打 6 折，一件商品就会损失 40 元的利润，而如果我们先把 100 元的商品降价 10 元，再打 8 折，那么一件商品损失的利润是 28 元。但是买家还是会觉得后者比较实惠。

最后，要记得为宝贝提升收藏量，因为刷收藏是不会被淘宝惩罚的，这也是为什么现在有那么多的淘宝店主都在死命地为自己的店铺刷收藏。如果宝贝或者店铺的收藏数量增加了，那么宝贝的人气排名也就提高了，这样一来，宝贝的曝光率就大大提高，成交几率也大大增加。而且如果宝贝的人气收藏上升了，也会刺激客户的购买欲望，大大提升转化率和成交率。

资料来源　佚名．淘宝店铺价格促销方案：激发消费欲望［EB/OL］．［2014-06-23］．http://www.xuexun.com/A_1475862_1.shtml.

12.3.4　地理定价

地理定价是指公司如何为其产品向分布在国内或世界不同地区的顾客定价的问题。具体要考虑的是：公司是否应向边远地区的顾客收取高价，以收回较高的运输成本，从而冒失去这些顾客生意的风险？还是不论地区远近，公司向所有的顾客以同样的价格销售？与此相关，大约有五种主要的地理定价法。

（1）FOB 起运点定价法。**FOB 起运点定价法**，或叫按起运点船上交货定价，就是生产企业对不同地区的客户收取相同的价格，在产地将货物交到运输工具上，货物及所有责任都交给了顾客，从产地到目的地的运费也由客户自己负担。这种方法有利有弊：优点是不同地区的顾客分担了自己应付的运费，比较公平合理；缺点是距离本企业遥远地区的市场，当地竞争者会比本企业在成本上占优势，会影响本企业产品在当地的销量。

（2）统一运送定价法。统一运送定价法就是不论客户的地理位置如何，供货者都向他们收取相同的价格和相同的运费。这种定价法可能会失去附近的顾客，但却可以获得远方顾客的欢迎。这种定价法还便于管理，也便于做全国统一价格的广告。

（3）地带定价法。地带定价介于 FOB 起运点定价和统一运送价两者之间，就是公司先将自己的产品销售地区划分为两个或几个地带，在同一地带的顾客，采取同一价格，地带距离越远，价格越高。这种定价法有时会引起同一地带内靠近产地的顾客抱怨，认为自己给远地顾客补助了运费，但如果是价高运费少的商品此问题不大。这种定价的好处同样是便于管理和做全地区统一价格的广告。

（4）基本计价中心定价法。它就是销售者先决定以某个城市为基本计价中心，然后以该城市为计费的起点，不管商品是否实际上由该地运出，对不同地方的顾客都在价格上加上从该中心城市到顾客所在地的运费。有的不是一中心，而是多中心，过去我国搞一中心作价，后来随着生产力配置的变化，已逐渐改为多中心作价。

（5）消化运费定价法。就是销售者为了急于与某一特定的顾客或地区做生意时而采用此法。此法是全部费用或部分实际费用由供货者承担。这样做的根据是，如果可以获得更多的生意，平均成本便会降低，从而可以补偿额外的费用支出，这样这些费用便可在内部消化掉。

本章小结

一个公司的价格决策，既受到内部的公司因素的影响，也受到外部的环境因素的影响。内部因素包括公司的营销目标、营销组合策略、成本和定价组织。外部因素包括市场和需求的性质、竞争以及政府。

根据上述价格与成本、价格与需求的关系，以及竞争者对公司价格决策影响的分析，公司所定的价格既不能低得无法盈利，也不能高得无法产生需求，而是介于其间，亦即公司定价时，必须考虑三项主要因素：产品成本是定价的下限；竞争者的价格和替代品的价格是定价的定向点；消费者对产品的独特性的评估是定价的上限。因此公司所选择的定价方法，都会考虑上述一个或一个以上因素，而主要的定价方法则有四大类：（1）以需求为导向定价，具体包括撇脂定价法、渗透定价法、地位标志定价法、产品线定价法、挂零定价法、产品组合定价法。（2）以成本为导向定价，包括标准加成定价法、成本加成本加成率定价法、经验曲线定价法。（3）以利润为导向定价，包括目标利润定价法、目标销售收入定价法、目标投资收入定价法。(4) 以竞争为导向定价法，包括现行价格定价法、密封投标定价法。

公司按照上述各种方法制定基本价格后，往往还会对它们进行一定的调整，以适应各种消费者的偏好和情况的变动。归纳起来，公司常用的价格调整策略有四大类：(1) 价格折扣和折让，具体包括现金折扣、数量折扣、功能折扣、季节折扣和折让。(2) 差别定价，主要形式有顾客细分定价、产品种类定价、位置定价、时间定价。(3) 促销定价，包括牺牲品定价、大特卖定价、现金回扣定价、低息融资等形式。另外生产商还有以长期保修或免费维修来降消费者“价格”，或干脆从正常的价格打一定折扣以刺激销售和减少存货。(4) 地理定价，包括 FOB 起运点定价法、统一运送定价法、地带定价法、基本计价中心定价法、消化运费定价法。

主要概念和观念

□ 主要概念

边际成本　需求的价格弹性　撇脂定价法　产品线定价法　挂零定价法　标准加成定价法　现行价格定价法　FOB 起运点定价法

□ 主要观念

影响价格决策的营销目标　政府禁止的价格行为

基本训练

□ 知识题

12.1　阅读理解

1) 影响价格决策的公司营销目标有哪些?

2) 影响价格决策的主要外部因素有哪些?

3) 影响定价的三因素模式之科学内涵是什么?

4) 以需求为导向的定价方法包括哪些具体方法?

5) 以成本为导向的定价方法包括哪些具体方法?

6) 以利润为导向的定价方法包括哪些具体方法?

7) 以竞争为导向的定价方法包括哪些具体方法?

12.2　知识应用

1) 选择题

(1) 固定成本是________。

A. 公司在产品的制造和营销过程中所支付的总费用

B. 公司固定开支的总和

C. 公司直接用于产品生产和销售的各种费用之总和

D. 总成本因每增加一个单位的生产和营销而发生的变化

(2) 经济学家对各种非价格因素对需求的影响，往往是通过________来说明。

A. 需求曲线的变动　　　　B. 需求曲线的移动

C. 需求曲线的倾斜度　　　　　　D. 需求曲线的形状

（3）市场控制价格环境的特点是________。

A. 存在适度竞争，各个公司对价格的控制力较强

B. 公司对价格几乎没有控制力，进行价格竞争的可能性极小

C. 存在高度竞争，各个公司对价格的控制力甚微

（4）产品组合定价法，也是一种经常使用的________。

A. 需求导向定价法　　　　　　B. 成本导向定价法

C. 利润导向定价法　　　　　　D. 竞争导向定价法

（5）现金折扣是________。

A. 指对那些迅速付款的买主降低价格

B. 对那些大批量购买的买主降价

C. 由销售者提供给那些执行一定贸易职能的分销渠道成员的

D. 对在淡季购买商品或服务的顾客降低价格

2）判断题

（1）以求市场占有率占统治地位为目标的公司，往往采取定低价的办法使竞争者却步，尽量减少竞争者的数目，使自己产品在市场上的占有率达到绝大多数的份额。（　）

（2）大多数需求曲线是一条向下倾斜的直线或曲线，但地位标志产品的需求曲线，有时则往上倾斜。（　）

（3）联合固定价格行为，主要是指处于垄断状态的两个或两个以上经营者，彼此控制进入市场的商品的数量，间接控制商品的价格。（　）

（4）地位标志定价法就是给产品制定一个高价，以吸引地位意识强烈的消费者购买该产品。电冰箱、微波炉、空调机、DVD 机等产品的定价均可采用这种方法。（　）

（5）现行价格定价法主要是根据竞争者的价格来制定自己产品的价格。这种定价会产生合理的报酬，同时可阻止恶性的价格战。（　）

（6）大特卖定价要真正有效，必须将价格作较大幅度的削降，并应在距离较长的时间内偶尔为之。（　）

□ 技能题

12.1　规则复习

1）不同生产水平的成本

为了明智地定价，管理部门需了解其成本是怎样随着不同生产水平的变化而变化的。例如，假设某家用电器集团建立了一间工厂，每天生产 1 000 部半导体收音机。图 12-10（a）所示的是典型的短期平均成本曲线。该图表示，如果每天生产的产品数量很少，则单位成本就会很高。当每天的产量提高到 1 000 个单位时，平均成本就会大降，这是因为固定成本分摊的单位较多，因此每个单位应分摊的固定成本就较少。但如果该厂努力使每天的产量超过 1 000 部，成本就会随之增加。日产量超过 1 000 部时平均成本之所以会增加，是因为这时工厂的效率降低了，即工人必须排队等待机器操作，或机器发生故障增多，工人们互相干扰。

如果该公司认为它每天能销售 2 000 部，它就应考虑建造更大的工厂。该厂将使用

效率更高的机器和作更有效的工作安排，日产 2 000 部的单位成本也将要比日产 1 000 部的单位成本更低，如图 12-10（b）中的长期平均成本曲线所示。实际上，根据图 12-10（b）所示，一家日产 3 000 部的工厂效率将会更高。但是日产 4 000 部的工厂效率会低一些，因为超规模经济的不利性将增加，要管理的工人太多，效率降低。图 12-10（b）表明如果社会需求足以支持日产 3 000 部的生产水平，这种规模的工厂便是最佳建厂规模。

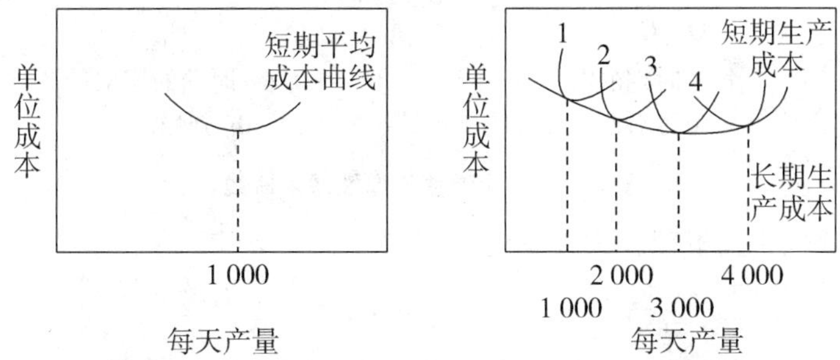

(a) 固定规模工厂的成本行为　　(b) 不同规模工厂的成本行为

图 12-10　每个时期不同生产水平上的单位成本

2）价格-需求关系

公司可能制定的每一价格都会引起不同的需求水平。价格的制定与其所引起的需求水平之间的关系如图 12-11（a）的需求曲线所示。该曲线表明，某一时期在可能制定的不同价格下市场将购买的单位数量。在通常情况下，需求和价格成反比关系：价格越高，需求越低。因此如果公司将其价格由 P_1 提高到 P_2 时，其销售量就会减少。在短期内，如果价格过高，消费者由于资金有限，就可能会少购该种产品。

大多数需求曲线是一条向下倾斜的直线或曲线，如图 12-11（a）所示。但是地位标志产品的需求曲线，有时则往上倾斜，如图 12-11（b）所示。例如，某香水公司发现，当把价格由 P_1 提高到 P_2 时，它销售的香水是更多而不是减少。因为消费者认为，更高的价格说明该香水更好或更符合要求。但是如果公司制定一个太高的价格 P_3，其需求水平将又会低于 P_2。

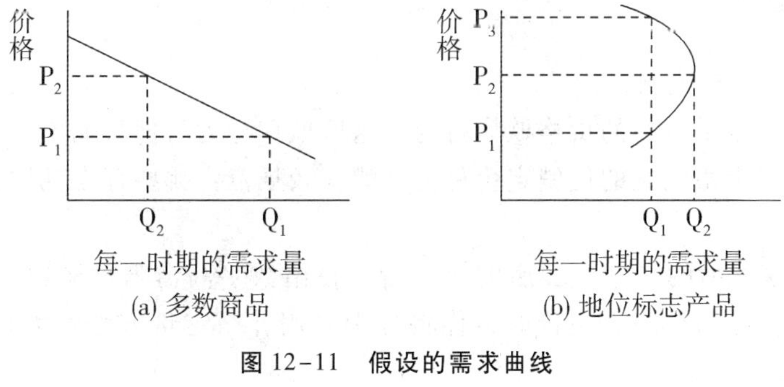

(a) 多数商品　　(b) 地位标志产品

图 12-11　假设的需求曲线

3）需求的价格弹性

市场营销人员还必须了解需求的价格弹性——需求对价格的变动将作出多大的反应。请看图 12-12 中的两条需求曲线。图 12-12（a）价格从 P_1 提高到 P_2，引起需求从 Q_1 到 Q_2 的稍微下降。但在图 12-12（b）中，相同的价格变动却引起需求从 Q_1 到 Q_2 的大幅度下降。如果价格稍作变动而需求几乎不变动，则这种需求称为无弹性。

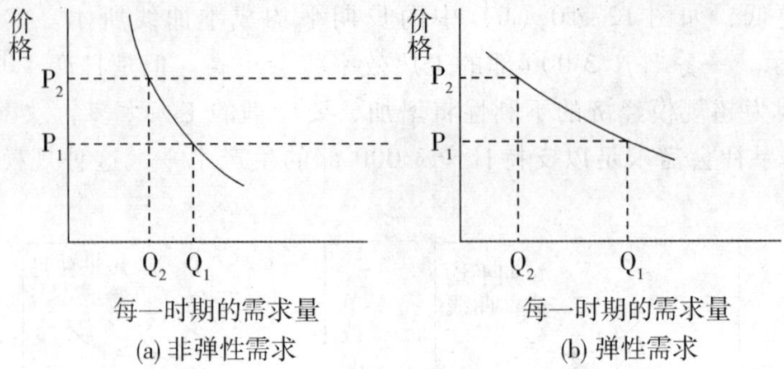

图 12-12　非弹性与弹性需求曲线

需求的价格弹性是按下列公式计算的：

$$需求的价格弹性=\frac{需求量变动的百分比}{价格变动的百分比}$$

假如销售者提高价格 2%，需求量降低 10%，这样需求的价格弹性便是-5（这个减号表明价格与需求之间是反比关系）。这种需求是有弹性的。如果价格提高 2%，需求量下降 2%，那么需求弹性便是-1。在这种情况下，销售者的总收入仍然一样：销售者的产品销量减少了，但价格提高了，使能保持与原来相同的总收入。如果价格提高 2%，需求量下降 1%，则需求弹性是$-\frac{1}{2}$，这种需求则无弹性。需求弹性越小，销售者提高价格所获收入就越多。

什么东西决定需求的价格弹性呢？一般来说，当购买者打算购买的产品是珍稀的产品，或是高质量、表示威望和独有的产品时，消费者的价格意识就较淡薄。另外在不易找到代用品，或不容易对代用品的质量进行比较时，购买者的价格意识也较淡薄。最后，当某一产品的总花费相对他的收入来说较低时，或其所花费用由他人承担时，购买者的价格意识也较淡薄。

12.2　操作练习

1）实务题

举两三个例子分析说明：

（1）当前市场上最常见的价格欺诈行为。这些欺诈行为为何禁而不止，屡屡得逞？

（2）当前市场上最常见的促销定价种类。哪些较规范？哪些存在问题？

2）综合题

如果你是一家大型的家电专卖店的决策者。在给数字高清晰度彩电、DVD 机、数码相机、家用电冰箱这几类产品定价时，你将分别采用什么定价方法？为什么要采用这些方法？

□ **能力题**

12.1　案例分析

楚雄市深化水价改革促进节约用水

从 2012 年 6 月 1 日起，楚雄市城市供排水价格进行调整，实行城市生活用水阶梯式计量水价、非居民用水按超定额加价制度，保障社会群体用水的公平性和基本用水需求，实现水资源合理配置，促进节约用水。

楚雄市自2004年4月实行供排水价格调整以来，水价改革工作初见成效。此次对城市供排水价格调整，对于更好地提高用水效率、促进水资源可持续利用、提高全民节水意识具有重要意义，特别是在旱情持续加重的情况下显得尤为重要。为做好此次城市水价改革工作，我市在进行大量深入细致的调研，并听取社会各界人士意见建议的基础上，制定了符合我市实际的城市供水价格调整方案，同时也对城市低收入家庭明确了相关补助标准。

市委副书记、市长、开发区管委会主任赵万祥指出，水价改革调整是一项十分复杂的工作，政策性强，涉及面广，影响着群众生产生活方方面面的利益，要求各级各相关部门要进一步统一思想，提高认识，把握政策，严格执行，确保此次水价调整工作顺利进行；要强化宣传教育，在全社会营造“节水光荣，浪费可耻”的良好氛围，增强全民的节水意识，使节约用水意识进社区、进学校，进企业；要及时做好此次水价调整相关政策的宣传解释，特别要宣传好对低收入家庭的补助政策，体现党和政府对他们的关怀；要掌控信息，确保稳定，各级各相关部门要加强对重点人群的宣传教育，高度关注群众的合理诉求，及时化解矛盾，维护社会稳定；要密切配合，形成合力，各相关部门要在严格执行政策的同时确保全市供水安全。

据了解，此次城市水价调整具体政策为居民生活用水价格由现行的每立方1.8元调整为3元；非居民生活用水由每立方1.8元调整为4.5元；经营服务用水由每立方2元调整为4.5元；特种行业用水由每立方2.6元调整为9元。

会议由市委常委、市委宣传部部长周志远主持，并就贯彻落实好会议精神，确保此次水价调整工作顺利推进提出要求。

资料来源 陈洁，李绍波．楚雄市深化水价改革促进节约用水［EB/OL］．［2014-06-23］．http：//www. mofcom. gov. cn/aarticle/difang/yunnan/201205/20120508132470. html.

问题：

1）提高水价对促进节水能起多大作用？是起主要作用还是次要作用？

2）目前一些城市供水的差别定价中，哪些形式较有效可行？

3）在运用提价方式促进节水时，应注意或考虑哪些原则？

12.2 网上调研

就某一两项产品的组合定价进行网上调研。

第13章

产品销售渠道

学习目标

通过本章的学习，你应该达到以下目标：

知识目标：了解销售渠道的概念和模式，理解销售渠道的功能及战略地位；熟悉直接销售的各种实践途径；了解物流管理的重要性。

技能目标：学会销售渠道规划的方法；掌握中间商选择方法；掌握物流管理的方法。

能力目标：具有从事销售渠道规划和建设的能力，具有开发新型销售渠道的创新能力，能够从事销售渠道管理以及物流管理工作。

引例

珠江啤酒集团出兵海外

在中国的市场上，哪个行业竞争最激烈？当然是啤酒业。伴随着几大啤酒品牌的跑马圈地以及跨国啤酒巨头纷纷进军中国市场，中国啤酒市场可谓是烽火四起。此外，中国的啤酒市场，低价促销是一些地方品牌抢夺市场的常用策略，从而导致价格战的风起云涌，随之而来的是中国啤酒业已经进入微利时代。许多国内啤酒厂家要么苦苦支撑，要么被“列强”吞并，而珠江啤酒集团则借助跨国啤酒巨头的力量，不仅进一步巩固了自己在国内市场的话语权，还顺利地迈向欧美主流海外市场。

2004年5月20日，珠江啤酒集团董事长杨荣明、英特布鲁集团董事局主席皮尔·让在广州签订国际市场合作谅解备忘录。

根据合作内容，珠江啤酒集团（以下简称“珠啤集团”）可以利用英特布鲁集团在国际市场上庞大的销售网络，将珠江啤酒销往海外市场，借以实现“借船出海”的目的。英特布鲁旗下“贝克”啤酒则可以借助珠啤销售渠道，进一步打开中国高端啤酒市场。

珠啤集团敞开销售渠道分销英特布鲁的产品，的确会给自己在高端市场上培育新的竞争对手，但是，珠啤也可以从中得到许多好处：一方面可以通过合作分享英特布鲁管理销售渠道的经验，提高自己的管理水平，另一方面，可以将自己的渠道资源优势得到最大化的利用，实现分销网络的规模经济效应，从而降低其分销渠道成本，增强自己在国内市场的竞争力。

敞开自己的渠道资源，珠啤集团嫁接来的是巨大的资金和海外市场网络。作为世界上历史最悠久的啤酒公司之一，英特布鲁在20多个国家拥有啤酒厂，遍及西欧、美洲及发展中国家，其产品在世界110个国家销售，有强大的销售网络和资金优势。

在海外市场上，珠啤的重点是拓展欧洲、南美、东南亚和中国港澳台等地市场。尽管其在东南亚和中国港澳台市场已占出口量的50%以上，但是珠啤在欧洲和南美市场上的表现不尽如人意。而比利时出生的英特布鲁在欧洲和美洲市场上的强大销售网络恰好能弥补珠啤的不足。目前，珠啤在向欧洲和南美的出口上，已经取得了较大进展。国内啤酒行业研究人士王乃振认为，珠啤借道英特布鲁进入欧美更多是以进入当地华人生活圈及一些驻外使馆的方式进行，这样在短时期内不会形成大规模的销售量，但对珠啤打造国际品牌形象，在未来扩大本土市场份额却是重要的一环。利用英特布鲁在国外市场庞大的销售网络，珠啤布局国外市场，"借船出海"不仅打开了国外市场，还为本土市场留下了更多的发展空间。

资料来源 改编自林楠．经典营销［M］．北京：地震出版社，2005：145-147.

珠江啤酒借道出海，具有极其重大的战略意义。这个案例恰好说明，再好的商品也必须拥有强大的销售渠道，才能让消费者方便地购买和放心地消费，才能实现好商品经营目标。

13.1 销售渠道的概念与功能

13.1.1 销售渠道的概念

商品生产在利用社会分工提高生产效率的同时，产生了新的问题：生产与消费之间不仅存在所有权的差异，还存在时空差异和信息差异。在商品生产条件下，企业生产的商品需要与购买者的货币相交换才能实现商品的价值。如果消费者就在生产者身边，交换自然能够容易地进行。如果消费者远离生产者，就有可能消费者不了解生产者，或者不能在需要的时间和地点及时地购买到生产者的商品。要克服生产与消费分离的不利影响，就要在生产与消费之间建立销售渠道，让消费者方便地购买和消费商品。

所谓**销售渠道**是指在商品从生产企业流转到消费者手上的全过程中所经历的各个环节之和，也是商品分销过程中各项功能的承担者的集合。生产企业和消费者分别处于销售渠道的两个端点，作为商品的提供者和接收者。由于销售渠道功能的繁重，在现实经济中，商品从生产厂家转移到消费者手上大多需要经历批发、零售等环节，投入其中的主要中间力量是批发商、零售商、代理商以及储运商等。这些机构处于流通领域，帮助实现商品从生产厂家到消费者之间的信息沟通、所有权转移和实物转移等各种功能，因此被称为中间商。

销售渠道也被称为市场营销渠道或贸易渠道，是对一组配合起来促成商品能被使用或消费的若干独立组织的总体系统的描述。美国学者斯特恩提出，"市场营销渠道是使产品或服务能被使用或消费而配合起来的一系列独立组织的集合"。这一渠道定义包括商品流通的全过程和全部参与者。

13.1.2 销售渠道的功能

把商品从生产厂家转移到消费者手上，就能够同时满足生产厂家、消费者以及中间商的需要。为了使这一转移过程能够有效完成，在销售渠道中，通常发生五大流程，如图13-1所示。

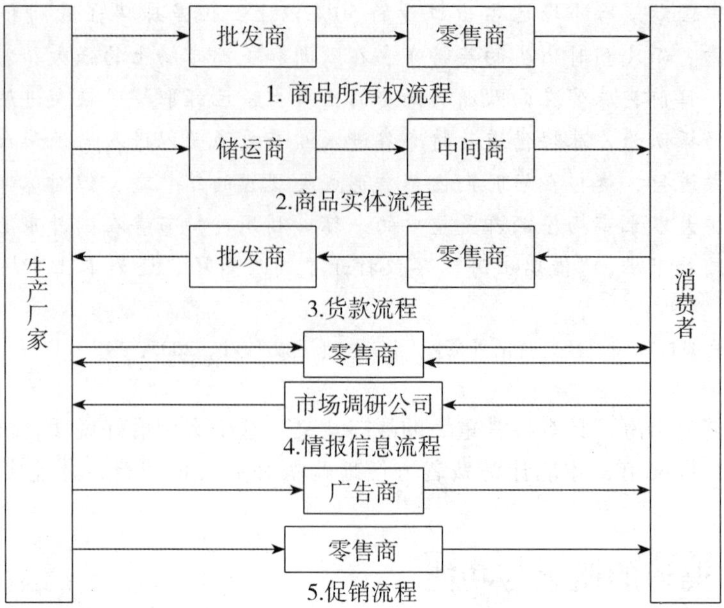

图 13-1　销售渠道中的五大流程

1）商品所有权流程

商品所有权流程即商品所有权从生产厂家手上转移到消费者手上的过程，完成这一流程的基本功能是交易或买卖成交，形式是成交合同或订单。一个商品在通过销售渠道的过程中，至少要发生一次，通常有多次所有权的转移。

2）商品实体流程

商品实体流程即商品实体在消费者需要的时候转移到消费者手上的过程，通常是指商品实体的空间位置变更，完成这一功能的基本功能是运输和储存。这个流程通常是与所有权流程相对应的，绝大多数商品实体转移是为了方便或者直接完成所有权转移。但是，也存在着相当多的例外，如房地产交易中，通常发生所有权的转移但没有商品（房地产）实体的转移；在期货交易中，发生所有权的转移但通常没有商品实体的转移；在某些批发或代理销售中，发生了所有权转移的商品可能继续存放在原来的仓库或者搁置在原来的运输工具上，商品实体转移需要等待后续的所有权转移。

3）货款流程

在商品交换中的每一次商品所有权的转移总是伴随着货币的转移，即货币所有者的变更。这里所说的货币又被称为货款，等于商品交换的所有权价值。完成这一流程的基本功能是收付货款，有的是通过银行转账，有的是通过现金结算方式来完成的。货款的流动方向与商品所有权流程方向相反，商品所有权是从卖方转移到买方，而货款则是从买方转移到卖方。

4）情报信息流程

买方要知道销售者销售什么，销售者要知道消费者需要什么，买卖双方都需要知道当前的市场行情如何。只有获得这些情报信息，才能正确地制定买卖决策。为此，销售者要向消费者发布信息，消费者也要与销售者进行“思想沟通”，于是，形成了情报信息的转移和情报信息流程。

5）促销流程

生产厂家要争取消费者或零售商更多地购买企业的产品，就要通过人员推销活动、让价或价格折扣等活动，激发消费者和零售商的购买动机和欲望。零售商也会对消费者进行激励，鼓励其购买更多的商品。这些激励活动都在商品销售渠道中发生，进而形成促销流程。

五大流程是商品销售渠道各项基本功能的组合。如果说商品销售渠道中的成员构成属于主体要素的话，那么五大流程则构成销售渠道的功能要素。在销售渠道的建设中，选择哪些主体进入销售渠道，取决于销售渠道功能的分配和有效执行的需要。换句话说，销售渠道成员是可以改变和调整的，而销售渠道的功能必须得到完全执行，而不可减少。

五大流程通常是不可分割的，它们紧密联系并互为支持。将它们割裂开来执行不仅会增加渠道运作的困难和风险，也会大大削弱渠道功能。因此，构成商品销售渠道的所有成员（如生产厂家、批发商、零售商、储运商、广告商以及其他流通辅助商等）都应当加强合作，协调执行和共同完成各项功能，使生产厂家的商品快速、准时、安全地，以可盈利的方式到达目标市场和消费者手上。

【观念应用 13-1】

水到渠成

当飞利浦照明了解到中国经销商对服务和利益的各种需求后，迅速地将原有的5个办事处在两年中扩展到覆盖全中国的17个办事处，建立了300多个飞利浦特约经销商，并对经销商执行等级管理，确保获得各地随着“中国城市美化工程”的开展而产生的各种照明工程项目。飞利浦照明是第一个用手提电脑和投影仪为中国经销商讲解照明设备，帮助经销商实施工程现场的照明设计服务的专业照明企业。不仅如此，为使经销商的忠诚度不断提高，飞利浦加大了销售服务领域和对客户满意度的提升，为经销商开展专业的市场营销、财务管理、应收账款管理、仓储管理等培训，后来又启动了耗资巨大的经销商“最佳合作伙伴”项目，提高和扶持经销商对市场的进一步渗透水平。这种做法的关键之处在于飞利浦照明对中国渠道驱动力的认知：建立良好的分销渠道体系，服务经销商并确保他们获得利益，才是取得中国市场的关键。在以市场推广为主的品牌建设上，飞利浦照明始终保持低调。随着其市场份额的提高，越来越多的消费者不仅知道飞利浦品牌的剃须刀、电视和影音设备，还有飞利浦品牌的灯具、灯泡等。事实上，飞利浦照明设备已经在中国城市建设中形成了稳固的优势。而在彩电业务上，自2002年，飞利浦正式进入并采用TCL的渠道网络。

资料来源　林楠．经典营销［M］．北京：地震出版社，2005：90-91.

问题：飞利浦为什么在经销商身上投入巨大？

分析提示：渠道功能。

除了上述作用之外，销售渠道还具有简化交易手续、节约销售费用、集散和平衡商品供应等作用。因此，企业在市场营销中，必须充分发挥销售渠道的作用，把生产出来的符合市场需要的产品，通过适当的销售渠道，及时、有效地提供给消费者。

13.2 销售渠道模式

市场营销管理人员首先要抽象地勾画出各种商品销售渠道模式，分析每一种渠道模式的可用性、经济性和可控性，然后从中作出选择。所谓销售渠道模式是指可供企业选用的销售渠道结构方案，每一种结构方案包含着是否利用中间商、利用哪些类型的中间商、利用多少中间商等决策和策略。

由生产厂家、中间商和消费者组成的销售渠道，通常是一个覆盖目标市场的平面网络结构，可以从长度和宽度两个角度分析其构成。所谓销售渠道长度，是指从生产厂家到消费者的商品所有权流程中，有多少中间商参与或协助了交易的完成。简单来说，从渠道长度的角度来看，销售渠道可分为直接销售渠道和间接销售渠道两种模式。所谓销售渠道宽度，是指在商品所有权流程的每一个环节，有多少经营者参与或协助交易的完成。在零售环节，销售渠道宽度也称为网点密集度，可以分为普遍分销渠道、选择性分销渠道以及独家分销渠道三种模式。

13.2.1 直接销售渠道

当生产厂家与消费者直接进行商品交换时，就产生了**直接销售渠道**。这里没有利用任何中间商。由生产厂家来承担销售渠道的全部功能，也可以由消费者或者用户来承担。用一个简单的箭线图来描述直接销售渠道模式，如图13-2所示。

图13-2　直接销售渠道示意图

直接销售渠道模式是生产者市场上商品销售的主要渠道模式，绝大多数机器设备、原材料和零件（元件）、部件，都是采用直接销售方式。这种直接销售渠道大多是由产业用户的直接采购行为形成的。

在消费者市场上，也有不少商品或企业采用了直接销售渠道。例如，雅芳公司（AVON）的推销代表基本上是通过上门推销向妇女销售化妆品；戴尔电脑公司（DELL）通过自己的销售网络直接获得用户订单，销售电脑。饮食店、糕点店大多采用直接销售方式销售自己的产品。

直接销售渠道的优点是：①通过与消费者直接接触，生产厂家能够快速而且具体地了解消费者的需要，及时作出相应的市场营销决策；②便于全面周到地为顾客提供服务，尤其是某些特殊性服务，切实满足消费者需要，并防止假冒伪劣商品对企业声誉的影响；③由于没有中间环节，可减少流通费用，缩短商品流通时间，提高市场竞争力。

直接销售渠道的缺点是：①生产厂家除了组织生产外，还要把一部分资源（人力、物力、财力）投入到流通领域，自设机构销售产品，会降低生产规模；②由于生产厂家不可能在各个地方设置推销机构，因此产品的销售范围和数量将受到很大限制；③生产厂家要承担商品销售中的全部风险，例如库存费用、货款回笼缓慢等，可能影响企业资金的周转。

13.2.2　间接销售渠道

目前市场上绝大多数的商品都是通过间接渠道销售给最终用户或消费者的。所谓**间接销售渠道**，就是在生产厂家和消费者之间，有批发商、零售商等商业机构加入，使商品销售要经过一个或多个中间环节，如图 13-3 所示。

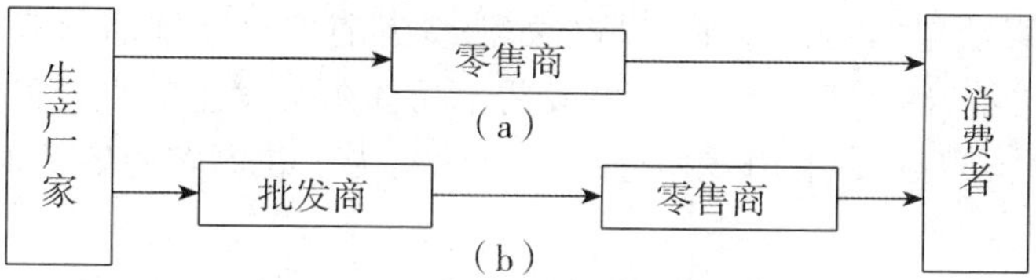

图 13-3　间接销售渠道示意图

按照介入所有权流程的中间商数量，间接销售渠道有长有短。在图 13-3（a）中，在生产厂家和消费者之间加入了零售商，这样构成一阶间接销售渠道。直接销售渠道（也可以认为是零阶销售渠道）和一阶间接销售渠道都是短渠道。对于价格较高的家用电器、个人电脑、名牌服装、汽车和其他贵重商品，大多采用这类短渠道尤其是一阶销售渠道分销。

在图 13-3（b）中，生产厂家首先把商品销售给批发商，再由批发商销售给零售商，最后由零售商把商品销售给消费者。这样形成二阶销售渠道。在现实生活中，还有三阶或更长的长渠道，即在生产厂家和消费者之间加入了三个或更多的批发商，帮助商品分销。一般来说，绝大多数日用品、食品饮料、普通服装、小型家用电器、小型工具和标准零件、元件，都是通过长渠道来分销的。

在生产厂商与消费者之间，中间商参与所有权转移的方式可以分为经销和代销。经销方式是指中间商直接完成所有权转移，即从上游供应商那里买进商品，获得商品所有权，然后把商品转卖给下游客户。直接买卖商品的中间商也被称为经销商。代销方式是指中间商不直接承担和完成商品所有权的转移。这样的中间商称为代理商，他们只是利用自己拥有的客户信息或供应商信息，利用商店门面或仓储设施，受供应商的委托帮助其联系买主，销售商品，或者受需求方的委托，帮助其联系供应商，购买商品。

间接销售渠道的主要优点是：①利用众多外部企业资源，在广泛的市场空间进行商品分销，既可减少生产厂家对流通领域的投入，又可扩大商品销售量，于是能大大提高生产厂家的生产规模和规模经济收益，促进生产分工的发展；②中间商可以帮助生产厂家融资，更加有效地推销商品，加快商品流通速度，并承担部分分销职能，分担市场风险。

不过，间接销售渠道由于增加了中间商环节，必将增加商品流通中的交易次数，从而带来流通费用的增加，同时使生产厂家管理和控制销售渠道，向顾客提供专业服务变得困难。此外，产销信息沟通也会不方便。

13.2.3　普遍分销渠道

在一定的市场区域内，生产厂家利用尽可能多的中间商来销售自己的商品，只要它们具备起码的销售该商品的经营能力和经营意愿，这样就形成了**普遍分销渠道**。采用这类渠道的着眼点就是提高销售渠道网点在目标市场上的覆盖密度，让商品最大限度地接近每一个顾客，方便顾客购买。这类销售渠道特别适合于以下商品的销售。

(1) 顾客重复购买频数高的商品，如食品、饮料、卫生纸、牙刷、牙膏、洗衣粉、洗发水、沐浴露、报纸、通俗刊物和电话卡等。

(2) 顾客购买前较少选择的商品，如礼品、小五金、小工具、计算机用软盘、通俗图书、小型体育用品（如扑克牌、乒乓球、羽毛球等）、办公文具。

(3) 顾客购买欲望容易消退的商品，如消费者通常对装饰品、节日用品（如月饼、灯笼、圣诞树、贺年卡）、儿童玩具、一般艺术品偶尔会发生需求，但是一旦时过境迁，这种需求就会消失。因此，采用普遍分销渠道就是为了在顾客想购买时，让他们及时购买，避免顾客流失。

(4) 不宜长时间存放的商品，如鲜花、水果、肉制品、鲜奶和奶粉、鸡蛋，应当争取让每一个顾客都能够最方便地购买，以便快速销售和消费，因而要采用普遍分销渠道。

此外，对于那些竞争对手或替代品较多，而自身品牌竞争力相对较低的商品，可以通过采用普遍分销渠道，增加网点密集度，方便顾客购买，用网点（销售地点）优势来弥补品牌不足。

一般来说，在普遍分销渠道下，生产厂家要承担起商品的广告宣传的责任，有时也要进行赠品包装、购买奖励等方面的促销活动。

13.2.4 选择性分销渠道

有些商品是顾客需要认真选择才会购买的。顾客不仅要求商品质量可靠、档次高，而且希望买得放心、开心。因此，这些商品的生产厂家必须借助于一些具备专业销售能力、保证质量、在顾客心目中享有信誉，而且愿意与厂家合作的中间商来销售自己的产品。这些生产厂家在一定的市场区域内，通常会对经营企业产品的中间商进行选择，不仅要求他们具有该类产品的销售能力和意愿，而且要求他们具有较高商誉、商品展示和销售服务能力，更接近顾客，光顾的顾客相对较多且容易产生购买欲。通过高标准地选择部分中间商，所建立的销售渠道，称为**选择性分销渠道**。

采用选择性分销渠道的基本目的是提高商品形象、强化推介力度、增加商品选购率，主要用于下列顾客需要仔细选择的商品的分销。

(1) 耐用品，尤其是名牌或者有一定知名度的耐用品，如家用电器、家具；

(2) 同类产品质量差异较大或者在人们心目中通常认为存在较大差异，而生产厂家提供的质量较高的产品，如服装、钟表；

(3) 具有较强实用性的新产品，如新效能的化妆品、健身器材；

(4) 档次较高、价格偏高的产品，如金银首饰、玉器；

(5) 象征较高消费层次、象征一定社会地位的商品，如高级西服、金笔；

(6) 需要提供一定销售服务的商品，如需要验光配制的眼镜、需上门安装的热水器；

(7) 技术性强、需要提供质量保证和信誉保证的商品，如医疗器械、药品、乐器；

(8) 主要适用于馈赠送礼的商品，如保健品。

被选入选择性销售渠道的中间商都是在顾客心目中具有一定地位、具有较强市场开拓和市场营销能力的中间商，它们大多愿意举办比较热烈、有吸引力的店堂促销活动，例如POP广告、有奖销售、信用消费和销售服务活动。一般来说，如果没有生产厂家的特别赞助，它们不会为某家厂家的商品举办专门的促销活动。由于顾客愿意光顾这些商店购买选购性商品，因此，生产厂家愿意通过这些中间商的帮助，开展比较热烈的店堂内外的促销宣传。

13.2.5　独家分销渠道

如果生产厂家在一定地区，只选择一家中间商销售自己的商品，则所建立的是**独家分销渠道**。独家分销渠道适用于顾客非常重视品牌，尤其是重视私人品牌的商品，例如钢琴、轿车、钻石饰品。相当多的产业用品如钢材、化工原料、建材、机器设备就是采用独家分销渠道来销售的；不少专业服务企业也采用独家分销渠道，如医院、家用电器维修服务、企业管理咨询服务。有些生产厂家出于强力控制商品销售渠道的考虑，也愿意采用独家分销策略。采用独家分销策略的主要优势是提高企业形象，拉开商品档次差距。

13.3　销售渠道模式的选择

销售渠道选择适当，可以使商品更快地通过流通过程转移到消费者手上，更高水平地实现商品价值和使用价值。如果选择不当，不仅商品难以打开市场销路，还会带来许多风险。选择销售渠道模式，主要应当考虑商品属性、目标市场特征、企业的条件和经营目标等因素。

13.3.1　以商品为依据选择销售渠道

商品本身的属性对其销售渠道构成有很大的影响。

1）商品体积和重量

由于实体移动因素的影响，商品的体积与重量和销售渠道的长度形成反方向变动关系。像机床设备、大型变电设施、起重机等体积大、笨重的商品要求采用短渠道销售；而绝大多数商品体积小，也不重，适合采用较长的销售渠道。

2）商品技术特征以及对特殊服务的要求

商品的技术特征涉及专有技术的使用和保护，通常也关系到特殊服务的提供和质量保证，因此，高新技术含量高、结构复杂、需要特殊服务的商品，如专用汽车、飞机、专用轮船、精密仪器、刚投放市场的技术密集型新产品，应采用短且窄的渠道销售；对于那些通用性强、服务的技术含量低、标准化的产品销售，可采用较长、较宽的销售渠道。

3）商品价格

商品质量、品牌声誉和收藏价值都可以通过商品价格反映出来，而质量、品牌声誉或收藏价值越高，则需要对销售渠道控制越严格。因此，价格高的商品多采用直接渠道或一阶渠道销售，而价格相对较低的商品大多采用二阶或二阶以上的、较宽的渠道来分销。

4）商品的耐损性

这里所谓的耐损性是指处于流通领域的商品在一定力的作用下，或者在一定的外界条件下，能否保持外形完整或者质量不变的能力。耐损性好的商品即使经历多次中转运输，也不会损坏、流失或腐烂变质，可以采用较长的渠道销售。对于那些易破（如玻璃制品、瓷器、塑料制品）、易坏（如电视机、录音机、录像机）、易腐烂变质（如水果、蔬菜、食品）的商品，应当采用较短但是较宽的渠道，保证商品能够快速、大量地销售出去。

5）商品的生命周期阶段

随着商品生命周期演进，销售渠道要经历从短到长、从窄到宽的变化过程。在投入期，通常采用较短和较窄的销售渠道，有些情况下生产厂家只能是自己销售产品。进入成长期和成熟期，商品被越来越多的顾客所认识和喜欢，因而需要采用越来越多的批发商、零售商来实现分销，因而销售渠道就变得长而且宽了。

13.3.2 以市场特征为依据选择销售渠道

市场目前的形势、竞争激烈程度、目标市场的特征等因素对企业的销售渠道政策以及渠道模式的选择是有影响的。

1）市场形势

在经济景气、商品俏销的市场背景下，生产厂家可能愿意直接销售，不少批发商、零售商都会乐意经销生产厂家的商品，因而销售渠道呈现长而宽、短而宽、多渠道共存的特征。如果经济不景气、商品滞销，经营者为了避免或减少市场风险，要么拒绝销售，要么采用代理销售方式。生产厂家通常只能采用短而宽的销售渠道。

2）竞争商品销售渠道

一般认为，采用与竞争性商品相同的销售渠道，有利于利用竞争商品已经“创造”的市场空间和商家信誉。但是这种策略要求企业的商品与竞争商品质量、外观、包装、价格等方面大体相当或者更有优势。如果企业在这些方面没有相应的竞争优势，就不如另辟销售渠道，避免与强手正面争夺市场。

3）目标市场的特征

如果目标市场的顾客消费地点比较集中，生产厂家可以在消费地点设立门市部或者派出销售代表上门推销，建立直接渠道面向消费者销售产品。即使消费者分布较为分散，如果目标顾客数量不多，也可以采用邮寄产品目录、电话推销或者最短的窄的间接渠道销售产品。如果目标市场的顾客数量较多而且消费地点分散，则需要采用较长而且较宽的销售渠道。

针对青年人、高收入阶层愿意到名店购买名牌商品的特点，名牌产品尤其像名牌服装、名牌家电，可以采用设立专卖店，或者由名店销售的方式，销售渠道呈现短而且窄的特征；针对那些对品牌不在意、讲求购买方便和物有所值的消费者，可以利用较多的批发商和零售商，即采用较长、较宽的销售渠道来销售商品。

顾客购买批量和频率也会影响销售渠道模式的选择。如果顾客购买批量大且频数低，采用直接销售渠道所需投资较少，能明显减少中间环节费用；如果顾客购买批量大且频数高，适宜于采用短间接渠道。如果顾客购买批量小，适宜于采用间接销售渠道：如果顾客购买频数高，间接渠道可宽一些；如果购买频数低，间接渠道应窄一些。

4）公共政策因素

在市场经济中，政府已经放开对绝大多数商品的管制，对于这些商品的销售渠道决策，完全由企业决定。只有极少数商品的销售还受到政府管制，例如香烟、药品，需要根据有关政策的规定选用相应的销售渠道。

13.3.3　以企业条件和经营目标为依据选择销售渠道

如果企业资本实力雄厚，容易建立自己的仓储、运输力量和推销人员队伍，可采用高素质的推销人员，直接向目标顾客开展销售；反之，企业没有资本条件来建立直接销售渠道，只有借用社会商业机构力量，建立间接销售渠道。

企业的经营发展战略规定着企业对新业务的选择和进入，同时对企业承担市场风险的意愿具有影响。一方面，如果一个企业打算从制造业扩展到零售业，实行多元化经营，必然选择建立直接销售网点的策略，或者一个企业希望迅速积累资金，以便快速扩大经营规模，也有可能采用直接销售渠道，通过节约中间环节的流通费用而增加利润。另一方面，如果企业打算提高技术开发与生产能力，增强核心竞争力，可能减少对批发、零售等流通领域的投入，而较多考虑增强和发展同批发商、零售商的合作关系，即采用间接销售渠道策略。

上述分析表明，一个企业采用什么样的销售渠道模式和销售渠道政策，既有一些来自商品本身、市场和企业的硬性约束因素，也有相当大的灵活选择的余地。一些企业的实践经验表明，企业选择和采用销售渠道策略要坚持科学性与艺术性统一的原则，在满足各项边界条件的前提下，要大胆开展销售渠道策略的创新。

13.4　销售渠道建设

13.4.1　间接销售渠道的建设

采用间接销售渠道模式，必须决定选用的中间商标准和数量，并采用有效方式去开发渠道成员，以便实现必要的市场覆盖密度。

1）销售渠道成员的选择

选用哪些中间商来构建产品分销渠道的决策是极其重要的，因为这些中间商的销售能力直接关系到渠道的分销功能。一般来说，选择中间商主要应考虑以下几个因素：

（1）中间商的地理位置。作为销售渠道的成员，所选择的中间商应当是处于最接近目标顾客，或者是顾客最方便光顾的地方。从运输角度上看，所选择的中间商最好处于生产厂家与目标顾客之间的直线上，这样商品运输就不会出现迂回路线或回流情况，可以把商品运输量降到最小水平。对于终端顾客来说，销售渠道的终端最好位于顾客集中的地方或商业中心。

（2）中间商的信誉。对许多企业来说，在我国改革中出现的一个最令人头疼的问题是“三角债”。不少“三角债”是由于购买者或者代理商不讲信誉，恣意截留货款投入不合理用途，造成资金流失，以至于无力偿还货款。对于生产厂家来说，“三角债”意味着在相当长的一段时间内难以收回货款，使企业无力维持再生产。要避免“三角债”，在选择中间商时，就要认真审查中间商的商业信誉，尤其要警惕不法分子的诈骗行为。

（3）中间商的资本实力。中间商的资本实力通常可以作为一种货款支付能力的象征。资本实力强的中间商通常不必等到货物全部销售出去以后才返还货款，他们可以买断商品，在他们认为最佳的时机出手销售。而资本实力弱的中间商则很难买断商品，通常只能等到全部商品销售出去以后才有资金支付货款。

（4）中间商的经营能力。有些中间商具有丰富的市场营销经验，采用先进的商业技术和销售形式，能够吸引顾客踊跃购买。也有一些中间商初出茅庐，缺乏市场营销经验，不能争取顾客购买自己的商品。这种差异就是中间商的经营能力的差异。对于一个中间商经营能力强弱的判断，可通过考察该中间商目前经营景气程度、知名度等资料而获得。能够保持经营景气或具有一定知名度的中间商，通常都是对市场具有较强适应能力、具有较强营销管理能力的。

（5）合作的意愿。作为销售渠道成员的中间商，是否具有强烈的与生产厂家、与其他中间商合作的愿望和动机，也是影响其渠道分销能力的一个重要因素。有些中间商受到自己经营方向、货品来源等因素的影响，可能不愿意经营（经销或代销）某些生产厂家的商品；也有一些中间商财大气粗、店大欺客，缺乏和中小生产厂家、中小商业机构合作的意愿和诚意。如果勉强争取缺乏合作意愿的中间商担任销售渠道成员，有可能需要付出昂贵的激励成本，或者分销效果不尽如人意。

（6）与公众、政府以及顾客的关系。中间商不仅要和生产厂家打交道，而且要获得公众、政府的包容和支持，获得顾客的欢迎。因此，良好的公众关系、政企关系和顾客关系，是一个中间商生存和发展的重要条件，也是他能否成为销售渠道成员的一个重要条件。

选择中间商是渠道建设中一项十分重要的工作，必须采用科学的程序和方法，认真做好。从程序上看，选择中间商必须首先确认渠道建设目标，明确需要选择哪些模式的、具备什么条件和功能的、多少数量的中间商，通过调查研究，掌握中间商资料，经过全面分析和科学论证，最后才选择所需要的中间商。从方法方面来看，对中间商的评价和选择应当坚持主观条件与客观条件相结合，历史评价与现实表现评价相结合，财力分析、营销经验分析和管理运作效率分析相结合的原则，用满意标准选用合格的渠道成员。

2）发展渠道成员

发展中间商进入商品销售渠道，是一个“双向选择”的过程。企业要选择中间商，中间商也要选择企业。只有那些具有分销企业商品的欲望的中间商才能作为被选择的对象。中间商的分销欲望产生于企业与中间商之间的沟通。在选择中间商之前，通常需要进行必要的沟通，介绍企业的产品，宣传企业的政策，树立企业的形象，增强中间商参与商品分销的信心和欲望。企业可以采用的沟通手段主要包括：

（1）直接拜访。推销人员可以直接拜访所选择的中间商有关主管，向他们介绍企业的产品，宣传自己的分销政策。推销人员直接拜访，对中间商主管来说，具有亲近感、尊重感，也能够就某些具体细节问题作深入的探讨，因而比较容易产生参与分销的欲望。但是，由于差旅费用开支较高，只适用于那些要拜访的目标对象很少、产品价值高的企业。

（2）邮寄宣传品。为了节约费用，生产厂家也可以采用邮寄宣传品方式进行前期沟通，一旦有关中间商了解了企业、企业政策和商品特点，就有可能产生参与企业商品分销的欲望。一般来说，邮寄宣传品对于技术上比较简单、市场潜量容易预测、价格不太高的商品来说，是比较合适的。

（3）广告宣传。具有一定声势的产品广告宣传活动，由于能够引起消费者的购买欲望，市场前景令人乐观，因此，也会引起中间商的参与分销的欲望和兴趣。例如，广东“泰奇”八宝粥上市之前，生产厂家进行了一场非常热烈的产品介绍型广告活动，以至于许多消费者到零售商店到处寻找，要求购买。零售商和批发商感觉到一个“泰奇”八宝粥市场正在兴起，因而纷纷向生产厂家请求经销，有的甚至直接购买和下订单。

3）启动销售渠道

中间商有了参与分销的欲望和合作的意愿，生产厂家也选择了该中间商。下面双方就要直接谈判，签订商品经销或者代理协议，建立一种长期的分销合作关系。

与中间商的合作协议，必须就中间商应当拥有的权利和责任作出明确规定。就责任和义务来说，中间商作为渠道成员，应当承担销售渠道的一系列重要功能并参与销售渠道的五大流程，具体义务包括：

（1）搜集与发送所处的市场营销环境中现有的和潜在的消费者、竞争者及其他影响者或影响力量的信息；

（2）把产品和服务的信息通过富有说服力的语言、广告、标示以及促销活动表现出来，吸引消费者注意和购买；

（3）参与交易谈判，推动商品交换的完成；

（4）把消费者的购买愿望转变成中间商的订购；

（5）融资和分配，供应销售渠道各层次使之产生应有功能；

（6）风险承担；

（7）物流，承担商品实体运输和储存功能；

（8）付款，通过银行或其他金融机构向销售者付清货款。

中间商的权利主要涉及定价权、区域独占权、酬金、获得技术支持、后续渠道建设与管理权、竞争商品经营权以及周转存货量、货款返还保证、行情和销售资料通报以及争议处理机制等方面。合理界定中间商的权利，可以发挥中间商的积极性，促进销售。

建设间接销售渠道的关键，是生产厂商必须有效发挥中间商的积极作用。一般而言，中间商作为独立的商业机构，不可避免地要从自身利益出发来决定为生产厂家分担哪些销售渠道功能以及如何为顾客服务。调动中间商积极性的主要手段是关系营销，包括为渠道关系增加财务联系、增加社会裙带联系以及结构性联系等。

【专论 13-1】

联营体渠道模式

联营体是指生产商与经销商合作，将双方的优势资源结合起来，共同成立一个相对独立的销售机构。联营体商业模式在外销转内销企业可行的原因是：外销企业对国内市场不熟悉，完全靠自己摸索时间长、成本高，完全依靠其他渠道商又会受制于人，失去主动性；联营体可以借助别人的力量、经验、资源快速占领国际市场，又不会完全受制于人；制造商与渠道商进行战略联盟、优势互补，一起拓展市场，比自己孤军奋战要容易。

另外，联营体模式还具有这样几个优势：第一，将外销企业与渠道商的责任、权力有机捆绑。第二，有效避免了生产商与经销商的双方风险。第三，有效地解决了渠道间的冲突问题。渠道间的冲突、终端的冲突、价格的冲突等是常见的问题，差价导致的货物流动会造成渠道混乱和不公平竞争。

文具产品远销 100 多个国家和地区的宁波贝发集团是外销转内销企业运用联营体原理

将上下游资源进行整合而获得巨大成功的典范。贝发集团布局中国市场后，以“奥运会文具独家供应商”的品牌优势在上游整合文具制造商，在下游以特许的形式发展加盟分销商，迅速组织产品，搭建通路，构建以品牌为核心集成众多制造商和产品渠道的“集成供应链商业模式”，实现了品牌经营和供应链管理的紧密结合。两年内，贝发集团在国内市场从零到有，如今拥有500多家连锁专卖店，终端系统销量节节攀升。

资料来源 改编自何之源．外贸转内销的渠道策略［J］．销售与管理，2009（5）．

13.4.2 直接销售渠道的实践途径

生产厂家开展直接销售的形式有多种，主要的形式是自营店铺销售、无店铺销售、电子商务等。企业可根据经营发展目标和市场、产品属性，作出合理选择。

1）自营店铺销售

设立自营店铺是一种古老的直接销售方式。

在现代社会中，相当多的消费品生产厂家和工业用品生产企业都拥有自营店铺，例如糕点食品公司、服装厂的门市部。有些制造商通过收购兼并商业企业，或者参股经营的方式，甚至采取租赁店铺或摊位的方式，开展店铺直接销售。自营店铺销售能够让生产厂家拥有较大的主动权和控制力，能够稳定商品销售和搜集市场信息，因而还是受到生产厂家的重视。

2）无店铺销售

无店铺销售是相对店铺销售而言的。尽管它们都是以商品销售为实质特征，但在形式特征上，店铺销售以有固定位置的店铺为标志，而无店铺销售在形式上就是没有固定位置的店铺。

组织从事无店铺销售的重点在于“三道关”：沟通、接待、交易。由于没有店铺来展示企业的商品，顾客也无法寻找店铺和认识商品，因此，沟通就成了无店铺销售的必备条件和首要职能。有的企业采用传统的人员推销方式，即经由推销人员直接向潜在顾客介绍、展示商品；有的企业则是采用传统媒体介绍商品，通告顾客购买商品的具体途径；也有许多企业采用现代沟通手段如电视节目+电话、因特网来推荐企业的商品。

通过沟通让潜在顾客认识商品并产生购买欲望后，顾客将主动与企业有关部门和人员联系，接待顾客就成为了达成交易契约的关键。顾客联系主要是通过电话、信函、电子邮件、传真等方式进行的，因此，接待顾客首先要求拥有必要的相互沟通的硬件、软件条件，此外一般也需要值班服务人员，以便及时解答顾客所提出的有关疑难问题，确认成交契约，并就付款、交货的各种具体事项与顾客达成计划，以便执行。

最后还要建立一套先进、有效运转的收款交货系统。有的顾客通过邮局汇款，有的通过银行转账，也有顾客用电子货币支付。为保证及时收到货款，及时向顾客发货（交货），收款管理必须科学化、现代化。此外，交货系统也要紧密配合，保证快速、安全、准确地把顾客需要的货物按时送到顾客手上。

无店铺销售有许多具体方式，例如邮购、传单推销、电话销售、上门推销、网上销售以及直销。有关销售方式的特点见表13-1。

表 13-1　　**若干无店铺销售方式的比较**

方式	沟通形式	付款方式	交货方式
邮购	媒体广告	汇款单或由送货人收款	邮寄或专人送货
传单销售	传单	收货时付款	专人送货
电视+电话销售	电视宣传、电话沟通	收货时付款	专人送货
网上销售	网络广告	网上付款或收货时付款	专人送货或网上交货
上门销售	推销人员宣传	收货时付款	推销人员交货
家庭聚会销售	先期使用者介绍并展示产品	当场付款	当场交货

几种常见的无店铺销售形式是：

（1）售货目录营销。这种形式是销售商按照选好的顾客名单邮寄售货目录，或备有售货目录随时供顾客索取。售货目录都是装订成册，上面印有各种推销商品的图片或照片，每一商品都附有精确的说明，标明商品的价格、重量及其他资料，并附寄一些订货通知单。顾客收到商品目录后若要购买，可通过商店免费电话选购自己所需的商品。这是目前国外最主要的直复营销形式，如美国每年散发的售货目录有 8 500 多种，达 124 亿多本，现在还扩展到邮寄预先录制的录音带营销产品。在我国目前只有个别公司开展此项业务，售货目录较为单薄，而且散发的范围极小。

（2）直邮营销。这是直复营销业中仅次于“售货目录营销”的一种重要形式。它是向潜在目标顾客邮寄各种单张邮件如折叠广告、直复邮递信函、广告传单等，顾客可通过上面所附的免费直拨电话直接订购商品，供货单位在多数情况下是直接派人送货上门，而非通过邮递部门邮寄。因此现代直邮营销的“邮”字只侧重于邮寄订货单，它具有可扩大企业的产品市场、节省销售成本、成交率较高的优点。

（3）电话营销。这一形式包括接纳顾客的电话购货和向顾客打电话推销货品两种类型。前者是提供免费电话接受由电视、广播广告和邮寄商品目录、邮件等所带来的顾客订货。后者是用电话直接向顾客推销商品。在美国，它已成为主要的直复营销工具，一些电话营销系统已实现拨号、传送接收信息、接受订货自动化。

（4）电视营销。它指的是通过电视，将产品直接销给最终消费者。电视营销有两种方法：一种是在电视上做广告介绍产品，顾客可打免费电话订购广告宣传的产品。一般来讲，报纸书刊、小型家用电器、音像制品的营销适合采用这种方法。另一种是通过闭路电视播放一套完整的节目宣传介绍产品，顾客可以打免费电话订购商品。这种方法一般用来销售套装产品，如服装、家用电器、立体声音响系统等。

（5）网上营销。这种英文原名叫 online marketing 的营销方式，是在前述电子营销基础上发展出来的新的直复营销方式，它是一种人们通过电子计算机和调制解调器可以达到的营销渠道。调制调解器的作用是将电子计算机与电话线连接起来，使电子计算机的使用者可以取得各种网上信息服务。手机上网（WAP）是移动互联网的一种体现形式，是传统电脑上网的延伸和补充。3G 网络的开通，使得手机上网正式进入人们的生活。手机上网具有方便性、随时随地性，逐渐成为现代生活中重要的上网方式之一。中国互联网络信息中心（CNNIC）发布的《第 33 次中国互联网络发展状况统计报告》显示，截至 2013

年12月，我国网民规模达6.18亿，手机网民规模达5亿，占总网民数的81.0%，手机继续保持第一大上网终端的地位。[①] 这些网上营销渠道给用户提供5项主要服务：①信息（新闻、图书、教育、旅游、体育、咨询）；②娱乐（文娱、游戏）；③购物服务；④对话机会（公告牌、论坛、聊天信箱）；⑤电子邮件。

（6）直销。直销（direct selling）是指厂家直接把产品通过销售员（直销员）推销给消费者。其具体形式有挨门挨户推销、逐个办公室推销、家庭销售会、生产商自设商店等。对于零售业来说，直销是一种价格昂贵的销售，因为它是面对面的人员推销，不仅需要支出一笔较大的上门推销费用，而且这些推销人员单位时间所完成的平均销售额也远比店铺售货员低。此外，支付直销员的佣金通常要占商品价格的20%～30%，并且还要支付招聘、培训、管理、激励销售人员的费用。

随着信息技术和沟通方式的发展，新的无商店销售将被创造出来，其中肯定不乏成功的新方式。由于不需要店铺，可以利用生产厂家自己的厂房、仓库或者租用廉价的房间来从事商品销售，因此，无店铺销售颇受生产厂家以及一些小型商业机构的欢迎。无店铺销售方式主要适用于那些价值较高、体积不大、重量较轻、顾客一般无须看样选择的商品的销售，例如具有某种特殊效果的化妆品、方便使用的小电器、珠宝首饰等。

3）电子商务

人类社会进入20世纪90年代后，由于Internet技术的广泛应用，极大地加快了网络化和信息化的进程。通过Internet技术把各个国家各种企业的计算机连成一片，形成了一种全新的组织内部和组织之间实现即时信息交换的系统。在市场营销领域，Internet被用来发布厂商和商品信息，用于客户对适合自己需要的商品的设计或选择，用于谈判和形成买卖契约，也可以用于交货（例如软件产品、音乐和咨询报告等）和支付货款（使用电子货币）。人们把利用Internet进行的商务活动，统称为“电子商务”。

商务部发布的《中国电子商务报告（2013）》显示，2013年，我国电子商务持续快速发展，交易总额突破10万亿元，同比增长26.8%。其中，网络零售交易额超过1.85万亿元，同比增长41.2%。网络零售交易总额占社会消费品零售总额比重由2008年的1.2%提升到2013的7.8%，成为全球最大网络零售市场。报告指出，2013年我国网购用户达3.02亿人。此外，电子商务在促进就业方面作用明显。我国网络零售企业创造了900多万个就业岗位，2015年预计将达到3 000万个。跨境电子商务加快转变外贸发展方式新手段。据统计，我国80%外贸企业已经开始运用电子商务开拓海外市场。[②]

【小资料13-1】

顾客体验比当老大重要

2011年6月初，卓越亚马逊重磅推出“六月杀价王”活动，并以手机、家电、家居、电脑和数码5类硬百货为主打产品，承诺对其实行“全网抄底价”。而这5类商品恰恰也是京东商城一直以来主营的拳头商品，这不禁让人联想起去年底京东大举进军图书市场之

① 扬子．我国网民数达6.18亿 手机上网用户达5亿［EB/OL］．［2014-01-16］．http：//tech.sina.com.cn/i/2014-01-16/14289102299.shtml.

② 杨倩，曹敏慧．商务部：2013年中国网络零售交易额超1.85万亿成全球第一［EB/OL］．［2014-05-29］．http：//www.gw.com.cn/news/news/2014/0529/200000348660.shtml.

举。对于以图书销售起家的卓越亚马逊来说，此次降价是否可以看作是对京东的回击？卓越亚马逊公司副总裁张建富认为，此次活动首次在 B2C 行业内提出以“价值战”取代“价格战”，目的只在于提升顾客体验。

“价值战”取代“价格战”

只要你随机在网上查看卓越亚马逊与京东的几样同类商品，就会发现卓越亚马逊的商品价格或低于京东，或与京东持平。张建富说，卓越亚马逊本次让利商品，折扣一般为 3～5折，最低可达 2.5 折，“这么大的让利幅度对于其他同类电商来说是不可能做到的”。

张建富强调，价格并不是该公司此次活动的核心。卓越亚马逊借此次活动首次提出以“价值战”取代“价格战”的理念，即不只关注价格，更关注包括价格在内的整体链态价值。“除了优惠的价格，我们还提供更多的客户体验，即商品质量、快递速度、售后服务等，而这才是我们此次活动的主要用意。”

据了解，目前卓越亚马逊一共有 28 个大类、260 万种商品在线销售。“这样的销售规模在国内 B2C 平台上应该属于行业领先，没有电商能够像卓越亚马逊一样选品和品类这么充分、完全。”张建富表示，之所以能够做到低价销售，与卓越亚马逊持续在物流改善、硬件设施配置、仓库配送等环节所作的投资是分不开的。在供应商选择和采购的途径上，卓越亚马逊尽最大可能与生产制造商或品牌拥有者直接合作，因此实现了一个最短的零售链。同时，该公司内部还在优化订单、仓储、物流配送等各个环节，从而争取更大的成本空间，并让利给消费者。

据张建富介绍，卓越亚马逊已在全国拥有 9 大运营中心，其中仅 2010 年一年就新建了 5 个。公司在这些运营中心自建物流系统，并与各地第三方物流紧密合作。强大的运营实力保证了北京、上海、广州等 5 个城市当日下单、当日送达，以及近 50 个城市当日下单、次日送达的配送能力，也提高了卓越亚马逊在 B2C 行业中的长期综合性竞争力。此外，卓越亚马逊还倡导无忧购物。顾客可以选择货到付款、当面验货，并可在 15～30 天内退换货。卓越亚马逊承诺所售商品全部为正品行货、假一赔二。“这相当于把商店或者大卖场、超市搬到了顾客的家门口。这种顾客体验甚至要好于线下传统的百货商店或者超市。”

除了高效的物流配送体系及优质的售后服务外，卓越亚马逊还一直在页面搜索、页面制作的质量和信息量等方面不断完善、创新。张建富说，卓越亚马逊独家推出了“心愿单”，消费者可以在卓越亚马逊发布其想要的商品，如有朋友想送其礼物，就可以通过浏览其“心愿单”，来购买相应的商品。同时，卓越亚马逊刚刚发布了 Android 应用平台，Android 手机用户可免费下载安装，并通过扫码、比价后下单购买，既便捷又省钱。

张建富表示，所有这些创新以及系统的设置和改进，唯一的目的是提升顾客的购物体验，通过卓越亚马逊充足的库存、最低的价格、快捷的配送速度和优质的服务，来赢得顾客。“顾客满意了，就会忠实于我们的购物平台，并形成一定的口碑宣传。这对于公司整体业务的发展来说都是良性的。”

资料来源　佚名．顾客体验比当老大更重要［N］．国际商报，2011-06-18（C2）．

由于商业前景看好，越来越多的企业纷纷进入电子商务领域。例如，在我国，除了许许多多的专业网络公司外，不少传统企业如海尔、康佳、科龙、长虹、TCL 等也纷纷成立电子商务开发机构，探索网上销售的规律。

13.5 物流管理

13.5.1 运输管理

绝大多数商品都需要经过运输、送货活动才能最后转移到消费者或用户手上，以便消费者能够方便地购买和消费使用。商品运输、送货都是实体的空间位移，其中还包括库存（实体的时间位移），统称为“物流”，它是有形商品分销的一个基本特征和重要组成部分。

物流管理是分销渠道管理中的一项重要内容，它直接关系顾客所需要的商品能否在顾客需要的时间及时上市并送到顾客手上。由于顾客需要的发生具有时间的限制性，因此快速、准时运送货物是满足顾客需要的重要前提。另外，货物运输不仅发生运输和保管成本，而且占用企业资金，影响资金周转，容易产生风险。从这一方面来看，物流管理是影响企业经济效益的一个重要因素。正是基于这种认识，企业界把物流管理看做“第三利润源泉”。

物流管理的第一项职能是运输管理。所谓运输是指采用某种运输方式、按照某种运输路线，把商品从一个地方转移到另一个地方。这里有三个重要的决策问题：其一是如何设置工厂；其二是选择哪一种运输工具；其三是采用怎样的运输路线。

1）如何设置工厂

一般来说，企业可以按其地理分布把顾客划分为几个区域市场，是设立一个中心工厂满足各个区域市场的需要，还是在各个区域市场设立分工厂，让其为所在区域市场提供商品和服务。这就是企业必须作出的决策之一。两种方案的优劣比较见表 13-2。

表 13-2　　**工厂设置方案的比较**

	设立一个中心工厂	设立区域市场分工厂
基础投资额	总额较小	总额较大
生产组织	计划性强，但缺乏灵活性	能灵活适应当地市场
运输工作量	当总体市场较大时，运输工作量很大	当区域市场较大时，企业总运输工作量较小
运输组织	复杂	简单
经济效率	当总体市场较小时，有规模经济	当总体市场较大时，能获得规模经济

对于那些目标市场相对集中的中小型企业来说，考虑到工厂最低合理规模的要求，一般采用第一个方案，即设立一个工厂满足各个区域市场需要。

对于那些大型企业尤其是那些大型跨国公司来说，由于目标市场分布面广，因此就有必要在众多地方设立工厂，以满足各个国家和地区市场的需要。例如，可口可乐在中国的首家装瓶厂于 1980 年在北京成立。今天，可口可乐公司将产品罐装授权于 3 家中国罐装商：太古集团、嘉里集团、中粮集团。截至 2014 年 6 月，可口可乐公司在中国建有 42 个瓶装厂，总投资超过 50 亿美元，员工超过 48 000 人。这些工厂主要为满足具有 13 亿多人口的中国大市场的需要服务。

2）选择运输工具

随着交通条件的改善，当代企业可以采用许多种类的运输工具来转移商品。例如，陆地交通工具有火车、汽车，水上有轮船，天上有飞机，地下有管道。在我国，目前主要的商品运输工具是汽车和火车。火车在远距离陆路运输中具有明显优势，但是要求铺设铁轨；汽车可以把商品送到许多没有铁轨的地方，但是在远距离运输中，相对较慢而且成本较高。对于一些气态、液态和某些粉状物体，采用管道运输可以减少损耗，不占用陆地和水路，没有环境污染，因而受到越来越多的企业的重视。企业需要从不同运输工具的成本、速度、可达性、安全性，以及可获得性等方面进行评价和选择。

3）选择运输路线

选择运输路线是基于三个基本考虑：第一，选择较短的运输路线可以节约运输量，降低有关成本；第二，保证货物更快地到达顾客手上或目的地；第三，保证运输过程的安全。

从理论上讲，直线运输的路程最短，因而运输量最小，交货最快。在实践中人们常常发现，直线运输存在困难：第一，受到自然条件和人为因素的影响，现实中的公路、铁路或者河流（航线）都不可能是直线；第二，向两个或者多个目的地同时运送货物时，也难以实现直线运输。因此，在商品运输的组织管理中，必须分析哪一条运输路线是最短的，而且能够保证运抵各个目的地的货物不会延迟。

由于采用不同运输工具的运输成本存在差异，因此，在运输方案设计中，通常还要考虑不同运输工具的运输路线优化问题以及不同运输工具之间的衔接配合问题，除了计划上要科学计算外，执行过程也要合理管理。

13.5.2　库存管理

由于商品生产与消费存在着时间差异，顾客需要量较大的商品往往需要有足够的库存来保障供给。另外，有些商品的顾客需求具有“细水长流”的特征，每次需要量可能较少，但需要是经常发生的，可是该商品在生产上有合理批量的要求，批量太小就不经济。于是一批生产出来的商品中的一部分就要存入仓库，以备在不生产的时期来满足顾客的需要。这样，不少商品在进入到消费领域之前都会经过库存这个环节。

虽然在不少情况下，商品库存具有积极作用，但是如果管理不好，商品库存也有消极作用。它不仅占用流动资金，影响资金利用效率，而且可能削弱生产部门对市场变化的反应能力，对销售部门增加无意义的压力，打乱经营战略部署。因此，做好商品的库存管理对于计划和执行市场营销战略、提高企业对市场变化的适应力和竞争性，具有重要意义。

商品库存管理主要涉及商品库存量控制标准决策。

一种商品在仓库应保持多少库存量，需要从减少占用资金、避免积压、减少订货费用和保障供货、避免顾客损失等多方面加以考虑。这些因素对商品库存可能会有不同的甚至矛盾的要求。例如，从减少资金占用、避免积压的角度上看，商品库存量应当越少越好，可是从减少订货费用和保障供给的角度上看，商品库存量应当尽可能多一些，库存量少必然需要频繁订货，增加订货次数和相应费用，也可能在顾客大量购买时出现缺货的情况，致使顾客因不能及时消费而遭受损失。

考虑商品在仓库有进货和出货两种情况。当一种商品进货入库时，其库存量将达到最高水平；在不断的销售出货过程中，该商品的库存量将逐渐降低，直至无货可出，如图13-4所示。

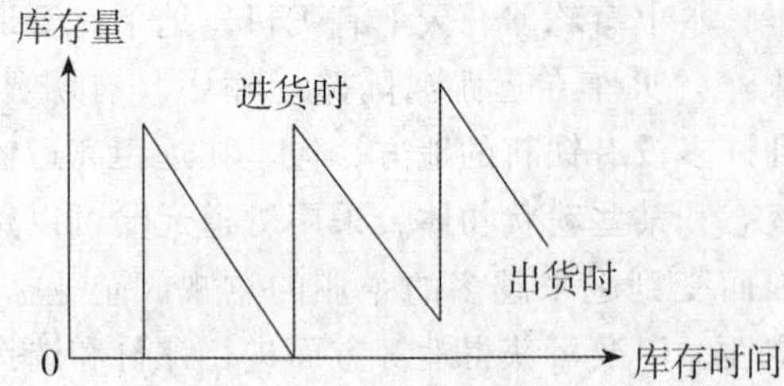

图 13-4　商品库存变化过程

在库存管理中，为了防止库存商品太多造成积压，通常设立一个最高库存量标准，作为组织进货尤其是计算进货量的依据。有了这个标准，某次进货量可以用下式计算：

进货量=最高库存量标准-现有库存量-平均日出货量×正常采购周期

这样组织订货，可以保证在一批商品进货入库时，仓库存货量刚好就是最高库存量标准与进货批量之间的差额。换句话说，入库后，原有库存和进货批量加起来，就是最高库存量标准数量。上述公式中，“现有库存量”是指计算进货量、组织订货时仓库的库存量；“正常采购周期”是指从订单发出日起到商品进货入库日为止，一次正常的采购活动所必须经历的天数。正常的采购活动是不会发生供货延迟问题的。

为了保证供给，防止市场脱销，仓库通常需要保持必要、合理数量的备用存货。这是一种非正常使用的存货。一般来说，有两种因素导致需要非正常使用的存货：其一是订货组织中出现供应延迟。在正常使用的库存商品已经发送完毕而该入库的商品尚未进货的间断期间，为满足顾客的紧急需求，需要使用备用存货；其二是顾客需求出现非预期性的增长，以至于正常库存量不能满足顾客需要，要求使用备用库存。由于这类原因，就应当经常保持一个合理数量的备用存货，而且一旦它被使用，就要尽快予以补充。为有效地掌握备用存货，也需要一个最低库存量标准。

在正常情况下，最高库存量标准和最低库存量标准之差，就是正常周转库存量，也是每次商品订货、进货数量，通常称为“订货批量”。许多企业根据经济原则来确定订货批量，主要分析与订货次数相关的订货组织费用变动曲线和与库存量有关的库存费用变动曲线，寻找能够使两类费用之和达到最小的订货批量，即经济订货批量。常用的经济订货批量计算公式如下：

$$经济批量=\frac{2\times 预期年需求总量\times 每次订货费用}{商品价格\times 库存费用率}$$

［例］假设某种商品价格是50元，市场明年的需求总量大约为20万件，仓库库存费用率是0.04，每次订货管理成本是180元。其经济订货批量是多大？

根据上式不难算出：

$$经济批量=\sqrt{\frac{2\times 200\ 000\times 180}{50\times 0.04}}=6\ 000（件）$$

因此，该企业要分33次、每次6 000件组织订货。这样可以使总的库存费用达到最小。

当然，库存管理既是满足顾客需要的一种手段，也是加强采购、生产与运输、销售部门之间联系的纽带。库存管理不仅是对库存货物实体的管理，同时也是销售信息、供应信息、资金占用信息、资金周转信息、顾客特征信息、顾客需求构成信息的“显示器”。有效利用这些信息，发现市场营销中的优势与弊端，对于改善企业经营，具有不可估量的作用。

13.5.3 准时供货制

20世纪70年代以来，日本丰田汽车公司推行的**“准时供货制”**（JIT，即 just in time）受到人们广泛的关注和采用。这种管理方式以销售为龙头，涉及营销、采购、生产、库存、运输等各个方面，实行“准时”运作、“准时”对接，落脚点就是要做到“准时”满足顾客需要。

实行“准时供货制”的一个重要变革就是减少甚至不要库存以及其他中间环节，在采购、生产和分销之间建立起直接的快速反应机制，以便对顾客需要能够及时作出反应，以最快速度满足顾客需要。

本章小结

为消除生产与消费分离带来的消极影响，生产厂家客观上需要借助一定的销售渠道网络，争取在最接近消费者的地方销售商品。所谓销售渠道是指商品在从生产企业流转到消费者手上的全过程中，所经历的各个环节和功能承担者之和。销售渠道的核心是功能载体，具体表现为商品所有权流程、商品实体流程、货款流程、情报信息流程和促销流程等五大流程。通过销售渠道各个主体的协同努力，商品就能快速、准时、安全地，以可盈利的方式从生产厂家转移到消费者的手上。

根据渠道成员构成和彼此间关系的差异，销售渠道可以分为直接渠道、间接渠道（包括经销渠道和代理渠道）、普遍分销渠道、选择性分销渠道、独家分销渠道等模式。销售渠道越长，所能利用的中间商资源就越多，所能到达的市场范围就越大，但是渠道的可控性就越低；销售渠道越宽，销售网点的密集度就越高，消费者购买就越便利，但是管理工作量就越大。一般应根据商品的特点、市场特点和企业的条件来作出选择。如果建立间接销售渠道，关键环节是选择和激励中间商。如果采用直接销售渠道，就可以开展自营店铺销售和无店铺销售。随着信息网络技术的广泛使用，电子商务的发展备受人们的关注。电子商务实际上是无店铺销售的一种最新的形式。

伴随着商品销售，商品实体从生产厂家流转到消费者手上。在此过程中，有关销售渠道成员还要承担商品运输管理和库存管理的职能。运输和库存管理统称为物流管理，它们都是与商品实体运动对应的营销管理职能。

主要概念和观念

☐ 主要概念

销售渠道　商品所有权流程　商品实体流程　直接销售渠道　间接销售渠道　普遍分销渠道　选择性分销渠道　独家分销渠道　物流管理　准时供货制

☐ 主要观念

销售渠道的基本功能　销售渠道的模式　直接销售　销售渠道模式的选择依据　间接

销售渠道的建设　物流管理的主要决策

基本训练

□ 知识题

13.1　阅读理解

1）为什么说销售渠道能够为消费者创造价值？试举例加以说明。

2）你认为销售渠道的五大流程彼此之间存在什么关系？是否有必要增加或减少哪个流程？

3）直接销售渠道与间接销售渠道在哪些方面有所不同？它们给企业带来的利益有哪些不同？它们被采用的条件可能存在什么差别？

4）商品的哪些因素对其销售渠道的选择具有不可忽视的影响？

5）市场和企业本身的哪些因素在销售渠道模式选择中必须给予足够的重视？

6）作为战略合作伙伴的销售渠道成员具备哪些特征？制造商如何与之加强合作关系？

7）选择运输路线的基本要求是什么？

8）为什么说物流管理是现代企业的“第三利润源泉”？

13.2　知识应用

1）选择题

(1) 销售渠道主要是以________为核心来设计和建设的。

A. 所有权流程　　B. 商品实体流程

C. 货款流程　　D. 情报信息流程

(2) 货款流程可能与________的方向相同。

A. 商品实体流程　　B. 所有权流程

C. 促销流程　　D. 情报信息流程

(3) 下面几个说法中，________不能用于描述由生产厂家、零售商和消费者组成的销售渠道。

A. 间接销售渠道　　B. 短渠道

C. 窄渠道　　D. 一阶销售渠道

(4) 如果某公司建立的一阶销售渠道属于宽渠道，一定是因为________。

A. 存在多个生产厂家　　B. 存在多个批发商

C. 存在多个零售商　　D. 存在多个消费者

(5) 在销售________时候采用普遍分销渠道是合适的。

A. 莲花牌味精　　B. 雅戈尔牌衬衣

C. 可口可乐　　D. 精工牌手表

(6) 相对采用经销渠道而言，采用代理渠道能给生产厂家带来的利益包括________。

A. 减少流通占用的资金　　B. 减少流通费用

C. 增强渠道控制力　　D. 增加盈利

(7) 大型水电站使用的发电设备适合于采用________销售。

A. 较长的渠道　　B. 直接渠道
C. 间接渠道　　D. 窄渠道

(8) 商品运输管理涉及的重要决策不包括________。
A. 工厂设置决策　　B. 运输工具选择
C. 运输路线决策　　D. 商品库存量决策

(9) 销售渠道就是要消除生产与消费分离而产生的________。
A. 所有权差异　　B. 空间差异
C. 时间差异　　D. 信息差异

(10) 在三阶销售渠道中，除了制造商和消费者之外，必然存在________。
A. 批发商　　B. 零售商
C. 储运商　　D. 产业用户

(11) ________适合采用较长、较宽的销售渠道。
A. 饼干　　B. 报纸
C. 小轿车　　D. 小家电

(12) ________适合采用较短、较宽的销售渠道。
A. 水果　　B. 杂志
C. 洗衣机　　D. 服装

(13) 制造商自营店铺的形式包括________。
A. 投资建店　　B. 购买商店
C. 入股办店　　D. 租赁店铺

(14) 组织无店铺销售的重点在于________。
A. 沟通　　B. 接待
C. 交货　　D. 收款

2) 判断题

(1) 如果顾客上门采购，则这里不存在销售渠道。　(　)
(2) 销售渠道的功能就是销售企业源源不断地大量生产的商品。　(　)
(3) 在直接销售渠道中，制造商能够获得比间接销售渠道更多的利润。　(　)
(4) 在间接销售渠道中，制造商能够利用大量外部资本。　(　)
(5) 选购品适合于采用普遍分销渠道。　(　)
(6) 开展网络营销就是开展电子商务。　(　)
(7) 企业界把物流管理看做是“第一利润源泉”。　(　)
(8) 在销售渠道中利用库存手段的主要目的是等待顾客购买。　(　)

□ 技能题

13.1 规则复习

1) 销售渠道模式选择

企业建立销售渠道的决策包括：在生产者和消费者之间利用多少中间商的销售渠道长度决策；在每个渠道环节（尤其是渠道终端）采用多少经营者的销售渠道宽度决策。

选择销售渠道模式时主要应考虑：商品因素、市场因素、企业因素。

在决定销售渠道长度时主要应考虑：顾客分布是较为集中还是比较分散；寻找和服务

顾客是否困难；商品的价值是否较高、储运是否困难；商品是否需要专业技术服务；企业能否在销售渠道中投入较多资本。

在决定销售渠道宽度时主要应考虑：顾客分布是较为集中还是比较分散；顾客是否愿意花费时间和精力来购买；竞争者的网络密集度；商品是否容易自然变质、贬值；商品的生命周期阶段；市场需求变化速度。

2）间接销售渠道的建设

选择中间商时主要考虑：中间商的地理位置，信誉，资本实力，经营能力，合作的意愿，与公众、政府以及顾客的关系。

发展渠道成员的沟通途径有：直接拜访、邮寄宣传品、广告宣传。

与中间商签订合作协议的内容包括：中间商所应承担的渠道功能，中间商的权利，涉及定价权、区域独占权、酬金、获得技术支持、竞争商品经营权等，争议处理机制。

3）直接销售渠道的实践途径

生产者开展直接销售的途径有：自营店铺销售、无店铺销售、电子商务。

设立自营店铺的形式有：投资建新商店，兼并购买商店，入股经营商店，租赁店铺、摊位。

开展无店铺销售主要应抓住“三关”：沟通、接洽、交易。

开展无店铺销售的具体方式有：邮购，电视、电话销售，上门销售，家庭聚会销售，招投标销售、展销会、订货会销售等。

4）物流管理

销售渠道中的物流管理涉及：运输管理、库存管理。

运输决策包括：工厂设置在何处，选择哪一种运输工具，采用怎样的运输路线。

关于工厂设置地点的决策要考虑：基础投资总额、市场适应性、运输工作量、规模经济。

库存管理决策主要有：商品库存量决策。

实行“准时供货制”所需的变革是：减少甚至不要库存，建立快速反应机制，准时运作、准时对接、准时满足顾客需要。

13.2 操作练习

1）实务题

（1）某饮料公司开发出一种美容保健型新饮料产品后，力图通过众多的中小商店销售给普通消费者。由于价格相对较高，比普通保健饮料价格高出50%，所以销售量一直没有达到预期水平。为了促进销售，该公司要求经销商大做广告宣传，并以此作为保持渠道成员资格的条件。但是，遇到了中小商店的抵制。许多中小商店宁可不再经销该公司的产品，也不愿意在该商品上投资做广告。你认为可能的原因是什么？如果你是该公司的市场营销经理，你将会采取什么策略来扭转当前的局面？

（2）海尔集团以电器质量高、服务完善而闻名国内外。如果海尔公司希望你在所在的城市建立一个海尔电器的销售渠道网络，你对它有什么建议？

2）计算题

（1）某种商品的价格是135元，估计明年的市场需求量达到200万件，本企业的市场占有率约为16%。如果该商品的库存费用率是2%，每次订货费用是270元。问该商品库存的经济批量是多少？组织进货的间隔期是多少天？

（2）某服装制造公司在一家商店租赁柜台进行直接销售。通过分析近半年来的销售资料，发现日平均销售量是 20 套，正常采购周期是 10 天。公司规定租赁柜台不得缺货脱销，故要求服装的最低库存量不得少于 300 套。销售人员为防止缺货脱销，每天都清点一次货物。一天他发现库存服装量只有 500 套。问他是否应该马上通知公司供应货物。

3）综合题

李先生原来是一家当地有名的服装厂的设计师，因为与老板意见不合而离职。李先生认为自己有很强的新潮服装的设计能力（过去他设计的多套新款服装都销路不错），便决定自己做老板，拿出多年积蓄开设一家服装厂，并打算在销售渠道方面大胆创新，推出服装邮购销售方式。如何来组织商品销售，他还是一个外行。有关他的构思的可行性如何，他更是心中无底。为此，他来征询你的意见。请问，李先生的服装厂是否适合采用邮购销售方式？如果可以采用的话，李先生应当抓好哪些环节，才能保障商品销售顺畅？

□ 能力题

13.1　案例分析

美的“蓝鹰计划”冲击中国微波炉市场

一、项目背景

1999 年，国内微波炉市场几乎被格兰仕一家垄断，其市场占有率高达 70% 以上。那时，格兰仕实施成本领先战略，凭借劳动力成本和规模优势，主动发起 6 次大规模的价格战洗牌。惠而浦、蚬华、上菱、飞跃、亚美、大宇等众多强手先后被“价格屠夫”残酷地清理出局，剩余的对手亦被其步步紧逼。

中国微波炉市场拥有巨大需求潜量。据预计，到 2010 年将达到 1 500 万台的规模，相对 1999 年的 800 万台销量来说，发展空间巨大。蛋糕确实诱人，因而进入者前赴后继，达到数十个品牌，其中亦有海尔、松下、LG、三星、三洋等国际家电巨头的身影。

1999 年，美的集团实施了相关多元化战略基础，相应地上马了微波炉项目。然而在上述市场环境下，美的微波炉连续 6 年陷入亏损而不能自拔。2006 年，应美的高层邀请，以杜建君先生为首的深远咨询项目团队开启了一系列帮助美的微波炉“突围”的咨询服务。

二、项目开展初期状况

（一）美的拉近了与主要竞争对手的差距，但亏损严重

2006 年，美的微波炉的市场占有率已有 20.82%，与格兰仕的市场占有率 47.63% 的差距有所缩小。美的微波炉在无情的市场竞争中占据了重要的一席。但是，微波炉市场仍保持着品牌高度集中的格局。

与此同时，一般垄断竞争情况下的高利润并没有在微波炉行业出现。在市场份额增加的背后，是美的连续多年的亏损，这让美的集团高层忧虑，微波炉团队也深感压力沉重。

（二）渠道绩效提升空间大

相关多元化战略要取得成功，对既有资源进行整合形成价值链共享优势至关重要。美的微波炉借用了美的空调和小家电等在近 20 年时间里打造的庞大销售渠道。事实证明，这对后来美的微波炉迅速进入市场前三甲起到了重要作用。

深远顾问在调研中发现美的微波炉销售整体上表现出两个不均衡。第一，淡旺季销售不均衡。旺季与竞争对手相比销售情况不好，而在淡季双方不分伯仲，业绩相对较好。原因是，在旺季竞争对手加强销售的力度，美的经销商与终端缺乏迅速有效的反应，再加上品牌的积淀不够，销量就受到影响；在淡季竞争对手的促销力度减弱，美的品牌和既有渠道的张力继续发挥作用，受竞争对手的影响小，销量相对上升。第二，区域市场销售不均衡。在一些重要的销售区域，如湖南、河南等市场需求大的区域销量不理想，而在同一地区采用相同渠道的空调产品销量好。空调产品和微波炉产品在同一地区的销量具有正相关关系。这说明美的微波炉渠道的既有能力和潜力没有充分发挥出来，渠道绩效还有很大的提升空间。

（三）三大症结

对销售不均衡现象进行深入剖析，发现运营效率、网点覆盖率和服务水平是影响渠道绩效的三大问题来源。

1. 借用已有渠道的利弊

利：美的在相关多元化战略中让微波炉项目借道入局，比完全重建微波炉渠道节省时间和投入，相对来说，也极大地提高了微波炉这一新业务单元进入市场的运营效率。

弊：主推微波炉的经销商比例不大，大量的经销商还是把重心放在了空调、生活电器等容易销售且盈利高的产品上，对推广微波炉产品不热心也不专心，因为没有把这当成吃饭的饭碗，也就更谈不上对微波炉的推广进行主动投入。同时，美的对渠道策略的执行也遇到问题，策略从总部传到经销商那里往往就“变味”了。对经销商的考核管理不规范，也没有纳入到战略层面，单单以销量为标准来评价经销商，绩效考核不科学、不全面、不公平，结果是做得好与做得不好的经销商都有怨言。

这一症结集中体现为：本来高效的渠道在推微波炉这一新品时却发不出力，老品和新品在同一渠道反映出完全不同的效率。

2. 网点的突破与扩张

在一、二级中心城市市场，美的 KA 网点覆盖率与主要竞争对手相比也存在差距，主要竞争者在 KA 市场的占有率达到了 70% 左右。美的微波炉显然需要在这方面进行强有力的突破。

对三、四级市场下沉不够。中国的农村市场（县域市场）对微波炉的需求已开始抬头，并且潜力巨大，但美的和竞争对手的渠道向这一市场的分销力度普遍不大。

这一症结集中体现为：渠道原有产品可以到达的地方，而微波炉却推不到。

3. 服务水平影响销售产出

在对消费者服务方面，由于经销商及其导购人员对微波炉产品知识欠缺，缺乏最基本的产品生活体验，对消费者需求认识不足，使美的推出的微波炉新品的价值不能顺利地传达给目标消费者，产品价值不能得到消费者应有的认可，特别是推出的一些中、高端产品的价值难以在终端清晰地传递给消费者。

这一症结集中体现为：经销商推老产品得心应手，服务周到，而推新产品不得要领，常引起用户的不满。

深远顾问认为：“如果美的微波事业部能处理好这些关键节点问题，加之美的综合实力和团队的执行力，美的完全能够打破微波炉市场的格局。”

三、蓝鹰计划，从渠道变革破局

（一）具备破局的条件

首先，美的品牌拉动力强。美的品牌在市场上知名度和美誉度高，风扇、空调和生活小家电等产品的成功，都对微波炉产品起到了很好的拉动作用。

其次，美的微波炉在与市场第一品牌的战斗中愈战愈勇，积聚了自身的品牌影响和市场份额，已在微波炉市场具有举足轻重的作用。

再次，美的微波炉团队在七年的打拼中得到锻炼，大浪淘沙后，团队稳定、意志坚定、能打硬仗，研发、制造和营销团队的实力都不弱。

最后，也是很关键的一个因素，美的微波炉经销商基本面好。这些在与美的多年的打拼中经过优胜劣汰的经销商，能力和潜力都很大。通过微波炉团队七年的精心耕耘，美的微波炉经销商体系已经形成，初步建立起了有能力向市场第一品牌挑战的销售网络。

（二）渠道发力

深远认为，在渠道管理方面应该培养三大力：（1）驱动力——事业驱动力，包括经销商的实力和美的自身的领导能力，是渠道成长的核心和内部能力的体现；（2）运营力——经销商的操盘运作能力，包括平台建设、流程建设和信息化建设的能力，是渠道成长的基础；（3）执行力——经销商的传动能力，它决定厂家和经销商的战略和策略是否能够切实执行并取得预期效果，是渠道成长的内部推动力。

对此，美的在渠道方面推出三大举措。

1. 使渠道向消费者提供更好的产品和服务。没有好的产品，渠道就会“巧妇难为无米之炊”，因此，要提高渠道绩效，首先要开发适销对路和赢利的产品。基于这种思想，从 2006 年年初起，针对对手光波炉强势突进的局面，美的明显在产品开发上增强了力度。以追求差异化的价值需求为导向，美的连续推出了蒸汽紫微光、食神蒸霸等领先于竞争对手且具有高附加值的产品，并结合不同渠道的特点开发了更具针对性的产品。

2. 提高产品有效覆盖率，提升销售收入。美的加大了向三、四级市场的下沉力度和在城市卖场的促销力度，通过提高销售网点的覆盖率和产出率来提高渠道的销售收入。

3. 使价值链中各方都能和谐共生。各种举措最终必须实现渠道的盈利，使渠道中各方都能获得合理的或高于同行的利润。

美的希望通过这三个方面的努力提高渠道绩效，并结合企业的品牌传播和产品研发等，形成巨大的市场扩张力来冲击市场被行业第一品牌垄断的困局，重构中国微波炉市场的格局。

（三）蓝鹰计划，破局中的变革

要解决美的渠道的“三大症结”，就必须从三个方面进行渠道变革，即从深度分销转变到深度营销，从传统营销转型到价值营销，从传统的业务推动转向内部营销驱动，以此提高渠道的客户接触度、增强经销商服务水平、提高渠道的分销优势和销售产出率。

蓝鹰计划应运而生。三大渠道变革通过蓝鹰计划的三大措施来进行，即蓝宝石 321 丰收工程（县域市场）、蓝钻双百工程（城市 KA 渠道终端）以及蓝鹰俱乐部（渠道激励与考核）。

1. 到三、四级市场收获“蓝宝石”

中国的三、四级市场广大而分散，如同散落在神州大地数不清的蓝宝石。蓝宝石 321

丰收工程的实施就是为了收获这些蓝宝石。

（1）蓝宝石321丰收工程，包括蓝鹰行动、蓝鹰插旗和蓝鹰飘旗三个活动。

蓝鹰行动着力解决布点问题，填补有需求但美的网点尚未铺到的三、四级区域市场。这相当于对三、四级市场进行拓荒，在空白市场开垦出绿洲。

蓝鹰插旗解决的是网点的密集度问题，也就是在所进入的区域市场，进一步增加网点，实现区域市场的有效全面覆盖。为提高经销商的积极性，蓝鹰计划推出了“百强县PK”活动，在全国100个县开展经销商“蓝鹰插旗”大比武，对取得成效的经销商给予奖励。

蓝鹰飘旗解决的是网点的产出率问题，重在激活前期“布点和插旗”网点的销售潜力，即在实现渠道的深度分销的基础上实现深度营销价值。

2007年，蓝宝石321丰收工程初见成效。2008年北京奥运会召开之际，美的集团又在获得中国跳水“梦之队”赞助权的基础上，开展了“美的微波炉赶集千镇行”活动。“赶集千镇行”是美的微波炉倡导的全民健康烹饪的民心工程，计划在全国1 000个乡镇巡回举办相关活动，将美的“健康、高效、时尚”的微波“蒸”文化及现代生活理念传播给广大乡镇消费者。

（2）深度营销，变“旱渠”为“利润之渠”。美的在蓝宝石321丰收工程中采取了品牌传播、准确的导购话术、现场展示和策划相应的促销活动等协同营销方式，制定了与营销策略相适应的经销商激励措施等。这一系列深度营销的方式，有助于提高渠道网点的绩效，使整个渠道从“死渠”变成“活渠”，从“旱渠”变成清水长流的“利润之渠”。这是粗放的深度分销所难以达成的。“蓝鹰计划——蓝宝石321丰收工程”这一深度营销方案，实际上解决的是三、四级市场终端从提高消费者接触度到提高销售产出率的问题。

蓝宝石321丰收工程体现了蓝鹰超越自我、捕猎成功率高、更有效率的理念。

2. KA市场，蓝钻双百工程的价值提升

（1）蓝钻双百工程。通过蓝钻双百工程，对城市市场的不同消费群体形成对应的营销方式，设立专项的城市KA渠道“蓝钻工程”建设基金，实现关键终端的突破和旗舰店中店的建立，即在全国KA渠道有领先于主要竞争者的售点100个，建设精品体验终端100个。

前者是与对手在市场基本盘竞争中采取的领先行动，即在全国KA渠道先有100个网点，产出率高于主要竞争者，在主要竞争者坚固的城市存量市场防线上撕开口子，以提振士气。

后者是针对对手的薄弱环节发起的超越行动。中国中产阶层的兴起和新兴消费群体的出现，使中高端市场的规模不断扩大，并成为企业重要的利润来源。而主要竞争者在高端市场的表现不佳，其他竞争者难以全面占有高端市场，这为美的提供了契机。

（2）渠道的价值营销。中产阶层和新兴消费群体的逐步壮大使价值营销作用凸显。现阶段中国中产阶层约占就业人口的15%，并以每年1%的速度增长，中产阶层爆发出巨大的消费能量。这一高利润市场在家电业被大量的洋品牌所占有。这显示出中国大多数家电企业所擅长的价格战等传统营销方式的窘境，摆在这些企业面前的一大课题是价值营销。

如何使“方方一块”的微波炉走下货架，与消费者进行交流，并在其心中建立起对新品牌的全新认识，这是美的渠道价值营销的关键所在。蓝鹰计划提出在全国 KA 市场建设精品体验终端，使美的为高端消费群体和新兴消费群体开发的产品，以他们喜闻乐见的方式在终端传达出来，通过让他们参与现场的价值体验活动，以他们自己的感受、自己的体会甚至是自我的发现来切身感受产品的价值，使这些对价格不敏感、只要喜欢就买的消费者，在这些终端选择美的，产生比其他网点更高的利润。这也是在增量市场的作战。

蓝钻双百工程主要体现了蓝鹰的立体作战、精准作战和超越作战等理念。

3. 启动蓝鹰俱乐部，帮助团队转型

蓝鹰俱乐部由美的一级核心经销商组成，通过俱乐部的一系列内部营销进一步理顺渠道价值链，倡导利益共同体，凝聚价值共同体，打造命运共同体。

深远顾问在咨询中指出，经销商在与顾客建立长期信任关系时是作为一个整体出现的，具体来说，经销商也是由若干个员工和管理者组成的，只有经销商内部关系融洽协调，才能成功地“外求发展”，通过员工的协作实现资源转化过程中的价值最大化。

综上所述，蓝鹰计划是美的微波电器事业部高瞻远瞩，认识到自己在中国微波炉行业未来激烈的市场竞争格局下所面临的巨大挑战，也认识到县级市场和新生市场对于美的未来保持可持续高成长的战略性意义而制订的渠道营销变革方案。

四、蓝鹰计划成果

美的和主要竞争者的市场平均占有率的比例从 2006 年的 20.82% ：47.63%，演变为 2008 年的 41% ：50%，形成了微波炉市场的双寡头格局，行业一家独大的市场格局被美的打破。

2008 年，中国微波炉销售规模终于从多年来一直徘徊的 800 万台，增长到了 1 000 万台。美的市场占有率的提高一方面是因为抓住了原来 800 万台市场规模里其他品牌退出市场的机会，2008 年 LG 和海尔等品牌的市场份额萎缩，其让出的市场空间主要为美的所填补，这部分大概占到美的增幅的 10%；另一方面是由于抓住了增量市场的机会，在增长的 200 万台销量中，三、四级市场达到 100 万台，在新的增量中占到 50%。作为美的开拓三、四级市场的营销策略，蓝鹰计划功不可没。

资料来源　经济观察报. 杰出营销 [M]. 青岛：青岛出版社，2010：193-203.

问题：

1）本案例中，美的微波炉利用该公司小家电的分销渠道来实现分销，是不是一个合理的分销策略？需要注意哪些问题？

2）如何将分销渠道从“卖产品”的职能载体转变为“关系营销”职能载体？

3）对家电企业来说，农村市场的营销与城市市场的营销应当体现出哪些差异？

13.2　网上调研

请通过网络对中小型工业企业作一调查，然后归纳一下它们选择中间商（渠道伙伴）的标准或要求主要是什么。

第14章

零售商与批发商

学习目标

通过学习本章，你应该达到以下目标：

知识目标：了解零售商和批发商在流通领域中的位置和作用；理解零售商和批发商的分类方法以及各类零售商和批发商的经营特点。

技能目标：学会区别直销与传销；理解零售商和批发商的经营决策变量；掌握零售商经营策略的选用规则。

能力目标：具有判断零售商和批发商的发展趋势的能力，能制订零售市场营销计划。

引例

广深“便利超商”异军突起

便利店也卖快餐盒饭，便利店也有生鲜食品出售……一种便利店的新模式，悄然诞生于广州，赋予便利店更多便利化的概念。

最近，7-11一口气开了三家店门口写上“便利超商”的分店，面积都不小于100平方米，里面增加了一部分的生鲜食品，让人感觉置身于小超市。难道在不断有零售商提出要多业态发展的时候，在广州和深圳共拥有74间分店的7-11也要变身？

不变中求变

当有人带着这个问题，向广东赛壹便利店有限公司南中国区总经理马世豪求证时，马世豪一再强调，7-11无论是以前、现在、将来都是以便利店为主，目前出现的“便利超商”只是7-11针对社区特点而设立的新模式，仍然是便利店，并不是转型做小超市。

据马世豪介绍，传统的便利店面积一般在70～100平方米，但是随着人们对便利食品需求范围不断扩大，设立在社区内的便利店食品已经不能满足人们的需要。于是，更适合于市民要求的，加入了生鲜食品，面积不少于100平方米的“便利超商”由此产生，目前还属于雏形阶段。

据了解，初期只是生产和售卖冰块的7-11，后来为方便顾客，逐渐加入饮料、零食及各式日用商品，接着加入了速食、热食及新鲜面点等项目。到现在，产生了这种适用于社区的“便利超商”。

情况不同模式不同

据了解，香港的7-11，主要的收入来源依靠于店内的报纸和杂志，特别是进口杂志。但在国内，由于这方面零售还没有完全放开，所以香港的 7-11 模式，并不能复制到国内。反而是针对不同商圈特点建成不同模式的 7-11，更能做到本地化。据悉，7-11 已由原来 70% 的进口货，转为 80% 为国内采购，国内的主要收入来源是食品类。

马世豪认为，由于便利店本身针对的对象就是在街上走的人，随着国内经济的发展，街上走的人越来越多，便利店服务的对象也随之增加，更加讲究服务性和便利性。7-11 设在社区、商业区、学校附近以及地铁等地段的，经营品种侧重点就有所不同。社区会侧重于卖民生食品，而地铁侧重于卖报纸杂志。

随着顾客的多元化，便利店也在不断增加增值服务以“拉拢”客户，如手机充电、换 SIM 卡等小服务。

没有直接的竞争对手

在谈及 7-11 的竞争对手时，马世豪认为，没有直接的竞争对手，但有间接的竞争对手，比如，便利店卖的饮料、食品等，都有专门的店铺做这类的生意，这些就是 7-11 的竞争对手。

进入中国内地已有 10 年的 7-11，虽然在 2001 年 8 月前，由于政策等因素，仅开了 34 家分店，但是他们手中紧握华南地区 350 家分店的牌照，7-11 已在去年 8 月后开张 11 家分店。最近马世豪也放出豪言，今年分店总数要达到 150 家，什么时候选好地址，什么时候就开张。

便利店最讲究的是规模效应，在香港，分店达到 100 家时最能体现成本效益。由此可见，7-11 今年内有望可以实现规模效应。

资料来源　邓瑞燕，蒋江敏．广深“便利超商”异军突起［N］．新快报，2002-02-12.

绝大多数消费品能够被分散在四面八方的消费者方便地就近购买，在很大程度上归功于批发商和零售商对商品分销过程的参与。批发商和零售商的参与能够大大提升制造商满足顾客需要的能力。作为市场营销人员，要努力争取零售商和批发商分销企业的商品，必须了解他们的经营特色和营销策略类型。

14.1 零售和零售商

14.1.1 零售的特征

每个大学生几乎每天都有可能与零售商打交道：他可能从餐馆（或食堂）购买面包、馒头或者米饭等食品，从自动售货机购买矿泉水、可口可乐或者红牛饮料，从百货商店购买圆珠笔、衣服或者巧克力饼干，也有可能从杂货店购买牙刷、牙膏和洗发水。他在与零售商打交道时也是在介入零售活动。事实上，零售商或者从事零售活动的其他组织在每个消费者的身边，成为满足消费者需求的一个不可忽视的重要力量。

零售商是以零售为基本业务的企业。所谓**零售**，是指向最终消费者个别地、直接地、重复地销售他们日常生活所需的商品和服务的活动。商品经过零售环节，退出流通领域，进入消费领域。零售在流通领域中的位置可用图 14-1 来描述。

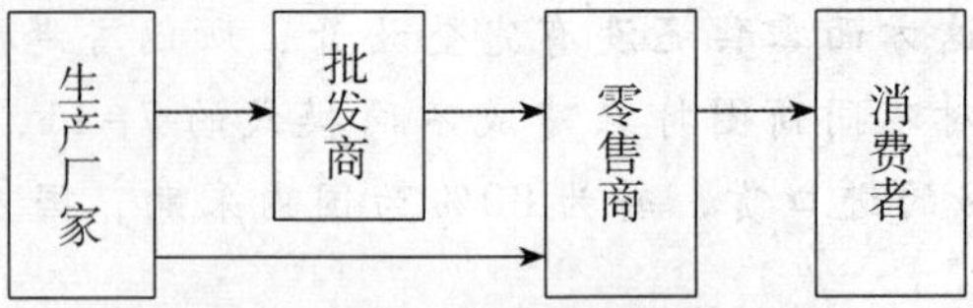

图 14-1　零售在流通领域中的位置

相对其他类型的交易而言，零售活动具有如下三个基本特点：

（1）交易对象是最终消费者（包括个人消费者和集团消费者），他们是为了个人和家庭生活或非商业性用途而购买和消费的。

（2）交易活动是零星地、频繁地进行的。零售商大量采购商品，却用拆零销售方式转卖给消费者，原因是消费者的日常购买和消费大多属于小量的、重复发生的。为满足众多消费者不同时间的购买和消费需求，零售商通常需要以较长时间的营业来迎接更多的顾客光临。

（3）处于商品流通的最后环节，即零售完成后，商品进入消费领域，退出流通过程，一般也不再进入生产过程。

上述特征具有密切的联系。按照字面意思理解，零售的主要特征是零星销售，满足人们的小量需求。一般来说，零星小量需求主要是由消费者的个人生活需要产生的，而且，只有把商品零售给消费者，才能让商品退出流通领域和生产领域。因此，面向消费者销售商品以满足其生活需要是零售活动的根本特征。因为向消费者销售商品的活动，受到消费者人多面广、频繁发生需要、小量购买等特征的制约，必然表现出个别服务、零星小量销售的特点。虽然也有不少产业用户如生产企业、商业或服务企业以及非营利性机构常常通过零售活动购买商品，但是它们的此类“零星”购买额比例一般较小，购买者数量也相对较小，不足以影响“零售”的上述特征。

在现实生活中，大多数零售活动发生在零售商店。当然，零售不是零售商专有的“职能”。生产厂家、批发商、酒店、旅社和其他服务企业也可能在进行零售活动。表14-1列出的是若干年代我国社会消费品零售额的行业分布资料。由表 14-1 可以看出，批发零售贸易业实现的零售额总是占绝大多数。另外，餐饮业、制造业、农业和其他行业的零售额也在快速上升，在社会消费品零售活动中占有重要的地位。国家统计局发布的《2013 年国民经济和社会发展统计公报》显示，2013 年全年社会消费品零售总额达237 810亿元，比上年增长 11.5%。其中，商品零售额为 212 241 亿元，增长 13.6%；餐饮收入额为 25 569 亿元，增长 9.0%。在限额以上企业商品零售额中，粮油、食品、饮料、烟酒类零售额比上年增长 13.9%，服装、鞋帽、针纺织品类增长 11.6%，化妆品类增长 13.3%，金银珠宝类增长 25.8%，日用品类增长 14.1%，家用电器和音像器材类增长 14.5%，中西药品类增长 17.7%，文化办公用品类增长 11.8%，家具类增长 21.0%，通讯器材类增长 20.4%，石油及制品类增长 9.9%，汽车类增长 10.4%，建筑及装潢材料类增长 22.1%。

绝大多数的商品零售是在商店进行的。也有不少新的零售方式以没有店铺为特色，即无店铺零售。必须注意的是，不论商品的销售以什么方式（电话、邮寄、自动售货机）和在何处（商店、街道或家中）进行，只要其销售活动具有上述特点，就属零售的范畴。

表 14-1　1978—2008 年我国社会消费品零售总额的行业分布　单位：亿元

年份	社会消费品零售总额	批发和零售业		住宿和餐饮业		其他行业	
		总额	比重（%）	总额	比重（%）	总额	比重（%）
1978	1 558.6	1 363.7	87.5	54.8	3.5	140.1	9.0
1980	2 140	1 768	82.6	80	3.7	292	13.6
1985	4 305	3 272.2	76	196.9	4.6	835.9	19.4
1990	23 613.8	19 454.3	82.4	1 614.7	6.8	2 544.8	10.8
2000	39 105.7	32 697.3	83.6	3 836.1	9.8	2 572.3	6.6
2005	67 176.6	56 589.2	84.2	8 886.8	13.2	1 700.6	2.5
2006	76 410	64 325.5	84.2	10 345.5	13.5	1 739	2.3
2007	89 210	75 040.3	84.1	12 352	13.8	1 817.7	2.0
2008	108 487.7	91 198.58	84.1	15 403.9	14.2	1 885.3	1.7

14.1.2　零售商的类型

零售商是指专职向消费者开展商品零售活动的商业机构。随着社会经济的发展、科学技术的进步，零售商的组织形式和经营方式千变万化、层出不穷，成为变化最大最快的行业之一。

根据国内外零售业的发展情况看，目前零售商的类型主要分为三种，即商店零售商、非商店零售商和零售商集团。

1）商店零售商

商店零售商设有位置固定、对顾客开放营业和完成销售的店铺。绝大多数商店都有醒目标识显示其存在，并且店堂有所装修，不仅给顾客提供一个舒适的购物环境，也能通过其美丽的外观吸引顾客光顾。

按照所经营商品和服务的特色，商店零售商可分为：

（1）专业店。它是专业化程度较高的零售店，通常专门经营某一类商品，但商品的花色品种较为齐全，如书店、电器城、家具店等。由于社会分工的纵深发展，市场细分化、专业化生产已成为发展趋势，使得专用品商店可以利用的细分市场和产品专业化的机会越来越多，因此，近年来这类拥有品种丰富、档次齐全的系列化商品的专用品商店得到迅速发展。顾客只要到一间商店，就可以购齐相关的商品并有充分的选择余地，既省时又方便。专用品商店通常还能够提供较多技术性服务，如电器安装、维修。

（2）超级市场。这是一种规模相当大、顾客多、成本低、毛利低、销售量大的零售机构。其特点是采用商品上架，由顾客自己选取的方式，而且实行顾客自我服务，商店减少了售货员数量，节约了费用，商品价格也较低廉。目前，国外的超级市场朝着规模越来越大，经营范围越来越广，设施越来越齐全的方向发展，以提高竞争能力。

（3）百货公司。**百货公司**是经营日用工业品为主的综合性零售商店，一般规模比较大，经营范围广，商品类别多，花色品种齐全，且一般设立在城镇交通中心和商业群中心。

目前，由于新的零售形式的不断发展，使百货公司这一老式的零售形式受到有力挑战，许多百货公司为提高其竞争能力都进行了适当的改革。例如，不断扩大营业面积，在郊区设立分店；不断增设专柜，力求将市面上独立的专营店吸纳到自己的百货店中；开展邮购服务等。

（4）便利店。这是设在居民区附近的小型商店，在地点上便利顾客，营业时间也较长，适合居民随时购买。所经销的商品种类有限，但往往是消费者急需的、周转快的日用品，而且毛利和销售价格都较高。

【小资料 14-1】

“生产钞票的”7-11 公司

在日本形形色色的分销系统中，有一个便利店连锁公司，它实现的单位营业面积的销售额是普通零售店的 2 倍，这就是 7-11 公司。该公司成功的秘密，在于顺应了日本特殊的零售和分销的现实，推行极其严格的存货控制与准店交货的制度，从而最大幅度地降低了分销成本。除了在杂志、奶品、罐头食品、鱿鱼片等方面有良好的存货外，7-11 还向泰芬妮、劳力士等公司下手表订单。由于使用了第四代 POS 系统，7-11 公司能随时掌握顾客的情况决定如何进货，向制造商和批发商及时提供向哪个分店供什么货物的信息，并以合适价格促进存货周转，存货水平只有美国同行的 1/3。

随着日本的道路交通越来越拥挤，该公司鼓励供应商在中心仓库大量交货，再拆零配送至每个店铺。为了跟上时代的变化，POS 系统持续更新中层经理对于顾客的人口统计因素组合的变化方面的知识。其图表显示了不同商品的销售情况，例如对于新鲜的午餐盒饭，可以得到顾客购买的时间、年龄和性别分布情况。有了这样的信息，7-11 公司就可以增加新的服务，如提供洗印照片和收发传真服务，甚至还有产品快递服务。一位评论家写道：“7-11 就像一家银行，它生产大量现金。”

资料来源　科特勒，等．市场营销管理（亚洲版）：下册［M］．郭国庆，等，译．北京：中国人民大学出版社，1997：191-192.

（5）折扣店。其经营特点是在自助式、设备少的基础上经营，以低价销售商品，店址一般设在租金低的地区，提供最基本的零售服务。折扣店一般以中、下层消费者为对象，经营一些耐用品、服装、药品等，折扣店所经营商品均是合格品，而且突出销售有一定知名度商标的商品，以说明价格低廉并不是商品质量低下。以往折扣店主要经营普通商品，近年来，西方国家的折扣店均向经营专用品方向发展，例如折扣书店、折扣体育用品商店等。

（6）仓储商店。它是一种集仓储、批发、零售于一体的自选商场。这种商场形似仓库，内部不搞豪华装饰，采用开放式货架陈列商品。通过减少中间环节、节约装潢费用、降低营运成本、减少经营费用等，为顾客提供价廉物美的商品，达到以低价大量销售商品的目的。

（7）产品陈列室推销店。这种商店将产品目录推销和折扣店合二为一，即向顾客散发彩色印刷的产品目录，在目录中标明每一项商品的价格和折扣价。一般销售种类繁多、加成高、周转快、有商标的商品，如珠宝饰品、照相器材等。目前这种形式已成为西方零售业中最热门的形式之一。

（8）家居超市。它是主要经营家庭装修、维修以及清洁用品的专业性超级市场。

2）非商店零售商

非商店零售商是指专门从事无店铺销售的零售商。由于，没有店铺让顾客直接光顾和进行交易，因此，商品信息沟通就成为非商店零售商最重要的职能。采用何种方式进行商品信息沟通，与非商店零售商拥有何种专用资源有关。如何进行商品信息沟通也就成为决定零售商经营形式的关键因素和非商店零售商的分类方式。根据商品信息沟通方式，非商店零售商可分为：

（1）直销公司，即通过招募直销员，由直销员在固定营业场所直接向最终消费者推销产品的零售商。直销作为一种经销方式可谓古已有之。在商品经济不发达的时代，很多商品都是地产地销并由生产者直接销售给消费者的。现在有不少生产资料业仍采取直销的方式。不过作为一种零售业态的直销则起源于美国，发展于第二次世界大战期间，之后传入欧洲、日本等国家和地区。20 世纪 90 年代初，一些外国直销公司开始进入中国。在西方发达国家，这些直销公司主要采取三种方式推销自己的产品。

①挨户推销。其代表性公司在美国有雅芳、Electrolux 等，它们通过自己的销售代表（如“雅芳小姐”）挨户或逐个公司推销自己生产的产品。戴尔计算机公司（Dell Computer）也采用这种方式销售电脑，该公司的理念非常简单：按照客户的要求制造微机并向客户直接发货，戴尔能够事半功倍地了解客户的需求，并作出及时有效的反馈。这一举措使戴尔公司成为世界上首屈一指的计算机系统直销商，并且使它跻身于业内最大的制造商之列。

②家庭销售会。其代表性公司在美国有特百惠、玫琳凯等。它们通过派遣销售代表到一个邀请了一些亲友聚会在一起的东道主家中，向这些人展示推销自己的产品。

③多层次营销（或称传销）。其创始者为美国的安利公司，开始时美国的一些市场营销学教材将其称为“直销的变种”。这种多层次营销的销售体系包括由组织者或经营者发展人员，通过对被发展人员以其直接或间接发展的人员数量或者销售业绩为依据计算和给付报酬，或者要求被发展人员以缴纳一定费用为条件取得加入资格。

这些直销公司在 20 世纪 90 年代初进入我国时，由于我国正处于社会主义市场经济发展的初级阶段，市场发育程度低，有关营销法规不够完善，直销逐步发展成为各种形式的传销活动，一些不法的单位和个人极度渲染传销的“财富效应”，诱骗群众参与传销、敛取钱财，还有一些人利用传销从事迷信、帮会、价格欺诈、推销假冒伪劣产品等违法活动，既干扰了正常的经济秩序，损害了人民群众的利益，也严重地影响了我国社会的稳定。针对上述情况，我国从 1994 年开始，直至 2005 年 9 月，国务院及有关部门曾先后 13 次发文，“制止”、“停止”，甚至“禁止”传销活动。因此，目前在我国的直销业态中，不存在传销这一业态，或不放开这一业态。

【专论 14-1】

直销与传销的区别

我国正式颁布的《直销管理条例》和《禁止传销条例》对直销和传销作出了符合我国国情的分类，即认为直销和传销是两种不同的零售形态，而不再把传销当做直销的一种形式。根据有关条例，**直销**被定义为直销企业（生产企业）通过招募直销员，而非本公司的员工，由直销员在固定的营业场所之外直接向最终消费者推销产品的经营方式。这里强调直销员"向最终消费者"推销产品，而不是向别的直销员"销售"，这是直销的根本特征。当然，直销企业的直销员的招募大多采用相互介绍加入的方式，尤其是先期加入的直销员可以介绍朋友加入——他的朋友往往也是看中先期加入者的业绩和个人发展机会而愿意加入进来，公司对直销员介绍新的成员加入也有一定的奖励。这样，直销企业的直销员队伍就能够不断扩大。不过，这里必须强调的是，直销企业侧重产品销售，对直销员的报酬计算以产品销售业绩为主。直销员从公司拿货需要垫付货款，但不等于和公司产生了买卖关系。直销员有退货的自由，也有退出的自由。直销员个人权益受到充分保障。

所谓传销，是指一个企业（并非一定是生产企业），采用缴纳一定的入会费或购买一定价值量产品的形式发展人员入会（传销员），并鼓励入会者（传销员）拉人入会，鼓励措施就是以他发展的下线数量以及下线人员的销售业绩为依据计算和给付报酬。这里强调传销是销售产品的零售形式。但是，在实际操作中，不少传销企业并不提供产品让传销员去销售，或者由于产品价格特别高以至于传销员难以销售产品而放弃了以产品销售来收回入会费的办法，而强调"发展下线人员"，大搞"拉人头"，建立"金字塔"网络，受骗者谋求从他所骗取的下线"受骗者"那里获得补偿。在"直销企业不是直销产品，而是在追求直销事业成功的梦想"的幌子下，形成"老鼠会"，上线设圈套"巧妙"地剥夺"下线"的财富。这就是我国所禁止的传销的基本特征。

归纳起来，直销与传销之间的区别大致如下：

（1）渠道的商品流程不同。在直销中，商品流程形式为生产企业——直销员——消费者；在传销中，商品流程形式是生产企业经营者或组织者——传销员……传销员——消费者。从商品所有权转移来看，传销要比直销频繁得多。这就容易引起渠道成员之间的冲突及其他不可控因素的增加。直销则由直销员与消费者直接接触，能够将所有权转移风险降低到可控制的程度。

（2）销售的商品不同。传销的商品往往超出直销的范围，五花八门，比如，墓地、病人都被用来搞传销；有相当多的传销产品是不符合大众消费者需求的，市场极小，因而根本不能采用直销方式来销售。不少传销组织传销的目的是"醉翁之意不在酒"，不过是借传销的形式来攫取不义之财。直销的产品是大众消费的产品，市场广阔，适宜于直销员销售，而且应符合政府的规定。我国颁布的《直销管理条例》中规定："直销产品的范围由国务院商务主管部门会同国务院工商行政管理部门根据直销业的发展状况和消费者的需求决定、公布。"

（3）获利的基础和方式不同。传销人员的收入主要是根据他直接或者间接滚动发展的下线人员数量来计算和给付的人头费，部分是根据其下线人员的销售业绩来计算和给付的分享报酬，两者都具有非法剥削下线人员的性质。直销人员的收入主要来源于向最终消费者销售产品的业绩，即直销企业支付给直销员的报酬只能按照直销员本人直接向消费者销售产品的收入计算。我国还规定，直销员的报酬总额（包括佣金、奖金、各种形式的奖励以及其他经济利益等）不得超过直销人员本人直接向消费者销售产品收入的 30%。这就排除了过高提成的可能性，也有利于控制直销产品价格的虚高。

（4）加入方式不同。传销的组织者或经营者发展人员，要求被发展人员缴纳费用或者以认购商品等方式变相缴纳费用，牟取非法利益。直销则不同，我国的《直销管理条例》规定：直销企业及其分支机构不得以缴纳费用或者购买商品作为个人成为直销员的条件。

（2）邮购公司，即通过报纸或杂志广告，介绍商品，并接受顾客汇款订货和销售的零售商。邮购业盛行于欧美国家，例如，美国彭尼公司、沃尔玛公司早年都做过邮购零售。邮购公司常采用直接采购商品（有的就是制造商的分公司）的方法，增大存货量，降低成本，有的经营规模不亚于百货公司。

（3）网上商店，又称“虚拟商店”、“网上商场”、“电子空间商店”或“电子商场”，是电子零售商业的典型组织形式，是建立在互联网上的商场。卖方通过网站或网页向顾客推荐和介绍商品，顾客在网上选购商品，卖方安排快递送货上门，买方可以在线支付货款或者收货时支付货款。典型的网上商店有京东商城、当当、亚马逊、凡客、唯品会等。在中国开展电子商务的时机已经非常成熟，有眼光的商家已经或正在纷纷建立自己的网上商店。

（4）顾客服务部，大多属于生产厂家的职能机构，一方面承担公司产品的销售服务和质量跟踪保证，另一方面也销售公司的产品。

（5）电视专卖店，即电视广告推荐商品的专卖店，例如，一些地方出现的“帝威斯（TVS）公司”。

现代非商店零售商绝大多数是建立在网络技术基础上的，从事的是电子商务。这是一个重要的发展趋势。即使那些商店零售商，也在考虑或已经进入电子商务领域，用现代信息技术、网络技术武装自己，提高零售效率。

3）零售商集团

零售商集团是以多店铺联盟的组织形式来开展零售活动的。参与集团的商店可以是同一个所有者开办的若干店铺，也可以是不同所有者的若干商店。通过商店之间的联合，可以避免过度竞争，提高零售的规模经济，节约成本。其具体形式有：

（1）连锁店。20 世纪零售领域最重要的变革就是连锁店的发展。**连锁店**是由两个或更多的共同所有、共同管理的商店所组成的零售商业集团。其经营规模庞大，实行标准化经营、店铺统一装潢特色，广告费用低，管理费用较少，可降低经营成本，商品价格也比一般超级市场便宜。有统一管理机构，易于信息沟通、有效组织促销，商品周转迅速。可直接向制造商批量进货，随时在各商店之间调剂余缺，改善库存结构，减少库存资金占用，扩大销售。这些优势保证了连锁店适应当今生产力的发展和市场扩大、竞争激烈的要求，成为当今西方零售业中最主要的组织形式。

（2）销售联合大企业。这是一种由多个零售机构自愿组合而成的企业集团。通常是由若干不同所有者拥有的不同类型的商店组合在一起，实行协调统一的销售促进和经营管理。销售联合大企业与自愿连锁店有些相似，是零售商店自愿组合的团体，其中没有技术和品牌分享的情况。但是两者又有区别，其不同的是销售联合大企业所经营的商品均属不同的类别，而且可以有不同的店名（旗号）和经营风格。例如，美国的 F. W. 华尔华兹公司下属成员有经营各种商品的综合商店，还有专门经营鞋的商店、文具店、服饰珠宝和手提包专用品商店。

（3）消费者合作社。它是一种由消费者自己出资、管理和拥有的零售企业，店铺大多设在社区各个居民点内，为住在周围的居民提供商品和服务。通常所售商品的价格都比较低，或以正常价格出售，然后根据每个人购货的多寡给予惠顾红利。

（4）购物中心。购物中心是集中于一栋商业大楼内由众多的大商店和小店铺组成的零售商群，可视为一种管理松散的零售商集团。欧美的大型购物中心一般在郊区设址，占地数十英里，往往以一两家著名大商店为主体，再设有数十甚至上百间不同行业的小店铺。小型购物中心则设有十来间或数十间店铺，主要是便利社区居民购物。由于购物中心内设有不同行业的店铺，经营各种各样的商品和服务，有停车场，有餐厅，甚至附设大型的娱乐场所，所以具有商品品种齐全，服务多样化，能满足一次购齐所需商品和购物、娱乐同时进行的优势。

（5）商业街。商业街有的也称为商业步行街，是集中于一条街道上，由众多的各种零售商店组成的零售商群，如北京王府井大街、广州的上下九路、武汉的江汉路一条街。

14.1.3 零售商的发展趋势

社会生产的发展和消费需求的变化是推动零售业发展的关键力量。在当代社会中，信息技术、网络技术的快速发展，把社会推进到一个“信息经济+知识经济”的时代。信息和知识已经成为新时代中企业经营的基础和生存条件，快速地应用“信息”和“知识”成为企业的生存方式。未来的竞争是信息和知识拥有量的竞争，也是企业应用信息和更新知识的竞争。研究在这样的时代零售业发展的趋势，值得赋予极大的重视。粗略来说，未来零售商的发展趋势可归纳为以下几点。

1）新的零售形式不断涌现

由于科学技术和生产力的快速发展，消费需求的更新变化，新技术成果的广泛应用，以及由此带来的社会生产方式和生活方式的广泛变化等，推动了零售业的发展变化，使得新型零售机构不断涌现，销售方式创新迭出。例如，工厂直销店、购物中心、折扣杂货店等这些新零售形式的出现，邮购、电话订购、传销等销售方式的兴起和蓬勃发展都说明零售业的经营形式、经营组织在不断变化，不断涌现出新的形式。

2）零售业态生命周期逐渐缩短

新零售形式必然对传统零售形式造成威胁，加速其老化和死亡。零售业态（或零售方式类型）如同生物一样，有一个生命周期，在市场中会经历导入、成长、成熟、衰退等阶段。随着新零售形式或零售业态的涌现，零售业态生命周期呈现出逐渐缩短的趋势。百货商店这一零售业态从导入到成熟花费了大约 80 年时间，而仓储零售商店于 20 世纪 70 年代初问世，到 80 年代初发展到顶峰阶段则只用了 10 年时间。表 14-2 列举了西方发达国家零售业态的演变，从表 14-2 中的数据可以看出零售生命周期趋于缩短的特点。

表 14-2　西方零售业态的演变过程

业态	发展最快时期	导入到成熟的时间	目前所处生命阶段
小百货店	1800—1840	100	衰退
单一品种商店	1820—1840	100	成熟
百货商店	1860—1940	80	成熟
综合商店	1870—1930	50	衰退
邮购商店	1915—1950	50	成熟
团体连锁商店	1920—1930	50	成熟
购物中心	1950—1965	40	成熟
合作商店	1930—1950	40	成熟
超级市场	1935—1965	35	成熟/衰退
折扣商店	1955—1970	20	成熟
便利商店	1965—1975	20	成熟
超级专营商店	1975—1985	10	成长后期
仓储零售商店	1970—1980	10	成熟
个人电脑商店	1980—	—	成长早期

资料来源　何永祺，傅汉章，等．市场学原理［M］．2 版．广州：中山大学出版社，2004：323.

3）商店之间的竞争日益加剧

西方发达国家的消费趋势已转向个性化、高档化和多层次化，单纯依靠物美价廉争取顾客的大推销策略已经过时，零售业把提高顾客服务水平和增强企业对顾客的亲和力作为成功之本。每个商店都在争取新顾客，可是新顾客毕竟是有限的，因此，更多的商店更加注重留住老顾客。于是，商店之间出现了吸引新顾客和留住老顾客的竞争，而且越演越烈。例如，商店零售与无商店零售之间、折扣店与便利店之间、专营店与百货店之间以及折扣店与百货店之间的激烈竞争。

4）零售业态之间的界限正在变得模糊

现在很多商店在加强原有竞争优势的同时，也注意学习别人的成功经验，增加新的竞争优势。例如，百货店为抗衡折扣店的威胁经常举行廉价大拍卖的活动；折扣店则以改善内部装修，增加新的产品线，增添服务项目，在购物中心开办新分店的方法与百货店竞争。这种“互相学习”的结果使两者之间的差距缩小。为了吸引更多的顾客、创造更多的利润，不同零售商经营的范围和界限也越来越模糊。例如，在便利店不仅可买到香烟、饮料，也可以买到邮票、化妆品；在药店不仅能买到药品，还能买到婴儿食品、保健食品等。

5）两个两极化趋势

零售商要争取顾客，就要适应顾客（消费者）的购买力和地理分布的客观现实。由于消费者购买力有强有弱，而为高收入阶层提供的商品与向低收入阶层提供的商品有显著差别，因此，零售店铺在商品和装修档次上出现了两极分化的趋势：向高收入阶层消费者提供商品的商店装修讲究豪华，供应名牌高雅的商品而且较多具有享受价值的服务；向低收入阶层供应商品的商店不装修或一般装修，销售非名牌但实用的商品，而且多为顾客自我服务。

另一个两极化趋势表现在零售店铺面积规模方面。在那些消费者相对集中或者交通干线上，大型零售商店的规模越来越大，以便迎合消费者“观光+一站购足”的购物需求；而在居民区、边远地区甚至在大型商店周围和购物中心，小型零售店仍然具有很强的生命力，它们大多以专业化商品和服务为特色，吸引消费者光顾。

6）零售技术的现代化

竞争加快了科学技术在零售业的应用，而广泛应用新的科学技术成果的努力，使零售业出现了自动化、信息化等新的变动趋势。例如，由于电子技术的广泛使用，使零售企业的各项经营业务发生了质的飞跃，零售商利用电脑辅助销售，并对销货、进货、存货情况进行随时跟踪、监测，利用电子技术传递信息，甚至在店内用电子技术向顾客售货等。许多零售企业以科技改善经营效率，提高竞争能力。

7）零售企业国际化

经济发达国家的零售企业到别的发达国家和发展中国家开辟新市场已经成为人人皆知的事情。这些跨国零售企业不仅大力投资开拓市场，而且重视与当地零售企业合作，利用对方的销售网络分销产品，共享信息，甚至发展连锁店，共同采购、开发商品，转让零售经营与管理技术。零售企业国际化趋势在未来仍将继续得到发展。

8）专业化和群体组合

为提高市场竞争力，零售业向专业化方向发展的趋势在进一步加强。近年来各种类型的专业店不断出现，而且越开越大，越卖越专。在许多地方，专业店彼此靠近，形成有机整合的群体，成为传统百货商店的强劲的竞争对手，显示了强大的生命力。专业店提高了商店的服务功能，能够带来较高经济效益。

9）无店铺销售继续发展

现代社会的一个特征是就业者增多，劳动强度也越来越高，因此，消费者对购物的快捷、便利、省时要求日益强烈。而电脑和通讯技术的应用和零售方式的创新使这种消费需求得以满足，顾客可以在电视机、互联网上购物或通过电话订货，让零售商送货上门，实现“足不出户，购所欲购”。消费者这种购物需求的增长将促进无店铺销售的进一步发展。

10）垂直营销系统的发展

垂直营销系统是由生产商、批发商和零售商组成的统一的系统。它是一种实行专业化管理及中央规划的网状组织，单个渠道成员拥有促使其他成员合作的权利。垂直营销系统的出现有利于控制渠道行为，消除由于独立的渠道成员追求各自目标所引起的冲突，并依靠其经营规模、讨价还价的能力和消除重复服务来取得经营规模经济和最大的市场效果。

14.2 零售商的营销决策

零售商作为向直接最终消费者销售商品和提供服务的经营机构，是商品价值实现的最后关口，也是生产企业、流通企业和消费者利益的重要结合点，因而也是市场营销最主要的阵地。如何有效地组织零售市场营销活动，对于零售商扩大顾客需求、提高市场覆盖率和商品渗透率极其重要。这就涉及如何正确制定零售商的市场营销策略的决策问题。

零售商的营销决策主要包括目标市场选择、店址选择、服务和商品编配、定价、促销和零售氛围等方面的决策。

14.2.1　目标市场决策

选择交易对象即目标市场是零售商最重要的决策之一。因为目标市场决定着其他营销因素如价格、产品编配和服务、促销等，也关系到零售商的生存空间和销售收入。

要决定以哪些消费者群体作为自己的主要顾客，是高消费人群还是一般消费者，是闹市游客还是居民区住户，是来去匆匆的上班族还是足不出户的老年人。制定这一决策要考虑各个子市场的需求潜量或开发潜力，分析企业的服务能力和竞争优势，尤其要研究吸引顾客、战胜竞争者的可能性和企业盈利的可能性。

目标市场的选择影响到店址的选择，反过来，一旦店址确定下来，就难以改变，即使目标市场有可能发生变化。对于一个老店来说，必须经常分析和研究顾客的变化以及他们对商店的要求或希望，以确保自己的营销决策与目标顾客的要求相吻合。

14.2.2　店址决策

商店零售商能否吸引顾客的竞争要素之一是店铺地址的选择。店址的选择是否适当，对企业的营业效益影响很大，即通常所说的“地利”因素。好的地段，周围往来买东西的人多，成行成市，则会给商店发展创造良好的条件，是为“地利”；相反，人迹罕至，买东西的人少，营业就会困难。店址选择也影响零售商的经营策略和经营范围，因为商店周围的环境因素如居民结构、购买力状况、消费习惯等因素是相对稳定的，确定店铺地址后，零售商才能根据具体环境因素相应采取经营决策，更好地为顾客服务。零售商应综合考虑交通条件、地段客流量、顾客购买习惯、竞争状况、商品购买频率、种类和规模等因素，选择理想的店铺地址，例如：

(1) 在闹市商业区要面向顾客流量最大的街道；

(2) 在居民区，应以周围购买力高、人口密度大为佳；

(3) 交通便利，如车站、码头及附近；

(4) 靠近人们聚集的场所，如影剧院、大工厂、机关、学校；

(5) 引起人们购买兴趣的地方，如农贸市场、大公园附近。

店址决策不仅要适应目前，还应预测将来。因为社会经济不断发展变化，店铺的周围环境也会变迁。某些地段、地点目前虽然人口不多，但在不久的将来则可能会日趋繁华，成为经商的黄金地段。零售商店应以动态的观念来进行地点决策。

14.2.3　服务和商品组合决策

不同的目标顾客对零售的商品和服务要求是不一样的。对顾客提供何种水平的服务和商品，是零售商营销策略的关键性决策之一。

1) 服务决策

零售商必须决定向顾客提供哪些服务以及服务的质量目标。这个决策是零售商参与市场竞争、开拓市场的重要条件。零售服务可分为售前、售后和附加服务三种类型，各类服务包括很多项目。表 14–3 列举了部分主要的服务项目，可供零售商根据目标顾客的需要和自身条件作出选择。

表 14–3 **典型的零售服务**

	售前服务	售后服务	附加服务
1	承接电话订货	送货	现金、信用卡、支票付款
2	接受邮购订单	常规包装	饮水处/洗手间
3	广告	礼品包装	免费停车
4	橱窗展览	调试	餐厅
5	内部展览	退货	修理
6	试衣间	换货	内部装潢
7	询问与指导	整修	赊购
8	通告	安装	休息室
9	购物车（筐）	回访	代顾客照看小孩

每个零售商可选择一个服务组合，作为自己的经营特色。一般来讲，可能形成的服务特色有以下四种：

（1）完全自我服务。让顾客在商店内完成寻找—挑选—移动的购货程序，零售商除负责货物上架和收款以外，所提供的服务项目极少，一般不提供售后和附加服务，基本上是由顾客实行自我服务来完成零售。

（2）有限自我服务。顾客可以自己寻找所需的商品，也可要求得到帮助，直到选择出自己满意的商品，最后由顾客把商品移动到收款处付款。这种组合提供的服务比前面的自我服务略有增加，经营开支要高些，故商品的销售价格也比前者高，其适用范围与前者相似。

（3）有限商店服务。零售商提供较多的服务项目，如帮助寻找商品、准许赊欠、退货、承接电话订货等，主要适用于选购品的销售。

（4）完全商店服务。零售商为顾客提供相当全面的销售服务，如在寻找商品—挑选—店内移动这一购买程序的每一阶段都提供多个项目的优质服务，并提供退货、赊欠、免费送货等服务，还设有文娱休息室、餐馆等设施为顾客服务。它主要适用于专用商品和特殊品，如高级服装、珠宝首饰等的销售。

2）主营商品决策

主营商品是指商店重点推荐和促销、增长潜力大、能够带动销售额增长和吸引较多顾客的商品。一般来说，主营商品决策首先要考虑目标顾客的需要，其次是零售商的货源和经销专长。这里需要重点分析的是有关商品的市场增长潜力和对相关商品销售的影响。

3）商品编配决策

商品编配就是零售商根据目标市场的需要确定经营的商品结构，合理安排主营商品和兼营商品的配比，规划好所经营商品的广度、深度以及质量水平。商品编配决策是零售商营销策略中的最重要的决策之一。

一般来讲，每个零售商所经营的各类商品之间都有某种比例关系。这种比例关系称为商店的商品结构。每个零售商所服务的消费者购买的各种商品数量之间也有一定的比例关系，这个比例关系称为消费结构。商品结构是否合理，是否合乎目标市场的消费结构，具有十分重要的影响，直接关系到营业额能否扩大和企业效益的高低。因此，零售商必须认真分析过去和现在的消费结构和商品结构，决定哪些商品为自己的主营商品，哪些为兼营、辅助商品，各种主营商品之间的比例和辅助商品的比例等，决定是否进行经营商品的种类、档次和数量的调整。

14.2.4 定价决策

价格决策是一项重要决策，直接关系到营销目标的实现和企业效益的高低。因此，零售商必须根据目标市场、产品服务编配组合和市场竞争等情况，考虑商品本身的价值、特性、市场价格、进货成本等因素制定自己的价格决策。由于价格与销量互成因果，通常高价格会造成低销量，低价格则高销量。高价销售能使企业获得较多的利润，但往往会使销售量减少，资金周转慢，从而增加费用；低价销售可以吸引顾客，增加销量，加快商品周转，节约营业费用，但会影响平均毛利率，影响企业的营业利润等。因此，零售商应根据具体情况选择适当的价格策略。例如，对某些商品定价较低，以此吸引顾客，对处于竞争优势的商品则可采取高价策略等。

14.2.5 商业氛围决策

商业氛围主要指商店静态环境和动态环境两大因素。静态环境由商店外观、店内设计、店内布局、商品陈列四部分构成，它是店风、店貌、商店形象的重要内容。动态环境是指人员服装、服务礼仪、音响和图像显示、空气等因素，良好的动态环境能够让顾客产生受到重视和尊重的感觉。

商店氛围体现企业的素质，给人以第一印象，直接影响着人们对商店的认识与评价。零售商应根据服务对象和服务目标来设计、布局商店氛围，科学、合理地规划商店内顾客、商品、店员和背景四种空间，创造一种完整的购物环境，以吸引顾客，方便顾客购物。例如，店内的人流路线要设计合理，尽量减少顾客购物时走动的水平和垂直路程，方便其选购。营业场所要布局合理，通风采光良好，商场的货架方便顾客选购。商品陈列与展示能适应所经营的商品本身的营业要求，食品部应清洁素雅，工艺美术部富诗情画意，服装部富丽堂皇等，使商店外观、店内陈列和装饰等适应目标顾客的爱好，使企业经营的商品种类、品质、价格和销售方法与顾客的需要相一致，适应企业营销活动的需要，塑造良好的企业形象和经营环境，给顾客以美的享受、好的印象。

14.2.6 促销决策

在确定其商品编配、服务、定价策略和计划之后，零售商还要研究各种促进销售的对策，认真思考如何使顾客自愿地多采购多消费的问题，设计、选择和确定最适合自身特点和市场环境的促销方法。

促销决策首先是要千方百计地刺激顾客的需求，推行使顾客愿意到本商店购买的积极措施。从市场营销的角度看，刺激顾客购买、促进顾客购买的方法很多，如广告及宣传，商店装饰及路标，橱窗陈列及店内陈列，推销员的个人推销技术，有特色的服务和各种服务政策，商店的名称和信誉，减价销售、表演销售和其他特殊销售等营业推广措施，消费者教育等。尽管可用的方法很多，但是运用一项措施之后是否达到了促销的目的，是需要认真分析的。有的方法可能只是增加一时的销售量，而不能增加稳定的顾客，这种促销可能是不符合原先的目标的。各种促销措施都应进行效果测定，以检测是否切实可行。

【观念应用 14-1】

广州 OK 连锁便利店的特色分析

中外合资企业 OK 连锁便利店于 2002 年 11 月登陆广州，截至 2010 年 4 月底，在广州共拥有 68 家分店以及 1 家旗舰店。作为连锁便利店，OK 店在“便利”二字上大做文章，颇有特色。

1. 目标市场。广州 OK 连锁便利店以具有中高收入家庭背景的年轻上班族及中学生为目标市场。这类目标顾客年龄范围在 12～35 岁之间，模仿或沿袭香港人的生活方式，工作和学习上较多投入，学业上或事业上处于上升和成熟状态，但很讲究个人消费水平和仪表文明。他们的便利需求主要体现在卫生洁净、装饰品、营养零食、营养饮料、轻松快乐等方面，并注重对店铺新颖特色的体验。

2. 市场定位。OK 便利店打出了“请你亲临体验新一代便利店”口号，并以高资本投资单店，注重顾客购物的求新、求异兴趣和乐趣，如全国首家引用双触屏幕最快电子销售系统，全国首家供应店内即焗出炉面包及西式美食系列，全国首家供应现磨冷热豆浆，全国首家供应优质即磨咖啡及即冲港式奶茶，全国首家推出电子触屏互动式抽奖游戏。希望通过新潮、快捷、整洁、友善的服务形式，吸引更多目标顾客。

3. 地点策略。广州 OK 连锁便利店选择部分位于居民集中地方的“8”字粮油店铺作为店址，其中约有 10 家分店分布于甲级写字楼楼下或学校附近，通常是商业区与住宅区之间人流量大的地点。这样 OK 便利店就能占据有利的网点，店铺商圈在周围半径 500 米左右，借以方便顾客购买。

4. 营销沟通。OK 连锁便利店对店面的样式、色调、装潢、布局等进行统一设计，统一装修；使用红色作为企业的基调颜色，使消费者一目了然、印象深刻。比如，其店铺名称表达方式是：一个红色圆圈中间突出一个白色圆圈，中间是红色大写的“K”字母。远远的一下子就可以辨别出那是 OK 便利店所在之处。门店内的销售人员都以青年人为主，学历以大专为主，以便能够与顾客进行“亲近的”交谈与沟通，着装也是以红色为主，所以整体给人以有活力、上进的感觉。

5. 商品策略。OK 便利店秉承以客为本的营运原则，迎合本地市场的消费习惯确定经营模式，并提供主力商品。每个店都有一个水吧部和面包部，专门出售各种咖啡、豆浆和面包。面包部保证适时推出新鲜出炉的面包，水吧部则主打即磨即饮的精选热饮，它的豆浆是黄豆中适量加入红豆特别磨制而成的。此外，它还供应奶茶、鸡扒饭、意大利面、日式面条，以及比萨等新式食品，把糕点、快餐和饮料结合起来，以食品的销售带动其他商品销售。

6. 服务策略。除了在产品结构上创新之外，OK 便利店还运用了先进的电子销售系统，并向顾客保证“原装正货”和“物有所值”。OK 便利店还专门在店内一角开辟空间，设置桌椅，让人们买了东西之后在上面小憩或者是吃东西，体现人性化的经营风格。另外，店铺面积不大于 30 平方米，货架数量控制在 4 个以内，货架不高于 1.6 米。在商店布局上，合理安排商品区位，并突出商品货架的展示作用，方便顾客购物时迅速识别。在销售时间上，加强便利店营业高峰时间的管理，在目标顾客群紧张的上下班时间里，为其提供最优质的服务；实行 24 小时营业，加强夜间营业时间管理，有效降低便利店经营成本，发挥超常营业时间竞争策略的优势。

从上述资料来看，广州 OK 连锁便利店不仅仅突出“便利”特色，更重要的是它注重精确地针对特定的目标顾客的“便利消费需求”，从市场定位、地点策略到商品策略、服务策略将“便利”特色做到高度符合目标顾客的需求。因此，这样的“便利”店就较容易为消费者所认可，经营的效益就能达到理想的水平。

资料来源　张传忠. 连锁便利店要把“便利”特色做足 [M]. 商业经济文荟，2004（4）：26-28.

问题：便利店所要满足的顾客需求有什么特点？

分析提示：消费者购买行为。

此外，促销决策应当能够支持和加强自己的形象定位，至少所采用的各种促销方式不会对商店形象产生负面效果。例如，某商店以提供优质服务作为自己的形象定位，则应在广播、电视、报纸上大做广告，宣传自己商店的经营特色，并认真培训销售人员，提高售货员的素质，使他们能热情接待顾客，处处为顾客着想，满足其需求，消除其疑虑等，使自己的企业形象深入人心，从而吸引顾客惠顾，取得顾客的好感和支持，达到促进商品销售、提高经营效益的目的。

14.3 批发商

为零售商或产业用户提供大批量商品的流通环节是批发，专业或主要从事批发活动的企业称为**批发商**。批发商与零售商都是重要的流通机构，只是销售分工不同。

14.3.1　批发的特征

批发是指将货物销售给为了转卖或商业用途而进行购买的人的活动。批发商是指专门从事成批商品买卖活动，为转售或生产加工而对同一商品进行批购和批售的中间商。批发商从事商品批发业务，并不改变商品性质，只是实现商品在时间和地点上的转移，达到销售目的。

1）批发的特点

从处于流通过程、完成商品销售的角度上看，批发与零售没有本质的区别，都是商品销售活动。但是从销售对象、销售数量等方面来看，批发与零售又是有显著区别的，主要表现在：

（1）交易对象不同。批发的主要交易对象是生产商和零售商，也包括下一层次的批发商。从事消费品批发的企业大多直接向生产商收购商品，然后向零售商批量销售商品；从事产业用品批发的企业大多向产业用品供应商购买生产资料，批量销售给产业用户。而零售的交易对象则是消费者。

（2）流通过程不同。批发处于商品流通的中间环节，批发活动结束后，商品仍处于流通领域中，或重新进入生产领域。而零售交易结束后，商品则脱离流通领域，进入消费领域。

(3) 反映的经济关系不同。批发是在工商企业之间进行交易活动，反映的是工商关系、商商关系。而零售则是在工商企业与消费者之间进行交易，反映的是产消关系或称为商群关系。

(4) 交易的数量不同。批发销售是大批量的交易，顾客购买频率小，而零售则销售的商品数量少，频率高。

(5) 设立网点不同。批发销售网点较少，零售网点较多。

这些差别必然引起批发的经营管理方式与零售的不同。一般认为，批发比零售更具有挑战性。

2) 批发对商品经济的贡献

批发是商品生产发展的必然产物，在现代经济活动中占有重要地位。一般来说，为了集中精力、集中生产要素更好地进行生产经营，商品生产者往往不可能或不愿意花更多的时间、人力和物力来分销自己的产品。因此，客观上就需要这样一种社会职能——批发：能大批量地从生产商进货，把商品推进到更深层次的流通领域，然后以比较小的批量供应出去，以及相应的经营单位——批发商。

批发商是生产商和零售商之间、生产商与生产商之间经济联系的桥梁和纽带，能够减少他们之间的直接交易次数和相应劳动量，降低诸如交易往来电话、文件、推销活动、传票、包装、卸货、进货、收款等各种流通费用，大大促进专业化生产的发展。批发业担负着商品集中、平衡、扩散的任务，有利于疏通流通渠道，使货畅其流，创造商品的“时间效用”和“地点效用”。

14.3.2 批发商的类型

批发商彼此不同，种类很多。为便于管理和沟通，需要选择合适的分类方法，对批发商进行适当分类。如按经销商品分类，可分为一般商品批发商和专业商品批发商；按服务地区分类，可分为地方性批发商、区域性批发商和全国性批发商等。通常将批发商分为四种主要类型。

1) 商业批发商

商业批发商是指拥有商品所有权的批发商。如果批发商买下所经销的商品，然后再出售，他就是拥有商品所有权的商业批发商。按照所提供的服务差别，商业批发商可再细分为完全服务批发商和有限服务批发商。

(1) 完全服务批发商。这是指能向顾客提供市场营销各项服务如提供信贷、送货、协助管理等项服务的批发商，具体分为综合或专用品批发商、工业配销商两种类型。

综合或专用品批发商是指向其顾客提供广泛服务的批发商。根据其经营的产品线的宽窄不同，还可以分为综合批发商、产品线批发商与专用品批发商。综合批发商经销的商品种类繁多，花色齐全，通常单店规模较大。产品线批发商通常只经营一条或两条产品线，但花色品种齐全，如五金批发商、药品批发商等，单店规模相对较小。专用品批发商则是适应目标市场对某些产品需求量大的特点，专门销售一条产品线上的部分产品，所提供的产品有充分的花色品种可供选择，并能根据顾客需要定制，提供较多的产品信息和服务项目，如建筑用五金批发商、中成药批发商。

工业配销商是指向生产商销售零件、元件、部件以及生产用辅助材料的批发商，他们持有存货，提供信贷并负责交货，一般商品范围都相当广泛。

（2）有限服务批发商。顾名思义，有限服务批发商是指向顾客提供的服务相对较少的批发商，例如：

①现购自运批发商。大多以小型零售商为服务对象，经销周转快的有限产品线，收取现金，一般不负责送货。

②货车贩运批发商。以上门批发为特色，销售的产品线极为有限，行使销售和送货的职能。

③承销批发商。这类批发商只有营业场所，不设仓库，接受顾客订货后，根据客户订单，与生产厂商联系，购得货物后直接运送给客户，主要经营煤、木材、重型设备等大宗商品。

④邮购批发商。邮购批发商是将产品目录寄给零售商店、工业和机关团体顾客，然后按收到的订单交送订货。一般经营珠宝、化妆品和专用食品等，其顾客主要是位于偏离城市中心的较小地区的零售商店。

2）经纪人和代理商

经纪人和代理商都是不拥有商品所有权的批发商。它们或者受生产厂家之托，寻找购买者；或者受需求者委托，与销售者联系。其主要职能是为供需双方之间的买卖提供沟通的便利。

（1）经纪人。经纪人的主要职能就是为买卖双方牵线搭桥，促成他们直接谈判，从中收取佣金。经纪人一般不代买，也不代卖，不持存货，也不参与融资或承担风险。

（2）代理商。**代理商**的主要功能是代表买方或卖方在市场从事营销活动，负责寻找顾客，代表委托者与顾客洽商，办理代销、代购、代存、代运业务，从中收取佣金或手续费。代理商没有商品所有权，也没有定价权，不必代垫商品资金和承担市场风险。

3）生产商和零售商的分店和销售办事处

这种类型的批发商是不通过独立的批发商，而由生产厂家或零售商自行组织批发业务的机构，主要分为两种类型：

（1）销售分店和销售办事处。这是生产厂商设立的组织批发销售业务的机构。其目的是改进自己的存货控制、销售和促销业务。一般来讲，销售分店持有自己的存货，销售办事处则不持有存货。

（2）采购办事处。这是大型零售商在一些中心市场设立的采购与批发销售机构。它兼有采购和批发功能，包括为自己的零售店或连锁店供货。

4）其他批发商

其包括零售企业兼营的批发业务部门和存在于某些特殊经济部门的专业批发商，如在西方发达国家，农产品收购部门、石油部门、拍卖公司等都有这些专业批发商。

14.3.3　批发商的营销决策

和零售商一样，批发商要实现自己的经营目标，也必须在目标市场、产品编配和服务、定价、促销和销售地点等方面制定符合市场和企业实际的营销决策，做到有效经营。

1）目标市场决策

虽然批发商的客源分布可以比零售商的顾客来源范围更为广泛，但是任何一个批发商，都不可能销售所有商品，服务天下所有人，而只能根据自身和市场特点，选择一部分顾客作为对象给予服务。因此，批发商的第一项营销决策就是要识别和选择自己的目标市场。

批发商可根据一定的参数选择目标市场，例如，依据客户的规模（大型零售商和中小型零售商）、顾客的种类（方便食品店和杂货店）、服务的要求（支付现金的顾客和要赊账的顾客）等参数来选择。选择目标市场的标准与零售商选择标准大体相同，即主要考虑子市场的需求潜量和开发潜力，以及企业的服务能力和竞争因素。

在选择了目标顾客群后，就要根据顾客的特点和需要，设计市场营销组合方案，包括批发营业店铺的地点、商品组合（编配）、供货与服务方式、价格与促销等，并且根据市场营销方案认真抓好执行环节，与顾客建立良好的关系。

2）产品组合和服务决策

产品组合决策就是根据市场的需要确定经营的商品结构，规划好所经营商品的广度、深度和存货量。一般来讲，经营的商品种类越多，库存越充足，就越能迅速交货，越能满足顾客需要。但实际上，由于涉及资金占用和销售人员投入等因素，批发商经营的商品种类和库存量不可能过多。他们必须根据市场需要和可能，认真研究和确定所经营商品的种类，对所经营的商品进行分类（比如，可按企业经营所得利润的高低进行分类），对不同类型的产品采取不同的存货控制方式，以取得较好的经济效益。

有关服务的决策，关键是寻找顾客重视的特殊服务组合，并由此制定服务目标，包括服务项目目标、质量目标、人力投入目标和吸引留住顾客的效益目标。对于新进入市场的批发商来说，制定服务决策必须重视市场调研和管理咨询，尤其是不耻下问，请顾客来出谋划策。对于一个老批发商来说，可以根据过去的经验，认真分析研究哪些项目是建立良好客户关系的重要因素，从而根据实际情况作出提供、保留还是放弃，免费还是收费的服务项目决策，不断地调整自己的服务组合，以满足供应商和目标顾客的要求。

【小资料 14-2】

大湖转运与运输公司

美国的大湖转运与运输公司是一家化工产品和强化塑料的配销商，该公司在确定其服务项目决策时，进行了充分的调查研究，从中了解到顾客最重视的服务组合是批发商能帮助生产商（供应商）提高其产品的收益。于是它们调整自己的服务组合，向顾客提供系统收集有关产品用途的信息，提供有关产品线潜在的变动和扩大方面的反馈信息；为顾客制订市场研究和开发规划，并提供送货上门等服务项目。由于把其服务组合调整到适合顾客需求的境界，保证了该公司销售额和利润的大幅度增长，经营业务不断发展，遍及美国35 个州。

资料来源　何永祺，傅汉章，等．市场学原理［M］.2 版．广州：中山大学出版社，2004：333 -334.

3）销售地点决策

批发营业店铺设置在什么地方，与服务对象和商品组合及服务决策有很大关系。一般来说，按照地区特点，批发商地点可以有三种选择：生产集中的商品产地、交通便利的中转地和顾客集中的销地。设置在商品产地的批发商以为生产服务为主，一般不设仓库和负责商品库存业务。设在中转地的批发商突出提供商品储运服务，设在销地的批发商则以为中小型零售商和生产厂家提供不同组合的商品为特色。

不论在哪个地区，批发营业店铺一般应设置在交通便利、社会服务较完善的地点。尤其对那些拥有仓库、运输工具的批发商来说，交通便利、地租较低、社会服务较完善是保证低成本运行的重要条件。一般来说，在城市中设立批发营业店铺可以得到社会服务的良好条件。但是，市内大多“寸土寸金”，地租昂贵，故多数批发商仅在城市中设点与顾客接洽，而仓库则设在租金低、税收低、交通方便的市郊。

为了提高市场反应能力，西方国家的批发商都十分注意把现代科技运用于营销业务中，如仓库管理实行自动化，储存业务操作机械化，用电脑处理订单、存货控制、会计、付款和预测等项业务。同样，近年来我国的批发商也越加重视销售地点的选择和运用现代科技管理批发业务。

4）定价决策

批发商多采用成本加成定价法来制定产品的销售价格，以补偿其支出并获得利润，而且一般利润率较低，主要通过大量销售、控制成本的途径来获利。因此，如何吸引顾客、激发顾客大量采购的欲望，成为价格管理和促销决策的重要任务。

5）促销决策

以往的批发商都不太重视促销工作，广告、营业推广、人员推销、公共关系等促销活动只是偶尔为之。这是在商品短缺时代“皇帝女儿不愁嫁”的做法。

在现代经济中，产品销售范围越来越广，市场越来越大，距离越来越远，批发商不能不搞促销，再行“等客上门”策略无异于“守株待兔”。因此，为适应现代市场发展的需要，批发商应制定整体促销策略，采用各种促销方式开拓市场。例如，与供应商合作，共同开展促销活动；在重点销售地区建立常年的展销场所或样品展室，积极宣传介绍其经销的商品，派常驻代表办理批发业务，增设服务项目；发行企业刊物，向潜在顾客提供商场信息和经营方法；实行定期业务培训，提高推销人员的业务水平等。

本章小结

所谓零售，是指向最终消费者个别地、直接地、重复地销售他们日常生活所需的商品和服务的活动。面向消费者满足其生活需要是零售的根本特征。零售商是指专职于零售活动的商业机构，大体分为三种类型：商店零售商、非商店零售商、零售商集团。为扩大顾客需求、提高市场覆盖率和商品渗透度，零售商要正确制定目标市场选择、店址选择、服务和商品编配、定价、促销和零售氛围等的市场营销决策。

为中间商或产业用户提供大批量商品的流通环节是批发。批发商是指专门从事成批商品买卖活动，为转卖或生产加工而对同一商品进行批销、批购的中间商。批发商也需要制定目标市场、营业地点选择、产品编配与服务、定价以及促销等方面的决策，以便适应顾客需要和市场发展，提高企业的市场竞争力。

主要概念和观念

□ 主要概念

零售　商店零售商　百货公司　直销　连锁店　垂直营销系统　批发商　代理商

□ 主要观念

零售的基本特征　直销的根本特征　零售商营销决策　批发商的类型

基本训练

□ 知识题

14.1　阅读理解

1）零售的根本特征是什么？说说你的理由。

2）零售与批发有哪些相似之处？又有哪些不同？

3）发展批发业和零售业对于经济发展和人民生活来说，有哪些意义？

4）零售商有哪些类型？

5）何谓直销？何谓传销？两者之间的区别是什么？

6）随着技术变化，零售业正在发生哪些变化？未来的发展趋势是什么？

7）连锁店有哪些竞争优势？对流通业有可能带来什么影响？

8）批发商的店址选择与零售商的店址选择，应有哪些不同？

9）批发商的市场营销组合和零售商的市场营销组合相比，应有哪些差异？

14.2　知识应用

1）选择题

（1）下面几个说法中，________是正确的。

A. 面向消费者销售商品的商店不一定是零售商

B. 凡是零星销售商品的商店都可以说是零售商

C. 零售店销售出去的所有商品都退出了流通领域

D. 凡是向消费者销售商品满足其生活需要的活动都是零售活动

（2）下述商店中，________最接近于便利店类型。

A. 大学校园内的小商店　　　　B. 街边的鲜花店

C. 居民小区的自选市场　　　　D. 设在市郊的货仓式商场

（3）某城市15家中小型商店为避免相互竞争，提高群体竞争力，决定成立“爱群”商业公司，并请专家设计了统一的外观装修图纸和内部装修图纸，打算在各个商店照此图纸装修。这个爱群公司可能是一家________。

A. 团体连锁店　　　　B. 自愿连锁店

C. 特许连锁店　　　　D. 销售联合大企业

（4）零售商的商品编配决策主要根据________来制定。

A. 商店商品结构　　　　B. 公司发展目标

C. 消费者的消费结构　　D. 调研结果

(5) 经纪人与代理商的差别不包括________。

A. 是否参与买卖过程　　B. 是否承担储运职能

C. 是否提供融资服务　　D. 是否收取佣金

(6) ________可能是从未零售过主产品的企业。

A. 服装厂　　B. 酿酒厂

C. 轴承厂　　D. 汽车厂

(7) 下列销售形式中，________可能不属于零售活动。

A. 上门推销　　B. 出口商品交易会

C. 从工厂直接购买　　D. 拍卖

(8) 下列销售形式中，________可能不属于批发活动。

A. 招标与投标　　B. 贸易洽谈会

C. 上门推销　　D. 期货交易

(9) 超级市场大多实行________策略。

A. 完全自我服务　　B. 有限自我服务

C. 有限商店服务　　D. 完全商店服务

(10) 下列因素中，________对零售店地址决策没有影响。

A. 居民结构　　B. 购买行为

C. 盈利目标　　D. 交通条件

(11) 下列因素中，________对批发商营业地址决策没有影响。

A. 交通条件　　B. 顾客分布

C. 地租高低　　D. 金融服务

2) 判断题

(1) 面向消费者销售商品满足其生活需要是商业活动的根本特征。（　）

(2) 当批发商把产品销售给产业用户后，这些产品就退出了流通领域，而这些批发商必然是处于流通的最后环节。（　）

(3) 从事零售活动的机构都是零售商。（　）

□ 技能题

14.1　规则复习

1) 零售商的市场营销决策

零售商的市场营销决策主要包括：目标市场决策、店址决策、服务和商品编配决策、定价决策、促销和零售氛围决策。

选择零售商铺店址时要尽量选择：惯性顾客流量最大的街道，人口密度大、购买力高的居民区，交通枢纽地带，社会经济活动场所周围。

在决定零售服务组合时可以考虑：顾客完全自我服务、顾客有限自我服务、有限商店服务、完全商店服务。

2) 批发商的市场营销决策

批发商的市场营销决策主要包括：目标市场决策、产品组合和服务决策、销售地点决策、定价决策、促销决策。

批发商在决定顾客服务水平时可选择：完全服务批发、有限服务批发。后者又包括现购自运批发、货车贩运批发、承销批发和邮购批发。

14.2　操作练习

1）实务题

（1）分别举例说明不同类型零售商的经营特点及市场优势。

（2）以麦当劳、家乐福为例，分析餐饮及零售企业的市场营销决策的内容及要求。

2）综合题

（1）我国民族资本商业正面临激烈的市场竞争。你认为，应如何提高它们的市场竞争力?

（2）设计一个直销方案，包含对直销员的招募、培训、报酬和奖励的规则，使之符合我国直销管理条例及有关制度的要求。

□ 能力题

14.1　案例分析

沃尔玛折价百货连锁公司

1992 年 4 月，74 岁的山姆·沃顿因骨癌去世。去世前不久，他获得了美国总统亲自颁发的“总统自由奖章”——美国平民的最高荣誉。这是对他从无到有，在小镇上建起了当今美国最大，也是最成功的零售帝国的奖励。

山姆原本只是一个农家子弟。他 1918 年生于俄克拉荷马州，美国经济大萧条时期在密苏里长大，从小崇尚努力工作和勤俭节约。他的学业和体育均相当出色，靠发送报纸、当救生员和在廉价商店打工读完了大学经济系。1940 年大学毕业后，他进入 J. C. 潘尼公司成为一名销售人员，18 个月后参军。

1. 沃尔玛的创立和发展

第二次世界大战胜利后，山姆从军队复员。因战前他已有在零售店工作的经验，于是他决定经营零售店。他在阿肯色州的新港（Newport）小镇租下一个店面，加盟 Ben Franklin 小杂货连锁成为一个特许分店，开始经营自己的第一家零售店。1950 年，由于房东要收回店面，山姆不得不将小店搬到班顿威尔，后来这里成为沃尔玛公司的总部所在地。在大约 10 年时间，山姆将自己名下的 Ben Franklin 连锁分店拓展到了 15 家，年销售收入达 140 万美元，是该公司中业绩最为突出的分店。

1962 年，山姆听到人们都在谈论折价百货商店（discount store），他亲自外出作了考察，然后到 Ben Franklin 公司的总部建议其投资折价百货店，但他的建议遭到了总部董事们的否决。回到阿肯色，山姆决定自己动手开创新的事业。

1962 年 7 月，第一家以沃尔玛公司命名的折价百货店在阿肯色州的罗杰开业。由于得不到任何投资者的支持，山姆不得不以自己的全部财产作抵押，在银行借下高额贷款，支付开业资金。

商店获得了巨大成功，第一年营业额就达到 70 万美元，这在人口只有几千人的小镇上当时已称得上是奇迹。积累了两年的经验后，从 1964 年起，山姆开始在周围地区的小镇上开设沃尔玛分店。截至 20 世纪 60 年代末，沃尔玛已有 18 家分店，加上原有的 14 家 Ben Franklin 小杂货连锁店，总销售收入增至 3 000 万美元，其中折价百货店的销售收入占了 74%。

为了更迅速地发展，1972 年沃尔玛公司的股票在纽约证券市场成功地公开上市。由于有充足的资金支持，沃尔玛在 70 年代以更快的速度发展。到 70 年代末，其分店数达 276 家，总营业面积 1 250 万平方英尺，销售收入增至 12.48 亿美元，净利润 410 万美元，年增长速度均超过 40%。此时的沃尔玛已是全美最大的地区性折价连锁公司，并成为全美最年轻的（成立仅 10 余年）年销售收入超 10 亿美元的零售公司。

进入 80 年代，沃尔玛制定了进一步发展成全国性零售公司的目标。这对它来说，是具有极大挑战性的目标，因为必将遇到强劲的竞争——它要向全国发展，必然要打入别的企业占优势的地区，还因为它要成为全美第一，竞争对手从内心不服。

此前的折价百货业第一家是凯马特（K-Mart）。到 1981 年，凯马特分店数 1 772 个，销售收入 142 亿美元，而沃尔玛的分店数仅 330 个，销售收入 16.4 亿美元，相差 8 倍之多。沃尔玛与零售业第一的百年老店西尔斯相比，更是小巫见大巫，后者 1981 年的总营业收入 273 亿美元，而沃尔玛仅 24 亿美元，只有西尔斯的 9%。

80 年代，沃尔玛开始通过兼并向其他地区迅速扩展，每年新增 100~150 家分店，从 9 个州发展到 35 个州，特别是进入了西海岸和东北地区各州。此外，山姆开始尝试新的零售形式，进入大都会人口较为密集的郊区。

他主要尝试了三种新形式：

（1）超级中心（Supercenter）。经营范围相当于一个传统沃尔玛折价百货店加上一个城区超市，面积当然较大。山姆的意图是通过增加食品部分吸引顾客更频繁地光顾商店。这种形式的沃尔玛店在 90 年代获得较大发展，1996 年达到 239 个。

（2）山姆会员俱乐部（Sam's Club）。1984 年开办第一家，至 1991 年发展到 148 家，90 年代获得更大发展，且在沃尔玛集团的总销售额中所占比重上升到 20% 以上。其主要经营周转快的家庭用品的批发，品种数只有一般折价百货店的 5%，营业面积却比普通折价百货店大得多。

（3）特级市场（Hypermart USA）。1987 年在得克萨斯州达拉斯市郊开设第一家特级市场，其规模更为巨大，营业面积超过 20 万平方英尺，不仅有百货、食品，还设有餐厅、美容院、修鞋店和干洗店等，类似一个购物中心。其构想是让消费者一次购齐所需的一切商品，但这种形式并不成功，后被放弃。

80 年代的持续高速发展，使沃尔玛在 1990 年以 326 亿美元的销售收入超过凯马特和西尔斯而成为全美第一大折价百货连锁公司和第一大零售业公司。公司创始人和总裁山姆·沃顿被多份杂志评为全美最佳主管和第一富豪。

2. 沃尔玛成功的经验

专家们认为，沃尔玛的成功可归功于以下方面：

（1）将顾客和员工视作上帝。这一点是山姆一直强调的。在沃尔玛，员工被称作“合伙人”，而不是“雇员”。山姆重视公司内部由上而下的思想沟通，创造一种让员工感到自己是公司人的氛围。在公司内还设立了一项利润分享计划，使每位员工都能因公司盈利而获利。此外，公司员工还享有购买公司股票的优先权。

（2）在小城镇发展战略。沃尔玛是从偏远地区小城镇发展起来的，在其发展过程中一直遵循避开大城市的战略。在其高速发展的 70 年代和 80 年代，几乎所有的沃尔玛分店都开在人口只有几千到 2.5 万以内的小镇。一般认为，这么少人口的小镇难以支持折价店低价竞争所需的销售规模。但山姆认为，只要价格确实低，品种确实多，就能吸引来周围几十英里范围内的居民。事实也确是如此。此外，在小城镇开店难得遇上竞争对手，因为大型连锁公司忽视这些小镇。

（3）利用新技术。沃尔玛的成功在很大程度上得益于在技术上的连续投资，特别是在建立计算机通讯和配送系统上投资，使之成为领先于竞争对手的最大优势。公司 80 年代初就与休斯公司合作发射了一颗人造通讯卫星，先后投资近 7 亿美元建起世界上最大的民用电脑与卫星通讯系统。

（4）成本控制。沃尔玛实行严格的成本控制。

①严格控制进货成本。其主要做法，一是靠大量订购不断要求供应商压低价格；二是越过中间商直接向制造商订货。

②严格控制配销成本。沃尔玛在全美有 20 个配送中心，有自己的送货车队，所供应的分店都在一天车程范围内，分店提出订货要求后，两天内货即可送到。各店 85% 的商品由配送中心直接供应，比一般竞争对手高过 25 ~ 30 个百分点。凯马特和 Target 等著名连锁公司均委托运输公司承担，送货时间平均在 5 天左右。

③较低的广告促销费。一般折价百货公司将销售额的 2% ~ 3% 用于广告促销，而沃尔玛却低于销售额的 1%。这一方面是由于多数沃尔玛分店开在小镇上。即使在大城市郊区，沃尔玛也不像多数连锁店那样每周做广告，而是每月一次。

④人员精简的组织结构和山姆本人崇尚节俭作风的影响。

（5）“购买美国货”和保护环境。1985 年，沃尔玛发起“购买美国货”的运动，尽可能采购美国制产品，扶植国内企业。这一运动得到许多制造企业和普通消费者的响应。沃尔玛还督促生产企业改进产品和包装以保护环境，受到社会欢迎。

资料来源　吕一林．市场营销教学案例精选［M］．上海：复旦大学出版社，1998：211-216.

问题：

1）你认为是什么原因使特级市场未能如所期望的那样获得成功？

2）你认为沃尔玛在今后的发展中会遇到什么问题？作为世界第一大零售公司，它今后应如何发展？

3）一些人认为沃尔玛在小城镇的发展破坏了当地及周边地区原有小商业的生存环境，另一些人则争辩说沃尔玛使消费者得到了实惠。你赞成哪种意见？两者有可能统一吗？

14.2　网上调研

就消费者购物过程中是否重视商店规模与商店广告，是否重视选择民族资本商店的问题，作一个网络调研，并写出分析报告。

第15章

促销管理

学习目标

通过学习本章，你应该达到以下目标：

知识目标：弄清沟通过程及其构成因素；了解促销组合及各组合因素的特点；了解各种主要广告媒体的优缺点。

技能目标：掌握开展广告运动或攻势的步骤和方法；学会作出各种促进销售的策略。

能力目标：具有指导开展人员销售、灵活运用各种促销工具的能力。

引例

淘宝的促销策略分析

淘宝网上商店的具体促销策略可从网店内外两个方面入手，其中在网店内进行的销售促进以免邮费、打折、赠品三种方式为主。同时，由于网络购物和网上商店的特殊性，不能忽略其特有的网店信用管理。网店外的促销主要采取四种方式：保障搜索引擎结果的排位；和竞争网店销售联盟；在淘宝社区和论坛发帖、回帖；有效利用广告推荐位和淘宝旺旺等策略。

一、网店内部的促销策略

针对淘宝网上商店的特点，网店内部的促销策略着重考虑销售促进和信用管理两种方式。

1. 销售促进

网店内部的销售促进手段以免邮费、打折、赠品为主，其余方式为辅。

（1）免邮费。网络购物中间环节的邮费问题一直是买家关注的焦点之一，这会影响到买家对于网购价格优惠的感知。当前网上购物的邮寄方式主要分为邮局（包裹平邮）、物流快递、特快专递等。平邮的价格较低，但周期较长；物流快递价格适中，送货周期在3~5天；特快专递的价格昂贵。因此，快递公司是最被买家接受的。店主可以根据买家所购买商品的数量来相应地减免邮费，让消费者从心理上觉得就像在家门口买东西一样，不用附加任何其他的费用。

（2）打折。由于打折促销直接让利于消费者，让客户非常直接地感受到了实惠，因此是目前最常用的一种阶段性促销方式。折扣主要采取以下两种方式：一是不定期折扣。在重要的节日，如春节、情人节、母亲节、圣诞节等，进行8~9折优惠，因为在节日期间人们往往更具有购买潜力和购买冲动。店主应选择价格调节空间较大的商品参加活动，并不是全盘托出。这种方式的优点是：符合节日需求，会吸引更多的人前来购买，虽然折扣后可能会造成利润下降，但销售量会提高，总的销售收入不会减少，同时还增加了店内的人气，拥有了更多的顾客，对以后的销售也会起到带动作用。二是变相折扣。如采取“捆绑式”销售，以礼盒方式在节假日销售。这种方式的优点是：符合节日气氛，更加人性化。

(3) 赠品。赠品促销的关键在于赠品的选择，一个得当的赠品，会对产品销售起到积极的促进作用，而选择不合适的赠品只能使成本上升，利润减少，顾客不满意。选择合适的赠品应注意：第一，不要选择次品、劣质品，这样做只会适得其反，影响店铺的信用度。第二，选择适当的能够吸引买家的产品或服务。可以赠送试用装或小样，还可以赠送无形的东西——服务。第三，注意赠品的预算，赠品要在能接受的预算内，不可过度赠送赠品而造成成本加大。

(4) 会员、积分。凡在网店购买过商品的顾客，都成为网店的会员。会员不仅可享受购物优惠，同时还可以累计积分，用积分免费兑换商品。此方式的优点是：可吸引买家再次来店购物，以及介绍新买家来店购物，不仅可以维护老顾客，使其得到更多的优惠，还可以拓展发掘潜在买家。

(5) 红包。红包是淘宝网专用的一种促销道具，各位卖家可以根据各自店铺的不同情况灵活制定红包的赠送规则和使用规则。通过此种手段可增强店内的人气。由于红包有使用时限，因此可促进客户在短期内再次购买，有效提升网店销量。

(6) 积极参与淘宝网主办的各种促销活动。淘宝网不定期会在不同版块组织不同的活动，参与活动的卖家会得到更多的推荐机会，这也是提升店铺人气和促进销售的好方法。要想让更多的人关注网店，店主就要经常到淘宝网的首页、支付宝页面、公告栏等关注淘宝举行的活动，并积极参与。

2. 信用管理

信用评价是会员在淘宝网交易成功后，在评价有效期内（成交后3~45天），就该笔交易互相进行评价的一种行为。信用评价不可修改。评价分为“好评”、“中评”、“差评”三类，每种评价对应一个信用积分，具体为：“好评”加1分，“中评”不加分，“差评”扣1分。

据调查，一方面，网店的信用级别会对消费者的购买决策产生影响，另一方面，买家在交易后对卖家所给的信用评判表示关注。由此看来，店主一方面要诚信经营，提升自己的信用度和信用级别；另一方面要把握好这个宣传机会，每次交易后，不仅要对买家进行评判，还要在评判留言栏留下相关的店铺信息。如“我们将在下周进行全场商品九折活动，欢迎再次光临”。这样一来，评判留言栏就成了一个促销信息的发布专区，合理地利用了网络资源。

二、网店外部促销策略

网店外部促销策略可以采取搜索引擎、销售联盟、网店推广和网络广告四种方式。

1. “三管齐下”专攻搜索引擎

许多用户上网首先浏览的页面是淘宝搜索引擎页面，这时，脑海中就会出现一些他们所需求商品的关键词，然后通过引擎搜索到符合条件的商品。因此，要想提高网店商品被浏览的几率，就必须对搜索引擎排序原理有充分的了解。淘宝网商品的搜索排序先后规则有如下四部分：第一部分，被设为橱窗推荐位的宝贝；第二部分，虽然是橱窗推荐，但是该商品已经有90天未被人购买；第三部分，未被橱窗推荐的一般宝贝；第四部分，一般宝贝中90天未被购买的宝贝。

由此看出，如果买家在淘宝网搜索引擎里用关键词来搜索商品，所有带关键词的商品是这样显示的：先是显示橱窗推荐的商品13天，接下来再显示设置了橱窗推荐，但长期（超过90天）没有售出的商品0～13天，然后再显示没有设置为橱窗推荐的所有宝贝0～13天，最后显示所有宝贝里长期没有售出的宝贝0～13天，一共分四个层次来显示搜索结果，同时只显示100页的商品，101页以后的商品是不显示的。从这个规则来看，网店要想办法让商品在同类商品搜索中尽量显示在前几页，就必须从商品名称、定时发布和橱窗推荐这三方面入手。

2. “1+1>2”促销策略——销售联盟

对于销售商品的性质相同、价位区间相同、网店的目标顾客也相同的网店可以采取竞争品协同营销的策略，即销售联盟。也就是，让许多的竞争网店联合成为集群，同时通过网店内友情链接将这些竞争网店链接起来。友情链接可以促进网店之间的商品信息交流，无形中给加入销售联盟的网店带来一部分“转移顾客”。这样一来就形成了一个“销售圈”，可以提高网店知名度与成交率，还能更好地与顾客建立关系。

3. 网店推广——在淘宝社区和论坛发帖、回帖

在淘宝社区论坛发布有吸引力的帖子是提高店铺知名度和人气的一种方法，即以作者的身份发布帖子，阅读帖子的人越多，店铺被点击的概率就会提高。另一种方法是在论坛的好帖后面跟帖，虽然比自己发帖的效果差，但也能做到宣传网店的效果。无论发帖还是回帖，帖子的质量是至关重要的。如果帖子质量很好，还有被版主加为精华的可能。精华帖子能够带来巨大的看帖量和回帖量，这样网店的头像和签名档就会有更多的机会曝光，这意味着会有更多的人去浏览店铺，浏览量上去了，成交率自然也就会提高。另外，每个精华帖子能带来10个银币的收入，这些银币是竞争广告推荐位的必备资源。

4. 网络广告——广告推荐位和淘宝旺旺

合理运用广告推荐位和淘宝旺旺，会有效提高网店的知名度。广告推荐位是将有限的区域划分“出售”，性质与道路两旁的平面广告相似。目前，淘宝网的广告位分为三种：社区首页广告（需50个银币）、论坛广告（需20个银币）、站内信广告（需30个银币）。这三种广告推荐位的获取方式与实体广告招标相同，在特定的时间发布，进行提前预订，而且预订的前提是要有足够的银币。获取银币的途径主要来自论坛发布帖子的奖励，所以要想将网店推上推荐位，就必须做好前期工作：发帖和回帖。

淘宝网上商店的目标消费群体来自淘宝网的用户，因此淘宝旺旺就顺其自然地成为信息沟通工具。店主通过旺旺向老顾客和潜在顾客发送店铺或商品信息，也可以就产品和服务方面的问题进行互动交流。随着人们对网络广告了解的深入，点击它的人反而越来越少，除非特别有创意或者有吸引力的广告。因此，在淘宝旺旺上发布的信息要将文字生动化，描述要细致入微，能引起消费者的兴趣，同时最好配有可爱的小动画或图片，可直接点击链接，让顾客体会到便捷。

资料来源 佚名. 网店促销策略大全：皇冠卖家成功之路［EB/OL］.［2014-06-23］. http://www.maigoo.com/news/305761.html.

促销是企业市场营销组合的重要因素之一，也是任何公司营销计划的重要组成部分。由各种促销因素构成适于营销者使用的促销工具组合，称为促销组合。它包括广告、人员销售、销售促进及宣传推广等因素。本章将对这四种主要促销因素分别予以介绍，并阐述如何将它们应用于机构的营销计划中。

15.1 促销与沟通

15.1.1 促销的概念和作用

促销是公司或机构用以向人们通报自己的产品、服务、形象和理念，说服和提醒他们对公司产品和机构本身之信任、支持和注意的任何沟通形式。

由此可见，促销与沟通是密不可分的。但两者并非等同，因为沟通的含义与应用范围远比促销广。沟通是在两人或多人之间达成交流的相互影响的活动。如我们一般所讲的中西文化的沟通、上级与下级之间的沟通、亲友之间的沟通等，就不一定是促销的范畴。因此沟通的应用范围远远超过促销的范围，尤其是这里的“沟通”这一外来语的英文原文communication，还有通知、通报、传达、传播、联系等含义，其应用范围更远比促销广。

不过在现实经济生活中，人们常常对促销有所误解，一个极端是高度看重有形的促销活动，如广告和人员销售，并认为这些活动构成了整个市场营销领域。另一个极端是有时认为促销是没必要、浪费、导致物价上涨的举措。显然，这两种观点都是失之偏颇的。

从本教材前面的相关章节内容已看出，促销只不过是整个市场营销组合中的一个组成因素，一个机构或企业的产品或服务是否有市场，能否占有较大的市场份额，首先要取决于其质量的优劣及适销对路的程度。如果质量不佳或不适销对路，甚至质量不错，但不适销对路，即使花很大的人力、物力、财力搞促销，也是见效很低或无效的。

当然，上述另外一种认为促销没必要的观点，在当今经济社会中也是不合时宜的。“酒好不怕巷子深”的经营理念在商品市场不甚发育的时代也许是真理，但在当今商品经济十分发达，商品市场十分宽阔的情况下，“好酒”也怕“巷子深”，必须做好相应的促销工作，发挥其通报、说服和提醒等职能作用。

1）促销通报

促销的这方面作用，即使那些对广告等促销活动持反对或批评态度的人士，一旦他们认识到促销的实质就是沟通后，也会觉得促销在社会中所履行的通报职能确实给人们带来了很大方便和实惠。如市场上经常有一些公司和企业在开展大减价促销，它们的促销计划中必然会包括向潜在顾客通报价格优惠的信息。这些低廉或大打折扣的价格，必须通过促销沟通告知相关顾客之后，才能真正令人受惠。

这种情况也说明，在许多情况下，一些商户的促销沟通，除价格外，还应提供其他更多方面的信息，如商店的营业时间，大减价的商品能否退换，能否使用信用卡购买等。从而也说明促销的一般目的很大程度在于把许多相关的信息或事项告知潜在的购买者。

2）促销说服

就大多数情况而言，市场销售者很少会面临只要借助简单、平常的促销沟通就足以获得有效促销的情况。这在产品观念时代，当时任何机构或企业都面临一种卖方市场，情况可能会如此。但今天的世界是充满信息和各种各样令人分心事物的世界，消费者经常面对许多极具竞争性的任选商品和其他任选事物，而且人们的生活节奏也越来越快，工作压力越来越大，没有多少时间用于比较性购物，于是纷纷转向各种广告探寻产品信息。而生活在竞争环境中的市场营销经理，作为一个竞争者，他们都会希望消费者购买其品牌的商品，因此说服消费者积极或转变态度购买本机构的产品必然会成为促销沟通的一个顺理成章的目的。事实上许多告知的促销沟通都伴随有说服的内容，如上述广州电信公司的长话优惠热线广告，在告知的内容中，便有说服、诱人使用的"便过 IP"的诉求。

3）促销提醒

促销提醒就是对那些已经知悉并使用自己产品的顾客进行提醒工作。我们平常都可看到一种现象，很多几乎在整个市场或某一区域市场或社会层面家喻户晓的品牌，厂家仍在不断对其进行促销活动。这是否有点浪费？答案显然是否定的。其最实际的理由就是，即使对最忠诚的顾客也必须不时地告知他们，说明本公司或本产品将始终不渝地为他们服务，以及说明本公司或本产品之所以能不断吸引人的特点，尤其是在今天这样一个竞争者可以用他们的大量具有说服力的信息来"引诱"他人忠诚顾客的社会更有此必要。因此除告知和说服顾客之外，提醒顾客也就必然成为促销的目的，而且还有一种情况也决定必须不时提醒老主顾的必要性，即甚至一些在各行业中都是龙头老大的品牌，已拥有大量的忠诚消费者，并承认和认为该品牌是最好的产品，但是他们有时可能会忘记应该使用的大剂量，从而可能少买或不经常买，这样促销的提醒作用也就派上了用场。

总之，促销是任何公司营销计划中的重要因素，一个好的促销计划可补充市场营销组合产品、分销和价格等因素，使之更加完善。综合前述促销的几个方面的职能，促销的作用还可进一步具体列举如下：

（1）树立公司或产品、服务形象，如威望、价实、创新；
（2）通报产品或服务的特色；
（3）提醒人们注意新产品或新服务；
（4）使现有产品或服务保持畅销或受人欢迎；
（5）可对销路不稳的产品或服务进行形象或用途再定位；
（6）激发渠道成员的热情；
（7）说明在什么地方可以买到某种产品或服务；
（8）说服消费者从购买一般产品或服务到购买更昂贵的产品或服务；
（9）向消费者通报准备进行减价销售；
（10）证明产品或服务的价格公平合理；
（11）回答消费者的问题；
（12）为消费者提供售后服务；
（13）使公司及其产品或服务比竞争者更容光焕发，受人青睐。

15.1.2　沟通渠道与过程

为恰当地发展促销组合，有效地与消费者沟通，公司必须了解如图 15-1 所示的沟通渠道。这一**沟通渠道**（沟通过程）是信息发送者将信息发送给接收者的途径。它包括信息源、译码、信息、解码、受众、反馈和噪音等要素。

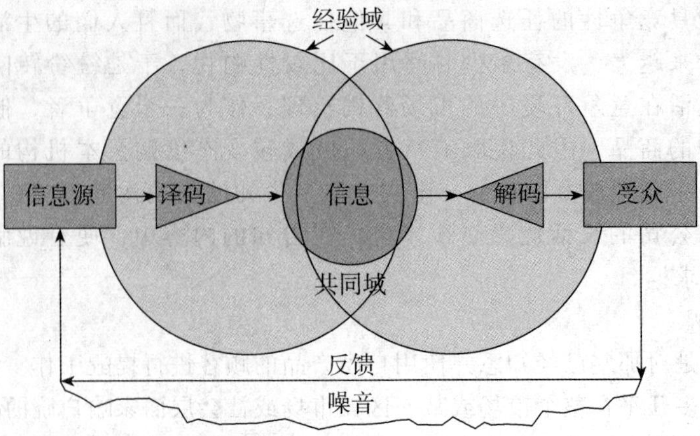

图 15-1　沟通渠道

1）信息源

沟通的信息源为公司、独立的机构或想要把一个信息介绍给受众的民意领袖。公司的沟通一般通过公司发言人、名人、角色演员、有代表性的消费者和推销人员来执行。这些信息发送者必须把有关理念、感情或看法用受众能够理解的文字或符号译成密码，并将这些信息传送给受众。

为评估信息源的质量，可提出下列这些非常关键的问题来校验：①这一信息源是否可信？②这一信息源是否有说服力？③这一信息源是否表达了公司的一贯形象？④消费者是否看中这一信息源所传送的信息？⑤这一信息源是否被认为有见地？⑥这一信息源是加强了所通报产品或服务的吸引力还是搞垮了它们？

2）译码

这是信息发送者将一个思想和理念转换成信息的过程。这一阶段的最重要决策是利用符号和文字设计拟定有关信息的内容，其中最关键的是必须把所要传达的思想和理念如信息源所期望的那样进行正确的传译。例如，一个公司想要着重表达其产品的威望，那么在信息中就应表达其地位标志、独家拥有、出色特点等，而不应强调价格比竞争者便宜，在廉价商店可随时买到，或已为千千万万个消费者所购买。

3）信息

这是由信息源传送给受众并使之理解的理念、感情或看法。信息的中心内容主要取决于公司想要向其受众通报、游说或提醒的东西是什么。不过在大多数信息中，通报的内容一般会包括下列这些内容：①公司的名称；②产品或服务的名称；③形象；④差别利益；⑤产品或服务的属性及利益。

此外，公司有时在沟通过程中也会提供易于买到和价格的信息。信息一般都需借助一定的载体来传送。这种传送信息的载体非常繁多，既包括报纸、电视、广播、杂志、广告牌、邮递广告、车船体、包装袋、橱窗、因特网等非人员媒体，也包括公司的推销人员、代言人和其他代表及民意领袖。

4）解码

这是受众解释、理解信息源所发送信息的过程。广大受众往往根据自己的背景及信息内容的明晰度来解释所接收的信息，即对同样的信息，不同受众之间的感觉往往会受到各人的经验、态度、信念、生活方式以及一系列所获技术和期望的影响。例如，一个人可能将蓝色理解为清凉、和平和舒适，而另一个人则可能将其看做是旧式和刻板。至于信息内容的明晰度对解码的影响也是很大的，通常随着象征符号的增加，信息的明晰度也随之增加。

5）受众

这是信息源所发信息的目标，在大多数市场营销情境下，受众就是目标市场。但信息源也可能会对股东、消费者团体、独立媒体和政府官员通报某种理念、企业形象和信息。

公司运用的沟通渠道类型，主要取决于受众范围的大小和分散状况、受众的人口统计和生活方式的特点，以及可利用媒体是否与受众相适应，总体沟通过程必须与受众和谐一致。

6）经验域和共同域

为使信息有效地沟通，信息发送者和受众必须具有一个双方共有的经验域，即相类似的认识和知识的共同域。图 15-1 中的两个圆圈，分别代表发送者和接受者（受众）的经验域，两者在信息上重叠。现实经济生活中有不少成问题的沟通事件，往往发生在一些公司将它们的信息发送到不同经验域的文化社会时。许多误解仅仅是由于差劲的翻译所引致，有的则由于认识理念或习俗的差异，如阿拉伯诸国对于星星图案有着强烈的反感。这是因为以色列的国旗是以星星做图案的，由于政治上的纷争而波及其他，在阿拉伯国家，不仅衣服上不能有星星图案，就连包装纸上也不能有星星图案。

7）反馈

这是受众对公司所发信息的反应。这种反应不外乎三种形式，即购买、改变态度和不购买。公司必须了解这些反应中任何一种可能发生的情况，并采取一定的方法加以监控。

最理想的反馈是沟通后消费者从公司购买了产品或服务，表明所传信息可有效地促成交易。

其次一种反馈是受公司促销努力的诱使，消费者改变了对别的公司或供应品偏爱的态度而转向偏爱本公司。这些消费者所产生的惠顾态度还可能影响到未来很长时期的购买。

最不理想的反馈是，顾客既不购买商品，也不产生惠顾态度。这可能是由多种原因所造成，如没有记住该信息、对原有产品感到满足、该信息不可信或没有显示出有什么差异化优点，这就需要采用某些技术来监控或取得理想的反馈。

8）噪音

这是在沟通过程任何阶段所产生的干扰。由于有噪音，有时会造成沟通障碍，使信息不能正确地译码或解码，或造成反应微弱。下面就是造成沟通障碍的一些因素：①选择了不恰当的语言；②沟通渠道不恰当；③信息不恰当；④受众不注意；⑤信息源或受众缺乏亲情；⑥非语言沟通没有配合支持语言沟通；⑦拙劣的版面编排和介绍；⑧不恰当的时机；⑨直邮广告为不相干的人所接收；⑩不耐烦的顾客中断销售介绍。

15.1.3 促销组合

一个公司或机构为与消费者沟通，可采用广告、人员销售、销售促进和宣传推广这四种促进销售方式中的一种或多种来执行。这些结合在一起共同促进某一产品销售的方式、方法就构成了该项产品的**促销组合**，如图 15-2 所示。

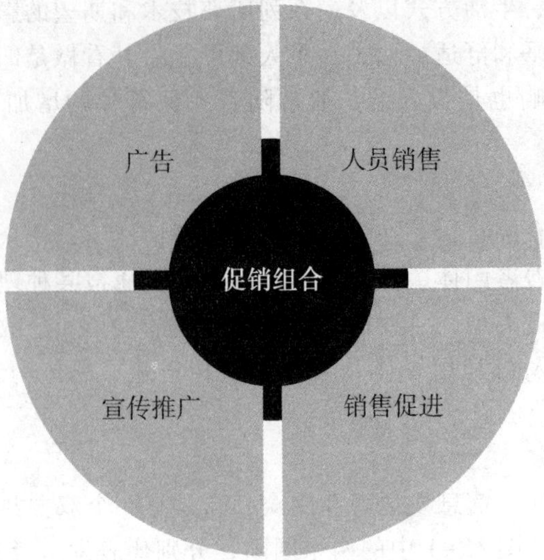

图 15-2 机构促销组合的主要因素

1）广告

广告是由特定的广告节目资助人通过大众媒体，将自己的机构、商品、服务或理念与有选择的受众进行付费的、非人员的沟通形式。首先，这个定义中的主要关键词是“付费”，因为作为广告信息载体的空间和时间通常都是要购买的。至于不需付费而获得的信息沟通的时间和空间，这种沟通形式则不属广告而属宣传推广的范畴。其次，广告的“非人员”成分也很重要。广告所利用的大众媒体，如电视、广播、报刊等，都属非人员，都没有如人员销售那样的即时反馈回路。因此在信息发送之前，市场营销研究工作很重要，它将决定所发信息是否会被目标市场所了解，以及目标市场实际上是否会看到所选的媒体。

2）人员销售

人员销售是一种旨在影响个人或群体购买决策的在购买者和销售者之间所进行的双向沟通流程。与广告不同，人员销售通常是在信息发送者与接受者之间进行面对面的沟通。人员销售有一些优点，主要是销售人员可以控制所要推介商品的对象，可以减少无用的信息覆盖面，以及信息发送者可以看到或听到潜在购买者对信息的反应，如果所获反馈不利，销售人员还可对信息加以修正。人员销售也存在一些缺点，如不同的销售人员可能会改变信息，从而不能对所有顾客进行一致的沟通，而人员销售的高成本则可能是其最大的缺点，按每接触一定受众人数的成本计，它通常是四大促销组合因素中最贵的一种。

3）宣传推广

宣传推广是通过大众媒体，以新闻报道形式来进行的一种非人员、不直接付费的信息发布。例如报纸、杂志、广播、电视中关于某个机构、产品、服务的报道就属宣传推广。虽然公司对大众媒体的这种新闻发布所占的空间或时间不需付费，但为争取这些媒体进行有利的报道，公司还必须为宣传推广间接付费，即公司必须为支持公关活动而花一定费用。宣传推广的一个优点就是可信性，人们看到一条有关赞美某公司产品的新闻报道后，大都会相信这种报道是真实的。因此，一则很小篇幅的宣传推广报道，其作用往往会超过一般报纸一个整版的广告。宣传推广的一个最大缺点，就是使用者对它缺乏控制，即无法控制有关媒体对有关事项说什么，对谁说，什么时候说。因此，宣传推广很少能成为促销组合的主要因素。

4）销售促进

销售促进是利用提供某些短期的诱导利益来刺激人们购买商品和服务兴趣的一整套方法和手段。与广告和人员销售相配合，销售促进既给最终消费者也给中间商提供某些额外价值，以刺激他们采取某些积极行为。销售促进的优点在于这种方案的短期性质，如有限期的优待券或彩票，可以刺激持续保持一定的销售额。另外，以降价优待券或折扣给消费者提供价值，也可刺激他们的购买。不过销售促进不能单独长期使用，否则将失去它的有效性。消费者会期待获得新的优待而推迟购买，或对产品的价值和质量产生疑问。

上述促销组合中的广告、销售促进和宣传推广这三种方式，通常被称为是用于大量销售的促销，因为它们是被用于成群的潜在购买者身上的。相反，人员销售则是用于人际销售的促销，因为销售者通常只是与作为潜在购买者的个人交谈。在一个促销组合计划中，到底使用促销组合中的两个、三个或四个因素则取决于产品的类型和选择的目标市场。因这四大促销组合要素都各有一定的特性和适应性，对不同类型产品或不同目标市场所起的促销效果或经济性不同。

15.2 广告

15.2.1　广告的性质和类型

上一节在给广告下定义时，曾指出广告是由特定的广告节目资助人通过大众媒体，将自己的有关信息与有选择的受众进行付费的、非人员的沟通形式。这个定义从另一个角度来看，说明广告本身包括两个部分，即信息与媒体。两者结合在一起，才能将所欲传达的思想与所欲传达的受众进行沟通。广告通过各种大众媒体，将所欲推介的商品、服务和理念之信息同时传达给大量的人群，它取代了销售人员与各个单独潜在顾客的交谈。广告是一种单向沟通方式，不像人员销售那样，可以获得直接的反馈和当场处理推销对象提出的疑问和异议。不过广告的这种非人员性质却可使营销者控制所需的时间和重复推介的程度，这一特点往往可获得比缺乏反馈这一缺点更多的利益。软饮料、大众化妆品、肥皂及其他许多不需要直接和立即反馈的产品就常常大力依赖广告来促销，因为对这些产品的营销者来说，其艰苦的任务就是要有效地让那些对这些产品的信息不感兴趣的受众看到或听到这些信息。广告可以不断重复传播同一信息的特点，正可完成上述任务，使这些受众耳濡目染，当要购买这些产品时，自觉不自觉地选择相关的品牌。

广告可根据多种不同的变量分类，但最实质和具实际意义的则是按广告目标分类。据此，可将广告分为三大类型。

（1）信息性广告，也叫原始需求广告。其主要用于大类产品的市场开拓阶段，此时的目标是重点建立该类产品的原始需求或基本需求，而不在于建立该类产品某一特定品牌的需求，即告知消费者现在新出现了某类新产品，以便促进整类商品的销售，把“蛋糕做大”，自己也可“佐饔得尝”。亦即假如市场扩大了，即使一个企业只维持原有的市场占有率，其销售量也会得到扩大。

（2）说服性广告，也叫选择性广告。其主要用于进入竞争阶段的产品，此时公司的目标是为特定的品牌培植选择性需求。市场上大多数的广告都属于这种类型，生产者利用这种品牌导向的广告，说服消费者购买他们所产的从双桥味精到红旗轿车。近10多年来，说服性广告越来越多地演变成了比较性广告，它通过两个或多个特定品牌的特性比较来突出自己的优越性。一般来说，比较性广告与非比较性广告相比，对不少消费者的认知反应更有影响，对态度和行为意图的反应，比较性广告即时效果也更好。但比较性广告在许多国家是非法的，或至少是不可接受的，如《中华人民共和国广告法》（以下简称《广告法》）中便有"广告不得贬低其他生产经营者的商品或者服务"的相关规定。

（3）提醒性广告。其主要用于进入成熟期的产品，此时公司的目标不是通知或说服消费者购买某一人所共知的产品，而是提醒消费者不要忘记购买这一特定品牌的产品。为了使这种提醒的作用更广，通常还辅以另一种相关形式的机构广告，其目的在于增强公司的形象和声誉，而不是直接刺激销售。因为一个积极正面的公众形象，不仅有助于吸引消费者，而且有助于吸引员工和投资者。

15.2.2 广告媒体

广告媒体是广告主借以传达广告信息给受众的各种沟通工具或手段，每个广告主都必须决定该在什么地方做他的广告。主要可供选择的广告媒体有报纸、杂志、广播、电视、直接邮件、户外广告、网络广告等。这种"媒体选择"决策与目标受众、产品类型、信息性质、广告活动目的、可支付预算和各种媒体的成本有密切的关系。

1）报纸

我国报纸广告过去一般都居所有广告开支的首位，近年虽有所变化，但自1991年以来，它仍稳居第二位，且与第一位的电视相差无几。这是因为它具有许多优点：①受众比较明确，即其传播的范围及对象都较明确；②传阅性好，一份报纸往往会被许多人传阅，其传播数量大大高于其发行量；③可造成较高记忆强度，因人们对报纸广告的阅读一般较电视广告更主动，故较容易被记忆，加上读者对有兴趣的广告可反复阅读，因而可能达成较高的记忆强度；④及时性较好，因报纸的印刷周期短，所登广告通常很短时间内便可刊出。但报纸广告也存在一些缺点：①寿命短，除少数个人和机构外，大多数人一旦阅读后便会弃之不顾；②报纸制作彩版的能力及质量差，影响到广告的感染力和吸引力；③注意力易分散，现代报纸的版面及内容极其众多庞杂，同类及不同类广告也多如牛毛，因而广告的被注意率易下降。

2）杂志

杂志广告虽然在我国四大广告媒体开支中所占比重最小，但它也具有一些独特的优势：首先，通过在各种专业和情趣不同的杂志上做广告，可以把信息传达到十分具体的细分市场。有些有名的杂志还发行地区版，从而使得杂志广告也具有地区上的灵活性。其次，杂志广告比报纸广告更显得高贵有声望，并可制成高质量彩色的广告版面。最后，杂志广告比其他媒体广告寿命更长。例如，《家庭电子》、《美术》等杂志的订阅者，可能会将这些杂志保留几个月或几年，这样其中刊登的广告就会一再被阅读。同样，杂志广告也存在一些缺点，主要是成本高和时效性差。因为杂志广告通常要在两三个月前就制作好，不能反映或适应最新的市场情况。

3）电视

电视现在已成为最主要的广告媒体。我国电视广告的营业额 1991 年以来一直占首位。现在我国城镇居民的电视机平均拥有率已超过百分之百，许多家庭还拥有两台以上。许多城市可收看几十个频道的节目，一般小城镇及农村也可收看二三十个频道的节目。

除上述这一基本优势外，电视广告本身还具有许多优点：①电视的许多专题节目都有特定的对象，针对性强；②人们收看电视时一般不能一心二用，故电视广告的被注意率高；③电视同时诉诸视觉和听觉，声情并茂，吸引力强，容易记忆和留下深刻印象。电视广告也存在一些缺点：①不像其他媒体，电视广告的寿命很短，往往一瞬间便会错过，为此有些电视广告在同一时段需多次播放，从而增加了成本；②节目间插播广告，尤其是多次插播广告，往往会引起观众的反感，或对之产生冷漠感，影响广告的吸引力；③人们可在广告时间中断收看另做其他事情，尤其是遥控器的普遍使用，使得人们很容易避开电视广告。

4）广播

广播媒体的最大优点是广告信息传播迅速、及时、范围广，另外针对性也较强，通过在各种专题广播节目中插播相关的广告，可以很有效地把广告信息传达给相关的目标顾客群体，而且费用也远远低于其他媒体。广播广告的缺点是，现在人们一般是一边干事一边听广播，注意率低。另外黄金时段，广播广告的收听率很低，因为大多数人都习惯于观看这一时段的电视节目。当然在电视机普及率较低的农村及边远地区，广播广告的效果还是较理想的。

5）直接邮件

通过这一沟通渠道发布的广告通称邮递广告。这种广告除了邮寄广告信和传单、商品目录、优惠券、购物券等外，还包括产品样品、纪念品及其他小工艺品等。邮递广告的优点是最具选择性，差不多可传达给任何目标市场，且其效果也最易衡量，因为接收者不管购不购买有关产品，这些广告都传递到每一个目标顾客，令其接触到有关信息。邮递广告的主要缺点是传播范围较窄，受众人均覆盖成本较高。

6）户外广告媒体

这里包括路牌、广告牌、招贴、招牌、交通工具等，营销者可利用这些媒体向某一特定地区的顾客集中宣传介绍某种产品。这些广告媒体特别适合那些本身很适合用图画表示的产品，成本也较低。但由于这些广告大多是面向流动中的受众，广告信息必须限制在很少的词句上。

除上述这些主要广告媒体外，近年随着网上经济的发展，网络广告对传统广告媒体的冲击已越来越凸显。它正逐步夺取传统广告媒体的市场。同时，宽带的普及和更好的压缩技术的应用，将使视频和其他丰富媒体广告的传播成为可能。毫无疑义，网络广告正在成为继报纸、广播、电视之后的最重要媒体。

【专论 15-1】

如何正确选择广告媒体

广告媒体是传递广告信息的工具。随着经济和科技的飞速发展，广告媒体层出不穷，种类繁多，其中主要包括印刷传播媒体、电子传播媒体、户外传播媒体、销售点媒体以及直邮媒体等，而各种广告媒体又有不同的优势和不足。因此，面对多元化的媒介环境，如何做好有效的媒体组合，达到用最少的广告投入选择合适的传播媒体，获得最大的广告效果，以降低媒介浪费，对媒介选择人员来说是一个长期要面对和解决的问题。

朗门模式

朗门曾对广告与广告费用支出关系列出了一个模式。他认为在不做任何广告的情况下，产品也有一定销售量，为最低销量。另外，产品都有一个最高销量，是由企业生产能力、市场情况及资料情况等决定的。在最低和最高销量之间，广告是有作用的。朗门认为广告成功的关键在于用尽可能少的费用达到最大销量，即将广告作为一种投资，与其他投资一样，投资多少应与效益多少进行比较。对企业来说自然是希望用最少的费用投资达到效益的最大化，而最大销量来源的基础首先是目标市场对广告信息的接收程度，即收视（听）率的多与少。如果广告通过媒体发布出去后没有引起消费者的注意，又怎能让消费者对产品产生兴趣，更不要奢谈购买欲望的培养和购买行为的最终实现了。

在一个正规的企业中，广告活动应该是有计划的，对于费用的安排同样也是有预算的，而作为一般意义上的广告预算费用的构成，其中购买广告媒介使用权的费用是最基本也是占比例最大的部分，多的可以达到总预算的80%～85%。可见，合理地选择广告媒介会直接影响到广告主的整个预算以及营销目标的实现，由此也可以使广告主有效地管理和控制广告活动，确保广告主意图的贯彻落实。所以，如何选择媒体可以说是决定广告投资成败的重要原因之一。

媒体选择的科学依据

一个有效的媒体选择需要诸多的科学依据。通常情况下，主要是根据广告目标的要求和对媒体的分析研究，选择能够到达潜在顾客层的、交流效果大的和成本较低的媒体。因此选择媒体组合时要考虑两个指标：媒体对目标市场的覆盖率和每次覆盖的相对成本。其中，目标受众的覆盖率是至关重要的。在通常情况下，当然覆盖率越高越好。

但在考虑覆盖率之前，首先要考虑媒体的覆盖区域与广告目标市场分布范围是否一致的问题。媒体的覆盖区域即媒体所能影响的范围。媒体的覆盖区域与广告目标市场的分布范围有四种不同情况：一是媒体的覆盖区域与目标市场范围完全不符；二是媒体的覆盖区域交叉或小于目标市场的分布范围；三是媒体的覆盖区域大于并包括了目标市场的分布范围；四是两者完全相符。第一种情况自然是绝对不能选用的，任何广告主都不会允许犯这种南辕北辙的错误，投资者的资金等于丢到水里了。在第二种情况下，这种媒体只能部分影响目标市场中的消费者，如果选用还需要其他媒体进行补充。第三种情况虽然可以完全起到影响消费者的作用，但是会造成一定的广告浪费。第四种情况媒体的覆盖区域正是广告目标市场的分布范围，自然是最理想的。

明确了媒体的覆盖区域后应考虑的则是媒体的覆盖率。媒体的覆盖率指实际接收到媒体信息的人数占覆盖区域总人数的百分比，它反映了该媒体在目标市场的接受状况和影响程度。触及率的高低是选择媒体的关键。

然而在实际操作中又会出现新的问题，即覆盖率高的媒体往往收费也高，怎样才能做到用尽可能少的费用投资达到利益的最大化呢？于是就产生了另一个数量指标：每次覆盖的相对成本。不同的广告媒体其收费标准不同，就是同一媒体，也因广告发布的时间、位置的差异采用不同的收费标准。在选择媒体时，除了要考虑媒体的绝对金额，还要考虑其相对金额，即广告成本。一般用千人到达成本来衡量，也就是我们必须知道要选的媒体，每次覆盖1 000人所花的钱到底是多少。比如，在某报上刊登一则广告需要5万元，广告读者预计500万人，那么这则广告达到千人所需费用则为10元。

媒体选择的依据找准了，选择起来就会变得简单一些，要尽可能地选择覆盖区域相符，对目标市场覆盖率高而千人成本低的媒体，以达到最佳性价比，实现利益的最大化。

媒体选择运用时要注意的几个要点如下：

1. 媒体组合策略的运用

各种广告媒体各有优点和不足，为了更好地扩大广告的影响范围，增加广告接收效果，需要对广告媒体进行组合运用，即在同一时期内运用各种媒体发布内容基本相同的广告。

媒体的交错运用，在心理效应上有三点效用：一是提高广告声势的效果。如果将同一广告主题分别在电视、电台、报纸各做一次广告就比在某一媒体连续做三次广告的心理影响大。二是拾遗补缺的效果。将同一主题的广告分别在不同的媒体上传播，消费者接触广告的几率就大。三是相互补充的效果。以两种以上的广告媒体来传播同一产品的信息，对于阅读者而，其广告效果是相互补充的。

2. 发布频率的合理运用

发布频率策略是在媒体上安排广告发布次数的策略。单位时间内发布广告的次数称为频率，广告频率应与广告时间和机会配合运用。例如，在展销会之前、新产品投放市场前、销售旺季到来之前，提高广告频率，而在一般条件下，维持较低的频率水平。

广告频率的安排可分连续型、间歇型和脉动型三种策略。连续型指的是在媒体计划期间，连续发布广告信息，发布频率均衡分布，但一般企业很少单一采用。间歇型是指按消费者的记忆规律，将广告宣传的时间分段安排，节约广告费用。间歇的时间不等，一般以一周或一旬为一个周期。脉动型是连续型和间歇型的折中策略，兼具两者优点，适用于为传递产品基本信息所进行的连续刊播，同时也顺应季节性的市场动向，进行间歇型频率刊播。近年来，对间歇型和脉动型策略的评价较高，因为这两种投放方式既能兼顾投放时间的长度，也能突出投放的强度。

3. 投放时间的长短要紧贴策略需要

可以从三个方面来分析：①在广告的整个媒体计划期间，发布时间的安排要长短相结合，既要发挥均衡分布广告作用，起到滴水穿石的效果，又要充分利用各种时机，比如季节的更换、节假日、新产品上市、新行业开张等，抓住某一销售时机，突击进行广告活动，强势出击。②在不同的产品周期阶段，同一个广告篇幅的长短是有讲究的。一般，你的产品刚上市的时候，最好用30秒的长度来投放，这样能够传达的信息更完整一些；过一段时间，就可以缩短到15秒。因为长和短所花的钱是不同的，如果顾客都知道了你产品的特征，只需维持提示的时候，就没有必要花双倍的钱去投30秒广告了。③在广告文本播放使用的安排上，应注意尽量设计多个文本，交替播放，或隔一段时间换一个文本，以消除消费者的厌倦情绪，这是因为新的广告比刊播过的广告更容易引起注意。但更换也不能太过频繁，否则易影响消费者对企业和产品的品牌形象的认知。

资料来源　佚名. 如何正确选择广告媒体［EB/OL］.［2014-06-23］. http://zhishi.maigoo.com/72611.html.

15.2.3 开展广告活动的主要步骤

广告活动的开展，一般都要经由好几个步骤，由于公司的资源、产品及受众的不同，这些步骤的多少及其实施的目标也互不相同。但是任何一个机构的广告活动，一般都将包括以某些形式表现出来的下列这些步骤。

1）确定和分析广告目标

广告目标是广告所指向的人民群体。为准确地确定广告目标和开展一个有效的广告活动，营销者必须分析消费者的地理分布、年龄、性别、种族、收入、教育等信息，以及他们对广告所推介的产品与竞争者产品的态度。营销者如何利用这些信息，则取决于广告产品的特点和竞争的性质。精确地确定广告目标是恰当地开展广告活动后续几个阶段工作的关键所在，最终也是广告活动本身能否成功的关键。

2）确定广告目的

广告活动的目的必须精确陈述，并用可以衡量的词语加以阐述。广告目的应包括公司目前的处境，从相关起点到公司所欲达目标之距离和方向，特别是达到目标的明确时间。那些以增加销售额为重点的广告，应以某个百分比或总金额，或市场占有率的扩大来着重说明销售额的增长。其沟通目的应重点放在提高产品或品牌知晓度，改善消费者态度或通报产品信息上。

3）制定广告纲要

广告纲要一般包括广告主想要在广告活动中突出的主要卖点或特点。这些特点必须对消费者选择和使用产品具有较大重要性，并尽可能是竞争产品所缺乏的。广告纲要的内容表达必须言简意赅，并应在深入研究消费者意见的基础上形成，否则会抓不住要害，或所宣称的特点与消费者的偏好南辕北辙，大大降低或损坏整个广告活动的预期效果。

4）决定广告经费

广告经费是预定用于某一时期开展广告活动所需之货币总额。这一步骤对广告活动的成功与否至关重要，因为如果广告活动各项努力建立在不充分的预算上，就会削弱广告对刺激消费者需求的作用；如果广告预算过大，又会造成公司的资财浪费。在实际工作中，决定广告经费的最主要方法有：①销售额百分率法。只简单地按过去或未来销售额的某一百分数决定广告费。这是一种最普遍而粗浅的方法，其最大优点是简单易行。②销售单位费用法。按预计销售产品每件所花广告费的固定金额来计算出总费用。这种方法一般适用于销售单价较高的商品。这一方法的优点是便于把握广告费用与广告效果的关系及其变化规律，但此法与上一方法存在着同样的问题，就是把广告看做是销售的函数，而非销售是广告的函数。此外还有竞争均势法、任务达成法、研究结果法等。

5）制订媒体计划

媒体计划应详细说明在广告活动中将使用何种媒体和广告将在何时出现。媒体计划制订者的最重要任务，就是要使在广告活动中所花的每一元钱都能达到最大多数广告目标受众身上。除费用外，媒体计划者还必须考虑广告目标的居住地区及人口统计方面的各种因素，以及广告信息的内容和各种媒体所沟通之受众的各种特点。媒体计划工作一般是从总体媒体决策开始，接着是进一步选择各种媒体中的亚属媒体，最后选择开展该项广告活动的具体媒体载体。

6）制作广告信息

广告信息的内容和形式，主要取决于产品的特点、广告目标受众的特性、广告活动的目的、媒体的选择。广告主在遣词措意上必须充分考虑这些因素，同时在表述上也必须运用有意义并对广告目标受众有吸引力的图解或例证。广告文案或词语，虽应随所选媒体的不同而互有差别，但都应力图促使广告受众沿着注意、兴趣、意愿和行动的轨迹向前推进。报刊图片和视像制品必须制成能吸引受众注意并可迅速沟通某种思想观念的文案。

7）测定广告效果

广告活动的成效，必须依据其最初的目的，对广告活动之前、之中、之后的结果加以测定。广告主至少应能测定出是由于开展广告活动或由于顾客的态度发生了某些变化，还是由于对品牌认识的逐步提高而使销售额或市场占有率提高。具体的测定方法基本上可分为直接测定与间接测定两大类。直接测定的方法主要有访问法、观察法、实验法和统计法等。间接测定则是测定者根据广告原始调查资料对广告效果所进行的分析与测定。

15.2.4　广告的社会法律问题

广告虽然在为国民经济发展服务，为广大工商企业传递信息服务，为方便人民生活服务方面起着十分重要的作用，但随着广告业的快速发展，也出现了一些问题：有的企业利用广告美化产品，歪曲事实，欺骗消费者；有的企业利用广告抬高自己、贬低竞争对手，进行不正当竞争；有的广告内容情调低级庸俗，损害社会道德规范和风尚。为了防止这些弊病，各国在广告立法中，都制定了相应的广告活动原则和准则。

我国《广告法》对广告活动的原则，提出了广告应当真实、合法，符合社会主义精神文明建设的几项基本要求，并在此基础上，特别提出了广告不得含有虚假的内容、不得欺骗和误导消费者这一具体总则。

1）广告应当真实

所谓真实，就是与客观事实相符合。在广告中，企业应当如实介绍商品或服务，广告不得含有虚假内容，也不得滥用艺术夸张，即广告的表现形式虽可多种多样，而且大都含有艺术创作的成分，但要处理好真实性和艺术性的关系。艺术形式不得违背真实性原则，不能滥用溢美之词或违背科学的结论，诱骗他人过高估计广告中所宣传商品的性能、质量、功效。

2）广告应当合法

这里主要是指广告发布的内容必须合乎《广告法》所提出的基本要求和准则，当然也不能违背其他相关的法规。不过许多其他法规的相关规定，往往与《广告法》的规定是一致的。另外，广告应当合法这一要求，是整个广告基本要求的核心，而且也是最完整的要求，即它除了包括《广告法》第一条和第三条基本要求的内容外，还包括了一些其他更具体的要求，如麻醉药品、精神药品、毒性药品、放射性药品等特殊药品，不得做广告，禁止利用广播、电影、电视、报纸、期刊发布烟草广告等。

3）广告要符合社会主义精神文明建设的要求

广告内容是通过艺术形式反映和表现出来的，无论是电视广告、印刷广告、广播广告或其他广告，都分别或全面地通过美的语言、美的画面、美的环境将广告意念烘托出来。因而在各种媒体、各种形式的广告中，都含有精神文明的因素，它们不仅能为企业推销商品服务，也对社会风气、习俗，对人们的消费甚至价值观有着不可忽视的导向作用和感染作用。因此广告对社会主义精神文明建设的影响同样不能忽视。广告不仅不能含有淫秽、迷信、恐怖、暴力、丑恶的内容，而且也不得违背社会良好风气，如广告中有违背尊师重教、尊老爱幼、见义勇为、助人为乐、诚实信用、艰苦奋斗等社会良好风尚的内容，均不得发布。

【小资料 15-1】

12 件典型违法案例曝光

上海 2014 年第 1 号虚假违法广告公告新鲜出炉，2013 年被本市工商部门查处的 12 件典型案例被曝光。

1.“浪漫香榭丽”精纯美白祛斑组合（化妆品广告）

在电视上宣称“遗传的斑我都能去除”，“让色斑一举清零，不再反复”，“祛斑有效率达 95%”。其内容虚假夸大，被工商部门处以罚没款 2.6 万元。

2.“波林丝育发专家”（化妆品广告）

在电视上宣称“这种洗发产品像遗传性的脱发白发可以预防，像长期的染发烫发造成的损害可以恢复，使现有的白发慢慢地变黄变灰变黑”，“杀灭真菌，对家族遗传性的脱发白发有预防作用”等内容，涉及虚假宣传，被工商部门处以 31 万元罚款。

3.“大成草”虫草素含片（食品广告）

在期刊上宣称“全球首创纯天然虫草素含片”，“二十根不如一片”，“添加腺苷脱氨酶抑制剂对其抗肿瘤活性的表达起着重要的作用”，“对治疗白血病有很好疗效”。其内容涉及虚假宣传，被工商部门处以罚没款 39.7 万元。

4.“好丽友·薯愿”马铃薯膨化食品（食品广告）

利用产品外包装宣称“口感松脆、不油腻，且 100% 不含反式脂肪”。其内容涉及虚假宣传，被工商部门处以 5 万元罚款。

5.“嘉选葡萄籽油”等 15 种商品（食品、化妆品、日用品广告）

在购物网站上宣称“有很好的消炎功能”，“有助于防止动脉硬化、心血管疾病、糖尿病和消化系统失调等疾病”，“有助于减肥、减少皱纹、延缓衰老”等。其内容缺乏事实依据，涉及虚假宣传，被工商部门处以 16 万元罚款。

6. 清盈 1 号清脂胶囊（保健食品广告）

在互联网站上宣称“纯天然健康减肥食品，美体美颜双向双效”，产品具有“减肥”等功效，并无事实依据，且在网站上虚构了该产品的研发者和成交记录。其内容涉及虚假宣传，被工商部门处以 1 万元罚款。

7. 华蔚牌肤痒粉、睡眠贴膏（保健用品广告）

在交互式视频中宣称“采用古医脐疗法，简单，方便，无毒、副作用，完全免去后顾之忧”，“埋药 1 丸各种过敏引起的流鼻涕等症状明显改善，连续用 10 到 15 丸，过敏症状全部消失”，“从根本上解决失眠问题”，其内容涉及虚假宣传，被工商部门处以 1 万元罚款。

8. “海哲教育”（教育培训广告）

在公司网站上宣称“综合型教育机构”，“至今海哲教育已成功举办国际MBA、DBA学位班共二十多期，培养了近1 000名精英人士，形成了一个高端的人脉交流平台”。其内容涉及虚假宣传，被工商部门处以2万元罚款。

9. “安博教育”（教育培训广告）

利用自制印刷品宣称“已经培育高考学子近12万，其中重点大学录取率高达95%”，“已经培育中考学子近13万，其中重点高中录取率高达97.3%”，“227名学生考入北大、清华，辅导提分率达98%”，“中国保护消费者基金会100万基金先行承保”。其内容涉及虚假宣传，被工商部门处以1万元罚款。

10. 沪太医院《沪太新风尚》（医疗服务广告）

当事人未经卫生行政主管部门审查出证，且多次擅自印发自制印刷品医疗广告，宣称“能完全根治腋臭”，“实现阳痿治疗有效率突破97%”等，被工商部门处以3万元罚款。

11. 潘建业PZ-100高电位治疗仪（医疗器械广告）

在公司网站上宣称“海内外销售数百万台”，“已于新加坡、中国香港成立合作生产线”，“高电位治疗仪不仅可以治疗疾病，同时还可以预防疾病，也就是说有病的人和没有疾病的人均可使用”等。其内容涉及虚假宣传，被工商部门处以10万元罚款。

12. “角里祥和坊”商铺项目（房地产广告）

通过群发手机短信宣称“角里祥和坊”商铺项目“6月销冠”。其内容涉及虚假宣传，被工商部门处以2万元罚款。

资料来源　陈玺撼，商华．12件典型违法案例曝光［N］．解放日报，2014-03-12（6）。

15.3 人员销售

15.3.1 人员销售的性质和作用

作为促销组合重要因素之一的**人员销售**，就是为了达成交易，通过交谈用口头介绍的方式，向一个或多个潜在顾客执行面对面的市场营销通报和沟通。这种面对面的通报和沟通，适用于每一个商业经营层次。

（1）生产企业的推销员拜访零售企业和批发企业，以及个人消费者；

（2）批发企业的推销员拜访零售企业；

（3）零售企业的销售人员在售货现场或上门推销商品给消费者。

不过，即使对零售企业的人员销售来说，也主要是指由企业派出推销员到店外向顾客挨户推销而言。

至于人员销售的目的则与其他促销方式并无差别，就是为了通告、说服、提醒消费者。不过在作用上，人员销售却具有某些独特的优点：

（1）业务活动机动灵活。推销员可根据不同顾客的购买动机和行为，采取相应的通报、解说言词及推荐不同的商品，以适应他们的不同需要。同时顾客如提出相反意见，可及时给予答复。

（2）可以取得较高的推销效率。人员销售可以对潜在顾客进行事先的研究，以利实际推销时易于获得成功。而非人员销售，如广告活动，哪怕花费不少时间和金钱大做广告，但看到或听到该广告的人，不一定都是该项产品的顾客，而真正需要购买该项产品的顾客则不一定就能接触到该项广告。

(3) 在多数情况下可以促成即时的购买行动。广告虽然能一时引起人们的注目，激起购买欲望，但通常无法立即使顾客采取购买行动。

(4) 推销员除了推销工作外，还可兼做市场调查研究甚至维修服务工作。

当然，人员销售也有缺点：首先是费用开支较大；其次是公司的产品如果市场广大而分散时，不仅销售费用开支更大，而且也无力建立有效的推销队伍分散到广大的地区去推销。因此人员销售并不是在任何情况下都是最有效的，是否采用此种促销方式，应视产品及市场情况而定。

从产品情况来看，是否采用人员销售方式，要视下列情况而定：①产品的单价是否较高；②产品由于技术性方面的原因是否需要操作表演；③是否需要适应个别顾客的需要；④是否属不经常购买的产品。

从市场情况来看，影响采用人员销售方式的是，地理越集中的市场，公司采用人员推销越有利，尤其是一些费用开支预算不多、资金不足、不能承担大规模广告活动开支的公司，采用人员销售方式可以更经济、更有效地执行市场营销通报的职能。

15.3.2 人员销售程序

虽然没有两个完全相似的推销情境，也没有两个推销员按完全相同的方法去完成自己的推销任务，但大多数推销员是按如下六步推销程序去执行推销任务的。

1) 确定目标

人员销售的第一个步骤就是要先研究潜在的消费者，选择极大可能成为顾客的人，即潜在顾客。这些潜在顾客可从直接对消费者、产业会员调研，以及通过公共档案、电话号码簿、工商会员名单、公司档案获得。推销人员应把重点放在那些有资财、有意愿和有权购买产品的潜在顾客上。

2) 接近潜在顾客

接近潜在顾客时首先要给对方一个良好的第一印象，因为第一印象往往会成为持续长久的印象，因此推销人员与潜在顾客的第一次接触往往是能否成功推销产品的关键。至于具体的途径，最好的方法就是要立足于对潜在顾客的了解，对他们所需及产品如何才能适应他们所需的了解上。凡是能了解每个顾客特殊情况的推销人员，大都能留下良好的第一印象，并大都能做成交易。

3) 推销介绍

在很多情况下，这一阶段除了对产品进行实际推销介绍外，还包括产品的展示。在这一过程中，推销人员应指出产品的特点和利益，以及它们如何优于竞争者的产品，有时甚至也可指出本产品的某些不足，或可能出现的问题及如何减免或防范。

4) 回答异议

潜在顾客任何时候都可能提出异议或问题，这就给推销人员提供一个机会去消除可能影响销售的那些反对意见，并进一步指出产品的其他特点，或提示公司可提供的特别服务。

5）成交

一旦对潜在顾客所提问题作答后，推销人员就要准备达到最重要的目标——成交，就是要使顾客同意购买自己推销的产品。此时推销人员必须确保在成交前再没有遗留重要的问题，而且推销人员不应与消费者再发生争议。许多有经验的推销人员，还往往会以顾客已打算购买的假设为据，向顾客提出“您希望什么时候送货”，“您要买标准型还是豪华型”等问题。这就可使犹豫不决的潜在顾客立即作出购买决定，而不会再说“我将要购买这个产品”。

6）追踪

贵重商品售出后，推销人员必须予以跟踪，以确保产品按时、保质、在良好状况下送达消费者手中，并确保其能处于正常的使用状态。这种追踪可给顾客留下一个好印象，并为未来更易推销铺平道路，因此它是推销过程的重要一环。总之，推销人员的职责并不随销售工作的结束而结束，它将随着销售者与顾客之间保持良好、有效的相互关系而延续下去。

15.3.3　人员销售管理

一个公司的成功，常常依赖于其对销售队伍的适当管理。没有一支强劲的销售队伍，以及他们所带来的销售收入，一个公司就会很快遭受失败。

1）人员销售管理的一般任务

销售经理一般要负好几个方面的责任，他们必须：

（1）以具体和可量化的词句来制定销售目标，并指出其具体的时间和地理区域；

（2）根据公司营销计划及营销环境的变动调整销售队伍的规模，吸引和雇用有成效的推销人员；

（3）制定适当的培训大纲，并决定于何地、何时，对何人如何进行培训；

（4）制定公平合理的报酬制度，以保持一支高质量的员工队伍；

（5）激励销售人员，提高他们的劳动效率；

（6）通过销售报告、与顾客沟通及发票，对销售运作作出总的评估。

2）销售人员的选择

销售人员的选择要考虑许多方面的因素，但最重要的因素还是集中表现在推销人员的素质要求上。对推销员素质的要求，有两大方面的内容：

（1）人品方面

①要具有良好的形象，能引致顾客对本公司产生良好的企业形象，并觉得受到了良好的接待而激起愿与其接触的意愿。②要对工作、对顾客具有满腔热情，积极主动地与顾客建立良好的买卖关系或相互关系。③要机智得体，善于适应不同顾客的心理状况，投其所好，顺利地把产品推销出去。④要能自我克制，对不同人品和态度的顾客，甚至在自认为不能容忍的情况下，也要控制自己的情绪。因为在多数情况下，某些歧见或顾客的不尊行为，往往是误会或不自觉产生的，只要一方克制，冷静处理，就可避免扩大歧见或使疑团消失。

（2）专业知识方面

推销员必须具有三个方面的专业知识，即有关本公司情况的知识、竞争公司情况的知识和本公司产品的知识。

这里对本公司产品的知识尤其应有具体而深刻的认识。大体来说，推销员对本公司产品应具有八项要掌握的知识：①商品的背景资料；②商品的外观；③商品的成分；④制造的过程；⑤商品的使用；⑥商品的照管；⑦价格、类型、销售条件；⑧竞争的商品。

只有具备了这些方面的知识，才能生动地推荐所售产品及当场回答顾客的疑问，顺利地执行推销任务。

此外，做好推销人员的培训与考核，也是有效运用人员推销这一促销方式所应注意的工作。

15.4 销售促进和宣传推广

15.4.1 销售促进的性质和目的

销售促进包括一系列直接诱导顾客或销售人员的活动或物质资源。销售促进技术主要用于加强和补充其他促销工具。近年来用于销售促进的开支在急剧增长，说明市场营销者已认识到这种促销方式的巨大潜力。

销售促进的各项活动可以单独运用，也可结合起来运用；可以是进攻性的，也可是防御性的。营销者利用各种销售促进活动和物质奖励来达到许多方面的目的：

①吸引新顾客；②鼓励试用新产品；③介绍新产品或改进品质的产品；④鼓励现有使用者重复使用或更大量地使用本企业的产品；⑤吸引更多的顾客来店；⑥增加某一现有产品的总使用者；⑦抵消竞争者的促销努力；⑧激励销售队伍；⑨教育销售人员改善态度；⑩促使摇晃不定的销售状况趋于稳定；⑪促使再销售商增加存货；⑫获得产品的展示和其他支持；⑬改善产品的配销工作；⑭获得更多、更好的货位。

上述这些目的，有的着重针对消费者，有的着重针对再销售商，有的着重针对自身的销售队伍。不管其针对性如何，任何一种销售促进的目的，都必须与机构的总目标、营销目标及促销目标相一致。

15.4.2 销售促进的工具及其选择

销售促进的工具非常繁多，归纳起来主要有三大类，即消费者促销工具、交易促销工具和营业促销工具。

1）消费者促销工具

主要的消费者促销工具有：

(1) 样品。这是免费提供给消费者或供其试用的产品。

样品可以挨家挨户地送上门，邮寄发送，在商店内提供，附在其他产品上赠送，或作为起重要作用的广告品。赠送样品是最有效也是最昂贵的介绍新产品的方式，如海飞丝、飘柔、潘婷等都采用过这种方式。正因如此，在运用这种促销方式时，要注意一些事项才能收到预期的效果。

①本产品品质确较其他竞争品为优，否则徒增费用，对促销不起作用。

②要确定适当的赠品标准量。赠品标准量的确定，既需使接受者足以实证、品评其质量，又要力求不致过分破费。因此，有的可采用原产品作样品，有的则可分制成小型和小

包装的样品，如只要够一次或两次试用即可。

③要掌握赠送样品的时机。赠送样品何时为宜？有些企业选择在试销期或新产品引入期。实践证明，这往往会造成失误，因为这时的生产量并不大，经销部门不多，赠品支出不仅比重大，而且作用范围有限，效果也不会太理想。因此，一般应选在产品的发展期，或在本产品在市场占有率较高的时候才开始赠送，可收到较好的效果。

④样品的包装必须与市面上出售的产品包装一致，两者不一致时，也需保持相同的形态，只是大小不同而已。否则试用满意的消费者不易在市面上发现所需的这种产品，其促销效果就会大打折扣。

（2）优待券。就是一纸证明，持有者用它来购买某特定产品时可少付些钱。优待券可以邮寄、包进其他产品内或附在其他产品上，也可刊登在杂志和报纸广告上，其回收率随分送的方式不同而不同。用报纸刊登优待券的回收率约为 2%，直接邮寄分送优待券的回收率约为 8%，附在包装内分送的约为 17%。

优待券可以有效地刺激成熟期产品的销售，诱导对新产品早期的使用。专家们认为，优待券必须提供 15% ~20% 的价格减让才有效果。

（3）退款。它与上述促销工具不同，不是由零售企业执行，而是在购物后，将一张特定的“购物证明”寄给生产商，由生产商用邮寄的方式“退还”部分购物款项，这主要应用在重要产品的购买上，如汽车等。

（4）特价包装。这是指向消费者提供低于正常价格的产品。这种价格通常在标签或包装上标明，有多种形式：如减价包装，即减价供应的单个包装（如买一送一，但不是偷龙换凤的“买一送一”），或组合包装，把两件相关的产品合包在一起（如牙膏、牙刷）。特价包装对刺激短期销售效果较好，甚至超过了优待券。

（5）赠品。这是指以较低的代价或免费向消费者提供某一物品，以刺激其购买某一特定产品，有三种形式：①附包装赠品，这与前述附赠品包装策略中的实物赠品差不多；②免费邮寄赠品，即消费者交还诸如盒盖之类的购物证据就可获得一份邮寄赠品；③自我清偿性赠品，即以低于一般零售价的价格向需要此种商品的消费者出售的商品，现在有些生产商向消费者提供各种各样具有公司名称的赠品即是。

（6）售货现场陈列。这种促销方式与广告宣传相比，有一大优点，就是现场陈列的是看得见的出售品的代表。因它可见、可闻、可触，能使顾客较确切地了解产品的实用性而对产品产生好感。因此长期以来，零售企业一直把售货现场陈列（包括柜台、橱窗）当做“沉默的推销员”来看待，都在尽力发挥它们这方面的积极作用，尤其是随着自选商店在城乡的日益推广，现在这种售货现场陈列促销方式越来越发挥着重要的作用。

要充分发挥这种方式的促销作用，除了要注意商品陈列的技术外，还要注意处理一些具体细节问题。如：①陈列的商品应标明价格、产地、生产者，甚至出售场地；②陈列的商品必须是有货供应的商品，而且陈列品必须与出售品质价相符，切忌只有陈列而无实际商品出售的做法。这样做不仅会引起消费者的不满，而且还会在人们心目中留下“陈列品是摆着看，没得卖”的印象，会葬送商品陈列促销的作用。

除上述这些方式外，还有实地表演、服装表演、免费试用和产品保证等。其作用也是很明显的。

2）交易促销工具

在国外，生产企业用于交易促销的资金比用于消费者促销的还要多，生产商在交易中耗资主要是为了实现三个目标。

（1）交易促销可以说服零售商和批发商经销自己的品牌。由于货架空间位置很难取得，生产商只能经常靠提供减价商品、折扣、退货保证或免费商品来获得货架，一旦上了货架，就能保住这个位置了。

（2）交易促销可以说服零售商和批发商比平时经销更多的商品。生产商可用数量折扣的办法，使中间商在其商店和货栈中经销更多的本牌商品。生产商认为，当中间商“满载”自己的商品时，他们会更加努力地推销。

（3）交易促销可以刺激零售商和推销人员更积极地推销商品，即生产商可通过提供促销资金、销售帮助、表扬项目、奖品和销售竞赛来提高零售商的推销积极性。

至于具体的交易促销工具，归纳起来主要有下列几种：

（1）价格折扣，又叫发票折扣或价目单折扣，就是在某段指定的时期内，每次购货都给予低于价目单定价的直接折扣。这一优待鼓励了经销商去购买一般情况下不愿购买的数量或新产品。

（2）折让，是作为零售商同意以某种方式突出宣传厂商产品的报答。其中的广告折让用以补偿为生产商的产品做广告宣传的零售商，陈列折让则用以补偿对产品进行特别陈列的零售商。

（3）免费商品，是提供给购买一定数量的中间商几箱额外的货品。另外也可提供推动资金，如现金或礼品，给予推销自己产品的经销商或其销售人员。同时，他们也可向零售商提供免费的印有公司名称的专门广告品，如钢笔、铅笔、年历、镇纸、便笺本、烟灰缸、手袋、帽子等。

3）营业促销工具

营业促销的主要工具有：

（1）商品展览和集会。外国的各种行业协会，一般每年都组织年度集会，同时还有代表性地举办商品展览会。那些打算向该种行业推销产品的公司，可在展览会中租用场地或货摊，陈列和实地展演它们的产品。参加的贩卖者可得到下列好处：①开创新的销售渠道；②维持与顾客的接触；③介绍新产品；④向老顾客销售更多的产品；⑤用印刷品、电影及视听材料说服教育顾客。

（2）销售竞赛。这是一种组织销售人员或批发、零售商参加的竞赛，目的在于鼓励他们增加一定时期的销售效果，给那些有成绩的人颁奖。

（3）还可通过抽奖和其他适合的博彩工具为消费者、企业客户、经销商和推销人员提供由于运气或额外努力而赢得某些东西的机会，如现金、旅游或产品。

【观念应用15-1】

2013年卫浴企业十大促销手段分析

2013年，作为房地产下游企业的卫浴行业受宏观经济形势影响，整体发展态势一般。在这种大环境下，以往企业的一柄利剑——促销，貌似也失去了往年的锋利，传统促销旺季“金九银十”被不少业内人士戏称为“铜九铁十”。路途虽然有波折，但不屈的卫浴人还是能昂首冲破阴霾走向阳光，市场不给力，但诱人的促销还是能给疲软的市场注入一剂兴奋剂。下面我们来为您盘点2013年卫浴企业十大促销手段。

一、微博互动促销：微博促销体盛行

2011什么事件最火？微博打拐、郭美美事件、李娜法网夺冠等一个个热门事件都是在一个网络载体上得到快速传播，这个载体就是微博。2011年大多数卫浴企业已经不仅局限于线下的促销物料宣传和线上单向宣传。现代经济社会讲究互动沟通，而微博这一新秀则以自己独特的互动交流性得到了广大企业的青睐，打开卫浴企业的官方微博，无处不在的促销体就会映入眼帘。而随之衍生植入的“折扣、让利”等关键词的互联网休闲小游戏更是丰富了促销形式。

二、双节促销延长促销周期集中力量让利

近几年，国庆节和中秋节的时间节点比较接近，而2012年的春节和元旦也在同一月，这也给很多企业创造了“捆绑双节”的概念，用双节促销的噱头吸引消费者。这样的做法非常经济实用，与其耗费力气在一个节日上大做促销文章，也不见得会有多大的市场反应，不如引用双节的概念，延长促销时间节点并且能够集中力度促销，一举两得。

三、概念促销：概念引导消费

现如今中国卫浴市场走向成熟，消费者也越来越挑剔，普通的促销手段已经不能完全打动顾客，简单的价格战对逐渐理性的消费者已经没有多大诱惑力。当代消费者不仅看重产品优惠力度，更加看重产品质量和健康环保。换句话说，就是现在大部分的消费者不差钱，购买产品还要考虑产品是否符合自己所倡导的生活习惯和生活追求。在如此的市场背景下，聪明的卫浴企业已经开始扭转思路，以概念文化等促销手段来教育消费者，不仅给消费者带来优惠的产品，更要培养消费者健康时尚的消费习惯。

四、借势促销：东风已在，问君借否？

借势促销是从事件促销延伸出来的一种促销形式，泛指企业根据某一热点事件、活动、人物等进行的企业宣传或者商品优惠等促销行为。《三国演义》诸葛亮“借东风”打赢赤壁之战，赢得先机；现如今商场如战场，如何借势发力，占尽优势，自然是商家必须面对的课题。

五、折扣促销：常规弹药，促销必备

折扣促销是任何企业进行促销行为的基本手段，可以说是促销常规武器。2012年春节将至，家家企业都在打折促优惠，消费者已经对折扣产生了免疫，往年吸引消费者的打折、让利等促销手段已经不能完全满足消费者。在这种条件下，怎样在保证市场规律正常运行下通过折扣促销来吸引消费者，也成为卫浴企业的难题。

六、增值服务：附加价值更显威力

促销和服务这两个关键词是卫浴企业赢得消费者口碑的重要手段。往年卫浴行业发展态势良好，部分企业只通过单纯的折扣、让利促销就可以提升产品销量。2011年的卫浴行业大环境发展一般，消费者更加挑剔，购买产品不仅从产品价格、质量出发，更多的还要考虑企业的品牌实力形象，以及售后服务体系等，好的服务能够增值促销。随着市场竞争愈演愈烈，构成“品牌”的基础不再单靠产品，品牌服务成为企业实现增值的延伸。许多卫浴企业已经察觉到“服务增值”的理念，用促销体现服务，用服务带动促销，二者的结合会更好地实现企业促销的目的。

七、联合促销：抱团取暖互助互赢

联合促销是指两个以上的企业或品牌合作开展促销活动。这种做法最大的好处是可以使联合体内的各成员以较少费用获得较大的促销效果。联合促销有时能达到单独促销无法达到的目的，这对于发展态势波澜不惊的2011年中国卫浴行业来说是直接有效的手段。虽说企业之间有竞争关系，但面对共同的难题时能互助互赢，既可以帮助企业，也给消费者带来优惠，这也是企业和消费者都乐意见到的事情。

八、团购促销：利用消费心理开辟新销售渠道

团购是指企业根据薄利多销的原理，给出低于零售价格的团购折扣和单独购买得不到的优质服务。团购是一种新兴的电子商务模式，卫浴行业也在不断地试水团购市场。其实团购行为十分适合中国市场，中国消费者有抱团、爱优惠的特点，而团购则很好地满足了消费者的购买习惯。尽管在团购初期，很多消费者对团购的卫浴产品质量表示怀疑，但通过2011年的卫浴团购市场来看，虽有质疑，但不影响销量，团购促销的前途一片光芒。

九、线上线下结合促销：双线给力

线上促销传播速度快，范围广，省钱办大事，但部分消费者看不到实物，有所顾忌；线下促销直接有效，抢购现场直接刺激消费者购买欲望，但耗时耗力，容易得不偿失。所以一些企业选择双线出击，线上线下齐给力，力求最大范围辐射消费者并提高产品销量。

十、新品促销：紧追潮流吸引眼球

目前，卫浴行业产品高度同质化，要想在激烈的市场竞争中脱颖而出，就要“求新求快，保质保量”。及时推出符合国家产品标准的新产品将会迅速吸引消费者眼球，配合相应的促销手段能更好地帮助产品推广，二者是相辅相成的关系。

资料来源　佚名．2013年卫浴企业十大促销手段分析［EB/OL］．［2014-06-23］．http://www.chinairn.com/news/20130816/162221708.html.

问题：卫浴企业的促销手段有什么特点？

分析提示：传统手段与新兴手段相结合。

15.4.3　宣传推广的性质和目的

宣传推广就是以非付费的、新闻特写的形式，发布所欲推广之信息。一个机构围绕着一个可以营销的实体制造事件和新闻，它就是在进行宣传推广。宣传推广与广告的主要区别有两点：①它是免费的，有关媒体没有从这种信息发布中获得报酬；②它的内容与发布时间公司是不能控制的。

至于可以被宣传推广的实体则十分宽泛，差不多每一种欲加推广的事物都可以利用这种促销方式，即它可以用来推广各种品牌、产品、人物、地区、观念、活动和组织等。宣传推广一般用于新产品和新品牌的推出，以及使成熟期的产品或品牌再度引起人们的兴趣。另外，一些在社会上知名度低的组织，也常借助于宣传报道以打开市场和提高知名度，而公众形象欠佳的组织则可从事于宣传正面的活动以改善其形象。国家为吸引更多的国际旅客、外商的投资或国际的支持，也常利用宣传推广来达到这些目的。

正是由于宣传推广的实体和内容非常宽泛，因此从某种意义上来说，宣传推广是公共关系的一个组成部分，即属公共关系三要素（组织、传播、公众）之一的“传播”这一部分。实际上良好的公共关系通常都会产生良好的宣传推广作用和良好的机构和企业形

象。由于目前学术界对公共关系的职能地位歧见较大，而且比较多的意见认为公共关系是一门独立的学科，它不仅不应隶属于促销范畴，甚至也不隶属于市场营销学的范畴。但公共关系工作者所执行的下列职能，都是与宣传推广工作十分相关的。

（1）增强与新闻界的关系。与新闻界建立关系的目的在于将有新闻价值而欲推广的信息，通过新闻媒体广为传播，以吸引公众对某机构、某产品或服务的注意。

（2）产品宣传报道。它就是通过新闻媒体或其他方式，报道某些特定的产品及与这些特定产品有关的事项。

（3）公司沟通。它包括内部与外部的沟通，以增进对本机构的注意、了解及增强企业内部的凝聚力。

（4）游说。它就是尽力与立法者和政府官员打交道，以防止不利的立法和规定的通过，并推荐所欲的立法和规定。

（5）咨询建议。它就是向公司最高管理阶层和各部门通报在监测环境中所得到的各种信息，公司因应之对策或对企业形象决策提出通报。

但由于在传统和正规的组织结构上，公共关系部门都是位于公司的总部而不是分属各部门，其人员大都忙于与股东、员工、立法者、政府官员等交际应酬，往往忽略支持产品销售的宣传推广。为解决这一矛盾，不少公司便在市场营销部门中设立一个宣传推广单位来专司此事，这也从组织上将公司的第四个促销组合因素明确为宣传推广而非公共关系，哪怕后者在其他方面的职能工作仍或多或少，或直接或间接地有助于产品的促销。

同样，宣传推广的各项活动可以单独运用，也可以结合起来运用。公司可以利用宣传推广来达到一个目的或好几个目的。

第一，可以利用宣传推广来提高社会公众对公司产品或活动的认识；

第二，为机构保持一个理想的知名度；

第三，可用以显示公司是一个拥有最好的优势的进取性公司；

第四，帮助公司减轻、解脱不良的形象。

15.4.4　宣传推广的载体及其选择

营销者可以利用的宣传推广载体有好几种：

（1）新闻稿，是最为广泛使用的一种宣传推广方式。它通常是由机构向媒体提供的一页约 300 字的稿件，除了有关公司的某一简短信息外，还包括公司的名称、地址、电话号码、网址及联系人。

（2）特写文章，篇幅可达 3 000 字。它通常是发表在某些专刊中的结论性简短论文。其论证的内容是有利于直接或间接暗示公司产品高质量、高性能、高功效或科学性及实用性。

（3）标题照片，是伴以简短文字说明的图片。它是以实证来介绍说明新产品及改良产品的一种有效方式。现在各种报纸杂志上的汽车专刊、家具专刊大量登载的各种不同牌号汽车和家具的标题照片，大多是由有关生产厂家提供的。

（4）记者招待会或新闻发布会。可邀请各媒体相关人士与会听取重要新闻的发布，并分发一些原原本本的补充性材料及照片。

（5）信函及音像制品，即给报刊编辑、专题记者或杂志主笔寄发有关信函，给适当的可资利用的媒体制作和分发有关的录像带和录音带。

当然，上述这些宣传推广手段并非每项促销活动都必须同时运用，有时在一个促销组合中，只要一种方式便已足够。但有时宣传推广可能会在一个促销组合中占统治地位，这样营销者则需要在几种宣传推广工具上投资。至于具体宣传推广方式的选择，则要取决于目标受众的组成、媒体人士的反应、新闻内容的重要性及所通报信息的性质和数量。

最后，为有效地运用宣传推广，还必须注意几个相关的问题。

（1）公司的宣传推广工作必须组织得周密、准确而有序。宣传推广工作计划要由公司指定的个人或部门负责人制订，或由公共关系公司制订。

（2）必须与传媒人士建立良好的业务关系。因为宣传推广的职能，经常要求与报刊的编辑、记者及其他传媒人士进行人员沟通，与这些人士建立良好的业务关系就显得十分重要。他们的建议和意见往往有助于确保公司的宣传推广计划能与这些媒体的运作密切配合。

（3）公司为争取有效地开展宣传推广，必须仔细审视其欲发布的各条新闻，避免发布那些意义不大或写作不佳的作品，而且那些不符合媒体要求的新闻也往往会受到媒体的拒绝。

15.4.5 宣传推广计划的开展

宣传推广计划的开展与广告计划的开展很相似，共包括如下七个步骤：

1）制定目标

宣传推广的目标与广告的目标是相似的，可分为促进需求和树立形象两个方面。

（1）促进需求方面的目标又可分为三小类。

①通报。如使目标市场知道有某些新产品或新品牌出现，解释新产品或服务的特点，将新的商店营业时间告知顾客，通过对新的地区和新的细分市场发出吁求而扩大现有的顾客基础……

②说服。如提高品牌的受欢迎程度，增进品牌的档次，提高商店的交易额，获得更高的品牌忠诚度……

③提醒。如稳定销售额，维持品牌忠诚度，保持品牌的知名度和形象，增强顾客对品牌的偏爱程度……

（2）树立形象方面的目标又可分为两类。

①树立行业形象。如提高和维持良好的行业形象，形成新产品或服务的原始需求。

②树立公司形象。如提高和维持良好的公司形象，形成对产品或服务的选择性需求，即对某一特定产品或服务的需求。

当机构从这些宣传推广目标中选定某一目标后，便要以这一目标来指导整个宣传推广计划。

2）选定负责者

公司对促销计划的负责策划者有三种选择：①可以要求机构内部的公共关系部门或宣传推广部门来制订全部宣传推广计划；②可委托外部的广告公司来处理有关宣传推广事宜；③可雇请专门的公共关系公司或宣传推广公司。由本机构内部的部门负责，可在有关新闻发布前保持最大的秘密；由机构外的专门公司负责，则这些公司会有较好的门路和专业技能和知识。不过这两种方法都是比较普遍被采用的。

3）列举宣传推广的类型

应列出公司可资利用的若干宣传推广的普通类型：①新闻宣传推广，主要是报道全国、地区或本地的重要事件。这类宣传推广又可分为：自然产生的新闻宣传推广，如火灾、罢工或其他重大偶发事件的后果；策划的新闻宣传推广，主要是有关公司通过正规途径制作分发的新闻消息。②商业特写文章，是分发给商业中介有关本公司或其供应品详细情况的专门报道。③服务特写文章，是介绍提供个人照料、看护，家政服务及配制食物、药方等方面情况的软性文章，分发的对象为报纸及杂志。④财经消息，是以报纸和杂志的商业版为对象的新闻稿。⑤产品消息，是报道新产品及产品改善情况的新闻。它适用于所有形式的媒体。⑥图片新闻，是提供给媒体的各种图片或照片。⑦背景材料，是提供给媒体撰稿人和编辑的特别情况通报。⑧紧急性宣传推广，包括各种重大灾害或严重事故的特别消息。所有这些宣传推广形式，都在优良的、策划周到的宣传推广行动计划中起着重要的作用。

4）选择媒体

宣传推广可资利用的媒体有报纸、电视、杂志、广播、商报等。由于许多杂志及某些商报的不经常性，因此宣传推广通常都选择那些每周或每天发行的杂志或商报。其原因之一是由于宣传推广的不可控制性，加上这些媒体的版面有限，只有选择经常出刊的媒体，才有可能获得采用或报道本公司情况的宣传推广信息。至于具体应选择哪类媒体，则应根据宣传推广的类型、产品的性质及不同的目标市场而定。如新闻型的宣传推广信息，多争取获得报纸、电视、广播的播发，而较少在杂志上刊发。

【小资料15-2】

南航将开通广州至法兰克福、广州至纽约两条国际新航线

记者从2014年5月21日在昆明举办的2014南航厦航国际新航线推介会上获悉，南航将于今年6月和8月分别开通广州-长沙-法兰克福以及广州-纽约两条国际新航线。其中，南航还与德国铁路公司开展了“空铁联运”合作以方便旅客。

南航昆明营业部党委书记陈默介绍，南航将于6月23日开通的广州-长沙-法兰克福航班号为CZ331/332，由空客A330-200机型执飞，每周往返三班。去程航班每周一、三、五21：30从广州起飞，22：45到达长沙，当晚23：55从长沙起飞，第二天早晨6：00到达法兰克福。回程航班每周二、四、六14：15从法兰克福起飞，第二天早晨6：45到达长沙，8：00从长沙起飞，9：15到达广州（以上时间均为当地时间）。

将于今年8月开通的南航广州—纽约航线引入了全新的波音777-300ER型飞机，这种远程飞机将给旅客带来更加舒适的长途飞行体验。届时，南航在北美市场将形成洛杉矶、温哥华、纽约三个通航点的布局。

陈默介绍，广州直飞纽约航线、广州-长沙-法兰克福航线开通后将进一步完善南航广州枢纽的航线网络布局，促进中外旅游、文化、商贸等交流合作。为进一步方便旅客，南航与德国铁路公司开展了“空铁联运”合作，旅客到达法兰克福后可转乘高速便捷的铁路前往德国各大城市。

据了解，南航目前拥有运输飞机575架，机队规模列亚洲第一全球第五，航线网络通达全球40个国家190个目的地。其中，云南的旅客可通过南航昆明航班直飞广州，顺利衔接南航广州至法兰克福、广州至纽约航班。

资料来源　吉哲鹏．南航将开通广州至法兰克福、广州至纽约两条国际新航线［EB/OL］．［2014-05-22］．http：//www. yn. xinhuanet. com/newscenter/2014-05/22/c_ 133351974. htm.

5）创作宣传推广信息

它包括三个方面的决策：①信息的内容。每则宣传推广信息都必须草拟一个能引起消费者关心或兴趣的大字标题。②作业进程。这一作业计划要考虑到所有印刷稿件和报刊图片的种种情况，并以所选媒体有关制作准备所需时间为依据。因为本机构提供的宣传推广信息，有关媒体由于各种主客观原因，往往需要等待一定时间，因此机构在给媒体发送信息时，必须考虑这些情况，才能使自己的宣传推广信息有可能在自己所期望的时间播出。③信息发布形式。宣传推广的信息可以利用一种形式或多种结合的形式发布，如记者招待会、新闻发布会、电话访问或个人联系、专门活动或影片等。

6）宣传推广信息的发布时机

一般来说，宣传推广的信息应在新产品上市之前推出，并为其制造轰动效应；对紧急情况和事件，则应立刻举行新闻发布会和发言人对有关事件或事态的发言；对那些不断进行的宣传推广，则应在全年中留有一定的间隔，以保持其持续的效应。当然，正如前面所述，公司比较难预定、预计和计划宣传推广的时机，因为这些时机由媒体所控制。

7）宣传推广成败的评估

对宣传推广活动成败的评估，通常有下列几种直接评估方法：公司可以计算采用发表每条新闻特写的媒体数量；分析覆盖的深度和广度；将预想的推出时间与实际的推出时间相比较；估计受众对宣传推广的反应；计算与广告比的相对成本。

本章小结

促销是公司或机构用以向人们通报自己的产品、服务、形象和理念，说服和提醒他们对公司产品和机构本身之信任、支持和注意的任何沟通形式。可见，促销与沟通有着密切的联系。

促销除了必须借助于沟通渠道来与消费者沟通以达到促销目的之外，促销本身也包括多种方法，它们往往必须结合起来运用，构成促销组合。广告、人员销售、销售促进和宣传推广是机构促销组合的四大要素。

广告可根据多种不同的变量分类，最具实际意义的是按广告目标分为信息性广告、说服性广告和提醒性广告。广告借以传达给受众的各种沟通形式称为广告媒体，它包括报纸、杂志、电视、广播、直投邮件、户外广告等。近年来随着网上经济的发展，因特网对传统广告媒体的冲击已越来越凸显。广告活动的开展一般都要经过一定的步骤。为防止广告可能出现的某些违法和对社会的不良影响，我国《广告法》对广告活动提出了广告应当真实、合法，符合社会主义精神文明建设的几项基本要求。

人员销售适用于每一个商业经营层次。人员销售具有某些独特的优点，但也存在某些缺点。大多数推销员均按六步推销程序去执行推销任务。加强人员销售管理是做好人员推销工作的重要一环，其中销售人员的选择又是人员销售管理的核心内容，销售人员的选择要考虑许多方面的要素，但最重要的因素还是集中表现在销售人员的素质要求上，对推销人员的素质要求，有人品及专业知识两方面。

销售促进包括直接刺激消费者或推销人员积极购、销的各种活动或物质奖励。营销者利用各种销售促进活动和物质奖励来达到许多方面的目的。销售促进的工具主要有三大类，即消费者促销工具、交易促销工具和营业促销工具。它们又各包括许多具体的促销工具。这些促销工具都各有其特点和适应性，营销者必须根据不同产品和不同目标顾客的情况灵活运用。

宣传推广就是以非付费的、新闻特写的形式发布所欲推广之信息。差不多每一种欲加推广的事物都可以利用这种促销方式。从某种意义上说，宣传推广是公共关系的一个部分，宣传推广的载体也比较繁多。为有效地运用宣传推广，还必须注意四个相关的问题：①公司的宣传推广工作必须组织得周到、准确而有序；②必须与传媒人士建立良好的关系；③必须仔细审视所欲发表的新闻，避免发布那些意义不大或者不佳的作品；④要定时对宣传推广的效果进行评估。

主要概念和观念

☐ 主要概念

促销　沟通渠道　促销组合　广告　广告媒体　人员销售　销售促进　宣传推广

☐ 主要观念

广告活动的原则　人员销售管理的任务　消费者促销　交易促销　营业促销　宣传推广的目的

基本训练

☐ 知识题

15.1　阅读理解

1）促销具有哪些职能作用？

2）沟通渠道包括哪些要素？

3）广告一般可分为哪些类型？

4）有哪些可供选择的主要广告媒体？

5）人员销售有哪些独特的优点？

6）主要的营业促销工具有哪些？

7）宣传推广的主要载体有哪些？

15.2　知识应用

1）选择题

（1）促销与沟通是密不可分的，两者的含义与应用范围________。

A. 是基本相同的

B. 并非等同，沟通的含义与应用范围远比促销广

C. 并非等同，促销的含义与应用范围远比沟通广

(2) 机构促销组合的主要因素为________。

A. 广告、人员销售、宣传推广、销售促进

B. 电视、广播、报纸、杂志

C. 消费者促销、交易促销、营业促销

D. 新闻稿、特写文章、标题照片、记者招待会或新闻发布会

(3) 信息性广告，也叫原始需求广告。它主要用于________。

A. 大类产品的市场开拓阶段　　B. 进入竞争阶段的产品

C. 进入成熟期的产品　　D. 进入衰落期的产品

(4) 从市场情况来看，是否采用人员推销方式，要视________而定。

A. 产品的单价是否较高

B. 产品由于技术性方面的原因是否需要操作表演

C. 地理是否集中

D. 是否属不经常购买的产品

(5) 样品、赠品、优待券这些销售促进工具，都属于________。

A. 消费者促销工具　　B. 交易促销工具

C. 营业促销工具

2) 判断题

(1) 促销的实质就是沟通。(　　)

(2) 为使信息有效地沟通，信息发送者和受众必须具有一个双方共有的经验域，这一共同域越大，越能使信息有效沟通，越小越容易产生误解。(　　)

(3) 一个公司或机构为与消费者沟通，必须采用广告、人员销售、销售促进和宣传推广这四种促销方式来执行。(　　)

(4) 广告是一种非人员性质的双向沟通方式，高级化妆品、保险、新潮家庭用品等需要直接反馈的产品就常常依赖广告来促销。(　　)

(5) 人员销售这种面对面的通报和沟通，一般只适用于零售企业这一商业经营层次。(　　)

(6) 销售促进技术主要用于加强和补充其他的促销工具。(　　)

(7) 宣传推广的各项活动，一般都单独运用来达到单一的目的。(　　)

□ **技能题**

15.1　规则复习

1) 开展广告活动的主要步骤

任何一个机构的广告活动，一般都将包括以某种形式表现出来的七个步骤。

(1) 确定和分析广告目标。广告目标是广告所指向的群体。为准确地确定广告目标和开展一个有效的广告活动，营销者必须分析消费者的地理分布、年龄、性别、种族、收入、教育等信息，以及他们对广告所推介产品与竞争者产品的态度。

(2) 确定广告目的。广告目的应包括公司目前的处境，从相关起点到公司所欲达目标之距离和方向。其沟通目的应重点放在提高产品或品牌的知晓度、改变消费者态度或通报产品消息上。

（3）制定广告纲要。广告纲要一般包括广告主想要在广告活动中突出的主要卖点或特点。广告纲要的内容表达必须言简意赅，并应在深入研究消费者意见的基础上形成。

（4）决定广告经费。广告经费是预定用于某一时期开展广告活动所需之货币总额。在实际工作中，决定广告经费的最主要方法有：①销售额百分率法；②销售单位费用法。

（5）制订媒体计划。媒体计划应详细说明在广告活动中将使用何种媒体和广告将在何时出现。除费用外，还必须考虑广告目标的居住地区及人口统计方面的各种因素，以及广告信息的内容和各种媒体所沟通之受众的各种特点。

（6）制作广告信息。广告信息的内容和形式，主要取决于产品的特点、目标受众的特性、广告活动的目的、媒体的选择。报刊图片和音像制品必须制成能吸引受众注意并可迅速沟通某种思想观念的文案。

（7）测定广告效果。广告活动的成效，一般应依据其最初目的，对广告活动之前、之中、之后的结果加以测定。具体的测定方法基本上可分为直接测定与间接测定两大类。

2）人员推销程序

大多数推销员是按下列程序，即所谓六步推销程序去执行推销任务的。

（1）确定目标。它就是要先研究潜在的消费者，选择极大可能成为顾客的人。应从中把重点放在那些有资财、有意愿和有权力购买产品的潜在顾客上。

（2）接近潜在顾客。接近潜在顾客首先要给对方一个良好的第一印象。至于具体的途径，最好的方法就是立足于对潜在顾客的了解，特别是对他们所需及产品如何才能适应他们所需的了解上。

（3）推销介绍。这一阶段除了对产品进行实际推销介绍外，还包括产品的展示。在展示产品时，推销人员还可提请潜在顾客亲自演练使用展示品。

（4）回答异议。潜在顾客任何时候都可能提出异议或问题。这就给推销人员提供一个机会去消除可能影响销售的那些反对意见，并进一步指出产品的其他特点，或提示公司可提供的特别服务。

（5）成交。成交就是要使顾客同意购买自己推销的产品。此时推销人员必须确保在成交前再没有遗留重要的问题，并应以顾客已打算购买的假设为据，向顾客提出“您希望什么时候送货”等问题，使犹豫不决的潜在顾客立即作出购买决定。

（6）追踪。商品售出后，推销人员必须予以跟踪，以确保产品按时、保质、在良好状况下送达消费者手中，并确保其能处于正常的使用状态。

15.2　操作练习

1）实务题

用两三个例子分析说明：

（1）当前我国医药广告中最常见的不实广告有哪些？为何这些广告仍有一定市场？

（2）近半年来我国企业通过报纸开展的宣传推广活动，所发布的问题主要集中在哪些方面？试对其效果进行评估。

2）综合题

如果你是一家大型知名服饰企业的促销主管，针对不同消费者群体的服装，如童装、青少年装、女装（成人）、男装（成人）、休闲装、运动装等，将选择何种促销方式，根据何在，是否有其他成功企业的实例？

□ **能力题**

15.1 案例分析

风景区广告不奏效的6大原因

1. 景区的卖点旅游者不认同

这并不是说，景区不符合市场需求，而是景区品牌传达的卖点并不是旅游者最需要的。品牌所包含的价值并不仅仅是景区价值，它还包括品牌的文化价值。

交广传媒旅游策划机构认为：品牌文化不同于景区文化或景区历史文化，它是指能给予旅游者精神上的满足的文化内涵，包括旅游者的个性、价值观、信念、生活方式等方面的认同感。

2. 没有表现出景区自己的特色

品牌与品牌之间就像人与人之间一样，相互之间的区分靠的是特色，特色很明显，旅游者很快就会记住，特色不明显，除非您的声音大过别人，否则难有出头之日。

"最美"、"最生态"、"峡谷经典"、"绿色天然"、"天下第一"等诉求点雷同，消费者审美疲劳，自然没有旅游冲动。

3. 您的心里话太多，旅游者不知您在说什么

您总是觉得自己优点多多，迫不及待想把心里话都告诉旅游者，可是您要明白，旅游者并没有静下心来认真听您诉说的义务。他们总是脚步匆匆，每天总是面对太多像您这样的旅游广告的骚扰，他们在想方设法避开你们，偶尔才会瞥您一眼。

所以，您一定要知道他们最需要的是什么，说他们最想听的话。只有这样，旅游景区广告才会见效。

4. 目标群体并没有或很少注意您的旅游广告

您一味地在大众媒体投放广告，而忽视了旅游景区广告到达每一个目标旅游者的单位成本。如果看大众媒体的100人之中只有1个人是您的目标群体，那么您的旅游景区广告到达率才1%，你说冤不冤哪！

交广传媒旅游策划机构认为：在旅游媒体的选择上要通过专业人员的分析、权衡再作决定，避免无谓的金钱浪费。

5. 昨天有效的旅游广告，今天不一定有效

品牌形象分类组合理论（BICC）研究表明，市场以及品牌的发展在营销表现上可分为五个发展阶段。品牌营销如果与营销发展阶段不吻合，例如太滞后或超前，均会使旅游景区广告效果大打折扣。所以，今天的奏效旅游景区广告明天就有可能不奏效。

有些景区和报社签订为期一年的广告合约，但是宣传内容却一成不变，很难说这样会有很显著的效果。对于如何识别行业以及自身品牌的营销发展阶段，也是旅游景区要解决的问题。

6. 旅游广告平铺直叙，没有事件新闻、软文公关等辅助手段

现在旅游版面的景区形象广告，大多平铺直叙——无外乎"山美水美人也美"等，假设有一家风景区率先进行连续性的新闻炒作、事件营销、娱乐互动等新鲜元素，那么目

标群体的眼球会给谁带来“经济”呢？

资料来源　胡森．风景区广告不奏效的 6 大原因［EB/OL］．［2014 - 06 - 23］．http：//www.globrand.com/column/husen.

问题：

1）本文所述导致广告效果低下的六大方面的原因，哪些方面是最重要的原因？哪些方面是次要或有些勉强的原因？

2）除文中所述的原因外，你认为从促销的角度出发，还有哪些更贴切、关键的原因？

15.2　网上调研

就目前医疗方面的虚假广告进行网上调研。

第16章

国际市场营销

学习目标

通过学习本章，你应该达到以下目标：

知识目标：了解国际营销的特点；理解国际营销与国内营销、国际贸易的联系、区别；认识国际营销的发展阶段和国际营销企业的组织机构。

技能目标：学会根据实际安排组织机构和进入国际市场的科学决策；掌握国际营销的产品、定价、渠道和促销等策略。

能力目标：具有分析国际营销环境特殊性的能力和适应国际营销环境开展营销活动的能力。

引例

安神补脑液行销纽约

安神补脑液面对纽约这个陌生的异域市场，需要解决的问题很多。首先是名称问题。若用原产品的汉语拼音直接移植，没有什么实际意义且发音困难。其次是用药惯例。口服液剂型在美国很少使用，由于口感要求，往往含有糖分，这对闻糖色变的美国人来说简直是一次甜蜜的冒险！

我们的工作从市场研究开始，因为产品在美国东部亚裔市场上市，首选的合作伙伴是本地几家做多族裔市场沟通的专业公司。调研的任务包括消费者U&A研究和产品概念测试、定价研究三个方面。最后确定以一个全新的产品名称开始安神补脑液在美国行销的第一步。

安神补脑液的功效是治疗由失眠引起的紧张晕眩等症状，通过补肾达到补脑的作用。这与由德国科学家研究发现的治疗紧张、抑郁症的单方草药St. John's wort在功效上很相似，它从1997年起连续两次名列美国TOP10草药榜首，是曾在美国数次被卖到断货的产品。安神补脑液新的产品名称定为Better S t. John's wort，正是希望借用St. John's wort来方便消费者认知这一来自中国的新产品。英文备注强调复方比单方的优异性，并强调口服液剂型浓缩更易被吸收的特征，对产品酒精和含有糖分的情况作了附注说明。

安神补脑液采用以消费者接受程度来确定产品价格的定价方法。因为安神补脑液系首次经由FDA上市的中国医药产品，市场上没有可比性的竞争者，而单从成本角度并不能很好反映产品的价值，所以通过对目标市场的消费行为分析，来最后确定产品的价格政策。

通路的选择颇费工夫，GNC（General Nutrition Center）、ANC（American Nutrition

Center）等大型连锁店自然是安神补脑液最好的通路，但作为在全美专门推广健康食品和草药产品的销售网络，它们对产品的要求也是极为苛刻的。安神补脑液是单独的产品，而连锁店要求经营销售能力强的产品线，还要看多族裔产品在其社区市场的占有率情况，如安神补脑液在当地华人市场的行销业绩。为此，安神补脑液的上市通路选定了 American Nutrition Center 美东香港超市连锁店等。

广告整合计划分两部分完成，有关产品的一部分：POP、平面广告资料、配销品、礼品由恒通广告昆明公司在中国完成后，随产品集装箱发货至美国；促销和公关活动由恒通纽约公司监控执行。广告整合策略包括：通过针对华人、韩裔、日裔和覆盖低收入西裔市场的高点媒体，传达产品信息，以上市期的促销和公关活动带动产品销售提升等。

安神补脑液以美东六州的大型中医药专家义诊活动拉开上市的序幕，在旅美北京联谊会的大力协助下，请到了来自全国各地的旅美专家三十余名，在纽约、费城、华盛顿、波士顿等地逢周末在大型商业中心义务提供中医用药及保健咨询。出乎意料，促销活动在美东的亚裔社区引起了空前的轰动，中文、韩文、日文资料和促销品完全准备不足。广告实施计划紧凑，诉求简单洗练，加上全力以赴的促销配合，三个月后，产品终端铺货率和渗透率都超过预期，产品在销售部的努力下还一举进入了 ANC 连锁店，这更是意外的惊喜。

资料来源　彭志华．安神补脑液行销纽约［J］．销售与市场，1999（12）：42-45.

我国实行改革开放政策后，国际市场与我国国内市场逐步接轨，为此，学习市场营销学，还应进一步掌握国际营销方面的知识。通过安神补脑液成功进入美国市场的案例，可学到适应环境、选择进入方式、4P 策略等国际营销方面的知识，这些正是本章所要论述的主要内容。

16.1 国际营销的特殊性

16.1.1 国际营销与国内营销、国际贸易的区别

国际营销是企业跨越国界的市场营销活动，是相对于国内营销而言的一个概念。国际营销与国内营销既有联系又有区别。国际营销活动的起点在国内，是国内营销的扩张与延伸，营销原理同时适用于两者，但它们在营销管理与操作上有较大的区别。

（1）营销环境不同。国内营销的范围局限于本国市场，受国内环境的制约；国际营销则须面对复杂得多的市场环境，不仅受国内环境的影响，而且还要顾及目标国家市场环境。如企业进入多个国家，适应市场环境的难度就更大，如图 16-1 所示。

营销环境不同是国际营销与国内营销的最基本的差异，因而产生了其他方面的区别。

（2）营销对象不同。市场营销人员本身就是消费者或用户的其中一分子，企业进行国内营销，面对的是与自己的文化、观念相同的顾客和用户，营销活动较能驾轻就熟。国际营销的对象是营销人员不熟悉的、差异性很大的消费者和用户，因此要特别注意对国外目标顾客特性进行深入细致的调查研究。

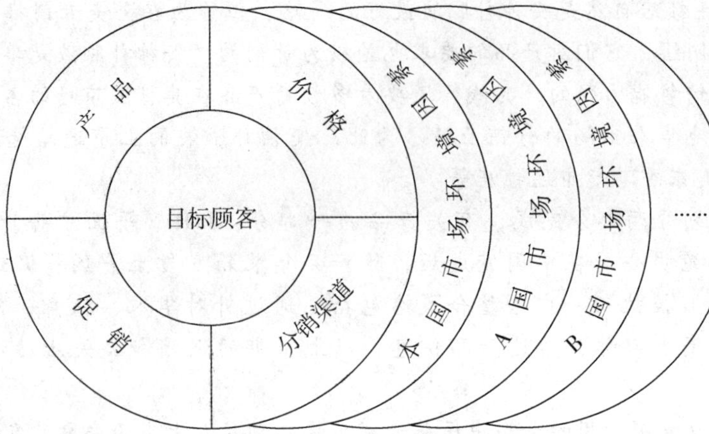

图 16-1　国际营销环境因素示意图

(3) 营销方式不同。国内营销是利用本国资源在国内生产和销售；国际营销的产品则在国际间流动。其基本方式是：①把外国市场作为销售地点。企业产品产于本国，再销往外国市场。②把外国市场作为供应地点。企业在外国市场生产产品、半成品或原材料，然后在生产国销售或销往第三国，或把半成品、原材料运回本国，经生产加工后再把成品销往外国。③把国外市场作为资源合理配置的地点。企业利用多个国家的资源、生产要素的优势进行分工合作，完成产品的各个生产环节，通过资源的合理配置，将各国优势集中于最终产品上。由此可见，现代国际营销的内容已发生了深刻的变化：企业不仅输出有形产品，还可能输出资本、技术和服务；不仅要研究本国的输出活动，还要研究在他国生产后向其他国家的输出活动。

(4) 营销策略不同。营销策略的一般原理适用于国际、国内营销，所不同的是，国际营销必须考虑国际市场的复杂性和多变性来应用这些策略。例如，产品策略的当地化与标准化，定价策略的法律限制，国际市场价格竞争因素和汇率波动，渠道策略的管理控制和外国中间商的介入，促销策略的法律差异和各国文化背景的影响等。因此，国际营销策略的制定必须注意极其微小的差异和变化。

(5) 营销管理不同。国际营销管理要比国内营销管理困难得多。这是因为，国际交换关系复杂，政府干预的程度不同且营销风险大，在产销地区距离较远时不易及时掌握关系重大的信息。特别是对于跨国公司来说，由于公司总部与子公司或子公司与子公司之间的利益不完全一致，必然影响总体战略的实施，从而使计划、执行、控制的难度增大。

国际贸易与国际营销是另一对互相联系与互相区别的概念。它们都需进行跨越国界的经济活动，都以国际市场作为经济活动的舞台。所不同的是：国际贸易的行为主体是国家，是国与国之间产品和劳务的交换，包括商品的进口与出口两个方面；这种交换必须超越国界，而且是商品流通领域的经济活动；它的购销活动一般并不强调实现战略目标，仅为进出口商品和劳务，以比较利益为原动力。而国际营销的行为主体则是企业，它的买主是外国的企业、个人，或外国政府，或本企业的海外子公司，归根结底把外国消费者视为营销对象；它的经济活动主要是出口商品，或为出口而进口商品；它的商品流通范围可以超越国界，当在外国生产产品且在生产国销售产品时则可不超越国界；它的经济活动贯穿于生产、流通与消费领域，并把外国市场视为目标市场，强调为占有和巩固外国目标市场而制订实施战略计划，以获取利润为原动力。

16.1.2　国际营销企业的组织机构

1）出口生产企业的外销组织形式

属于固定的国外营销类型的生产企业，须自设规模不等的出口机构，其具体形式有：

（1）出口经理。一些规模较小、出口业务简单或新的出口生产企业，可在销售部门中设置专管外销业务的出口经理，并配备少量助手。他们只负责出口实务，在销售部中处于从属地位，没有决策权力。企业应随时根据发展需要及时变更这种形式，或一开始就采用其他较高级的组织形式。

（2）出口部。这是与内销部平行的机构，全权管理出口业务。它具有国际营销的功能，拥有计划、执行、控制国外营销活动和决策的权力，有能力拓展出口业务。

（3）出口附属公司。这是西方企业习惯采用的一种组织形式，它在法律上具有法人地位，属于独立的公司。采用这一形式的好处是：因难于进行内外销价格的比较，可减少进口国追加反倾销税的压力；其总收入不计入生产企业，可减少生产企业的所得税负担；出口附属公司等同于国际贸易公司，在政策上可取得较大的优惠，较易取得资金的融通；独立的公司更有利于出口业务的专门管理。

（4）驻外机构，即在国外设立分销公司。它可加强对国外目标市场的管理和控制，迅速反馈信息，维持企业在国外市场的合法权益，增强国外顾客的安全感和信任感，有利于长期占有国外目标市场。但是，设立驻外机构的费用比较高，因此在外销量大、国外市场拓展前景好、产品售后服务要求高时，可考虑这种形式。我国企业在实力不足的情况下可采用联合驻外的形式。

2）跨国公司的组织机构模式

目前，各个跨国公司所建立的组织机构均不相同，而且还在不断地更换和调整。为了便于分析研究，可以抽象地归纳为以下几种组织机构模式。

（1）产品式组织机构。**跨国公司产品式组织机构**即在跨国公司总部按产品线设立产品部，由各个产品部负责国际营销管理，执行公司总部的总体战略，公司总部的职能部门负责协调各地区的各种产品的业务活动。这种形式适应于产品线复杂，需要提供高技术服务的企业。

（2）地区式组织机构。**跨国公司地区式组织机构**即在跨国公司总部按地理区域设立地区分部，由每个地区分部负责该地区各种产品的国际营销管理，某一产品线在各个地区的营销则由公司总部的职能部门负责协调。这种形式适用于产品线较少，产品标准化程度高的企业。

（3）混合式组织机构。**跨国公司混合式组织机构**即在跨国公司总部分别按产品线设立产品部和按地理区域设立地区分部，某一地区的某一产品线的营销经理人员必须同时接受相应的产品部和地区分部这两个上司的直接领导。在产品竞争激烈而且各个国外目标市场环境差异大时，适宜采用这种组织机构。

（4）职能式组织机构。**跨国公司职能式组织机构**即在跨国公司总部按职能分工设立不同的管理部门，由公司总部制定全球营销目标和战略，并由各职能管理部门具体负责本职能范围内的国内外一切事务。这一形式适应于各地区需求平稳，产品品种少且标准化程度高的企业。

此外，某些出口生产企业刚向跨国公司的形式发展时，还可建立国际部或附设国际公司这一组织机构。上述各种组织机构模式各有优缺点，我国组建的跨国公司可依据这些模式的优缺点和适应范围加以选择。

16.1.3 进入国际市场的方式

所谓进入国际市场方式，是按国际营销企业进入国际市场可供选择的各种标准化的方式。从总体上看，进入国际市场的方式可分为三种类型，如图 16-2 所示。

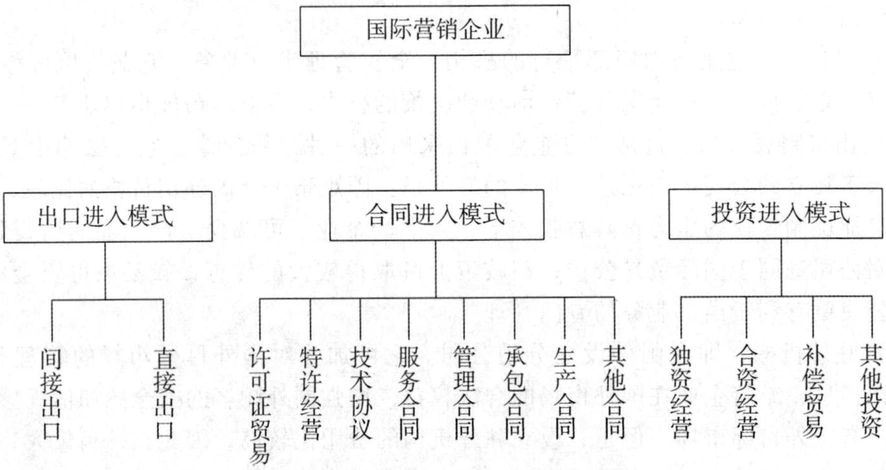

图 16-2 进入国际市场方式示意图

（1）**出口进入国际市场模式**是最简单的进入模式，是指生产企业把本国生产的产品向国际市场出口的方式。生产企业通过本国中间商向国外市场出口产品为间接出口；生产企业独立承担一切出口任务，直接向国际市场出口产品为直接出口。

（2）**合同进入国际市场模式**是指国际营销企业与目标国家的法人（企业）通过签订合同来转让技术、服务等无形产品而进入国际市场的方式。当出口进入模式受阻时，或由于其他各种原因，企业会转向这一模式，向国外市场输出技术、服务，从而带动产品出口。其中最主要的方式是**许可证贸易**，它是指通过签订许可证合同，企业（许可人）在指定的时间、区域内将其工业产权（专利、专有技术、商标等）的使用权转让给国外法人（持证人）的进入国际市场方式。这是技术的有偿转让，许可人可获取技术转让费或其他形式的报酬。根据技术转让的程度和性质，许可证合同可分为独占许可、排他许可、普通许可、从属许可、交叉许可等类型。另一个主要方式是**特许经营**，指通过签订特许合同，企业（特许人）将其工业产权（专利、专有技术、商号、商标等）的使用权及经营管理的方法经验同时转让给另一企业（持证人），持证人按特许人的经营政策、风格从事经营业务活动。特许合同双方的关联程度较高，特许人往往视持证人为自己的分支机构或分号，统一经营政策，向顾客提供标准化的高质量的服务。

（3）**投资进入国际市场模式**是指企业通过投资在目标国家生产产品，并在国际市场销售这一产品，从而达到进入国际市场的目标的方式。其中被采用得最多的是合资经营方式，它的特点是：投资者与东道国企业，或第三国企业，或其他国际营利组织等双方或多方共同投资兴办企业，共同经营、共担风险、共负盈亏。另一个重要方式是独资经营，它的特点是：投资者收购东道国的企业或在东道国新建企业，自主经营、自负盈亏；东道国仅负责提供劳力、土地、原材料和公共设施等，依法征税和收费。

【专论 16-1】

进入国际市场方式的选择

如国际营销企业仅从影响因素的角度对具体进入方式进行选择，并且不考虑这些因素的交叉影响，则可找到比较确定的、便于实际操作的、具有参考价值的选择方案。下面仅以某些影响因素为例加以分析说明。

1）目标国家环境

（1）生产成本比较低，宜采用投资进入方式，以便于用低成本的产品参与国际市场竞争；反之，当生产成本比较高时，则在本国生产产品，然后用实体产品进入目标国家。

（2）中间商素质好，宜采用间接出口或通过进口中间商进入目标国家市场；反之，最好在目标国家设立分销机构，加强对渠道的控制。

（3）外汇可自由兑换，宜投资进入，不至于造成收回投资及利润的障碍。如严格实行外汇管制，则应采用通过中间商或许可证贸易的方式进入目标市场，减少外汇风险。

（4）汇率下降，可投资进入，利用目标国家生产产品，提高国际市场的竞争能力；汇率上升，则应采用实体产品出口的方式。

（5）政治风险大，宜采用许可证贸易或通过中间商进入的方式，把风险转移给东道国企业或中间商；反之，则可放心采用在目标国家设立分销机构或投资进入的方式。

2）本国环境因素

（1）生产成本低，可采用实体产品出口的进入方式；反之，则应采用投资的方式。

（2）实行鼓励出口的政策，可采用实体产品出口的进入方式；实行限制海外投资的政策，则只能采用许可证贸易或产品出口的进入方式。

（3）汇率上升，宜在东道国投资生产产品；反之，则可用实体产品出口的进入方式。

3）企业内部因素

（1）要求技术服务的产品，最好在目标国家设立分销机构或采用投资的方式，便于售后服务。

（2）属于服务性质的无形产品（如计算机服务、管理咨询、建筑工程等），可采用许可证贸易或投资的方式。

（3）技术（专利、专有技术等）产品，最好采用许可证贸易的方式。

（4）资源（资金、技术、管理、营销等）丰富，对进入方式的选择余地较大，特别可采用风险大但控制程度高的方式，或投资进入，或在东道国建立分销机构；反之，则只能采用一般的进入方式，如通过中间商出口产品，或采用许可证贸易的方式。

上述选择方案可供参考。此外值得注意的是，国际营销企业对进入模式的选择在多个国外目标市场的情况下，并非仅限于采用其中一种具体方式。

16.2 国际营销的产品与价格策略

16.2.1 国际营销的产品策略

1）国际营销产品的标准化与当地化

国际营销的产品决策比国内营销的难度要大得多，它必须面临产品标准化还是当地化的矛盾。究竟应该采用哪一种策略，这是20世纪80年代以来市场营销学术界和实业界争论不休并一直在探讨的一个两难抉择的课题。其难点在于：标准化可以大批量地生产产品，又大量地向不同国家推销相同的产品，其低成本优势不言而喻，但它难以适应各国差异的环境和需求；当地化可使产品在各个目标国家适销对路，但可能带来成本的压力。为此，以非此即彼的简单化的态度作出抉择是不明智的，而应根据实际情况采用不同的策略。

（1）完全标准化。它可以是**直接延伸产品策略**，即企业把本国产销的、进行标准化（包括功能、造型、包装、商标等）设计的产品直接推向世界各国市场，也可以是**全球标准化产品策略**，即视世界为一个市场，专门设计出标准化的产品销往各国市场。

完全标准化具有许多优点：①极大限度地节省成本，包括产品开发、宣传推广、经营管理等方面的费用都可大大减少。②扩大产品的影响力。相同的产品特色、设计、品牌、包装等，可使产品在世界各国建立起同一形象，取得明显的宣传效果。③便于在国际市场上调剂余缺，统一管理。这一策略的缺陷也是明显的，它没有顾及各国环境和需求实际上存在的差异。因此要特别注意它的适用范围，如一些国际名牌产品，能够形成国际消费时尚潮流的产品，国外目标顾客的需求与本国消费者大致相同的出口产品等。

【观念应用16-1】

日本企业争夺国际市场的产品策略

按市场需要开发产品是日本企业争夺国际市场的产品策略。顾客的需要就是市场，就是企业发展的机会，日本企业通过强化市场调研，及时寻找市场需求，并按市场需求开发产品，从根本上保证其产品的市场。正如丰田汽车公司的一个口号："不生产无销路的汽车"所言。日本企业首先注重产品设计，在设计阶段就从国际市场出发，注意来自顾客的产品构想，依照国际标准设计产品，实现商品的国际标准化。日本学者曾经调查7家企业的46种商品，结果发现在这些产品中，有76%从设计阶段就朝着国际市场方向努力，13%是针对特定的海外市场需求而开发，新产品的开发所依据的信息主要来自海外的子公司。在上述46种商品中，有29%是世界通用型商品，57%的通用程度很高。这种高标准化的设计，不仅为大规模生产提供了可能，而且也为用户的维修和售后服务提供了方便。

资料来源 聂志毅．值得借鉴的日本企业国际市场营销策略［J］．商业经济与管理，2000（2）：18-19，32.

问题：产品的标准化与产品的当地化是"非此即彼"吗？

分析提示：实行产品的标准化与产品的当地化策略的条件。

（2）尽量标准化和适应当地化。大多数产品无法实行完全标准化，因为国际市场客观存在着明显的差异化需求。

据一项调查结果表明：有40%的企业反映国外市场经常出现对产品的差异化要求；另有40%的企业反映外国市场有时会对产品提出差异化需求。另一项调查结果显示：在174种销往发展中国家有包装的消费品中，平均每个产品进行过4.1次的调整，其中包括品名、包装、量度单位、标签、产品特征和使用说明等。

上述调查结果说明，许多产品在国外市场都要进行程度不等的调整，以便适应当地的需求，而企业则希望能得到标准化的好处。在无法做到两全其美的情况下，可以有进有退，用尽量标准化和适应当地化的办法来缓解矛盾。其具体策略有：

第一，**相对标准化产品策略**，指企业把世界性或地区性的差异融合于一个基本的设计来开发全球性产品的策略。这一策略的思路是首先设计出能为各国顾客接受的标准化产品，然后再适当考虑各国的差异需求进行调整。例如，福特公司设计开发出全球通用的基本车型（标准化），再针对不同的目标国家的需求进行小幅度的变动（当地化），他们称之为“全球性思考，地区性行动”。

第二，**国际细分市场产品策略**，指企业针对某一国际细分市场推出标准化产品的策略。在此，国际细分市场可理解为对相同的市场营销方案有相同反应的一组国家和地区。例如，自1992年欧共体统一市场建立后，一些跨国公司便提出要实行“泛欧营销”，开发泛欧品牌的产品，这种区域标准化同样可以得到全球标准化所特有的多种好处。另外，国际细分市场也可理解为不同国家的一群具有相同需求特征的消费者群体，如世界各国中等收入水平的消费者群体、事业成功的消费者群体、追求时尚的青年群体等。他们虽然居住在不同的国家，但从某一细分变量的角度来考察，他们的需求是相同的或相似的，针对他们开发的标准化产品同样能进入各种市场。事实上，一些名牌高档服装的所谓“全球营销”，也只不过是针对各国事业成功人士及其崇拜性群体而已，而麦当劳的汉堡包风靡全球，也主要是吸引了各国追求时尚的青少年的重复购买。

第三，**适应性改进产品策略**，为适应某些国家的特殊环境与需求，企业对国内产销的产品加以适当改进，这便是适应性改进策略。此策略强调了产品的标准化，即以国内产销的产品为基础；同时又要对它进行改进，从而达到适应当地化的要求。企业可从多方面应用这一策略，例如：

改变产品。美国通用食品公司根据各国消费者的不同口味，配制出风格各异的咖啡：为英国人提供牛奶咖啡；为法国人提供不加牛奶和糖的浓咖啡，使改进后的产品适应当地的需求。

改变宣传广告。我国重庆生产的“峨嵋牌”沱茶所含微量元素独具一格，在国内用“补虚”、“顺气”等词做广告，在西方国家则宣传它具有减少胆固醇、降低血压的作用。

改变产品、广告。日本精工公司生产的穆斯手表能在世界上114个城市把当地时间转换为麦加时间，每天鸣叫5次，便于教徒依时祈祷，并在广告中突出这一作用。

改变品牌。吉列公司的柔美理发器在不同国家采用不同的品牌，在法国为Soyance，在意大利为Sientel，在德国为Sikience。

(3) 完全当地化。它又被称为**国际产品创新策略**，即国际营销企业专门为某一国外目标市场开发出国内未曾生产过的产品。企业对现有的产品进行改进后仍不能适应某一目标国家的需求，或该产品虽驰名于国际市场，但不能被某一目标国家顾客所接受，或为了适应目标国家的市场竞争等，这时可专门为某一目标国家设计出新的产品。例如，可口可乐公司专为中国香港市场提供 Hi-C 豆奶，为中国市场开发出“天与地”果汁饮料。高露洁牙膏驰名世界，该公司在中东市场推出的却是一种香料牙膏。

2）国际营销产品的设计要求

“适应需求”是现代市场营销的原则，国际营销更要重视这一原则。各国都有自己的文化传统，某一文化可造就、影响、制约人们的生活方式、价值观念，不同的生活方式、价值观念会表现为一定的市场需求，而市场营销正是适应、满足需求的经济活动。可见营销与文化密切相关。此外，各国的法律、地理、经济、自然条件等环境也有明显差异，也存在着产品如何适应这些环境因素的问题。然而，在国际营销中，人们都懂得这一显而易见的道理，但在营销实践中却往往被忽视，常常用本国的价值观念来评估外国顾客的需求，以为本国畅销的产品在国外也一定适销。事实上，许多国际营销的失误都源于沿用本国参照标准。为此，在设计国际营销产品时必须牢牢地掌握“适应需求”这一原则。假如仅把文化因素看成是自变量，而把产品本身因素看成是因变量的话，则可用一个坐标图来表示，各个因素垂直交叉点都将成为国际营销企业所需考虑的适应性设计的问题，如图 16-3 所示。

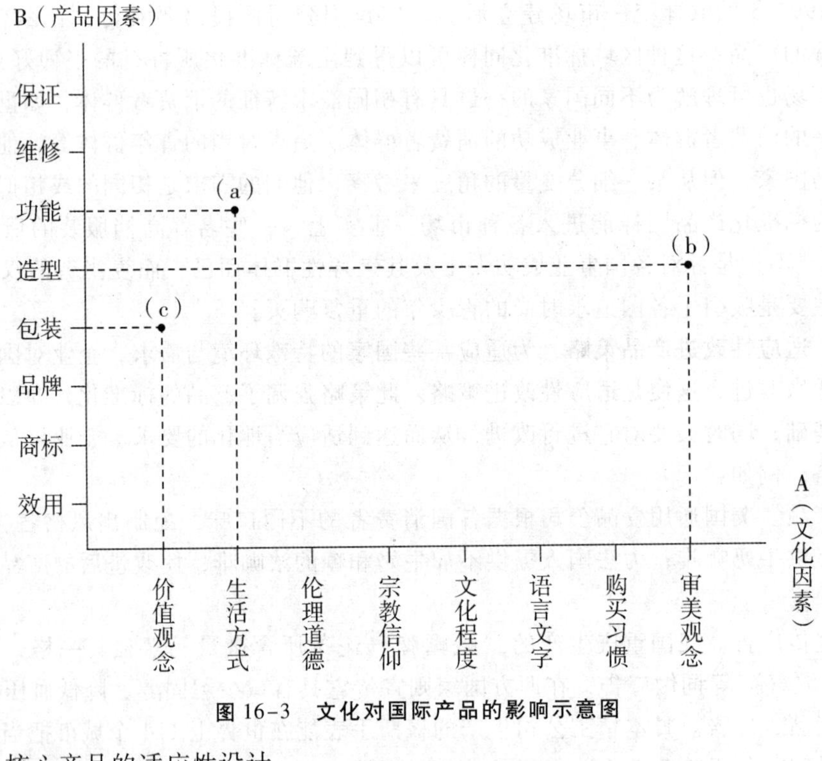

图 16-3　文化对国际产品的影响示意图

（1）核心产品的适应性设计

国际营销的产品所提供的效用、利益必须符合外国目标顾客的价值观念；要根据目标国家的经济发展水平、消费能力和消费习惯来调整产品的功能、档次；要符合目标顾客对产品功能、用途的特殊需求等。例如，日本顾客喜欢多种功能集于一身的家用电器，而美国人则要求使用方便；人们一般都用冷水洗衣服，而欧洲一些国家的消费者则喜欢用热水洗衣服，进入这些国家的洗衣机应考虑加热功能的设计（如图 16-3（a）所示）；日本气候潮湿，电器产品防潮设计是一个重要条件，以免发生电路短路等障碍。

（2）形式产品的适应性设计

① 产品的规格、型号、造型。第一，应按国际通用的标准或目标国家的标准来设计和调整。以机电产品为例，美国的电压是110V，我国企业曾在美国展销220V的产品，结果一个也销不出去。第二，应注意目标顾客的审美观念。在我国龙是吉祥的象征，但在某些西方国家以龙的形象为外观造型的商品并不被认同，因为他们认为龙是魔怪之类的事物（如图 16-3（b）所示）。第三，还要注意与目标市场的消费环境相适应。韩国某家具公司开拓日本市场遭到失败，原因很简单，日本人住房并不宽敞，日本人的体型较矮小，而韩国推销的是大型号的产品。

② 产品包装。各国对进口商品的包装都有严格的法律限制和特殊规定，对此应加以了解并适应，不然便可能遭受损失。例如，我国一些出口欧盟市场的食品包装，没有标明保存期、成分、生产企业名称及销地的文字说明等，有的包装不符合目标国家的环保法规，使出口受阻。包装要尊重国外顾客的风俗习惯，特别是他们的宗教信仰、禁忌。如美国在日本推销的一种高尔夫球的包装盒上，有 4 个高尔夫球的图案，影响了产品的销路，因日本忌用“4”字（如图 16-3（c）所示），包装还要符合国外顾客的特殊认识和心理需求。我国生产的滋补饮品虫草鸡精在美国市场被误为饲料，因其封面画的是一只大母鸡。另外，包装必须考虑目标国家的经济发展水平。特别是在发达国家，包装的优劣被用来识别商品档次的高低，高档商品使用粗劣包装不但影响销路，而且只能低价推销。

③ 品牌、商标。国际营销产品的品牌、商标要遵守目标国家的商标法及其他法规要求；要尊重目标国家的禁忌、风俗习惯和价值观念，译名译音要适应目标国家的文化。如可口可乐公司最初为在中国市场推销其产品，所找到的中国译名是“蝌蚪嚼蜡”，假如真的采用这个名称的话，恐怕可口可乐在中国市场就没有今日的辉煌了。

（3）延伸产品的适应性设计

延伸产品是脱离产品实体而存在的整体产品的一个重要组成部分。延伸产品的设计主要表现为售前、售后服务的任务和计划方案，是整体产品设计不可缺少的部分。随着网上营销的发展，售前的个性化设计将成为一种消费者的新需求。而售后服务则包括服务项目、网点、时间、人员培训以及零配件供应等方面的合理安排。目前我国出口产品售后服务工作还是一个薄弱环节，它已经阻碍了一些技术服务要求高的产品的出口，这应引起高度重视。

【小资料 16-1】

“入乡随俗”——法国茶 THEODOR 的品牌策划

法国 THEODOR 茶已有将近 100 年的历史，2010 年被法国政府选中，参加了上海世博会。THEODOR 茶的包装和我国的茶叶包装完全不同，类似化妆品包装，可定位为法国时尚茶。初步判断 THEODOR 茶的销售对象是追求小资情调的都市青年男女。但是，连我们自己都很难接受的 THEODOR 茶，在中国会有销路吗？在茶叶的故乡中国卖法国茶，难度可能就像在法国卖中国葡萄酒一样。

为了让国人接受 THEODOR，我们先从品牌入手。THEODOR 原来的品牌译名是“茶奥多”，这个品牌译名有中外结合的感觉，无法与法国产品产生品牌联想。为此，我们提炼出“迪爱多”这一品牌名称。它能让人产生时尚、浪漫、爱情、情调等品牌联想，自然联想到法国品牌，进而挖掘品牌核心价值：从字面上理解，“迪”有“开导”之意；迪爱多有启迪爱情、让爱更多之意。

THEODOR品牌茶的种类主要分为四大类：调味红茶、调味绿茶、花草花、清茶。在包装上用十五种不同的颜色表现了各类茶的不同风味、不同风格和不同特性，并且给每种颜色都取了一个极富想象力的名字：美食家、鲁莽拉比、甜言蜜语、高傲公主、随想曲、威武勇士、穷追不舍、无忧无虑、激情奔放、理想王国、慢条斯理、孤芳自赏、胸有成竹、妒火中烧、斤斤计较。每一种茶叶对应一种性格或心情。

既然“迪爱多”作为一种茶叶很难被中国人接受，能不能改变它的用途，把它作为一种礼物来销售？我们重新进行了品牌定位：爱的礼物——“迪爱多”卖的不是茶叶，而是一种情感、情调甚至生活方式。主打“爱的礼物”这一卖点的品牌也不少，比如金帝巧克力“只给最爱的人”、哈根达斯冰淇淋“爱她就带她去吃哈根达斯”等，“迪爱多”如何与之区别？我们从“迪爱多”是一份特别的“爱的礼物”自然联想到“爱与众不同”。“爱与众不同”这句品牌口号有两层含义：一是表明“迪爱多”代表一份与众不同的爱；二是暗示“迪爱多”的购买者具有独特的个性。

“迪爱多”品牌的规划最终得到了法国商人的高度赞赏。

资料来源　老杨．国际品牌如何“入乡随俗”——法国茶THEODOR品牌策划纪实［EB/OL］．［2014-06-24］．http：//www.emkt.com.cn/article/601/60150.html.

16.2.2　国际市场价格

1）国际市场定价的影响因素

国际市场定价应考虑第12章所指出的各种因素的影响，并把它放在国际市场的特定环境里加以具体分析，在此还须作一些必要的说明与补充。

（1）成本费用。国际营销的成本费用比国内营销复杂得多，起码必须增加关税和其他税收、国外中间商毛利、运费、保险费、国际营销业务费等方面的支出。

（2）目标国家政府的法律限制。它包括关税和非关税的贸易壁垒、反倾销法、反托拉斯法、价格控制法等。企业从争夺国际市场的角度出发，把产品的变动成本作为定价的基准，这就可能使产品的外销价格低于内销价格而被目标国家视为倾销行为。

（3）国际市场供求、竞争状况。首先，应注意国际市场供求关系的趋势及其变化的影响，国际市场基本属于买方市场，必然引起激烈的价格竞争。其次，资本主义经济的周期性波动，会导致不同产品价格的升降。再次，目标国家顾客的特殊需求心理，可对价格造成较大的影响。最后，应了解国际营销企业在目标国家同行业的竞争类型，如目标国家同行业为寡头垄断者所把持，垄断者价格将左右出口产品的价格。

（4）通货膨胀与汇率波动。目标国家通货膨胀会增加产品的成本，特别是对跨国公司的产品价格影响较大，而且某些东道国还可能把通货膨胀的风险转移给跨国公司的子公司。而国际市场由固定汇率制改为浮动汇率制后，汇率波动对国际市场价格的影响不可避免。

2）国际市场价格扬升的控制

同一产品的价格在出口国与进口国存在不适当的差异，在国际营销中将这一现象称为价格扬升。人们常常会惊讶地发现，本国市场上相当便宜的商品到了其他国家却贵得惊人。例如，心律调节器在美国的售价为 2 100 美元，在日本高达 4 000 美元；美国零售价为 40 美元的衬衫在委内瑞拉首都变为 80 美元；电动开关机在美国的售价为 20 美元，在意大利米兰卖 70 美元。

价格扬升的直接原因是上述成本费用的大幅度增加。为此，可采取适当的对策来控制国外市场价格，尽量降低价格扬升的幅度。

（1）降低商品生产成本。这是解决价格扬升问题的根本途径。企业可采取在国外生产产品的办法来降低生产成本，然后在当地销售，或可减少高成本的功能特性来降低成本。例如，日本的彩电在中国销售，可减少“丽音”功能，仅这一项便能减少成本 2 000 元左右。

（2）降低关税。企业可采取多种办法降低关税，可对产品重新分类，即当某一产品的类别不明确时，可归入低税率的产品类别。如在澳洲，电脑设备税率为 25%，而电讯设备税率仅为 3%，这就为某些产品的归类提供了低税的机会。企业也可修改产品，即按较低税率的标准来适当修改产品。如美国的关税表上列明：任何帆布鞋或塑胶鞋若鞋面 1/4 以上使用鞋面皮，征收 48% 的关税；鞋面 1/4 以下使用鞋面皮，则征收 6% 的关税。企业还可改变产品形式，即出口零部件与半成品而不出口产成品，因一般前者的关税要低得多。

（3）降低渠道成本，即合理减少一些渠道环节，使流通费用降到适当的水平。

（4）利用国外贸易区降低成本。在自由贸易区内加工产品的生产成本比较低；部分利用东道国的原材料加工产品可节省成品出口的运费；产品从自由贸易区进入其所在国时才征收关税，这样可减少因先纳税而造成的资金占用和利息支出。

3）跨国公司定价策略

在国际营销中，跨国公司在定价方面比一般出口企业更具特色，其策略主要有：

（1）统一定价策略。**跨国公司统一定价策略**指跨国公司的同一产品在国际市场上采用同一价格的策略。其条件是须由买主负责运费和关税等。这一策略简单易行，保本求利，不需要调查各国市场的竞争、供求等复杂情况，但它忽视了国际市场的差异、需求的变化和竞争的存在，因此竞争力不强，难于在各国市场上取得最大的利润。

（2）多元定价策略。**跨国公司多元定价策略**指跨国公司的母公司及其国外子公司对同一产品采用不同价格的策略。各个子公司完全可以根据当地当时市场的情况作出价格决策。但当两地同一产品差价很大时，一些子公司的低价产品会流向另一价格较高的市场销售，引起价格内战，影响公司的整体利益。这种多元定价的后果使跨国公司感到头痛。

（3）控制定价策略。**跨国公司控制定价策略**指跨国公司对同一产品既不采用同一价格，也不完全放手各个子公司独立定价的策略。其目的是发挥统一、多元定价的优点，对价格实行一定程度的控制。例如，允许各子公司灵活定价，但限制内部的盲目竞争。又如，为占领或进入某一市场，可要求子公司低价销售。这一策略会增加管理难度。

（4）转移价格策略。**跨国公司转移价格策略**指由跨国公司上层决策者人为地确定母公司与子公司、子公司与子公司之间销售产品和劳务的内部价格，以实现其全球战略目标和谋求最大利润的策略。转移价格的最大特点是随意性与机密性，它在一定程度上不受市场供求规律、价值规律的影响，由跨国公司上层决策者密谋制定，外人难于对价格的合理性作出判断。转移价格涉及面广，方法简单，目标明确。其具体做法是：公司内部互相提供零配件、固定资产，或提供专利、专有技术、咨询、管理、租赁、商标、运输、保险、货源等，或处理呆账、赔偿损失时，人为地提高或降低成本、费用、利息等，使转移价格高于或低于相应的市场价格，造成跨国公司内部的某一子公司取得超额利润而另一子公司相应亏损、资金任意转移的局面。采用转移价格的目标是调整利润、转移资金、逃避税收和减少风险等，归根结底是为了获取最大限度的利润。我国在参与国际营销活动中应熟悉西方跨国公司的这一策略手法，以保护自己的利益。

16.3 国际营销的渠道与促销策略

16.3.1 国际销售渠道

1）国际销售渠道模式

国际销售渠道的特点是，其渠道成员一部分在出口国，而另一部分则在进口国。由于各国的商业习惯、渠道安排错综复杂，因此实际存在着众多的国际渠道形式。为便于分析研究，可把国际渠道简化为一定的模式，如图16-4所示。

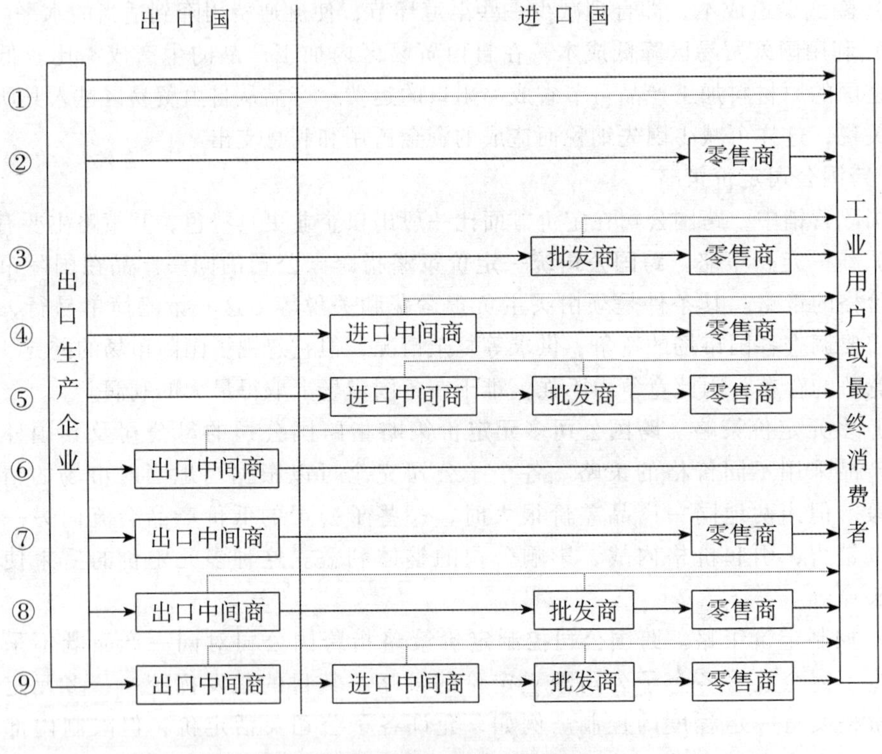

注：虚线表示面向工业用户的分销渠道；实线表示面向最终消费者的分销渠道。

图16-4 国际销售渠道模式

如图16-4所示，第①种渠道形式是最短的国际销售渠道，第⑨种渠道形式是最长的国际销售渠道。第①种渠道形式是指出口生产企业在国外目标市场设立直接面向最终消费者的销售机构的一种形式。不通过出口中间商直接进入国外目标市场的渠道形式是直接国际销售渠道，通过出口中间商而进入国外目标市场的渠道形式是间接国际销售渠道。因此，图中的①～⑤是直接国际销售渠道，⑥～⑨是间接国际销售渠道。

由图 16-4 可知，国际销售渠道的起点和终点，商品所有权、使用权的转移都发生在不同的国家。渠道成员除出口国的商业中介人外，还插入了许多进口国的商业中介人，这就给企业对国际渠道的管理与控制增加了难度。出口者与消费者在文化上的差异，产生了沟通上的障碍；商品流通的空间距离拉长，提高了运输费用和商流风险程度；国外中间商的陌生，给挑选、调整、管理渠道成员的工作带来了许多难题；不同国家渠道安排的特点，使出口生产企业难于适从；加上西方国家的垄断组织、跨国公司对渠道的严格控制与垄断，更会对企业的渠道决策产生不利的影响。企业应正视这些困难，加强对国外目标市场的调查研究，并进行具体分析，选择适当的渠道形式来开拓国际市场。

2）国际销售渠道成员

国际销售渠道成员众多，可从经济性质、范围、地位的角度来分类，如图 16-5 所示。

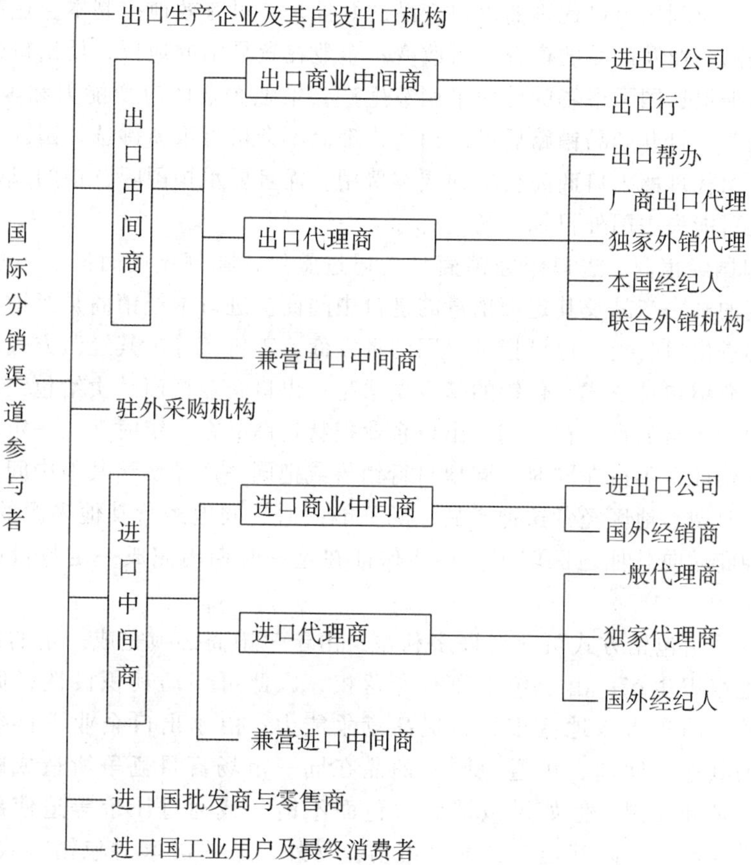

图 16-5　国际销售渠道成员示意图

下面仅就其中几种有代表性的渠道成员进行具体的分析比较。

（1）出口商业中间商。**出口商业中间商**是指以自己的名义，在本国购买商品，再卖给国外买主的中间商。出口生产企业与出口商业中间商是买卖关系。出口商业中间商拥有商品的所有权，自主经营，自负盈亏，自担风险。它拥有国际营销的专门人才，具有国际营销的专门知识和经验，还有自己的销售和信息网络，对国际市场有较深的了解。因此，生产企业利用出口商业中间商出口产品具有一定的优点：可利用出口商业中间商的特长为自己的产品在国际市场上打开销路，特别适用于一些无能力、无人才、无经验的小型或新的出口生产企业；可减少商品储运、保险等流通费用及设立外销机构、外销人员的费用支出；可及时收回货款，有利于资金周转；可避免销售、信用及其他经营风险；可集中致力于生产活动。但是，它也有不足之处：出口生产企业卖出产品后，便使自己处于被动地位，无法控制产品在国际市场上的经营活动；无法在国际市场上建立本企业的声誉和根据国际市场的变化及时开发新产品；在出口商业中间商经营多种产品时，本企业的产品也可能得不到足够的重视。

（2）出口代理商。**出口代理商**是指通过签订代理合同，并根据合同条件代理委托人（出口生产企业）向国外销售产品的中间商。其不拥有产品所有权，只向委托人收取一定的佣金作为报酬。代理合同一般须明确规定代理的业务范围及合同双方各自的责、权、利。出口生产企业利用出口代理商出口产品的好处是：可有效地控制本企业产品在国际市场的经营，提高企业及产品的声誉；可改变本企业在贸易中的地位，使出口代理商为自己服务；可灵活地根据国际市场的变化来调节生产，增强企业的应变能力和国际竞争能力；可随机调整渠道，打开产品销路后可自销，代理商不合格可重新挑选，国际市场暂无销路可转为内销。由代理商出口商品会增加成本费用，而且要承担国际营销的风险；代理商代而不理时，还可能失去国外目标市场。

（3）进口国经销商。**进口国经销商**是指通过签约，在规定的时间、市场内经营出口生产企业指定的某一产品及其定额销量的进口中间商。进口国经销商是经销者的统称，既可指进口国的进出口公司，也可指进口国的批发商、零售商等。其经营方式包括定销、包销等，在此仅介绍包销方式。包销的基本做法是：出口企业把商品卖给包销商，但双方需签订合同，规定各自的责、权、利。出口企业把特定商品在一定时期、一定区域内的经营权单独授予包销商，不得在同时、同地自行销售或把同一产品卖给其他中间商。而包销商则只能在这一时期、地区经营这种产品，既不能同时、同地经营其他来源的竞争性产品，也不能把这种商品向其他地区转售，还要保证在这一时期内完成一定数量或金额的订购任务。

出口企业采用包销方式可获得许多利益：由于包销商必须完成一定的订购任务，因此可有计划地组织生产；由于包销商有专营权，因此可调动其积极性，促使其努力排斥其他竞争性产品进入该地区市场，提高竞争能力；由于出口企业不再把包销产品卖给同一地区的其他中间商，可避免同一商品在同一市场盲目竞争所造成的损失，便于出口商品的管理和控制。但如果包销商“包而不销”或通过压价等迫使出口企业就范时，则可能带来经营风险甚至丧失部分市场。另外，某些国家对包销方式有法律限制，企业应加以重视。

3）控制国际销售渠道的联合方式

激烈的国际市场竞争迫使许多发达国家的企业加强对渠道的控制。其中，渠道成员实行不同程度的联合，是加强渠道控制的主要方式、手段。进行国际营销活动，必须了解这一发展趋势、寻找对策。

（1）渠道成员纵向联合。**渠道成员纵向联合**指不同层次的渠道成员采用独资、合资、合作等方式而形成的联合渠道。生产者与批零企业、批发与零售企业、生产者与批发企业、生产者与零售企业的联合，均属这种形式。其具体形式有：

① 公司式。**公司式联合渠道**指一家公司拥有整个销售系统或销售系统的若干层次，所有权为公司所掌握的联合渠道。这种形式所需的投资较大，要求公司具有雄厚的经济实力。它可使渠道的各个层次协调一致，减少对资源及销售的担心，防止层次之间互相脱节，降低流通费用，并可排斥竞争性产品进入这一销售网络。

② 管理式。**管理式联合渠道**指某一企业不是通过合同或掌握所有权的形式，而是通过其实力、商誉来取得各个渠道成员的支持、协作，并建立在互相尊重和谅解基础上的联合渠道。一个生产企业拥有名牌产品，但产品品种少，必须在商店中同时出售其他生产者的产品才能吸引顾客挑选购买。这时，如自设零售部门推销自己的产品则会事倍功半，而争取零售商协作，就能取得纵向联合的好处。为此，西方一些生产企业利用自身及其产品的声誉，在独立零售商中寻找合作伙伴，使营销的方针、政策、策略在管理上步调一致。

③ 合约式。**合约式联合渠道**指生产者、批发商、零售商中的两个或全部层次以合约的形式联合起来，以排斥和抵抗竞争对手的联合渠道。这种形式介于公司式与管理式之间，比前者松散，比后者紧密。其特点是：渠道成员之间通过合约把合作关系固定下来，形成一个联合经营的组织，但渠道成员仍然拥有自己的所有权，还是独立的经营者。近年来在联合趋势影响下，这种形式正在迅速发展，如跨国特许连锁等。

（2）渠道成员横向联合。**渠道成员横向联合**是指同一层次的渠道成员采用独资、合资、合作等方式，进行长期或短期的联合经营。厂商之间、批发商之间、零售商之间的联合，均属这种联合方式。同一层次渠道成员之间本来属于竞争关系，它们实行联合有其特殊的策略目标：化竞争关系为伙伴关系或内部关系。当企业面临新的市场机会，独立企业无法筹集足够的资金和人力，且风险太大时，或面对强大的竞争对手时，横向联合便可找到出路。

【小资料 16-2】

江苏好孩子集团通过独家代理开拓美国市场

一种产自中国江苏好孩子集团的“Cosco-Geoby”童车备受美国消费者青睐，1999 年在美国婴儿推车商品的销售排行榜上名列第一。

在产品进入美国以前，好孩子集团曾经花费很多时间和精力研究美国市场及其需求变化，包括美国小孩子的活动特点，家长的生活习惯、喜忧爱好，甚至对美国有关法律、文化、家庭结构等也进行了深入研究。根据市场调查的信息，他们开发出了一系列性能安全、使用方便、轻巧灵活的童车产品。

“好孩子”在美国找到了一家理想的合作伙伴——卡斯科公司。卡斯科是一家有上百年历史的老牌儿童用品企业，它具有良好的商誉和庞大的营销网络。双方几经磋商，结成了战略联盟关系，共同开拓美国市场。根据协议，好孩子集团把自己设计生产的童车运往美国，由卡斯科公司总代理，并以双方联名的“Cosco-Geoby”品牌在美国市场销售。“好孩子”新颖的款式、优异的质量与卡斯科公司的良好商誉使双方实现了“天作地和”

式的“联姻”，使“Cosco-Geoby”童车迅速打开了美国市场。

在合作过程中，“好孩子”以高度的契约意识约束自己，以坦诚待人，求互利互惠，共同发展。面对“Cosco-Geoby”日益扩大的市场份额，另一些美国公司许以更优惠的合作条件，希望与好孩子集团合作，好孩子集团均予以婉言谢绝，恪守与卡斯科公司的既定协议，这既赢得了合作者的信任，又受到了竞争者的尊重。

资料来源　改编自王学江．到国际市场争长短——江苏好孩子集团开拓美国市场纪实［N］．经济参考报，2000-05-13（2）．

16.3.2　国际市场促销

1）人员推销

在国外目标市场远离出口国的情况下，推销员的来源及培养与国内推销有所不同。国际推销人员的来源有如下几个方面。

（1）本国外派。如出口产品要求良好的技术性服务，或为加强对出口产品的有效控制，树立良好的品牌形象，较适宜由本国人员担任推销工作。他们对本企业及其产品了如指掌，能忠实地为企业服务，具有一定的技术水平，使国外顾客（用户）购买产品增加了安全感和信赖度。但是，其所需费用较高，且存在文化障碍。

（2）目标市场所在国国民。普通的、销量大的消费品可由当地居民担任推销员。他们不存在语言障碍，熟悉当地的文化环境，且推销费用少。

（3）第三国国民。选择本国与目标市场所在国之外的第三国国民为推销员，主要是解决人力不足的矛盾，或作为目标市场所在国没有合适人选的补救办法。

对推销员的培养须集中解决适应性问题，使推销员熟悉、了解当地的社会、政治、经济、法律等，特别要适应当地的文化，包括价值观、宗教信仰、风俗习惯、商业习惯等，使推销员与当地居民融洽相处。

2）国际广告

在国际广告中，有标准化广告与差异化广告之争，虽然有人采用了标准化广告，但一般都倾向于对其进行适应性调整，因为国外目标市场的环境差异要求国际广告作出变动。有的则采用差异化广告。国际广告要特别注意以下因素的影响。

（1）法律限制。国际广告必须遵守目标国家的广告法及其他法律规定，包括禁止做广告的商品种类、广告语言文字、广告时间、广告画面、广告手段、广告媒体等。

（2）语言文字障碍。特别要注意一个国家多种语言文字的目标市场的需求，以及对使用词汇的准确性和限制。

（3）审美观念差异。对同一事物的不同认识是国际广告必须随时顾及的影响因素。

（4）宗教信仰禁忌。国际广告应以尊重目标国家宗教信仰为原则。

上述影响因素经常都会给国际广告带来麻烦。例如，英国某玉米片公司在几个国家做广告都碰了钉子：在荷兰被禁止，因该国认为该广告对维生素含量“吹过了头”，缺乏真实性；在法国则不准播放，因画面有小孩签名买商品的镜头，不符合该国法律。

为使国际广告适应于目标国家环境，最好的办法是选择理想的广告代理商办理具体的广告业务。可供选择的国际广告代理商主要有：国际广告公司及其分支机构，目标国家的广告代理商，国际广告综合代理行（专门与各国广告代理商联系的经纪人），本国广告代理商。

随着网上营销的发展，未来网络广告在国际市场促销中将发挥特殊的作用，其动向正受到学术界及实业界的关注。

3）营业推广与国际公关

在国际营销中，具体的营业推广活动一般由目标国家的代理商、经销商负责。国际营销企业可联合或独立举办国际商品展览会（展销会）这一具有特色的营业推广活动。展览会既可以包括各类商品的综合性商展，又可以是单一种类的专业性商展。商展既展又销，可达到宣传商品、推销商品的效果。同时，在商展中广交朋友，为合理选择渠道成员提供了依据。商展还可广泛收集目标国家顾客对产品需求等方面的信息，这又为出口产品的正确决策提供了依据。

国际公关比国内公关的范围要大得多。在国际营销中，除利用公关来树立企业的良好形象和巩固企业在目标国家的市场地位外，随着贸易保护主义的日益严重，许多西方企业还利用公关作为敲开目标国家大门的手段。在进入目标国家市场之前，采用一系列软性的让步措施，讨好目标国家政府及具有影响力的同行业的高级职员，为目标国家提供一些与本企业业务无关的附加利益等，来取得进入目标国家市场的入场券，然后逐步地巩固其在目标国家的市场地位。

本章小结

对市场营销学的学习应进一步掌握国际营销方面的知识。国际营销可运用营销的一般理论与原理，但它有一定的特殊性：与国内营销比较，在营销环境、营销对象、营销方式、营销策略、营销管理等各方面都有所区别，其中市场环境是主要的区别；与国际贸易比较，在行为主体、商流范围、战略要求、原动力、业务活动等方面都有所不同。国际营销企业需设立专门的机构或采用特殊的组织机构来适应国际营销的需要。企业进入国际市场可选择出口、合同、投资等模式及具体的方式。

国际营销必须解决产品标准化还是当地化的问题，企业不应采取非此即彼的简单化态度来进行决策，而应该具体情况具体分析，并以标准化与当地化的预期获利水平为依据作出选择。国际营销的核心产品、形式产品、延伸产品都要进行适应性的设计与调整。

国际市场价格的确定要考虑多种特殊的影响因素，包括关税、国外中间商毛利等成本费用、各国法律限制、国际市场供求与竞争状况、通货膨胀与汇率波动等。国际市场价格扬升是一个特殊问题，可适当采用降低生产成本、降低关税、降低渠道成本及利用国外贸易区降低成本等办法来加以控制。跨国公司在定价方面有一定特色，应关注其采用的转移价格策略。

国际销售渠道的最大特点是渠道成员分别在出口国与进口国。企业要根据利用出口商业中间商、出口代理商、进口国经销商等的优缺点来作出渠道决策，并采用渠道成员纵向联合与横向联合的方式加强对国际渠道的控制。

在国际市场促销中，要注意推销人员的选择与培训；注意国际广告的各种影响因素，选择合适的广告代理商，并关注网络广告的发展。国际营业推广要利用目标国家的中间商和搞好国际商品展销会，并善于采用公关手段敲开外国市场的大门。

主要概念和观念

□ 主要概念

跨国公司产品式组织机构　跨国公司地区式组织机构　跨国公司混合式组织机构　跨国公司职能式组织机构　出口进入国际市场模式　合同进入国际市场模式　许可证贸易　特许经营　投资进入国际市场模式　直接延伸产品策略　全球标准化产品策略　相对标准化产品策略　国际细分市场产品策略　适应性改进产品策略　国际产品创新策略　跨国公司统一定价策略　跨国公司多元定价策略　跨国公司控制定价策略　跨国公司转移价格策略　出口商业中间商　出口代理商　进口国经销商　渠道成员纵向联合　公司式联合渠道　管理式联合渠道　合约式联合渠道　渠道成员横向联合

□ 主要观念

国际营销与国内营销、国际贸易的区别　国际营销企业的组织机构　进入国际市场方式　国际营销的产品、定价、渠道和促销策略

基本训练

□ 知识题

16.1　阅读理解

1）国际营销与国内营销、国际贸易有何联系与区别？

2）完全标准化产品的优缺点与适应范围是什么？

3）如何控制国际市场价格的扬升？

4）转移价格的做法与目标是什么？

5）通过出口商业中间商、出口代理商出口产品有何优缺点？

6）通过进口经销商包销的做法是怎样的？

7）怎样准确理解国际销售渠道模式？

8）国际广告要特别注意哪些影响因素？

16.2　知识应用

1）选择题

(1) 国际营销与国内营销的区别在于________不同。

A. 营销对象　B. 营销环境　C. 营销方式
D. 营销原理　E. 营销策略　F. 管理难度

(2) 国际贸易的活动方向是________。

A. 出口　B. 进口　C. 为出口而进口
D. 为进口而出口　E. 进口或为出口而进口　F. 出口或为进口而出口

(3) 跨国公司的组织机构形式包括________。

A. 混合式结构　B. 地区式结构　C. 驻外分销机构
D. 国际部　E. 职能式结构　F. 产品式结构

（4）当目标国家汇率上升时，企业应采用________方式进入国际市场。

A. 间接出口　B. 直接出口　C. 独资

D. 合资　E. 许可证贸易　F. 驻外分销机构

（5）在国际营销中，尽量标准化和适当差异化的产品策略有________。

A. 出口产品创新策略　B. 适应性改进产品策略

C. 直接延伸产品策略　D. 国际细分市场产品策略

E. 相对标准化产品策略　F. 后向开发产品策略

（6）在国际营销中，特许经营属于________进入国际市场模式。

A. 出口　B. 直接　C. 投资

D. 合同　E. 间接　F. 垂直

（7）按授权程度来划分，许可证贸易可以分为________。

A. 独占许可　B. 定额许可　C. 交叉许可

D. 排他许可　E. 从属许可　F. 普通许可

（8）________属于跨国公司的定价策略。

A. 统一定价　B. 成本定价　C. 竞争定价

D. 转移价格　E. 多元定价　F. 协调定价

（9）出口商业中间商包括________。

A. 出口行　B. 全球公司　C. 出口帮办

D. 联合外销机构　E. 进出口公司　F. 兼营出口中间商

2）判断题

（1）国内营销受本国环境影响，而国际营销则受目标国家环境影响。（　　）

（2）企业进行国际营销时，商品流转范围必须超越国界。（　　）

（3）国际营销的原动力是比较利益。（　　）

（4）许可证贸易转让的是技术的所有权。（　　）

（5）特许经营的持证人是独立经营者。（　　）

（6）出口企业通过进口中间商的渠道是间接出口形式。（　　）

（7）国外经销商拥有独家经营权。（　　）

□ 技能题

16.1　规则复习

1）进入国际市场方式决策

出口进入国际市场模式：间接出口、直接出口。

合同进入国际市场模式：许可证贸易、特许经营等。

投资进入国际市场模式：合资经营、独资经营等。

选择进入国际市场方式的影响因素：目标国家环境因素、本国环境因素、企业内部因素。

2）国际营销因素决策

国际营销产品的标准化与当地化：完全标准化、尽量标准化和适应当地化（相对标准化产品策略、国际细分市场产品策略、适应性改进产品策略）、完全当地化。

国际营销产品的设计要求：核心产品的适应性设计、形式产品的适应性设计（产品的规格、型号、造型、包装、品牌、商标等)、延伸产品的适应性设计。

国际市场价格扬升的控制：降低商品生产成本、关税、渠道成本，利用国外贸易区降低成本。

跨国公司定价策略：统一定价策略、多元定价策略、控制定价策略、转移价格策略(调整利润、转移资金、逃避税收和减少风险)。

控制国际销售渠道的联合方式：渠道成员纵向联合（公司式、管理式、合约式)、渠道成员横向联合。

国际推销人员的来源：本国外派、目标市场所在国国民、第三国国民。

国际广告要注意的主要影响因素：法律限制、语言文字障碍、审美观念差异、宗教信仰禁忌。

16.2　操作练习

1）实务题

一家中国企业通过广州交易会与外商签订合同进入国际市场；另一家中国企业则直接在外国产销产品，试比较两者在国际营销方面的差异。

2）综合题

“王老吉”是中国家喻户晓的凉茶，某公司正打算把“王老吉”引入美国市场，但美国人并没有喝凉茶的习惯。如果由你负责国际营销策划，你将会遇到哪些问题并怎样解决这些问题?

□ **能力题**

16.1　案例分析

糕点配料的国际营销为何失败

一家在本国糕点配料业占有领先地位的美国公司，却在英国市场困难经营了5年后以失败而告终。

当初，该公司将它在美国最畅销的糕点配料引入英国市场，并为将此配料在新市场推广花费了大量的精力。事后分析起来，失败不足为奇。英国人大多在饮茶时而不是在正餐时食用糕点，而且喜欢不带奶油的松软蛋糕，因为带奶油的吃起来不方便。该公司向英国市场推销的是美国人平时喜欢的带糖霜的花式糕点。英国人也吃带糖霜的花式糕点，但一般都认为这种糕点是节日食品，要么直接从面包房购买，要么自己在家精心制作。他们认为这家公司推销的是一种“方便”糕点配料，是对家庭主妇能力的轻视。家庭主妇们觉得连鸡蛋也不用自己加工实在有愧，而且人们也怀疑配料中经过加工的牛奶和鸡蛋不如新鲜的好。所以，真正到了该吃糖霜花式糕点的节日时，人们觉得方便糕点配料制作的蛋糕上不了席。具有讽刺意味的是，该公司当初在美国市场推出这种“新”方便配料时，也曾碰到几乎完全一样的问题，只不过该公司后来设法解决了。实际上，用所有配料作出的糕点与主妇们自己制作的糕点在质量上是相同的。

资料来源　CATEORA. 国际行销［M］. 王又鹏，顾萱萱，译. 台北：前程企业管理公司，1994：352-353.

问题：

1）美国公司失败的根本原因是什么?

2）美国糕点配料与英国的文化冲突表现在哪些方面?

3）结合案例分析新产品在国际市场的推广、扩散应注意哪些问题。

16.2　网上调研

带着“外国产品进入中国市场如何修正”这一问题进行网上调研。

综合案例

十大营销经典案例之动感地带

案例背景：中国移动作为国内专注于移动通信发展的通信运营公司，曾经成功推出了“全球通”、“神州行”两大子品牌，成为中国移动通信领域的市场霸主。但市场的进一步饱和、联通的反击、小灵通的搅局，使中国移动通信市场弥漫着价格战的狼烟，如何吸引更多的客户资源，提升客户品牌忠诚度，充分挖掘客户的价值，成为运营商成功突围的关键。

作为霸主，中国移动如何保持自己的市场优势？

“动感地带”2003年营销事件回放：

2003年3月，中国移动推出子品牌“动感地带”，宣布正式为年龄在15～25岁的年轻人提供一种特制的电信服务和区别性的资费套餐；

2003年4月，中国移动举行“动感地带”（M-ZONE）形象代言人新闻发布会暨媒体推广会，台湾新锐歌星周杰伦携手“动感地带”；

2003年5月—8月，中国移动各地市场利用报纸、电视、网络、户外、杂志、公关活动等开始了对新品牌的精彩演绎；

2003年9月—12月，中国移动在全国举办“2003‘动感地带’M-ZONE中国大学生街舞挑战赛”，携600万大学生掀起街舞狂潮；

2003年9月，中国移动通信集团公司的M-Zone网上活动作品在新加坡举办的著名亚洲直效行销大会（DM Asia）上，获得本届大会授予的最高荣誉——“最佳互动行销活动”金奖，同时囊括了“最佳美术指导”银奖及最佳活动奖；

2003年11月，中国移动旗下“动感地带”（M-ZONE）与麦当劳宣布结成合作联盟，此前由动感地带客户投票自主选择的本季度“动感套餐”同时揭晓；

2003年12月，中国移动以“动感地带”品牌全力赞助由Channel［V］联袂中央电视台、上海文化广播新闻传媒集团主办的“未来音乐国度——U and Me！第十届全球华语音乐榜中榜”评选活动。

“动感地带”策略解析：

手机已成为人们日常生活的普通沟通工具，伴随着3G浪潮的到来，手机将凭借运营网络的支持，实现从语音到数据业务的延伸，服务内容更加多样化，同时更孕育着巨大的市场商机。

而同其他运营商一样，中国移动旗下的全球通、神州行两大子品牌缺少差异化的市场定位，目标群体粗放，大小通吃。一方面是移动通信市场黄金时代的到来，另一方面是服务、业务内容上的同质化，面对“移动牌照”这个资源蛋糕将会被越来越多的人分食的状况，在众多的消费群体中进行窄众化细分，能更有效地锁住目标客户。以新的服务方式提升客户品牌忠诚度，以新的业务形式吸引客户，是运营商成功突围的关键。

一、精确的市场细分　圈住消费新生代

根据麦肯锡对中国移动用户的调查资料表明，中国将超过美国成为世界上最大的无线市场，从用户绝对数量上说，到2005年中国的无线电话用户数量将达到1.5亿~2.5亿，其中将有4 000万~5 000万用户使用无线互联网服务。

从以上资料可以看出，25岁以下的年轻新一代消费群体将成为未来移动通信市场最大的增值群体，因此，中国移动将以业务为导向的市场策略率先转向了以细分的客户群体为导向的品牌策略，在众多的消费群体中锁住15~25岁年龄段的学生、白领，产生新的增值市场。

锁定这一消费群体作为自己新品牌的客户，是中移动“动感地带”成功的基础：

1. 从目前的市场状况来看，抓住新增主流消费群体：15~25岁年龄段的目标人群正是目前预付费用户的重要组成部分，而预付费用户已经成为中国移动新增用户的主流，中国移动每月新增的预付卡用户都是当月新增签约用户的10倍左右，抓住这部分年轻客户，也就抓住了目前移动通信市场大多数的新增用户。

2. 从长期的市场战略来看，培育明日高端客户：以大学生和公司白领为主的年轻用户，对移动数据业务的潜在需求大，且购买力会不断增长，三五年以后将从低端客户慢慢变成高端客户，有效锁住这部分消费群体，企业便为在未来竞争中占有优势埋下了伏笔，逐步培育市场。

3. 从移动的品牌策略来看，形成市场全面覆盖：全球通定位高端市场，针对商务、成功人士，提供针对性的移动办公、商务服务功能；神州行满足中低市场普通客户通话需要；“动感地带”有效锁住以大学生和公司白领为主的时尚用户，推出语音与数据套餐服务，全面出击移动通信市场，牵制住了竞争对手，形成预置性威胁。

二、独特的品牌策略　另类情感演绎品牌新境界

“动感地带”目标客户群体定位于15~25岁的年轻一族，从心理特征来讲，他们追求时尚、对新鲜事物感兴趣、好奇心强、渴望沟通，他们崇尚个性、思维活跃，他们有强烈的品牌意识，对品牌的忠诚度较低，是容易互相影响的消费群体；从对移动业务的需求来看，他们对数据业务的应用较多，这主要是可以满足他们通过移动通信所实现的娱乐、休闲、社交的需求。

中国移动据此建立了符合目标消费群体特征的品牌策略：

1. 动感的品牌名称：“动感地带”突破了传统品牌名称的正、稳，以奇、特彰显，充满现代的冲击感、亲和力，同时整套VI系统简洁有力，易传播，易记忆，富有冲击力。

2. 独特的品牌个性：“动感地带”被赋予了“时尚、好玩、探索”的品牌个性，同时提供消费群以娱乐、休闲、交流为主的内容及灵活多变的资费形式。

3. 炫酷的品牌语言：富有叛逆的广告标语“我的地盘，听我的”，“用新奇宣泄快乐”，以及“动感地带（M-ZONE），年轻人的通讯自治区!”等流行时尚语言配合创意的广告形象，将追求独立、个性、更酷的目标消费群体的心理感受描绘得淋漓尽致，与目标消费群体产生情感共鸣。

4. 犀利的明星代言：周杰伦，以阳光、健康的形象，同时有点放荡不羁的行为，成为流行中的“酷”明星，在年轻一族中极具号召力和影响力，与动感地带“时尚、好玩、探索”的品牌特性非常契合。他可以更好地回应和传达动感地带的品牌内涵，从而形成

年轻人特有的品牌文化。

“动感地带”其独特的品牌主张不仅满足了年轻人的消费需求，吻合他们的消费特点和文化，更是提出了一种独特的现代生活与文化方式，突出了“动感地带”的“价值、属性、文化、个性”。将消费群体的心理情感注入品牌内涵，是“动感地带”品牌新境界的成功所在。

三、整合的营销传播 以体验之旅形成市场互动

“动感地带”作为一个崭新的品牌，更是中国移动的一项长期战略，在进行完市场细分与品牌定位后，中移动大手笔投入了立体化的整合传播，以大型互动活动为主线，通过体验营销的心理感受，为“动感地带”2003 年的营销传播推波助澜！

1. 传播立体轰炸：选择目标群体关注的报纸、电视、网络、户外、杂志、活动等，将动感地带的品牌形象、品牌主张、资费套餐等迅速传达给目标消费群体。

2. 活动以点代面：从新闻发布会携手小天王、小天王个人演唱会到 600 万大学生“街舞”互动、结盟麦当劳、冠名赞助“第十届全球华语音乐榜中榜”评选活动，形成全国市场的互动，并为市场形成了良好的营销氛围，进行“传染”。

3. 高空地面结合：中国移动在进行广告高空轰炸、大型活动推广传播的同时，各市场同时开展了走进校园进行的相关推广活动，建立校园联盟。在业务形式上，开通移动 QQ、铃声下载、资费套餐等活动，为消费群体提供实在的服务内容，使高空与地面相结合。

4. 情感中的体验：在所有的营销传播活动中，都让目标消费群体参与进来，产生情感共鸣，特别是全国“街舞”挑战赛，在体验之中将品牌潜移默化地植入消费者的心里，起到了良好的营销效果。

“动感地带”作为中国移动长期品牌战略中的一环，抓住了市场明日的高端用户，但关键在于要用更好的网络质量去支撑，应在营销推广中注意软性文章的诉求，更加突出品牌力，提供更加个性化、全方位的服务，提升消费群体的品牌忠诚度，路才能走远、走精彩！

资料来源 郑纪东．十大营销经典案例之动感地带［EB/OL］．［2014-07-03］．http://www.tobaccochina.com/manage/data/20043/s31114309.htm.

问题：

1. 中国移动推出子品牌“动感地带”以前抓的几项营销工作是否是最关键的工作？
2. 在对我国无线互联网服务市场进行细分时，你认为应细分为哪几个细分市场为宜？
3. “动感地带”这一品牌名称是否也有不足之处？
4. 你认为对“动感地带”的营销传播还应开展哪些工作或活动？

主要参考文献

［1］《全能开发丛书》编写组．挑战科特勒［M］．北京：企业管理出版社，2014.

［2］程淑丽．市场营销管理方法大全［M］．北京：人民邮电出版社，2014.

［3］特劳特．定位［M］．王恩冕，余少蔚，译．北京：机械工业出版社，2014.

［4］田命华．广告学［M］．北京：北京交通大学出版社，2013.

［5］科特勒，凯勒．营销管理［M］．王永贵，等，译．14 版·全球版．北京：中国人民大学出版社，2012.

［6］沧海明月．每天学点销售学大全集［M］．超值白金版．北京：中国华侨出版社，2012.

［7］迈克丹尼尔，盖兹．市场调研精要［M］．范秀成，杜建刚，译．6 版．北京：电子工业出版社，2012.

［8］蔡新春，何永祺．国际市场营销学［M］．3 版．广州：暨南大学出版社，2011.

［9］科特勒，卡塔加雅，塞蒂亚．营销革命 3.0：从产品到顾客，再到人文精神［M］．毕崇毅，译．北京：机械工业出版社，2011.

［10］希夫曼，卡纽克，维森布利特．消费者行为学［M］．江林，等，译．10 版．北京：中国人民大学出版社，2011.

［11］李建中，等．服装流行色预测的调研要点［J］．纺织学报，2011（1）.

［12］刘国华，杨德峰．儿童对品牌符号消费的认知研究［J］．理论月刊，2010（11）.

［13］乔布尔，费伊．市场营销学［M］．孟韬，译注．大连：东北财经大学出版社，2010.

［14］刘加．调查消费者在想什么 答案还得细揣摩［J］．国际品牌观察，2010（10）.

［15］经济观察报．杰出营销［M］．青岛：青岛出版社，2010.

［16］郑长娟．市场研究［M］．北京：经济科学出版社，2010.

［17］唐中君，陈晓红．个性化需求预测面临的挑战及解决方法研究［J］．预测，2009（5）.

［18］康路．制定高效的渠道战略［J］．商学院，2009（3）.

［19］LOFTUS B，等．多渠道销售势在必行［J］．销售与管理，2009（3）.

［20］潘文富，黄静．危机中的经销商管控［J］．商业评论，2009（2）.

［21］芮亲国．渠道管理七金律［J］．理财，2009（1）.

［22］徐嘉锴．经济低迷，企业的市场机会在哪？［J］．销售与管理，2009（2）.

［23］张岩．日本流通体制变革研究［M］．北京：经济管理出版社，2009.

［24］勒曼，威纳．营销分析实务［M］．刘艳红，裴蓉，译．5 版．北京：企业管理出版社，2009.

［25］郭湛东．走向价值系统竞争［J］．销售与市场，2008（12）.

[26] 高薇，付铁山．日本便利店选址策略研究［J］．企业活力，2008（12）．

[27] 李平．百货商如何创建强势品牌？［J］．21 世纪商业评论，2008（11）．

[28] 吴文东，等．基于相关系数的钢材需求量组合预测［J］．中国管理科学，2008（10）．

[29] 陈已寰．零售学［M］．2 版．广州：暨南大学出版社，2008.

[30] 波特．竞争战略［M］．陈小悦，译．北京：华夏出版社，2005.

[31] 方明．100 个成功的营销管理［M］．北京：机械工业出版社，2005.

[32] 张传忠．分销渠道管理［M］．广州：广东高等教育出版社，2004.

[33] 海格，杰克逊．市场调研——计划、方法与评估［M］．张天赐，译．北京：中国标准出版社，2000.

[34] 徐龙封，朱文刚．对集体经验判断预测法的新构想［J］．华东冶金学院学报，2000（4）．

[35] 恩尼斯，等．营销学经典：权威论文集［M］．郑琦，等，译．大连：东北财经大学出版社，2000.

[36] 小兰姆，等．营销学精要［M］．杨洁，等，译．大连：东北财经大学出版社，2000.

[37] 杨涛，葛松林．企业营销渠道系统创新动因分析［J］．商业研究，2000（5）．

[38] 易牧农．关于知识经济与营销创新趋势的探讨［J］．商业研究，2000（2）．

[39] 武海峰．论零售企业的动态经营［J］．商业研究，2000（3）．

[40] 吕一林，丁文辉．现代零售业面临的挑战［J］．中国流通经济，1999（2）．

[41] 肖怡．国有批发企业的定位与关系功能再造［J］．财金贸易，1999（1）．

[42] 刘琼辉，陈静宇，朱晓．市场发展与企业分销渠道创新［J］．经济与管理研究，1999（2）．

[43] 约翰斯顿，比顿．国际市场学教程［M］．姜冰，等，译．北京：机械工业出版社，1999.

[44] KEEGAN W J. 全球营销管理［M］．段志蓉，译．北京：清华大学出版社，1998.

[45] 科特勒，阿姆斯特朗．营销学导论［M］．俞利军，译．4 版．北京：华夏出版社，1998.

[46] 侯淑霞．我国零售业态的现状及发展趋势［J］．商业研究，1998（7）．

[47] 赵学慧．市场产品占有率和期望利润预测方法研究［J］．数理统计与管理，1998（1）．

[48] 何永祺，傅汉章，等．市场学原理［M］．2 版．广州：中山大学出版社，1998.

[49] 鲍观明．我国零售业发展的基本走向探讨［J］．商业研究，1997（12）．

[50] 于洪彦，马敏娜．略谈我国市场调研［J］．税务与经济，1997（3）．

[51] 刘青．市场潜量预测方法初探［J］．辽宁师范大学学报：自然科学版，1997（2）．

[52] 科特勒，等．市场营销管理［M］．亚洲版．郭国庆，等，译．北京：中国人民大学出版社，1997.

[53] 科特勒，阿姆斯特朗．营销学原理［M］．陈正男，译．上海：上海译文出版

社，1996.

［54］科特勒，等. 超一流的行销战略战术——日本战胜美国［M］. 蒋涛，等，编译. 北京：中国经济出版社，1992.